KB156074

|제1권|

현대 형법학
- 이론과 방법 -

Hermes, Romantics,
and Anethopath

안 성 조

景仁文化社

서 문

오래 전부터 새로운 유형의 형법 이론서를 쓰고 싶다는 생각을 해 왔다. 즉 내용과 형식면에서 기존의 책들과는 차별화되는 저서를 기획해 왔다는 뜻이다. 그러다가 마침내 본서의 집필을 결심하게 된 것은, 최근의 몇몇 판례 동향과 법무부가 추진하고 있는 형법 개정안의 골자에 필자가 그동안 주장해 온 입장들이 일부 반영되어 있다는 사실에 고무된 측면도 없지 않지만, 보다 결정적인 이유는 무엇보다도 현대 사회에서 발생하는 각종 문제들 중 상당수가 이제껏 형법학이 독자적으로 일구어 온 고유한 이론만으로는 해결하기 힘들다는 판단에 도달했기 때문이다. 예컨대 회계부정으로 얼룩진 법인에 대해 형사책임을 인정할 수 있을 것인지, 또 범행수법이 교활하고 잔혹하지만 정상인으로는 보기 힘든 사이코패스적 범죄자를 과연 심신장애자로 볼 수 있을 것인지 등이 바로 그러한 것들이다. 이러한 문제들은 '순수' 형법 외의 별도의 이론적 논증을 필요로 한다. 이것은 나만의 생각이 아니다. 예를 들어 앞의 두 문제는, 법인에게도 자연인처럼 반성적 사고능력이나 범죄를 저지를 수 있는 능력이 있는지, 사이코패스는 정상인과 무엇이 다르며, 그들이 경험하는 억제하기 힘든 범죄충동이 어떤 과정에 의해 발생하는지에 대한 충분한 이론적 해명 없이는, 완전히 해결될 수 없는 성격의 '형법적' 문제라는 점은 그동안 여러 형법학자들, 그리고 관련 전문가들과의 지적 교류를 통해 거듭 확신할 수 있었다. 또 다른 이유는 기존의 형법 교과서들이 해석이론과 관련해 지나칠 정도로 특정 관점에 경도되어 있다는 문제의식이 강하게 들었기 때문이다. 본서를 통해 나는 이 점을 바로잡고 싶었다. 아니 최소한 기울어져 있는 논의의 축을 제자리로 돌려 보고자 하였다. 나는 한 논문에서 최근 대법원이 성전환자에 대한 강간죄를 인정한 것에 대해 해석이론적으로 논평하며 그 타당성과 한계를 지적한 바 있는데, 법무부가 이 문제를 강간죄의 객체에 남성을 포함시킴으로써 입법적으로 해결하려는 것은, 내가 주장한 바 있는 의미실재론의 입장을 우회적으로나마 수용한 것으로 볼 수 있다는 점에서 바람직하다고 본다. 한편 책의 형식면에서도 새로운 시도를 해 보았다. 각 파트마다 책의 전체적인 통일성을 깨트리지 않는 범위 내에서 각기 다른 서술방식을 채택하였다. 본서는 다른 교과서들처럼 형법학 전반에 대한 백과사전식 지식의 제공을 주된 목표로 하지 않는다. 그보다는 특정한 세 가지 주제에 대한 논증을 일차적 목표로 하고 있다. 그렇기 때문에 각 주제에 대한 논증의 효과를 높이기 위해 각기 다른 서술방식을 고안해 시도해 본 것이다. 다만 이 책이 논증 위주의 이론서임은 틀림없지만, 독자들의 이해를 돕기 위해 교과서식 해설과 다양한 종류의 매스컴 기사들을 적재적소에 삽입하는 편의를 제공하였다. 모쪼록 독자들이 자칫 본서의 골치 아픈 논쟁적 서술에 빠져들어 정신적으로 지치지 않고 끝까지 흥미를 유지해 가며 읽을 수 있기를 바란다. 어느 법서들과는 다른 이 책의 표지도 독자들의 보다 편안한 지적 여정을 고려한 것이다.

나는 특별한 독자를 염두에 두고 이 책을 썼다. 아니 어쩌면 이 책은 나와, 그리고 이 책에서 다룬 문헌의 저자와 비슷한 생각을 해 본 사람만이 충분히 납득할 수 있을 지도 모른다. 독자가 쉽게 이해할 수 있게 글을 쓰지 못하는 것은 전적으로 저자들의 책임이다. 하지만 충분한 관심을 기울이지 않는 독자들은 어떤 방법을 써도 납득시킬 수 없다. 나는 그러한 독자들까지 내 말에 귀 기울이도록 설득하고 싶지는 않다. 글을 쓰는 행위는 지극히 '지향적 성격(intentionality)'을 띠는 작업이다. 저자가 글을 통해 뜻하는 바를 정확히 알려면 그와 공감하려는 노력을 기울여야 한다. 더욱이 이 책의 일부 내용은 높은 수준의 사고력을 요하는 것들이기 때문에 더욱 그러하다. 내가 본서에서 다룬 여러 참고문헌들을 이해하기 위해 노력을 기울인 만큼 이 책을 이해하려고 노력을 기울인 독자들만 이 책의 내용을 온전히 파악할 수 있을 것이다.

이처럼 독자들에게 세심한 주의를 기울여 줄 것을 요청하는 이유는 본서의 내용이 결코 쉽지 않기 때문이다. 그것은 이 책에서 다루고 있는 논제들과 참고문헌의 내용들이 결코 간단치 않은 것들이어서 그렇다. 또한 이미 다른 곳에서 소개된 바 있는 이 책의 일부 내용이 호의를 갖고 흥미롭게 읽어 준 독자들에게조차 놀랍게도 전혀 의도하지 않은 방향으로 오해되고 있는 것을 접한 바 있기 때문에 더욱 그러하다. 나는 본서에서 크게 세 가지 주제를 다룰 것이며, 그에 대한 나의 입장을 밝힐 것이다. 우선 첫째는 형법의 해석과 논증에 관련된 논의다. 해석과 관련된 현재의 주류적 입장은 법을 해석함에 있어서 객관적인 기준을 찾을 수 없다는 것이다. 철학적으로 볼 때, 반실재론이라고 칭할 수 있는 견해가 국내외를 막론하고 지배적 견해를 차지하고 있다. 나는 이에 대해 실재론의 입장에서 주류적 견해를 논박하고 객관적인 해석기준을 입론해 보고자 한다. 언어는 사회적 현상이며, 의미는 규범적인 성격을 띤다. 따라서 넘어 설 수 없는 한계를 벗어난 형법해석은 한 사회의 언어관행에 불화를 초래할 뿐이다. 나는 독자들에게 이 점을 보여주고자 하였다. 다음으로 법적 논증이론과 관련해 논증의 질을 평가할 수 있는 척도로서 '논박불가능성'이란 새로운 개념표지를 제안해 보았다. 그동안 논증이론은 논거의 절차적 정당성과 내용적 정당성을 확보할 수 있는 이상적인 논증규칙의 '제정'에 주력해 왔다고 해도 과언이 아니다. 그러나 그 '성과'는 기울인 '노력'만큼 크지 않다. 그것은 어쩌면 다다를 수 없는 너무 '이상적인' 목표였던 것이다. 이에 본서에서는 논증의 성공여부를 판단할 수 있는 보다 '현실적' 척도를 제시해 보았다. 한편 형법상 행위론과 관련해 법인의 범죄능력이란 오래된 주제를 다시 논쟁의 수면위로 올려놓고자 한다. 법인의 범죄능력은 본질론적으로는 해결될 수 없고, 법정책적으로 해결될 성격의 문제라는 것이 오늘날 – 어쩌면 이론적 해명을 포기한 – 많은 학자들이 지지하는 입장이다. 그러나 법인의 성격에 대해 속 시원한 해명도 없이, 그저 입법론적으로 범죄능력의 유무를 결정하려는 것은 그만큼 해석론적으로도 설득력이 떨어지는, 섣부른 태도다. 물론 루만(N. Luhmann)과 토이브너(G. Teubner)

의 자기생산적 체계이론(Theorie autopoietischer Systeme)을 접목시켜 법인의 범죄능력을 재구성해 보려는 연구 등 몇몇 주목할 만한 이론적 시도들도 있다. 하지만 이들의 지나치게 복잡한 논증방식은 그 성공여부를 떠나 너무나 생경한 추상적 용어들로 가득해 과연 일반 독자들은 물론 형법학자들을 충분히 설득할 수 있을지 의문이다. 이러한 불만족스러움 때문에 나는 보다 이해하기 쉬운 방식으로 법인의 성격을 새롭게 구명해 보고자 노력하였다. 그 성공여부는 독자들이 판단해 주리라 믿는다. 마지막으로 본서는 사이코패스를 통해 형법상 책임능력 분야를 새롭게 조명할 것이다. 인간의 공감능력은 책임능력 판단에 얼마나 필요한 것인지, 성격장애자를 어떻게 이해해야 할 것인지, 최신의 관련이론을 폭넓게 다루며 현행 책임능력도그마틱의 한계를 짚어 보고, 합리적 해결방안을 제시하고자 한다. 이 책의 부제는 헤르메스(Hermes), 로맨틱스((Romantics), 아네토패스(Anethopath)이다. 이 세 키워드는 내가 다루는 세 주제와 각각 밀접히 관련된 개념들이다. 다소 낯선 용어들일지 모르겠으나, 내가 염두에 둔 특별한 독자들 중 일부는 부제를 통해서 이미 본서에서 다루고자 하는 내용과 방향을 감지할 수 있었을 것이다. 하지만 그렇지 않은 독자라 하더라도 책을 다 읽고 나면 그 연관성을 충분히 헤아릴 수 있으리라 생각한다.

본서는 그동안 내가 발표한 여러 편의 형사법 관련 논문들과 저서를 토대로 집필된 것이다. 각 논문과 책의 일부는 가감없이, 일부는 수정 및 보완된 형태로 본서에 수록되었다. 물론 본서의 일부는 다른 곳에 출간된 적이 없는 내용들이다. 특히 함무라비 법전에 대한 해석을 통해 당대의 살인에 대한 입법태도를 구명한 작업은 국내에서는 어디에서도 찾아보기 힘든 것이다. 이 책은 다양한 인접학문과 학제적 대화를 시도하고 있다. 그러다보니 부득이 수학과 논리학, 언어철학과 해석학, 신경윤리학과 뇌과학은 물론 경제학과 사회학, 조직(행동)학과 경영학, 정신분석학과 심층심리학 등에 이르기까지 다양한 분야를 다루게 되었다. 학제적 연구의 폭을 꼭 필요한 범위 내로 국한시키려 노력하긴 했지만 혹시 형법학의 '가능한 논의범위'를 지나치게 넓힌 것은 아닌지, 조심스런 마음이 든다. 또 논증과정에 인문학과 과학이라는 이질적 요소들이 뒤섞여 있어서 독자들의 이해에 혼란과 곤혹감을 가중시키지는 않았는지도 우려스럽다. 하지만 그럼에도 불구하고 내가 '순수' 형법학에 다른 학문의 도움을 청한 데에는 그만한 이유가 있다. 법률가가 아닌 다른 분야의 전문가 혹은 일반인들에게 있어 형법학은 여전히 '신비한 베일에 싸여 있는 학문'이라는 오명을 완전히 씻어버리지 못하고 있다. 예컨대 기업가는, 특히 외국 입법례의 경우 법인이 범죄의 주체가 될 수 있고 따라서 형벌이 부과될 수 있다는 사실에 놀라움을 금치 못한다. 또 일반인에게 사이코패스가 심신장애자로 분류될 수 있다는 말을 하면 도저히 이해할 수 없다는 격한 감정을 드러낸다. 법인도 자연인처럼 비난가능하고 처벌될 수 있다면 어째서 그런가? 단지 입법에 의해 형법전에 명문화되어 있기 때문에 그렇다는 답변은 의문의 해소에 아무런 도움이 되지 않는다. 사이코패스도 그렇다. 그들은 일종의 정신병자인가? 만일 그들을 책임무능력자로 처우해야 한다면 그 이유는 어디에 있는가? 법률이 세상에 공포되어 있다고 해서 죄형법정주의가 실질적으로 구현되는 것은 아니다. 조문이 왜 그렇게 규정되었는지, 그 합리적 이유를 수범자들은 알고 싶어 하고, 알아야만 한다. 그러므로 형법학이 필요한 범위 내에서 이 모두를 아우르는 영역을 그 연구범위로 설정하는 것은 충분히 정당한 근거가 있다고 생각한다. 인문학과 과학을 상호 배타적인 것으로만 이해할 필요도 없다. 양 학문은 공통된 목표를 지니고 있다. 이 책에서도 보여주고 있듯이, 그것은 인간에 대한 이해다. 그렇기 때문에 양자는 이질적으로 보여도 상보적으로 규범적 논증에 기여할 수 있다. 나는 본서를 통해 인접학문의 연구성과들이 형법학의 문제들을 해결하는데 얼마나 유용한지를 보여줄 것이다. 이 목표를 성취하기 위해 가급적 난해한 용어나 개념의 사용을 피하고, 되도록 누구나 이해할 수 있는 방식으로 논증하기 위해 최대한 노력을 기울였다.

그런 점에서 이 책은 다소 정치적인 성격을 지닌다. 내 분야의 이론과 실무에서 눈부신 성과를 쌓아가고 있는 존경해 마지않는 동료 연구자들에게 학제적 연구에 조금 더 관심을 갖고 새로운 형법이론과 법리를 개발하려는 노력을 기울여 주기를, 또 이미 그러한 연구를 탁월하게 수행하고 있는 여러 관련 분야의 전문가들에게는 좀 더 '우리에게 이해 가능한' 방식으로 논증하는 방법론을 개척해 주기를, 즉 일정한 학문적 태도의 변화를 '호소'하고 있기 때문이다. 해석법학만큼 복합적인 사고와 고도의 지적 능력을 요하는 학문분과도 드물 것이다. 재판실무만큼 인간에 대한 깊은 이해와 결단을 필요로 하며, 진실로 경의를 표하지 않을 수 없는 분야도 없을 것이다. 하지만 인접학문의 성과를 형법학에 가져와 규범적 판단기준을 가다듬는 작업은, 해석론과 판결의 전제들이 기초하고 있는 근본토대를 다루는 일이기 때문에 어쩌면 더 어렵고, 그만큼 더 가치 있는 일이다. 다만 아무리 가치 있는 학문적 작업도 보편적 이해와 검증의 가능성이 결여되면 설득력이 떨어질 수밖에 없다. 그렇기 때문에 모든 논증은 최대한 누구에게나 접근 가능한, 즉 보편화가능성(Universalisierbarkeit)이 있는 형태로 제시되어야만 한다. 어떤 학문이든 결국 우리자신에 대한 탐구로 귀결되게 마련이고, 그러한 작업에 있어서 무엇이 옳고 그른지에 대한 근본적 기준을 세우는 규범적 논의만큼, 중요하고 평생토록 우리를 끈질기게 사로잡는 문제는 없다. 힘들다거나 당장 중요하지 않다고 이를 포기할 수도 없고, 포기해서도 안 된다. 그것은 정신적 삶에 있어서 자살을 시도하는 것이나 다름없다. 나는 그러한 규범적 논의를 위해서는 학제적 논증이 반드시 필요하며, 또한 그것이 '누구에게나 접근 가능한' 방식으로 제시될 수 있음을 보여 줄 것이다. 본서가 과연 이러한 신념을 전파하는데 얼마나 성공할 수 있을 것인지, 그 전망은 독자들이 판단해 줄 것으로 믿는다.

　어쩌면 이 책은 다른 의미에서 정치적인 책이기도 하다. 나는 특히, 법률전문가나 법학도가 아닌 일반 독자들이 본서에 소개된 인문학과 과학이 교차하는 지식의 최전선을 넘나들며 단지 지적 욕구의 충족과 쾌감만을 느끼는데 그치지 않기를 바란다. 명민한 독자라면 이 책에서 여러 중요한 행간을 어렵지 않게 읽어낼 수 있을 것이다. 나는 독자들이 이 책을 통해서 정치적으로 무언가 새로운 결단과 행동의 동기를 얻게 되기를 희망한다.

늘 그렇듯이 책을 완성하는데 있어 여러 은사님들께 정신적인 빚을 지고 있다. 하지만 이번에는 그 존함들을 일일이 거명하지 않으려고 한다. 혹시 그분들께 누가 되지 않을까 싶어서이다. 그 대신 이번에는 외국의 몇몇 저명한 학자들의 논문과 저서에 깊이 매료되어 큰 영향을 받았음을 시인하지 않을 수 없다. 하버드와 버클리의 두 철학자 힐러리 퍼트남과 알바 노에의 영향이 컸다. 전자는 내재적 실재론으로, 후자는 뇌 과학의 선구자로 정평이 난 전문가이다. 미국의 저명한 형법학자인 플레처의 화제작 'Romantics at War'도 특별한 영향을 주었다. 어쩌면 이 책은 내가 본서를 집필하게 된 '낭만적 동기'를 부여해 주었는지도 모른다. 아울러 필자의 저서와 논문을 수차례 '우수' 학술도서와 논문으로 선정해 주어 필자로 하여금 학술활동에 더욱 전념할 수 있도록 용기를 심어준 대한민국학술원과 한국연구재단, 그리고 문화체육관광부에 감사의 뜻을 전하고 싶다. 익명의 심사위원들께도 진심으로 감사를 드린다. 이 책은 그에 대한 답례의 표시이기도 하다.

끝으로 재작년 말, 내 평생의 반려자가 되어 준 아내 예리에게 지루한 내 연구 작업을 언제나 온 마음으로 성원해 줘서 그 덕에 건전한 정신을 유지하며 연구에 전념할 수 있었다고, 또 나에게 필요한 많은 유용한 정보와 지식과 아이디어를 제공해 주었고, 항상 밝은 미소를 선사해 줘서 고맙다고, 뒤늦은 고백을 전한다.

눈부신 발전과 변화를 거듭하고 있는 우리 형법학과 판례에 대한 특별한 관심과 깊은 애정이 없었다면, 이 책은 애당초 생각도 할 수 없었을 것이다. 모쪼록 본서가 필자의 관심과 열정만큼, 많은 독자들로부터 사랑을 받을 수 있고, 때로는 생산적인 비판의 대상이 될 수 있기를, 그리하여 학계와 실무에 조금이나마 보탬이 되는 빛과 소금의 역할을 할 수 있기를 희망한다.

2011년 이른 봄,
저 자

본서의 기초가 된 저자의 연구업적 목록

      본서에서 제1장인 '§1. 해석의 이론과 실제'를 제외한 나머지 부분은 필자가 기존에 발표한 논문과 저서를 토대로 작성되었다. 그러나 기존의 저작물 중 일부를 단순히 발췌해 재배치한 것이 아니라 통일된 관점에서 내용적 정합성이 있게 새로이 엮어냈다. 그 과정에서 기존의 저작물에 일정한 변형이 불가피했다. 먼저 일관된 논지전개를 위해 본문 내용을 일부 수정하기도 하였고, 새로운 생각을 추가하기도 하였으며, 본문 중간에 관련 사례를 수록하기도 하였다. 원 저작물의 제목을 변형한 경우도 있다. 단, 그렇다고 개별 저작물들에 드러난 각각의 고유한 생각과 문투를 일관성을 위해 몰개성적으로 사상해 통일시키지는 않았다. 각각의 글에 담긴 표현과 생각에는 나름의 가치가 있다고 판단했기 때문이다. 따라서 본서의 각 파트별 여러 논문들 간의 논지 일부에는 상위(相違)가 있기도 하다. 그러나 그것은 내용적 모순이 아니다. 저자의 생각의 변천을 뜻하는 것이다. 각 논문은 결국 하나의 결론으로 수렴한다. 다음으로 형식면에서는 눈에 띄는 오역과 오탈자를 바로잡았으며, 불명료했던 표현들과 번역문을 정확하게 수정하고 내용적으로 보완하였다. 특히 각주의 정확성에 각별히 주의를 기울여 누구라도 원전의 내용을 다시 확인하고자 할 때에는 별다른 어려움 없이 각주로 인용된 자료에 접근할 수 있도록 하였다. 단, 국내에서 찾을 수 없는 자료들은 필자가 여러 경로로 외국에서 직접 입수한 자료들이라는 사실을 유념해 주기 바란다. 그 중에는 외국에서도 단 몇몇 도서관에만 소장돼 있는 자료도 있었다. 기존 저작물의 본문과 각주 일부도 보완된 것들이 많다. 작은 변화지만 내용적으로 매우 의미 있는 것들이란 점을 밝혀둔다. 아울러 독자들의 정확한 이해를 돕기 위해 각 파트 또는 각 장의 앞부분에 글에 대한 소개글과 서문을 실었다. 필자가 의도한 전반적인 논증구도를 충분히 이해할 수 있도록 기술적으로 돕기 위함이다. 전체적인 논지파악에 있어서 저자의 의도에 대한 독자들의 보다 명확한 해석에 유용한 역할을 하리라 믿는다. 필요하다고 판단되는 경우에 한해 참고문헌 저자에 대한, 해당 문헌 출간당시의 간략한 프로필을 각주에 소개하였다. 또 경우에 따라 저자들의 최신 저작을 소개하기도 하였다. 독자들이 본서에 인용된 문헌의 학술적 가치와 성격을 평가하고 이해하는데 도움이 될 것이라 생각한다. 책을 집필하는데 참조한 필자의 저작물 목록은 다음과 같다.

◆ 논 문

PART I

안성조, 형법의 해석과 적용에 있어서 규칙따르기 논변의 의의, 경찰법연구 제4권 제1호, 2006.

_____, 법적 불확정성과 법의 지배, 법철학연구 제10권 제2호, 2007.

_____, 괴델정리의 법이론적 함의, 서울대학교 법학 제49권 제4호, 2008.

_____, 법문의 가능한 의미의 실재론적 의의, 법철학연구 제12권 제2호, 2009.

PART II

_____, 기업사이코패시와 집단책임의 이론, 외법논집 제34권 제1호, 2010.

_____, 미국 판례 상 집단인식에 의한 법인책임의 법리 연구, 부산대학교 법학연구 제51권 제1호, 2010.

_____, 플레처의 집단책임론에 대한 비판적 재론, 서울대학교 법학 제51권 제1호, 2010.

_____, 2002 아더앤더슨 유죄평결의 의미, 형사법의 신동향 제25호, 2010.

_____, 법인의 범죄능력에 관한 연구, 한양법학 제21권 제1호, 2010.

_____, 집단책임사상의 기원과 그 현대적 변용 -고대 근동의 집단책임사상과 현대 집단(법인)책임이론의 비교-, 전북대학교 법학연구 통권 31집, 2010.

_____, 집단인식의 법리와 의도적 인식회피, 안암법학 제34호, 2011.

PART III

_____, 사이코패시의 원인론, 그 형사정책적 함의, 이영란교수화갑기념논문집, 2008.

_____, 사이코패스의 형사책임능력, 형사법연구 제20권 제4호, 2008.

◆ 저 서

_____, 기초법연구 제1권 (경인문화사, 2009)

_____, 사이코패스 I (경인문화사, 2009/2010)(공저)

_____, 기업범죄연구 제1권 (경인문화사, 2011)(공저)

이 책의 집필에 도움을 주신 분들

본서가 완성되기까지 참으로 많은 분들의 격려와 도움이 있었다. 그 중 특별히 감사의 마음을 전하고 싶은 분들이 있다. 우선 한 자리에 모여 본서의 초고 일부(PART II의 Epilogue)를 꼼꼼히 윤독해 가며 비판적 조언을 아끼지 않으신 이화여대 법철학 강독모임의 여러 선생님들이다. 김준석 선생님(서울대), 김휘원 선생님(이화여대), 박준석 교수님(전북대), 신동룡 교수님(강원대), 이영종 교수님(가톨릭대), 장원경 박사님(이화여대)께 깊이 감사를 드린다. 또 자리에 함께 하진 못했지만 많은 관심과 격려를 보내주신 김현철 교수님(이화여대), 안준홍 교수님(경원대), 임미원 교수님(한양대)께도 역시 고마운 마음을 전하고 싶다. 법인의 행위능력에 대해 루만의 체계이론적 관점을 쉽게 설명해 주신 정성훈 박사님(서울시립대)과 양천수 교수님(영남대), 법적 논증이론과 해석의 관계에 대해 조언해 주신 김성룡 교수님(경북대), 그리고 아카드어와 수메르어의 차이점 등 고대 근동어에 대해 긴요한 조언을 해 주셨고 아카드어 사전까지 보내 주신 황성일 교수님(광신대)께도 감사를 드린다. 법인의 형사책임, 바람직한 규제방법, 그리고 법을 통한 기업의 경영활성화방안 등에 대한 문제의식을 키우고 생각을 정교하게 가다듬을 수 있도록 도움을 준 기업범죄연구회의 여러 교수님들과의 오랜 지적 교류와 깊은 우정도 큰 도움이 되었다. 본서의 기초가 되는 필자의 기 출간 저서에 대해 따뜻한 격려말씀을 전해 주셨던 양창수 대법관님, 이완규 검사님(대검찰청), 그리고 이상원 교수님(서울대), 최병각 교수님(동아대), 오세혁 교수님(중앙대)께도 뒤늦게나마 심심한 사의를 전해 드리고 싶다. 홍복기 교수님(연세대), 정웅석 교수님(서경대), 김종구 교수님(조선대), 이인영 교수님(백석대), 김학태 교수님(한국외대), 그리고 윤광서 목사님(소망교회)께도 많은 도움과 격려와 조언에 깊이 감사드린다.

책의 집필에 필요한 자료수집에도 많은 분들의 도움을 받았다. 이분들의 도움이 없었다면 필요한 자료를 제 때에 구하지 못했을 것이다. 특히 타대학 도서관 자료를 언제나 신속하게 구해 볼 수 있도록 세심한 배려를 아끼지 않은 선문대 중앙도서관의 신경미 선생님과, 멀리 외국 대학 도서관에 소장된 자료를 어렵게 입수해 전해 준 연세대 법학도서관의 유희경 선생님께 깊이 감사를 드린다. 귀한 자료로 본서의 내용이 더욱 풍부해 질 수 있었다. 아울러 윤성현 박사님(서울대)과 박혜림 선생님(고려대), 정민진 선생님(서울대)의 친절한 도움에 감사의 뜻을 전한다. 수업시간에 발표와 토론을 통해 많은 생산적인 아이디어와 자료를 제공해 준 한국외국어대 법학전문대학원 학생들도 잊을 수 없을 것이다. 본서의 출간에 많은 도움을 준 경인문화사측에도 감사를 드린다.

목　차

서문
참조한 필자의 글
감사의 글

PART I

.

.

.

HERMES

§ 1. 형법의 해석과 논증

I. 문헌해석, 법해석, 형법해석

해석이란 일반적으로 어떤 사물이나 현상 또는 말과 문자 등 언어에 의한 표현이 갖는 의미를 밝히는 작업을 말한다. 그런 점에서 해석은 이해의 전제조건이라고 볼 수 있다. 해석에는 여러 종류가 있다. 그 중 가장 포괄적인 것으로 법률, 역사, 문학, 성서 등 문자로 기록된 일체의 문헌에 대한 해석을 문헌해석이라고 한다. 법해석은 판례든 조문의 형태로든 법규범이 가지고 있는 표준적인 의미내용을 명확하게 밝혀내는 작업으로 문헌해석의 일 분야이다. 올바른 해석을 위해서는 일정한 방법론이 요구되며 해석을 위한 방법론적 원리들을 다루는 학문을 해석학이라고 한다. 원래 해석학은 성경주석을 하는 데 준수해야 할 법칙들을 다루는 학문인 성서해석학에서 유래했으며, 법해석학(Juristische Hermeneutik)은 비교적 최근에 이르러서야 주목받기 시작한 분야이다. 전통적 법해석 방법론은 독일의 대표적인 로마법학자이자 역사법학의 창시자인 사비니(Friedrich Carl von Savigny)를 통해 잘 알려져 있다. 즉 법해석은 문법적 해석, 논리적 해석, 체계적 해석, 역사적 해석이라는 네 가지 해석규칙을 통해서 '법률에 내재하는 생각을 재구성하는 것(die Rekonstruktion des dem Gesetz innewohnenden Gedankens)'[1]이었다. 이러한 사비니의 법해석방법론은 문리해석, 논리적-체계적 해석, 역사적 해석, 목적론적 해석으로 재정립되어 현재 법해석 일반에 공통되는 해석방법으로 널리 인정되어 오고 있다. 이러한 법해석방법은 형법해석에도 적용될 수 있지만, 형법해석은 더 나아가 죄형법정주의의 지도하에

---

1) Friedrich Carl von Savigny, System des heutigen römischen Rechts (Erster Band, Berlin: Bei Deit und Comp., 1840), 213-215면.

있다는 점에서 그 독자성이 인정될 수 있을 것이다.

　이하 본고에서는 법해석의 한 예로서 고대 근동의 법률문헌인 함무라비 법전의 살인죄에 대한 태도를 구명해 내기 위한 작업을 시도할 것이다. '현대 형법학'이라는 본서의 제목에 걸맞지 않게 '아득한 태곳적' 문헌에서부터 시작하는 이유는 세 가지다. 우선 함무라비 법전이 발굴된 것이 20세기 초엽으로 형법의 유구한 역사에 비추어 볼 때, 비교적 최근의 일이고, 동 법전의 발굴 이후에야 비로소 고대 근동지역의 법들에 대한 본격적인 구명작업이 시작되었다고 볼 수 있기 때문에 이를 둘러싼 해석논쟁은 분명 '현대 형법학'이 다루어야 할 주제라고 판단했기 때문이다. 나아가 함무라비 법전은 성서처럼 종교, 역사, 법률, 문화 등 다양한 관점에서 평가가 가능해 여러 측면의 해석학적 접근이 가능하고 따라서 해석의 실제를 포괄적으로 잘 보여줄 수 있는 문헌으로 적합했기 때문이다. 또한 동 법전을 둘러싼 해석논쟁 속에는 현대 형법에까지 면면히 이어지고 있는 주요한 형벌사상의 원류를 추적해 볼 수 있는 단서들이 비교적 풍부하게 들어있어 이를 본서의 서두에 소개함으로써 형벌이론의 발전사와 그 역사적 기원을 재정립할 수 있는 논의의 장을 마련해 보기 위함이다. 요컨대 함무라비 법전은 비교적 최근에 발굴되었으며, 다양한 해석방법의 실제 사례를 잘 보여줄 수 있는 문헌이자 동시에 형벌론의 과거와 현재를 매개해 주는 주요한 원천이라는 점에서 '현대 형법학'의 연구대상으로서의 가치가 크다고 본다.

　이하 본서에서 다루는 함무라비 법전의 살인죄에 대한 규율방식은 고대사회의 정의관념과 법사상, 그리고 현대까지 이어져 오고 있는 형벌론의 한 원류를 새롭게 확인하는 계기가 될 것이다.

II. 함무라비 법전의 살인죄 해석

> "만약 사람이 그의 이웃을 고의로 죽였으면
> 너는 그를 내 제단에서라도 잡아내려 죽일지니라."
> (출애굽기 21:14)

1. 함무라비 법전의 수수께끼

유프라테스와 티그리스, 그리스어로 이들 두 강 사이의 땅이란 뜻의
메소포타미아(Μεσοποταμια)[2]는 기원전 3천년 경부터 약 천 년 간 수
메르 문명과 아카드 문명이 번성하고, 바빌론과 아시리아가 패권을 다
투던 인류문명의 요람이었다. 바로 이 지역에서 인류 최초의 성문법전[3]
이라고 볼 수 있는 우르남무 법전[4]과 리피트-이쉬타르 법전[5], 그리고

---

2) 그리스어로 'Μεσοποταμιος'는 '강들 사이(between rivers)'란 뜻이다. 이 장에
　서는 아카드어 등 고대 언어로 된 문헌과 역사적 사실을 많이 다루고 있기 때문
　에 되도록 권위 있는 전거에 기초해 가장 신빙성 있는 해석과 학자들 간의 공통
　된 견해를 중심으로 이를 소개하였다. 또 독자들의 이해를 돕기 위해 낯선 지명
　이나 인명 등에 대한 설명도 필요한 범위 내에서 덧붙였다. 단, 잘 알려진 사실에
　대해서는 별도의 출처를 밝히지 않았음을 미리 밝혀둔다.
3) 19세기부터 20세기에 걸쳐 출토된 고대 근동의 법전들은 수록되어 있어야 할 모
　든 사항을 포괄적으로 다루고 있지는 않기 때문에 사실 법전(codes)이라기보다는
　일종의 법모음집(law collections)에 가깝다고 보는 것이 오늘날 일반적 견해이지
　만 본고에서는 편의상 이를 법전으로 칭하기로 한다.
4) LU(Laws of Ur-Nammu, 2112-2047 B.C.E.) LU는 우르 제3왕조의 창건자인 우
　르남무 왕(Ur-Nammu, 2112-2095 B.C.E.) 또는 그의 아들 슐기(Shulgi, 2094-
　2047 B.C.E.) 시대의 것으로 보인다. 수메르어로 기록돼 있으며 서문과 22개의 조
　문만 보존되어 있다. 니푸어(Nippur)에서 발견된 일부 조문은 1954년 펜실바니아대
　학 명예교수를 역임한 수메르학자이자 아시리아학자인 크라머(Samuel N. Kramer)
　에 의해 번역되었고, 우르에서 발견된 나머지 조문은 아시리아학자이자 옥스퍼드
　대학 교수를 역임했던 거니(O. R. Gurney)와 크라머에 의해 1965년 번역되었다.
　제정연대는 함무라비 법전보다 앞서지만, 발굴, 복원 및 번역은 그보다 늦었다.

함무라비 법전6) 등이 발굴되었다. 이 중에서 특히 함무라비 법전은
1901년부터 1902년 사이에 프랑스 고고학자들에 의해 발굴되었는데,
고대 엘람(Elam) 왕국의 수도이자, 페르시아 제국의 행정수도이기도 했
던 수사(Susa)7)에서 본문의 일부를 제외한 거의 전 조문이 설형문자로
기록돼 보존되어 있는 돌기둥이 발견됨으로써 세상에 알려지게 되었다.
함무라비 법전의 일부 마모돼 지워진 나머지 조문들도 후대에 복원됨
으로써 동 법전은 고대 근동의 법전들 중 가장 완전한 형태로 남아 있
는 법전으로 평가받고 있다. 전대의 다른 법전들의 전통을 계승하면서
후대의 법전들에도 많은 영향을 준 것으로 평가받고 있는8) 이 함무라

---

5) LL(Laws of Lipit-Ishtar, 1934-1924 B.C.E.) LL은 중앙 메소포타미아 지역에 위
   치하였던 이신 제1왕조의 다섯 번째 왕인 리피트-이쉬타르가 그의 재위기간
   (1934- 1924 B.C.E)에 제정한 것으로 보인다. 1889-1900년 사이에 니푸어에서
   발굴된 이래 여러 조각으로 나뉘어 보관돼 있다가 수차례에 걸친 복원 및 출판을
   겪었으며, 1948년 펜실바니아대학 박물관의 스틸(Francis R. Steele)이 서문과 결
   어, 그리고 대략 38개 조문으로(전체조문은 100여개로 추정) 구성된 리피트-이쉬
   타르 법전을 출판하였다. LU와 마찬가지로 수메르어로 기록돼 있다.
6) LH(Laws of Hammurabi, 1792-1750 B.C.E.) LU보다는 약 300여년, LL보다는
   약 200여년 후대의 법전이지만, 그 복원 및 출판은 다소 앞선다. LU나 LL과 달
   리 아카드어로 기록돼 있다. 단, 아카드어로 기록된 최초의 법전은 기원전 1800
   년경 우르 제3왕조의 쇠락 후 티그리스 강 동편, 바빌론에서 북동쪽으로 약
   120km 정도 떨어진 곳에서 발흥한 도시국가인 에쉬눈나의 다두사(Dadusha) 왕
   이 제정한 에쉬눈나 법전(Laws of Eshnunna; LE)이 있다. LE는 다른 법전들과는
   달리 왕의 이름이 아니라 도시명을 따라 명칭이 붙여졌으며, 서문과 결어가 없다
   는 특징을 보인다. 1945년과 1947년에 바그다드 교외의 텔 하말(Tell Harmal)에
   서 처음으로 발굴되었으며, LH와 거의 동시대의 법전이지만 복원된 약 60여개의
   조문들 중에서 고의살인을 다룬 것은 찾을 수 없어 별도로 소개하지 않았다.
7) 엘람왕국은 현재 이란의 남서지역에 위치했던 고대국가이다. 엘람왕국의 수도였
   던 수사(Susa)는 바빌론의 동쪽, 페르시아만의 북쪽에 위치했으며 함무라비 법전
   이 기록된 돌기둥이 이곳에서 발굴된 이유는 기원전 12세기경 슈트룩 나훈테
   (Sutruk-nahhunte)라는 엘람 왕이 바빌론을 침략하여 전리품으로 탈취해 이곳에
   보관해 두었기 때문이다.
8) 이에 대해서는 Martha T. Roth, Law Collections from Mesopotamia and Asia
   Minor (2nd ed., Atlanta, Georgia: Scholars Press, 1997), 71면. 함무라비 법전은

비 법전에는 특이하게도 살인죄 조문이 없다.[9] 정확히 말해 고의적 살인 (willful homicide)을 처벌하는 보통살인죄 조문이 없다는 것이다. 이 점 은 보다 앞선 시기의 우르남무 법전이나 리피트-이쉬타르 법전에는 고의 살인에 관한 조문이 명시적으로 규정되어 있는 점과 대조적이다.[10]

1.1 고대 근동의 법전들은 오늘날처럼 체계적으로 관련 법조문을 망라한 통일 된 법전(codes)이 아니고, 당대에 구두로 전승되고 관행화 되었던 법들을 기록한 법모음집(law collections)이었다고 보는 것이 지배적 견해이다. 법전들의 성격에 대한 학자들의 견해는 다양하지만, 일반적으로 이들은 당대에 실제로 통용되던 법을 집대성한 것으로, 재판 시 법관들의 판결에 도움이 되도록 이전의 판결 사례 를 모은 판례집으로 이해되고 있다. 고대 바빌론에는 '법(law)'을 의미하는 단어 가 존재하지 않았고, 단지 판결(judgement)을 뜻하는 단어만 존재했다는 사실은[11] 고대 근동의 법전의 성격을 이해함에 있어서 좋은 시사점이 될 것이다. 물론 은유 적으로 법으로 해석될 여지가 있는 '*kittum*'이나 '*misarum*'이란 단어가 존재하기는 했지만 이들은 문자 뜻 그대로 직역하면 전자는 '진리(truth)'나 '공평(honesty)' 및 '정의(justice)', 후자는 '정의(justice)' 또는 '공정(equity)'이란 의미를 지닐 뿐이다.[12]

고대 페르시아 제국의 입법모델이 되기도 하였다. 이 점에 대해서는 A.T. Olmstead, History of the Persian Empire (Chicago: University of Chicago Press, 1948), 120-128면; 안성조, 기초법연구 제1권 – 언어·논리·역사 – (경인문화 사, 2009), 189-191면 참조.

9) 이 사실에 주목하는 문헌으로는 우선 C.H.W. Johns, Babylonian and Assyrian Laws, Contracts and Letters, Union (New Jersey: The Lawbook Exchange, 1999, Originally published: Edinburgh : T.&T. Clark, 1904), 96면; C. Edwards, The World's Earliest Laws (London: Watts & Co., 1934), 112면과 G.R. Driver & John C. Miles, The Babylonian Laws Vol. I – Legal Commentary – , (Oxford: Clarendon Press, 1956), 60면, 그리고 Niels Peter Lemche, Justice in Western Asia in Antiquity, Or: Why No Laws Were Needed!, 70 Chi.-Kent. L.Rev. 1695 (1995), 1699면, 비교적 최근의 문헌으로는 R. VerSteeg, Early Mesopotamian Law (Durham, North Carolina: Carolina Academic Press, 2000), 109면을 참조.

10) R. VerSteeg, 앞의 책, 108-109면.

11) C.H.W. Johns, 앞의 책, 39면.

12) R. VerSteeg, 앞의 책, 43-46면; G.R. Driver & John C. Miles, The Babylonian Laws Vol. II – Text Translation – (Oxford: Clarendon Press, 1955), 289-290면 과 392면.

그렇기 때문에 함무라비 법전의 서문과 결어에 '키툼(*kittum*)'과 '미사룸(*misarum*)'
이 자주 등장하지만, 대부분의 권위 있는 번역서에서는 이 단어들을 법으로 번역
하지 않는다.13) 한편 이 점을 잘 지적했던 존스(C.H.W. Johns)는 그렇다면 고대
메소포타미아에서 '판결'을 의미하는 단어가 무엇이었는지 명시적으로 언급하고
있지 않으나 그것은 '*dinu*'였던 것으로 보인다. '디누(*dinu*)'는 일반적으로 판결을
가리키지만14) 좀 더 넓게는 '평결', '형벌', '처벌', '특정 법조문'이나 '특정 법규
정', '합법성', '법적으로 유효한 관습이나 행위', 그리고 '재판사례'와 '소송절차
(Rechtsverfahren)' 등 법적 사안의 다양한 국면을 모두 포함하는 개념이라고 한
다.15) 이 단어가 사용된 예로는 함무라비 법전 결어의 첫 구절인 "*dinat misarim*
(정의로운 판결)"이 있다. 흥미롭게도 여기에는 '*dinu*'와 '*misarum*'이 모두 쓰였
다.16) 마찬가지로 메소포타미아의 북부, 오늘날 터키 지역인 아나톨리아 반도에
서 융성했던 히타이트(Hittite)에도 '법'에 대응하는 단일한 단어는 없었지만(There
is no single Hittite word corresponding to the English term "law."), 법에 준할 정도
의 강력한 효력을 지닌 관습을 뜻하는 단어는 존재했다.17) 이 법전들은 바빌론
등에 위치한 필경사 양성학교(scribal school or center)18)에서 필사 연습을 위한
교재로 사용되기도 하였으며,19) 따라서 동 법전들이 기록돼 있는 점토판의 상당

---

13) 대표적으로 Martha T. Roth, 앞의 책, 133면 참조.

14) G.R. Driver & John C. Miles, 앞의 책, 380면.

15) 이에 대해서는 F.R. Kraus, Ein Zentrales Problem des altmesopotamischen
Rechtes: Was ist der Codex Hammurabi?, Genava N.S. IIIV, 1960, 285면과
Martha T. Roth, Mesopotamian Legal Traditions and The Laws of Hammurabi,
71 Chi.-Kent L. Rev. 13 (1995), 20면 참조.

16) 한편 드라이버와 마일즈는 "*dinat misarim*"을 '정의로운 법(just laws)'으로 번역하
고 있으나(G.R. Driver & John C. Miles, 앞의 책, 95면), 그들의 번역에서 법
(laws)이란 판결의 모음집을 의미한다(Laws are a collection of decisions). G.R.
Driver & John C. Miles, 앞의 책(*The Babylonian Laws Vol. I*), 48면 참조. 이
점을 정확히 지적해 주고 있는 F.R. Kraus, 앞의 논문, 286면 참조.

17) 이 점에 대해서는 Harry A. Hoffner, The Laws of The Hittites: A Critical Edition
(Leiden; New York: Brill, 1997), 1면.

18) 웨스트브룩은 필경사 양성소가 단순히 설형문자 쓰는 법(cuneiform script)을 배
우기 위한 곳이 아니라 고대 근동에서 일종의 대학(university)의 기능을 담당한
것으로 보고 있다. Raymond Westbrook, Biblical and Cuneiform Law Codes, *92
Revue Biblique* (1985), 253면.

19) Pamela Barmash, Homicide in Ancient Israel, the Ancient Near East, and
Traditional Societies, A Doctoral Dissertation at the Department of Near Eastern
Languages and Civilizations (Harvard University, 1999), 171면.

수가 원본이 아니라 학습용 습자교본(school copies) 형태로 전해 내려온다.[20] 이 법전들은 정의의 실현과 약자보호 및 복리증진 등을 이념으로 내세우고 있으며, 당시 메소포타미아의 도시국가들이 지향해야 할 사회의 전범으로서의 이상적 성격을 띠고 있었다. 함무라비 법전은 고대 바빌론 제1왕조의 제6대 왕인 함무라비가 분열되어 있던 메소포타미아를 재통일하고 제정한 것이다. 왕권신수사상이 지배했던 이 지역은 지구라트(ziggurat)로도 유명하듯 바빌론(Babylon)은 아카드어로 '신들의 문(Bab-ilu)'이라는 뜻이다.[21]

우르남무 법전의 조문은 법전이 기록된 점토판 대부분이 멸실되었거나 훼손되어 일부분밖에는 판독해 낼 수 없지만, 다행히 그 해독된 내용 중 제1조에 "만약 어떤 사람이 살인죄를 범하면 그를 죽일 지니라."[22]라고 규정되어 있어 살인에 대한 법전의 태도를 명확히 알 수 있다. 반면, 우르남무 법전과는 달리 총 282개 조문의 대부분이 복원된 함무라비 법전은 마모돼 정확한 내용을 알 수 없는 제66조에서 제99조까지의 조문을 제외한 전 내용을 통틀어 살인죄를 직접적으로 규정한 조문은 없다. 다만 제1조에는 "만일 어떤 자가 타인을 살인죄로 고소하면서 그에 대한 증거를 제시하지 못하면, 그 고소인은 사형에 처한다."고 하여 살인에 대한 무고죄를 처벌하는 규정을 두고 있고, 제153조에 "만일 어떤 자의 처가 다른 남자와의 관계 때문에 자신의 남편을 죽도록 만들면, 그 처를 말뚝으로 찔러 죽이는 형에 처한다."고 하여 특수한 상황과 결부된 살인죄만 규정되어 있을 뿐이다. 물론 법전의 마모돼 지워진 부분의 일부가 다른 자료들을 통해 일부 복원되기는 했지만 그 내용 중에도 보통살인죄에 관한 규정은 찾아볼 수 없다.

---

20) 이 점에 대해서는 Raymond Westbrook, The Character of Ancient Near Eastern Law, in: A History of Ancient Near Eastern Law, Vol.I (Leiden; Boston: Brill, 2003), 9면과 18면. 보다 자세히는 Martha T. Roth, 앞의 논문(Mesopotamian Legal Traditions and The Laws of Hammurabi), 19-20면 참조.

21) 'babu'는 문(gate)이란 뜻이며, 'ilu'는 신(god)을 뜻한다. 아카드어 사전으로는 광신대학교 고대근동어연구소(황성일 편), 아카드어사전(광신대학교 출판부, 2007)을 참조할 것.

22) LU 1 "If a man commits a homicide, they shall kill that man."

1.2 함무라비 법전의 체계

혹시 그렇다면 제66조에서 제99조까지의 조문 중 복원되지 않은 조문에 살인죄 규정이 있지는 않을까 하는 추측을 해볼 수 있다. 그러나 그러한 가능성도 희박하다. 함무라비 법전의 체계상 상해나 절도 등 일반 범죄에 대한 형벌규정은 제1조부터 제5조까지의 무고 및 위증죄조항과 제6조부터 제25조까지의 재산범죄조항, 제195조부터 제214조까지의 상해 및 상해치사죄 조항이 전부인 것으로 보이기 때문이다. 마모된 제66조부터 제99조 이전과 이후의 조문을 보면 제26조부터 제41조까지는 군사업무에 관한 규정이고, 제42조부터 제65조까지는 소작법 및 과수원의 임차 등 농업에 관한 조항이며, 제100조부터 제126조까지는 대부, 이자, 차입, 노예변제, 위탁 등 상업에 관한 규정이다. 그 이후의 제127조부터 제195조까지는 결혼, 이혼, 상속 등의 가족관계에 관한 규정이고, 제215조부터 제277조까지는 의사, 이발사, 건축업자, 뱃사공 등의 직업군에서 발생하는 법률분쟁에 관한 규정이며, 끝으로 제278조에서 제282조까지는 노예매매 및 반환에 관한 규정이다. 이렇듯 함무라비 법전은 전체 조문이 '군사', '농업', '상업', '가족', '노예' 등 몇 개의 편으로 군을 이루어 체계화되어 있었기 때문에[23), 제66조부터 제99조의 조문도 역시 특정한 편에 속할 것이라는 점을 알 수 있다. 그렇다면 그 편의 내용은 무엇이었을까? 이 점은 일부 복원된 내용을 통해 추정할 수 있다. 제66조부터 제99조의 조문 중에 현재까지 복원된 제66조부터 제67조 일부, 제70조 일부, 제88조부터 제91조 및 제93조 대부분, 제96조와 제97조 일부, 그리고 제98조부터 제99조까지의 내용을 보면 상거래시 과수원 주인을 보호하기 위한 규정(제66조) 또는 주택임대차(제78조)나 대부(제94조) 등에 관한 규정이 주를 이룬다. 그렇다면 제66조부터 제99조까지의 규정은 농업 및 상업에 관한 규정 편에 속한다고 봄이 타당하다. 물론 '재산범죄'나 '상해 및 상해치사죄' 등의 편 외에 각 편에도 예컨대 '특정 직업군에서 발생하는 법률분쟁' 편의 의사의 과실치

---

23) C. Edwards, 앞의 책, 58면.

사죄처럼 각각의 편과 관련된 개별 형벌규정이 있기는 하지만 여기에 살인이나 폭행, 상해 일반에 관한 규정은 두고 있지 않다. 이러한 규정 방식에 비추어 볼 때 복원되지 못한 나머지 조문에서 그 가능성을 찾으려는 것도 무망한 시도가 된다. 그러므로 함무라비 법전의 전 조문을 통해 보통살인죄에 대한 조문은 없다고 봄이 옳다.

1.3 함무라비 법전의 특이성: 고의 살인죄 조문의 부재

그런데 이처럼 고대사회의 법전에 살인죄 조문이 없다는 것은 매우 특이한 현상이다.[24] 앞서 우르남무 법전의 예에서도 봤지만, 히타이트 법전(Hittites Laws; HL) 등에도 마찬가지로[25] 비슷한 시기의 근동 지역의 법전에는 일반적 형태(general rule)로든 또는 특수한 유형(specific type)이나 절차적 사항에 관한 규정(matter of legal procedure)으로든 살인에 관한 조문이 대체로 각 법전의 가장 앞부분에 거의 예외 없이 등장한다.[26] 그렇다면 살인죄를 명시적으로 두고 있지 않은 함무라비 법

---

24) 'The Babylonian Laws'의 공저자인 드라이버와 마일즈는 다음과 같이 말한다. "It is strange that Hammurabi gives no description of the crime of murder, although it seems clear from other sections of the Laws that a distinction between 'murder' and 'manslaughter' was to some extent recognized by him." G.R. Driver & John C. Miles, 앞의 책(*The Babylonian Law I*), 60면.

25) HL 1 "[If] anyone kills [a man] or a woman in a [quarr]el, he shall [bring him] (for burial) and shall give 4 persons (lit. heads), male female respectively, and he shall look [to his house for it.]". 단, 히타이트 법전에도 고의적 살인(premeditated homicide; murder)에 대한 규정은 없다. 그 이유에 대해서는 이 경우 사적 보복(private justice; revenge)에 의해 처리되도록 맡겨져 있었기 때문이라는 견해가 유력하다. Harry A. Hoffner, On Homicide in Hittite Law, in: Gordon D. Young, Mark W. Chavalas, & Richard E. Averbeck, Crossing Boundaries and Linking Horizons (Bethesda, Maryland: CDL Press, 1997), 293-294면과 311면 참조. 동지의 Martha T. Roth, 앞의 책(*Law Collections from Mesopotamian Asia Minor*), 215면.

26) Pamela Barmash, Homicide in the Biblical World (Cambridge, UK; New York: Cambridge University Press, 2005), 126면 참조. 다만 바마쉬(Barmash) 교수는

전의 태도는 어떻게 해석해야 하는가? 살인죄 조문을 찾을 수 없다보
니, 살인에 대한 당시 법적 효과, 즉 형벌도 정확히 알 수 없다. "눈에는
눈, 이에는 이"라는 '동해보복의 원칙(*lex talionis*)'27)으로 유명한 함무
라비 법전이므로 그에 대한 형벌 역시 사형이었을 것으로 추측할 수도
있지만 뚜렷한 근거도 없이 막연한 추정으로 그렇게 단정하기는 어렵
다. 과연 이러한 의문점들은 어떻게 풀 수 있을까?

2. 함무라비 법전의 제정법으로서의 성격

이에 대한 본격적인 논의를 시작하기에 앞서 짚고 넘어가야 할 문제
가 있다. 우리가 함무라비 법전에 고의살인에 대한 조문이 빠져 있다는
점을 문제 삼을 수 있는 것은 동 법전이 현대적 수준의 합리적 판단능
력과 정교한 입법기술을 통해 주도면밀하게 기초되지는 못했다고 할지
라도 적어도 법전으로서 요구되는 일정 수준의 합리적 성안과정과 조
문 구조 및 배열상의 체계성을 구비하고 있다는 사실을 전제하고 있기
때문이다. 만약 동 법전에 법전으로서의 이러한 성격을 전혀 관념할 수
없다면 조문 하나가 빠져 있다는 사실은 별 문제가 되지 않을 것이다.
함무라비 법전이 새겨진 돌기둥의 발굴 이후 지난 1세기 동안 많은 학
자들은 고대 근동지역의 법전들에는 유스티니아누스 법전이나 나폴레
옹 법전처럼 법전으로 반드시 규정해 두어야 할 내용이 많이 생략되어
있어 관련된 모든 사항을 빠짐없이 두루 포함해야 하는 포괄적 성격이

함무라비 법전 제1조도 바로 이러한 맥락에서 살인죄를 다루고 있는 조문으로
평가하고 있다. 살인 무고죄를 다루고 있기 때문이다. LH 1 "If a man accuses
another man and charges him with homicide but then cannot bring proof against
him, his accuser shall be killed."

27) 이 원칙은 실제 두 개의 조문에 직접적으로 반영되어 있다. LH 196조는 "만일
어떤 자유인이 다른 자유인의 눈에 상해를 가하면 그의 눈에 상해를 가한다."고
규정하고 있고, LH 200은 "만일 어떤 자유인이 동등한 신분의 다른 자유인의 이
빨을 뽑으면, 그의 이빨을 뽑는다."고 규정하고 있다.

결여되어 있음을 지적해 왔다.[28]

　2.1 일단의 학자들은 고대 법전들이 당대의 실제 사례에서 원용된 예가 없다
는 점에서 동 법전들의 실효성에 의문을 제기하기도 했다.[29] 지금까지 발견된 당
시의 법률문헌들, 예컨대 소송기록들에서 법전의 관련 조문이 원용된 예를 찾아
볼 수 없다는 것이다. 비슷한 맥락에서 함무라비 법전은 그 서문과 결어의 내용에
비추어 볼 때, 모든 정복사업을 완수한 후 왕이 자신의 치적을 후손과 후대의 왕
들에게 알리려는 목적으로 편찬한 것이라는 사실에 주목하여 함무라비가 자신에
게 주어진 신성한 임무를 충실히 수행했음을 당대의 사람들과 후손들, 그리고 후
대의 왕들과 신들에게 알리려고 만든 왕위 해명서(royal apologia)에 불과하다는
주장도 제기되었다.[30] 즉, 동 법전은 서문-결어 형식(prologue-epilogue frame)을

---

28) Raymond Westbrook, Cuneiform Law Codes and the Origins of Legislation, *79
　　Zeitschrift für Assyriologie und Vorderasiatische Archäologie 201* (1989), 222면;
　　Jean Bottéro, The Code of Hammurabi, in: Mesopotamia: Writing, Reasoning,
　　and the Gods (Chicago: University of Chicago Press, 1982), 161면.

29) 이들의 비판은 주로 여러 법전들 중 가장 완전한 체계를 갖추고 있는 것으로 평
　　가되고 있는 함무라비 법전을 두고 제기되었다. B. Landsberger, Die Baby-
　　lonischen Termini für Gesetz und Recht, in: Festschrift für P. Koschaker, I
　　(Leiden: Brill, 1939), 219면 이하; F.R. Kraus, Ein Zentrales Problem des
　　altmesopotamischen Rechtes: Was ist der Codex Hammurabi?, Genava N.S. IIIV,
　　1960, 283면 이하; A.Leo. Oppenheim, Ancient Mesopotamia: Portrait of A Dead
　　Civilization (Rev. ed., Chicago; London: University of Chicago Press, 1977), 154
　　면과 158면. 이들 중 네덜란드 라이텐(Leiden) 대학의 아시리아학 교수인 크라우
　　스는 고대 근동의 법전이 실제의 법적용과는 관계없는 학술적 문헌(wissen-
　　schaftliche Literatur)에 불과하다고까지 주장했었으나, 이후 법전의 효력
　　(Geltungskraft)을 긍정하는 입장을 취한 독일 프랑크푸르트 대학 법학 교수인 프
　　라이저(W. Preiser)의 논문(Zur Rechtliche Natur der altorientalischen Gesetz, in:
　　P. Bockelmann et al. (hrsg.), Festschrift für Karl Engisch (Frankfurt am Main:
　　Vittorio Klostermann, 1969), 17-36면, 이 중 특히 35면 참조)에 응답하면서 자신
　　의 견해를 변경했다. 크라우스의 바뀐 견해에 대해서는 F.R. Kraus, Königliche
　　Verfügungen in altbabylonischer Zeit (Studia et Documenta ad Iuris Orientis
　　Antiqui Pertinentia Vol. xi, Leiden: Brill, 1984), 114-116면 참조. 이 책에서 크라
　　우스는 과거 자신은 법전의 효력을 부정했었으나, 프라이저의 논문을 통해 자신
　　의 편협했던(einseitig) 시각을 바로잡게 되었다고 시인하고 있다.

30) J.J. Finkelstein, Ammisaduqa's Edict and the Babylonian "Law Code", *15*

통해 동일한 방식으로 왕의 치적을 천명해 왔던 전대의 우르남무 법전이나 리피트-이쉬타르 법전의 전통적 궁전 비문양식(traditional genre of royal inscription)을 충실히 따르고 있을 뿐이라는 것이다. 법전이 참조된 사례를 찾지 못했다고 하여 동 법전의 실효성을 부정하는 것은 다소 성급한 결론으로 보인다. 고대 법전을 연구할 때에는 그 시대의 방식에 맞게 이해해야 하며, 좀 더 신중할 필요가 있다.31) 원용된 법조문을 밝히는 것이 당시의 법문화나 법적 관행에서는 중요하지 않았을 수도 있기 때문이다.32) 물론 법원의 재판에서 원용된 예가 없다는 사실은 동 법전이 오늘날과 같은 성문법적 성격을 지닌 것으로는 인정할 수 없다는 점을 입증하는 근거로 제한적으로 해석할 수 있을 것이다. 하지만 그렇다고 해서 동 법전의 규범적 원리들이 당대에 구속력이 없었다고 단정하는 것은 분명 잘못된 해석으로 보인다.33) 이 점은 함무라비 법전의 결어를 보면 분명 함무라비 왕은 동 법전의 내용을 후대의 통치자들이 변경 없이 준수해야 함을 천명하고 있으며, 법원에서 원용될 것을 의도하고 있음을 봐도 알 수 있다.34) 또 함무라비 법전을 포함한 고대 근동의 대부분의 법전은 "만일 어떤 사람이 ~ 하면 (조건절), ~ 한다 (결과절)"는 결의론적(casuistic) 형식35)을 채택하고 있는바, 이는 바로 고대 근동의 법전이 실제로 적용되던 법모음집이었음을 잘 보여준다. 단순한 도덕원리나

Journal of Cuneiform Studies 91 (1961), 103면.

31) Raymond Westbrook, 앞의 논문(*The Character of Ancient Near Eastern Law*), 19-21면.

32) Pamela Barmash, 앞의 논문(*Homicide in Ancient Israel, the Ancient Near East, and Traditional Societies*), 100면.

33) 만일 당대의 법체계가 판례법 체계였다면 법조문의 원용은 불필요했을 것이고, 따라서 동 법전은 엄연히 실효성 있는 법모음집으로 볼 수 있기 때문이다. 이러한 생각을 갖게 해 주는, Sophie Lafont, Ancient Near Eastern Laws: Continuity and Pluralism, in: Bernard M. Levinson (ed.), Theory and Method in Biblical and Cuneiform Law (Sheffield: Sheffield Academic Press, 1994), 94면. 이와 유사한 맥락에서 유대인연합대학(Hebrew Union College)의 성경 및 근동문헌 담당 교수인 그린구스(Greengus)는 고대 메소포타미아는 구두에 의존해 재판을 하는 전통 (oral tradition)을 갖고 있었기 때문에 굳이 법전에 의존할 필요가 없었다고 지적한다. Samuel Greengus, Some Issues Relating to the Comparability of Law and the Coherence of the Legal Tradition, in: Bernard M. Levinson (ed.), Theory and Method in Biblical and Cuneiform Law (Sheffield: Sheffield Academic Press, 1994), 77-84면.

34) 이 점에 대해서는 R. VerSteeg, 앞의 책, 16-17면 참조.

35) 이러한 결의론적 형식은 "누구든지 ~한 자는 ~한다"는 형식의 정언적(apodictic) 형식에 대비될 수 있다. 전자는 고대 근동의 설형문자로 새겨진 법전의 전통에서

종교규범을 이런 형식으로 규정할 이유는 없다.36) 이러한 점에서 당대 법전들이
비록 현대적 의미의 성문법은 아니었더라도 그 조문들은 최소한 실제 사례에 적
용되어 왔던 당대에 보편적으로 인정되던 법원리들이 법전에 구체화된 것으로 봐
야 할 것이다.37) 근동의 법전들이 왕위 해명서에 불과하다는 견해에 대해서는 함

유래하며, 이 지역에서 널리 활용되었던 예언집(omen collections; divination
texts)에도 채택된 형식이다. 반면 후자는 고대 이스라엘에 고유한 형식으로 성서
에서 기원한 규정방식이다. 이에 대해서는 Raymond Westbrook, What is the
Covenant Code?, in: Bernard M. Levinson (ed.), Theory and Method in Biblical
and Cuneiform Law (Sheffield: Sheffield Academic Press, 1994), 16면과 R.
VerSteeg, 앞의 책, 10-11면 참조. 예언집이란 예언가들이 어떤 전조가 될 만한
사건의 의미를 해석하기 위해 참조했었던 일련의 예언목록(omen series)을 말한
다. 이를테면 양이 태어났는데 뿔이 한 개만 있을 경우 예언가들은 이러한 이례
적인 출생의 의미를 해석하기 위해 예언집을 참조했고 그에 관한 예언을 밝혀내
이를 왕에게 보고했다. 전술한 바와 같이 크라우스는 고대 근동의 법전의 효력을
부정하고 이는 단지 학술적 문헌에 불과하다고 주장했다. 그는 그러한 주장을 함
에 있어서 고대 근동의 법전과 예언서가 결의론적 형식을 공통적으로 채택하고
있으며, 모든 주제를 포괄적으로 다루지는 못하지만 논리적 추론에 의해 직접 명
시되어 있지 않은 사항도 취급할 수 있도록 과학적으로 규정되어 있다는 사실에
주목하여(예컨대 LH 229-233 등) 고대 근동의 법전 역시 예언서와 마찬가지로
과학적 연구서에 불과하다는 결론을 입론하고 있다. F.R. Kraus, 앞의 논문(Ein
Zentrales Problem des altmesopotamischen Rechtes), 288-290면 참조. 고대 근동
지역에서 예언은 과학의 한 분야였으며, 예언집의 편찬은 과학적 연구로 간주되
었다. 하지만 웨스트브룩이 적절히 지적한 바 있듯이 설령 고대 근동의 법전을
과학적 연구서로 볼 여지가 있다고 하더라도, 당대의 예언집이 결과적으로 왕의
결정을 위한 참고자료로 활용된 응용과학(applied science)적 연구서였던 것처럼,
동 법전 역시 그 당시 최고법원으로서의 역할을 한 궁정 법관(royal judge) 또는
왕이 판결을 내리기 위해 참고한 선례집이었다는 점을 간과해서는 안 될 것이다.
즉, 고대 근동의 법전을 실효성을 전혀 관념할 수 없는 순수한 학술문헌으로만
볼 수는 없다는 것이다. 이 점에 대해서는 Raymond Westbrook, 앞의 논문
(Biblical and Cuneiform Law Codes), 253-254면 참조.

36) G.R. Driver & John C. Miles, The Assyrian Laws (Oxford: Clarendon Press,
1935), 12면; 이종근, 메소포타미아의 법사상 (삼육대학교출판부, 2008), 28면
참조.
37) H.W.F. Saggs, The Greatness That Was Babylon (New York: Hawthorn Books,
1962), 197-211면. 고대 근동 법전의 성격에 대해 더 참조할 만한 문헌으로, R.

무라비 법전보다 후대의 다른 법전들은 물론 함무라비 법전보다 다소 앞선 거의 동시대의 에쉬눈나 법전에서도38) 서문-결어 형식은 찾아볼 수 없다는 점에서 이 들을 반드시 왕위 해명서로 보아야 할 충분한 증거가 부족하다는 점을 지적할 수 있을 것이다.39) 즉, 법전의 본문내용(legal corpus)은 이미 독립된 목적으로 존재해 왔던 것이며, 후대에 왕위 해명의 목적으로 서문-결어 형식에 삽입된 것으로 볼 수 있다.40)

이러한 입장에서 보면, 함무라비 법전에 고의적 살인에 관한 규정이 빠져 있는 것은 편찬자의 입법기술적인 능력 부족과 고대 법전의 불완 전성을 적나라하게 반영할 뿐 특별한 의미가 없다고 볼 수도 있을 것이 다.41) 그러므로 함무라비 법전의 합리성과 체계성을 논하기 위해서는

Hasse, Einführung in das Studium keilschriftlicher Rechtsquellen (Wiesbaden: Otto Harrassowitz, 1965), 22면 이하; Martha T. Roth, Law Collections from Mesopotamia and Asia Minor (2nd ed., Atlanta, Georgia: Scholars Press, 1997), 4-7면.

38) 에쉬눈나 법전의 내용과 주석으로는 Reuven Yaron, The Laws of Eshnunna (Jerusalem: The Magnes Press, The Hebrew University; Leiden: E.J. Brill, 1988) 참조.

39) 이러한 비판으로는 Raymond Westbrook, 앞의 논문(*Biblical and Cuneiform Law Codes*), 250-251면.

40) Raymond Westbrook, 앞의 논문, 251면. 이러한 맥락에서 동 법전의 본문과 서문-결어가 각기 다른 저자, 예컨대 전자는 법률가(Rechtspraktiker), 후자는 궁전 또는 신전 소속의 시인(Palast-oder Tempeldichter)에 의해 작성되었을 것으로 보기도 한다. 이에 대해서는 J. Klima, Gesetze, in: E.Ebeling & B.Meissner (Hrsg.), Reallexikon der Assyriologie (Berlin; Leipzig: W. de Gruyter, 1932), 244면. 함무라비 법전과 마찬가지로 성경법전(Biblical code), 예컨대 신명기의 일부 법규정도 이미 현존하던 언약법전(Convenant Code; 출애굽기 20:22-23:33)의 내용을 일정한 종교적 목적을 위해 적절히 변형해 삽입한 것이다. Moshe Weinfeld, Deuteronomy and the Deuteronomic School (Oxford: Clarendon Press, 1972), 286-297면 참조.

41) 혹자는 함무라비 법전에 많은 조문이 빠져 있는 이유에 대해 당시 사회가 농경 중심의 단순한 사회였기 때문에 굳이 복잡한 법전이 불필요했을 것이라는 설명을 제시할 수도 있을 것이다. 그러나 여기서 문제 삼고자 하는 바는 설령 그렇다 하더라도 가장 전형적인 범죄인 보통살인죄 조문조차 빠져있다는 사실을 어떻게

무엇보다 왜 그러한 조문이 많은지에 대해 미리 해명해 둘 필요가 있을 것이다.

2.2 함무라비 법전의 합리성과 체계성

우선 함무라비 법전에는 반드시 들어가 있어야 할 법조문이 다수 생략되어 있다는 지적은 전적으로 옳다.[42] 하지만 이 사실이 곧 동 법전의 비합리성과 비체계성, 즉 법전성안 및 조문배열 상의 어떠한 원리나 질서도 파악할 수 없다는 점을 확증하는 논거가 될 수는 없다.[43] 그 이유는 다음과 같다. 법전의 서문과 결어에서 함무라비는 결코 자신이 '법전'을 제정했다고 주장하지 않는다. 다시 말해 당시에 현존했던 모든 법을 집대성 하여 재공포한(republish) 것이라고 말하고 있지는 않다는 것이다. 그는 당대 바빌로니아의 고도로 발달한 사회경제적 변화에 수용하기 위해 입법자로서 법을 개혁하고자 하였다.[44] 따라서 당시 바빌로니아 사회에서 통용되던 법의 일부를 개정(amendments)하거나 새롭게 조문화(restatement) 해야 필요성을 느꼈을 것이다.[45] 이러한 이유에서 그는 당시의 현행법 중에서 개정이 요구되고, 재공포함으로써 다시 강조될 필요가 있는 사항들만을 조문화하여 법전에 기록해 두었던 것이다.[46]

해명할 수 있겠느냐는 것이다. 이에 대한 적확한 지적으로는 Niels Peter Lemche, 앞의 논문, 1699면.

42) 이 점에 대해서는 Pamela Barmash, 앞의 논문(*Homicide in Ancient Israel, the Ancient Near East, and Traditional Societies*), 168-171면 참조.

43) 이러한 지적으로는 G.R. Driver & John C. Miles, 앞의 책(*The Babylonian Laws I*), 41면.

44) G.R. Driver & John C. Miles, 앞의 책, 45면. 함무라비 법전의 서문과 결어를 통해서도 이러한 태도를 엿볼 수 있다.

45) 일반적으로 함무라비 법전을 포함해 고대 근동의 법은 전혀 없던 새로운 법이 제정된 것이 아니라 법전의 입안자가 기존의 법을 개정하고 새롭게 가다듬는 과정에서 만들어진 것으로 본다. LH 125가 입안된 과정을 규명함으로써 함무라비 법전도 그러한 과정을 거쳐 기초된 것으로 논증하는 문헌으로는 Paul Koschaker, Rechtsvergleichende Studien zur Gesetzgebung Hammurapis: Königs von Babylon (Leipzig: Veit & Comp., 1917), 26-33면 참조.

2.2.1 함무라비 법전 조문의 성격

즉, 모든 사항을 총 망라하여 법전에 기록할 필요는 없었던 것이다. 이러한 추정은 함무라비 법전에서 생략된 조문들과 당대의 여러 소송 기록을 비교해 보면 더욱 확실해 진다. 관련 조문을 형법의 영역에 국한시켜 보자면 예를 들어 함무라비 법전은 자유인의 아들을 납치하는 행위를 처벌하지만(LH 14), 노예의 아들을 납치하는 행위는 규율하고 있지 않다. 또 화재가 발생한 집에서 물건을 절취하는 것을 처벌하면서도(LH 25), 방화에 대해서는 침묵하고 있다. 마찬가지로 유부녀나 여성 직자의 부정에 대해 손가락질로 모욕한 경우는 처벌하지만(LH 127), 남성에 대한 모욕은 생략되어 있다. 존속폭행은 처벌하면서도(LH 195), 존속살인에 대해서는 규율하고 있지 않다. 이밖에도 여성에 의한 범죄라든지 여성을 대상으로 하는 많은 범죄들이 함무라비 법전에는 조문화되어 있지 않다. 당연히 법전에서 다루고 있어야 할 사항으로 기대됨에도 불구하고 이러한 것들은 법전에 빠져 있다. 대신 이처럼 생략된 조문이 다루고 있어야 할 사항들은 상당수 당시의 다른 소송기록에서 법정에서 다투어 지고 있었음이 확인된다.47) 또 여성에 관한 범죄들의 경우 후대의 다른 법전에 기록돼 있기도 하다.48) 이처럼 법전에 생략된 사항들도 실제로는 당대의 여러 소송에서 다투어지고 있었다는 사실은 무엇을 의미하는가? 그것은 우선 함무라비 법전이 당대 현행법의 일부만을 조문화 해 둔 것이라는 사실을 입증해 준다. 그렇다면 왜 당시 법 중에 일부만을 집대성해 법전으로 편찬한 것일까? 그 이유에 대해서는 앞서 추정해 본 바와 같다.49) 즉, 새로운 시대에 부합되는 법 개정이 필

---

46) 또는 특별히 문제시되던 쟁점들(debated points)이나 함무라비에게 주된 관심사였던 것들만 발췌한 것으로도 볼 수 있을 것이다. 이러한 견해로는, Sophie Lafont, 앞의 논문, 101면.

47) G.R. Driver & John C. Miles, 앞의 책, 45-47면.

48) 이는 기원전 14세기경의 중세 아시리아 법(Middle Assyrian Laws; MAL)에 대폭 다루어지고 있다. 중세 아시리아 법에 대해서는 G.R. Driver & John C. Miles, The Assyrian Laws (Oxford: Clarendon Press, 1935)를 참조.

요했을 것이고, 따라서 새로 개정된 내용과 특별히 강조할 필요가 있는 사항들만을, 일정한 원리와 질서정연한 조문배열방식에 따라 체계적으로[50] 법전에 명문화 해 두었던 것이다.[51] 그런데 여기서 한 가지 또 다

---

49) 이에 대해 그렝구스 교수는 당대에는 재판이 구두로 진행되는 전통(oral tradition)
이 지배적이었고, 따라서 비록 법전의 편찬이 필요했다 하더라도 그러한 전통을
완전히 대체할 수는 없었기 때문에 구두로 전승된 법의 일부만이 기록된 것이라
고 보고 있다. 그 근거로서 그렝구스는 당대의 법률 전문가들, 예컨대 법관들 중
에도 문맹인 사람들이 상당수 있었을 것이라는 점과, 법전에 없는 사안도 구두로
다투어 지는 소송기록이 존재한다는 사실 등을 제시한다. Samuel Greengus, 앞의
논문, 77-84면 참조.

50) 학자들의 견해에 따르면 함무라비 법전의 기초자들은 그 조문들을 배열함에 있
어 탁월한 수준의 역량을 발휘한 것으로 볼 수 있을 만큼, 용어를 적절히 선택하
고 있고, 그 사용에 있어 오류가 없고, 정확성을 보일 뿐만 아니라 각 조문들은
깊은 뜻을 담고 있으며, 불필요한 말(verbiage)도 없다고 한다. 그만큼 동 법전은
입법 기술적으로 고도의 체계성을 갖추고 있다는 뜻이다. 이에 대해서는 G.R.
Driver & John C. Miles, 앞의 책, 48-49면. 역시 동지의 H.W.F. Saggs, 앞의 책,
206면; Martha T. Roth, 앞의 논문(*Mesopotamian Legal Traditions and The Laws
of Hammurabi*), 21면. 삭스와 로스는 공통적으로 동 법전이 고대 근동의 그 어떤
다른 법전들보다도 질서정연한 조문배열과 정교함(sophistication)을 갖추고 있다
고 평가한다.

51) 동지의 H.W.F. Saggs, 앞의 책, 211면; Jean Bottéro, 앞의 책, 158면. 이러한 추정
은 고대 근동의 또 다른 법전인 히타이트 법전(Hittite Laws; HL)의 조문을 보면
더욱 지지될 수 있다. 동 법전은 곳곳에 해당 조문이 기존의 법과 달리 규정되어
있음을 명시하고 있다. 다시 말해 해당 사안이 새로운 시대 상황에 부합되도록
이전의 판례와는 달리 판결되도록 규정하고 있다는 것이다. 예컨대 HL 92는 "만
일 어떤 자가 벌통을 훔치면 예전에는 그를 벌에 쏘이게(bee-sting) 했으나, 이제
는 은 6세겔을 지불하게 한다."고 규정하고 있고, 또 HL 121은 "만일 어떤 자가
자유인의 쟁기를 훔칠 경우 그는 소에 의해 죽게 만들었으나, 이제는 은 6세겔을
지불하게 한다."고 규정하여 소에 의한 처형을 은 6세겔의 벌금으로 대체하고 있
다. 이 점에 대해서는 Harry A. Hoffner, 앞의 논문, 5-6면 참조. 히타이트는 기원
전 18세기경 메소포타미아 북부 소아시아(Asia Minor) 지역의 하투샤(Hattusa)를
중심으로 형성된 왕국으로 약 500여 년간 존속하였다. 히타이트 법전은 그 편찬
자와 편찬시기가 알려져 있지 않지만, 그 사본들은 대략 기원전 1650년부터
1180년 사이에 편찬된 것으로 추정된다. 함무라비 법전(LH), 중세아시리아 법전

른 의문이 들 수 있다. 설령 함무라비 법전이 당시 현행법에 대한 일련의 개정된 사항들을 연속적으로 배열해 놓은 총체(a series of amendments to the existing law)라는 점을 인정한다 하더라도, 개정할 필요가 없었던 다른 사항들을 아예 조문에서 제외하는 방식으로 법전을 편찬해야 했던 것일까? 오늘날 많은 성문법 국가처럼 법 개정 시 원래의 전체 조문을 그대로 두면서 개정된 내용만을 알아볼 수 있게 법전을 편찬할 수도 있지 않았겠느냐는 것이다. 바로 이 점은 함무라비시대의 법이 성문법이 아니라 불문의(unwritten) 판례법(case law) 계통이었음을 강력히 암시해 준다.

2.2.1.1 덴마크 코펜하겐대학의 성서학 교수인 렘체(Lemche)는 함무라비 법전에 살인죄 조문이 빠져 있는 이유에 대해서 당대의 법관들이 불문법 전통에 따라 재판을 하였기 때문일 수 있다는 가능성을 지적하였고,[52] 시카고대학과 하버드대학의 아시리아학 교수를 역임했던 야콥슨(Jakobson)은 고대 메소포타미아에서 재판은 누구나 잘 알고 있었던 전통적인 불문의 보통법(traditional unwritten common law with which everybody was familiar)에 따라 이루어졌다고 보고 있다.[53] 또 프랑스 파리대학 인문사회 및 응용과학 고등연구소(École Pratique des Hautes Études)의 아시리아학자인 보테로(Bottéro)는 고대 메소포타미아에서 법은 교육을 통해 전승된 관습이나 특정 문제에 대한 전통적 해결방식의 형태로 그 사회에서 통용된 불문법이라고 본다.[54] 더 나아가 미국 에모리대학의 종교학 교수인 부스(Buss)는 고대 근동의 법전에 규정된 법들은 실정법이라기보다는 자연법에 더 가까웠기 때문에 그 자체로 규범적 성격을 지니고 있어서 군이 법정에서 이를 원용할 필요가 없었을 것이라고 본다. 왜냐하면 자연법은 법원으로 여겨지지도 않을

(MAL), 히타이트 법전(HL) 등 고대 근동의 법들이 시대에 따라 발전을 거듭해 개정되어 왔음을 구체적 사례로 논증하고 있는 문헌으로는 Eckart Otto, Aspects of Legal Reforms and Reformulations in Ancient Cuneiform and Israelite Law, in: Bernard M. Levinson (ed.), Theory and Method in Biblical and Cuneiform Law, Sheffield: Sheffield Academic Press, 1994), 163-182면.

52) Niels Peter Lemche, 앞의 논문, 1699면.
53) Thorkild Jakobson, An Ancient Mesopotamian Trial for Homicide, in: William L. Moran (ed.), Toward the Image of Tammuz and Other Essays on Mesopotamian History and Culture (Cambridge: Harvard University Press, 1970), 193면.
54) Jean Bottéro, 앞의 책, 181면.

뿐더러, 법관은 사회적 과정을 통해 (법전의 원용 없이도) 자연법에 직접 접근할
수 있었기 때문이다.55)

다시 말해 당시의 법체계는 선판례에 따라 재판을 하는 판례법 시스
템이었기 때문에 그러한 판례들 전부를 조문화할 수도, 그 필요성도 없
었던 것이다. 이는 마치 판례법 중심 국가인 영국에서 제정법(Statute)이
하는 역할과 유사하다. 영국의 제정법은 보통법(common law)을 개정하
며, 종종 그 일부를 성문화(codify)하는 역할을 한다.56)
　자, 그렇다면 함무라비 법전에 많은 조문들이 빠져 있는 이유가 자
연스럽게 해명된다. 그것은 동 법전 기초자(들)의 입법 상 과오나 고대
법전의 무질서한 비체계성에서 비롯된 법의 흠결이 아니다. 기존의 현
행법, 즉 판례 중에서 특수한 목적에 의해 개정, 선별된 것들만 법전에
조문화되었기 때문에 발생한 당연한 결과일 뿐이다. 그러면 이제 우리
는 원래의 질문을 보다 의미 있는 형식으로 변경할 필요가 있다. 다시
한 번 묻자. "함무라비는, 더 정확히 함무라비 법전의 기초자(들)은 왜
고의 살인죄를 법전에 둘 필요가 없다고 판단한 것일까?"

3. 두 가지 가능한 해석

이와 관련해 분명한 점은 고의적 살인에 대한 조문이 없다고 하여
당대 사회에서 그러한 유형의 살인이 허용되었을 것이라고 생각할 수
는 없다는 것이다. 앞서 우리는 함무라비 법전이 모든 현행법을 집대성
한 것은 아니라는 점을 확인하였다. 그렇기 때문에 비록 조문에는 빠져
있어도, 고의적 살인을 다룬 소송기록이 존재하는 것으로 미루어57) 고

---

55) Martin J. Buss, Legal Science and Legislation, in: Bernard M. Levinson (ed.),
　　Theory and Method in Biblical and Cuneiform Law (Sheffield: Sheffield
　　Academic Press, 1994), 89면.
56) 이 점에 대해서는 G.R. Driver & John C. Miles, 앞의 책, 48면 참조.
57) 함무라비와 근접한 시기의 대표적 살인관련 재판기록으로는 'CT 29 42'와

의적 살인도 범죄로 취급되었을 것임은 분명해 보인다. 추측컨대 함무라비 법전보다 앞선 우르남무 법전에서 살인자를 사형에 처하고 있음을 명문화하고 있는 점에 비추어 볼 때, 살인에 대한 처벌은 사형이었을 것이다.[58] 살인은 자연범(自然犯)이다.[59] 이는 다툼의 여지가 없다고 보며, 따라서 이 전제 위에서 논의를 시작하고자 한다.

그렇다면 우리는 함무라비 법전에 살인죄 조문이 없다는 사실로부터 두 가지 가능한 해석을 제시해 볼 수 있다.

3.1 우연한 입법과오에 불과하다는 견해

일부 학자들은 살인죄가 명문화되지 않은 것은 동 법전의 입안자가 의도하지 않았던 우연한(accidental) 입법과오에 불과하며, 살인은 지극히 자명한 범죄로서 이에 대한 처벌은 사회 구성원의 의식 속에 확고하게 자리 잡은 자연법적 성질을 지니기 때문에 굳이 살인죄는 명문화될 필요도 없고, 설령 이것이 조문화 되어있지 않더라도 당연히 법의 집행을 통해 처벌되었을 것이라고 볼 수 있다고 주장한다.[60] 이러한 해석론의 입장에서는 다음과 같은 근거를 제시한다. 우선 LH 1에서 살인에 대한 무고죄를 처벌하고 있으므로, 이는 곧 살인이 처벌되는 범죄라는 사실을 논리적으로 전제하고 있다는 것이다.[61] 그러므로 실제로는 여러

'Nippur Murder Trial' 등이 있다. 이 두 사건에 대해서는 후술한다.

58) 이러한 추론으로는 Martha T. Roth, 앞의 책, 71-72면.

59) 살인이 동서고금을 통해 보편적으로 인정되는 범죄라는 점은 우선 그것이 자연법적 성질을 지녔기 때문이기도 하지만, 인류학적 접근에 의한 많은 실증연구 역시 살인은 어디서나 중대한 범죄로 취급되었음을 보여준다. 이러한 인류학적 실증연구를 다룬 문헌으로는 E. Adamson Hoebel, The Law of Primitive Man: A Study in Comparative Legal Dynamics (Cambridge, MA: Harvard University Press, 1954), 286면 참조.

60) 이러한 입장으로 C.H.W. Johns, 앞의 책, 96면 참조. 캠브리지 대학의 아시리아학(Assyriology) 학자인 존스는 단순한 살인(murder pure and simple)에 대한 명시적 언급이 없는 것에 대해 "이는 우연에 불과한 것(this is only accidental)"이라고 단언한다.

유형의 살인 사건이 법정에서 심리되었을 것이나, 그럼에도 불구하고 살인죄가 조문화되어 있지 않은 것은 단지 법전의 불완전성에서 기인한 결과로 볼 수 있다는 것이다.[62] 이러한 주장에 대해서는 LH 1에서 살인을 뜻하는 아카드어 자구(字句)의 의미에 대한 해석 상 논란의 여지가 있다는 점은 논외로 하더라도,[63] 무엇보다 앞에서 살펴본 바와 같이 함무라비 법전에서 고의적 살인에 대한 규정이 빠진 것은 결코 우연한 입법과오가 아니며, 더구나 고대 법전의 불완전성이 반영된 결과일 뿐이라는 해석은 동 법전에 대한 편견과 심각한 오해에서 기인한 것이라는 점을 지적할 수 있을 것이다. 또 한편 설령 당시 사회에 살인이 너무나 당연한 범죄로 간주되고 있었다 하더라도 그에 대한 처벌이 반드시 법적 절차에 의해 집행되었을 것이라고 보아야 할 논리적 필연성이 없다는 반론을 제기할 수 있을 것이다.

3.2 살인은 사법외적으로 처벌되었을 것이라는 견해

그렇다면 달리 어떻게 해석할 방법이 있을까? 우선 앞서 다룬 바에 비추어 볼 때 고의적 살인은 함무라비 시대에도 개정되거나 특별히 강조될 필요가 없었기 때문에 법전에 조문화되지 않았을 것이란 점은 분

---

61) 이러한 견해로는 R. VerSteeg, 앞의 책, 109면. 뉴잉글랜드 법과대학의 J. Russel VerSteeg 교수는 다음과 같이 말한다. "By implication it is, therefore, logical to assume that homicide itself was also punished with execution."

62) 이러한 가능성에 대해서는 Edwin M. Good, Capital Punishment and Its Alternatives in Ancient Near Eastern Law, *19 Stan. L. Rev. 947* (1967), 951면.

63) 즉, 동조는 살인의 무고를 처벌하는 것이 아니라 타인에게 저주(curse)를 내리는 주술범죄에 대한 무고죄를 처벌하려는 조문이라는 것이다. 이는 동 조문에 쓰인 아카드어 'neirtam; nertum'에 대한 해석상 견해차이에서 비롯된다. 이에 대해서는 C. Edwards, 앞의 책, 68-69면과 W.W. Davies, The Codes of Hammurabi and Moses (Berkely, CA: Apocryphile Press, 2006), 23면을 함께 참조할 것. 특히 오스트리아 빈(Wien) 대학의 동양어학 교수인 뮐러(Müller)는 이 경우의 살인을 '마법에 의한 살인(Tötung durch Zauberei)'으로 번역하고 있다. D.H. Müller, Die Gesetze Hammurabis (Wien: Alfred Hölder, 1903), 9면 참조.

명하다. 그것은 아마도 당대에 통용되던 전통적인 살인의 처리방식이 널리 그 타당성을 인정받을 만큼 사회적으로 매우 깊게 뿌리를 내려 승인되고 있었기 때문이기도 할 것이고, 앞의 첫 번째 해석론에서도 지적한 바 있듯이 살인은 자연범이기 때문이기도 할 것이다. 따라서 문제는 당대에 현존했던 고의적 살인의 전통적 처리방식이 과연 무엇이겠느냐는 것이다. 그것은 그보다 앞선 시기의 다른 법전이나 동 법전의 여러 처벌방식에 비추어 볼 때, 사형이었겠지만 동 법전은 이에 대해 명시적으로 말해 주는 바가 없다. 하지만 법전의 구조를 통해 간접적으로 추론해 볼 수는 있다. 첫 번째 해석론에서는 고의적 살인이 법의 집행에 의해 처형되었을 것이라고 추정하나, 동 법전의 조문구조는 고의적 살인이 사법적 절차가 아니라, 사법외적으로(extra-judicial) 처리되었을 것이라는 점을 암시해 준다. 즉, 고의적 살인은 국가의 재판권 밖에 있었으며 전적으로 개인적인 피의 복수(vendetta)에 맡겨져 있었다는 것이다.64)

3.2.1 고의살인과 과실치사의 구분

그 근거는 다음과 같다. 함무라비 법전은 의도적인 살인(intentional homicide)이 아닌 그 이외의 다른 유형의 가벼운 살인(manslaughter), 예컨대 결과적 가중범이나 과실치사 등에 대해서는 금전적(monetary) 배상 또는 동해보복의 원칙을 적용하고 있다. 관련 조문을 보면 만일 인질(人質)이 채권자의 집에서 폭행이나 학대의 결과로 사망한 경우, 그 인질의 소유자가 채권자에게 사망에 대한 책임이 있음을 입증하고, 그 인질이 자유인의 아들인 경우에는 채권자의 아들을 사형에 처한다(LH 116). 만일 어떤 사람이 아이를 유모에게 맡겼는데 유모가 돌보던 중 그 아이가 사망에 이르렀을 때, 유모가 죽은 아이 부모의 동의 없이 다른 아이도 맡아 젖을 먹였다면, 죽은 아이의 부모는 유모의 책임을 입증하고, 그에 대한 책임으로 유모의 유방을 자른다(LH 194). 만일 폭행

---

64) C. Edwards, 앞의 책, 112-113면.

의 결과로 피해자가 사망하였을 때, 가해자가 고의적으로 그를 폭행한 것이 아니라고 맹세하고, 그 피해자가 자유인 신분이면 은 2분의 1미나(mana)65)를 배상해야 한다(LH 207). 만일 어떤 자유인이 다른 자유인의 딸을 폭행하여 그 딸이 사망하면, 그 가해자의 딸을 사형에 처한다(LH 210).66) 만일 의사가 외과수술 중 자유인 환자를 사망에 이르게 하거나 그의 눈을 멀게 하면 의사의 두 손을 자르고(LH 218), 노예인 환자를 사망에 이르게 하면 그 노예와 동일한 가치의 노예로 배상해야 한다(LH 219). 만일 어떤 건축가가 집을 지을 때 부주의하여 그가 건축한 집이 무너져 집주인이 사망에 이르게 되면, 건축가를 사형에 처하고(LH 229), 만일 그 집주인의 아들이 죽으면 그 건축가의 아들을 사형에 처한다(LH 230). 만일 어떤 소의 주인이 자신의 소가 사람을 떠받는 습성이 있다는 사실을 통고받았음에도 불구하고 안전하게 관리하지 않아 그 소가 자유인 신분의 사람을 떠받아 사망하게 되면, 주인은 은 2분의 1미나를 배상해야 한다(LH 251).67) 이상 살펴본 바와 같이 함무라비 법

---

65) 1미나(mana)는 은 약 500그램이다.

66) 동 조문과 비교해 흥미로운 사실은 리피트-이쉬타르 법전의 제d-e조에는 "만일 [한 ...] 어떤 사람의 딸을 가격하여 그녀를 유산시키면, 은 30 세겔을 배상해야 한다. 만일 그녀가 죽으면 그 가해자를 사형에 처한다."라고 규정해, 딸이 죽은 경우에도 가해자를 사형에 처하고 있다든 점이다. 두 조문의 차이는 다음과 같이 해석할 수 있다. 사실 리피트-이쉬타르 법전의 규정은 딸에 대한 고의살인인지 결과적 가중범인지 조문 상으로는 판명할 수 없다. 그런데 동 조문에서 함무라비 법전과 달리 동해보복의 원칙이 적용되지 않고 있는 것은, 바로 고의살인을 상정한 조문이었기 때문일 것이다. 일반적으로 리피트-이쉬타르 법전의 제d-e조는 우르남무 법전의 제1조처럼 고의살인을 규정한 조문으로 잘 알려져 있다.

67) 이상의 조문내용은 시카고 대학의 아시리아학(Assyriology) 교수인 로스의 영역본을 주로 참조하였고, 필자가 조문의 전체내용을 독자들의 이해에 필요한 범위 내에서, 전후 조문과의 관계를 고려해 일부 첨삭하여 번역한 것임을 밝혀둔다. 이하의 조문들도 이러한 방식으로 번역 및 소개하였다. 로스의 영역본은 Martha T. Roth, Law Collections from Mesopotamia and Asia Minor (2nd ed., Atlanta, Georgia: Scholars Press, 1997) 참조. 조문에 따라서는 옥스퍼드 대학의 셈문헌학(Semitic Philology) 교수인 드라이버와 역시 동 대학의 명예 펠로우(Honorary Fellow)이자 변호사인 마일즈가 공역한 'G.R. Driver & John C. Miles, The

전에 명문화된 살인죄 조문들은 그 대부분이 과실에 의한 것들이다. 물론 몇 개의 조문은 고의적인 살인을 다루고 있는 것처럼 보인다.[68] 예컨대 만일 강도에 의해 어떤 사람이 살해되었는데, 강도가 체포되지 못하면 강도가 발생한 도시와 그 행정책임자는 그 강도 피해자의 친족들에게 은 1미나를 배상해야 한다(LH 24).[69] 또 만일 어떤 여인이 다른 남자와의 관계 때문에(on account of another man) 자신의 남편이 죽도록 만들면, 그 여인을 말뚝으로 찔러 죽이는 형에 처한다(LH 153).[70] 하지만 전자는 강도와 살인이 결합돼 형이 가중될 수 있는 강도살인이라는 특수한 형태의 범죄를, 후자는 결혼관계에 있는 부부 간의, 그것도 다른 남자와의 관계로 인한 특수한 정황을 고려한 치정에 의한 살인이

Babylonian Laws Vol. II － Text Translation － (Oxford: Clarendon Press, 1955)', 그리고 시카고 대학의 셈어 및 셈문학 교수인 하퍼(Harper)의 'Robert Francis Harper, The Code of Hammurabi; King of Babylon about 2250 B.C. (The University of Chicago Press, 1904)'도 함께 대조해 가며 참조하였다. 또 특별히 필요한 경우에 한하여 전술한 바 있는 오스트리아 빈 대학의 동양어학 교수이자 종교철학 전문가이기도 한 뮐러(D.H. Müller)의 'Die Gesetze Hammurabis (Wien: Alfred Hölder, 1903)'도 참조하였음을 밝혀둔다. 많은 경우, '한상수, 함무라비 법전－인류 법문화의 원형－ (인제대학교 출판부, 2008)'와 '이종근, 메소포타미아의 법사상 (삼육대학교출판부, 2008)'도 대조해 가며 참조하였다.

68) C. Edwards, 앞의 책, 112면. 에드워즈는 아래의 두 조문을 고의적 살인(willful homicide)의 예로 보고 있다.

LH 22 "If a man has committed robbery and is caught, that man shall be put to death."

LH 23 "If the robber is not caught, the man who has been robbed shall formally declare whatever he has lost before a god, and the city and the mayor in whose territory or district the robbery has been committed shall replace whatever he has lost for him."

LH 24 "If (it is) the life (of the owner that is lost), the city and the mayor shall pay one mana of silver to his kinsfolk."

69) 이 조문의 의미를 정확히 이해하기 위해서는 LH, 22, 23 24를 체계적으로 해석할 필요가 있다.

70) LH 153 "If a woman has procured the death of her husband on account of another man, they shall impale that woman."

기 때문에 살인죄 일반에 대한 조문으로 볼 수 없음은 분명하다. 특히 전자의 경우 우선 조문 상으로는 강도 살인인지 강도 치사인지 불분명한 점은 차치하고,71) LH 23과의 관계에 비추어 볼 때 강도가 체포되지 못할 경우 해당 강도가 발생한 도시와 행정책임자가 그 피해를 보상하도록 규정한 것으로서, 일정 지역이나 공동체의(local or communal) 집단적 책임(collective responsibility)을 다룬 특수한 조문이므로72) 살인에

---

71) 왜냐하면 이 조문은 직역하면 단지 "강도에 의해 희생된 것이 피해자의 생명이라면(If it is the life of the owner that is lost; If it be a life that is lost)"이라는 뜻으로 읽히기 때문에 강도 중 고의에 의한 살인인지 과실에 의한 살인인지 결론 내리기 어렵다. 이 조문의 해석에 있어서는 드라이버와 마일즈, 그리고 하퍼의 번역을 따랐다. 참고로 스탠포드 대학의 종교 및 히브리학 담당 교수인 굿(Good)은 함무라비 법전의 조문 중 살인죄를 규정한 것은 살인의 무고죄를 다룬 LH 1과 LH 153이라고 보고 있다. 이는 LH 22와 LH 153을 살인죄의 예로 들고 있는 에드워즈와는 분명 다른 견해다. Edwin M. Good, 앞의 논문, 951면. 한편 드라이버와 마일즈는 함무라비 법전에서 살인죄가 명백하게 언급된 것은 LH 153뿐이라고 본다. G.P. Driver & John C. Miles, 앞의 책(*The Babylonian Laws I*), 60면.

72) 이에 대해서는 G.P. Driver & John C. Miles, 앞의 책, 110-111면. 이와 유사한 예로서, 고대 근동의 신아시리아(Neo-Assyria)의 경우 살인자가 거주하는 마을 (the village where a murderer resided)이 피해자의 친족들에 대한 배상에 공동의 책임(corporate responsibility for compensating the victim's kinsmen)을 지는 경우가 있었다. 이에 대해서는 Pamela Barmash, Homicide in the Biblical World (Cambridge, UK; New York: Cambridge University Press, 2005), 28-30면과 57-62면 참조. 이처럼 살인에 대한 책임을 살인자의 가족이나 친족이 집단적으로 져야하는 집단책임(collective responsibility)이란 법형상은 비단 고대 근동지역뿐만 아니라 피의 보복 관습이 지배하는 원시부족사회에서는 보편적이었던 것으로 보인다. 집단책임은 대위책임(vicarious liability)의 형태를 띠기도 하는데, 예컨대 만일 살인자에게 책임을 물을 수 없는 경우에는 그 살인자의 어느 특정한 가족 구성원에게 책임을 물을 수 있었기 때문이다. 이 점에 대해서는 Richard R. Cherry, Primitive Criminal Law, in: Albert Kocourek & John H. Wigmore (eds.), Primitive and Ancient Legal Institution, Evolution of Law Series Vol.II (Boston: Little, Brown, and Company, 1915), 138-140면. 집단책임과 대위책임에 대해서는 법인책임과 집단책임을 다루는 본서의 PART II에서 상세히 논급하기로 한다.

대한 일반적인 처벌규정으로 보기는 어렵다는 점에서 더욱 그러하다.
또 후자의 경우도 이를 일반적인 살인죄 조문으로 보기에는 난점이 있
다. 물론 살인의 가해자가 피해자와 혼인관계에 있다든지 치정 때문이라
는 동기는 현대법상 특별히 고려되지 않기 때문에 이 조문을 보통살인
의 범주에 넣고 살인죄 일반에 대한 법전의 태도를 추론해 볼 여지는 있
을 것이다. 그렇지만 쉽게 결론 내리기 어려운 문제가 다른 곳에 있다.
이 조문도 직역하면 단지 "만일 어떤 여인이 다른 남자와의 관계 때문에
남편의 죽음을 야기한 경우(procured the death of her husband)"73)라고 번
역될 뿐이어서 그 여인이 남편을 직접 살해한 것인지 아니면 다른 사람
을 통해 남편을 살해한 것인지 불분명하다는 것이다. 사실 축자적(逐字
的)으로만 보면 남편이 살해되도록 만들다(causes him to be murdered)는
의미로,74) 이는 곧 정부(情夫)가 남편을 살해하도록 만들었다(procure
the lover to kill her husband)는 의미가 더 강하다.75) 즉, 그 여인은 공범
의 형태로 가담해 살인을 저질렀을 가능성이 크다는 것이다. 하지만 조
문 상으로는 단독 범행인지 아닌지, 범행가담 여부와 방식이 확실치 않
다. 물론 조문에 정부가 살인자라는 언급이 없는 점으로 미루어 일견
처가 단독으로 남편의 사망에 대한 책임을 지는 것으로 볼 여지도 있다.
그러나 그렇게 단정하기 위해서는 정부의 책임소재에 대한 조문의 명
시적 언급이 있어야 한다. 왜냐하면 함무라비 법전은 전 조문에 걸쳐
당사자들 간의 책임소재를 명확히 해 주고 있으며, 이를 위해 증거에
의해 사실관계를 확정하는 태도를 취하고 있기 때문이다. 예컨대 전술
한 폭행치사의 예에서(LH 116) 채권자의 집에서 폭행이나 학대의 결과

---

73) 드라이버와 마일즈는 이를 "If a woman has procured(caused) the death of her
   husband on account of another man"으로, Harper는 "If a woman bring about the
   death of her husband for the sake of another man"으로, 밀러는 "Wenn die Frau
   eines Mannes wegen eines anderen Mannsbildes ihren Ehemann töten läßt)"로 번
   역하고 있다. 모두 거의 일치된 번역이다.
74) 이에 대해서는 G.R. Driver & John C. Miles, 앞의 책(*The Babylonian Laws II*),
   64면.
75) G.R. Driver & John C. Miles, 앞의 책(*The Assyrian Laws*), 33면.

로 사망한 경우, 채권자에게 책임을 묻기 위해서는 그 인질의 소유자가
채권자에게 책임이 있음을 입증해야 하고, 또 유모에게 맡겨 놓은 아이
가 사망에 이르렀을 때, 죽은 아이의 부모는 유모의 책임을 입증해야만
유모의 책임을 물을 수 있다(LH 194). 이밖에 다른 예로서 처의 간통은
처벌되므로(LH 129), 사람들로부터 부정(不貞)의 혐의를 받은 처는 형
사책임을 면하기 위해 신성한 강물에 뛰어들어76) 자신의 결백을 증명
해야 한다(LH 132). 이와 같이 함무라비 법전은 각 조문에 사실확정을
위한 입증방법을 상세히 기록하고 있는바, 그렇다면 LH 153의 경우도
만일 책임이 처에게만 있다면, 이를 입증해줄 추가적 언급이 있든지, 아
니면 최소한 정부가 공범(particeps criminis)의 혐의를 벗어날 수 있기
위한 입증방법을 명시해 두어야 하는데, 조문은 이에 대해 침묵하고 있
고,77) 따라서 우리는 어떻게 유죄의 입증이 가능했는지 알 수 없다는
점에서78) 동 조문은 매우 이례적인(peculiar) 것으로 평가할 수밖에 없
다.79) 그러므로 살인죄 일반에 대한 규정으로 보기에는 분명 무리가 있
다. 더구나 살인에 대한 형벌로서 말뚝에 꿰어 죽이는 형(impalement)이
라는 특수한 형벌을 여인에게만 부과하고 있는 점에서도 동 조문의 성
격에 대해 좀 더 신중히 고찰해 볼 필요가 있다고 본다. 말뚝에 꿰어

---

76) 함무라비 법전은 원칙적으로 증거에 의해 사실을 확정하도록 하면서도 증거에
   의한 사실확정이 곤란한 경우 신판(神判)에 의해 유죄여부를 판단하도록 하고 있
   다. 당사자들 중 어느 한 쪽에 책임을 부과할 필요가 있음에도 불구하고 그 기초
   가 되는 사실을 증명해 줄 인적·물적 증거가 없는 경우 비합리적이고 초자연적
   인 증거를 통해 특정한 사실을 확정하고 이에 기초하여 법적 책임을 부과하는
   것이 신판(ordeal)이다. 신판의 유형은 신 앞에서 자신의 결백을 선언하는 '선서'
   를 통한 방법(LH 20, 103)과 신성한 강물에 뛰어들어 물에 떠오르게 되면 결백이
   입증되는 '수신판(水神判)'이 있다(LH 2, 132). 이상의 내용에 대해서는 한상수,
   함무라비 법전-인류 법문화의 원형- (인제대학교 출판부, 2008), 98-102면.
77) 이상의 문제제기로는 G.R. Driver & John C. Miles, 앞의 책(The Babylonian
   Laws I), 313면.
78) R. VerSteeg, 앞의 책, 109면.
79) 이러한 평가로는 G.R. Driver & John C. Miles, 앞의 책, 313면; R. VerSteeg,
   앞의 책, 109면.

범행 현장에(at the scene of the crime) 매달아 둔다는 것은 아마도 사람들이 잘 볼 수 있도록 하여 널리 알리겠다는 것이고 이러한 처형방식을 택한 데에는 그만큼 치정에 얽힌 남편살해가 사회적으로 비난받아 마땅한 것이라는 사고방식이 스며들어 있다고 볼 수 있다.80) 다만 처의 단독범행이든 정부의 남편 살해에 공범으로 가담한 경우이든 고의적 살인이라는 점에는 의문의 여지가 없다고 보이며, 그렇기 때문에 동 조문을 일단 고의 살인의 특수한 형태로 분류해 두기로 한다.

이처럼 함무라비 법전에 과실 등에 의한 살인은 명시적으로 규정되어 있는 반면, 고의적 살인에 대한 조문이 없다는 사실은, 입법상의 과오나 고대 법전의 불완전성 때문이 아니라 분명 의도적인 것이었음을 짐작하게 해 준다. 즉, 고의적 살인은 과실 등에 의한 살인(manslaughter)과는 달리 비사법적인 방식, 다시 말해 불문의 관습을 통해 처리되는 전통을 따르고 있었음을 추측하게 해 준다는 것이다.81)

3.2.1.1 우리 형법과는 달리 독일형법은 고의적 살인을 세분하여 謀殺(重殺人)과 故殺(普通殺人)로 구분하고 있다. 독일형법 제211조에 의하면 모살(Mord)은 살해욕이나 성욕의 만족, 탐욕 또는 기타 비열한 동기에서, 간악하거나 잔인하거나 공공에 위험한 수단으로 또는 다른 범죄를 실행하거나 은폐할 목적으로 타인을 살해하는 것을 말하며, 종신자유형에 처해진다. 국내의 많은 교과서에서는 이러한 구분법이 영미법에도 그대로 통용되는 것으로 소개하고 있다. 모살(Mord)은 'murder'에 고살(Totschlag)은 'manslaughter'에 각각 대응한다는 것이다.82) 그러나

---

80) 이러한 추론을 가능하게 해 주는 견해로는 G.R. Driver & John C. Miles, 앞의 책, 496면 참조.

81) G.R. Driver & John C. Miles, 앞의 책(The Assyrian Laws), 33면. 드라이버와 마일즈는 함무라비 법전과 중세 아시리아 법전(MAL)에 살인에 대한 일반적 규정이 없는 것은 살인이 셈족의 관습인 피의 보복에 맡겨져 있었기 때문이라고 추정하고 있다.

82) 이러한 설명으로는 이재상, 형법각론, 2010, 10-11면; 임웅, 형법각론, 2009, 11면; 김일수·서보학, 형법각론, 2007, 18면; 배종대, 형법각론, 2007, 60면; 박상기, 형법각론, 2005, 16면; 이영란, 형법학 – 각론강의, 2008, 21면; 김성돈, 형법각론, 2009, 29면. 반면 특별히 이러한 도식을 시도하지 않고 있는 문헌으로는 정웅석·백승민, 형법강의, 2008, 755면; 이형국, 형법각론, 2007, 8면.

영미형법상 'murder'에 비해 'manslaughter'가 감정적 구성요건임에는 틀림없지만, 후자는 '고살'이 아니라 '전자보다 덜 중한 형태의 살인(less serious form of homicide than murder) 일체를 의미한다. 다시 말해 후자의 유형에는 과실치사나 결과적 가중범도 포함될 수 있으며, 따라서 이를 보통살인, 즉 '고살'로 단정 짓는 것은 명백한 오류다.[83] 전자와 후자는 '사전에 품고 있는 악의(malice aforethought)'[84] 유무에 따라 구분된다. 이 점에서 전자는 고의적 살인의 모든 유형을 의미한다고 볼 수 있으며, 독일형법상의 모살과 고살을 포괄하는 개념으로 보는 것이 옳다. 그러므로 양자를 중살인(murder)과 경살인(manslaughter)으로 구분하는 것이 적절하다고 본다. 영국과 달리 미국 대부분의 주에서는 중살인을 '예모와 숙려(premeditation and deliberation)'유무에 따라 일급살인(first degree murder)과 이급살인(second degree murder)으로 구분하기도 한다. 이렇게 구분하는 실익은 일급살인의 경우 사형까지 가능한 반면, 이급살인은 종신자유형은 가능해도 사형은 불가능하다는데 있다.[85] 대체로 영미법은 경살인을 자발적 살인(voluntary

---

83) 단, 이러한 구분법은 우리 형법상 가중적 특별구성요건인 내란목적살인죄(제88조)나 결합범 형태인 강간살인죄(제301조의 2)와 인질살해죄(제324조의 4), 그리고 강도살인죄(제338조) 등이 독일형법상의 모살(Mord)이나 영미형법상의 중살인(murder)으로 분류될 수 있다는 점에서는 타당하다. 이러한 설명으로는 박상기, 형법강의, 2010, 397면 참조. 한편 특정범죄가중처벌법의 보복살인규정(제5조의 9)은 사실상 모살규정으로 볼 수 있다. 이 점에 대해서는 배종대, 앞의 책, 61면과 정웅석·백승민, 앞의 책, 756면.

84) 중살인(murder)의 성립에 필요한 '사전 악의(malice aforethought)'라는 용어는 기술적 의미(technical meaning)를 지닌 것으로서, 일상적 의미와는 다르다. 악의(malice)가 악의적인 의지(ill-will)를 뜻하는 것도 아니고, 사전(aforethought)이란 말이 반드시 예모(premeditation)를 의미하는 것도 아니기 때문이다. 그렇기 때문에 고통을 덜어주려는 동정심에서 자식을 살해한 경우에도 악의는 인정되며, 타인을 가격하기 불과 몇 초 전에 살인의 고의를 품은 경우에도 사전에 품은 것으로 인정된다. 이에 대해서는 Smith & Hogan, Criminal Law (Oxford University Press, 2005), 436면. 반면 동 용어를 '살의적 계획'으로 번역하며 모살(murder)과 고살(manslaughter)의 구분기준이라고 보는 견해로는 김한균, 형법상 모살·고살 구분과 영미법상의 살인죄, 형사법연구 제22권 제4호, 2010, 187면 이하 참조.

85) 일급살인과 이급살인의 구분이 비단 예모의 유무에만 좌우되는 것은 아니다. 일급살인 되는 예로는 예모가 있는 경우 이외에도 특정한 중범죄(felony), 예컨대 방화나 강간, 강도 등을 저지르던 중에 살인을 한 경우, 잠복해 있다가(lie in wait) 살인을 한 경우, 독살 또는 고문에 의해 살인을 저지른 경우 등이 있다. 이에 대해서는 LaFave & Scott, Handbook on Criminal Law (St. Paul: West Pub.

manslaughter)[86])과 비자발적 살인(involuntary manslaughter)으로 구분한다. 자발적 살인의 예로는 어떠한 언사 또는 행위에 의한 도발(provocation)로 인해 자기통제력을 잃은 상태나 책임능력이 감경된 상태에서 중살인을 범한 경우 등이 있다.[87]) 비자발적 살인의 예로는 위법하고 위험한(unlawful and dangerous) 범죄를 저지르다가[88]) 그로 인해 타인을 사망에 이르게 만드는 경우(constructive manslaughter)[89])나 중대한 과실에 의해 타인을 살해한 경우(gross negligence manslaughter)[90]) 등을 들

Co., 1972), 562면. 일급살인과 이급살인을 예모에 의해 구분하는 접근방식에 대해 비판적인 견해로는 George P. Fletcher, Rethinking Criminal Law (Oxford University Press, 2000), 253-256면. 플레처에 의하면 특별한 동기가 없는 살인(wanton killing)도 예모에 의한 살인만큼 사악한 것이다.

86) 여기서 자발적이란 의미는 이 경우 행위자가 고의살인에 요구되는 범의(malice for murder)를 지니고 있다는 뜻이다. William Wilson, Criminal Law (Harlow, England; New York: Longman, 2003), 376면.

87) 이 때 중살인(murder)이 성립하지 않고 경살인(manslaughter)이 성립하는데, 그 이유는 두 가지 방식으로 설명된다. 첫째로는 이 경우 중살인의 성립에 요구되는 범의(mens rea)는 충족되나, 감경적 상황(extenuating circumstance)에 의해 중살인이 성립하지 않는다는 입장과(Jonathan Herring, Criminal Law, Oxford University Press, 2006, 248-249면), 도발에 의해 '악의(malice aforethought)'가 완화되기 때문이라고 보는 입장이 있다(William Wilson, 앞의 책, 377면).

88) 이에 해당하는 범죄는 대부분 신체적 해악을 가져오는 범죄들일 것이나 반드시 폭력적일 필요는 없다. 단, 과실(negligence)이나 부작위(omission)에 의한 범죄는 해당하지 않는다. 이에 대해서는 Andrew Ashworth, Principles of Criminal Law (Oxford University Press, 2006), 281-288면; Jonathan Herring, 앞의 책, 277면.

89) 위법하고 위험한 범죄를 '저지르던 중에(in the commission of)' 살인을 한 경우, 이를 구성적 살인(constructive manslaughter)이라고 말한다. 이는 일견 우리형법상의 결과적 가중범과 유사한 개념으로 보이지만, 정확히 일치하지는 않는다. 결과적 가중범의 경우 기본범죄와 중한 결과 사이의 내적 관련성, 즉 직접성이나 인과관계 이외에 결과에 대한 예견가능성이 요구되지만, 구성적 살인의 경우에는 기본범죄 무엇인지에 따라 성립요건이 다르다. 기본범죄가 자연범(mala in se)인 경우에는 사망의 결과에 대한 '예견가능성(foreseeability)'이 없어도 양자 간의 인과관계와 시간 및 장소적 접착성(closeness of time and place)만 있으면 경살인이 성립되는데 반해, 기본범죄가 법정범(mala prohibita)인 경우에는 사망의 결과에 대한 예견가능성도 필요하기 때문이다. LaFave & Scott, 앞의 책, 594-600면. 따라서 구성적 살인은 결과적 가중범을 포함하는 보다 넓은 개념으로 파악하는 것이 타당하다.

수 있다. 이들 각각의 경우에 해당하면 '사전에 품고 있는 악의'가 부정된다. 다만 도발에 의한 살인처럼 경살인의 경우에도 고의적 살인이 포함될 수 있다는 점은 유의할 필요가 있을 것이다.

3.3 고대 근동의 사적 보복 관습

이를 지지해 주는 근거는 다음과 같다. 함무라비 법전의 제정 당시 근동 지역에서는 살인이 가족이나 친족들에 의한 피의 보복에 의해 처리되는 관습이 지배했었다.[91] 비단 아시리아뿐만 아니라 팔레스타인 지방[92] 즉, 구약(Old Testament)의 내용에 비추어 볼 때, 고대 이스라엘 사회의 히브리 법문화에도 그러한 관습이 있었다.[93] 그렇다면 바빌론에서도 살인은 그 가족과 친족들에 의해 해결되어야 할 사적인 사건(private affair)이라는 감정이 지배적이었을 것이고, 따라서 일반적으로 살인은 가족이나 친족들의 피의 보복에 의해 법적 절차를 거치지 않고 사적으로 처리되었을 것이라고 볼 수 있다.[94] 그러면 여기서 한 가지, 앞서 논급한 바 있는 치정에 얽힌 남편살해가 조문화되어 있다는 사실은 과연 어떻게 이해해야 하는가? 이 역시 고의적 살인의 한 유형인데 어째서 법전에 명문화된 것일까? 이에 대해서는 다음과 같은 추정이 가능하다. 일반적으로 고의적 살인은 사적인 피의 보복에 맡겨져 있었지

---

90) 미국의 일부 주에서는 중과실이 아닌 통상의 과실(ordinary negligence)만으로도 경살인의 성립을 인정한다. LaFave & Scott, 앞의 책, 587면.

91) 살인에 대한 사적 보복을 인정하는 관습 비단 근동지역뿐만 아니라 고대 사회에서는 상당히 보편적인 현상이었던 것으로 보인다. 고대의 그리스와 게르만지역은 물론 중세의 스칸디나비아와 스위스 등에서도 사적 보복은 널리 인정되고 있었다. Carl Ludwig von Bar, A History of Continental Criminal Law (Boston: Little, Brown, and Company, 1916, Translated by Thomas S. Bell), 4-6면, 57-61면, 119-121면, 142-145면 참조.

92) G.R. Driver & John C. Miles, 앞의 책(*The Babylonian Laws I*), 60면.

93) C. Edwards, 앞의 책, 113면; Edwin M. Good, 앞의 논문, 952면.

94) Raymond Westbrook, 앞의 논문(*The Character of Ancient Near Eastern Law*), 78-79면; G.R. Driver & John C. Miles, 앞의 책, 314면; C. Edwards, 앞의 책, 113면.

만, 살인과 특수한 사정이 결합돼 세간의 주목을 끌 만한 사건, 다시 말
해 유부녀가 간통으로 인해 남편을 살해한 사건처럼 대중에게 널리 알
려 경각심을 일으키게 만들 만한 사건만큼은 법정에서 처리될 수 있도
록 조문화 해 둔 것으로 볼 수 있을 것이다.[95] 그리고 이러한 맥락에서
본다면 LH 153에 정부의 책임소재에 대한 내용이 언급되지 않고 있는
이유도 해명할 수 있게 된다. 추측컨대 LH 153은 분명 처가 정부를 통
해 남편을 살해한 사안을 다룬 규정이다. 정부가 남편을 직접 살해한
정범이며, 처는 단지 공범의 형태로 범행에 가담한 것이다.[96] 따라서
정부는 고의 중살인(murder)의 정범인 관계로 당시의 관습인 피의 보복
에 의해 사형에 처해졌을 것이고, 그렇기 때문에 처와 달리 정부의 처
벌에 대해서는 조문에 별도의 규정을 둘 필요가 없었던 것이다. 이처럼
가족이나 친족들에게 살인자의 처단을 맡기는 당시 사회의 전통적 관
습은 함무라비 법전에 고의적 살인에 대한 규정이 없는 이유를 설명해
줄 뿐 아니라[97] 관련조문을 정합적으로 해석할 수 있도록 해 준다. 요
컨대 함무라비 법전은 고의적 살인과 기타 경살인(manslaughter)을 구분
하여 전자는 사법외적인 불문의 관습에 의해 처리하고, 그리고 후자만

---

95) 이러한 해석이 가능한 것은 공개적 장소에서 말뚝으로 찔러 죽이는 형은 당시의
    관행과 유사 입법례에 비추어 예방목적으로 보다 잔혹한 방법에 의해 – 예컨대
    화형 – 피고인 처를 죽이고, 그 시신을 말뚝에 매다는 방식으로 집행되었을 것이
    기 때문이다. 이 점에 대한 지적으로는 W.W. Davies, The Codes of Hammurabi
    and Moses (Berkeley, CA: Apocryphile Press, 2006), 70면. G.R. Driver & John
    C. Miles, 앞의 책(The Babylonian Laws I), 313면; G.R. Driver & John C. Miles,
    앞의 책(The Babylonian Laws II), 230면. 에스키모의 여러 원시부족들 중에도 살
    인범을 모두 사적인 피의 보복에 맡기지 않고 상습 살인범(homicidal recidivist)의
    경우는 사회전체에 위협이 되는 공공의 적(public enemy)으로 간주되어 공동체의
    승인(community approval)에 의해 그를 처형하는 관습도 발견된다. 이 점에 대해
    서는 E. Adamson Hoebel, 앞의 책, 88-89면.
96) 이러한 견해로는 G.R. Driver & John C. Miles, 앞의 책(The Babylonian Laws
    I), 33면.
97) 이러한 견해로는 Edwin M. Good, 앞의 논문, 952면. 굿은 스탠포드 대학의 종교
    및 히브리학 담당 교수이다.

을 법적 절차(process of law)에 맡기는 이원적 방식을 취하고 있었던 것으로 해석할 수 있다고 본다.98)

     3.3.1 그렇다면 함무라비 법전은 왜 이러한 이원적 방식을 채택할 수밖에 없었을까? 이에 대해 드라이버와 마일즈는 다음과 같은 견해를 제시한다. 고대 메소포타미아 사회에서 가족 및 친족들에 의한 피의 보복(blood-feud)은 필연적으로 무차별적이고 끝없는 보복(Vendetta)의 악순환을 가져왔을 것이 분명하다. 보복의 악순환은 공동체의 안녕과 평화에 큰 위협이 되었을 것이다. 그렇기 때문에 중앙권력이 성장함에 따라 국가는 피의 보복에 의한 해결방식을 점차 제한해야 할 필요가 있었다. 이러한 사회역사적 맥락에 비추어 보면 당대의 지배적 관습이었던 피의 보복을 근절할 수 없는 이상,99) 함무라비 법전은 최대한 그 대상범위를 축소시키는 방식을 채택할 수밖에 없었던 것이다.100)

---

98) 단, 사망한 피해자 외국인이어서 피의 보복을 집행해 줄 가족이나 친족이 없는 경우에는 국가가 개입해 처형을 해 주었을 것으로 보는 견해로는 Raymond Westbrook, 앞의 논문, 78면.

99) 유럽의 경우 중세시대까지도, 잉글랜드(England)를 제외한 대부분의 국가에서 피의 보복 관습이 사라지지 않고 지속되었는데, 그 이유는 대부분의 국가에서 정부 당국은 이를 근절시킬 수도 없었고, 또 그럴 의사도 없었던 관계로 단지 그 관습이 더 극단적으로 표출되지 않게 완화하려는(moderating the more extreme manifestations of practices) 노력만 기울였기 때문이라고 한다. 즉, 피의 보복을 할 수 있는 조건과 그 절차를 법제도화 함으로써 오히려 보복의 합법성(legality)을 인정하는 정책을 취했다는 것이다. 따라서 당대의 사법절차는 잘 규제된 피의 보복(regularized vendettas)에 다름 아니었다는 것이다. 이토록 피의 보복을 근절하기 어려웠던 것은 그만큼 가해자에 대한 증오감은 반드시 그의 생명을 뺏어 와야 할 만큼 치명적인 것이어서 인간의 마음 속 깊숙한 곳에서도 어쩔 수 없이 따라야 하는 도덕법전(moral code)의 핵심을 이루고 있기 때문이다. 이 점에 대해서는 Marc Bloch, Feudal Society, vol.1 – The Growth of Ties of Dependence (Chicago: The Chicago University Press, 1970, Translated by L.A. Manyon) 128-129면.

100) G.R. Driver & John C. Miles, 앞의 책, 315면과 497-498면.

4. 결론에 대한 반론

4.1 살인에 대한 두 가지 처리방식: 사적 보복과 국가의 통제

한편 이러한 결론과 달리 고대 메소포타미아 사회에서는 고의에 의한 살인을 포함해 모든 살인 사건이 법적 절차에 의해 처리되었을 것이라고 주장하는 견해가 있어 이에 대한 면밀한 검토가 필요하다. 워싱턴 대학의 히브리 성서학 교수인 파멜라 바마쉬는 박사학위 논문[101]과 뒤이은 후속논문[102], 그리고 자신의 박사학위 논문을 책으로 출간한 단행본[103]에서 일관되게 그러한 주장을 해왔다. 그의 견해를 간략히 줄이면 다음과 같다.

4.1.1 살인에 대한 구제방식의 지역적 차이

첫째, 함무라비 법전이 기록돼 있는 석주가 1901년부터 1902년 사이에 발굴된 이후 고대 이스라엘법이 고대 근동의 법, 즉 함무라비 법전과 같은 메소포타미아법의 영향을 받았다는 논쟁이 첨예하고 벌어지고 있는바, 이는 일정 부분 타당한 측면도 있지만 적어도 살인(homicide)에 대한 취급방식에 있어서 양자는 두드러진 차이점을 보이고 있었다. 즉, 고대 이스라엘법에서는 살인이 가족이나 친척 등의 피의 보복(blood-feud)에 의해 처리되었지만, 고대 근동지역의 다른 국가들에서는, 농경사회였던 아시리아와 같은 일부 국가를 제외하고는,[104] 국가의 개

---

101) Pamela Barmash, Homicide in Ancient Israel, the Ancient Near East, and Traditional Societies, A Doctoral Dissertation at the Department of Near Eastern Languages and Civilizations (Harvard University, 1999) 참조.

102) Pamela Barmash, Blood Feud and State Control: Differing Legal Institutions for the Remedy of Homicide during the Second and First Millennia B.C.E., *63 Journal of Near Eastern Studies 183* (2004) 참조.

103) Pamela Barmash, Homicide in the Biblical World (Cambridge, UK; New York: Cambridge University Press, 2005) 참조.

104) 이에 대해서는 Pamela Barmash, 앞의 논문(*Blood Feud and State Control*),

입에 의한 사법절차를 통해 처리되었고 피해자의 가족은 절차의 종결
단계에서 형벌의 종류를 결정하는 과정에만 극히 제한적으로 참여할
수 있었다는 것이다. 부연하자면, 고대 메소포타미아의 경우는 살인 사
건이 발생해 신고가 국가기관에 접수되면, 이때부터 국가가 개입하여
재판의 종결 시까지 광범위하게 관여하였다. 피해자 측은 형의 선고단
계에서 배상금(compensation)을 청구할 것인지 아니면 사형(execution)
을 시킬 것인지를 결정하는 일에만 참여할 수 있었다.105) 반면 고대 이

186-189면과 198면 참조. 아시리아는 바빌론이나 수메르와 같은 도시국가와 다
른 지리적 영향으로 인해 바빌론이나 수메르보다 더 많은 농경정주민들이 있었
고, 따라서 가족들 간의 강한 결속이 중시되는 농경 중심의 사회구조를 취하고
있었다. 아시리아의 경우 살인사건이 발생하면 살인자가 사는 마을의 주민들이
피해자의 친족들에게 피해보상을 하는 집단책임(corporate responsibility)이 존
재했고, 피해자의 가족이 살인자를 넘겨받아 그를 사형에 처할 것인지 아니면
금전적 배상을 받을 것인지 결정할 수 있는 권리를 명시적으로 인정하고 있는
법조문도 있었으며, 당대에 피의 보복이 존재했음을 보여주는 사례도 있다. 관
련 조문으로는 중세 아시리아 법(Middle Assyrian Laws; MAL) 제10조를 참조.
MAL 10 "[If either] a man or a woman enters [another man's] house and kills
[either a man] or a woman, [they shall hand over] the killers [to the head of
the household]. If he chooses, he shall kill them, or if he chooses to come to
an accommodation, he shall take [their property]. And if there is [nothing of
value to give from house] of the killers, either a son [or a daughter]..." 관련
사례에 대해서는 C.H.W. Johns, 앞의 책, 116면 참조. 아시리아법의 이러한 특
성에 대해 바마쉬 교수는 고대 이스라엘 법과 메소포타미아의 다른 법 사이의
중간적 위치(intermediate position)을 차지하는 것이라고 평가하고 있다.

105) 바마쉬 교수는 고대 메소포타미아에서 피해자 가족의 역할은 살인자가 체포돼
법정에 서면 그에 대해 손해 배상금을 청구할 것인지 아니면 사형을 시킬 것인
지 결정하는 것이었다고 주장한다. 즉, 피해자 가족에게 단지형벌의 종류를 결
정할 권리만 있었다는 것이다. 이와 달리 고대 이스라엘의 경우 피해자 가족의
역할은 살인자를 보자마자(on sight), 소추권한을 갖고(take the initiative) 그를
처형하는 것이었다고 한다. 즉 그러한 역할을 하는 것이 곧 권리이자 책무(right
and responsibility)였다는 것이다. 하지만 몇몇 소송기록(ADD 618, ADD 321
등)과 입법례(MAL A10, B2)를 근거로 이러한 주장을 하는 것은 지나친 일반화
일 가능성이 있다고 본다. 법의 발달과정을 보면 금전적 배상이 피의 보복을 대

스라엘의 경우는 살인 피해자와 가장 가까운 남성 친척(the closest male relative)이[106) 피의 복수자(blood avenger)가 될 수 있었고, 피의 복수자가 살인자를 눈에 띄는 대로 직접 붙잡아 처형할 수 있는 권리를 갖고 있었다. 메소포타미아와는 달리 수사나 체포를 담당할 그 어떤 공식적인 기관도 존재하지 않았던 것이다.[107)

4.1.2 고대 이스라엘과 메소포타미아의 제도적 차이

둘째, 고대 이스라엘에는 살인을 저지른 자가 도피해 머무를 수 있는 성소(sanctuary)로서의 도피성(city of refugee) 제도가 있었지만,[108) 메소포타미아에는 그러한 제도가 없었다. 도피성 제도는 피해자 가족들의 보복권리에 일정한 제한을 가하는 장치로서, 그 제한방식은 다음과 같다. 우선 만일 살인자가 이곳으로 들어가면 피해자의 가족은 더 이상 그를 추적해 죽일 수 없다. 하지만 일단 도피성으로 들어간 살인자는 그 살인이 고의인지(intentional) 우연한 사고(accidental)에 의한 것인지를 가리는 재판을 받아야 하며, 만일 우연한 사고로 발생한 것이라면 살인자는 그 도피성에 계속 머무르며 보복으로부터 벗어날 수 있다.[109)

체하게 된 사회에서도 중대한 범죄의 경우에는 여전히 피의 보복만을 허용한 예가 있기 때문이다. 이에 대해서는 Richard R. Cherry, 앞의 논문, 135면.

106) 피의 복수자가 될 수 있는 자격(qualification)에 대해서는 Pamela Barmash, 앞의 논문(*Homicide in Ancient Israel, the Ancient Near East, and Traditional Societies*), 42면 참조.

107) 이상의 내용에 대해서는 Pamela Barmash, 앞의 논문(*Blood Feud and State Control*), 184-189면.

108) 도피성 제도에 대해서는 성경에도 언급되고 있다. "사람을 쳐 죽인 자는 반드시 죽일 것이나, 만일 사람이 고의적으로 한 것이 아니라 나 하나님이 사람을 그의 손에 넘긴 것이면 내가 그를 위하여 한 곳을 정하리니 그 사람이 그리로 도망할 것이며(출애굽기 21:12-13)." 국내의 형법 교과서 중에서 유일하게 고대사회의 도피성 제도에 대해 인식하고 있는 책으로는 임웅, 형법총론, 2009, 12면. 단, 동 문헌에서는 도피처 제도로 언급되고 있다.

109) 살인이 우연에 의한 것으로(accidental) 판명이 나더라도 살인자는 도피성에 일정기간동안 남아있어야 했다. 우연에 의한 살인도 분명 범죄였으며, 피의 죄책

반면에 살인이 고의로 판명된 경우에 한해서만 살인자는 피해자의 가족들에게 처형을 위해 인도되었다.[110] 요컨대 살인자가 도피성으로 피신하기 전에는 우연에 의해 살인을 저지른 자조차 피의 보복을 당할 수 있었기 때문에 살인자는 보복을 피하기 위해 일단 도피성으로 은신해야 했으며, 은신한 후 재판결과에 따라 도피성에 남거나 피해자의 가족들에게 형의 집행을 위해 넘겨졌다는 것이다.[111] 이 경의 피의 보복을 담당하는 자의 임무는 재판의 결과를 집행하는 것에 다름 아닌 것(his role is reduced to nothing more than carrying out the judgement of the court) 이었다.[112] 또 달리 보면 피의 복수자가 있었기 때문에 그것을 피하기 위해 마련된 도피성제도가 필요했던 것이기도 하다. 그렇기 때문에 이 도피성 제도 역시 메소포타미아에는 살인자를 피의 보복에 의해 처형하지 않았음을 보여준다. 왜냐하면, 만일 피의 보복이 존재했다면 도피성과 같은 제도가 필요했을 것인데, 메소포타미에 그러한 제도가 존재했음을 알려주는 자료는 전혀 존재하지 않았기 때문이다.[113]

(bloodguilt)을 면할 수 없었기 때문이다. 이 경우 도피성은 피의 보복으로부터 은신처의 기능과 동시에 살인으로 인해 고향과 가족 등으로부터 추방돼 구금(confinement)되는 장소의 기능을 모두 지니고 있었다. 이 점에 대해서는 Pamela Barmash, 앞의 논문(*Homicide in Ancient Israel, the Ancient Near East, and Traditional Societies*), 66-68면.

110) 살인자를 피해자의 가족들에게 인도하는 일은 살인자가 거주하는 도시의 장로들(elders of the killers city)이 담당했던 것으로 보인다(신명기 19:12). Pamela Barmash, 앞의 논문, 55면.

111) 고대 이스라엘에는 예루살렘의 중앙법원(central court) 외에 지역 공동체 중심의 사법제도(local community-based system of justice) 잔존하였고, 바로 여기에서 장로들(elders)은 살인의 고의성 여부를 판단하는 재판관(judge)의 역할을 담당하였다. 물론 그 판단이 힘들 경우에는 중앙법원에 도움을 청할 수도 있었다. 고대 이스라엘의 사법제도에 대해서는 Pamela Barmash, 앞의 책(*Homicide in the Biblical World*), 35-36면.

112) 도피성제도에 대해서는 Pamela Barmash, 앞의 책, 50-59면 참조.

113) Pamela Barmash, 앞의 논문(*Blood Feud and State Control*), 190면.

4.1.3 살인에 대한 상이한 구제방식의 사회구조적 해명

셋째, 고대 이스라엘과 메소포타미아의 살인에 대한 상이한 처리방식은 양 지역 간의 두드러진 사회문화적 차이에서 기인한다. 고대 이스라엘은 농경문화에 토대를 둔 지방분권적(rural and decentralized) 사회였기 때문에 혈연이 중요한 역할을 하고 있었고, 따라서 가족들 간의 연합체(association of families)가 법적으로 가족구성원을 보호할 책임을 지고 있었다. 그렇기 때문에 가족 등 공동체 중심의 사법시스템이 일반화 될 수 있었다는 것이다. 반대로 메소포타미아 사회는 도시국가 중심의 중앙집권적(urban and centralized) 사회였다. 이러한 유형의 사회는 관료제와 전문가집단에 의해 조직화되어 있으며 따라서 혈연적 경계가 아닌 지역적, 정치적 경계에 따라 계층이 분화되어 있다. 그러므로 한 개인을 어떤 대가족의 일원으로 파악하는 것은 중요하지 않게 되고, 사회 구성원들은 사회적, 법적 영역에서 독립된 개인으로서 의미를 부여받아 활동하게 된다. 한 마디로 가장 기초적인 사회적 단위가 혈연에 의해 확장된 대가족이 아니라 핵가족이 된다는 것이다.[114] 이는 대가족 제도의 해체(disintegration)와 관료제적 중앙정부의 출현을 의미하며, 이로 인해 사법절차가 피의 보복을 대체하게 되었다는 것이다.[115]

이와 같은 바마쉬 교수의 주장은 어떻게 받아들여야 할까? 그의 견해는 일견 본고의 결론과 상치되는 것처럼 보이기도 한다. 메소포타미아에서는 살인죄 일반이 국가의 개입과 사법절차에 따라 처리되었다고 일반화하고 있기 때문이다. 다른 한편으로는 본고와 크게 다르지 않다고도 볼 수 있는데, 왜냐하면 본고 역시 함무라비 법전에서도 고의적 살인을 제외한 살인의 대부분은 사법절차에 의해 처리되었음을 인정하고 있기 때문이다. 그렇다면 문제의 쟁점은 과연 고의적 살인도 바마쉬 교수의 주장처럼 철저하게 국가적 개입에 의해 처리되었는지 밝혀내는

---

114) Pamela Barmash, 앞의 논문, 194면. "The most basic social unit was the nuclear, not the extended, family."

115) Pamela Barmash, 앞의 책(*Homicide in the Biblical World*), 202면.

데 놓여 있다고 볼 수 있다.

5. 반론에 대한 논박

　고대 이스라엘 사회와 메소포타미아 사회의 사회구조(social structure)
적 차이로부터 살인에 대한 상이한 해결방식을 입론해 내는 그의 논증
방식은 매우 탁월하고 수긍할 만하다고 본다.[116] 이를 뒷받침해 주는
전거로서의 문헌사료 또한 풍부하게 제시해 주고 있다. 하지만 타당한
논증방식에 기초해 있다고 해서 항상 올바른 결론에 도달한다고 볼 수
는 없다. 모든 논증에는 대부분 반론의 여지가 남아 있기 마련이고, 한
정된 논거에 기초할 수밖에 없기 때문에 논증구성상 한계가 뒤따르기
마련이다. 무엇보다도 바마쉬 교수의 주장에 대해 누구나 품을 수 있는
의문은 고대사회에 사회구조적 차이가 있었다고 해서 과연 그것이 양
자의 사회적 분쟁 해결방식을 철저히 다르게 만들 수 있을 만큼 결정적
이냐는 것이다. 즉, 도시국가라고 해서 과연 혈연 중심의 보복관습을 완
전히 배제할 수 있었겠느냐는 것이다. 잘 알려져 있다시피 고대사회에
서는 그 지역을 막론하고 사적 보복(private revenge)은 보편적인 정의실
현의 한 방식이었다. 그만큼 보복관념은 인간본성에 깊이 뿌리내려 있
기 때문이다.[117] 그렇다면 고대 메소포타미아 사회 역시 비록 사회구조

---

116) 사회구조가 다르면 살인사건 등 법적 분쟁에 대한 해결방식이 상이하게 발달할
　　수 있다는 견해는 그 자체로는 이론적 건전성(theoretical soundness)을 인정할
　　수 있을 것이다. 에스키모(Eskimo)나 코만치(Comanche), 샤이엔(Cheyene), 카
　　이오와(Kiowas), 이푸가오(Ifugao) 등 원시부족들의 법과 관습에 대한 인류학적
　　연구를 토대로 이와 유사한 결론에 도달하고 있는 연구문헌으로는 E. Adamson
　　Hoebel, 앞의 책, 330면 참조. 여기서 호벨은 느슨하게 조직된(loosely organized)
　　부족들은 지역공동체 단위의 자율적인 분쟁해결 방식, 즉 피의 보복(feud) 등에
　　의해 분쟁을 해결한 반면, 경제, 문화적으로 좀 더 고도로 조직화된 부족들은
　　사회 전체의 이익을 대변하는 중앙 정부(central authority)가 개입하여 피의 보
　　복을 금지하게 되었다는 결론을 제시한다.
117) 이 점에 대한 정치한 논증과 풍부한 전거의 제시로는 Richard R. Cherry, 앞의

상 도시국가의 형태를 취하고 있었다고 하더라도 사적 보복관습은 여전히, 이스라엘과 비교해 정도의 차이는 있겠지만, 남아있었다고 보는 것이 더 자연스럽다.[118] 그렇기 때문에 본고의 논지처럼 함무라비 법전은 그러한 관습을 완전히 없애기 보다는 고의적 살인에만 피의 보복을 허용함으로써 사회 구성원들의 가장 원초적이고 보편적인 복수감정과 조화를 도모하는 이원적 구조를 채택했다고 해석하는 것이 더 적절하다고 본다.

5.1 과대 일반화의 오류

이 점은 바마쉬 교수의 논증 과정에 드러난 한계점을 지적함으로써도 지지될 수 있다. 우선 그가 살인에 대한 메소포타미아 사회의 규율 태도를 보여주고 있는 법률문헌(legal documents)으로 주로 참조하고 있는 것들을 자세히 살펴보자. 그는 당대의 법적 관행에 대한 보다 입체적인 접근을 위해 법전(law codes)은 물론 남아 있는 소송기록(records of legal proceedings)까지 종합적으로 검토하고 있다.[119] 시대적으로는

논문, 122-150면 참조. 현대의 형법학자들도 "형벌의 근저에는 복수의 관념이 스며있고, 현재까지도 일상적 법감각에 영향을 미치고 있다."고 보고 있다. 이에 대해서는 신동운·한인섭·이용식·조국·이상원, 로스쿨 형법총론, 2009, 1면 참조.

118) 물론 바마쉬 교수 역시 고대 메소포타미아 사회에서도 살인자를 직접 처단하고(strike down the killer) 싶은 자들이 있었다는 점은 인정하고 있다. 하지만 그들에게는 그렇게 할 수 있는 법적 권리(legal right)가 없었다고 단정적으로 말하고 있다. 즉, 피해자의 가족들에게는 일정한 경우 형벌의 종류를 결정할 권리밖에는 없었다는 것이다. 그녀의 주장에 따르면 고대 메소포타미아에서는 살인 사건이 발생하면 누구든지(anyone) 관계당국에 고소를 할 수 있었고, 뒤이어 관계당국의 수사(official investigation)가 진행되며, 살인자를 처벌하기 전에 반드시 재판을 거쳐야 했다. 이는 살인이 발생하면 살인자를 직접 체포해 처형할 권리를 가진 피해자의 가족들이 모든 구제절차를 주도해 나가는 이스라엘과는 극명하게 대비된다고 한다. Pamela Barmash, 앞의 책(*Homicide in the Biblical World*), 26-27면.

119) 이외에도 살인을 다루고 있는 당대의 서신(letters)이나 조약(treaties) 등도 다루고 있으나 그의 논증과정에서 차지하는 비중이 낮고, 또 본고의 논지 구성에도

신수메르시대(약 2100 B.C.)부터 신아시리아시대(약 700 B.C.)까지 폭넓게 다루고 있다.[120] 이 중 그가 가장 큰 비중을 두고 중점적으로 다루는 자료는 신아시리아 시대의 소송기록들이다. 그 이유에 대해서 그는 이 시기의 재판절차가 잘 기록되어 남아 있어서 당시 실제 소송의 진행 모습을 가장 완전한 형태로 보여주기 때문이라고 한다.[121] 그러나 여기서 간과해서는 안 될 점은 함무라비 법전과 이 당시의 소송기록은 시대적으로 상당한 간극이 있다는 점이다. 신아시리아 시대는 함무라비 법전이 제정된 고바빌로니아시대(약 1700 B.C.)보다 훨씬 후대이다. 따라서 이 당시의 소송기록을 토대로 고대 메소포타미아의 법적 관행을 일반화 하는 것은 분명 무리가 있다고 본다.[122] 웨스트브룩에 따르면 고대 메소포타미아 사회는 수백 년 동안 변화가 거의 없고 보수적인 사회였다고는 하지만,[123] 설령 변화의 속도가 느리더라도 완전히 정체된 (static) 사회란 존재할 수 없고 법적 관행은 사회경제적 변화상과 맞물려 얼마든지 변할 수 있기 때문이다.[124] 그러므로 함무라비 법전의 이원성을 입론하는 본고의 논지는 그의 전거들에 의해 논박되지 않는다.

불필요하다고 판단되어 이에 대한 검토는 생략한다.

120) 그가 다루는 자료목록에 대한 상세한 설명으로는 Pamela Barmash, 앞의 논문 (*Blood Feud and State Control*), 97-102면.

121) Pamela Barmash, 앞의 논문(*Homicide in Ancient Israel, the Ancient Near East, and Traditional Societies*), 96면과 132면.

122) 사실 이 점은 바마쉬 교수도 신중히 경계하고 있는 부분이다. Pamela Barmash, 앞의 논문, 102면.

123) 이러한 평가로는 Raymond Westbrook, Sudies in Biblical and Cuneiform Law, in: Chiers de la Revue Biblique 26 (Paris: J. Gabalda, 1988), 45-46면.

124) 동지의 Victor H. Matthews, The Anthropology of Slavery in the Covenant Code, in: Bernard M. Levinson (ed.), Theory and Method in Biblical and Cuneiform Law: Revision, Interpolation and Development (Sheffield: Sheffield Academic Press, 1994), 119-135면 참조. 미주리 주립대학(Missouri State University)의 종교학 교수인 매튜(Matthews)는 이 논문에서 언약법전(Covenant Code)의 노예에 관한 규정들이 사회경제적 변화를 반영하고 있음을 논증하고 있다.

5.1.1 웨스트부룩은 고대 근동의 법들이 역사적으로 개정과 보완을 거쳐 발전
을 거듭해 왔다는 기존의 법진화 도그마(evolutionist dogma)를 비판하면서, 일반
적으로 법제도는 그것이 뿌리내리고 있는 사회적, 지적 환경보다 앞서가지 못한
다는 전제 하에, 고대 근동의 사회는 고정성(fixity)으로 특징을 지을 수 있을 만큼
변화가 없었고 정적이었기 때문에 고대 근동의 법들은 특별히 법의 발달
(developments in the law)이라고 부를 만한 변화가 없었다고 주장하는 대표적 학
자이다.125) 나아가 그는 수백 년이 넘는 시간적 간극이 있는 고대 근동의 여러
법전들 간에 공통된 내용의 조문이 자주 등장하는 것은 오랜 세월동안 고대 근동
의 법에 큰 변화가 없이 연속성(continuity)이 유지되어 왔음을 입증해 주는 근거
라고 주장한다. 즉, 위 법전들은 각 편찬시기에 고대 근동지역에 존재했던 단일하
고 정합적인 보통법의 일부(part of a single, coherent common law)로 보아야 한다
는 것이다. 그동안 많은 학자들이 고대 근동의 법전들 간에 보이는 차이점에 중점
을 두고 이는 사회적 변화를 반영한 실제의 법제도의 변화를 의미하는 것으로 해
석해 온 것에 대해 이는 경험적 증거가 없는 법진화 도그마의 선입견에서 비롯된
추측에 불과하다고 일축하면서, 이를 반드시 그렇게 해석할 필요는 없다고 지적한
다. 일례로 과거에는, 상해에 대해 주로 신체형을 규정한 함무라비 법전과 그보다
훨씬 후대의 법전이지만 주로 금전배상을 규정한 히타이트 법전의 형벌상의 차이
점을 근거로 흔히 고대법의 발달과정을 "복수에서 법으로(from feud to law)"라는
명제로 특징지어 왔었지만126), 이는 함무라비 법전보다 시기적으로 앞서면서도 이
미 상해에 대해 금전적 배상을 규정하고 있는 우르남무 법전과 에쉬눈나 법전이
새로 발굴되자 오히려 "금전적 배상을 요구하는 민사법(civil law pecuniary)127)에
서 신체적 형벌을 가하는 형사법(criminal law physical)으로"라는 명제로128) 바뀌

---

125) 이러한 웨스트브룩의 견해를 논박하는 문헌으로는 Samuel Greengus, 앞의 논문,
62-72면.
126) G.R. Driver & John C. Miles, 앞의 책(*The Babylonian Laws I*), 501-502면.
127) 여기서 민사법(civil law)라는 표현을 쓰고는 있지만, 범죄에 대한 배상
(compensation)이 현대적 의미의 순수한 민사배상(pure indemnification)을 뜻하
는 것은 아니다. 이 점은 절도에 대해 절취한 물건의 30배 또는 10배의 배상을
명하고, 배상할 능력이 없는 경우 사형에 처하도록 규정한 LH 8 등을 보면 잘
알 수 있다. 당대의 금전배상은 벌금 또는 속죄금(wergild)의 성격을 지니고 있
었던 것으로 보인다. 이에 대해서는 Raymond Westbrook, 앞의 책(*Sudies in
Biblical and Cuneiform Law*), 44-45면 참조. 요컨대 고대 법전에서 규정하고 있
는 금전배상은 손해배상책임과 벌금의 성격이 뒤섞인 일종의 징벌적 손해배상
(punitive damages)과 유사한 제도로 볼 수 있을 것이다.
128) 이러한 명제의 제시로는 A.S. Diamond, An Eye of an Eye, *19 Iraq 151* (1957),

었다는 점을 지적한다. 고대 근동의 법에서 시간 순서대로 진행되는 연대기적 (chronological) 발달과정을 일반적으로 논하기는 어렵다는 것이다. 또 그는 법전 상에 보이는 차이는 실제의 법제도의 차이를 반영하는 것이 아니라고 주장한다. 관련 전거에 따르면 고대 근동에서는 비록 각 법전에 신체형이나 금전배상 둘 중에 하나만 규정되어 있더라도 실제로는 신체형과 금전적 배상이 모두 선택적으로 - 일반적으로 금전적 배상이 불가능할 경우 신체형이 가해지도록 - 적용되었다는 점을 들어129) 고대 법전들이 실제 법제도를 정확히 반영하고 있지 못함을 지적한다.130)

5.2 'CT 29 42'와 'Nippur Murder Trial'의 재해석

물론 그는 고바빌로니아시대 및 그와 인접한 시대의 기록도 인용하고 있다.131) 그가 책과 논문에서 일관되게 중점적으로 인용하는 대표적인 소송기록은 고바빌로니아시대의 CT 29 42132)와 저 유명한 니푸어 살인재판(Nippur Murder Trial; 1900's B.C.)이다. 전자는 고바빌로니아시대의 왕 삼실루나(Samsiliuna)의 재위기간(1749-1712 B.C.)의 소송기록으로, 피해자의 두 아들이 피고인에 대해 살인을 교사해 그들의 부친을 사망에 이르게 한 후 부친의 재산을 가져간 혐의로 고소하여 살인사건과 재산의 소유권 여부를 다툰 사건이다.133) 후자는 사건 발생이 기

151-155면.

129) Raymond Westbrook, 앞의 책, 41-47면. 그의 주장을 입증해 주는 구체적 전거에 대해서는 47면 이하를 참조할 것. 역시 같은 입장으로 Umberto Cassuto, A Commentary on the Book of Exodus (Jerusalem: Magnes Press, 1967), 276-277면.

130) 이 점에 대해서는 Raymond Westbrook, 앞의 논문(*What is the Covenant Code?*), 23-28면.

131) 그는 함무라비 법전이 제정되기 전인 우르 제3왕조 시대(약 2100 B.C.)의 소송기록도 원용하고 있으나, 이도 역시 신아시리아 시대만큼은 아니지만 함무라비 법전 제정 당시의 사회상과는 평면적으로 비교하기 어렵다고 보이기 때문에 제외하기로 한다.

132) CT 29 42는 "Cuneiform Texts from Babylonian Tablets in the British Museum 29 (London: Trustees of the British Museum, 1971 <1910>), plates 42, 43, 41"을 뜻한다.

133) 동 문헌의 전체 내용에 대해서는 Pamela Barmash, 앞의 논문(*Homicide in*

원전 1900년대 후반으로 추정되나, 기록된 자료는 고바빌로니아시대 초기의 것으로 전해진다. 많은 연구문헌에서 다루고 있는 매우 유명한 소송기록으로서 니푸어[134]에서 발생한 살인사건이다. 사실관계를 보면, 세 명의 남자가 닌다다(Nin-dada)라는 한 여인의 남편을 살해한 후 여인에게 그 사실을 알려주었는데, 그녀는 함구하고 이를 관헌에 신고하지 않았다. 이에 대해 법원은 이미 그녀가 남편을 배신하고 다른 남자와 간통을 했기 때문이라고 보아 세 남자와 그 여인을 모두 사형에 처할 것을 선고한 사건이다.[135] 바마쉬 교수는 이 사건들이 둘 다 국가가 개입하고, 사법절차에 따라 처리되는, 즉 메소포타미아의 살인죄 처리방식을 잘 보여주는 대표적 기록들이라고 소개하고 있다.

하지만 앞서 논급한 바와 같이 고의적 살인이라 하더라도 치정에 얽힌 살인과 같이 예방차원에서 경각심을 일으킬 만한 사건은 예외적으로 법정에서 다투어 졌다는 사실에 비추어 보면, 이 사건들 역시 사회적으로 주목을 받을 만한 특수한 사건들이었음에 주목할 필요가 있다. 재산을 빼앗기 위해 살인을 교사한다든지, 남편이 살해당한 사실을 신고하지 않은 것 등이 바로 그렇다. 이 사건들은 앞서 논급한 함무라비 법전의 부인의 남편살해 조문처럼(LH 153) 설령 고의적 살인이라 하더라도 특별히 법정에서 처리되었던 것으로 볼 수 있다는 것이다.[136] 두

Ancient Israel, the Ancient Near East, and Traditional Societies), 301-303면 참조. 바마쉬 교수는 자신의 박사학위논문 뒷부분에 부록으로 그가 다룬 고대 근동의 살인사건과 관련된 문헌 전부를 원어와 함께 수록해 두었다.

134) 니푸어(Nippur)는 기원전 1900년대 후반에 건립된 도시국가 이신(Isin)의 통치 하에 있던 지역이다. 이 판결에 등장하는 왕 우르닌타(Ur-Ninurta)는 이신왕조의 제6대 왕이다.

135) 이 사건의 전체 내용과 주석에 대해서는 Martha T. Roth, Gender and Law: A Case Study from Ancient Mesopotamia, in: Victor H. Matthews, Bernard M. Levinson, & Tikva Frymer-Kensky (eds.), Gender and Law in the Hebrew Bible and Ancient Near East (Sheffield: Sheffield Academic Press, 1988), 175-181면; Thorkild Jakobson, 앞의 논문, 196-214면; Pamela Barmash, 앞의 논문 (Homicide in Ancient Israel, the Ancient Near East, and Traditional Societies), 297-300면을 참조할 것.

사건을 다른 시각에서도 볼 수 있는데, CT 29 42의 경우는 여러 심급을 거쳐 결국 최종적으로 왕이 판결을 내린 사건이었고, 니푸어 사건의 경우는 부인에게 남편의 살해에 대한 책임이 있는지 여부에 대해 다툼이 있었던 만큼 양자는 사안의 해결이 간단치 않고 해결하기 어려운 일종의 하드케이스(hard case) 임에도 주목할 필요가 있다고 본다. 바마쉬 교수는 고대 이스라엘에서도 하드케이스에는 어떤 경우 중앙정부나 왕이 재판에 관여할 수 있었음을 지적하고 있다.[137] 그리고 당시 소송기록에 생략되지 않고 남아 있는 내용들은 당사자들 간의 다툼의 원인이 되는 계쟁사항들이었을 것이라고 추측하고 있다.[138] 그렇다면 위의 두 소송기록은 모두 국가의 개입이 불가피할 정도로 해결하기 어려운 사건들이었다고 볼 수 있고, 만일 그렇지 않고 책임소재의 판단이 용이한 살인사건은 아마도 고대 이스라엘처럼 피의 보복에 의한 사적인 처리절차에 맡겨져 있었다고 볼 수도 있을 것이다. 따라서 이 사건들을 토대로 고대 메소포타미아에서는 살인자가 반드시 국가의 개입과 사법절차에 따라 처형 되었을 것이라고 주장하는 것은 분명 성급한 판단이라 생각된다.

6. 보강논거

이상 고대 메소포타미아 사회에서 모든 살인이 국가의 개입과 사법절차에 의해서 처리되었다는 주장에 대해 그 논증의 한계를 지적해 보

---

136) 그렇다면 당시 법전에 이 사건들과 관련된 조문들이 있어야 할 것이다. 참조할 만한 것으로는 LH 9, 153을 들 수 있다. 단, 이 조문들과 두 사건 간에는 유관성이 적다는 견해로는 Pamela Barmash, 앞의 논문, 127면과 129면. 필자가 보기에는 당시에 만일 유추가 가능했다면, 충분히 적용이 가능한 조문들이라고 생각된다.
137) Pamela Barmash, 앞의 논문, 225면.
138) 당시의 소송기록들에는 기소과정이나 증언의 내용 등에 대해서는 많은 경우 생략되어 있는데 그 이유에 대해서 그는 모든 과정을 다 기록해 둘 수는 없었을 것이고 "오직 계쟁사항들만 기록된 것이다(only the contested matters are put down in writing)."라고 보고 있다. Pamela Barmash, 앞의 논문, 126면.

았다. 이로써 함무라비 시대에 고의적 살인은 피의 보복에 의해 처리되었다는 본고의 논지는 여전히 유효하게 입론될 수 있다. 한편 전술한 바와는 다른 각도에서 이를 좀 더 보강해 주는 논거가 있어 이를 소개해 보기로 한다.

6.1 함무라비 시대 형벌의 집행방식

일반적인 견해에 따르면 함무라비 시대에는 재판을 담당하는 법원은 있었지만 판결을 집행하는 별도의 기관에 대해서는, 이를 입증해 주는 전거가 없기 때문에, 알려진 바가 없다. 경찰과 검사, 집행관의 존재에 대해서 알려진 바가 없다는 것이다. 법관에게도 형을 집행하는 권한까지는 없었다. 국왕이나 고위관료, 법관 등의 지시를 받아 임무를 수행하는 'redum'139)이란 공직이 존재하긴 했지만, 이도 역시 그 직함(title)상 군인장교나 경찰을 뜻하는 것으로 볼 수 있다는 점 외에 형의 집행까지 수행했음을 보여주는 증거는 없다. 문헌자료에 따르면 그의 직무는 주로 질서를 유지하고, 전갈(message)을 접수하며, 법정에 증인을 소

---

139) 단순히 어의적으로는 '심부름꾼(runner)' 또는 '수행원(follower)'를 뜻한다. 왕 또는 고위 관료 및 법관 등의 심부름꾼 역할을 했던 것으로 보인다. 이들의 직무는 다양했으며, 군인은 물론 특사(courier), 경호원(escort) 등의 역할을 했다. 경우에 따라서는 도망간 노예를 붙잡아 오는 역할도 했다. 예컨대 LH 18의 도망한 노예에 관한 조문을 보면 "만일 그 노예가 주인이 누구인지 밝히지 않을 경우, 그 노예를 잡은 자(captor)는 그를 왕궁으로 끌고 가야 한다. 거기서 그 노예의 과거에 대한 조사를 마친 후, 그 노예는 주인에게 돌려보내 질 것이다 (*sum-ma erum su-u / be-el-su / la iz-za-kar / a-na egal / i-ri-id-di-su / wa-ar-ka-su / ip-pa-ar-ra-as-ma / a-na be-li-su / u-ta-ar-ru-su*)."라고 기록돼 있는 바, 여기에서 '*ridu*(끌고 감)'의 파생어구 '*i-ri-id-di-su*'를 확인할 수 있다. LH 109에서도 이를 확인할 수 있다. 군인장교로서 사용된 조문으로는 LH 26-41을 참조. 이상의 내용에 대해서는 G.R. Driver & John C. Miles, 앞의 책(*The Babylonian Laws I*), 113-114면. '*redum*'에 대한 문헌학적(philological) 고찰로는 G.R. Driver & John C. Miles, 앞의 책(*The Babylonian Laws II*), 157면과 161면 참조. 드라이버와 마일즈는 '*redum*'의 직무가 프랑스의 '*gendarme*(근위병, 헌병, 경찰)'와 유사했을 것으로 보고 있다.

환하는 것 등이었기 때문이다. 따라서 만일 형벌을 집행하고자 할 때는 군대의 힘(*manu militari*)을 동원했을 것으로 보인다. 또 많은 경우는 피해 당사자 측에 맡겨져 있었을 것으로 보이며, 그 구체적인 방식은 형벌 집행의 공정성을 위해 법관이 지켜보는 앞에서[140] 피해자의 가족 등이 직접 형을 집행하는 형태를 취했을 것이다.[141]

6.1.1 법문에 사용된 '*iddak*'과 '*idukku*'의 구분 필요성

이러한 추론은 함무라비 법전의 조문구조로부터도 지지될 수 있다. 함무라비 법전은 가해자에 대해 형벌을 부과하는 표현으로 두 가지 방식을 사용하고 있다. 어떤 경우는 "죽임을 당할 것이다(shall be killed; 아카드어로 *iddak*)"라는 수동태 표현을 쓰고 있고, 다른 경우는 "그들이 죽일 것이다(they shall kill; *idukku*)"라는 식의 부정(不定) 대명사가 주체인 능동태(indefinite active) 표현을 쓰고 있다.[142] 혹자는 법조문의 자구표현이 이렇게 다른 것에 대해 이는 우연에 불과하고 결국 사형을 부과하겠다는 것이므로 큰 의미를 둘 필요가 있겠냐고 반문할 수도 있겠으나, 전술한 바와 같이 함무라비 법전처럼 입법 기술적으로 정교하게 성안된 법전이 우연히 자구표현을 달리 하게 되었다고 생각하기는 힘들다고 본다. 이는 오히려 두 개의 상이한 처형방식, 예컨대 각기 다른 처형주체나 처형수단을 설정해 둔 것으로 보는 것이 옳을 것이다.[143] 그렇다면 과연 두 표현은 각각 어떠한 처형방식을 뜻하는 것이었을까?

6.1.2 구분의 타당성에 대한 논거

먼저 양자가 각기 다른 처형수단을 예정하고 있음을 알게 해 주는

---

140) 이와 관련해 참조할 만한 조문으로는 법관 앞에서 집행하는 형벌을 규정한 LH 127을 참조.

141) 이러한 설명으로는 G.R. Driver & John C. Miles, 앞의 책(*The Babylonian Laws I*), 494면.

142) 아카드어로 '*daku*'는 "죽이다", "죽임을 당하다"라는 뜻을 지닌다.

143) 이러한 평가로는 G.R. Driver & John C. Miles, 앞의 책, 494-495면.

단서가 있다. 함무라비 법전에는 죄인을 익사시켜 죽이는 수장형
(drowning)이 여러 군데 규정되어 있다. 간통(adultery)[144]과 근친상간
(incest)[145], 그리고 물을 타서(watering) 품질이 낮은 술을 판매한 경
우[146] 등에 있어서 입법자는 수장형이 가장 적합하다고 판단하고 있으
며,[147] 그 각각은 부정형 능동태(indefinite active)의 표현으로 처형된다.
또 화형의 경우도[148] 마찬가지로 화재 현장에서 재물을 강탈한(looting)
경우, 범인을 즉시 그 불에 던지게(shall be cast into that very fire) 규정
되어 있는 LH 25 단 한 조문을[149] 제외하고는 모두다 능동형 표현으로

---

144) LH 129, 133, 143.

145) LH 155.

146) LH 108.

147) 간통과 근친상간의 경우 "물을 통해 죄를 씻는" 정화의 차원에서 수장형이 행해
졌을 것이다. 한상수, 앞의 책, 110-111면 참조. 그리고 제108조의 경우에는 "물
을 탔기 때문에" 그 범행방식에 상응하는 수장형을 부과한 것으로 보인다. 이
점에 대해서는 G.R.Driver & John C. Miles, 앞의 책, 495면 참조. 하지만 드라
이버와 마일즈는 간통의 경우, 당시 바빌론에는 강이 가까이 있어서 상간자를
함께 처형하기에 편리했다는 점 이외에 어째서 수장형이 적합한 처형방식이었
는지 이해하기 힘들다고 본다. 그러나 그들도 지적하고 있듯이 부친 사망 후
모친과 아들 간의 근친상간(LH 157)에 대한 화형에 정화의 의미가 있었다면
(G.R. Driver & John C. Miles, 앞의 책, 320면과 495-496면), 수장형에도 정화
의 의미가 있었다고 해석할 수 있을 것이다. 다만 드라이버와 마일즈의 견해는,
그들도 지적하듯이 신성한 강물(holy river)에 의한 신판(ordeal)과 이 경우처럼
단순한 처형인 수단으로서의 강물인 경우는 명백히 구분되어야 하는바, 이 점으
로 미루어(G.R. Driver & John C. Miles, 앞의 책, 204-205면), 후자의 경우에는
강물에 신성(divinity)의 의미를 부여할 필요가 없다고 보기 때문에 비롯된 것으
로 보인다. 이러한 신중한 태도는 아마도 고대 메소포타미아 사회가 이스라엘만
큼 범죄에 대해 오염(pollution)의 의미를, 그리고 처벌에 대해서는 정화
(purification)의 의미를 부여하는 종교적 사고방식이 강하지는 않다는 점을 고려
한 것으로 보이며 그런 점에서 경청할 만한 것이라고 생각한다. 고대 이스라엘
과 메소포타미아 사회에서 죄로 인한 오염과 정화의 의미에 대해서는 Pamela
Barmash, 앞의 책(*Homicide in the Biblical World*), 94-115면 참조.

148) LH 110, 157.

149) 이 경우 수동형 표현이 사용된 데 대해 드라이버와 마일즈는 이 조문은 범인이

처형된다. 다음으로 주목할 점은 수장형과 화형 외에 범죄자를 말뚝에 꿰어 죽이는 척살형(impalement)에도 모두 형의 집행 주체로서 부정형 능동태 표현이 사용되고 있다는 사실이다. 결국 수장형과 화형, 척살형 등의 사형방법에 부정형 능동태 표현이 사용되고 있다는 것인데, 그렇다면 수동태 표현은 이들과는 상이한 처형수단을 예정하고 있는 것으로 추측해 볼 수 있다.150) 혹자는 이에 대해 수동태 표현은 굳이 처형수단을 특정할 필요가 없는, 즉 앞서 언급한 처형수단 중에 임의로 어떠한 처형수단도 가능한 경우에 사용된 것으로 추측할 수 있을 것이다. 하지만 수동태로 표현된 처형수단에 수장형은 분명 포함되지 않았을 것으로 보인다. 왜냐하면 수동태로 표현된 LH 21과 LH 227의 경우 목을 매달아 두도록(hang) 되어 있는데, 익사해 이미 강물에 가라앉은 시체를 다시 꺼내 매달아 둔다는 것은 기대하기 어렵기 때문이다. 이처럼 수동태 표현은 수장형에는 사용될 수 없고, 따라서 이 모든 처형수단을

현장에서 체포된 경우(seized on the spot)로, 이러한 현행범은 재판할 필요도 없이 즉결심판(summary) 또는 린치를 가함으로써(lynch law) 처형하는 것이 허용되었기 때문이라고 설명하고 있다. 함무라비 법전에서 형벌은 범죄를 반영하기(The punishment reflects the crime) 때문에, 화재가 난 바로 그 자리에서 범인을 화형에 처할 수 있도록 성안되었다는 것이다. 즉, 재판에 의한 화형은 능동형으로 표현되어 있지만, 이 경우는 즉결심판의 일종이므로 예외적으로 수동태로 표현될 수 있다는 것이다. G.R. Driver & John C. Miles, 앞의 책, 108-111면과 495면. 그러나 이러한 해석론은 절도를 위해 주거침입을 시도하는 범인을 현장에서 '그들(they)'이 처형하도록 능동태로 규정하고 있는 LH 21과 비교할 때 일관성이 결여된다(같은 맥락의 출애굽기 22:2 참조). 따라서 보다 정합적인 해석이 필요하다. 이 경우 혼란스러운 화재 현장에서 진화에 급급한 피해자나 주변 사람들이 불을 끄는 척하며(put it out) 물건을 훔치는 범인을 발견, 체포해 처형한다는 것은 기대하기 어렵다. 그러므로 형의 집행을 담당했던 특별한 담당관, 즉 'redum'의 역할을 추측해 볼 수 있다. 전술한 바와 같이 'redum'은 경찰과 군인 경계선상의 다양한 공적 임무를 수행했던 직책이다. 그렇다면 화재 현장에도 파견되었을 수 있을 것이고(단, 문헌상의 입증전거는 찾지 못했다), 그 현장에서 범인을 체포하게 될 경우 즉결심판에 의해 처형을 집행했다고 보는 것이 더 타당하고 정합적인 해석이라고 본다.

150) G.R. Driver & John C. Miles, 앞의 책, 497면.

임의로 선택할 수 있음을 예정해 사용되고 있는 표현이 아니다. 그렇다
면 수동태 표현은 능동태 표현이 사용된 처형수단들과는 상이한, 법전
내의 또 다른 처형수단을 예정하고 있는 것이라는 추측도 가능할 것이
다. 그러나 이것 역시 수긍하기 힘들다. 만일 그러하다면 능동태 표현처
럼, 수동태 표현 '죽임을 당할 것이다(*iddak*)'가 사용된 각 조문마다 그
각각의 처형수단을 명시해 두었어야 할 것이기 때문이다.151) 이상의 고
찰로부터 다음과 같은 결론을 내릴 수 있다. 능동태 표현과는 다른 처
형수단을 예정하고 있는 수동태 표현이 그 구체적 수단에 대해 명시적
으로 언급하지 않고 침묵하고 있는 것은, 분명 특별한 형식의 처형방식
을 예정하고 있다는 것이며, 그것은 아마도 통상적으로 승인된 방식에
따른(in the manner recognized as usual) 것이기 때문에 굳이 법전에 명
시할 필요가 없었던 것으로 보인다.152) 요컨대, 부정형 능동태 표현은
수장형과 화형, 척살형 등의 다소 잔혹한 방식의 처형수단을 예정하고
있는 반면, 수동태 표현은 그보다 제도적으로 정형화된 처형수단을 동
원할 때 사용된 것이다.

6.1.3 '*iddak*'과 '*idukku*' 구분방식과 형집행의 주체

우리는 앞서 간통으로 인한 살인과 같이 세간의 주목을 끌고 사회적
으로 경각심을 불러일으킬 만한 사건은 당사자들 간 피의 보복이 아닌
사법절차를 통해 해결되었을 것이라고 결론내린 바 있다. 피의 보복이
란 분쟁해결 수단은 점차 축소되어 고의적 살인에 대해서만 적용되었
고, 고의적 살인 중에서도 치정에 얽힌 것 등은 일반예방의 목적에서
국가적 개입에 의해 해결되었다는 것이다. 그렇다면 고대 메소포타미아
에서 사법제도의 발달과정은 일정부분 피의 보복을 축소시켜 온 역사

---

151) G.R. Driver & John C. Miles, 앞의 책, 497면.
152) 드라이버와 마일즈는 그 수단에 대해 국가가 집행하기에 가장 단순하고 확실한
    방법인 칼이나 도끼에 의한 참수형이었을 것으로 보고 있다. G.R. Driver &
    John C. Miles, 앞의 책, 498면.

라고 규정할 수 있을 것이다. 또 우리는 고대 메소포타미아 사회에서는 많은 경우 피해 당사자 측이 판결을 직접 집행할 수 있었을 것이라고 추정한 바 있다. 즉, 형의 집행에 당사자들이 직접 참여했다는 것이다. 단, 그렇다고 하더라도 철저히 사적인 방식으로 집행될 수는 없었고, 법관이나 기타 관계당국의 감시·감독(supervision) 하에 형이 집행되었을 것이다. 이러한 입론이 옳다면, 추측해 보건대 부정형 능동태 표현이 사용된 경우는 바로 피해 당사자 측 또는 이해관계가 있는 공동체 구성원 등이 직접 형을 집행한 경우라고 추론해 볼 수 있다. 예컨대 간통의 경우(LH 129) 남편과 목격자 등이 처와 그 정부를 수장형에 처하거나, 또 근친상간의 경우에(LH 157) 그 가족들이 화형에 처하고, 女성직자(priestess)가 주점을 운영하거나 술을 마시기 위해 주점에 들어간 경우(LH 110), 다른 성직자들이 그 성직자를 화형에 처하는 등 형을 직접 집행했다는 것이다. 바로 그렇기 때문에 형을 집행하는 주체로서 부정대명사(they)가 사용된 것이다. 그렇다면 이와 달리 수동태 표현이 사용된 경우는 관계당국에 의해 선임된 담당관이 형을 집행하는 경우라고 볼 수 있을 것이다. 이러한 추론을 신빙성 있게 만들어 주는 두 조문이 있다. LH 108는 술집 여주인(alewife)이 물을 타서 값에 비해 질 낮은 술을 판매한 경우 이를 알고 분노한 손님들(they)이 그녀를 수장형에 처하도록 부정형 능동태 표현으로 되어 있으나, LH 109에서는 만일 술집 여주인이 범죄자들이 그 술집에 모여 있음에도 불구하고 이 사실을 관계당국(authorities)에 신고하지 않은 경우에는[153] 사형에 처해지도록 (shall be put to death) 수동태 표현으로 규정되어 있는바, 이 경우에는

---

153) LH 109 원문은 "그들을 체포해 왕궁에 끌고 가지 않은 경우"라고 되어 있으나, 술집 여주인이 범죄자들을 체포해 끌고 간다는 것은 불가능한 일이다. 이러한 일을 수행하기 위해서는 앞에서 언급한 바 있는 'redum'이 파견되었을 것이다. 다시 말해 여주인이 왕궁에 신고를 하면, 왕궁에서 그를 파견하여 체포해 오도록 하였을 보인다. 이러한 추론은 왕궁으로 끌고 간다(hale)는 동사표현에 "ir-di-a-am"이 쓰인 점에서도 지지될 수 있다. 이점에 대해서는 G.R. Driver & John C. Miles, 앞의 책, 205면.

형집행관(official executioner)에 처형되었을 것으로 보인다. 수동태 표현이 사용된 경우에는 피해자의 가족이나 이해관계인이 아닌 별도의 담당관에 의해 형이 집행되었던 것이다. 이 점은 다음의 조문구조를 보면 더 분명해진다. LH 229는 만일 건축가가 부실공사로 집을 지어 건축주가 사망하면 사형에 처해 지도록 수동태로 표현되어 있다. 이에 반해 LH 230는 만일 이 때 건축주의 아들이 사망하면, '그들(they)'이 건축가의 아들을 사형에 처한다고 부정형 능동태로 표현되어 있다. 왜 동일한 사건으로 발생한 사고에서 피해자가 건축주인 경우와 그의 아들인 경우 다르게 표현되어 있는 것일까? 이는 바로 양자가 서로 상이한 집행방식을 예정하고 있다는 전제 하에서만 설득력 있게 해명될 수 있다. 즉, 건축주가 사망한 경우에는 피고인을 붙잡아 복수를 할 만한 물리적인 힘을(physical strength) 가진 자가 가족이나 친족들 중에 남아 있지 않을 수도 있다.[154] 그래서 이 경우에는 국가가 형을 집행하도록 규정한 것이다.[155] 이와 달리 아들이 사망한 경우에는 최소한 그의 아버지

---

154) 피의 보복을 하기 위해서는 그 일을 하는데 필요한 물리적인 힘이 요구되며, 따라서 고대 이스라엘의 경우 그러한 복수를 할 수 있는 자(blood avenger)는 피해자와 가장 가까운 남성 친족(the closest male relative)이었다. 이에 대해서는 Pamela Barmash, 앞의 논문(*Homicide in Ancient Israel, the Ancient Near East, and Traditional Societies*), 42면. 피의 복수자의 자격을 이처럼 가장 가까운 남성 친족(the nearest male relative)에게 부여한 것은 비단 이스라엘뿐만 아니라 고대 사회에서 보편적이었던 것으로 보인다. 이 점에 대해서는 Raymond Westbrook, 앞의 논문(*The Character of Ancient Near Eastern Law*), 79면; Richard R. Cherry, 앞의 논문, 124면. 참고로 에스키모 원시부족들 중에는 피해자 살해 당시 즉각적인 피의 보복을 할 수 있는 자격을 갖춘 자가 유아라서 너무 어려 보복이 불가능할 경우에는, 살인자에 대한 처형을 장기간 연기하여, 그가 어느 정도 성장해 물리적 힘을 갖춘 후에 살인자를 처형하도록 하는 방식의 피의 보복도 발견된다. 이에 대해서는 E. Adamson Hoebel, 앞의 책, 87-88면.

155) 이처럼 피의 보복을 할 수 있는 가족이나 친족이 없는 피해자의 경우에 한하여 국가가 나서서 처형을 대신해 주었을 것으로 보는 견해로는 Raymond Westbrook, 앞의 논문, 78면. 추측건대 법전의 이러한 태도는 사회적 약자의 보호를 천명하고 있는 동 법전의 태도에 비추어 볼 때, 충분히 납득할 수 있는 것이다. 피의 보복도 물리적 힘이 뒷받침되지 않으면 실현될 수 없기 때문이다. 함무라비 법

인 건축주와 그의 친족들이 직접 보복을 할 수 있을 것이다. 그래서 처형의 주체가 부정형 능동태로 표현되어 있는 것이다.[156] 요컨대 능동태 표현은 국가에 의한 형집행을, 수동태 표현은 피해 당사자 측이나 이해관계인 등[157]에 의한 직접적인 형집행을 예정하고 있는 것으로 보인다.

6.1.3.1 이러한 이분법적 도식에 대해 웨스트브룩은 다음과 같은 반론을 제기하였다. 'iddak'이 국가에 의한 처형을, 'idukku'이 피해자 측 등의 사적 보복에 의한 처형을 예정한 것이라고 볼 경우, 왕실이나 평민의 도망노예를 자신의 집에 숨겨 두었다가, 전령관의 공식적 포고가 있음에도 불구하고 그 노예를 내놓지 않거나(LH 16), 자신의 집에서 숨겨둔 노예가 발견된 경우(LH 19) 노예를 은닉한 자를 국가가 처형해야(iddak) 하는 반면에 만일 어떤 사람이 이발사를 거짓 정보를 주어 노예의 표식을 지운 경우(LH 227)에는 왜 사적인 보복(idukku)에 의해 처형해야 하는지 합리적으로 설명할 수 없다고 한다. 또한 전술한 건축가의 사례에서 왜

전의 결어에는 "강자가 약자를 억압하지 못하게(the strong may not oppress the weak)" 하려는 입법취지를 명확히 천명하고 있다. 여기서 약자의 예로 과부나 고아가 언급되고 있다.
156) 형의 집행을 표현함에 있어서 수동태(iddak)와 능동태(idukku)가 구분되어 쓰인 조문구조로부터 이러한 결론을 이끌어 내고 있는 탁월한 주석으로는 G.R. Driver & John C. Miles, 앞의 책, 497-498면 참조. 이에 대해 버스틱은 이런 식의 자력구제(self-help)가 형 집행에 동원되었다면 이는 곧 물리적 폭력에 의한 해결방식이 지배했던, 사법절차가 형성되기 이전의 과거로의 회귀를 의미하는 것이기 때문에 결코 선호되지 않았을 것이라고 보면서, 법원의 판결은 분명 그 당시에 (어떤 식으로든) 구속력이 있었을 것이라고 지적한다. 이는 충분히 제기할 수 있는 주장이지만, 입증해 줄 만한 전거를 전혀 제시하고 않고, 단지 추측에만 의존하고 있기 때문에 풍부한 문헌학적 지식과 조문구조의 분석을 통해 정치한 논증을 하고 있는 드라이버와 마일즈의 견해를 논박하기 힘들다고 본다. R. VerSteeg, 앞의 책, 62면 참조.
157) 여기서 형집행의 주체를 피해 당사자 측이나 이해관계인 등에 국한해서 설명했지만, 더 나아가 성난 군중에 의한 처형(mob violence)도 분명 처형의 한 방식으로 뿌리내리고 있었던 것으로 보인다. 고대 메소포타미아 사회에서 범죄는 공동체 전체를 위협하는(endangering the whole community) 것으로 여겨졌고, 따라서 자극과 상처를 받은(aroused and scared) 군중은 집단적 처벌 행동(punitive mass action)을 취했던 것이다. 이 점에 대한 상세한 논증으로는 Thorkild Jakobson, 앞의 논문, 205-207면.

건축주가 사망한 경우에는(LH 229) 보복을 집행할 사람이 없는지에 대해 의문을 제기한다. 아들은 물리적인 힘이 부족해 보복이 불가능하더라도 건축주의 친족이 그 임무를 수행할 수 있다는 것이다.158) 웨스트브룩의 지적은 일견 타당해 보이지만, 조문을 좀 더 유의 깊게 검토해 보면 합리적 설명이 충분히 가능하다고 본다. 우선 도망노예사례의 경우 LH 16은 왕이 보낸 전령관의 공적인 포고에 위배되는 경우이므로 이는 왕에 대한 반역의 의미를 갖기 때문에 국가가 처형을 하는 것이 마땅하다. 또 도망노예를 집안에 은닉한 경우에는 LH 18에 비추어 볼 때, 이는 노예를 관리하는 국가의 공적 기능을 침해한 것이기 때문에 국가가 처형을 집행했을 것이다. 다만, 이발사를 속여서 노예의 표식을 지워 추적할 수 없도록 만드는 것은 (LH 227), 노예를 훔친 후, 이발사를 통해 그 사실을 은폐하려 했던 것이므로, 노예를 절취당한 주인과 속임을 당한 이발사가 함께(they) 범죄자를 처형하고 그의 문 앞에 목을 매달도록(hang) 규정한 것으로 이해할 수 있다. 건축가 사례에 대해서 살펴보건대, 건축주가 사망할 경우 그의 아들이 없거나 물리적 힘이 부족해 보복이 불가능하더라도 그의 (남성) 친족이 보복을 집행할 수 있다는 웨스트브룩의 지적은 옳다. 앞서 설명한 바대로 보복은 그의 가까운 남성 친족(close male relative)이 할 수 있었기 때문이다. 하지만 사망한 건축주의 유족들 중에 그런 일을 할 수 있는 친족이 아무도 남아 있지 않을 수도 있다.159) 함무라비 법전이 가능한 모든 일반적 상황을 상정하고 있는 현대적 의미의 법조문이 아니라, 과거의 개정된, 또는 중요한 판례를 집대성한 일종의 판례집이라는 점을 고려한다면, 동 조문은 바로 후자를 상정한 조문이고, 그렇다면 본고의 입론은 여전히 타당성을 잃지 않는다.

7. 소결론

이상의 조문구조에 대한 고찰로부터 다음과 같은 결론을 얻을 수 있다. 함무라비 법전의 제정당시 고대 메소포타미아 사회에서 피의 보복은 대단히 지배적인 관습이었다. 도시국가가 형성됨에 따라 중앙권력이 점차 강해지자 국가는 사법적 개입을 통해 이 관습을 최소화시키기 위한 제도적 노력을 경주하였지만, 그 본질적인 부분에 있어서 이를 사법절차로부터 완전히 제거해 낼 수는 없었다. 그렇기 때문에 고의적 살인

---

158) Raymond Westbrook, 앞의 책(*Studies in Biblical and Cuneiform Law*), 53-54면.
159) 고대 그리스의 서사시대(Epic Period)에는 살인에 대해 보복을 해 줄 수 있는 친족이 부족할 때에 살인자는 부모와 본국으로부터 추방되었던 것으로 보인다 (Odyssey, XXIII).

에 있어서는 그것이 세간의 주목을 끌 만한 사건이 아닌 이상 관습대로 사적인 보복에 처리를 맡기는 방식을 취하였고, 그 외의 살인사건은 법에 의한 사법절차에 따라 해결하도록 하는 이원적 방식을 채택하였다. 그런데 사법절차에 따른 형의 집행에 있어서도 일부는 국가가 이 직무를 담당하였지만, 일부는 여전히 피해자 측 가족들이나 이해관계인등이 직접 범죄자를 처형할 수 있도록 조문화 해 두었던 것이다. 우리는 앞에서 고대 이스라엘에서 피의 보복은 살인자가 도피성으로 은신한 경우, 그에 대한 재판의 결과를 직접 집행하는 것에 불과했다는 점을 살펴본 바 있다. 만일 이처럼 피의 보복을 판결의 집행을 피해자의 가족에게 맡기는 것으로 보다 넓게 이해할 수 있다면, 함무라비 법전은 조문 곳곳에 피의 보복을 명문화 해 두고 있다고 해석할 수도 있을 것이다. 국가의 개입과 사법절차를 전혀 거치지 않고 피해자의 가족이나 친족이 복수를 하는 것 말고도 형의 집행을 그들이 직접 담당하는 것까지 피의 보복에 해당하는 것으로 볼 수 있다면, 함무라비 법전은 바마쉬 교수의 주장과는 달리 오히려 피의 보복이 당시 메소포타미아 사회에서 널리 승인되어 뿌리 깊게 자리 잡고 있었음을 입증해 주는 전거가 될 수 있다는 것이다. 바마쉬 교수는 메소포타미아에서는 살인사건이 철저히 국가의 개입 속에 처리되었고, 피해자 측은 기껏해야 그 절차의 마무리 단계에서 형벌의 종류를 결정하는 정도의 역할만 담당했을 것이라고 주장했지만, 앞서 살펴본 바와 같이 많은 경우 피해자 측은 형의 집행에 직접 참여할 수 있었고, 고의적 살인의 경우에는 법원의 재판 없이도 살인자를 직접 처형할 수 있었던 것으로 보인다.

7.1 중세유럽은 사적 보복이 허용되던 사회였다. 가해자에 대한 보복은, 개인의 죽음을 초월해 대대로 존속하는, 모든 도덕적 의무 중 가장 신성한 의무였다. 특히 살인은 피해자 가족집단이 개입하게 되는 '피의 보복'을 불러왔는데, 이 용어는 친족에 의한 보복을 뜻하는 고게르만어 'faida'에서 유래한다. 피의 보복은 단지 가해자 개인에게만 가해지는 것은 아니었다. 보복을 당하는 집단의 연대성(passive solidarity)도 보복을 가하는 집단의 연대성(active solidarity)에 필적할 만큼 똑같이 강했기 때문에 어떤 지역에서는 살인자의 본인의 죽음 이외에 또 한

명의 그의 혈족 구성원의 죽음까지 요구되기도 하였다. 또 어느 소송에서 한 기사
(knight)의 조카로부터 공격을 받았던 자가 그에 대한 복수로 그 기사에게 상해를
입힌 것은 정당하다고 판시한 사례도 발견된다. 그 조카의 행동은 그의 모든 친족
과 관련이 있다고 보았기 때문이다. 이 시기의 관련기록들 중에는 특히 귀족가문
들 간의 오랜 반목을 다룬 것들이 많다. 이들에게 보복은 위신과 명예심의 표현이
었고, 따라서 이를 포기하게 하는 것은 현실적으로도 또 원리적으로 불가능한 것
이었다. 보복은 일종의 '계급적 특권(class privilege)'이었던 것이다. 그러나 중세
사회는 그러한 보복을 무한정 허용할 수는 없었다. 보복에 의한 투쟁과 반목은
공공의 평화를 위협하게 되었고, 적절한 규제가 요구되었기 때문이다. 다만 친족
들 간의 집단적 연대성에 비롯된 보복감정은 상대방의 생명을 뺏어 와야 할 만큼
치명적인 것이어서 평화의 가장 강렬한 옹호자들조차 마음 속 깊숙한 곳에서는
어쩔 수 없이 따라야 하는 도덕법전(moral code)의 핵심을 이루고 있었기 때문에,
잉글랜드(England)를 제외한 대부분의 국가에서 관계당국은 이를 근절시킬 수도
없었고, 또 그럴 의사도 없었던(unwilling) 관계로 단지 그러한 관습이 더 극단적
으로 표출되지 않도록 완화하려는 노력만 기울일 수밖에 없었다. 즉, 피의 보복을
할 수 있는 조건과 그 절차를 법제도화 함으로써 오히려 보복의 합법성을 인정하
는 정책을 취했던 것이다. 따라서 당대의 사법절차는 잘 규제된 피의 보복
(regularized vendettas)에 다름 아닌 것이었다. 프랑스 아르투아(Artois) 지방의 아
크자치헌장(Arques municipal charter)에서는 고의적 살인과 관련해 영주에게는 살
인자의 재산을, 그리고 피해자의 친족들에게는 그의 집안사람 중 한명을(his
person) 바치도록 - 친족들은 넘겨받은 자를 처형할 수 있었다 - 규정하고 있었
다. 고소권(right of lodging a complaint)은 거의 변함없이 피해자의 친족들에게만
주어져 있었고, 13세기까지도 플랜더스(Flanders)나 노르망디와 같이 당대에 가장
통치권이 잘 확립된 도시와 공국(municipality)에서조차 살인자(murderer)가 피해
자의 친족들과 합의에 도달하지 못할 경우에 군주나 법관도 그를 용서(pardon)할
수 없었다. 그러나 중세사회도 이러한 보복관행이 영원히 지속될 수는 없었고, 머
지않아 죽은 자에 대한 보복을 그만두어야 할 필요성이 제기되자, 고대의 관습에
따라서 당사자들 간의 화해를 위해 통상적으로 배상을 하게 되었다. "창끝을 느끼
고 싶지 않으면 너의 가슴을 향하고 있는 창을 사버려라."[160]라는 앵글로 색슨족
의 속담이 이를 잘 대변해 준다. 중세 이전의 바바리안 법들(past barbarian law
s)[161]에는 각 계층에 따라 다르게 정해져 있는 화해금의 일정액이 상세히 규정되

---

160) "Buy off the spear aimed at your breast, if you do not wish to feel its points."
161) 여기서 말하는 바바리안 법이란, 저자가 명확히 밝히고 있지는 않지만 대략
　　A.D. 600- 900 사이에 제정되었던 '앵글로색슨법(Anglo-Saxon Law)', '프리지
　　아법(Lex Frisionum)', '게르만법(Germanic Law)', '살릭법(The Salic Law)', 그
　　리고 '서고트법(The Visigothic Code)' 등을 일컫는 것으로 보인다. 이들 법에는

어 있었고, 이는 프리지아(Frisia)나 플랜더스, 그리고 스페인 등 일부 지방 등 단
지 소수의 지역에서만 상당히 수정된 형태로만 남아 있었다. 그러나 바바리안 법
들은 매우 다른 처벌의 전통을 지닌 지방 관습에 의해 대체되자, 과거에는 화해금
중 일부를 받음으로써 그로부터 일정한 이익을 얻던 통치권자들(governing
powers)은 10세기부터 11세기동안 그것을 청구할 힘을 잃게 되었다. 이처럼 화해
금을 규정한 근거법이 사라졌다고 해서 화해금을 지불하는 관습자체에 영향을 주
지는 못했으며, 이 관습은, 평화를 지지하는 자들이 보다 효율적인 범죄의 억제수
단으로 옹호했던 신체적 형벌(physical penalties)과 경쟁하며 중세말엽까지 지속되
었다. 그 때부터 화해금 액수는 개별 사안에서 합의, 중재, 그리고 판결 등을 통해
결정되었다.162) 피의 보복과 마찬가지로 화해금의 지불은 친족집단 전체와 관련
되었다. 경미한 해를 끼친 경우 화해금은 피해자에게 주어졌고, 고의적 살인이나,
토막살인 등의 경우는 피해자의 친족이 속죄금(wergild)을 수령했고, 가해자의 친
족은 속죄금 지불에 기여했다. 단, 배상금의 지불은, 일반적으로 당사자 간 화해
를 보증하는데 충분하지 않았다. 추가적으로 피해자 또는 그의 가족에 대한 공식
적으로 사죄하거나 복종을 하는 행동이 요구되었다. 적어도 상대적으로 높은 신
분의 사람들 사이에서는 대개 경의(homage)를 표하는 복종(subordination)의 제스
처가 요구되었다. 이 경우에도 그러한 행동을 하도록 요구되는 것은 개인들이 아
니라 집단이었다.163) 모든 면에서 한 개인의 행동은 그의 친족집단 전체에
(throughout the circle of his kinsfolk) 연속적으로(in successive waves) 전달되었던
것이다.164)

계층에 따른 속죄금(wergild)이 상세히 기록되어 있다.
162) 블로흐는 화해금을 지불한 두 개의 극단적 사례로 1160년에 한 주교가 자신의
    조카가 살해당한 데 대한 화해금으로 어느 귀족의 친족들로부터 교회(church)를
    넘겨받은 예와, 1227년에 한 농부의 처가 남편의 살인자로부터 적은 액수의 돈
    을 화해금으로 받은 예를 들고 있다.
163) 예컨대 1208년 한 수도승(monk)의 집사는 자신이 상해를 입힌 한 영주(lord)의
    집사(steward)에게 속죄의 경의(expiatory homage)를 표하기 위해서 자신의 친
    족 29명을 데리고 가야 했고, 1134년 한 부사제(sub-dean)가 암살된 후 부사제
    의 친족들은 살인자들 중 한명과 그의 공범들, 그리고 그의 신하들(vassals)은
    물론 그의 친족들까지 포함해 총 250명 모두로부터 속죄의 뜻으로서의 경의
    (homage)를 받기 위해 회동을 하였다는 기록이 있다.
164) 이상의 중세 유럽의 피의 보복에 대해서는 Marc Bloch, 앞의 책, 125-130면.

8. 새로운 문제제기

이상 함무라비 법전에 고의적 살인에 관한 규정이 생략된 점에 대해 고찰해 보았다. 그와 관련된 여러 견해들을 비판적으로 검토해 보며 함무라비 법전의 취지를 가장 모순 없이 일관되게 설명해 낼 수 있는 해석론을 제시해 보고자 하였다. 그런데 우리에게 여전히 해소되지 않고 남아 있는 의문점이 하나 있다. 그것은 바로 고대 메소포타미아 사회에서는 과연 어떠한 메커니즘에 의해 피의 보복이 강제될 수 있었느냐는 것이다. 다시 말해 고대 이스라엘의 도피성 제도처럼 피의 보복이 실효성 있게 집행될 수 있도록 강제해 주는 제도적 메커니즘이 무엇이었느냐는 것이다. 그것이 과연 어떠한 방식으로 이루어 졌는지에 대해 명확히 전해주는 전거를 찾아보기 어렵다.[165]

8.1 피의 보복 방식에 대한 의문

피의 보복은 많은 경우 살인자가 눈앞에 보이면 쫓아가 가격하여 죽이는 방식이었을 것이다. 하지만 그런 행동은 경우에 따라서 매우 무모하고 상당한 위험이 뒤따르는 일이기도 하다.[166] 상대방의 필사적 저항을 고려하면, 그러다가 오히려 보복을 실행하려던 자가 죽임을 당할 수도 있기 때문이다.[167] 또 애당초 양자 간의 물리적 힘의 불균형이나 사회적 지위의 격차로 인해 보복 자체가 불가능한 경우도 분명 존재했을

---

165) 이러한 어려움의 호소는 Pamela Barmash, 앞의 논문(*Homicide in Ancient Israel, the Ancient Near East, and Traditional Societies*), 147-148면.

166) E. Adamson Hoebel, 앞의 책, 25-28면.

167) 그렇기 때문에 원시부족들의 예를 보면, 피의 보복방식으로서 살인자가 어떤 일에 몰두해 있을 때 몰래 접근해 죽이거나, 죽이기 전에 구두 선언(verbal pronouncement)을 통한 예비적 경고(preliminary warning)를 보내는 방법도 있었다. 이러한 예에 대해서는 E. Adamson Hoebel, 앞의 책, 88면. 중세유럽에도 복수를 하기 전에 사전 경고를 위해 일정한 기간(40일)을 정해두고 있었던 것으로 보이는 사례도 있다. Marc Bloch, 앞의 책, 126면.

것이다.168) 그런데 고대 메소포타미아 사회에서 고의적 살인은 순전히 그 피해자 가족과 친족이 사적으로 해결해야 할 사건(private affair)이라는 관념이 지배적이었다면, 보복이 여의치 않은 경우에 그 집행을 강제할 만한 제도적 장치가 과연 존재했는지,169) 있었다면 무엇이었는지 실로 궁금하지 않을 수 없다. 이에 대해 우리는 다시 처음으로 돌아가 고대 근동의 다른 법전, LU를 다시 살펴볼 필요가 있다.

8.2 LU와 LH의 정합적 해석

우리는 앞서 이 두 법전에 살인에 대한 규정이 – 비록 고의적 살인에 대한 규정인지 여부가 그다지 명확해 보이지는 않지만 – 들어 있다는 사실을 확인한 바 있다. 이는 무엇을 뜻하는 것일까? 함무라비 법전에 고의적 살인에 관한 규정이 생략된 것은 바로 그러한 범죄는 사적인

---

168) 비슷한 생각으로는 Richard R. Cherry, 앞의 논문, 124면 참조. 여기서 사회적 지위의 격차란 신분계급상의 차이만을 뜻하는 것은 아니다. 동일한 신분이라도 사회적 지위에 격차가 있을 수 있다. 다만 LH의 태도에 비추어 볼 때, 고대 메소포타미아에서는 법이 신분에 따라 차등적으로 적용되었던 것으로 보인다. 예를 들어 상해 피해의 배상에 있어서도 자유민 계급 간에는 '뼈에는 뼈(LH 196)', '눈에는 눈(LH 197)', '이에는 이(LH 200)'로 동해보복의 원칙을 적용하였지만, 자유인이 평민이나 노예의 눈 또는 뼈에 상해를 가하면(LH 198, 199) 금전적 배상을 하였다. 마찬가지로 만일 자유인이 어떤 자유인의 딸을 폭행해 사망에 이르게 하면 그의 딸을 사형에 처했지만(LH 210), 여자 노예를 폭행해 사망에 이르게 하면 금전배상을 하도록 하였다(LH 214). 이러한 맥락에서 드라이버와 마일즈는 이 당시에 동해보복의 원칙은 높은 신분의 사람들(men of honour)에게만 적용되었고, 신분이 낮은 사람들(humble folk) 사이에서는 화해금(composition)이 더 보편적으로 선호되었다고 보고 있다. G.R. Driver & John C. Miles, 앞의 책, 502면. 동지의 J.J. Finkelstein, 앞의 논문, 96-99면.

169) 이러한 맥락에서 피의 보복 메커니즘에는 그러한 권위적 기구(authority)가 결여되어 있다는 견해로는 E.E. Evans-Prichard, The Nuer: A Description of Their Modes of Livelihood and Political Institutions of a Nilotic People (Oxford: Clarendon Press, 1968, Originally published 1940), xx면. 역시 동지의 Richard R. Cherry, 앞의 논문, 122-124면 참조.

피의 보복에 맡기려는 취지였음은 전술한 바와 같다. 그렇다면 이를 반대로 해석한다면 LU는 LH와 달리 법적 절차에 의해 고의적 살인을 처벌하려던 것으로 볼 수 있을까?[170] 물론 그럴 가능성도 없지는 않다. 이는 바마쉬 교수의 주장과도 상통하는 해석이다. 그러나 그러한 해석은 본고의 입장과는 양립하기 힘들다. 전술한 바처럼 함무라비 법전에 고의적 살인에 대한 규정이 없는 것은 고의적 살인에 대한 전통적 처리방식을 따르겠다는 취지라고 본다. 그리고 그 전통적 방식이란 다름 아닌 사적인 피의 보복이었음은 전술한 바와 같다. 만일 LU의 태도가 고의적 살인을 철저히 국가의 개입과 사법절차에 의해 처리하려던 것이었다면 이는 모순된 결과를 초래하게 된다. 따라서 LU의 태도에 대한 좀 더 타당한 해석이 요구된다고 볼 수 있다. 그것은 다음과 같이 제시해 볼 수 있을 것이다. 고대 근동지역의 법전 중에서 가장 오래된 것으로 평가받고 있는 LU 1에 살인에 대한 처벌규정이 명문화 되어 있는 것은 그동안 사적인 영역에 머물러 있던 살인에 대한 처리방식을 앞으로는 법으로 강제하겠다는 뜻을 천명한 것으로 이해할 수 있다고 본다. 즉, 형의 직접적인 집행은 당사자들이 하지만, 그 집행의 실효성을 법의 강제력을 동원해 보장해 주겠다는 취지라는 것이다. 그 이유는 아마도 사적인 피의 보복이 경우에 따라서는 물리적 또는 사회적 힘의 불균형으로 인해 처음부터 불가능할 수도 있다는 점을 고려한 것으로 보인다.

---

170) 우르남무 법전의 경우 살인에 대해서는 사형을 규정하고 있지만, 관련 문헌 (NSG 41)에 의하면 실제 당대의 법은 좀 더 가혹했던 것으로 보인다. 고의적 살인자(murderer)는 사형에 처해지고 그의 재산과 처와 자식들은 희생자의 자식에게 넘겨졌다. 이에 대해서는 Bertrand Lafont & Raymond Westbrook, Neo-Sumerian Period (Ur III), in: Raymond Westbrook & Gary M. Beckman, A History of Ancient Near Eastern Law, Vol.I (Leiden; Boston: Brill, 2003), 219면. NSG 41의 내용에 대해서는 Pamela Barmash, 앞의 논문(*Homicide in Ancient Israel, the Ancient Near East, and Traditional Societies*), 291-292면 참조. NSG 41은 Adam Falkenstein, Die neusumerischen Gerichtsurkunden, volume 2, number 41(Munich: Bayerische Akademie der Wissenschaften, 1956) 을 뜻한다.

다시 말해 피의 보복이 불가능한 경우에는, 바로 그러한 때에 한해서는
국가의 개입을 통해 살인자를 처형했다는 것이다.171) 즉, 이 시기부터
피의 보복은 법적 권리로서 보호를 받을 수 있게 되었다는 것이다. 그
이전의 보복은 순전히 사적인 영역에 머물며 당대에 사회적으로 널리
통용되던 원시적 관습에 불과했을 것이다.172) 그러나 그러한 관습에만
의존하다 보니 때때로 살인으로부터 보호받지 못하는 사회적 취약계층
이 있음을 입법자가 인식하게 되었을 것이고, 따라서 전통적으로 정의
(*misarum*) 관념을 중시했던173) 메소포타미아의 입법자는 새로운 법을
통해 피의 보복을 법적으로 보호받을 수 있는 권리로 승격시키게 되었
다는 것이다. 피의 보복은 법적 강제력을 통해 집행의 실효성이 담보되
는 고대 근동의 고의적 살인에 대한 처리 방식이었던 것이다. 함무라비
는 바로 그러한 전통적 방식을 그대로 유지코자 했던 것이다.

8.3 고대법의 발달과정

이러한 해석은 고대법의 일반적인 발달과정에도 부합된다고 본다.
많은 학자들은 고대 사회의 법이 다음과 같은 단계를 거쳐 진화한 것으
로 보고 있다. 첫째 단계는 '자연상태(state of nature)'에서 혈연집단이나
개인이 피의 복수를 함으로써 동해보복적인 배상(talionic reparations)을
얻어내는 단계이다. 이 단계는 개인적 또는 집안 간의 복수가 지배하던

---

171) 이 점에 대해서는 Raymond Westbrook, 앞의 논문(*The Character of Ancient
Near Eastern Law*), 78면.
172) 이러한 의미에서 아일랜드 더블린(Dublin) 대학의 형법 교수인 체리는 피의 보
복을 다음과 같이 정의한다. "The blood feud proper is revenge guided and
limited by customs." Richard R. Cherry, 앞의 논문, 145면.
173) 이 점에 대해서는 Martha T. Roth, 앞의 책(*Law Collections from Mesopotamia
and Asia Minor*), 4-5면. 고대 메소포타미아의 정의관념에 대해서는 R.
VerSteeg, 앞의 책, 45-50면 참조. 버스틱에 따르면 고대 메소포타미아의 정의관
념은 다음과 같은 요소로 구성되어 있다고 한다. 1) 강자나 부자의 억압으로부
터의 자유(freedom from oppression by the strong and rich) 2) 공공의 안전 3)
경제적 번영 4) 평화 5) 질서 6) 진리 7) 분쟁 해결절차의 존재.

시대이다. 상해를 입으면 받은 만큼 상해를 가함으로써, 살해를 당하면 가해자를 처형함으로써 분쟁이 해결되었다. 그런데 이처럼 분쟁의 해결이 관습에만 의존하다 보니 그 처리과정에서 여러 유형의 분란이 발생할 수밖에 없었다. 예컨대 가해자 측이 자신의 범행사실을 시인하지 않는 경우도 있었을 것이고, 보복을 당한 자의 가족이 거기서 그치지 않고 또 다시 보복을 감행함으로써 피의 보복이 계속되는 악순환에 빠져 공동체의 평화와 질서가 위협받기도도 했던 것이다.174) 또 살인에 대한 손해배상의 청구가 제대로 이루어지지 않는 경우도 있었을 것이며175) 전술한 바와 같이 물리적 또는 사회적 힘의 불균형으로 인해 보복이 불가능한 경우도 있었을 것이다. 따라서 이러한 일련의 문제점들을 해결할 필요성이 사회적으로 제기되자, 그 해결을 위해 국가나 공동체가 개입하기 시작하였던 것이다. 두 번째는 초기의 국가(early state)나 공동체가 현존하는 피의 보복(vendetta) 관습을 인정하면서도 이를 감시·감독하는(supervise) 단계이다. 다시 말해 양 당사자 간의 피의 복수가 공식적 심리(formal hearing)를 통해 집행될 수 있도록 국가나 공동체가 개입해 강제하는 단계이다. 즉, 복수의 집행은 여전히 피해자 측이 직접 하지만, 그 사안의 심리과정에 국가나 공동체가 개입함으로써 사안을 공정하고 실효성 있게 해결하고자 했던 것이다. 피의 보복을 제한하려는 노력은 계속되어 세 번째는 국가가 법을 제정, 집행함으로써 피해자 측의 복수를 대신 실행하는 단계이다. 오로지 국가만이 정당하게 폭력을 행사할 수 있도록 한 단계이다.176)

---

174) G.R. Driver & John C. Miles, 앞의 책, 501-502면.

175) ADD 618(C.H.W. Johns, Assyrian Deeds and Documents: Volume 1, second edition, Cambridge: Deighton, Bell and Co., Ltd., 1924, number 618)을 참조. 이 기록은 살인 피해자 가족 중 한 사람이 손해배상을 청구하러 살인자에게 갔다가 또다시 살해당하자 살인자가 거주하는 마을의 주민들이 피해자 측에 대해 피해자에 대한 손해배상금을 지급하도록 결정한 사례이다.

176) 이러한 정식화로는 Pamela Barmash, 앞의 책(*Homicide in the Biblical World*), 173-174면. 그녀는 피의 보복을 제한하려는 법 발달의 마지막 단계로서 국가가 폭력을 제거하고 가해자에게 동해보복(talionic reparations)을 하는 대신 금전적

8.4 함무라비 법전의 과도기적 성격

그렇다면 우르남무 법전은 바로 이 중에서 바로 두 번째 단계에서 세 번째 단계로 이행하는 과도기에 해당한다고 볼 수 있을 것이다. 피의 보복이 철저하게 당사자들 간의 사적 문제로 취급되지 않았고, 본고의 논지대로라면 그렇다고 피의 보복 관습을 완전히 제거하여 형벌의 집행권한을 완전히 국가에게 부여하고 있는 것도 아니었기 때문이다. 이러한 과도기적 특성은 함무라비 법전에서도 확인되는데, 앞서 논급한 바와 같이 함무라비 법전은 많은 경우 형의 집행을 당사자 측에 맡기는 규정방식을 취하고 있다. 다만, 우르남무나 함무라비 법전에서도 여전히 피의 보복 관습은 완전히 제거되지 않았음에 유의할 필요가 있을 것이다. 고의적 살인에 관한 한, 실행이 가능한 경우 분명 사적인 보복에 그 처리가 맡겨져 있었을 것이기 때문이다.

9. 최종 결론

자, 그러면 이제 최종 결론을 내릴 때가 되었다. 본고의 해석이 옳다면, 보통살인죄를 규정하지 않은 함무라비 법전의 의도는 고의적 살인(murder)을 기타의 다른 살인(manslaughter)과 달리 국가의 개입과 사법절차에 따라 처리하지 않고, 당시의 전통적인 처리 방식이었던 피의 보복(blood-feud)에 맡기려는 것이었다. 단, 사적인 피의 보복이 불가능한 경우에는 국가의 개입에 의해 형의 집행이 법적으로 강제될 수 있었다.

손해배상(monertary damage)을 요구하는 단계를 제시하고 있지만, 이 단계는 많은 학자들이 지적하듯이 시간적인 순서에 따라 연대기적으로 도달하는 단계는 아닌 것으로 보이므로(5.1.1 참조) 여기서 제외하기로 한다. 함무라비 법전보다 앞서지만 이미 금전적 배상을 규정한 우르남무 법전과 에쉬눈나 법전의 발견은 이러한 비판논의를 촉발시켰다. Pamela Barmash, 앞의 책, 174-175면.

9.1 누에르(Nuer)족의 피의 보복 아프리카 수단 남단의 나일강 기슭과 사바나 지역에 사는 누에르족에게 피의 보복(blood-feud)은 부족적 제도(tribal institution) 이다. 그것은 가해자로부터 피해에 대한 배상(reparation)을 받아 낼 수 있는 장치 이기 때문에 법의 위반(breach of law)이 있을 때에만 발생한다. 피의 보복을 당할 수 있다는 데 대한 두려움은 사실상 부족 내에서 가장 중요한 법적 제재(legal sanction)이며, 또 개인의 생명과 재산을 보장해 주는 주요한 담보장치(main guarantee)이다. 만일 피의 보복이 제도적 장치가 아니라면, 부족 내에서 발생한 살인에 대한 한 공동체의 다른 공동체에 대한 보복의 시도는 해결의 가망이 없는 '부족 간 전쟁 상태(a state of intertribal war)'가 될 수밖에 없을 것이다. 피의 보복 이 발생하게 되는 과정은 다음과 같다. 누에르 사회에서는 어느 한 사람이 다른 사람으로부터 상해를 입을 경우, 고소를 하거나 회복을 받아낼 수 있는 어떠한 권위 있는 관계 당국(authority)도 존재하지 않는다. 따라서 피해자는 자신에게 해 악을 가한 자에게 즉시 결투(duel)를 신청하게 되고, 그 결투신청은 반드시 받아 들여져야 한다. 달리 분쟁을 해결할 방법이 없기 때문에 결투를 신청할 수 있는 용기만이 타인의 공격으로부터 즉각적으로 자신을 보호할 수 있는 유일한 방법이 다. 오로지 혈족이나 연령집단(age-set)[177] 내의 지위에 의해 무력에의 호소가 억 제되는 경우에만 피해자는 그러한 결투신청을 주저하게 된다. 그 경우 피해자는 주변 사람들에게 조언을 구할 수도 없고, 또 아무도 그러한 불필요한 조언에 응하 지 않을 것이기 때문이다. 누에르족은 어린 시절부터 싸움에 의해 분쟁을 해결하 도록 길러지며, 결국 싸움의 기술 습득을 가장 필요한 훈련성과로, 용기를 최고의 가치로 여기며 성장하게 된다. 동일한 부족 내 가까운 이웃 간의 결투에 있어서는 지켜야 할 두 개의 관례가 있는데, 그 하나는 살인이 벌어지지 않게 하기 위해 창은 사용할 수 없다는 것이고, － 대신 곤봉을 이용한다. － 또 하나는 가까운 친족도 싸움에 끼어들 수 없다는 것이다. 한편 서로 다른 마을 사람들 간의 싸움

---

177) 연령과 성(性)이 같은 사람들로 이루어진 집단. 관습을 존중하는 사회에서는 태 어나면서부터 또는 일정한 나이가 되면서부터 고유한 명칭을 갖는 일련의 단계 들로 이루어진 연령집단의 일원이 된다. 단계마다 독자적인 지위나 사회적·정 치적 역할이 주어지며, 이때 각 단계는 주로 나이로 등급이 매겨진다. 같은 연령 집단 구성원들 사이는 서로 동등하지만 연령이 낮은 집단과 높은 집단 사이에 는 차별과 종속관계가 있다. 연령집단은 소년에서 성년이 되는 통과의례를 기준 으로 대략 10년의 간격을 두고 나누어지며, 누구나 평생 동안 처음에 들어간 집단의 일원으로 있게 된다. 누에르족에는 성년식 통과의례를 제외한 연령등급 체계가 없으며, 각 연령집단마다 주어지는 명확히 규정된 역할도 없다. 맨 위 연령집단의 일원들이 모두 죽게 되면 바로 아래 등급의 연령집단이 서서히 공 인된 원로의 지위로 올라간다.

에 있어서는 창을 사용한다. 이 경우에는 두 마을의 모든 남성들이 싸움에 참여한
다. 그리하여 상당한 인명의 손실을 가져 오고 나서야 싸움은 종료된다. 누에르족
은 이 점을 잘 알고 있기 때문에 극도로 분개한 경우가 아니면 이웃 마을과의
싸움이 시작되는 것을 꺼린다. 이럴 경우 표범가죽을 걸친 족장(leopard-skin
chief)이나 마을의 원로들(elders)이 중재에 나설 것을 원한다. 이와 같은 싸움 도
중에 한 사람이 목숨을 잃게 되면 피의 보복이 개시된다. 살인이 발생하면, 살인
자는 그가 흘리게 만든 피로부터 자신을 정화하기 위해 서둘러 표범가죽을 걸친
족장의 집으로 가서, 자신이 초래한 보복의 위협으로부터 벗어날 수 있는 성소
(sanctuary)를 찾게 된다. 그는 거기에서 죽은 자의 피가 그의 몸으로부터 흘러나
올 때까지 먹거나 마시지 않는데, 그 이유는 죽은 자의 피는 어떠한 방식으로 그
의 일부가 된 것으로 여겨지기 때문이다. 피가 흘러나오게 하기 위해 족장은 사냥
용 창으로 어깨에서 아래방향으로 베어서 그의 팔에 한두 개의 수직 상처를 낸다.
살인자는 족장이 희생 제물로(sacrifice) 바칠 수 있도록 수송아지, 숫양 또는 숫염
소를 그에게 제공한다. 사망자의 친족들이 그가 살해당한 사실을 알게 되면, 곧
그들은 살인자에 대해 복수를 하기 위해 그를 찾아 나선다. 부계친족(paternal
kinship)에게 있어서 보복은 가장 구속력 있는 의무(most binding obligation)이며,
모든 의무들의 축소판(epitome)이기도 하다. 따라서 살인에 대해 보복하기 위한
노력을 기울이지 않는 것은 친족의 크나큰 수치가 된다. 족장은 신성한 지위를
지니기 때문에 그의 집에서 피를 흘려서는 안 되는 바, 살인자가 족장의 집에 머
무는 동안에는 그는 도피처를 갖게 되지만, 피해자의 친족은 수시로 그를 감시하
며 만일 그가 성소를 벗어나게 되면 그를 죽일 수 있는 기회를 얻게 된다.178) 이
런 상태가 수 주간 지속되고 난 후, 족장은 피해자의 유족들과 분쟁 해결을 위한
협상을 시작한다. 피해자의 유족들은 처음에는 대개 이러한 협상을 거절하는데,
그렇게 하는 것이 바로 명예를 지키는 데 있어서 핵심적 행동이기 때문이다. 하지
만 거절이 곧 사망의 대가로서 가해자 측이 제시한 배상금(compensation)179)을 받
기 싫다는 뜻은 아니다. 이 점을 잘 아는 족장은 협상을 받아들일 것을 주장하거
나, 심지어 위협을 하기도 한다. 그럼에도 불구하고 그들은 족장의 설득이 한계에

---

178) 이 점은 고대 이스라엘의 도피성제도와 매우 유사하다. 도피성으로 피신한 살인
    자는 보복을 면할 수 있었지만, 도피성에 도착하기 전에 보복을 당할 수 있었고
    (신명기 19:10), 고의적(intentional) 살인이 아닌 것으로 판명이 난 살인자도 도
    피성을 벗어나는 순간 피의 보복을 당할 수 있었기 때문이다(신명기 19:6).
    Pamela Barmash, 앞의 논문(*Homicide in Ancient Israel, the Ancient Near East,
    and Traditional Societies*), 50면; Pamela Barmash, 앞의 논문(*Blood Feud and
    State Control*), 185면 참조.
179) 누에르족은 배상의 방식으로 소(cattle)를 이용한다.

도달할 때까지 기다려야 하며, 마침내 더 이상 거절하지 않고 협상을 수용하게
될 때에는 그 이유가 사자의 목숨에 대한 대가로서 배상금(소)을 받아들일 준비가
되어 있어서가 아니라 사자를 명예롭게 하기 위해서라고 선언해야 한다. 배상금
으로 40-50여 마리의 소가 필요했으며, 이를 수년에 걸쳐 피해자 측에 양도해야
했다. 20여 마리를 양도했을 즈음에 속죄의식이 거행되는데, 그렇게 해야만 비로
소 살인자의 친족들은 보복으로 급습을 당할 수 있는 위협으로부터 벗어날 수가
있었다.180) 살인은 살인범하고만 관계된 것이 아니라, 그의 가까운 남계 친족
(close agnatic kinsmen)과도 관련이 있었다. 피해자의 친족들은 범인을 죽일 수 있
는 권리뿐만 아니라 범인의 가까운 남계 친족들 중 임의로 선택해 죽일 수 있는
권리(right to kill any of his close agnates)도 갖고 있었다.181) 또 가해자 측과 피해
자 측 간의 상호 적대감은 배상금이 완전히 지급된 후에도 계속되었다. 그들은
어떤 곳에서도 음식과 술을 함께 먹고 마시려 하지 않았고, 살인자의 남계 친족은
피해자의 부계 친족을 피하려고 하였다. 작은 거동으로도 피해자 측을 자극해 싸
움을 발생시킬 수 있었기 때문이다. 살인범행은 결코 잊혀 질 수 없었고, 그들의
원한(feud)은 세대를 넘어 후대까지 지속되었던 것이다. 그러나 이러한 혈족들 간
의 잠재적 적대감(latent hostility)은 살인이 부족 단위의 집단에 속하는 자들 간에
발생했을 경우에만 지속되었다. 그보다 작은 단위의 집단 간에서 발생한 살인은
비교적 빠르게 해결되었고, 해결된 후에는 재발할 가능성도 적었다. 예컨대 한 친
족 내에서 누군가 자신의 친사촌(paternal cousin)을 살해한 경우, 20여 마리의 소
만 제공하면 족했고, 원한은 그것으로 끝났으며, 곧 친족관계가 회복되었다. 이
는 가까운 이웃 마을 사람들 간에 살인이 발생한 경우도 마찬가지였다. 친족이나
가까운 이웃 간에 발생한 살인은 배상금을 통해 해결되었고, 보복을 통해 살인자
를 죽이는 것은 불가능했다. 만일 피의 보복이 허용된다면 그들 간에 원한이 지
속되었을 것이고 결국 아무도 살아남을 수 없었을 것이기 때문이다. 집단생활은
원한 상태와는 양립할 수 없었던(Corporate life is incompatible with a state of
feud) 것이다. 살인 사건이 피의 보복으로 발전할 가능성은 양 당사자들의 구조

---

180) 누에르족의 보복관습은 중세 스칸디나비아 지역의 사적 보복 관습과 매우 유사
하다. 중세 스칸디나비아에서도 살인자는 일단 도피처나 성소를 찾아야 했으며,
그곳에서 1년을 보낸 후에야 살인자는 비로소 배상금을 협상할 수 있었다. 만일
화해금이 받아들여지지 않으면 살인자는 2년을 더 도피처나 성소에서 보내야
했다. 이때의 배상금은 물질적 손해배상의 의미는 물론 피해자 가족들의 실추된
명예회복의 의미도 있었다. 이 점에 대해서는 Carl Ludwig von Bar, 앞의 책,
120-121면.
181) 따라서 그들은 살인범 모의 형제의 자손이나, 부의 자매, 그리고 모의 자매는
죽일 수 없었다.

적 상호관계(structural interrelations of the persons concerned)에 의존해 있었던 것
이다.182)

10. 논의의 종합 및 정리

(1) 결론을 이끌어 낸 논증의 구조

이상 함무라비 법전에 고의살인죄 조문이 없는 이유에 대해 가능한
하나의 해석을 제시해 보았다. 논의를 단순화시켜 정리해 보자면, 우선
함무라비 법전에 고의살인을 다루는 조문이 없다는 사실에 의문을 제
기하였다(1.1). 이에 대해 법전의 미복원된 부분 중에 고의살인을 다룬
조문이 있을 수도 있기 때문에, 동 법전의 조문배열상의 체계에 비추어
전 조문을 통해 고의살인의 죄는 규정되어 있지 않다는 점을 논증하였
다(1.2). 뒤이어 제기된 의문은 과연 함무라비 법전을 현대적 의미의 완
전한 형태의 법전으로 볼 수 있는가의 문제였다(2). 동 법전은 법전으로
서의 포괄적 성격이 결여되어 있어 빠진 내용도 많고, 당대의 소송기록
에서 인용된 예도 거의 찾아볼 수 없기 때문이다. 그렇기 때문에 동 법
전은 서언과 결어에 비추어 함무라비의 통치를 선전하고 정당화하는
정치적 목적의 왕위해명서로 보아야 한다거나 실제의 법적용과는 관계
없는 학술적 문헌에 불과하다는 주장도 제기되었던 것이다(2.1, 2.2). 만
일 그러한 주장이 옳다면 군이 왜 고의살인죄 조문이 빠져 있는가에 대
해 의문을 품는 것은 무의미할 것이다. 이에 대해 당대의 법은 조문의
인용이 불필요한 판례법 계통이었고, 따라서 법전의 성격은 비록 현대
적 의미의 성문법전은 아니지만, 당대의 판례법을 수정 및 보완하는 역
할을 했던 일종의 제정법으로 볼 수 있다는 점을 입론하였다(2.2.1).

함무라비 법전에 살인죄 조문이 없다는 사실에 대해 두 가지 가능한
해석을 제시해 보았다. 첫째, 우연한 입법과오에서 기인한 것이라는 견

---

182) 이상의 내용은 E.E. Evans-Prichard, 앞의 책(*The Nuer*), 150-158면을 요약한 것
이다.

해(3.1), 둘째, 당대의 고의적 살인은 사법외적으로 처벌되었을 것이라는 견해(3.2)가 바로 그것이다. 이에 대해 양자의 논거를 검토해 보고 후자의 견해가 타당함을 입론해 보았다. 함무라비 법전에는 고의살인에 대한 조문은 없지만, 기타의 살인 즉, 과실치사나 결과적 가중범 등은 여러 조문에 규정되어 있다. 이는 의도적으로 고의살인죄를 법전에서 제외시킨 것으로 해석할 수 있으며(3.2.1), 그 이유는 고의살인은 당대의 지배적 관습, 다시 말해 피의 보복(blood-feud) 관습에 맡겨두려고 했기 때문일 것이라고 결론을 내려 보았다(3.3). 요컨대 함무라비 법전은 고의적 살인과 기타 경살인(manslaughter)을 구분하여 전자는 사법외적인 불문의 관습에 의해 처리하고, 그리고 후자만을 법적 절차에 맡기는 이원적 방식을 취하고 있었다는 것이다. 나아가 동 법전이 이러한 방식을 채택할 수밖에 없었던 이유도 제시해 보았다(3.3.1).

이상의 결론을 확정짓기 전에 고대 근동지역에는 살인에 대한 두 가지 구제방식, 즉 사적 보복과 국가의 통제가 병존했으며, 이 중 사적 보복은 고대 이스라엘에서만 통용되었으며, 함무라비가 통치했던 메소포타미아 지역은 살인에 대한 국가의 통제가 보편적이었다는 반론을 검토해 보았다. 반론의 요지는 고대 이스라엘의 경우 살인이 가족이나 친척 등의 피의 보복(blood-feud)에 의해 처리되었지만, 바빌론 등 메소포타미아 지역에서는 국가의 개입에 의한 사법절차를 통해 처리되었고 살인 피해자의 가족은 절차의 종결단계에서 형벌의 종류를 결정하는 과정에만 극히 제한적으로 참여할 수 있었다는 것이다(4.1). 이에 대해 반론의 논거를 면밀히 검토해 보았고(4.1.2, 4.1.3), 이를 논증의 문제점을 지적해 함으로써 재반박하였다. 결론적으로 반론은 과대일반화의 오류를 범하고 있고(5.1), 자신의 주장을 입증하기 위해 제시한 대표적 문헌은 달리 해석될 여지가 충분히 있음을 보였다(5.2).

이상 반론에 대한 검토를 마친 후 본고의 입론을 더욱 신빙성 있게 만들기 위해 추가적인 보강논거를 제시해 보았다. 함무라비 법전은 가해자에 대해 형벌을 부과하는 표현으로 두 가지 방식을 사용하고 있다. 어떤 경우는 "죽임을 당할 것이다(*iddak*)"라는 수동태 표현을 쓰고 있

고, 다른 경우는 "그들이 죽일 것이다(*idukku*)"라는 식으로 부정대명사
가 주체인 능동태 표현을 쓰고 있다. 이는 곧 두 개의 상이한 처형방식,
예컨대 각기 다른 처형주체나 처형수단을 설정해 두고 있었음을 추측
케 해 주며(6.1.1), 두 표현이 쓰인 여러 조문들을 통해 추측해 보건대,
능동태 표현은 수장형과 화형, 척살형 등의 다소 잔혹한 방식의 처형수
단을 예정하고 있는 반면, 수동태 표현은 그보다 제도적으로 정형화된
처형수단을 동원할 때 사용된 것으로 보이며(6.1.2), 결론적으로 전자는
피해 당사자 측 또는 이해관계가 있는 공동체 구성원 등이 직접 형을
집행한 경우이고, 후자는 관계당국에 의해 선임된 형집행관이 형을 집
행하는 경우를 예정한 것임을 입론하였다(6.1.3). 이러한 입론에 대한
반론도 있지만, 여전히 본고의 입장이 타당하다는 점을 밝혔다(6.1.3.1).
이상의 고찰에 의거, 함무라비 법전은 조문 곳곳에 피의 보복을 명문화
해 두고 있다고 해석할 수 있으며, 이는 피의 보복이 당시 메소포타미
아 사회에서 널리 승인되어 뿌리 깊게 자리 잡고 있었음을 입증해 주는
전거가 될 수 있고, 따라서 함무라비 법전에 고의살인에 관한 조문이
없는 이유는 당대 메소포타미아에서는 고의살인이 피의보복 관습에 맡
겨져 있었기 때문이라는 결론은 타당하다고 입론할 수 있었다(7). 아울
러 직접적인 논거는 아니지만, 중세 유럽의 경우에도 피의 보복 관습이
뿌리 깊게 남아 있었음을 제시함으로써 본고의 입론이 신빙성 있음을
보여 주었다(7.1).

끝으로 본고의 결론을 뒷받침하기 위해 마지막으로 남아 있는 문제
를 검토해 보았다. 이는 함무라비 법전보다 시대적으로 앞선 법전인 우
르남무 법전에는 고의살인에 대한 조문이 존재하고 있다는 사실이다.
함무라비 법전에 고의적 살인에 관한 규정이 생략된 것은 바로 그러한
범죄는 사적인 피의 보복에 맡기려는 취지였음은 전술한 바와 같다. 그
런데 만일 LU의 입법취지가 고의적 살인을 철저히 국가의 개입과 사법
절차에 의해 처리하려던 것이었다면 이는 본고의 입장과 모순된 결과
를 초래하게 된다. 따라서 이에 대한 정합적 해석이 요청되는바, 그 해
결의 실마리는 다음의 사실에서 찾을 수 있다. 사적인 피의 보복이 경

우에 따라서는 물리적 또는 사회적 힘의 불균형으로 인해 처음부터 불가능한 경우도 있었을 것이다. 즉, 보복이 순전히 사적인 영역에 머물며 원시적 관습에 불과했던 시대에는 때때로 살인으로부터 보호받지 못하는 경우가 발생했을 것이다. 이러한 사회적 취약계층이 존재함을 입법자가 인식하게 되었을 것이고, 전통적으로 정의 관념을 중시했던 고대 메소포타미아의 입법자는 새로운 법전을 통해 피의 보복을 법적으로 보호받을 수 있는 권리로 승격시켰던 것이다. 요컨대, 사적인 피의 보복이 불가능한 경우, 바로 그러한 때에 한해서는 국가의 개입을 통해 살인자를 처형할 수 있었다는 것이다. 함무라비는 우르남무 시대부터 법적 권리로 승격된 피의 보복 관습을 그대로 유지코자 했던 것이다. 이러한 해석은 살인죄 조문을 두고 있는 LU의 입법취지에 부합되면서도 동시에 본고의 입장과 모순되지 않는 정합적 해석이다(8.2). 나아가 이러한 해석은 고대법의 일반적 발달과정에 비추어 볼 때, 타당성이 인정된다는 점을 입론하면서(8.3, 8.4), 결론적으로 본고의 해석이 옳다는 점을 최종적으로 확정지었다(9).

(2) 해석의 실천적 의미

이상의 논증과정을 통해 함무라비 법전에 고의살인죄 조문이 없는 이유에 대하여 타당한 결론을 제시해 보았다. 이러한 결론은 함무라비 법전의 입법취지에 대한 필자의 해석이다. '해석'은 이처럼 특수한 지적 활동의 결과를 지칭하는 용어이기도 하다. 또 해석은 그 자체로 논증을 포함하는 또는 수반하는 과정이다. 해석은 이해의 전제조건이며, 그 과정에 논증을 요한다는 사실은 해석은 올바른 이해를 목표로 한다는 점을 의미한다. 즉, 해석활동은 다양하게 열려 있는 해석가능성 중에서 가장 타당한 결론을 이끌어 내는 논증과정인 것이다. 예를 들어 문학작품의 해석방법으로는 저자의 체험, 사상, 심리와의 관계 속에서 이해하려는 표현론적 관점, 작품은 현실세계를 반영하고 있다는 반영론적 관점, 독자에게 주는 미적 감동 및 교훈 등 효과의 측면에서 접근하는 효용론적 관점, 그리고 작품을 언어로 조직된 하나의 독립된 자율체계 보는 구조론적 관점[183] 등이 있으나, 이들 중에 어느 한 방법론만을 따르거나 충족시킨 해석은 작품에 대한 한 관점과 주관적 이해방식은 될 수 있지만, 총체적이고 통일적인 이해를 가져오는 보편적 해석으로시의 지위를 획득할 수는 없다. 그런 면에서 해석은 규범적인 것이다. 해석방법은 자유롭지만, 해석의 타당성을 주장하려면, 그에 대한 충분한 근거제시가 필요하다.[184]

성경해석은 해석의 더욱 의미심장한 측면을 보여준다. 교회의 역사는 성경해석의 역사라는 말도 있듯이 유구한 세월동안 수를 헤아리기 힘들 만큼 다양한 성경해석의 방법론이 제시되어 왔다. 예수 탄생 전후에 활동했던 대표적 유대교 랍비인 힐렐(R.Hillel)이 제시했던 7가지 해석원칙[185]을 제시한 바 있고, 역시 비슷한 시기에 활동했던 유대인 종교철학자 필로(Philo of Alexandria)는 성경 본문의 자구적인 의미 외에 더 깊은 (윤리적) 의미를 찾기 위해 풍유적으로 해석하는 알레고리(allegory) 해석방법을 주창한 바 있다.[186] 이밖에 기원전 2세기 중엽 사

---

183) 구조론적 관점에서는 작품을 저자 및 시대, 환경과 독립시켜 이해하며, 대신 언어적 표현 그 자체와 내용적 짜임새 등에 초점을 맞추어 작품에 사용된 은유, 상징 등 다양한 표현기법에 주목하며, 행과 행, 각 단락과 전체 내용 등에 대한 분석적이고 유기적인 이해를 추구한다.

184) 해석은 해석자의 '주관적 의미부여(Sinngebung)'를 넘어 갈등하고 있는 여러 해석들 중에서 객관적으로 타당한 의미를 찾아내는 정신적 활동이다. 이와 관련해 한 가지 지적해 둘 사항은, 해석학(Hermeneutics)의 목표는 학자들에 따라 각기 상이한 관심사에서 출발하여 사로 다를 수 있으나 - 예컨대 가다머적 해석학은 이해의 역사성에 초점을 맞추는 반면, 베티적 해석학은 이해의 규준과 타당성에 주목한다 - 해석(Auslegung) 자체의 목표는 어느 노선에서건 타당하고 정확하며, 깊고 참된 이해를 지향하는 활동이라는 점에서 본질적으로 크게 다르지 않아 보인다는 점이다. 이에 대해서는 리차드 팔머(Richard E. Palmer)/이한우 역, 해석학이란 무엇인가(Hermeneutics) (문예출판사, 2001), 80-115면과 311면 이하 참조.

185) 이에 대해서는 Günter Stemberger, Einleitung in Talmud und Midrasch, (München: C.H. Beck, 1992), 27-30면 참조.

186) 이는 후대에 오리게네스(Origenes, 185-254)에 의해 더욱 발전하게 된다.

해 근처의 쿰란에 거주하며 공동체 생활을 했던 유대인 신앙공동체인 쿰란공동체[187]의 예언서 주석서인 페샤림(Pesharim)[188] 등 다양한 해석 방법이 고래(古來)로부터 전승되어, 교부들과 중세의 토마스 아퀴나스, 종교 개혁기의 루터와 칼빈 등도 고유한 해석방법론을 정립한 바 있고 현대에 이르러 성서해석의 방법으로 원전비평, 출전비평, 편집비평, 양식비평, 전승비평, 구조주의 비평, 수사학적 비평 등이 제시되고 있다.[189]

전통적인 정의에 따르면, 본문비평은 사본이 아닌 최초의 원전을 찾아내 이를 검증할 수 있게 근거를 제시하는 것을 말한다. 원전비평이라고도 한다. 본문비평은 전승 과정에서 생긴 명백한 오류로부터 출발한다. 여러 개의 사본이 같은 오류를 드러내면, 이 사실은 이 사본들을 하나의 부류로 '묶어 주는' 기능을 한다. 이러한 '연쇄 오류'에 근거하여 변형의 과정을 거슬러 올라가 전승의 계보를 재구성하는 것이다. 요컨대 본문비평이란 "본문의 전승과정 중에서 생겨난 변경된 것들을 모두 찾아내고 제거해 본문의 가장 초기의 가능한 형태를 회복하는 것"이라고 말할 수 있다.[190] 출전비평은 성서의 저자가 각 문서를 쓸 때 자신의 창작으로만

---

187) '쿰란(Qumran) 공동체'는 예수시대 유대교의 일파로 금욕주의와 재산의 공유, 공동노동과 공동식사로 경건한 생활을 하였던 에세네파의 한 분파로 율법을 엄격히 준수하고자 했으며, 예루살렘의 종교적 지도자들 및 기존의 종교제도에 대항하여 임박한 종말을 대망하면서 자신들을 종말 시 예언이 실현되는 공동체로 여기며 성경을 해석하였다.

188) 쿰란공동체는 구약의 율법을 자신들에게 해석, 적용하고 예언을 해석해 자신의 공동체에 적용하기도 했는데(이 점에 대해서는 Geza Vermes, The Qumran Interpretation of Scripture in its Historical Setting, Annual of Leeds University Oriental Society Ⅵ, 1969, 85-97면), '페샤림'은 이처럼 쿰란공동체가 구약의 예언을 자신의 공동체에 현재적으로 적용시켜 독특하게 종파적으로 해석한 '예언서 주석서'를 의미한다.

189) '비평(criticism)'이란 용어는 "구분, 결정, 또는 판단하다"라는 의미의 헬라어 동사 '크리네인(κρίνειν)' 유래한 것으로 성서비평은 성서의 의미와 가치를 올바르게 이해하기 위해 분석, 분별, 판단하는 행위이다. 이는 곧 성서의 기원을 밝혀내고 정확하게 전달하며 올바르게 해석하기 위한 방법론을 뜻한다. 이에 대해서는 유태엽, 성서해석의 길잡이 (kmc, 2010), 108면 참조.

190) 구약학자들은 현재의 구약성서 본문이 원본에 의한 것이 아니라 필사본과 고대

쓴 것이 아니라 기존에 있던 기록들을 참조하였음을 전제하고 그 출전이 된 문헌들을 가려내는 일에 그 목적을 두는 방법론이다. 자료비평이라고도 한다. 성서본문을 읽다보면 어느 한 책이 단일저자의 작품이 아니라는 의심이 드는 경우가 있다. 내용이 상호 모순되거나 유사한 내용이 반복적으로 서술되고 있기도 하고, 그 문체나 신학적 입장에 차이를 드러내고 있기도 하기 때문이다. 출선비평은 이러한 여러 요소들을 분석하여 성서 저자가 어떤 구절, 어떤 대목을 기존의 어느 문헌에서 가져 왔는지를 구명하고자 한다. 이처럼 출전비평은 출전의 배경에 대한 구체적인 지형을 밝혀냄으로써, 순수한 원문만을 복원해 내는데 역점을 두는 본문비평의 한계를 보완해 준다. 양식비평은 문학형태 즉, 장르의 연구를 통해서 구약성서 문헌의 장르를 드러내 밝힘으로써 성서에 실려 있는 각 전승양식들을 가려낸 다음, 그 전승이 언제 어떠한 상황에서 처음 형성되었고, 언제 어떠한 상황에서 계속 전해 내려오게 되었는지를 구명하는 데 목적이 있다. 성서의 많은 이야기들은 특정 지역의 관습, 제도 또는 자연현상과 관련되어 있다. 그리고 문학이 구전으로 전달되던 문화에서는 다양한 장르마다 각기 서로 다른 사회적 정황을 갖고 있었다. 본문의 전승양식이 찬가라면 백성들은 실제로 찬가를 불렀을 것이고 찬가를 부른 이유가 있었을 것이다. 만일 주어진 양식이 법률과 판결에 관한 것이라면 고대 이스라엘은 그러한 법률과 재판정을 가지고 있었을 것이다. 이처럼 주어진 전승양식에 대한 이유 또는 사회적 정황을 '삶의 배경(Sitz im Leben)'이라고 한다.191) 성서의 본문양식이 언제 어느 상황에서 일어났고, 또 언제 어느 상황에서 전달, 보존, 기념되어 왔는지, 바로 그 '삶의 배경'을 밝히고자 하는 것이 양식비평인 것이다. 전승비평은 전승192)이 처음 형성된 때부터 편집자의 손을

역본의 필사본에 의존하고 있다고 보고 있다. 심지어 학자들은 원본의 일차적 사본이나 이차적 사본까지도 거의 존재하지 않는 것으로 이해하고 있으며, 여러 사본들이 각기 다른 지역과 전통의 산물이라고 보고 있다. 따라서 구약학자들은 이러한 사본 상의 차이점들을 그대로 두고 어느 한 사본만을 선택해서 본문을 해석할 수는 없다고 전제한다. 이러한 전제에서 출발하면 본문비평은 원문 회복을 위한 필수과정이며 성경해석의 가장 기초단계라 할 수 있다. 이에 대해서는 John H. Hayes & Carl R. Holladay, Biblical Exegesis: a beginner's handbook (Atlanta: John Knox Press, 1982), 31면과 에른스트 뷔르트봐인(Ernst Würthwein)/방석종 역, 성서본문비평(Der Text des Alten Testaments) (대한기독교출판사, 1987), 100면 이하 참조.

191) 고대 이스라엘 사회에서는 많은 이야기들이 그것이 발생한 특수한 상황과 엄격히 결합되어 있었으며, 그 이야기들은 고도로 틀에 박힌 유형을 따랐다. 그러므로 구약 성서의 다양한 문학 장르를 확인하면 이스라엘의 사회적, 종교적 상황을 이해할 수 있다. 유태엽, 앞의 책, 134-137면 참조.

거쳐 현재의 성경에 실리게 되기까지의 전승과정을 역사적으로 고찰하는 방법론으로 성서 본문이 오랜 전승과정을 거쳐서 지금과 같은 형태로 완성되었음을 전제하고 있다. 이러한 기본 전제는 당연히 구전단계를 강조하는 양식비평의 연구성과에 힘입은 것이나, 전승비평은 여기서 머무르지 않고 단순히 초기의 구전단계를 추적하는 양식비평의 작업을 넘어 성서 본문의 기초를 이루는 전승 자료들, 특히 구전 및 문서 자료들이 여러 세대를 거치는 동안 본문에 새로이 추가되기도 하고 서로 결합되기도 하면서 지금과 같이 완성된 형태를 갖추게 되었음에 주목한다. 전승비평은 여러 가지 방법론, 특히 출전비평과 양식비평 연구를 통해 나온 결과들을 체계적으로 사용하기도 하고 출전비평, 양식비평, 편집비평에 골고루 사용되기도 하기 때문에 독립적 방법론이라기보다는 보완적 방법론이라 할 수 있다. 편집비평은 성서 저자가 개별 전승자료 각각에 어떤 손질을 가했으며 전체 구도 속에서 그것들을 어떻게 배열했는지를 분석함으로써, 그의 독특한 집필동기와 신학사상을 포착하는 것을 목적으로 한다. 출전비평과 양식비평을 토대로 하여 생긴 방법론으로 전승비평이 비교적 간과하였던 편집자의 의도에 주목하는 방법론이다. 이는 저자들이 사용한 출전들의 신학적 의미, 그들이 작품들을 기록함에 있어서의 목적, 자료를 편집할 당시의 삶의 배경 등에 천착하는 비평방식이다. 구조주의 비평은 언어학과 언어과학의 방법이나 연구 및 그 결과를 활용하는 방법으로, 성서 본문 안에 나오는 언어와 그 언어의 구조체계를 분석하여 본문 속에서 각 낱말들이 어떤 역할을 하는지, 그 의미는 무엇인지 등을 밝히는 방법론을 말한다. 이 방법에 의하면 성경 텍스트는 매우 정교하게 잘 짜인 직조물과 같으며 그 속에 여러 인자들이 교차되고 혼합되어 있어 이를 통해 다양한 의미와 내용을 간파할 수 있다. 수사학적 비평은 성서 저자들이 자신이 믿는 바가 옳고 진리라는 것을 다른 사람들에게 설득하려는 목적으로 성경 각 권을 집필했음을 출발점으로 삼아, 성서 저자가 사용한 여러 수사학적 방법들을 가려내고 분석해서 그 수사학적 기능과 상황을 밝혀내는 방법론이다. 이는 성경의 문학적인 구성의 기교에 관심을 가지고, 본문의 구조를 분석하며, 본문의 통일성을 이루는 수사학적 장치들을 찾아 본문의 문학적 독특성과 중심 사상을 드러내고자 하며, 한편 설득의 기교에 관심을 가지고 본문이 어떻게 청중을 설득해서 메시지를 효과적으로 전달하는가를 밝히려는 비평방법이다.

 "교회의 역사는 성경해석의 역사다"라는 말은 비단 오랜 세월동안

---

192) '전승(tradition)'이란, 광의로는 다음 세대로 계속 전달되는 한 집단이나 공동체의 삶과 관습 그리고 경험 모두를 포함하는 것으로 이해되지만, 여기서는 특별히 언어적 전승, 다시 말해 말과 기록의 형태로 혹은 기록의 형태로 한 세대에서 다음 세대로 건네지는 말과 문서를 뜻하는 협의의 뜻으로 사용되고 있다.

전술한 각양각색의 해석방법론이 제시되어 왔다는 점만을 의미하지는 않는다. 오히려 그보다는 이단에 대한 피로 얼룩진 박해의 역사가 바로 상호 대립된 성서해석193)에서 비롯되었다는 점을 지적하는 말이기도 하기 때문이다. 이것은 해석에 생사를 좌우할 만큼 큰 실천적인 힘이 있음을 잘 보여주는 한 사례이다. 신학자들이 성서의 자구의 의미와 주석과 씨름하듯이 법률가들은 법전과 선례에 대한 해석에 몰두한다. 성서해석이 한 개인에게 인생의 전환점을 가져올 수 있음은 물론 극단적으로 교파를 가르고 상대진영을 이단으로 규정함으로써 피로 얼룩진 박해까지 가져올 수 있듯이, 법률해석은 궁극적으로 대립되는 양 당사자 간에 승패를 결정해 재산상의 손익은 물론 생사를 결정짓는 매우 중대한 결과를 초래할 수 있다. 이는 해석이 종교나 법률과 관련될 경우에 우리의 삶을 좌우하는 중요한 결과를 가져올 수 있음을 뜻한다.

해석은 이해의 전제조건이다. 해석은 규범적인 것이며, 법률해석은 지극히 실천적인 결과를 가져오는 작업이다. 함무라비 법전에 고의살인을 다루는 조문이 없다는 점이 어째서 우리에게 그토록 중요한 의문이 되는가? 이는 기본적으로는 어떠한 사실에 대한 해명의 성격을 갖지만, 동시에 위 법전의 입법취지를 묻는 것이므로 법률해석의 문제이기도 하다. 즉, "존재하지 않는 조문"의 해석에 관한 문제인 것이다. 이에 대한 해답을 찾는 과정이 우연한 동기에서 지적 호기심을 충족시키려는 여정에 불과하다면 전술한 긴 논증과정은 불필요할 것이다. 또 납득할 만한 이해를 위해 논증이 필요하다 하더라도 구태여 반론에 또 재반론을 검토하는 힘겨운 과정까지 거칠 필요는 없을 것이다. 거기서 더 나아가 고단한 논증과정을 통해 도달한 결론의 신빙성에 또다시 의문을 제기하고 이를 검토하는 작업은 더욱 더 불필요할 것이다. 해석방법은 다양하며 따라서 기호에 맞는 방법을 선택해 자유롭게 결론을 내리면 그만일 것이기 때문이다. 그러나 그렇게 내린 결론은 분명 앞서 제기한

---

193) 일례로 에세네파의 쿰란공동체는 종말론적 구원이 자신들의 공동체에 가입된 회원에게만 유효하다고 성경을 해석하였다.

의문에 대한 올바른 해석이 아닐 것이다. 물론 우연히 결과적으로 올바른 결론에 이르게 될 수는 있다. 그러나 이 경우는 여전히 "합리적 의심의 여지가 남는", 그렇기 때문에 어떤 실천적 효과를 부여하기에는 미흡한, 불완전한 결론에 불과할 것이다.

우리는 다양한 종류의 해석활동을 하며 살아간다. 음악, 미술, 문학, 연극, 역사, 정치, 경제, 군사, 철학, 종교, 법률 등 제반 사회현상에 대한 적절한 해석이 없이는 정상적인 삶을 영위할 수 없다. 정치인은 민심을 잘 '읽어야' 하고, 경제전문가는 경제흐름을 정확히 '분석할' 수 있어야 하며, 군사전문가는 적대국의 동태를 면밀히 '파악'하고 있어야 한다. 이러한 모든 활동은 '해석'의 일종이다. 해석은 비단 전문분야에 국한된 활동이 아니다. 사랑하는 남녀, 스승과 제자, 부모와 자식, 상급자와 하급자, 선배와 후배, 강연자와 청중, 연기자와 관객 등 거의 모든 사회적인 관계에 속해 있는 경우라면, 상대방의 입장과 처지와 마음을 충분히 '헤아릴' 수 있어야 한다. 그래야만 양자 간의 성공적인 의사소통이 이루어지고, 그 관계도 원만하게 유지될 수 있을 것이기 때문이다. 이 모든 일상적인 활동은 해석에 의존하는 삶의 과정이다. 이 과정에 올바른 해석에 기초한 상호이해가 없다면 조화로운 공동체적 삶은 불가능하다. 이러한 의미에서 해석은 단순한 선택과 기호의 문제가 아니라, 생사의 갈림길을 결정해 주는 적자생존적 성격을 지닌 활동이다. 이처럼 우리는 다양한 종류의 해석활동을 떠나서는 정상적인 삶을 영위할 수 없으며, 해석과 우리의 실제 삶이 밀접하게 맞물려 있는 '해석공동체(interpretive community)'를 구성하고, 그 속에서 살아가고 있는 것이다. 해석공동체란 쉽게 말해 해석활동이 기본적인 삶의 토대가 되는 공동체를 말한다. 대화를 나누고, 화폐를 지불하고, 음식을 섭취하며, 신앙생활을 하는 것이 일상적인 삶을 유지해 주는 기본토대가 되는 것처럼 해석활동을 통해 이를 자신에게 유리한 정보로 전략적으로 활용하거나 그 결과를 타인에게 주장하고 때로는 타인의 해석을 비판하는 것은 해석공동체 구성원들의 다양한 상호작용, 예들 들어 예술적, 정치적, 경제적, 종교적, 법적, 그리고 인격적 상호작용 등을 가능하게 해 주는 가장 기본적인 조건이 된다. 뒤집어 보면 우리는 해석공동체를 떠나 고립적으로 살 수도, 해석활동은 배제한 채 본능적, 또는 기계적으로만 살 수도 없는 존재인 것이다. 거의 대부분의 문화적 활동은 해석과 맞물려 있기 때문이다.194)

해석공동체는 주된 해석대상에 따라서 법공동체, 경제공동체, 정치공동체, 신앙공동체 등으로 나뉠 수 있다. 어느 공동체이거나 그 안에서 정상적인 삶을 영위하기 위해서는 해당 공동체의 존립목적이자 구성원리라고 볼 수 있는 법, 경제, 정치, 신앙 등에 대한 적절한 해석활동이 요구된다. 이들 각각의 해석공동체는 해석주체의 특성에 따라서 유권적 공동체, 전문가 공동체, 참여 공동체 등으로 나누어 볼 수 있다. 예컨대 법공동체의 경우 유권적 공동체란 법원 기타 법을 해석할 권한이 있는 행정관청처럼 공적 구속력 있는 유권적 해석을 내릴 수 있는 공동체를 말한다. 이와 달리 전문가 공동체란 유권적 해석은 내릴 수 없지만 법원 등 유권해석기관의 결정에 유의미한 영향을 줄 수 있는 법학교수나 검사, 변호사 와 같은 법률전문가로 구성된 공동체를 뜻한다. 끝으로 참여 공동체란 해석권한도 전문적 지식도 없지만 법해석에 구성적으로 참여할 수 있는 공동체를 말한다. 이들이 권한도 지식도 없이 법해석에 구성적으로 참여할 수 있는 이유는 첫째, 공론의 장을 통해 법원, 검찰, 변호사, 교수사회 등을 지속적으로 감시, 비판할 수 있기 때문이고195) 둘째, 배심재판 등의 국민참여배판을 통해 시민법관으로서 재판에 부분적으로나마 직접 참여할 수 있기 때문이며,196) 셋째 참여 공동체의 중론은 법을 해석함에 있어서 가정적이든 실제적이든 '일반의 법감정', '사회통념', '평균인'이란 개념표지에 의해 해석의 실질적 기준 역할을

---

194) 해석공동체(interpretive community)란 개념은 일반적으로 어떤 텍스트의 이해방식에 있어서 유사한 생각과 기대를 지닌 집단을 말하지만, 본고의 경우 그와 다른 의미로 사용하고 있다. 동 용어를 개발한 장본인으로는 스탠리 피쉬(Stanley Fish)가 있다.

195) 한국의 경우 참여연대의 사법감시센터를 예로 들 수 있을 것이다.

196) 한국은 2008년 1월 1일부터 형사배심제도를 도입해 시행하고 있다.

할 수 있기 때문이다.[197] 그러므로 참여 공동체 역시 법공동체 내에서 유권적 공동체나 전문가 공동체와 지속적인 상호작용을 한다는 점에서 법해석에 있어서 간과할 수 없는 지위를 차지한다.[198]

해석공동체 내의 안녕과 질서를 유지하기 위한 제1의 행위규범은 누구든지 타인에게 자신의 해석의 정당성을 주장하기 위해서는 충분한 논증을 해야 한다는 규칙이다. 이것은 해석공동체 내의 황금률이다. 그럼에도 불구하고 누군가 충분한 논증 없이 무모하게 자신의 해석의 정당성을 주장하고, 이를 타인에게 강요하려 든다면 이는 '해석공동체' 내에서 살아가는 한 구성원으로서 자신의 양심에 반할 뿐만 아니라 매우 무책임한 행동을 하는 것이 되며, 궁극적으로는 공동체 내부의 안정과 조화를 위협하는 결과를 초래하게 되고 말 것이다. 이와 마찬가지로 당면한 해석의 문제를 철저히 검토하지 않고, 여하한 이유에서든 적당히 회피하고 지배적 권위에만 의존해 해결하는 것도 역시 비양심적이고 무책임한 행동으로서 해석공동체의 한 구성원으로서의 주체성을 포기하고 정신적 자살을 시도하는 것이나 다름없다고 본다.

함무라비 법전의 수수께끼가 우리에게 중요한 이유는 일차적으로는 생사와 관련된 '살인'의 문제를 다루고 있기 때문이다.[199] 이는 곧 행위

---

197) 예컨대 대법원은 최근 성전환 여성을 강간죄의 객체로 인정하는 판결을 선고하며 "피해자는 성장기부터 남성에 대한 불일치감과 여성으로의 귀속감을 나타내었고, 성인이 된 후 의사의 진단 아래 성전환수술을 받아 여성의 외부 성기와 신체 외관을 갖추었고, 수술 이후 30여 년간 여성으로 살아오면서 현재도 여성으로서의 성정체성이 확고하여 남성으로 재 전환할 가능성이 현저히 낮고, 개인 생활이나 사회생활에서도 여성으로 인식되어, 결국 '사회통념상' 여성으로 평가되는 성전환자에 해당한다고 봄이 상당하[다]"고 설시했던바(대법원 2009.9.10. 선고 2009도3580), 이는 참여공동체의 관점이 해석의 기준으로 작용한 예로 볼 수 있을 것이다.

198) 이 점을 적확히 지적하고 있는 글로는 안경환·한인섭, 배심제와 시민의 사법참여 (집문당, 2005), 84-91면 참조.

199) 바로 이 점에서 호프너는 살인에 대한 사법적 처리방식에 대한 의문은 '병적일 정도의 관심(morbid interest)'을 끈다고 지적하고 있다. Harry A. Hoffner, 앞의 논문, 293면 참조.

의 옳고 그름을 결정짓는 규범적 기준과 관련되어 있고, 부차적으로는 신앙적 측면에서 성서의 언약법전이 탄생한 배경과 상당한 연관이 있기 때문이다.200) 한 마디로 말해 이 문제는 무엇보다도 법률적, 종교적 관련성이 크기 때문에 법공동체나 신앙공동체에 속해 있는 사람에게는 누구에게나 중요한 문제가 될 수 있다는 것이다. 이 문제는, 법이든 종교든 규범적 관점에서 볼 때, 비록 시간적 및 장소적으로 현재와는 동떨어진 고대 근동의 법전의 입법취지에 대한 의문이기는 하지만 이는 당대의 사람들에게 대단히 중요한 실천적 의미를 갖는 문제였음이 분명하다. 그렇다면 이는 현 시점에서도 규범적으로 다양한 갈래의 함의를 지닐 수 있기 때문에 매우 신중한 해석이 요구된다 할 것이다.201) 요컨대, 진정한 이해는 올바른 해석을 필요로 하며, 올바른 해석은 충분한 논증을 요구한다. 충분한 논증에 기초한 올바른 해석을 존중하는 문화가 없이는 해석공동체 내에서의 평화로운 조화와 공존은 불가능할 것이다. 바로 여기에 해석이 갖는 실천적인 중요성이 놓여 있다.

---

200) 이 점에 대한 간략한 소개로는 Pamela Barmash, 앞의 논문(*Blood Feud and State Control*), 183면 참조. 최근 신학자적 관점에서 이 문제에 접근한 문헌으로는 존 드레인(John Drane)/서희연 역, 성경의 탄생(*The Birth of the Bible*) (옥당, 2010) 참조. 이 책에서 드레인은 함무라비 법전과 히브리 성서의 율법을 비교하는 데에 신중을 기해야 한다고 지적하면서도, 일정부분 양자의 내용적 근접성을 긍인하고 있다. 앞의 책, 103면 참조. 존 드레인은 성서 연구의 세계적 권위자로서 맨체스터 대학에서 박사학위를 받았으며, 현재 캘리포니아주에 있는 풀러 신학교에서 신약학 교수로 재직 중이다.

201) 물론 이 문제는 고대사회의 법적 관행이 무엇이었는지에 대한 역사해석의 영역이기도 하고, 법전 자체의 문헌적 성격을 캐묻는 문헌해석의 영역이기도 하므로 순수 학술적 의의도 크다고 본다. 과학적 진리를 밝혀내야 하는 학술적 해석의 문제라는 측면에서 이 문제는 관련 학술공동체 내의 모든 구성원들에게 지적 호기심을 유발하는 주제일 수밖에 없다. 학술공동체의 특성상 해석에 엄밀하고 객관적인 논증이 뒷받침되어야 한다. 따라서 이 문제는 순수 학술적 해석의 차원에서도 충분한 논증이 필요하다.

Ⅲ. 형법해석과 논증이론

1. 해석과 논증

전술한 바와 같이 올바른 해석은 논증을 필요로 한다. 논증은 한 마디로 자신이 주장하고자 하는 명제에 근거를 제시하는 작업을 말한다. 예를 들어 법관의 판결은 판결이유를 요한다.[202) 이는 단지 판결에 형식적 정당성이 필요함을 의미하는 것은 아니다. 법관의 판결은 합리적 논증에 기초해 실질적 정당성도 획득해야 한다.[203) 민주주주의 사회에서는 법관의 판결이라 하더라도 이성의 법정에서 심사될 수 있으며, 따라서 합리적 논증에 기초하지 않은 판결은 해석공동체, 이중 특히 법공동체 구성원들의 동의를 이끌어 내지 못할 것이기 때문이다. 물론 분쟁해결 수단으로서 제도화된 판결은, 양 당사자들 사이에 진정한 동의가 없더라도 적어도 형식적으로는 분쟁을 종식시킬 수 있다. 그러나 당사자 어느 측이나 수긍할 수 있도록 합리적으로 논증하지 못한 판결은 결국 또다시 어느 일방 또는 양측 모두에게 불복과 불화의 감정을 남기게 될 것이다. 즉, 실질적 정당성이 없는 판결은 해석공동체의 안녕과 질서를 가능케 하는 기본토대를 침식하며, 따라서 그 실천적 결과에 대해 당사자 상호간은 물론 누구나 충분히 납득할 수 있을 만한 보편화가능성(Universalisierbarkeit)이 결여되어 있기 때문에, 올바른 해석이라고 볼 수 없다.

---

202) 형사소송법 제39조 판결에 이유를 붙이지 아니한 경우에 이는 절대적 항소이유가 된다(동법 제361조의 5). 독일의 경우 이는 절대적 상고이유(absolute Revisionsgründe)가 된다(독일형사소송법 제338조의 7).

203) 위계적 주종관계나 상하 복종관계에서는 결정에 대해 이유가 불필요하듯이, 권위적인 사회에서는 법관의 판결에 이유가 요구되지 않을 것이다.

2. 법적 논증이론의 해석학적 의의

법학에 있어서 합리적 논증에 관한 이론들이 최근 국내외를 막론하고 활발히 전개되고 있다. 논리적 증명에 관한 이론뿐만 아니라 논증의 합리적 절차에 관한 이론, 그리고 수사학적 논증에 관한 이론 등이 '법적 논증이론(Juristische Argumentationslehre)'이란 포괄적 명칭 하에 각광을 받고 있다.204) 법적 논증이론이란 실무와 이론의 영역에서 이루어지는 법적 결정에 정당한 근거를 제시하고, 그 결정의 절차를 합리적으로 통제하기 위한 방법론을 의미한다. 예컨대 법관의 판결을 정당화 하거나 특정 학설 및 법도그마틱이 옳다고 믿는 것에 대해 합리적 근거를 제시하기 위해 필요한 방법론의 총체를 법적 논증이론이라고 말할 수 있다.

이러한 개념정의에 비추어 볼 때, 법적 논증이론은 특별히 새로운 분야는 아니다. 시대와 지역을 초월해 법적 결정을 정당화하기 위해서는 일정한 근거설정이 요구되어 왔기 때문이다.205) 다만 이전의 관심사와 다른 점이 있다면 오늘날의 법적 논증이론은 논증의 수준과 논증과정의 절차적 합리성을 제고하는데 초점을 맞추고 있다는 사실이다.

법적 논증이론은, 법적 결정이 연역에 의해 기계적으로 결정될 수 있다는 사고방식에 기초한 법형식주의(legal formalism)나 법적 결정주의(Determinismus)와는 양립할 수 없는 것으로 설명되기도 한다.206) 그러나 연역에 의한 논증도 엄연히 정당화 과정의 일부이다. 연역과정의 옳고 그름에 대한 심사도 분명 정당화 과정에 요구되는 한 단계이기 때

---

204) 법적 논증이론에 관한 외국 논의를 유형별로 폭넓게 소개한 문헌으로는 김성룡, 법적 논증론 (I) -발전사와 유형 -(준커뮤티케이션즈, 2009), 43-259면 참조.
205) 예컨대 고대 근동의 니푸어 살인사건을 보면, 살해된 남편의 아내에게 살인죄를 인정해야 하는 이유를 제시하고 있다.
206) 이러한 견해로는 Ulfried Neumann, Juristische Argumentationslehre (Darmstadt: Wissenschaftliche Buchgesellschaft, 1986), 2-3면. 동 문헌은 국내에 번역서로 출간되어 있다. 번역서는 울프리드 노이만(Ulfried Neumann)/윤재왕 역, 법과 논증이론(Juristische Argumentationslehre) (세창출판사, 2009) 참조.

문이다. 그러므로 연역적 논증에 관한 이론도 분명 법적 논증이론의 한 분야로 다루어 져야 한다.207) 대전제에서 시작해 소전제를 거쳐 결론에 이르는 연역에 의한 정당화는 법적 논증에서 가장 기본적인 논증방법에 속한다고 볼 수 있다. 다만 법적 논증이론은 단지 연역논증에 의한 정당화에 만족하지 않고, 연역논증이 의심 없이 따르고 있는 대전제나 소전제의 타당성에 대한 정당화까지 요구한다는 점에서, 연역논증보다 더 높은 수준의 정당화를 추구하고 있다. 전제가 틀리면, 결론도 틀릴 수밖에 없다. 연역논증은 전제의 타당성에 대한 반성적 고려를 할 수 없는 논증방식이다. 그렇기 때문에 법적 논증이론은 분명 논증의 질적 수준을 높이는 방법을 탐구하는 분야이다. 아울러 법적 논증이론은 논증의 합리성을 보장해 줄 수 있는 절차에 관한 규칙에도 주목한다. 즉, 논증의 절차적 정당성도 고려한다는 것이다.208) 이처럼 복잡다기한 논의들이 법적 논증이론이란 이름으로 전개되고 있지만, "과연 무엇이 올바른 논증인가?"에 대한 일치된 견해는, 역설적이지만 법적 논증이론에서는 찾아볼 수 없다. 논증의 질적 수준을 높일 수 있는 방법이 무엇인지에 대해서 아직 합의가 돼있지 못하고, 절차적 정당성이 곧 내용적 정당성까지 보장해 줄 수 있는가에 대해서도 역시 많은 비판이 제기되고 있기 때문이다.209) 이처럼 법적 논증이론이 한계를 지닐 수밖에 없

---

207) 예를 들어 로블레스키는 정당화를 내적(internal) 정당화와 외적(external) 정당화로 구분하는바, 내적 정당화란 전제들로부터 결론에 이르는 추론의 타당성 여부를 심사하는 것이고, 이에 비해 외적 정당화는 추론의 타당성뿐만 아니라 그 전제의 건전성(soundness)까지 심사하는 것을 말한다. 이에 대해서는 Jerzy Wroblewski, Legal Syllogism and Rationality of Judicial Decision, in: *Rechtstheorie 5*, 1974, 33면 이하. 알렉시도 이러한 구분방식을 수용하고 있다. 이 중 특히 내적 정당화(interne Rechtfertigung)에 대해서는 Robert Alexy, Theorie der juristischen Argumentation (Frankfurt am Main: Suhrkamp, 1978), 274면.

208) 절차적 정당성을 강조하는 대표적 견해로 Robert Alexy, Die Idee einer prozeduralen Theorie der juristischen Argumentation, in: *Rechtstheorie 2*, 1981.

209) 예를 들어 Ota Weinberger, Logische Analyse als Basis der juristischen Argumentation, in: W. Krawietz, R. Alexy, & A. Aarnio (hrsg.), Metatheorie

는 이유는 무엇보다 동 이론이 지금 한창 '진행중인' 이론으로서 향후
보완되어야 할 측면이 많이 남아 있기 때문일 것이다. 하지만 법적 논
증이론의 한계와 관련 "지난 수십 년간 '논증이론'이라는 명칭으로 이
루어진 것들을 비상한 이론적 관심을 갖고 회고해 보면, 쓸모 있는 것
은 거의 찾아볼 수 없다[210]"고 냉소적으로 평가한 루만의 지적도 분명
염두에 두어야 할 것이다.

법적 논증이론이 "무엇이 올바른 논증인가?"에 대해 확정적 결론에
도달하고 있지 못하다고 하더라도 합리적 논증은 결론의 보편화가능성
과 충분한 근거지음을 필요로 한다는 점에 대해서는 이론의 여지가 없
을 것이다.[211] 다만, 문제는 이러한 보편화가능성과 논거의 충분성을
과연 어떠한 규칙과 개념표지로 구체화할 수 있겠느냐는 것이다. 그것
은 논증의 정당성을 보증해 줄 수 있는 다종다기한 논증규칙을 설정함
으로써[212] 만들어 낼 수 있는 것이 아니다. '정당성'이란 개념은 의미론
적으로 대단히 불확정적인 성격을 지닌다. 그렇기 때문에 일련의 논증
규칙을 통해 법적 논증의 합리적 조건을 설정함으로써 논증의 정당성
을 확보해 보려는 시도는 실패할 수밖에 없다. '정당성'이 요구되는 다
양한 맥락에 따라 이를 확보하기 위한 새로운 규칙이 계속 필요하게 될
것이기 때문이다. 그런 점에서 논증의 정당성을 보증해 주는 규칙으로
서 '논박불가능성'이라는 개념표지는 매우 유용한 대안이 될 수 있다.
논증의 보편화가능성과 충분성은 "더 이상 논박이 불가능한 지점"에서

---

juristischer Argumentation (Berlin: Duncker & Humblot, 1983), 19-195면;
Ernst Tugendhat, Zur Entwicklung von moralischen Begründungssttrukturen im
modernen Recht, in: W. Hassemer, A. Kaufmann, & U. Neumann (hrsg.),
Argumentation und Recht (ARSP Beiheft 14, 1980), 7-11면.

210) "Blick man mit ausgeprägten Theorieinteressen auf das zurück, was in den
vergangenen Jahrzenten unter der Bezeichung Argumentationslehre Karriere
gemacht hat, findet man wenig Hilfreiches." Niklas Luhmann, Das Recht der
Gesellschaft (Frankfurt am Main: Suhrkamp, 1995), 348면.

211) Ulfried Neumann, 앞의 책, 10-15면.

212) 대표적으로 Robert Alexy, 앞의 책, 361-367면 참조.

성취될 수 있다. 논거의 종류와 제기방식을 통제하기 위한 규칙은 현저히 부당한 논증을 가려내는 정도에서만 필요하다. 어떠한 논거라도 다양한 관점에서 제기될 수 있다. 하지만 논증의 정당성은 바로 그렇게 제시한 논거가 가능한 모든 논박가능성으로부터 옹호될 수 있을 때, 비로소 확보된다. 다시 말해 일단 제기한 논거는 논박될 수 있지만, 그에 대한 재반박을 통해 다시 옹호될 수 있고, 이러한 공방의 과정을 계속 거쳐 더 이상 논박의 가능성이 없는 지점에 도달하면 정당한 논증이 될 수 있다는 것이다.213) 혹자는 과연 어느 지점에서 그러한 공방이 끝나느냐고 회의적인 생각을 가질 수 있다. 또, 어느 정도에 이르러야 논박이 더 이상 불가능하다고 보아야 하는지 그 구체적인 기준을 제시해 달라고 요청할 수도 있다. 이에 대한 대답은 간단명료하다. 논증은 어느 지점에서는 반드시 끝나게 되어 있다는 것이다. 무한히 반복되는 논리적 공방은 없다. 그런 공방이 있다면 그것은 애초에 잘못된 문제제기이거나, 정답이 없기 때문에214) 단지 결단이 필요한 문제일 것이기 때문이다. 우리는 특별한 인지적 장애가 없다면 누구나 사물의 색과 크기를 비교할 수 있다. 마찬가지로 우리는 논거가 누구나 이해가 가능한 형태로 제시된다면, 누구든지 그 논거의 질을 비교해 우위를 결정할 수 있다. 어떤 상반되는 주장 중에 어느 쪽을 따를 것인지는 개인적 선호와 가치관에 의해 좌우될 수 있다. 그러나 그러한 주장의 논거의 질을 평가하는 것은 사물의 크기나 색깔을 비교하는 것과 같다. 거기에는 불일치가 존재하지 않는다. 더 나은 것과 그렇지 못한 것의 판단은 삶의 형식215)의 일부이며, 우리는 그러한 삶의 형식을 공유하고 있기 때문이다.

"정당하다고 입증된 것이 곧 정의로운 것이다."216) 대부분의 논증이

---

213) 이 점에 대해서는 안성조, 괴델정리의 법이론적 함의, 서울대학교 법학 제49권 제4호, 2009, 716면 이하 참조.

214) 물론 여러 개의 정당한 답이 존재하는 경우는 존재할 수 있다. 동지의 아르투어 카우프만(Arthur Kaufmann)/김영환 역, 법철학(Rechtsphilosophie) (나남, 2007), 556-557면 참조.

215) 삶의 형식(form of life, Lebensform)에 대해서는 다음 장의 각주 128)과 129)를 참조할 것

론가들도 이 명제로부터 시작했다. 하지만 너무 멀리, 어쩌면 너무 우회적 방향으로 나아갔다. 그들은 다방면에서 정의의 내용적 기준과 절차적 정당화 조건을 제시해 보려고 시도했다. 하지만 결국 도달한 만족할 만한 해답은 무엇인가? 자연법인가? 아니면 논증규칙인가? 이상적 조건화는 결국 공허해진다. 실제 해석과 논증에서 별다른 도움이 되지 않기 때문이다. 그것은 마치 마찰이 없는, 즉 어떤 의미에서 그 조건이 너무 이상적이라고 말할 수 있는 빙판 위에서는 걸을 수 없는 것과 같다. 그런 의미에서 지금까지 논증이론이 시도해 온 것들은 너무 이상적인 것이었고, 그로 말미암아 우리가 더 이상 걸을 수 없게 된 것이다. 다시 걷고 싶다면, 마찰이 필요하다. "거친 땅으로 되돌아가야 한다(Zurück auf den rauhen Boden)!"217)

이상 법적 논증이론에 대해 필요한 범위 내에서 개략적으로 살펴보았다. 법의 해석과 관련해 중요한 점은 법적 논증이론은 해석의 정당성 확보를 위해 필요한 방법론이라는 사실이다. 최근 들어 법적 논증이론이 학계의 많은 관심을 끌고 있고, 열띤 논의가 전개되고 있는 것은 우리 사회가 해석의 정당성 확보에 매우 큰 의미를 부여하고 있다는 점을 여실히 입증해 주는 것이라는 점에서 대단히 고무적인 사건이지만, 또 그것이 얼마나 어렵고 힘든 목표인지를 잘 웅변해 주고 있다고 보아야 할 것이다. 이에 본고는 '논박불가능성'이라는 개념표지를 통해 해석의 정당성을 획득할 수 있는 방안을 제시해 보았다.

---

216) "gerecht ist, was sich als gerechtfertig erweist." Ilmar Tammelo, Theorie der Gerechtigkeit (Freiburg; München: Alber, 1977), 99면 참조.

217) Ludwig Wittgenstein, Philosophische Untersuchungen §107, in: Ludwig Wittgenstein Werkausgabe Band I (2. Aufl. Suhrkamp, 1995) 참조.

§ 2. 형법의 해석과 규칙 따르기 논변

[글 소개]

우리는 종종 주변에 있는 일체의 현상 및 상징적 표현에 대한 자신의 해석이 너무나 확고해서 의심의 여지가 없다고 생각하곤 한다. 이는 법의 해석, 그리고 형법해석에 있어서도 마찬가지다. 그런데 과연 무엇 때문에 우리는 그러한 확신을 가질 수 있는 것일까? 환언하자면 무엇이 우리에게 그러한 확신을 주는 것일까? 이하의 장은 바로 이러한 질문에 대한 해답을 찾고 있는 글이다. 일찍이 철학자 비트겐슈타인은 "'68+57=125'라는 답이 덧셈규칙에 의해 의심의 여지없이 도출되는 확정적인 답인가?"라는 매우 심원한 질문을 던진 바 있다. 우리는 너무나 당연하게 생각하는 답이, 어째서 그렇게 "당연한" 답이 되는가를 근본적으로 캐물은 것이다. 일반적으로 "규칙 따르기 고찰(rule-following consideration)"이라고 일컬어진다. "당연히" 그의 철학적 질문을 둘러싼 다양한 갈래의 (법)철학적 논의가 촉발되었고, 오랜 세월 진행되어 왔다. 그 중에는 법의 해석과 관련된 논의도 많다. 예컨대 만일 규칙이 불확정적이라면, 법의 해석이 법규칙을 따라서 과연 어떻게 확정될 수 있겠느냐는 식의 회의론적 논변이 일단의 법(철)학자들을 중심으로 제기되었던 것이다. 그뿐만 아니다. 규칙 따르기 고찰은 "고찰"하기에 따라서 비단 법의 해석과 관련해서뿐만 아니라 형법학의 다른 분야에서도 유의미한 함의를 지닐 수 있다. 그것은 바로 법인의 범죄능력과 관련해서이다. 이하에서는 이 중에 형법의 해석과 관련된 논의만을 다룰 것이다. 규칙 따르기 고찰의 법인의 범죄능력에 대한 함의에 대해서는 본고의 PART II에서 다루고자 한다.

Ⅰ. 논의 배경 및 구도

이 장은 20세기 중반 무렵부터 현재에 이르기까지 영미권의 (법)철학자들을 중심으로 전개된 바 있는 언어철학적 논의의 한 주제와 전개 양상을 소개하고, 그 논의의 법(철)학적 수용가능성을 둘러싼 첨예한 견해 대립을 비판적인 시각으로 검토해 보는 데 주된 목적을 두고 있다. 아울러 법현실주의와 비판법학운동은 그러한 논의와 어떠한 상관관계를 갖고 있는지를 살펴보고 우리와는 다른 법체계와 지성사적 흐름 속에서 전개된 이상의 논의들이 우리나라의 현행 형법을 해석하고 적용하는 데 있어서는 과연 어떠한 의의를 지닐 수 있는가를 검토해 보고자 한다.

본고에서 다루는 언어철학적 논의란 비트겐슈타인의 후기 저작인 '철학적 탐구'에서 논급된 '규칙 따르기 고찰(rule-following consideration)'과 이의 해석을 둘러싼 철학적 견해들을 지칭한다. 현대 영미권의 여러 (법)철학자들은 후기 비트겐슈타인의 언어철학적 통찰의 한 단면을 잘 보여주는 '규칙 따르기 고찰'을 다양한 맥락과 의도에서 서로 상이한 방향으로 해석하여 왔다.[1]) 그 중 대표적으로 소울 크립키(Saul. A. Kripke)는 비트겐슈타인을 규칙회의론자(rule-sceptics)로 해석하여 이로부터 규칙 따르기에 대한 다양한 논쟁을 촉발시켰는데, 이러한 논쟁은 법(철)학자들에 의해 재해석되어 법의 해석과 적용의 결과에 과연 확정성(determinacy)이 있는가, 없는가에 대한 논의로 발전하게 된다.[2]) 규칙

---

1) 이처럼 대립되는 상이한 해석을 취하는 학자들에 대한 상세한 분류와 소개로는 Brian Bix, The Application(and Mis-Application) of Wittgenstein's Rule-Following Consideration to Legal Theory in: Brian Bix, Law, Language and Legal Determinacy (Oxford University Press, 1993), 38면과, Christian Zapf & Eben Moglen, Linguistic Indeterminacy and the Rule of Law: On the Perils of Misunderstanding Wittgenstein, *84 Geo. L.J. 485* (1996), 496면을 비교, 참조할 것.

2) 규칙 따르기 고찰은 이밖에도 많은 법(철)학적 함의를 지닐 수 있다. 특히 의도의 본성(nature of intention)에 대한 비트겐슈타인의 통찰은 해석하기에 따라서 '범의(mens rea)'와 '의도중심적 해석(intention-oriented interpretation)'에 대해서도

회의주의란, 어떠한 규칙도 새로운 상황에 적용될 때에는 그 자체로는 어떻게 적용되는 것이 올바른가에 대하여 확정성을 보증해 주지 못한다는 식의 회의론적 주장을 뜻한다. 왜냐하면 규칙이란 일반적으로 과거에 관찰된 반복적 사실을 기초로 정립된 하나의 가정을 의미하는바, 과거에 관찰된 사실은 아무리 많더라도 유한하고 따라서 미래의 사건을 예측하는 데에는 충분하지 못하기 때문이다. 이러한 논변은 일찍이 데이비드 흄이 제기한 바 있는 소위 '귀납의 문제(problems of induction)'[3])와 동일한 문제의식을 공유하고 있다고 볼 수 있다.[4]) 이러한 논변에 의하면 미래는 확정되어 있지 않기 때문에 과거의 반복적 사실로부터 무수히 많은 수의 가정을 할 수 있게 되고, 따라서 과거의 반복적 사실로부터 도출한 일정한 규칙 'A'를 미래에 어떠한 방식으로 달리 적용하더라도(예컨대 규칙 'A-1', 'A+B' 등으로) 이는 규칙 'A'와 논리적으로 양립할 수 있다.[5]) 예를 들어 화자(speaker)가 지금까지 어떠한 언어규칙을 따라왔든, 그것은 과거의 언어사용이 옳다는 것을 정당화 해주는 규칙에 불과하기 때문에 미래의 언어사용을 정당화 해주는 규칙이 될 수는

심각한 의문을 제기할 수도 있다. 왜냐하면 비트겐슈타인을 의미회의론자로 해석할 경우, 후술하겠지만 '법의'나 입법자의 '의도'는 존재할 수 없기 때문이다. 이 점에 대한 지적으로는 Scott Hershovitz, Wittgenstein on Rules: The Phantom Menace, *22 Oxford Journal of Legal Studies 619* (2002), 619면 참조. 스캇 허쇼비츠는 예일 로스쿨을 거쳐 옥스퍼드 대학에서 박사학위를 받았으며, 현재는 미시간 로스쿨 교수이다. 그의 최신 저작으로는 'Exploring Law's Empire: The Jurisprudence of Ronald Dworkin (Oxford University Press, 2006)'이 있다.

3) 귀납의 문제가 발생하는 이유는 간단히 말해 귀납적 일반화는 미래가 과거와 동일할 것이란 점을 보장해 줄 수는 없기 때문이다. 따라서 지금까지 해가 동에서 떠올랐다는 사실로부터 내일은 해가 서에서 뜰 수 없다고 단정지을 수는 없다는 것이다. 이상의 설명으로는, Christian Zapf & Eben Moglen, 앞의 논문, 각주 36) 참조.

4) 이러한 설명으로는 Christian Zapf & Eben Moglen, 앞의 논문, 492-493면 참조.

5) 한편 미국의 법현실주의(Legal Realism)적 맥락에서 규칙회의주의는 "법의 의미는 법적 추론에서 확정되는 것이 아니고 오로지 법관의 심리적 습성(mental habit)과 궁극적 믿음(bedrock beliefs)에 의해 결정된다는 견해를 의미한다. 이에 대해서는 Christian Zapf & Eben Moglen, 앞의 논문, 438-490면 참조.

없으며, 따라서 그가 미래에 어떠한 새로운 규칙을 따르더라도 이는 과거의 규칙에 모순되지 않는다는 것이다. 규칙회의론자들은 비트겐슈타인이 자신의 저작인 철학적 탐구(Philosophical Investigation)[6](이하 PI로 약칭) §201에서 말한 다음의 언명을 토대로 비트겐슈타인 후기 사상은 규칙회의론에 주요한 근거를 제공해 준다고 해석한다.

Unser Paradox war dies: eine Regel konnte keine Handlungsweise bestimmen, da jede Handlungsweise mit der Regel in Ubereinstimmung zu bringen sei. Die Antwort war: Ist jede mit der Regel in Ubereinstimmung zu bringen, dann auch zum Widerspruch. Daher gabe es hier weder Ubereinstimmung noch Widerspruch[우리의 역설은 이렇다: 어떤 하나의 규칙이 어떠한 행동방식도 확정할 수 없다. 왜냐하면 모든 행동방식이 그 규칙과 일치되도록 만들어질 수 있을 것이기 때문이다. 이에 대한 답변은 다음과 같다: 만일 각각의 모든 행동방식이 그 규칙과 일치되게 만들어질 수 있다면, 또한 모순되게도 만들어질 수 있다. 따라서 여기에는 일치도 모순도 존재하지 않을 것이다.].

철학적 탐구의 위 개소는 전체 맥락을 고려하지 않고 보면 분명 규칙회의론자들의 입장과 거의 유사함을 쉽게 확인할 수 있다. 그렇다면 과연 비트겐슈타인은 규칙회의론자였는가? 아니면 크립키를 비롯해 규칙회의론적 입장을 취하는 (법)철학자들이 비트겐슈타인의 입장을 원래의 취지와는 전혀 다르게 오독(over-reading)한 것인가? 바로 이 점을 구명하는 것이 규칙 따르기 고찰을 둘러싼 언어철학적 논쟁과, 아울러 이의 법철학적 수용가능성 여부를 매듭짓는데 있어서 관건이며 핵심적인 쟁점이 된다고 볼 수 있다. 이하 본고에서는 이와 같은 논의배경과 맥락하에서 우선 규칙 따르기 고찰에 대한 해석상의 견해대립을 살펴보고 이어서 법(철)학적 수용 가능성에 대한 논의를 소개하여 비판적으로 검토해 본 후 이로부터 우리 형법의 해석과 적용에 있어서 유의미한 내용을 추출하여 새로운 관점에서 이 논의를 조망해 보고자 한다.

---

6) 독일어 원문은 Ludwig Wittgenstein Werkausgabe Band I (2. Aufl. Suhrkamp, 1995)를 참조하였음.

II. 규칙회의주의

1. 크립키의 규칙회의주의

비트겐슈타인을 (규칙)회의주의자로 해석한 대표적인 학자로는 크립키가 있다. 크립키의 비트겐슈타인 해석은 대단히 독특하고 유명하여 규칙회의론자들에게 널리 원용되는 것으로 알려져 있다. 언어학자인 노엄 촘스키가 크립키의 회의론적 해석에 대하여 특별한 관심을 보이면서 면밀히 분석·비판하고 있는 것으로 미루어 보아도 크립키의 주장은 상당한 영향력을 갖고 있었던 것으로 보인다.[7] 그렇다면 과연 크립키는 비트겐슈타인을 어떻게 해석하고 있는지를 정확히 확인할 필요가 있을 것이다. 문제의 개소를 소개해 보자면 다음과 같다. 비트겐슈타인의 저작인 철학적 탐구 중 §201이 주로 논급되는 개소이다. 논의의 편의상 §201을 세 단락으로 구분하여 제시하기로 한다.

Text 1) Unser Paradox war dies: eine Regel konnte keine Handlungsweise bestimmen, da jede Handlungsweise mit der Regel in Ubereinstimmung zu bringen sei. Die Antwort war: Ist jede mit der Regel in Ubereinstimmung zu bringen, dann auch zum Widerspruch. Daher gabe es hier weder Ubereinstimmung noch Widerspruch[우리의 역설은 다음과 같다. 어떤 하나의 규칙이 어떠한 행동방식도 확정할 수 없다는 것이었다. 왜냐하면 모든 행동방식이 그 규칙과 일치되게 만들어질 수 있을 것이기 때문이다. 이에 대한 대답은 이렇다. 만일 각각의 모든 행동방식이 그 규칙과 일치되게 만들어질 수 있다면, 또한 모순되게도 만들어질 수 있으며, 따라서 여기에는 일치도 모순도 존재하지 않는다는 것이다].

---

7) 이 점에 대해서는 Noam Chomsky, Knowledge of Language: Its Nature, Origin, and Use (New York: Praeger, 1986), 223면 참조. 흥미로운 점은 촘스키는 다른 여러 크립키 비판론자들과는 다르게 크립키의 비트겐슈타인 해석이 옳다는 가정 하에 자신의 논의를 전개하고 있다.

Text 2) Daß da ein Mißverstandnis ist, zeigt sich schon darin, daß wir in diesem Gedankengang Deutung hinter Deutung setzen; als beruhige uns eine jede wenigstens fur einen Augenblick, bis wir an eine Deutung denken, die wieder hinter dieser liegt. Dadurch zeigen wir nahmlich, daß es eine Auffassung einer Regel gibt, die nicht eine Deutung ist; sondern sich von Fall zu Fall der Anwendung, in dem außert, was wir ≪der Regel folgen≫, und was wir ≪ihr entgegenhandeln≫ nennen[여기에 어떠한 오해가 있다는 것은 우리가 이와 같은 사고 과정에서 해석에 해석을 가한다는 점 ‒ 마치 각각의 한 해석이 우리가 이 해석 뒤에 또 다시 놓여 있는 어떤 하나의 해석을 생각하기 전까지의 최소한 한 순간은 우리를 진정시키듯이 ‒ 에서 이미 드러난다. 이를 통해 우리가 보여주는 것은 다음과 같다. 어떤 하나의 해석은 아니면서 오히려 우리가 각각의 상황속에서 "규칙을 따른다"거나 "규칙에 반하여 행동한다"라고 부르는 것 속에서 나타나는 규칙 이해의 방식이 존재한다는 것이다].

Text 3) Darum besteht eine Neigung, zu sagen: jedes Handeln nach der Regel sei ein Deuten. ≪Deuten≫ aber sollte man nur nennen: einen Ausdruck der Regel durch einen anderen ersetzen[그러므로 규칙에 따르는 모든 행위는 하나의 해석이라고 말하는 경향이 존재한다. 그러나 우리는 '해석(Deutung)'이라는 말을 어떤 하나의 규칙에 대한 표현을 다른 하나로 대체하는 뜻으로만 사용해야 한다].

위의 세 개소 중에서 크립키는 Text 1)에 주목하여 다음과 같은 해석론을 내놓는다. 그의 이해방식에 따르자면 비트겐슈타인이 Text 1)에서 "어떤 하나의 규칙이 어떠한 행동방식도 확정할 수 없으리란 것이었다. 왜냐하면 모든 행동방식이 그 규칙과 일치되게 만들어질 수 있을 것이기 때문이다"라고 말한 취지는 다음의 예를 통해 설명된다.[8] 예컨대,

---

8) 보다 이해하기 쉬운 예로는 다음과 같은 것이 있다. 예들 2, 4, 6, 8로 전개되는 수열이 있다고 할 때 이 수열에는 어떠한 규칙이 적용되는가? 우리는 대부분 2를 더해 나아가는 수열이라고 설명 하겠지만, 규칙회론자들은 "이 수열은 1000까지는 2를 더하고 1000부터 2000까지는 4를 더하며, 2000부터 3000까지는 6을 더하는 수열이다" 등으로 무수히 많은 규칙을 제시할 수 있고 이러한 설명은 "2, 4, 6, 8"로 전개되는 수열과 일치될 수 있다는 것이다. 즉 하나의 수열은 무수히 많은 규칙과 양립할 수 있다는 것이다. 이에 대해서는 PI §185 참조.

만일 우리가 지금까지 한 번도 "68+57"이란 덧셈을 해본 적이 없다고 가정해 보자. 그러면 "68+57의 답은 무엇인가?" 이에 대해 우리는 분명 어렵지 않게 "125"라고 대답할 수 있고 물론 옳은 답이다. 그런데 크립키에 의하면 (크립키가 가정하는) 어떤 규칙회의론자(Kripke's sceptic)는 정답을 "5"라고 답변할 수 있으며 이는 정당화될 수 있다는 것이다. 크립키에 따르면 비트겐슈타인의 언명, 특히 Text 1)은 바로 이러한 규칙회의론자의 답변에 정당화 근거를 제공해 주고 있다고 한다.9) 그 규칙회의론자는 우리에게 다음과 같이 말한다. "당신은 어째서 68+57의 답이 125라고 확신하십니까? 당신은 분명 과거에 한 번도 해본 적이 없는 두 수의 덧셈, 즉 68+57을 수행하였습니다. 그리고 당신은 과거에 덧셈을 수행하면서 전혀 새로운 두 수 68+57의 경우에는 그 답이 5가 되는 규칙을 따르고 있었을 지도 모릅니다. 그렇기 때문에 당신이 과거에 수행했던 모든 '덧셈'은 나처럼 68+57=5라고 하는 '겹셈'과 전혀 모순되지 않습니다. 나는 '겹셈'을 다음과 같이 이해합니다.10)

$$X \oplus Y = X + Y, \text{ if } X, Y < 57$$
$$X \oplus Y = 5 \qquad \text{otherwise}$$

그래서 나는 "57+68=5"라고 대답했던 것입니다." 요컨대 규칙회의론자에 따르면 덧셈(plus +)을 겹셈(quus $\oplus$)으로 이해하더라도 (비트겐슈타인의 통찰처럼) 전혀 모순이 발생하지 않는다는 것이다. 다시 말해 모든 행동방식(여기서는 겹셈)은 규칙(덧셈)과 일치될 수 있도록 만들어질 수 있다고 규칙회의론자는 주장한다.11)

---

9) 실제로 비트겐슈타인도 크립키가 제시한 덧셈규칙 사례와 유사한 예들을 들고 있다. 이에 대해서 PI § 185 참조.

10) Saul A. Kripke, Wittgenstein on Rules and Private Language (Harvard University Press, 1982), 8-9면 참조.

11) 크립키는 위 두 수가 처음 보는 수라는 가정에 의해서(By hypothesis) 당연한 귀결이라고 본다. 이에 대해서는 Saul A. Kripke, 앞의 책, 10-11면 참조.

크립키는 이러한 규칙회의론자의 입장을 다음과 같이 요약해 준다.[12]

> "규칙회의론자의 요지는, 과연 우리가 과거에 스스로에게 이 특정한 경우의 덧셈의 결과는 5가 아니라 125라는 것을 강요하는(정당화하는) 지시(instructions)를 명시적으로(explicitly) 내린 사실이 있었느냐는 것이다. 그는 우리의 용법 (usage)의 변화에 관한 회의주의적 가정을 통해 자신의 입장을 옹호한다. 아마도 우리가 과거에 '덧셈'을 계산했을 때 우리는 언제나 '겹셈'을 의미하고 있었다고 가정할 수 있다면, 우리는 그러한 가정에 위배되는 어떤 명시적인 지시를 우리에게 내린 적이 없다는 것이다."

크립키에 의하면 규칙회의론자들의 논변을 극복하기 위해서는 두 가지 조건이 충족되어야 한다.[13] 첫째, 그 해결책은 내가 겹셈이 아니라 덧셈을 의미하는 것을 구성하는 나의 심적 상태에 관한 사실이 무엇인지를 설명해 줄 수 있어야 한다. 둘째, 어떤 의미에서 그것은 내가 "68+57"에 "5"가 아니라 "125"라고 답하는 것이 옳다는 것을 정당화 할 수 있는지를 설명해 줄 수 있어야 한다. 결론적으로 크립키는 우리가 위 계산을 수행하면서 겹셈이 아니라 덧셈을 의미했었음을 정당화 해 주는 우리 자신에 대한, 또는 우리의 심적 상태나 행위에 관한 '사실 (fact)'이 존재하지 않는다고 주장한다. 즉, 우리가 과거에 덧셈규칙을 따르면서, 만일 생전 처음 보게 된 두 수, 전술한 "57+68"과 같은 두 수의 계산을 요구받았을 때에, 규칙회의론자처럼 이 경우에는 '겹셈규칙'을 따라서는 안 된다고 명시적으로 '의미했던' 적은 없다는 것이다. 그렇기 때문에 이 경우 "57⊕68=5"라고 계산을 하여도 이는 '덧셈규칙'과 적어도 '논리적으로는' 모순되지 않는다는 것이다.[14] 한 마디로 규칙은 그에 대한 어떠한 해석과도 일치될 수 있으며 따라서 극도로 불확정적이라는 것이 되며 이러한 규칙회의론은 바로 비트겐슈타인의 통찰

---

12) Saul A. Kripke, 앞의 책, 13면 참조.
13) Saul A. Kripke, 앞의 책, 11면 참조.
14) 비트겐슈타인도 이러한 경우 우리는 심리적인 강요를 받고 있을 뿐 논리적인 강요를 받고 있는 것은 아니라고(unter einem psychologischen Zwang, aber unter keinem logischen) 말할 수 있음을 지적하고 있다. 이에 대해서는 PI § 140 참조.

에 기대고 있다는 것이 크립키의 생각인 것이다.

혹자는 '덧셈규칙을 의미하는' 심적 상태에 대응하는 사실에 대해서 다음과 같이 반문할 수도 있다. "그야 간단한 문제가 아닌가? 무한한 경우에 동일한 규칙을 적용할 수 있는 것은 바로 모든 인간에게 공통된 이성적 능력이 아닌가?"라고 말이다. 물론 틀린 말은 아니다. '덧셈규칙을 의미하는' 심적 상태란 우리로 하여금 규칙을 따르게 해 주는 그 어떤 능력이기 때문에 '이성적 능력'으로 환원시키는 것도 하나의 해결 방법이 될 수 있기 때문이다. 그러나 이것으로 충분한가? 이 대답으로 회의론자들의 의문은 해소될 수 있는 것인가? 결코 그렇지 않다고 본다. '인간의 이성적 능력'이라는 막연하고 추상적인 답변은 게리 엡스(Gary Ebbs)가 비트겐슈타인의 언명을 인용해 적절히 지적하듯이 문제의 답을 '신비스러운 인간의 정신적 능력'[15]에 호소하는 격이 되어버리기 때문이다. 그것은 객관적으로 확인할 수 있는 하나의 사실(fact)이 될 수 없다.

수학적 실재론자들 또는 플라톤주의자들은 다양한 수나 덧셈 등, 수학적 존재들의 본성은 인간의 마음과 관련이 없으며, 또한 개개인의 모든 마음들 속에 내재한 공통된 속성도 아니라고 본다. 플라톤주의자들은 덧셈함수가 "57+68=125"를 결정해 주는 것은 인간의 마음이나 정신적 상태와는 독립된 수학적 대상 그 자체의 본성일 뿐이라고 설명한다. 그렇기 때문에 "57+68=125"라는 답은 영원히 옳으며 모든 무한한 경우의 덧셈에 있어서의 정답은 이미 결정되어 있다는 것이다.[16] 한 마디로 말하면 수학적 규칙은 마치 우리의 마음이 따라야 할 궤도처럼[17] 이미 우리 앞에 놓여 있는 그 어떤 실체라는 것이다. 그러나 이러한 형이상학적 논거를 배제하기 위해서 크립키는 바로 그 '덧셈규칙을 의미함'에

---

15) Gary Ebbs, Rule Following and Realism (Harvard University Press, 1997), 17면 참조. 엡스는 미국 인디애나 대학교 철학과 교수로 논리, 언어, 심리철학 등을 담당하고 있다.
16) Saul A. Kripke, 앞의 책, 53-54면.
17) Brian Bix, 앞의 책, 41면 참조.

대응하는 심적 사실이 될 만한 것들을 하나씩 차례로 검토한다. 논의의 편의를 위해서 여기서는 그 중 일부만 소개하기로 한다.

우선 먼저 크립키는 '덧셈규칙을 의미함'에 대응하는 그런 사실의 후보로서 고려하는 것들 중 하나는 일종의 감각적 경험으로서 신체적 고통과 유사한 특유한 감각질(quale)[18]을 가진 경험으로 환원시키려 한다. 크립키의 말을 들어 본다.

> "'덧셈'에 의해 덧셈을 의미한다는 것은 내성에 의해 우리 각각에게 직접 알려지는 특유의 감각질을 가진 환원불가능한 경험 – 예컨대 두통, 기쁨, 가려움, 구역질 등 – 이지 않은가?"[19]

이것은 어쩌면 매우 그럴듯한 이론적 해결책처럼 보인다. 두통이나 흥분 같은 것이야말로 나의 심적 상태에 관한 것이어서 그 존재나 본성에 대해 나 스스로 누구보다 잘 알고 있는 것처럼 보이기 때문이다. 그러나 크립키는 '덧셈규칙을 의미하는' 심적 상태를 두통과 같은 감각질로 대치할 수 없음을 보여준다.[20] 왜냐하면 "덧셈규칙을 의미한다"는 것은 상당히 안정적이고 지속적인 일종의 심적 상태(mental state)나 심적 과정(mental process)[21]인데 고통이나 흥분과 같은 감정은 그러한 안정적인 상태와는 거리가 먼 유동적이고 즉흥적인데다가, 고통은 그것이 육체적인 자극인 한 결코 정신적 상태는 아니기 때문이다. 결국 감각질은 덧셈규칙을 의미하는 심적 상태에 요구되는 '이해(understanding)'와는 다른 것이다. 게다가 설령 '덧셈규칙을 의미함'에 대응하는 심적 상태가 그런 감각질을 가진 내적 상태라고 하더라도, 그것은 회의론자들

---

18) 감각질(quale)이란 정신상태들의 '느껴진' 혹은 '경험된' 성격에 대한 철학적 용어이다. 예를 들어, 초콜릿 맛과 같은 어떤 것, 보다 정확히는 초콜릿 맛과 같이 느껴지는 어떤 것을 의미한다. 감각질의 정의에 대해서는 김영정, 심리철학과 인지과학 (철학과 현실사, 1997), 75면 참조.
19) Saul A. Kripke, 앞의 책, 41면.
20) Saul A. Kripke, 앞의 책, 49-51면.
21) Saul A. Kripke, 앞의 책, 49-50면.

을 논박하기 위한 두 번째 조건을 충족시키지 못한다. 감각질을 가진 경험 중 어떤 것도 그 자체로는 "새로운 경우에 겹셈이 아닌 덧셈을 하는 것이 정당하다고 나에게 말해주지 않을 것"이기 때문이다.[22]

그렇다면 '덧셈규칙을 의미하는' 심적 상태를 두통 등의 감각질과는 전혀 다른 그 자체로 특유한 원초적 상태로 볼 수는 없을까? 그러나 크립키에 따르면 이 제안도 "원초적 상태의 본성을 완전히 신비롭게 내버려두기 때문에" 회의론자들을 논박하기 위한 첫 번째 조건을 만족시키지 못하는 문제가 있다.[23] '덧셈규칙을 의미하는' 심적 상태가 두통이나 원초적 상태와 같은 내적인 상태가 아니라면, 그럼 무엇인가? 이에 대해 크립키는 새로운 제안을 보여준다. 그것은 바로 그러한 심적 상태를 하나의 행동의 성향으로 보는 시도이다. 즉 '덧셈규칙을 의미하는' 심적 상태는 "나는 덧셈부호(+)를 이러이러한 상황에서 저러저러하게 사용하는 성향이 있다"고 분석하는 것이다. 크립키는 성향에 대해 다음과 같이 말한다.

> "나는 지금까지 '68+57'이란 문제에 접해본 적이 없어서 그 문제에 대해 '125'라고 답해본 적도 없지만, 만일 내가 '68+57'에 관한 질문을 받는다면, 나는 '125'라고 대답했을 것이다."

'덧셈규칙을 의미한다'는 것은 '무한히 많은 새로운 경우에' 덧셈규칙을 적용 가능하게 해 주는 것이다. 그렇다면 과연 성향과 '덧셈규칙을 의미함'이 대체될 수 있는가? 성향을 주장하는 사람은 가령 "나는 실제로 화성에서 '소'란 단어를 사용해 본 적이 없을지라도, 내가 거기에 있다면, '소'를 소를 가리키기 위해 사용할 성향을 과거에 가진 적이 있었기 때문에, 화성에서 '소'를 사용하는 경우도 전혀 새로운 상황으로 받아들여지지는 않는다"고 주장한다. 즉 무한한 경우에 성향은 충분히 기능할 수 있다는 것이다. 그러나 크립키는 내가 어떤 단어를 갖고 실

---

22) Saul A. Kripke, 앞의 책, 43면.
23) Saul A. Kripke, 앞의 책, 51면.

제로 사용하는 경우뿐 아니라 그것을 사용할 성향들을 모두 합치더라
도 역시 유한하다고 지적한다.[24]

> "아무리 큰 수이건, 임의의 두 수들의 합에 관해서 질문을 받는다면, 나는 그
> 것들의 실제 합을 갖고 응답하리라는 말은 맞지 않다. 왜냐하면 어떤 쌍들의 수는
> 너무 커서 내 마음 − 혹은 나의 두뇌 − 이 이해할 수 없기 때문이다. 그런 합을
> 묻는 질문들이 주어지면, 나는 이해를 못하기 때문에 어깨를 움찔할지 모른다. 관
> 련된 수들이 너무 커서 질문을 하는 사람이 질문을 완성하기 전에 내가 늙어서
> 죽을지도 모른다."[25]

이와 같이 '덧셈규칙을 의미하는' 심적 상태에 대응하는 사실을 위
한 후보로 간주될 수 있는 것을 모두 조사한 후에, 그것들이 모두 사실
이 되기 위한 조건을 충족시키지 못함을 입증한 크립키는 결국 '덧셈규
칙을 의미함'에 대응하는 심적 상태가 무엇인지에 대한 사실은 존재하
지 않는다고 결론을 내린다.[26]

이상 살펴보았듯이 크립키는 '덧셈규칙을 의미함'의 실체가 사실
(fact)로 환원될 수 없음을 입증해 주었다. 그리고 대부분의 (법)철학자

---

24) Saul A. Kripke, 앞의 책, 26면.
25) Saul A. Kripke, 앞의 책, 26-27면.
26) 이상 크립키가 규칙 따르기를 정당화 해주는 사실로서 검토한 후보들은 크게 세
　　가지이다. 첫째, 규칙이 실제로 사용되는 방식, 예컨대 덧셈규칙을 과거에 사용했
　　던 방식으로 현재의 덧셈규칙을 정당화하려는 시도 등, 둘째, 규칙 따르기에 수
　　반되는 일정한 심적 상태, 셋째, 규칙을 적용하려는 경향 등이다. 물론 크립키의
　　결론이 타당한가에 대해서 의문이 제기될 수 있다. 왜냐하면 우리는 쉽게 어째서
　　크립키는 '덧셈규칙을 의미함'을 정당화 해 주는 근거를 위 세 가지 사실에서만
　　국한시켜 찾으려고 했느냐고 반문할 수 있기 때문이다. 크립키의 결론이 불충분
　　한 증거에 기초해 있다는 견해에 대해서는 남기창, 비트겐슈타인의 철학과 언어
　　론−크립키의 의미회의론을 중심으로, 「현대철학과 언어」(철학과 현실사, 2002),
　　34면 각주 11) 참조. 크립키가 고려한 세 가지 후보군에 대한 비판적인 검토내용
　　과 크립키가 그러한 후보로서 데카르트적 의미의 '사적 관념'을 빠트렸고, 그렇
　　기 때문에 비트겐슈타인의 사적 언어 논증을 잘못 이해하게 되었다는 정치한 입
　　론으로는, 남기창, 크루소의 언어는 사적 언어인가?, 「언어철학연구 I」(현암사,
　　1995), 220면의 각주 9)와 236-240면 참조.

들도 우리가 규칙을 어떻게 이해할 수 있고 또 그것을 무한한 경우에
어떻게 올바르게 적용할 수 있는가를 정당화해주는 사실은 존재하지
않는다는 점을 인정한다는 점에서 크립키의 견해에 동의한다.27) 대표적
으로 브라이언 빅스의 말을 들어 보자.

　　"규칙 따르기를(우리의 논의에서는 '덧셈함수'를) 어떻게 계속해야 할지를 결
　정해 주는 사실은 아마도 없을 것이다. 그것은 어떠한 정신적 상태도 아니고, 내
　면의 소리도, 경향도, 그리고 종종 깨닫게 되는 플라톤이 말한 규범적 실재도 아
　닌 것이다."28)

　　또한 비트겐슈타인도 '덧셈규칙을 의미하는' 실체가 존재하지 않는다
고 말한다. 비트겐슈타인에게 있어서도 역시 '2를 더하는' 수열을 계속할
때나 '붉은'이라는 단어를 사용하는 데 있어서 우리 모두가 왜 동일한
방식으로 해야 하는가에 대한 설명이나 정당화 근거를 부여하는 매개적
실체가 존재하지 않는다. 그것은 단지 '동일한 삶의 형식(Lebensform)'을
공유하고, 동일한 방식으로 훈련받은 사람들이 규칙을 따르는데 있어
동일한 방식으로 행하는 것일 뿐이라고 한다.29) 비트겐슈타인은 무한한
경우에 있어서 어떠한 규칙의 올바른 사용을 한 번에 결정해 주는 심리
적 사실이 존재하지 않는다는 점을 다음의 일련의 언명 속에서 보여주
고 있다.30)

　　"그때 당신은 아마 말할 것이다. (중략) 이해 자체는 어떤 하나의 상태이며,
　그로부터 올바른 사용이 흘러나오는 것이라고(PI §146)."

　　"그러나 이러한 앎은 어떤 점에 놓여 있는가? 어디 좀 물어보자. 당신은 언제

---

27) Brian Bix, 앞의 책, 38-39면 참조.
28) Brian Bix, 앞의 책, 42면 참조.
29) Ludwig Wittgenstein, 앞의 책, §186-§187, §240-§241; Brian Bix, 앞의 책, 42면
　　참조.
30) 이하의 네 언명은 루드비히 비트겐슈타인(Ludwig Wittgenstein)/이영철 역, 철학
　　적 탐구(Philosophische Untersuchungen) (책세상, 2006)을 참조하였음.

이러한 적용을 아는가? 언제나? 밤낮으로? 또는 단지 당신이 바로 그 수열 법칙을 생각하는 동안에? 즉, 당신은 당신이 ABC와 구구법을 알고 있는 것과도 같이 그렇게 그것을 알고 있는가? 또는 당신이 '앎'이라고 부르고 있는 것은 어떤 하나의 의식 상태나 과정 — 가령 어떤 것을 생각함, 또는 그와 같은 어떤 것 — 인가 (PI §148)?"

"B가 그 수열체계를 이해한다는 것은 어쨌든 단순히 B의 머리에 그 수열의 공식이 떠오른다는 것을 뜻하지는 않는다. 왜냐하면 그의 머리에 그 공식이 떠오르는데도 불구하고 그가 그것을 이해하지 못하는 경우도 아주 잘 생각될 수 있기 때문이다. "그는 이해한다"는 그의 머리에 공식이 떠오른다는 것 이상을 포함해야 한다. 그리고 또한 마찬가지로, 이해의 저 다소 특징적인 동반 과정(예컨대 무언가를 이해했을 때의 흥분된 감정 등 §151참조)들이 언표들 이상을 포함해야 한다(PI §152)."

"이제 우리는 더 조야하고 그런 까닭에 우리 눈에 잘 띄는 저 동반 과정들의 배후에 숨어있는 것으로 보이는, 이해의 심리적 과정을 파악하려고 시도한다. 그러나 이는 성공하지 못한다(PI §153)."

스캇 허쇼비츠(Scott Hershovitz)는 법적인 사례에서 크립키의 규칙 회의주의가 다음과 같이 적용될 수 있다고 본다.

우리가 살고 있는 사회의 가상의 입법자이면서 동시에 법관인 렉스 (Rex)가 다음과 같은 법률을 제정해 시민들에게 공포했다고 가정해 보자.

[Tax] : Everyone must pay 10% of their income to the state
(누구든지 자신의 수입의 10%를 국가에 납부해야 한다)

그런데 만일 게이츠(Gates)라는 시민이, 지금까지 한 번도 적용된 적이 없고, 입법자인 렉스가 입법 당시에 미처 고려해보지 못한 액수인 100만 달러의 수입을 올렸다고 가정해 보자. 그러한 게이츠가 납세 통지서를 받게 되었는데, 거기에는 100만 달러의 10%에 해당하는 10만 달러를 납부하도록 적혀 있었다. 그러나 게이츠는 이에 대해 다음과 같이 항변을 한다.

"나는 5만 달러만 납부할 것이다. 왜냐하면 나는 위 [Tax] 조항에서 퍼센트 (percent(%))의 의미를 다음과 같이 쿼센트(quercent(‰))의 뜻으로 해석하고 있기 때문이다."

쿼센트(‰)는 다음과 같이 정의된다.

> X‰ of Y = X% of Y, if Y < 100만 달러
> X‰ of Y = 5만 달러,   otherwise

게이츠는 계속 말한다.

"렉스가 [Tax]법안을 기초할 당시에, 렉스의 심적 상태(mental state)에 쿼센트 (‰)가 아니라 퍼센트(%)를 의미했다는 사실(fact)이 과연 어디에 존재하는가? 아무도 그것을 명백히 입증할 수 없지 않은가? 따라서 내 항변은 정당하다."

게이츠식의 회의론적 논변은 무수히 많은 다양한 형태로 가능한데, 예를 들자면

> X‰ of Y = X% of Y, before time t
> X‰ of Y = 5만 달러,   afterward

도 얼마든지 가능한 것이다. 앞서 살펴보았듯이, 회의론자들의 이러한 논변을 논리적으로 반박하기는 쉽지 않다. 그렇지만, 그들의 주장을 전면 수용할 수도 없다. 왜냐하면 만일 그들의 논변이 옳다면 규칙의 체계로서의 법은 매우 불확정적인(radically indeterminate) 것이 되어버릴 것이기 때문에, 수범자에게 있어서 법은 행위규범으로서의 기능을 상실하게 되고, 법관에게는 판결의 정당화 근거로 원용되지 못하여 결국 법으로서의 권위를 상실할 것이기 때문이다.[31] 그렇지만 이러한 결과는 우리가 바라지도, 또한 현실 속에서 일어나지도 않는 현상이다. 그러므

로 규칙회의론자들의 논변을 면밀히 검토해 봄으로써 그들의 주장이 간과하고 있는 점이 무엇인지 명확히 구명할 필요가 있을 것이다.

2. 규칙회의주의에 대한 크립키의 회의적 해결책

크립키는 규칙회의론에 대한 해결책으로서 소위 '회의적 해결책(sceptical solution)'[32]을 제시한다. 그에 따르면 우리 어떠한 규칙을 따른다거나 의미한다는 것을 정당화해주는 사실은 존재하지 않기 때문에, 그러한 정당화는 '진리조건(truth condition)'에 의해 결정되는 것이 아니라 '주장가능성 조건(assertability condition)'에 의해 이루어져야 한다고 본다. 규칙을 올바르게 따르고 있는지에 대한 판단은 그가 속한 공동체의 점검에 의해 이루어질 수 있다고 한다. 즉, 어떠한 규칙을 따르는 자(rule-follower)가 충분히 많은 사례에서(in a sufficient number of cases) 그가 속한 공동체의 규칙 적용과 일치할(agree) 수 있을 때 '주장가능성 조건'

---

31) Scott Hershovitz, 앞의 논문, 623면.

32) 크립키의 해결책을 회의적(sceptical)이라고 부르는 이유는 결국 진리조건적 정당화를 포기하고 주장가능성조건으로 대체했기 때문에, 이는 규칙회의주의에 대한 완전하고 만족스러운 해결책이 아니기 때문이다. 크립키에 따르면 비트겐슈타인 역시 회의주의를 극복하기 위하여 규칙 따르기를 정당화 해 주는 것은 어떤 사실이(진리조건) 아니라 그것이 어떠한 조건하에서 적절히 주장될 수 있으며 또 그러한 행위가 우리의 삶에서 어떠한 역할을 하는가(주장가능성조건)로 대체함으로써 규칙회의주의자를 직접적으로 논박할 수는 없음을 시인하고 있다고 한다. 또한 이것은 데이비드 흄이 귀납의 문제(problem of induction)에 대하여 A와 B라는 두 사건들 사이의 인과적 관계를 완전하게 정당화해 주는 사실은 존재하지 않으며 단지 인과관계가 있다고 하는 것은 단지 특정한 유형의 사건들 사이의 불변하는 결합(invariable conjunction between certain types of events)이 있다고 주장하는 것에 불과하다고 생각한 것과도 같은 맥락인데, 즉 흄의 해결책도 회의적이며 회의주의가 틀렸다는 것을 직접적으로 입증해 주지는 못한다는 것이다. 이 점에 대해서는 Saul A. Kripke, 앞의 책, 62-86면; Charles M. Yablon, Law and Metaphysics, *96 Yale Law Journal 613* (1987), 629면; 남기창, 앞의 논문(크루소의 언어는 사적 언어인가?), 222-224면 참조.

이 충족되며 따라서 이 경우에만 규칙 따르기가 정당화된다는 것이다. 한 마디로 말해 규칙 따르기는 공동체적이라는 것이다.[33] 단, 이 경우 공동체의 다른 구성원이 '그저 한 개인의 규칙 따르기가 틀렸음을 지적해 준다는 뜻은 아니며, 한 개인은 그렇게 지적을 당하더라도 계속 규칙을 잘못 따를 수 있지만, 그렇게 됨으로써 개인은 그 규칙 따르기와 관련된 타인과의 공동체적 삶(비트겐슈타인적 표현으로 '삶의 형식')에 참여할 수 없게 된다는 것이다.[34]

이러한 입장은 규칙 따르기를 법의 영역에 확장시켜 적용할 수 있다면, 법관의 법해석과 법적용은 법공동체(예를 들어 다른 법관들이나 법학자들 및 기타 법을 해석, 적용하는 법률전문가들)의 판단과 일치될 때에만 정당화될 수 있다는 것이다. 요컨대, 규칙 따르기는 공동체의 삶에 있어서 실천적 효용(utility)이 있을 때에만 한 공동체 구성원들 간의 상호작용에 있어서 기대를 형성할 수 있게 되어 정당화된다는 것이 크립키의 입장인 것이다.[35]

3. 규칙회의주의에 대한 비판

1) 크립키의 해결책에 대한 비판

이와 같은 크립키의 해결책에 대해 허쇼비츠는 다음과 같이 논박한다. 우선 비록 수학적인 답이라 하더라도 어느 것이 정답이냐의 문제는 경험적인(empirical) 것이라기보다 규범적인(normative) 것이라는 점을 크립키는 간과하고 있다는 것이다. 즉, 68+57=125라는 것은 공동체의 점검을 통해 정당화되는 것이 아니라 설령 그가 속한 공동체의 극히 일부만 그 답에 일치하더라도 그것은 정답이 된다고 허쇼비츠는 지적한다.[36] 다음

---

33) Scott Hershovitz, 앞의 논문, 624-625면.
34) 이 점에 대한 지적으로는 남기창, 앞의 논문(*비트겐슈타인의 철학과 언어론*), 38 면 참조.
35) Scott Hershovitz, 앞의 논문, 625면.
36) Scott Hershovitz, 앞의 논문, 625면; 역시 동일한 지적으로는 Jes Bjarup, Kripke's

으로 크립키의 해결책은 보다 근본적인 결함이 있음을 허쇼비츠는 보여
준다. 예컨대 "68+57=5"는 답은 우리들 대부분의 답에 일치하지 않을 것
이지만 규칙회의론자들은 이 경우에도 그들은 과거에 '일치(agreement)'
대신 '겹치(quagreement)'[37]를 의미했었다고 주장하면서 68+57=5라는
답은 우리의 답과 일치될 수 있다고 주장할 수 있다는 것이다. 즉, 크립
키는 공동체적 점검에의 일치가 있으면 규칙 따르기가 정당화될 수 있
다고 보았지만, 그러한 경우에도 규칙회의론자들은 '일치'라는 단어를
회의론적으로 해석함으로써 우리의 입장과 달리 68+57=5라는 답을 합
리화할 수 있다는 것이다. 그리고 '일치'는 '겹치'로 '겹치'는 또다시 다
른 해석으로 대체됨으로써 끊임없는 무한퇴행의 순환으로부터 벗어날
수 없게 된다고 비판한다.[38]

2) 규칙회의주의에 대한 직접적 비판

크립키는 비트겐슈타인을 재해석하여 규칙회의주의를 가능케 만들
었고, 또한 그에 대한 나름의 해결책을 제시했지만, 이러한 논변은 그
자체가 비트겐슈타인을 잘못 해석한 데에서 비롯된 것이라는 것이 스캇
허쇼비츠의 가장 근본적인 비판이다. (크립키가 상정한) 규칙회의론자
들은 규칙에 대한 끊임없는 재해석이 가능함을 근거로 어떠한 해석도
규칙에 일치될 수 있다고 주장했지만, 많은 다른 학자들이 지적하듯이
이는 비트겐슈타인의 입장을 명백히 오해한 것이라고 허쇼비츠는 지적
한다. 즉, PI §201, §198을 종합적으로 해석해 보면 비트겐슈타인은 분
명 규칙 따르기에 해석이 불필요하다고 보고 있다는 것이다. 그렇기 때
문에 규칙에 대한 어떠한 해석도 규칙에 일치될 수 있다는 회의론자들
의 주장은 오해(ein Mißverstandnis)에 불과하다고 비트겐슈타인은 PI

Case: Some Remarks on Rules, their Interpretation and Application, *Rechtstheorie*
19 (1988), 49면 참조.
37) '겹치'란 간단히 말해 일정한 경우(예컨대 68+57=5) 공동체의 답과 다르더라도
   일치한다고 보는 것이다.
38) Scott Hershovitz, 앞의 논문, 626면.

§201에서 지적하고 있다고 한다.[39) 허쇼비츠에 따르면 비록 모든 경우는 아니지만, 비트겐슈타인이 예로 든 특정 사례들에 있어서는 어떠한 해석도 필요 없이 규칙을 따르는 것이 가능하다는 것이 비트겐슈타인의 본래 입장이다. 우리가 규칙을 따를 수 있는 것은, 타인의 승인, 격려, 거절 등등의 표현을 통해 일정한 규칙에 그렇게 특정한 방식으로 반응하도록 훈련받았기 때문이다. 이 점에서 규칙 따르기는 사회적 실천(practice)이자 관행(custom)인 것이다. 결국 우리가 규칙을 어떻게 따라야 할지를 알게 되는 것은 우리가 기술(technique)을 습득했기 때문이지 결코 우리가 규칙에 대한 해석을 갖고 있기 때문이 아니라고 허쇼비츠는 예리하고 정확하게 지적하고 있다.[40)

4. 규칙회의주의와 법현실주의의 상관관계

1) 규칙회의주의의 역사

크립키처럼 규칙이나 언어의 의미에 대해 의구심을 제기하는 방식의 회의주의는 아니었던 것으로 보이지만, 회의주의는 이미 고대 그리스에서부터 시작되었다. 고대 그리스의 회의론자들이 추구한 목표는 단순히 아무것도 알 수 없다고 주장하려는 것이 아니라 어떤 주장에 대해서 그것을 의심의 여지없이 정당화 할 수 있는지를 조사해 보고 그것이 참임을 입증할 수도 없지만 거짓임을 입증할 수도 없음을 보여서[41) 이로부터 그 주장이 참이라고 믿기를 중지함으로써[42) 마음의 평정상태에 도달하려는 데 있었다. 즉, 고대 그리스의 회의론자들은 '판단중지'를 통해 '평

---

39) 이 점에 있어서 Scott Hershovitz와 동일한 지적으로는 Jes Bjarup, 앞의 논문, 44-45면 참조.
40) Scott Hershovitz, 앞의 논문, 627-630면 참조.
41) 그들은 이 상태를 '균등(equipoence)'라고 불렀다고 한다. 이에 대해서는 남기창, 비트겐슈타인과 고대회의주의, 철학적 분석 제6호, 2002, 49면.
42) 그들은 이것을 '판단중지(epoche)'라고 불렀다. 남기창, 앞의 논문, 49면.

정심(ataraxia)'에 도달하는 것을 목표로 하고 있었던 것이다. 흔히 회의주의자로는 데카르트나 흄 등의 근대회의주의자를 떠올리기 쉽지만, 고대 그리스에는 섹스투스 엠피리쿠스나 아르세실라우스, 그리고 퓌론 등에 의해서 회의주의가 하나의 지적 전통으로 자리잡고 있었다고 한다.[43]

퓌론(Pyrrhon, 360-270 B.C.E.)은 옳고 그른 도덕기준의 확실성을 부정하면서 예컨대 근친혼도 범죄가 되지 않는다고 생각하는 사람도 있다고 지적하였다. 역시 2세기 말 그리스의 작가이며 의사였던 섹스투스 엠피리쿠스도 간통, 일부다처제, 절도가 상대적 범죄이며 따라서 범죄로 여겨지지 않는 곳도 있다고 주장하였다. 이들 그리스의 회의론자들은 대체로 법의 객관적 연원과 자연법을 부정하면서 정의에 대한 확실한 합의가 존재할 수 없으므로, 따라서 현존하는 법규와 관습의 전통을 따르는 것이 실용적이고 합리적인 태도라고 보았다. 정의에 대한 확실성을 알 수 없는 이상 실정법규에 따르는 것이 바람직하다고 본 것이다. 결과적으로 고대 그리스의 회의주의는 철저한 법실증주의에 귀착하고 만다. 회의론적 법사상은 르네상스시대의 몽테뉴에게도 전승되었으며, 파스칼, 볼테르, 흄에게까지 영향을 미쳤고, 인식의 한계에 대한 성찰적 태도는 법학에도 영향을 주어 막스 베버와 라드브루흐, 그리고 켈젠에게까지 사상적 기초를 제공해 주었다고 한다.[44]

규칙, 특히 법규칙(legal rule)과 관련된 회의주의는 미국의 홈즈 판사에게서 찾아볼 수 있다.[45] 홈즈는 다음과 같이 말한다.

"The life of the law has been logic: it has been experience. The felt necessities of the time, the prevalent moral and political theories, intuitions of public policy, avowed or unconscious, even the prejudices which judges share with their fellow-men, have had a good deal more to do than the syllogism in determining the rules by which men should be governed."[46]

---

43) 이상의 내용에 대해서는 남기창, 앞의 논문, 48-51면 참조.
44) 이상의 내용에 대해서는 류병화, 법철학, 2004, 97-101면 참조.
45) 이러한 평가로는 Christian Zapf & Eben Moglen, 앞의 논문, 510면 참조.
46) Oliver Wendell Holmes, The Common Law (Boston: Little, Brown, 1881), 1면

즉, 홈즈 판사에 따르면 법의 생명은 논리(logic)가 아닌 경험(experience)
에 놓여 있으며, 법규의 적용에 있어서는 삼단논법(syllogism)보다는 공
식적 혹은 무의식적으로 법관이 일반인들과 공유하는 선입견과 공공정
책에 대한 직관, 지배적인 도덕과 정치이론, 그리고 시대적 요청 등이
더 중요한 것이다. 이어서 그는 법은 수학적 추론과 공리의 체계인 것
처럼 다루어질 수만은 없으며, 법이 무엇인지 알기 위해서는 그 역사와
그것이 지향하는 바를 번갈아 가며 확인해야 한다고 주장한다.47) 요컨
대 홈즈는 법적용의 결과가 전적으로 규칙에 의해 형식주의(formalism)
적으로만 결정될 수는 없다고 주장한 것이다. 다음으로 펠릭스 코헨은
우선 논리실증주의를 표방한 전기 비트겐슈타인의 생각을 받아 들여
무의미한(senseless) 형이상학적 개념들(supernatural concepts)을 법으로
부터 축출해 내어야 한다고 주장하면서48) 홈즈 판사의 생각을 수용·발
전시켜49) 법은 사회적 과정(social process)이며, 판결은 사회적 사건
(social event)이라고 보았다. 법체계는 일정한 원리로부터 연역적 추론
이 가능한 기하학이나 수학체계와는 다르며 따라서 판결은 사회적 제
요소들 간의 상호 교차(intersection)에 의해서 이루어진다는 것이다.50)
이러한 점에 있어 코헨의 생각은 규칙회의론자에 가깝다고 볼 수 있을
것이다.51) 홈즈나 코헨의 주장과 유사한 맥락에서 제롬 프랑크는, 완전

참조.
47) Oliver Wendell Holmes, 앞의 책, 1-2면 참조.
48) Felix S. Cohen, Transcendental Nonsense and the Functional Approach, in:
William W. Fisher, Morton J. Horwitz & Thomas A. Reed (eds.), American
Legal Realism (Oxford University Press, 1993), 214면 참조. 코헨의 이 논문은
원래 "Felix S. Cohen, Transcendental Nonsense and the Functional Approach, *35
Columbia Law Review 809* (1935), 809-849면"에 실린 것이다.
49) 이러한 평가로는 Christian Zapf & Eben Moglen, 앞의 논문, 515면.
50) Felix S. Cohen, 앞의 논문, 223-224면.
51) 자프와 모글렌은 다음과 코헨을 다음과 같이 평가한다. "Cohen represented the
'rule skeptic' version of Legal Realism, which elucidated legal phenomena in
relation not to the logic of the rules, but rather in relation to the mental habits
and bedrock beliefs of the judges" Christian Zapf & Eben Moglen, 앞의 논문,

무결한 법이 존재하며 우리가 단지 충분히 노력을 기울이기만 한다면 그것을 발견하여 적용할 수 있다는 신화와 환상을 버려야 한다고 주장하였다.[52] 또한 그는 "법규칙이 판결을 결정한다"는 법적 확실성이란 신화는 사실확정 자체가 불확실하기 때문에 논리적으로 존립불가능하다고 주장하였다.[53] 프랑크는 재판상의 사실확정은 기계적인 작업이 아니며 증인을 매개로, 법관이나 배심원들의 주관이 개입할 수 있기 때문에 왜곡될 소지가 크다고 보았던 것이다. 법해석과 관련하여 프랑크는 법을 음악에 비유하면서 법관의 법해석에 법창조(소위 사법입법)가 개입할 수밖에 없는 이유는 작곡가가 연주가들에게 일부 창조적 활동을 맡길 수밖에 없는 것과 마찬가지라고 주장하기도 하였다.[54] 이밖에도 파운드, 빙엄, 인티마나[55] 칼 르웰린, 막스 라딘, 존 듀이 등도 홈즈 판사와 유사한 주장을 하였던바[56] 그 공통된 논의맥락은 이른바 '법은 과학'이라고 주장하는 랑델류의 '형식주의 법학'에 대한 도전과 비판에 있었다고 정리될 수 있을 것이다.[57]

515면 참조.

52) Jerome Frank, Law and the Modern Mind, in: William W. Fisher, Morton J. Horwitz, & Thomas A. Reed (eds.), American Legal Realism (Oxford University Press, 1993), 206-207면 참조. 이 글에서 프랑크는 법률가나 일반인 모두가 법의 확실성에 대한 신화를 유지하려는 경향은 전지전능한 아버지(omnipotent father)를 필요로 하는 미성숙한 유아기적 심리에서 비롯된다고 분석하였다.

53) 이러한 설명으로는 Christian Zapf & Eben Moglen, 앞의 논문, 517면; Jerome Frank, Words and Music: Some Remarks on Statutory Interpretation, *47 Columbia Law Review 1259* (1947), 1259면 참조.

54) 이상의 내용에 대해서는 최봉철, 법현실주의, 미국학 제20집, 1997, 26-27면 참조.

55) 파운드(Pound), 빙엄(Bingham), 인티마(Yntema)의 주장에 대해서는 Charles M. Yablon, 앞의 논문, 615-623면 참조.

56) 르웰린과 라딘, 듀이에 대해서는 최봉철, 앞의 논문, 13면의 각주 24)와 24-30면 참조.

57) 형식주의(formalism) 법학에 대해서는 최봉철, 앞의 논문, 16면 이하 참조.

2) 규칙회의주의의 지성사적 맥락

앞서 개관해 본 여러 규칙회의론자들의 특징은 그들이 법현실주의자(legal realist)들이란 점이다. 그리고 그들의 주장은 크립키의 규칙회의주의와도 상당한 관련성이 있어 보인다.[58] 물론 전술한 규칙회의론자들의 주장은 대부분 1908년(파운드)에서부터 1949년(프랑크) 등으로 20세기 전반기에 집중되어 있고 크립키의 저서 "비트겐슈타인: 규칙과 사적언어에 관하여(Wittgenstein on Rules and Private Language)"가 1982년에야 출간되었음에 비추어 시간적 선후관계를 고려해 볼 때 크립키의 규칙회의주의가 코헨이나 듀이, 그리고 르웰린이나 프랑크 등에게 영향을 주었다고 보기는 어렵다. 마찬가지로 크립키도 자신의 저서에서 법규칙(legal rule)의 불확정성에 대해 논급하거나 법현실주의자들을 인용하고 있지 않은 것으로 미루어 크립키의 규칙회의주의와 법현실주의 간에 직접적인 상호연관성은 없어 보인다. 또한 크립키가 자신의 독특한 회의주의를 발전시키는 데 있어서 중요한 전거가 되었던 비트겐슈타인의 저작, 철학적 탐구의 출간연도 역시 1953년으로 앞서 언급한 20세기 전반기의 법현실주의자들이 비트겐슈타인에게서 직접적 영향을 받았으리라고 보는 것도 무리가 있다. 다만 코헨이 비트겐슈타인을 직접 원용하고는 있으나 코헨이 수용한 비트겐슈타인의 생각은 규칙 따르기와 관련된 후기사상이 아니라 전기사상[59]임에 유의할 필요가 있을 것이다. 결론적으로 말해 20세기 전반 법현실주의자들에 의해 제기된 규칙회의주의와 비트겐슈타인의 규칙 따르기 논변을 회의주의적으로 재해석한 크립키의 사상은 상호무관하게, 그러면서도 핵심적인 생각을 공유하면서 평행선을 그리며 전개되었다고 볼 수 있을 것이다.[60]

---

58) 이러한 지적으로는 Charles M. Yablon, 앞의 논문, 624면 참조.

59) "Tractatus Logico-Philosophicus"라는 제목으로 더 잘 알려진 비트겐슈타인 전기사상의 대표작인 논리·철학논고는 원래 1921년 독일의 자연철학연보(Annalen der Naturphilosophie)에 "Logisch-Philosophische Abhandlung"이라는 제목으로 발표되었으나, 1922년 영국 RKP사에서 독-영 대역본으로 출판하며 위의 라틴어 제목으로 개칭되었다.

법현실주의의 계승자라고 할 수 있는[61] 비판법학운동(critical legal studies)은 1970년대 중반 무렵 태동하기 시작하였다.[62] 비판법학자들은 자신들의 정치적 의도에서, 크립키처럼[63] 비트겐슈타인을 회의주의자로 해석하였다.[64] 왜냐하면 비트겐슈타인을 회의주의자로 해석하게 되면, 크립키의 회의적 해결책처럼 공동체의 점검을 통한 규칙적용의 정당화를 모색할 수 있게 되는데, 그러한 공동체적 정당화란 비판법학자들이 주장하듯 판결의 정당성을 선례(규칙)로부터의 연역적 추론이 아닌 공동체의 도덕적 합의(moral consensus)에서 찾는 방식을 의미하기 때문이다. 이와 같은 맥락에서 다니엘 쉬트룹(Daniel Stroup)은 "비트겐슈타인은 (법언어는) 확고하게 고정된 의미를 지녀야 한다는 전제적 사고방식(tyranny of rigidly fixed meanings)으로부터 법언어(legal words)를 해방시켰다"고 주장하였고, 막스 라딘(Max Radin)은 "규칙에 따른 법관의 판결이, 반드시 입법자의 의사에 부합될 필요는 없지만 공동체 전체의 의사에는 부합되어야 한다(responds necessarily to the community as a whole and not just to what the legislature has said). 만일 우리가 비트겐슈타인의 입장을 받아들인다면 우리는 규칙이 불변적이지 않다는 점을 인식해야만 한다."고 주장하였다.[65]

이와 같이 비판법학자들은 판결의 정당성을 공동체의 도덕적 합의에서 도출해 내기 위한 전략에서 – 이를 해석공동체 전략(interpretive community account)[66]이라고 한다 – 자신들의 의도에 맞춰 비트겐슈타인을 회의주의자로 해석하였던 것이다. 비트겐슈타인은 스스로의 의

---

60) 이러한 평가로는 Christian Zapf & Eben Moglen, 앞의 논문, 508면 참조.

61) 이 점에 대한 지적으로는 최봉철, 앞의 논문, 2면 참조.

62) 이에 대해서는 한인섭, 비판법학, 미국학 제20집, 1997, 92-95면; 김정오, 미국 비판법학의 흐름과 동향, 법과 사회, 통권 제10호, 1994, 240면 이하 참조.

63) 단, 크립키도 정치적 이유에서 비트겐슈타인을 회의주의자로 해석했다는 뜻은 아니다.

64) 이에 대해서는 Christian Zapf & Eben Moglen, 앞의 논문, 506면.

65) 이상의 내용에 대해서는 Christian Zapf & Eben Moglen, 앞의 논문, 506-507면 참조.

66) 이러한 표현으로는 Christian Zapf & Eben Moglen, 앞의 논문, 495면, 506면 참조.

도와는 관계없이 규칙회의주의에 이론적 근거를 제공했다는 점에 있어
서 비판법학운동과 일정한 관련성을 지니고 있다고 볼 수 있을 것이다.
그렇다면 여기서 한 가지 의문이 제기될 수 있다. 크립키는 과연 어떠
한 의도에서 비트겐슈타인을 회의주의자로 해석한 것인가? 이에 대한
한 가지 해답은 소위 '다른 마음의 문제'라는 철학적 문제를 해결하기
위해서이고[67] 다른 하나는 노엄 촘스키의 생성문법(generative grammar)
이론과 관련된 언어학적 문제를 해결하기 위해서[68] 비트겐슈타인을 회
의론자로 해석하고, 회의적 해결책을 제시했다는 것이다. 이 점에 대해
본장에서 상세하게 다룰 필요는 없을 것이며, 다만 크립키는 적어도 비
판법학운동과 같은 규범적 논의의 맥락에서 의도적으로 비트겐슈타인
을 회의론자로 해석하지는 않았던 것이다.[69] 그럼에도 불구하고 크립키
의 논변은 여러 법학자들에 의해 법의 불확정성을 입론해 주는 주요한
논거로 널리 원용되고 있으며, 특히 야블론은 한 논문에서 크립키의 입
장을 법철학적으로 전폭 수용함으로써 이후 많은 논의를 촉발시키는
데 큰 역할을 했던 것으로 보인다.[70] 요컨대, 법의 적용과 해석에 관한
규칙회의주의는 비트겐슈타인 이전에 이미 법현실주의자들로부터 주창
되고 있었으며, 비트겐슈타인 자신은 규칙회의주의자가 아니었음에도
불구하고 비판법학자들은 그들의 정치적 의도에서 비트겐슈타인을 회
의론자로 해석했고, 크립키는 철학적, 언어학적 문제의 해결을 위해 규

---

67) 이 점에 대한 상세한 설명으로는 남기창, 앞의 논문(*비트겐슈타인의 철학과 언어
론*), 42-49면 참조. '다른 마음의 문제'란 간단히 말해 내가 아닌 다른 사람에게도
'마음' 있다는 것을 어떻게 알 수 있는가에 대한 인식론적(epistemological) 문제
를 말한다. 일찍이 데카르트는 마음의 존재여부는 그 소유자만이 직접 경험함으
로써만 알 수 있다고 보았던 바, 이처럼 마음의 존재여부는 직접 경험함으로써만
알 수 있다면, 나는 다른 사람의 마음을 직접 경험할 수 없기 때문에 다른 마음의
문제가 발생한다. 이 문제에 대해서는 법인의 형사책임을 다루는 본서의 PART
Ⅱ의 'Realistic Epilogue'에서 법인 고유의사의 재구성과 관련해 살펴보기로 한다.
68) 이 점에 대해서는 Noam Chomsky, 앞의 책, 1986, 223면 이하 참조.
69) 크립키가 비판법학운동의 연장선상에서 회의론적 주장을 하였다는 전거는 없다.
70) 야블론의 논문은 Charles M. Yablon, *96 Yale Law Journal 613* (1987) 참조.

칙회의주의와 그에 대한 회의론적 해결책을 내세웠지만, 법(철)학자들은 크립키의 주장을 언어철학적 문제와는 분명 논의의 층위가 다른 규범적 문제의 해결을 위해 원용했다고 볼 수 있을 것이다. 이처럼 비트겐슈타인과 크립키는 지성사적 맥락에 비추어 보더라도, 그들 스스로의 의도에 있어서는 법적 불확정성과 관련된 규범적 논의와는 그다지 관련성이 없다는 사실을 다시 한 번 확인할 수 있다.[71]

III. 규칙의 확정성(determinacy) 논변

1. 빅스와 마머의 규칙 따르기 해석

규칙 따르기에 대한 비트겐슈타인의 언명들, 특히 PI §201은 흔히 법(철)학자들 사이에서 크립키와는 달리 오히려 법의 '확정성'에 대한 함축을 담고 있는 개소로 인용되기도 한다. 이러한 입장은 크게 두 가지 노선으로 전개되는데, 첫째는 브라이언 빅스(Brian Bix)의 입장으로서, 규칙 따르기를 설명하기 위해 비트겐슈타인이 들었던 예들은 대부분 그 올바른 적용에 있어 애당초 견해차이가 발생할 수 없는 수열이나 색상에 대한 단어 등을 적용하는 사례들로서, 이처럼 개념상 명백한 용어들이 사용된 사례들은 법적 사례에 있어서도 '결정이 어려운 사례(hard case)'가 아닌 '결정이 쉬운 사례(easy case)'가 된다는 견해이다. 둘째는 안드레이 마머(Andrei Marmor)의 입장으로서 "모든 법은 해석

---

71) 크립키가 비트겐슈타인을 회의주의자로 해석한 점에 대해 물론 해석상의 견해차는 있지만 대체로 잘못된 해석으로 평가받고 있다. 특히 에벤 모글렌 교수는 법사학을 전공한 교수답게 독특한 방식으로 크립키의 해석이 틀렸음을 논증해 주고 있다. 그에 따르면 비트겐슈타인은 그의 가장 초기 저작에 속하는 'Notebooks (1924-1916)'에서부터 최후기의 저작에 속하는 'On Certainty (1969)'에 이르기까지 전 생애에 걸쳐서 회의주의는 명백한 넌센스로 치부했다는 것이다. 이 점에 대해서는 Christian Zapf & Eben Moglen, 앞의 논문, 500면.

을 필요로 한다"는 견해는 PI §201의 비트겐슈타인의 통찰을 근거로 수
정되어야 한다는 입장이다.[72]

1) 빅스의 견해

비트겐슈타인은 규칙 따르기를 설명하기 위해 수열이나 색상을 나
타내는 말과 같은 매우 단순하고 명백한 개념들을 사용한다. 물론 크립
키가 제시한 덧셈규칙도 이에 포함될 수 있다. 비트게슈타인이 이와 같
은 용어와 관련된 규칙을 예로 선택한 것은 여러 가지 이유가 있겠지만,
그 규칙의 적용에 있어서 불일치나 논란이 발생할 수 없는 사례만을 의
도적으로 선택한 것은 분명해 보인다.[73] 이를 근거로 빅스는 비트겐슈
타인이 선택한 예들처럼 명백하고 단순한 사례들은 법적 사안에 가져
오더라도 마찬가지로 그 적용에 논란의 여지가 없는 '결정이 쉬운 사례
(easy case)'가 될 수 있다고 보고 있다. '하드케이스'와 '이지 케이스'의
구분은 법리학상의 오랜 논쟁거리이지만 빅스에 의하면 '이지 케이스'
란 그 해답이 무엇인가에 관한 법적 쟁점이 너무도 명백한 사안을 의미
한다. 따라서 빅스는 색상을 뜻하는 용어와 같이 그 적용에 있어서 논
란의 여지가 없는(물론 예외가 있음을 비트겐슈타인은 인정하고 있다)
용어가 법적 사례에 적용될 때에는 비트겐슈타인의 사례들처럼 그 올
바른 적용이 명백한 '이지케이스'가 된다고 주장한다.[74]

2) 마머의 견해

마머는 풀러(Fuller)나 드워킨(Dworkin)처럼 "모든 법은 해석을 필요
로 한다"는 명제에 대해 비트겐슈타인의 PI §201의 Text 2)를 근거로
논박한다. 동 개소를 토대로 비트겐슈타인의 입장을 정리해 보자면 다
음과 같다.

---

72) Scott Hershovitz, 앞의 논문, 630면.
73) 같은 견해로, Scott Hershovitz, 앞의 논문, 631면.
74) Brian Bix, 앞의 책, 36, 52, 63면 참조.

Text 2) Daß da ein Mißverstandnis ist, zeigt sich schon darin, daß wir in diesem Gedankengang Deutung hinter Deutung setzen; als beruhige uns eine jede wenigstens fur einen Augenblick, bis wir an eine Deutung denken, die wieder hinter dieser liegt. Dadurch zeigen wir nahmlich, daß es eine Auffassung einer Regel gibt, dic nicht eine Deutung ist; sondern sich von Fall zu Fall der Anwendung, in dem außert, was wir ≪der Regel folgen≫, und was wir ≪ihr entgegenhandeln≫ nennen[여기에 어떠한 오해가 있다는 것은 우리가 이와 같은 사고 과정에서 해석에 해석을 가한다는 점 ─ 마치 각각의 한 해석이 우리가 이 해석 뒤에 또다시 놓여 있는 어떤 하나의 해석을 생각하기 전까지의 최소한 한 순간은 우리를 진정시키듯이 ─ 에서 이미 드러난다. 이를 통해 우리가 보여주는 것은 다음과 같다. 어떤 하나의 해석은 아니면서 오히려 우리가 각각의 상황속에서 "규칙을 따른다"거나 "규칙에 반하여 행동한다"라고 부르는 것 속에서 나타나는 규칙 이해의 방식이 존재한다는 것이다].

위 개소에서 비트겐슈타인은 모든 행동은 규칙에 일치될 수 있다는 규칙회의주의자들에 대해서 그것은 오해(ein Mißverstandnis)라고 지적한 뒤, 그에 대한 원인분석을 해 주고 있다. 규칙회의론자들의 오해는 바로 규칙은 해석을 통해서만 따를 수 있다고 생각하는 것인데, 다시 말해 규칙과 그것을 따르는 것 사이의 간극을 메워주는 것은 '해석'이라는 사고방식이 잘못되었다는 것이다. 그 이유는 위 개소에 나타나 있듯이 규칙에 대한 하나의 해석은 또 다른 해석을 낳게 되고, 이런 식으로 나아가다 보면 결국 해결의 가망이 없는 무한퇴행(hopeless regress)에 빠지게 될 것이기 때문이다.[75] 이러한 비트겐슈타인의 생각은 PI §198을 보면 더욱 분명하게 드러난다.

"그러나 내가 이 자리에서 무엇을 해야 하는지를 어떻게 어떤 하나의 규칙이 나에게 가르칠 수 있는가? 내가 무엇을 하든 그것은 좌우간 그 어떤 하나의 해석

---

75) 예컨대 덧셈을 '겹셈'으로 해석한 후, 또다시 겹셈을 '협셈'으로 해석하여 68+57 =10(이 경우 두 수의 합이 100이상 150 이하일 때에는 항상 10을 답으로 하는 계산)이라고 답할 수도 있기 때문이다.

에 의해 그 규칙과 합일될 수 있다. 아니, 그렇게 이야기해서는 안 될 것이다. 오히려 이렇게 말해야 할 것이다. 즉, 각각의 모든 해석은 해석되는 것과 함께 공중에 떠 있다. 그것은 해석되는 것에 대한 발판으로 쓰일 수 없다. 단지 해석들만으로는 의미를 확정하지 못한다."

비트겐슈타인은 규칙을 따르는데 있어서 어떤 근거(reason)가 불필요하며, 따라서 규칙 따르기는 비반성적(unreflective)이고 나아가 맹목적인(blind)76) 행위라고 보고 있는 것이 분명하다. 그리고 마머는 비트겐슈타인의 이러한 입장을 토대로 "모든 법이 해석을 필요로 하는 것은 아니다"라는 주장을 하고 있는 것이다. 마머는 비트겐슈타인이 예로 든 사례의 규칙에 대한 통찰은 법규칙에도 그대로 유효하게 적용될 수 있다고 생각하기 때문에 모든 법의 적용에 해석이 필요하다면 결국 법의 적용도 무한퇴행의 오류에 빠지게 될 것이라고 주장한다.77)

2. 빅스와 마머에 대한 비판

1) 결정이 쉬운 사례(easy case)에 대한 비판

빅스는 비트겐슈타인이 예로 든 사례를 근거로 기술적인 용어(descriptive terms)의 확정성은 법적 사안을 '이지 케이스'로 만든다고 주장하였다. 그러나 스캇 허쇼비츠는 비록 그러한 용어를 사안에 적용할 때에도 그 사안이 반드시 '이지 케이스'가 되는 것은 아니며 오히려 '하드 케이스'가 되는 경우도 있다고 논박한다. 예를 들어 '하드 케이스'로 유명한 '기념물 지프(jeep on plinth)'사례에서 한 시립공원에 탈것(vehicles)은 금지된다는 법규가 있을 때, 그 공원 안에 전시되어 있는 2차 대전 당시

---

76) 여기서 '맹목적'이라는 것은 아무런 목적 없이 마구잡이로 규칙을 따른다는 것이 아니라, 자신의 나아갈 길에 대해 아무런 의심을 갖지 않고 무엇을 해야 할 지를 확신을 갖고 정확하게 알고 있는 것을 말한다. 이 점에 대해서는 박만엽, 비트겐슈타인 수학철학 (철학과현실사, 2008), 255-256면 참조.

77) 이상 마머의 견해에 대해서는 Andrei Marmor, Interpretation and Legal Theory (Rev. 2nd ed., Oxford: Hart, 2005), 112-118면 참조.

사용된 기념물 지프에 누군가 탔을 경우, 지프는 명백히 탈것에 포함되지만 그럼에도 불구하고 이 사례는 '하드 케이스'로 분류된다고 지적한다. 요컨대 비트겐슈타인의 규칙 따르기 고찰에서 '이지 케이스'가 될 수 있는 사례들과 법적 사안에서 '이지 케이스'가 될 수 있는 사례들은 그 본성(nature)에 있어서 차이가 있다는 것이다.[78]

2) 법적용에 해석이 불필요하다는 견해에 대한 비판

전술한 바와 같이 마머는 비트겐슈타인을 근거로 "모든 법적용에 해석이 필요하다"는 풀러나 드워킨의 입장을 비판하였다. 물론 그 과정에서 마머가 모든 법적용에 해석이 불필요하다고 주장한 것은 아니며 그러한 한에서 그의 입장은 옳다고 볼 수 있다. 비트겐슈타인의 사례에서도 그 적용에 근거가 필요한 예외적인 경우가 있을 수 있듯이 법적 사례에 있어서도 반대로 해석 없이 적용 가능한 경우도 있을 수 있기 때문이다. 다만 스캇 허쇼비츠가 비판하고자 하는 점은 그러한 주장을 함에 있어서 비트겐슈타인을 원용하고 있다는 사실이다. 허쇼비츠는 우선 '해석(Deutung, interpretation)'에 대한 마머의 사용법과 비트겐슈타인의 사용법이 다르다는 점을 지적한다.[79] 우선 PI §201 Text 3)을 보면 다음과 같다.[80]

> Text 3) Darum besteht eine Neigung, zu sagen: jedes Handeln nach der Regel sei ein Deuten. ≪Deuten≫ aber sollte man nur nennen: einen Ausdruck der Regel durch einen anderen ersetzen[그러므로 규칙에 따르는 모든 행위는 하나의 해석이라고 말하는 경향이 존재한다. 그러

---

78) Scott Hershovitz, 앞의 논문, 632-633면 참조.
79) Scott Hershovitz, 앞의 논문, 634-635면.
80) 예스야룹에 따르면 크립키는 비트겐슈타인이 '해석'을 제한적인 의미로만 사용할 경우에 규칙 따르기에 해석이 필요하다면 영원히 규칙은 따를 수 없게 되는 무한퇴행(infinite regress)에 빠져 버리게 되므로 규칙 따르기에 해석은 불필요하다고 결론지었다는 점을 간과하고 있으며, 이 점은 매우 심각한 오류라고 평가하고 있다. 이에 대해서는 Jes Bjarup, 앞의 논문, 44-45면 참조..

나 우리는 '해석(Deutung)'이라는 말을 어떤 하나의 규칙에 대한 표현
을 다른 하나로 대체하는 뜻으로만 사용해야 한다].

위 개소에서 비트겐슈타인은 '해석'의 의미를 제한적으로만 사용하
고 있다. 즉 비트겐슈타인에 따르면 '해석'이란 "어떤 하나의 규칙에 대
한 표현을 다른 하나로 대체하는 것"이다. 그런데 우리는 어떤 '그림'을
해석할 때 그 그림을 다른 그림으로 대체하지 않는다. 마찬가지로 법률
해석은 비트겐슈타인의 그것과는 다르다. 법률 해석은 법률의 표현을
다른 것으로 대체하는 행위에 제한되지 않으며(물론 그런 경우도 있겠
지만), 마머가 비판하는 풀러나 드워킨도 해석을 '대체(substitution)'의
의미로 사용하지 않았다고 허쇼비츠는 지적한다. 그럼에도 불구하고 마
머가 비트겐슈타인의 '해석'을 법률 '해석'과 동일한 차원에서 본 것은
비트겐슈타인에 대한 오독이라는 것이다.[81]

그리고 허쇼비츠에 의하면 마머의 주장은 보다 근본적인 결함을 안
고 있다. 비트겐슈타인이 "규칙 따르기에는 해석이 필요하지 않다"는
주장을 할 때 예를 든 규칙은 수학이나 언어의 활용과 같은 것들이며,
그러한 규칙들은 기본적으로 비반성적인 성격을 지닌다. 즉, 그러한 규
칙을 따름에 있어서는 대체적으로 정당화(justification)나 근거(reason)가
요구되지 않는다는 것이다. 이에 반해 법의 적용은 반성적인, 그것도 가
장 반성적인 작업이다. 우리는 법률을 적용할 때 정당화와 근거를 제시
하며, 항상 그것이 올바르게 적용되고 있는지 되묻곤 한다.[82] 그렇기
때문에 법규칙과 비트겐슈타인의 규칙을 동일시할 수 없다고 허쇼비츠
는 예리하게 지적한다. 물론 법은 언어로 구성되어 있다는 점에서 비트
겐슈타인의 통찰을 가져올 여지가 없지는 않지만, 그럼에도 불구하고
법의 반성적 성격상, 언어적 특성이 법에 그대로 적용될 가능성은 극히
미미하다[83]는 것이 마머의 주장에 대한 허쇼비츠의 비판의 핵심이다.

---

81) Scott Hershovitz, 앞의 논문, 634-635면.
82) Scott Hershovitz, 앞의 논문, 636면.
83) Scott Hershovitz, 앞의 논문, 637, 640면.

아울러 마머는 법의 해석에는 언제나 해석이 필요하다면 법의 해석
도 무한퇴행에 빠질 수밖에 없다고 주장했지만, 허쇼비츠에 의하면 법
해석에 있어서는 그러한 문제가 발생할 여지가 없는데 왜냐하면 법해
석은 결국 법관의 판결에 의해 최종적으로 확정될 수 있기 때문이다.

이처럼 비트겐슈타인의 규칙 따르기 논변에서 촉발된 다양한 해석
론을 비판적으로 검토한 후, 허쇼비츠는 비트겐슈타인의 고찰은 법에
대해서는 말해주는 바가 거의 없다고 결론지으면서, 이로써 우리는 비
트겐슈타인이라는 유령의 위협을 몰아냈다고(We have exorcized the
phantom menace) 평한다.[84]

IV. 규칙 따르기 논변의 형법적 의의

1. 철학적 논의의 법(철)학적 수용에 대한 반성의 계기

1) 범주 혼동의 오류

스캇 허쇼비츠는 크립키가 제기한 규칙회의주의가 그 스스로 제안
한 회의적 해결책에 의해서는 해결될 수 없음을 성공적으로 논증한 듯
하다. 그것은 첫째, 수학적인 규칙도 규범적 성격을 띠기 때문이며, 둘
째 공동체에서의 주장가능성 조건도 '무한퇴행'으로부터 벗어날 수가
없기 때문이다. 그러나 무엇보다 크립키가 비트겐슈타인을 잘못 이해한
것은 비트겐슈타인은 결코 규칙을 따르는 데 있어서 '해석'이 필요하다
고 보지 않았던 반면, 크립키의 규칙회의주의자는 규칙에 대한 '자의적'
해석을 통해 회의주의를 입론했기 때문이다. 즉, 비트겐슈타인에 의하
면 수학적 규칙이나 언어사용 규칙에는 '해석'은 물론 근거나 정당화가
필요 없다는 점을 허쇼비츠는 정확히 지적해 주고 있다고 생각된다. 한
마디로 비트겐슈타인이 예로 든 규칙 따르기 사례는 비반성적 활동이

---

84) Scott Hershovitz, 앞의 논문, 640면.

라는 것이다.

　다음으로 허쇼비츠는 빅스와 마머가 법적 논의에 비트겐슈타인의 통찰을 가져올 때, 비트겐슈타인이 제시한 사례들과 법적 사례들은 그 논의의 층위가 질적으로 다르다는 사실을 간과했음을 적확히 지적해 주었다. 즉, 전자가 사실적, 경험적 차원에서 해결되는 사례들이라면, 후자는 명백히 규범적 차원에서 해결되어야 하는 사례들로서 양자는 엄격히 구분될 필요가 있다는 것이다. 명확하고 간단한 개념이라도 비트겐슈타인의 사례에서는 그 적용에 논란의 여지가 없지만 그것이 법적 사안에 관련될 때에는 '하드 케이스'가 될 수 있다. 또한 그는 비트겐슈타인이 사용한 '해석'과 법의 '해석'은 그 의미가 다르다는 점을 잘 일깨워 주고 있다. 요컨대 빅스와 마머의 오류는 법해석은 반성적인 활동이라는 점을 간과한 채, 비트겐슈타인의 통찰을 무비판적으로 법해석에 원용했다는 것이 비판의 핵심인 것이다.[85]

　형법해석에 있어서도 허쇼비츠의 주장은 타당하게 적용될 수 있다고 본다. 즉, 비트겐슈타인의 규칙 따르기 논변은 형법해석에 별다른 의의를 지니지 못한다는 것이다. 예컨대 형법 제251조[영아살해죄]의 해석에 있어서 규범적 구성요건 요소인 '직계존속'의 의미는 일견 명확해 보이는 개념이긴 하지만 '출산의 흥분 등으로 인한 책임능력의 감경'이라는 동 조문의 취지라든지 형법 제250조[존속살해죄]의 '직계존속'과의 해석상의 통일성, 또는 '피고인에게 유리한 해석' 등을 고려해서 '생모에 국한된다는 견해', '법률상의 직계존속에 국한된다는 견해' 그리고 '사실상의 직계존속을 포함한다는 견해' 등으로 다양하게 해석될 수 있는 것이다. 즉, 법률 해석에서는 지극히 명확해 보이는 개념도 언제나 근거와 정당화를 요하는 반성적 작업을 요구한다는 점에서 비트겐슈타인의 규칙 따르기와는 명확히 구분된다.

---

85) 이 점을 간과하고 비트겐슈타인의 규칙 따르기 고찰을 법적 논의에 무비판적으로 수용하는 입장으로는, Friedrich Muller, Ralph Christensen, & Michael Sokolowski/이덕연 역, 법텍스트와 텍스트작업(Rechtstext und Textarbeit) (법문사, 2005), 96면 참조.

2) 규칙 따르기 고찰의 언어철학적 의의와
법철학적 수용의 한계

그러나 비트겐슈타인의 규칙 따르기 고찰이 형법적으로는 유의미한 함축을 지닐 수 없다는 점은 보다 다른 차원에서 설명될 수 있다고 본다.

전기 비트겐슈타인과는 달리 후기 비트겐슈타인은 그의 저서 '철학적 탐구'에서 (지시적) 의미론보다는 화용론이 더 기초적이라는 생각을 가지고 있었다. 이러한 생각은 흔히 그의 잘 알려진 주장인 "대부분의 경우에서 한 낱말의 의미는 그것의 쓰임이다(PI §43)."라는 말에 잘 드러나 있다. 이 말은 많은 경우 한 단어의 의미가 그 단어의 쓰임을 결정한다기보다는 그 단어의 쓰임이 의미를 결정해 준다는 것을 뜻한다. 그리고 비트겐슈타인이 이와 같은 생각을 하게 된 계기는 바로 우리의 일상적인 삶에서 일어나는 다양한 규칙 따르기 유형을 관찰한 결과, 앞서 크립키의 회의론적 논변을 통해 살펴본 바와 같이 한 단어의 사용규칙이나 수학규칙 등은, 규칙 적용자에게 그 규칙의 올바른 적용, 즉 의미를 보장해 주는 철학적 최상급(eine philosophische Superlative)으로서의 심리적 사실이 존재하지 않기 때문에, 규칙의 의미를 확정하여 무한한 경우의 쓰임을 한 번에 결정해 줄 수가 없고, 단지 공동체 속에서의 사용을 통해 그 규칙의 의미가 확정되고 드러난다는 사실을 발견했기 때문이다.[86) 요컨대 비트겐슈타인은 모든 쓰임을 한꺼번에 결정해 주는 의미란 존재하지 않는다고 생각했던 것이다.[87) 이처럼 비트겐슈타인의 규칙 따르기 고찰은 언어철학적 맥락에서 볼 때 많은 경우 말의 쓰임이 그 의미를 확정해 준다는 이른바 '화용론적 전회'라는 통찰을 보여주고 있는 것이다.[88)

이렇듯 비트겐슈타인이 그의 후기 사상인 '의미 사용이론'으로 전회한 대표저작인 '철학적 탐구'에서 '규칙 따르기'를 긴 지면을 활용하여

---

86) 이에 대해서는 박만엽, 비트겐슈타인 수학철학 (철학과 현실사, 2008), 231면 참조.
87) 이에 대해서는 남기창, 앞의 논문(*비트겐슈타인의 철학과 언어론*), 21면.
88) 비트겐슈타인의 규칙 따르기 고찰이 지니는 언어철학적 의의에 대한 상세한 설명으로는 Andrei Marmor, 앞의 책, 113면 이하 참조.

논급한 취지는 "언어의 의미는 그 쓰임에서 찾을 수 있다"는 기본입장을 규칙 따르기에 대한 풍부한 실례를 통해 입증해 주기 위함에 있다고 보는 것이 옳을 것이다.[89] 비트겐슈타인에 따르자면 모든 쓰임을 한 번에 결정해 주는 의미란 존재하지 않는다. 그것은 어떠한 규칙, 예컨대 덧셈 혹은 단어의 사용규칙의 무한한 경우에 올바른 적용을 정당화 해 주는 심리적 사실이 존재하지 않는 데에서도 입증된다. 그럼에도 불구하고 덧셈규칙과 단어의 사용규칙은 우리의 일상적인 삶에서 별 무리 없이 사용되고 있다. 그러므로 규칙 따르기에는 선택과 근거가 필요하지 않으며(PI §211, §219), 그것은 하나의 실천이자(PI §202), 단지 명령과 훈련에 의해 따르게 되는(PI §206) 하나의 관습(관행)[90]에 다름 아닌 것이다(PI §199).

비트겐슈타인은 다양한 규칙 따르기 사례를 통해서 "어떤 규칙을 의미함(이해함, 따를 수 있음)"을 정당화 해주는, 혹은 그에 대응하는 심리적 사실이 없음을 보여줌으로써 규칙은 공동체의 실제적 쓰임 속에서 그 의미가 드러날 수 있다는 사실을 통해서 '화용론적 전회'를 설명해 주고 있다.[91] 한 마디로 말해 우리가 덧셈규칙이나 어떤 용어의 사용규칙을 이해했다고(따를 수 있다고) 말할 수 있는 것은 공동체내에서 그것을 올바르게 사용할 수 있을 때에만 가능하다는 것이다.[92] 규칙 따르기를 이해했음을 정당화 해주는 어떠한 사실도 존재하지 않기 때문에 그것을 달리 정당화 할 방법은 없다는 것이다. 그런데 비트겐슈타인

---

89) 동지의 견해로는 김선희, 내용과 의미-데이빗슨의 의미론은 비트겐슈타인적인 가?, 「언어철학연구Ⅱ」(현암사, 1995), 134-137면 참조.

90) 비트겐슈타인적 의미의 관습(관행)은 그것을 사용하는 사람의 수가 많음 (multiplicity of users)을 뜻하는 것이 아니라 그것을 사용하는 경우가 많음 (multiplicity of occasions of use)을 말한다. 이 점에 대해서는 Andrei Marmor, 앞의 책, 115면 참조. 비유컨대 관행은 독창(aria)이 합창(chorus)이 된다고 해서 형성되는 것이 아니라, 노래(singing)를 부를 때 따라야 할 악보(score)와 같은 개념이라는 것이다.

91) 이승종, 비트겐슈타인이 살아 있다면-논리철학적 탐구-(문학과 지성사, 2002), 167면 참조.

92) 남경희, 비트겐슈타인과 현대철학의 언어적 전회 (이화여자대학교 출판부, 2005), 100면 이하 참조.

의 '의미 사용이론'의 타당성에 대한 논의는 별도로 하더라도[93] 과연 우리가 어떤 법규(예컨대 형법 제16조)를 이해했다고 말할 때에도 이와 동일한 통찰이 적용될 수 있는가? 결론적으로 말해 그렇지 않다고 본다. 우리가 형법 제16조의 의미를 이해했으며 따라서 동 조문을 실제 사례에 적용할 수(따를 수) 있다고 말할 수 있는 것은, 동 조문의 실제 쓰임에 앞서 동 조문에 대한 다양한 해석론과 권위 있는 주석들, 그리고 관련 판례들을 학습한 후에 비로소 가능한 것이다. 즉, 법조문을 이해한다는 것은 그러한 해석론적 지식과 주석 및 판례들에 관한 정보가 우리의 의식에 제공되어 있어야 하며, 따라서 이러한 지식과 정보는 법해석을 지도하는 철학적 최상급의 일부를 구성할 수 있을 것이다. 비록 이와 같은 지식과 정보가 동 법조문을 이해함 또는 의미함에 대한 모든 사실은 아닐지라도 최소한 필요조건임에는 분명한 것이다. 비트겐슈타인의 규칙은 그것을 이해함에 대한 그 어떤 심리적 사실도 존재하지 않지만, 법규에 있어서는 최소한 전술한 지식과 정보가 그 쓰임에 선행되어야 동 법규를 이해했다고 말할 수 있는 것이다.[94]

---

93) 의미 사용이론에 대한 비판으로는 Michael Dummett, What is a theory of meaning?, in: Samuel D. Guttenplan (ed.), Mind and Language (Oxford University Press, 1975), 451면; 이병덕, 호리취의 의미사용이론과 의미의 규범성, 철학적 분석 제15호, 2007, 181면 이하; 이윤일, 의미, 진리와 세계 (자유사상사, 1992), 24-25면 참조 옥스퍼드 대학의 더밋 교수는 사용이론이 체계적인 의미이론이 될 수 없다는 점을 비판하고 있으며, 이병덕 교수는 데이빗슨(Davidson)과 브랜덤(Brandom) 등을 인용하며 의미를 언어공동체의 (암묵적) 상호동의, 즉 사용으로 설명하려는 호리취의 시도는 실패할 수밖에 없다고 보는데, 그 이유는 예컨대 언어공동체가 '빨강'이란 단어의 사용규칙에 동의하기 위해서는 이미 '빨강'의 개념과 의미를 알고 있어야 한다는 것이다. 즉 '상호동의'는 의미에 의존하며 그 역은 성립하지 않는다는 것이다. 이윤일 교수는 '사용'이란 개념이 너무 일반적이고 모호해서 '의미 사용이론'은 의미에 대한 완전한 설명이론이 될 수 없다고 비판하면서, 예컨대 라틴어 문장에서 'video' 등은 말의 사용법을 모르고도 그 의미를 아는 경우가 있으며, "나무아미타불"이나 "아멘" 등의 말은 그 의미를 모르고도 낱말의 사용법을 알 수도 있음을 지적한다.
94) 비트겐슈타인도 모든 경우에 쓰임이 의미를 결정한다고 보는 것 같지는 않다.

더구나 법규의 이해에 있어서는 비트겐슈타인처럼 그 쓰임(예컨대 판결)이 지시적 사실(동 법규에 대한 해석론과 주석 및 관련 판례 등)에 우선한다고 보기도 어렵다고 판단된다. 물론 비트겐슈타인도 모든 의미가 그 쓰임에 의해서 전적으로 결정된다고 말하지 않았지만(PI § 43) 적어도 규칙 따르기에 있어서는 의미론에 대한 화용론의 우위를 말하고 싶었던 것으로 보인다. 그러나 법규칙의 이해함과 따름(적용)에 있어서는 그 쓰임(즉, 판결)이 언제나 그 법규의 지시적 의미에 우선한다고 볼 수 없다. 예컨대 전술한 형법 제16조의 경우 우리 대법원은 법률의 착오에서 단순한 법률의 부지를 제외하는 해석을 내리고 있지만 대다수의 해석론과 주석서는 이를 포함시키는 것으로 보고 있는바, 법규의 이해함과 준수에 있어서는 비트겐슈타인의 사례처럼 그 쓰임이 지시적 의미에 반드시 우선하는 것은 아니다.

요컨대 법규의 경우에 있어서는 그 지시적 의미가 쓰임(판결)을 결정하는 경우도, 또 형법 제16조처럼 그 쓰임과 지시적 의미가 불일치하고 대립하는 경우도 있다고 보는 것이 옳을 것 같다. 이처럼 법의 해석과 적용에 있어서는 다양한 해석론과 판례가 끊임없이 교류하며 반성적인 비판이 제기되기 때문에 (지시적) 의미론에 대한 화용론의 우위라는 비트겐슈타인의 통찰이 관철될 여지는 분명 적다고 본다.

2. 해석이 불필요한 영역에 대한 이론적 근거

그렇다면 비트겐슈타인의 규칙 따르기 논변은 (형)법적으로 아무런 의의를 지니지 못한다고 결론지을 수 있는가? 스캇 허쇼비츠는 좀

그는 어디까지나, "'의미'란 단어를 사용하는 많은 부류에 대해서 ― 그 모든 경우에 대해서는 아닐지라도 ― 우리는 이 '의미'란 단어를 이렇게 설명할 수 있다. 즉, 한 단어의 의미는 언어에서의 사용이라고. 그리고 때때로 한 단어의 의미는 그 담지자(Träger)를 가리킴으로써 설명된다(PI §43)."고 말하고 있으며 이는 곧 한 단어의 의미는 사용에 의해서도 결정되지만 경우에 따라서는 그 지시적 대상에 의해서 결정될 수도 있다고 주장하고 있기 때문이다.

과격하게 그렇다고 결론짓고 있으나 필자의 생각으로는 꼭 그렇지만은 않다. 그 이유는 다음과 같다. 풀러나 드워킨은 "법은 항상 해석되어야 한다"고 주장하였지만, 허쇼비츠가 앞서 적절히 지적했듯이 "모든 법이 해석될 필요는 없다"고 본다. 즉, (형)법의 적용에 있어서도 해석이 불필요한 영역이 분명 존재한다는 것이다. 이 점에 대해서 허쇼비츠는 상세하게 예증해 주고 있지는 않다. 다만 그 가능성만을 열어 놓고 있을 뿐이다. 그런데 필자가 보기에 바로 그 이유는 허쇼비츠가 비트겐슈타인의 규칙 따르기로부터 무엇을 배울 수 있는지를 놓치고 있기 때문이라고 생각된다. 허쇼비츠는 법해석에 있어서 규칙 따르기 논변이 아무런 의의를 지닐 수 없다고 정치하게 논증하고는 있지만, 반면에 그의 논증에서 중요한 역할을 하는 핵심논거, 즉 비트겐슈타인의 규칙은 해석을 필요로 하지 않는다는 사실을 오로지 규칙 따르기 논변이 법적 사례와는 무관하다는 점을 논증하는 데에만 국한해 원용함으로써 이로부터 법적으로 수용 가능한 측면을 간취하지 못하고 있다. 즉, 해석을 필요로 하지 않는 비트겐슈타인의 규칙들은 (형)법의 적용에 있어서 해석이 불필요한 영역에 대한 이론적 근거를 제공해 줄 수 있는 하나의 예시[95])가 될 수 있다는 사실을 허쇼비츠는 놓치고 있는 것이다.

1) 해석이 불필요한 영역에 대한 하트의 이론

(1) 규칙의 중심부/주변부 구분

일찍이 하트(H.L.A. Hart)는 1957년 하버드 로스쿨의 홈즈 강연(Holmes Lecture)을 통해 발표한 '실증주의, 그리고 법과 도덕의 분리'라는 논문에서 모든 법규칙은 그 적용에 의심의 여지가 없고, 법관이 재량을 행사할 수 없으며, 해석을 필요로 하지 않는 중심부(core)와 그 반대의 경우인 주변부(penumbra)로 구성되어 있다고 주장하였다.[96]) 하트의 중심

---

95) 비트겐슈타인적 표현을 쓰자면, 해석이 불필요한 영역에 대한 하나의 그림을 보여주고 있다는 것이다.

부/주변부 구분법에 따르면 중심부 사례란 표준적 경우(standard instance)로서 규칙이 자동적으로 적용되기 때문에 논란의 여지가 없고 따라서 모호성(vagueness)이 발생하지 않는 사례이며, 주변부 사례란 그와 반대되는 사례를 지칭한다.[97] 하트는 1961년의 자신의 저서인 '법의 개념'에서 중심부 사례를 '평이한 사례(plain case)'로 표현하기도 하는데,[98] 하트의 설명은 다음과 같다.[99]

---

96) H.L.A. Hart, Positivism and the Separation of Law and Morals, *71 Harvard Law Review 593* (1958), 607-608면 참조. 하트의 중심부/주변부 개념에 대한 설명으로는 Anthony J. Sebok, Finding Wittgenstein at the Core of the Rule of Recognition, *52 S.M.U. L. Rev. 75* (1999), 75면, 85면, 91면 참조. 특히 91면에 따르면 하트는 오로지 주변부 사례와 관련해서만 '해석(interpretation)'이란 말을 사용했다고 한다.

97) 하트가 이처럼 중심부/주변부 개념을 도입한 이유는 법의 적용이 논리적 연역에 의한 규칙의 적용만으로 가능한 것이 아니고 정책적 판단, 즉 사법 재량이 개입하기 마련이라고 주장하는 법현실주의자 내지는 규칙회의론자들의 비판을 일부 수용하면서도 모든 사안이 사법 재량을 요구하는 것이 아니라는 점을 입증함으로써 자신의 법실증주의를 옹호함에 있다. 이 점에 대해서는 Anthony J. Sebok, 앞의 논문, 85-87면, 특히 87면 참조; 허버트 하트(H.L.A. Hart)/오병선 역, 법의 개념(The Concept of Law) (아카넷, 2002), 418-419면의 역자해설 참조.

98) 이 점에 대해서는 Anthony J. Sebok, 앞의 논문, 91면.

99) 하트의 중심부/주변부 구분은 독일의 이익법학자 헤크(Heck)의 구분방식인 개념의 중심(Begriffskern)과 개념의 주변(Begriffshof)에서 유래한 것처럼 생각하기 쉬우나 이는 명백히 비트겐슈타인의 영향을 받은 것이라고 한다. 이 점에 대해서는 심헌섭, 분석과 비판의 법철학 (법문사, 2001), 573면 참조. 브라이언 빅스 역시 하트의 중심부/주변부 구분은 프리드리히 바이스만(Friedrich Waismann)의 'open texture' 개념에서 유래했다고 보면서 바이스만의 이 개념은 비트겐슈타인의 생각을 응용한 것이라고 설명한다. 나아가 빅스는 하트의 중심부/주변부 개념이 (비트겐슈타인의 스승인) 버트란트 러셀(Bertrand Russell)의 생각에서 유래했을 가능성을 논급하고 있다. 러셀은 다음과 같이 말했다고 한다. "The fact is that all words are attributable without doubt over a certain area, but become questionable within a penumbra, outside which they are again certainly not attributable" 이에 대해서는 Brian Bix, 앞의 책, 10-16면, 10면 각주 21) 참조. 헤크의 구분법에 대한 설명으로는 이상돈, 법이론 (박영사, 1997), 82면, 139면 참조. 한편 옥스포드의 엔디콧 교수에 의하면 'penumbra'란 개념은 1921년에 벤

"There must be a core settled meaning, but there will be, as well, a penumbra of debatable cases in which words are neither obviously applicable nor obviously ruled out."[100]

"There will indeed be plain case constantly recurring in similar contexts to which general expressions are clearly applicable('If anything is a vehicle a motor-car s one' but there will also be cases where it is not clear whether they apply or not('Does "vehicle" used here include bicycles, airplanes, roller skates?')."[101]

"The plain case, where the general terms seem to need no interpretation and where the recognition of instance seems unproblematic or 'automatic', are only the familiar ones, constantly recurring in similar contexts, where there is general agreement in judgement as to the applicability of the classifying terms."[102]

하트에 의하면, 예를 들어 "공원에서 '탈 것(vehicle)' 금지"라는 법문의 해석이 문제되는 사례에서 만일 사안이 자동차와 관련되었다면 이는 표준적인 경우로서 중심부 사례에 해당할 것이지만, 자전거 또는 롤러스케이트가 관련되었다면 이는 그 해석과 적용에 논란의 여지가 있는 주변부 사례가 된다는 것이다.[103] 그런데 하트는 버스나 택시와 같은 표준적인 경우들(standard instances)의 범위가 어떻게 확정되는가에 대해서 어떤 통일적인 정의를 내리지는 않고 있다. 다만 "평이한 사례(plain case)란 … 유사한 맥락에서 언제나 재발하여 우리에게 친숙한 것

자민 카도조(Benjamin Cardozo)의 저서 'the borderland, the penumbra, where controversy begins'에서 처음 등장했다고 한다. 이에 대해서는 Timothy A.O. Endicott, Linguistic Indeterminacy, *16 Oxford Journal of Legal Studies 667* (1996), 668면 참조.

100) H.L.A. Hart, 앞의 논문, 607면.

101) H.L.A. Hart, The Concept of Law (Oxford University Press, 1994), 126면.

102) H.L.A. Hart, 앞의 책, 같은 면.

103) 중심부(core)와 주변부(penumbra)의 번역어와 관련하여 심헌섭 교수는 '핵'과 '주변'으로, 오병선 교수는 '핵심부'와 '경계영역'이라는 표현을 사용하고 있다. 이에 대해서는 심헌섭, 앞의 책, 573면; 허버트 하트(H.L.A. Hart)/오병선 역, 앞의 책, 419면 참조.

들(the familiar ones, constantly recurring in similar contexts)"이라고 설명
해 주고 있는바, 이러한 방식의 설명은 비트겐슈타인이 고안한 개념인 이
른바 가족유사성(family resemblance)을 원용한 것이라고104) 서복(Sebok)
은 평가한다. 쉽게 말해 버스나 택시들, 더 예를 들자면 스포츠카나 리
무진 등에게 공통된 하나의 특징은 발견되지 않지만 위 사안과 관련하
여 이들을 표준적 경우들로 묶을 수 있는, 서로 교차하며 발생하는 유
사성105)은 찾아볼 수 있다는 것이다.106)

　그렇다면 이번엔 과연 어떠한 경우에 중심부 사례가 되고 반대로 어
떠한 조건을 갖추면 주변부 사례가 되는 것인가? 바로 이 점에 대한 구
명을 위해서 하트는 또 비트겐슈타인의 규칙을 원용하여 이론적 설명
을 시도하고 있다.107) 하트에 따르면 중심부 사례의 특성은 비트겐슈타
인이 예로 들었던 규칙들의 특성과 유사하다. 비트겐슈타인이 예로 든
빨강이란 단어의 사용규칙을 가르치는 데에 있어서는 어떠한 '이론'이
필요한 것이 아니며 단지 그 단어의 사용법을 구체적 실례를 들어 보여
주고 잘못 사용할 경우 교정해 줌으로써108) 가능한 바, 그 언어 사용자
가 규칙을 옳게 적용하고 있는 지의 여부는 일반적으로 그 규칙에 대한
어떤 이론적 해명이나 '해석'이 필요 없이 언어적 관행과 실천 속에서
쉽게 판명된다.109) 그러므로 하트의 중심부 사례란, 서복의 분석에 따
르면, 바로 "비트겐슈타인이 예로 든 규칙에서 언어 사용자가 그 사용
법을 잘 알고 있는 표준적 경우에 정확히 대응한다."고 한다.110)

---

104) 하트의 논문에서 이 점을 암시하는 부분으로는 H.L.A. Hart, 앞의 논문, 628면
　　　참조.
105) 가족 구성원들을 단일한 공통점으로 묶을 수는 없지만 그들 간에는 체구나 용
　　　모, 눈매나 눈빛, 걸음걸이, 기질 등의 겹치고 엇갈리며 크고 작은 다양한 유사
　　　성은 찾아볼 수 있다. 비트겐슈타인은 이를 가족유사성이라고 불렀다. 이 점에
　　　대해서는 이승종, 생활형식과 언어게임, 철학적 분석 제12호, 2005, 124면 참조.
106) 이러한 분석으로는 Anthony J. Sebok, 앞의 논문, 91면 각주 96) 참조.
107) H.L.A. Hart, 앞의 책, 297면.
108) 소위 지시적 정의(ostensive definition)에 의해 설명된다는 것이다.
109) Anthony J. Sebok, 앞의 논문, 91-95면.
110) 이러한 분석으로는 Anthony J. Sebok, 앞의 논문, 95면 참조.

(2) 풀러의 비판

그러나 하트의 이와 같은 주장에 대하여 풀러는 다음과 같이 논박하였다. 풀러는 기본적으로 모든 법규의 적용에는 입법의도(purpose)[111]를 고려한 해석이 필요하다는 입장에서 하트가 중심부 사례에는 해석이 필요 없다고 주장한 것에 대해 다음과 같은 예들을 통해 논박한다.

전술한 법규인 "공원에서 탈 것을 금지한다"는 사례에서 만일 2차 대전에서 사용된 기념물 지프를 타보고 싶어 하는 그 지역의 애향심 가득한 시민이 있고, 지프가 실제로 작동할 수 있을 때, 그 지프를 눈엣가시로 생각하는 다른 시민이 법규에 따라 그 기념물 시설을 철거해 버릴 것을 주장한다면 과연 이 사례는 중심부와 주변부 중에서 어디에 포함되는지 명확히 구분을 할 수 없다고 주장한다.[112]

다음으로 "기차역에서 수면을 취하는 행위는 경범죄로 5달러의 벌금을 부과한다"는 규정이 있을 때, 한 승객이 열차가 지연된 관계로 점잖게 벤치에 앉아서 기다리다가 잠이 들어 경찰관에게 체포된 경우와, 한 부랑자가 기차역에서 노숙하기 위해 이불과 베개를 펴다가 잠이 들기 전에 체포된 경우, 이 두 경우 중에 과연 어느 것이 동 법규가 금지하고 있는 '수면을 취하는 행위'에 대한 표준적인 경우가 되는지를 어떻게 입법의도에 대한 고려와 해석 없이 판별할 수 있는가에 대해 풀러는 의문을 제기한다.[113]

또한 풀러는 법의 적용에 있어서 언제나 의도에 대한 고려와 해석이

---

111) 풀러가 말하는 의도란 단지 입법자의 주관적인 의도나 그 법의 관행적인 의미만을 뜻하는 것이 아니고 그 법이 도덕성에 얼마나 부합되는지까지를 포함하는 개념이라고 한다. 이 점에 대해서는 Anthony J. Sebok, 앞의 논문, 86면 참조.
112) Lon L. Fuller, Positivism and Fidelity to Law — A Reply to Professor Hart, in: Dennis Patterson (ed.), Philosophy of Law and Legal Theory (Malden, MA: Blackwell, 2003), 109면 참조. 이 논문은 원래 "Lon L. Fuller, Positivism and Fidelity to Law — A Reply to Professor Hart, *71 Harvard Law Review 630* (1958), 630-672면"에 실린 것이다.
113) Lon L. Fuller, 앞의 논문, 동일한 면 참조.

필요하다는 사실을 입증하기 위해 다음과 같은 사례를 제시한다. 다음과 같은 법문, 즉 "모든 개선사항은 (…) 에게 즉시 보고되어야 한다(All improvements must be promptly reported to (…)"가 있을 때, 하트의 중심부/주변부 구분법에 따르면 위의 미완결 법문만 가지고도 '개선사항'에 대한 표준적인 경우를 별 무리 없이 알 수 있다고 보겠지만, 동 법문의 '개선사항'은 괄호 안의 보고 대상이 확정되어야만 법문의 의도가 드러나, 비로소 해석이 가능해 진다고 풀러는 주장한다. 예컨대 괄호 안에 '수간호사', '도시계획청' 등을 채워보면 '개선사항'의 표준적의미의 범위가 매우 다를 것이라는 것이다. 더욱이 보고 대상이 만약 '대학원장'이라면 '개선사항'의 의미범위를 확정하는 것은 거의 불가능하다고 본다. 그뿐만 아니라 풀러는 동 법문의 거의 모든 단어는 '해석'을 요구한다고 주장한다. 예컨대 '보고'의 경우 과연 서면보고인지 구두보고인지, 또 보고내용은 얼마나 구체적이어야 하는지 등이 자명하지 않고 따라서 반드시 해석이 요구된다는 것이다.114)

그러나 이와 같은 풀러의 비판에 대해서 다음과 같은 논박이 제기된다. 우선 하트 역시 법의 해석에는 입법의도에 대한 고려가 필요하다는 풀러의 생각에 반대하지 않을 것이라고 한다.115) 다만 하트에 따르면 입법의도를 고려하더라도 사법재량의 여지는 발생한다는 것이다.116) 왜냐하면 입법자가 법률을 입안하면서 상정하는 것은 중심부 사례이기 때문에 미처 염두에 두지 못한 사례가 발생할 경우에는 언제나 해석상의 불명확성이 발생하기 때문이다.117)

다음으로 프레데릭 샤우어(Frederick Schauer)는118) 풀러가 법문의 의미를 확정하고 이해하는 데 있어서 맥락(context)의 중요성을 과장했

---

114) Lon L. Fuller, 앞의 논문, 110-111면 참조.
115) Brian Bix, 앞의 책, 29면.
116) Brian Bix, 앞의 책, 같은 면.
117) H.L.A. Hart, 앞의 책, 128-129면 참조. 그리고 이 점에 대한 명확한 지적으로는 Brian Bix, 앞의 책, 22면, 29-30면 참조.
118) Frederick Schauer, Playing by the Rules (Oxford University Press, 1991), 55면 이하.

다고 비판한다. 예컨대 '고양이'이나 '탈 것'은 관련된 맥락을 전혀 모르더라도 확실한 중심부 의미(core meaning)를 지닌다는 것이다. 그러므로 풀러가 예로 들었던 전쟁 기념물 지프 사례의 경우에도 지프는 분명 탈 것에 포함된다고 한다. 그 사례가 일깨워 주는 것은 전쟁 기념물 지프 사례는 '탈 것'의 명확한 의미를 확정할 수 없다는 것이 아니라 단지 규칙의 엄격한 적용은 때때로 불합리한 결과를 낳거나(strict application of rules sometimes produces absurd results) 또는 적어도 규칙의 목적에 부합되지 않는 결과를 초래하게 된다는 점이라고 샤우어는 지적한다.119)

마머는 풀러가 '개선사항'이란 법문이 맥락에 따라서 다양한 의미를 가진다는 예를 들면서 만일 맥락이 존재하지 않을 경우 동 법문의 의미는 확정되지 않고, 따라서 표준적인 경우를 가질 수 없다고 주장한 것에 대해, 그의 논변에 등장하는 '개선사항'은 다양한 맥락 속에서, 서로 상이하면서도 유관한 의미를 지니는 단어라는 점을 간과하고 있다고 지적하였다. 다시 말해 풀러는 입법의도에 대한 고려 없이 '개선사항'은 '표준적인 경우'를 가질 수 없다고 예증하려 했지만, 마머가 보기에 '개선사항'은 다양한 맥락 속에서 서로 상이하면서도 유관한 표준적 경우들을 지니고 있다는 것이다.120) 쉽게 말해 '개선사항'은 각각의 맥락 속에서 각각의 '표준적인 경우'를 지닌다는 것이다. 그것은 마치 다양한 종류의 게임들이 서로 상이하면서도 유관한 특성, 즉 가족유사성을 지니고 있기 때문에 이들 모두에 공통되는 단 하나의 '표준적인 경우'는 존재하지 않는 것과 마찬가지다.

이렇듯 풀러는 다양하고 풍부한 사례를 제시했음에도 불구하고 하트의 입장을 정확하게 이해하고 있지 못한 점, 그리고 중심부/주변부 구분의 불합리성을 보여주기 위한 사례선택의 적실성이 결여되어 있다는 점에서, 그의 비판은 재고의 여지가 있다고 생각된다.121)

---

119) Frederick Schauer, 앞의 책, 58-59면 참조. 이 점에 대해서 브라이언 빅스도 동의한다고 말하고 있다. Brian Bix, 앞의 책, 30면 참조.
120) 마머의 지적에 대해서는 Andrei Marmor, 앞의 책, 102-103면 참조.
121) 동지의 견해로 Brian Bix, 앞의 책, 31면 참조.

(3) 승인 규칙(rule of recognition)의 중심부/주변부 구분기능

하트의 중심부/주변부 구분이론에 대해서는 다음과 같은 비판도 제기된다. 우선 서복은 비트겐슈타인의 규칙들은 언어나 수학에 관한 것이고, 법에는 적용될 수 없다는 점을 지적한다.[122] 왜냐하면 비트겐슈타인이 예로 든 규칙들의 표준적 적용사례를 보면, 예컨대 수학자들이 수학규칙을 적용하는 데 있어서 그 규칙이 준수되었는지 아닌지에 대해서는 논란의 여지가 발생할 여지가 없지만, 법의 적용에는 언제나 비판과 정당화가 요구되고, 그 올바른 적용여부에 대해 논란이 발생하기 마련이기 때문이다.[123] 요컨대 서복에 따르면 하트는, 비트겐슈타인의 규칙과 법을 혼동한 범주 오류(category mistake)를 범하고 있다는 것이다. 이와 유사한 맥락의 지적으로는 전술하였듯 '이지 케이스'와 비트겐슈타인의 규칙 따르기 사례를 동일시했던 브라이언 빅스에 대한 스캇 허쇼비츠의 비판에서도 확인할 수 있다. 또 하나의 지적으로서 비트겐슈타인의 규칙은 하트가 말한 주변부에 대해서 그 어떠한 근거도 제공해 주지 않는다고 한다. 왜냐하면 비트겐슈타인의 규칙 따르기의 경우에는 올바른 규칙적용(successful application)과 잘못된 규칙적용(unsuccessful application)의 두 가지만이 존재함에 반해 하트는 그 적용여부가 모호한 주변부까지 설정하고 있기 때문이다.[124]

그렇다면 중심부/주변부 사례의 구분을 비트겐슈타인에 기대어 설명하려는 하트의 접근방식은 결국 실패한 것인가? 서복에 의하면 그렇지 않다고 한다. 하트는 그의 저서 법의 개념을 통해 규칙을 1차적 규칙과 2차적 규칙으로 구분하였던바, 2차적 규칙 중에서 이른바 승인율(rule of recognition)은 중심부/주변부 사례의 구분을 가능하게 해 주는 역할을 하는데, 여기에는 바로 비트겐슈타인의 규칙 따르기 고찰이 원용되고 있다는 것이다.[125]

---

122) Anthony J. Sebok, 앞의 논문, 97면.
123) Anthony J. Sebok, 앞의 논문, 97-98면 참조.
124) Anthony J. Sebok, 앞의 논문, 98면 참조.
125) 유의할 점은 하트 스스로 이 부분에서 비트겐슈타인을 직접 인용하고 있지는

하트는 법의 개념에서, 근대의 법체계는 명령(commands)이 아니라 규칙(rule)으로 구성되어 있으며 규칙은 개인의 자유를 제한하여 의무를 부과하는 일차적 규칙(primary rule)과 일정한 권한을 부여하는 이차적 규칙(secondary rule)이 있다고 주장하였다. 즉 법은 일차적 규칙과 이차적 규칙의 통일된 체계로 이해해야 한다는 것이다. 이 중 이차적 규칙은 세 가지로 나뉘는데, 첫째는 입법 또는 계약을 통해 일차적 규칙을 변경하는 변경의 규칙(rule of change)과 일차적 규칙의 침해여부에 대해 심판할 수 있는 재판 규칙(rule of adjudication), 그리고 일차적 규칙의 효력 여부를 판단할 수 있는 조건을 결정해 주는 승인 규칙(rule of recognition)이 바로 그것이다.126) 하트는 승인 규칙에 대해 다음과 같이 말한다.

> "The rule of recognition providing the criteria by which the validity of other rules of the system assessed is in an important sense, which we shall try to clarify, an ultimate rule."127)

하트에 의하면 승인 규칙이란 궁극의 규칙(ultimate rule)으로서 다른 규칙들의 효력을 평가하는 기준(criteria for the assessment of the validity of other rules)을 제공해 준다고 한다. 한 마디로 말해 무엇이 법인지, 그리고 언제 그 법이 효력을 갖게 되는지를 판별해 주는 규칙이라는 것이다. 그리고 승인 규칙은 다른 규칙의 법적 효력을 판단해 주는 척도로서 기능하지만, 승인 규칙 자체는 또 다른 법적 척도에 의해서 판단될 수는 없다고 한다. 그렇기 때문에 궁극의 규칙이라는 것이다.128) 그

않으나 서복은 제반 맥락을 고려할 때 하트가 비트겐슈타인을 원용하고 있다고 보아야 한다고 주장하고 있다는 사실이다.

126) H.L.A. Hart, 앞의 책, 79면 이하 참조.

127) H.L.A. Hart, 앞의 책, 105면 참조.

128) 바로 이 점에 있어서 승인 규칙은 비트겐슈타인이 말한 '문법(grammar)'과 동일하게 기능한다고 서복은 주장한다(Anthony J. Sebok, 앞의 논문, 105면). 쉽게 말해 단어의 사용과 그 사용을 지배하는 사용규칙, 즉 한 단어가 의미를 지닐 수 있도록 해 주는 규칙(문법)과 승인규칙은 해당 규칙 적용의 실효성을 판단해

런데 바로 이 점은 비트겐슈타인의 규칙에서 그 적용의 타당성은 더 이
상의 다른 규칙에 의해서 판단되는 것이 아니라 단지 사회적 관행과 실
천129) 속에서 결정되는 것과 같다.130) 예를 들어 파리에 있는 미터측정

주는 방식에 있어 동일하게 기능한다는 것이다. 문법에 대해서는 Newton Garver,
This Complicated Form of Life (Chicago: Open Court, 1994), 217면 이하; 박병
철, 비트겐슈타인과 문법, 철학 제77호, 2003, 112-113면 참조. 서복은 또한 승
인규칙은 더 이상의 다른 규칙이 아니라 '삶의 형식(forms of life)'에 의해 결정
된다(fixed)고 주장하는데(Anthony J. Sebok, 앞의 논문, 106면 상단), 이러한 주
장은 비트겐슈타인이 "문법적 규칙을 따른다는 것은 곧 삶의 형식의 일부이다
(PI §19, 23)"라고 설명한 것과 일치하는 생각이다. 문법과 삶의 형식의 연관성
에 대한 설명으로는 이승종, 생활형식과 언어게임, 철학적 분석 제12호, 2005,
125-127면 참조. 비트겐슈타인의 저술에 등장하는 '삶의 형식'과 '언어게임', 그리
고 '문법'의 의미에 대한 유기적이고 폭넓은 해명으로는 문종두, 언어사용과 삶-
초월적 자연주의로 해명한 비트겐슈타인의 언어비판철학(淸文閣, 2007) 참조.
129) 비트겐슈타인은 이를 '삶의 형식(Lebensform, form of life or way of life)'이라
고 설명하였다. 통상적 의미의 삶의 형식은 공동체 구성원들 사이의 행동과 반
응으로 구성된다. 우리의 일상에서 규칙 따르기가 가능한 이유는 삶의 형식이
일치하기 때문인데, 여기서 통상적 의미의 삶의 형식이 일치한다는 말은 구성원
들 사이의 행동과 반응이 일치(agreement)한다는 말이 된다. 삶의 형식에 대한
폭넓고 상세한 설명으로는 Newton Garver, 앞의 책, 237-267면 참조. 삶의 형식
은 '삶의 형식(이명현)', '생활양식(정대현)' 및 '생활형식 또는 삶의 형식(이승
종)' 등으로 다양하게 번역되고 있다. 이상의 설명으로, 이승종, 앞의 논문, 122
면의 각주 1)번과 132면 참조. 규칙 따르기와 삶의 형식의 연관성에 대한 설명
으로는 남기창, 규칙 따르기의 여러 유형, 철학적 분석 제12호, 2005, 82-83면
참조. 한편 크립키는 어린 아이가 한정된 양의 문장을 학습하고도 새로운 상황
에서 다양한 새 문장을 만들어내도록 인도하는 '고도로 (인간이라는) 종에 특수
한 제약조건(highly species-specific constraints)'도 삶의 형식으로 보았다. 이에
대해서는 Saul. A. Kripke, 앞의 책, 97면 각주 77) 참조. 여기서 종 특수적 제약
조건은 원래 촘스키가 사용한 용어인데 촘스키는 크립키가 이 제약조건을 삶의
형식으로 본 것에 대해 이는 확장된 의미의(extended sense)의 삶의 형식이라고
규정한다. 이 점에 대해서는 Noam Chomsky, Knowledge of Language: Its
Nature, Origin, and Use (New York: Praeger, 1986), 232면 참조. 이와 같이 유
한한 학습례로부터 미래에 일어날 사용의 경우에 적용될 규칙까지도 알 수 있
는 것은 바로 '삶의 형식' 덕분이라고 보는 견해로는 김영배, 비트겐슈타인의

용 막대는 그 자체로서 옳은 것이지 더 이상의 다른 측정 장비에 의해 판정되는 것이 아닌 것과 같다는 것이다.131) 이처럼 그 효력 여부를 판별하는 기능에 있어서 승인 규칙의 적용방식은 비트겐슈타인이 예로 든 규칙의 적용방식과 동일하다. 해석과 반성 없이 명확히 적용될 수 있기 때문에 비트겐슈타인의 규칙과 마찬가지로 승인 규칙의 적용에는 불일치 내지 논란이 발생할 수 없다.132) 하트의 표현대로 승인 규칙은 "법원, 공무원, 그리고 일반시민들 간에 법을 확인하는 복잡하면서도 조화로운 관행으로서만 존재하며" 승인 규칙의 존재는 하나의 사실의 문제(a matter of fact)라는 것이다.133)

승인규칙은 일차적 규칙들의 적용 시에, 그 효력 여하에 대해 논란이 있을 경우 법관들이 그 효력 여하를 어떻게 판별해 낼 것인지를 논증해 내는 과정 속에서 그 기능이 드러난다. 법관들은 그러한 논란을 해결하기 위해 '확정된 법(settled law)', 다시 말해 '중심부(core)'를 판별해 낼 수 있어야 하고, 그것이 가능하기 위해서는 법의 원천(source of law)134)과 그 원천들 간의 우열관계를 명시해 주는 승인 규칙이 필요하

'Criterion' 개념, 철학논구 제14권, 1986, 27-29면 참조.

130) 이러한 평가로는 Anthony J. Sebok, 앞의 논문, 105-106면; 남기창, 앞의 논문 (비트겐슈타인의 철학과 언어론), 38면 참조.

131) Anthony J. Sebok, 앞의 논문, 106면. 이 예는 비트겐슈타인도 들고 있는 것이다 (PI §50).

132) Anthony J. Sebok, 앞의 논문, 107면.

133) H.L.A. Hart, 앞의 책, 110면 참조. 다시 말해 승인규칙은 실제 경험적으로 확인할 수 있는 사실의 문제이지 법이론가의 이론적 구성물은 아니라는 것이다. 이에 대해서는 김도균, 자연법론적 승인율 모델의 가능성, 법철학 연구 제3권 제2호, 2000, 67면 참조. 하트에 따르면 승인율은 개별 법체계마다 다를 수 있으며, 영국의 경우 "의회에서 여왕이 제정하는 것이 법이다"라는 규칙이 궁극의 승인율이 된다. H.L.A. Hart, 앞의 책, 107면.

134) 법의 원천이란 법적 기준의 창조·변경·취소를 규율하는 방식을 만들어 내는 사회적 사실(social facts)이다. 이 점에 대해서는 조홍식, 경제학적 논증의 법적 지위—배제적 법실증주의의 관점에서—, 서울대학교 법학 제48권 제4호, 2007, 152면 참조. 승인율은 법의 원천이 무엇인가를 결정해 준다.

다. 다시 말해 승인규칙은 다른 법원에 의해 어떤 선례가 확립되어 있는
지, 문제의 사안과 관련된 제정법이나 행정적 결정은 어떤 것들이 있는
지 판별해 내는 방법을 법관들에게 제시해 준다는 것이다. 이러한 과정
을 통해 법관들은 관련된 일차적 규칙을 한 번도 적용해 보지 않고도
중심부가 무엇인지를 알 수 있게 되는데, 왜냐하면 승인규칙은 선례나
제정법 법문(statutory language), 그리고 규제 기준(regulatory standards)
등을 통해서 일차적 규칙의 중심부 사례를 판별해 주기 때문이다.135)

　　이상 승인규칙에 대해서 원론적으로 장황하게 설명하였지만, 이해의
편의상 간단히 설명하자면 다음과 같다. 일차적 규칙(예컨대 형법의 특
정 조문)의 적용이 유효하다는 평가를 받기 위해서는 무엇보다 우선 그
규칙이 적용될 수 있는 중심부 사례가 무엇인지 확인되어야 한다. 왜냐
하면 중심부 사례에 관련 규칙을 적용할 때에는 그 효력 여부에 대해
논란이 발생할 수 없고, 규칙 적용의 유효성이 보증되기 때문에, 법관은
규칙의 적용과정에서 '승인규칙'을 통해 우선적으로 그 규칙이 논란의
여지없이 적용될 수 있는 중심부 사례가 무엇인지 판별해 내야 한다.
그래야만 일차적 규칙적용의 유효성을 보증할 수 있다. 이처럼 승인규
칙의 기능은 기본적으로 중심부 사례를 판별해 내는 데 있다는 것이 서
복의 생각이다.136)

　　결론적으로 말해 서복에 의하면 하트가 중심부/주변부 사례구분을
비트겐슈타인의 규칙 따르기 고찰로부터 직접 유추해 내는 것은 범주
혼동의 오류가 되지만, 승인규칙이란 개념을 새롭게 도입하여 그 적용
방식의 동일성을 매개로 하여 비트겐슈타인의 규칙을 원용해 중심부/주
변부 구분을 입론하는 것은 가능하다는 것이다.137)

---

135) Anthony J. Sebok, 앞의 논문, 108면 참조.
136) 이 점에 대한 명확한 지적으로는 Anthony J. Sebok, 앞의 논문, 109면.
137) 이에 대해서는 서복이 자신의 논문 서두와 결론부분에서 누차 강조하고 있으며,
　　하트가 승인규칙의 개념을 도입한 이유도 바로 자신의 이론적 취약점을 극복하
　　기 위한 것이었다고 주장한다. 하트의 중심부/주변부 구분은 비판론자들로부터
　　두 가지 공격을 받았는데, 첫째는 바로 범주 오류라는 지적이며, 둘째는 표준적
　　경우(standard instance)가 주변부 사례(penumbra case)에서 사법재량을 제한하

2) 법률의 착오 발생가능영역의 세분화

서복의 입론이 옳다면,[138] 하트의 중심부/주변부 사례 구분은 형법적으로 다음과 같은 의미를 지닌다고 볼 수 있을 것이다.

엥기쉬(K. Engisch)는 법적 추론과정을 삼단논법에 따른다고 가정할 때, '해석'은 대전제에 해당되는 '법률의 내용과 범위'를 확정하는 것이고, '포섭'은 소전제에 해당되는 구체적 사실관계를 관련 법률의 내용과 범위에 포함시키는 과정이라고 설명한다.[139] 따라서 일반적으로 해석은 언제나 포섭에 앞서 행해지며, 포섭의 전제가 된다. 포섭에 앞서 적

는 기능을 하지 못한다는 지적이 그것이다(이 점에 대해서는 Anthony J. Sebok, 앞의 논문, 101면 이하). 서복은 하트가 승인규칙 개념의 도입을 통해서 이 두 문제를 모두 극복해 냈음을 정치하게 논증해 주고 있으며, 본고에서는 논지 전개상 불필요한 관계로 둘째 문제에 대한 논급은 생략했음을 밝혀둔다. 서복의 입장에 대한 개관으로는 Anthony J. Sebok, 앞의 논문, 76면, 108-109면.

138) 서복의 입론에 대해서는 다음과 같은 반론이 제기될 수 있다고 본다. 서복은 승인율이 판단의 불일치가 발생할 수 없는 비트겐슈타인의 '문법'과 유사하다고 주장했지만, 다원적 사회에서는 승인율 자체도 그 정당성을 판단하는 상위 기준(meta rule of recognition)에 의해 비판적으로 재논의될 수 있다는 지적이 바로 그것이다(이 점에 대한 지적으로는 김도균, 근대 법치주의의 사상적 기초: 권력 제한, 권리보호, 민주주의 실현, 「법치주의의 기초」(서울대학교출판부, 2006), 113면 이하 참조). 다시 말해 승인율은 '문법적'인 규칙이 아니라 이 역시 '반성적'인 규칙이라는 것이다. 이와 같은 입장을 전제하면 서복이 승인규칙(승인율)을 통해 하트의 중심부/주변부 사례 구분을 입론한 것도 '범주오류(category mistake)'라는 비판이 가해질 수 있을 것이다. 승인율 자체도 김도균 교수의 견해처럼 '전제적 승인율', '민주주의적 승인율', 그리고 '공화주의적 승인율' 등으로 구분해 반성적으로 논의되어야 한다는 점은 적확한 지적이라고 본다. 그러나 하트는 분명 승인율은 궁극의 규칙(ultimate rule)이라고 설명하였으며, 그 취지는 승인율의 정당성에 대한 논의가 이미 종식된 일정한 통치체제하에서의 승인 규칙의 기능을 전제하고 있기 때문이라고 판단된다. 그러한 점에 있어서 서복이 승인규칙을 '문법적'이라고 본 것은 정당하다고 보며, 따라서 만일 서복의 입론이 범주혼동의 오류를 범하고 있다고 비판한다면, 그러한 입장은 하트에 대한 오독의 위험이 있다.

139) 이에 대해서는 심헌섭, 앞의 책, 541-542면.

용할 법규의 의미가 해석에 의해 미리 확정되어야 하기 때문이다.[140] 이러한 설명에 따르면 당해 사안이 해당 법률에 명확히 포섭될 경우에는 해석은 불필요할 것이며, 반면 해당 법률에 대한 사안의 포섭이 불명확한 경우에는 우선 '해석'을 통해 법률의 내용과 범위를 확정하는 작업이 선행되어야 할 것이다.[141] 그렇다면 이와 같은 구분방식은 하트의 중심부/주변부 사례 구분과도 일맥상통한다고 본다. 하트의 중심부 사례에서는 해석할 필요 없이 '자동적' 포섭만 필요할 것이고 주변부 사례에서는 하트도 지적하듯 해석이 필요하다. 즉 하트의 중심부/주변부 구분법은 형법의 적용에 있어서 '포섭'만 필요한 경우를 구체화시켜 주고 있는 것이다.[142]

---

140) 김일수·서보학, 새로 쓴 형법총론, 2003, 34-35면.
141) 이상의 내용에 대해서는 안성조, 형법상 법률의 착오론 (경인문화사, 2008), 277면.
142) 다만 여기서 하트의 승인 규칙은 법률전문가에게만 유용한 것이기 때문에 법률 문외한인 일반 시민들에게는 중심부/주변부 구분이 불가능하지 않느냐는 반문이 제기될 수 있다고 본다. 하트의 승인 규칙은 일반적으로 두 가지 기능을 한다. 첫째는 법률전문가들이 유효한 법을 판별할 수 있게 해 주는 기능(validation function), 둘째는 일반 시민이 무엇이 법인지를 식별케 해 주는 기능(identification function)이다. 물론 이중에 본질적인 기능은 전자이지만(Anthony J. Sebok, 앞의 논문, 106면), 하트는 분명 "the rule of recognition exists only as a complex, but normally concordant, practice of the courts, officials, and private persons in identifying the law by reference to certain criteria"라고 승인 규칙이 사용 주체로 일반시민들(private persons)을 명시해 주고 있기 때문에 (H.L.A. Hart, 앞의 책, 110면), 그러한 점에서 법률전문가가 아닌 일반시민에게도 중심부/주변부 구분은 가능하다고 보는 것이 옳을 것이다(이 점에서 필자는 승인규칙의 주체로 법률전문가만을 상정하고 있는 서복의 견해에 반대한다. Anthony J. Sebok, 앞의 논문, 106-107면). 비록 하트가 명시하지는 않았지만 일반인들도 역시 그들 나름대로의 방법과 절차를 통해 규칙의 중심부 사례, 즉 표준적 경우를 판별해 낼 수 있다고 본다. 예컨대 유관기관이나 법률 전문가에 대한 문의 또는 각자의 생활영역에서 다양한 루트로 제공되는 필수적인 법률정보와 지식 등을 종합적으로 판단하는 과정을 통해서, 비록 법률전문가만큼은 아니겠지만 최소한 그들과 일치할 수 있는 범위 내의 가장 명백한 중심부 사례는 식별해 낼 수 있다고 보는 것이 타당할 것이다. 하트의 승인규칙을 '판사들 사이의 규범적·사회적 실천'이라고 보는 견해로는 김도균, 앞의 논문, 67면. 역시

'해석'없이 '포섭'만 필요한 경우에 착오가 발생했다면 이는 형법적으로 어떻게 취급해야 하는가? 이와 관련해 만일 포섭의 착오를 책임조각사유로 본다면 법률가들만이 범죄를 범할 수 있다는 결론에 도달하기 때문에 포섭의 착오(Subsumtionsirrtum)는 책임을 조각시키지 못한다는 견해가 있다.[143] 이러한 입장에서는 법률의 착오에서 포섭의 착오는 제외되어야 한다고 볼 것이다. 그러나 이 견해는 법률전문가가 아닌 일반 시민들에게는 대단히 가혹한 측면이 있다. 왜냐하면 많은 경우 포섭의 착오는 법률의 의미가 일반인이 이해하기에는 난해하고 불확정적이어서 해석의 착오와 맞물려 발생하기 때문이다. 예를 들어 '음란'에 대한 판단은 법관과 일반인이 얼마든지 다를 수 있기 때문에 많은 경우에 있어 행위자는 자신의 행위가 음란성과는 무관하다고 생각할 수 있다. 따라서 포섭의 착오가 '해석'을 필요로 하는 사안, 즉 주변부 사안에서 발생한 경우에는 형법적으로 충분히 고려할 필요가 있는 것이다. 바로

동지의 조홍식, 勿輕視政治-비례입헌주의를 주창하며-, 서울대학교 법학 제49권 제3호, 2006, 119면 참조. 한편 조홍식 교수는 승인규칙을 "공직자나 판사들과 같은 엘리트들의 교감"이라고 정의내리면서도, 일반 대중의 헌법관(popular view about the Constitution)이 반영되어야 한다는 대중입헌주의의 타당성을 비판적으로 검토하고 잠정적 결론으로 대중입헌주의를 그대로 받아들일 수 없다고 한다. 이에 대해서는 조홍식, 앞의 논문, 117-118면. 한 마디로 법률전문가집단과 일반시민의 규범적 판단이 불일치할 경우 어느 집단의 실천(practice)에 우선권을 부여할 것이냐의 문제가 발생할 수 있다는 것이다. 그러나 하트의 승인규칙을 철저히 비트겐슈타인적인 것으로 이해한다면, 그것은 명백히 사회적 실천, 즉 사실의 문제이며 따라서 어느 것을 중시할 것이냐의 규범적 문제는 별도의 논의를 요하는 문제가 된다. 다시 말해 하트의 승인규칙은, 굳이 언어규칙에 대한 비트겐슈타인의 입장을 철저히 관철시킨다면, 법률전문가나 일반시민이나 모두 일치할 수 있는 범주 내에서의 법을 판별해 주는 기능을 한다고 보는 것이 타당하다. 비트겐슈타인도 하트도 그 이상의 규범적 논의에 대해서는 말해주는 바가 없다고 본다. 그 이유는 본고에서 지적하듯 비트겐슈타인의 '규칙 따르기 고찰'은 '언어', 그것도 매우 단순하고 명료한 대상들에 관한 것이며, 그러므로 법 등의 규범적 논의에 대해서는 근원적 한계를 지닐 수밖에 없기 때문이다.
143) 이에 대해서는 유기천, 형법학(총론강의), 1980, 244면 참조.

이러한 맥락에서 현재 우리 학계의 지배적 다수설은 포섭의 착오를 법률의 착오의 한 유형으로 보고 있다고 생각된다.[144]

그런데 만일 포섭의 착오가 중심부 사례에서 발생했다면 이를 형법적으로 어떻게 취급해야 하는가? 일단 해당 사안이 중심부 사례인지 여부는 앞서 서복이 논증한 바와 같이 승인규칙에 의해 판별될 수 있을 것이다. 바로 이 점에서 비트겐슈타인의 통찰은 형법적으로도 유용하다. 해당 사안이 중심부 사례로 판별된다면 동 사안은 누가 보아도 관련 법규의 적용이 명백한 사안이 될 것이고, 그럼에도 불구하고 단순히 기계적인 추론상의 착오로 인해 행위자가 잘못 포섭하였다면 이는 행위자의 귀책사유로 봄이 더 타당할 것이다.[145] 이와 같은 유형의 포섭의 착오는 사안에 대한 법규의 적용이 의심의 여지없이 확실하기 때문에 규범적으로 볼 때 이에 대해 형법적 배려를 베풀어줄 당위성이 분명히 적다.[146] 바로 이러한 측면이 있기 때문에 포섭의 착오는 책임을 조각하지 못한다는 입장도 일정한 사안에서는, 나름대로 근거가 있다고 할 수 있을 것이다.[147]

필자는 "천지창조나이트사건"[148]에서 미성년자보호법 규정상 '출입제한연령'은 달리 '해석'될 여지가 없는 명확한 사례라고 주장한 바 있다.[149] 비록 나이트클럽 경영주가 청소년 유해업소 단속대상자가 18세 미만자와 고등학생이라는 경찰서의 내부 공문이 관할지서에 하달된 것

---

144) 대표적으로 손동권, 형법총론, 2005, 297면; 이재상, 형법총론, 2006, 329면; 정웅석, 형법강의, 2005, 315면 참조.
145) 비슷한 맥락에서 신동운 교수는 일정한 포섭의 착오는 법률의 착오에 포함되지 않지만, 행위자에게 오인할 만한 특수사정이 존재하는 경우에는 법률의 착오에 포함될 여지가 있다고 본다. 이에 대해서는 신동운, 新판례백선 형법총론, 2009, 426면 참조.
146) 이러한 입장으로, 안성조, 앞의 책, 282면.
147) 마찬가지로 포섭의 착오는 법률의 착오에 포함되지 않는다는 입장으로는, 김용식, 신형법 총론, 1953, 110면; 백남억, 형법총론, 1962, 238면; 정창운, 포섭의 착오, 고시계, 1962.12, 190면 이하 참조.
148) 대법원 1985.4.9.선고 85도25.
149) 안성조, 앞의 책, 277-283면.

을 알고 18세 이상의 고등학생이 아닌 미성년자는 출입시켜도 되는 것
으로 오인하였다고는 하나, 동 업주는 미성년자보호법상의 형벌법규를
알고 있었으므로, 필자의 견지에서 볼 때, 이러한 항변은 흡사 크립키의
규칙회의론자가 "68+57=5"라고 주장하면서 자신은 이 경우 덧셈이 아
닌 겹셈규칙을 따랐다고 항변하는 것과 마찬가지다. 다시 말해 미성년
연령은 법률전문가는 물론 일반시민들에게 있어서도 일상 언어적으로
명확하게 판별되는바, 설령 피고인이 경찰서의 내부 공문 등을 신뢰하
고 따랐다고 하더라도 이는 관련 법률의 의미를 왜곡하여 자신에게 유
리하게 자의적으로 해석한 것에 불과하고, 유흥업소 영업주로서 동종업
에 종사하는 자들 간에 관행적으로 인정되어 온 행위규칙, 다시 말해
경찰서의 내부 공문 등을 따르면 된다는 일차적 규칙을 따른 것에 불과
하므로, 이에 대해 법원은 그러한 규칙은 올바른 법률의 적용을 배제할
수 없는 '효력이 없는 규칙'임을 밝힌 것이다. 즉 청소년 유해업소의 단
속대상자의 범위와 관련해 일차적 규칙들 간의 효력 여부에 논란이 발
생하자, 법원은 이 중에 어느 것이 법적으로 유효한지를, 바로 '승인규
칙'에 의해 판별해 낸 것이다. 이러한 판단에 도달한 대법원은 피고인
의 착오가 '단순한 법률의 부지'에 해당한다고 판시하고 있으나, 더 정
확히는 포섭의 착오에 '정당한 이유가 없다'고 판결이유를 설시했어야
한다. 이처럼 미성년자보호법상의 '출입제한연령'은 해석이 필요 없이
자명한 비트겐슈타인의 규칙과 동등하게 취급될 수 있는 규칙이라고
볼 수 있다.[150] 물론 미성년자가 언제나 해석의 여지없이 자명한 것은
아니다. 혼인여부가 영향을 미칠 수도 있기 때문이다. 그러나 위 사안의
경우는 그러한 구체적 사실관계여부보다는 연령판단이 본질적인 사안
이고 그러한 한에서 '제한연령' 판단에 해석이 불필요한 사안이라고 볼
수 있다.[151]

---

150) 위 사례에 대한 필자의 견해로는 안성조, 앞의 책, 272-283면 참조.
151) 동 사안에 대해 미성년자의 연령에 대한 착오는 구성요건적 사실에 대한 착오로
    서, 이를 '구성요건적 금지착오'라는 제3유형의 착오로 보아 고의 조각의 효과
    를 검토해야 한다고 주장하는 논문으로는 장성원, 포섭의 착오, 서울대학교대학

이처럼 형법의 적용에 있어서 해석이 불필요한 영역이 존재한다고 할 때 비트겐슈타인이 제시한 규칙들은 바로 그러한 영역에 해당될 수 있는 조건들을 제시해 주고 있다고 사료된다. 그가 제시한 예들로는 '다섯이란 숫자(PI §1)', '장기놀이(PI §31)', '입방체(PI §139)', 'ABC와 구구법(PI §148)', 그리고 '수열(PI §185)' 등이며 그러한 놀이와 단어의 사용규칙과 관련된 공통점은 그 규칙준수에 있어서 근거와 정당화가 필요없고, 비반성적이며 결국 해석이 불필요하다는 사실이다. 다만 이러한 규칙들과 관련된 법적 사례라고 해서 반드시 해석이 불필요하게 되는 것은 아니다. 이 점에 대해서는 브라이언 빅스에 대한 스캇 허쇼비츠의 비판, 그리고 하트에 대한 풀러의 비판에서도 명백히 확인할 수 있다고 본다. 그럼에도 불구하고 바로 우리의 직관은 분명 하트의 구분 방식처럼 '해석 없이' 법규의 적용이 가능한 영역에 대한 입론의 여지를 남겨 두게 한다. 비트겐슈타인이 제시한 위와 같은 일련의 사례들은 비록 통일적 설명은 해 주고 있지는 않지만 가족유사적 방식으로 형법에 있어서 해석 없이 적용이 가능한 영역에 대한 유의미한 척도를 제공해 주고 있다고 볼 수 있을 것이다.[152]

스캇 허쇼비츠는 법의 영역에서 비트겐슈타인이란 유령의 위협을 몰아냈다고 주장했지만, 그가 몰아낸 것은 비트겐슈타인 자체가 아니라 그에 대한 그릇된 해석들이라고 봄이 옳을 것이다.

원 박사학위논문, 2008, 158-160면, 188-190면 참조.
152) 또한 규칙 따르기 논변은 법인의 범죄능력을 재구성하는 데에도 대단히 중요한 기여를 할 수 있다. 이 점에 대해서는 후술하기로 한다.

§ 3. 법의 불확정성과 법치의 구현가능성

[글 소개]

　지금은 우리 학계에도 익숙한 개념이 되었지만, 불과 몇 년 전 '법의 불확정성(legal indeterminacy)'을 다룬 논문을 관련 학회에서 처음 발표했을 때 주변의 반응은 사뭇 놀라웠던 것으로 기억한다. 어떻게 법의 불확정성에 천착할 시도를 했느냐는 질문을 받을 정도였다. 그만큼 이 주제는 법을 전공했거나 법에 관심 있는 사람이라면 누구나 품었을 법한 문제에 관한 것이면서도 동시에 쉽게 접근하기 어려운 테마였던 것이다. 우리는 법이 확정적이지 않다는 사실을 경험적으로 잘 알고 있다. 즉 법이 언제나 하나의 결론만을 내놓지는 않는다는 것이다. 이를 법의 불확정성이라고 말한다. 그런데 법이 불확정적이라는 사실은 법치에 대한 우리의 뿌리 깊은 신념을 흔들어 놓을 수도 있다. 우리가 법을 존중하고 따르는 것은 법은 언제나 객관적이고 공평하며 정의로운 최선의 해결책을 제시해 줄 수 있다는 믿음에서 비롯되는 것인데, 만일 법이 불확정적이라면 그러한 믿음의 토대가 사라지게 될 것이기 때문이다. 그러나 우리는 대부분 법이 불확정적이라고 해서 법치가 구현될 수 없다고 생각하지는 않는다. 그 이유는 무엇일까? 법의 불확정성이 부인할 수 없고, 받아들여야 할 사실이라면 우리는 다른 방법을 통해 법치를 구현해야 한다. 그 방법은 바로 선택 가능한 법적 추론의 결과들 중에서 어느 것이 최선인지 논증하는 것이다. 우리는 법적 논쟁이 발생했을 때 그 당사자인 법공동체 구성원들에게 논증의무를 부담시킴으로써 "감정에 휩싸일 수 있는 사람의 판단이 아닌 이성적인 법에 의한 판단을 존중하자"는 법치의 핵심적 가치를 훼손시키지 않을 수 있는 것이다. 그렇기 때문에 수많은 학설대립과 판례의 변경이 존재하는 것이고, 비록 법적 추론이 단 하나의 정답을 확정적으로 제시하지 못하더라도 법의 지배를 온전히 받을 수 있는 것이다. 요컨대 법의 불확정성과 법치주의는 양립할 수 있으며, 이를 가능케 해 주는 것은 바로 논증이다. 이하의 글은 이러한 내용을 다루고 있다.

Ⅰ. 문제제기 및 논의구도

드워킨은 '법의 제국'에서 다양한 법적 논거가 첨예하게 경합하여 확정적 해결이 어려운, 널리 알려진 하드케이스(hard case) 몇 가지를 소개한 바 있다.[1] 주지하다시피 각 사안의 해결과정에서 주장된 상반되는 법적 논거들은 모두다 일견 상당한 설득력이 있었으며 어느 하나의 논거만이 유일하게 특정한 결과를 결정적으로 정당화 해 주지는 못했던 것으로 보인다. 그럼에도 불구하고 대법원은 당사자 일방의 논거를 인용해 그에게 승소판결을 내려야만 했다. 이 경우에 패소한 타방 당사자는 과연 재판의 결과에 대해서 어떠한 생각을 가질 수 있을까? 우선은 법적 논거가 팽팽히 맞서는 상황에 직면해 법체계의 불확정성에 놀라움을 느낄 수 있을 것이다. 법이란 분쟁이 발생할 때, 이를 소송 당사자에게 명확한 기준에 의해 옳고 그름을 가려 설득력 있게 해결해 주는 분쟁해결의 수단이라고 생각해 왔었던바, 명확한 법리적 기준도, 어째서 자신이 아닌 승소자 측의 주장이 받아들여졌는가에 대해서 충분히 납득할 만한 이유 설시도 없이 패소하게 되었기 때문이다. 따라서 법체계와 판결의 정당성(legitimacy)에 의구심을 느낄 수 있다고 본다. 나아가 그러한 판결을 강제하는, 특히 형사재판의 경우에는 더욱 더, 국가권력의 정당성에 대해서도 역시 회의를 품을 수 있다고 본다. 이는 결국 자신이 '법의 지배'를 받고 있는가에 대한 물음으로까지 자연스럽게 이어질 수 있으며, 본고에서 다루고자 하는 주제가 바로 이러한 '법적 불확정성'이 야기될 때 '법의 지배' 혹은 '법치주의'[2]란 정치철학적 이념이 어떻게 구현될 수 있는가의 문제이다.

일반적으로 자유주의 정치체제 하에서 '법의 지배(rule of law)'란 이

---

1) 예를 들어 엘머사건, 민물달팽이농어사건, 맥러플린사건, 브라운 사건 등이 그것이다. 이에 대해서는 로널드 드워킨(Ronald Dworkin)/장영민 역, 법의 제국(Law's Empire) (아카넷, 2004), 33-53면 참조.
2) 본 장에서는 '법치'와 '법의 지배'를 유사한 의미로 보고 혼용하기로 한다.

념이 실현되기 위해서는 법의 해석과 적용의 결과는 예측가능해야 한
다. 자유주의는 권력분립을 요구하고 따라서 입법자가 입안한 법률은
명확성을 지니고 있어야 하며 그래야만 모든 국가기관과 시민은 자신
에게 허용되는 행동의 범위를 정확히 이해하고 금지되는 행위를 회피
함으로써 법을 준수할 수 있게 되기 때문이다.3) 이와 같은 예측가능성
이 확보될 수 있기 위해서는 무엇보다 법의 해석과 적용에 있어서 "법
은 과학이며, 법적 추론은 기계적으로 명료하게 결정될 수 있다"고 보
는 '형식주의(formalism)'적 사고방식이 기본적으로 전제된다면 가장 수
월할 것이며, 바로 이 점에서 '법의 지배'와 '형식주의'는 상호 긴밀히
접착된 개념이라고 볼 수 있을 것이다.4)

이처럼 '법의 지배'가 기본적으로 '형식주의'와 근친적 개념5)이라고
볼 때, 20세기 초반 무렵부터 형식주의의 문제점을 지적하며 미국에서
태동한 법현실주의(legal realism)와 그 이론적 계승자인 비판법학운동
(critical legal studies)은, 결과적으로 '법의 지배'에 대해 심각한 회의주
의적 문제를 제기하게 된다.6) 이 진영에서는 법적용의 결과는 결코 형

---

3) 이에 대해서는 Jules L. Coleman & Brian Leiter, Determinacy, Objectivity, and
   Authority, in: Andrei Marmor (ed.), Law and Interpretation (Oxford University
   Press, 1997), 229-232면.

4) 동지의 견해로 Margaret Jane Radin, Reconsidering the Rule of Law, *69 B.U.
   L. Rev. 781* (1989), 795-796면 참조. 특히 라딘은 전통적인 형식주의와 법의 지
   배가 정치철학적으로 자유주의적 전통의 영향 하에 밀접히 연관되어 있음을 논
   증하고 있다.

5) '근친적 개념'은 비트겐슈타인의 용어로서, 두 용어가 서로 근친적이라는 것은
   마치 사촌(Vetter) 간의 관계처럼 어느 한 용어의 사용법을 가르칠 경우, 그로써
   다른 한 용어의 사용도 배우게 된다고 한다. 예컨대 비트겐슈타인에 따르면 '일
   치(Übereinstimmung)'와 '규칙(Regel)'은 근친적이다. 이에 대해서는 Ludwig
   Wittgenstein Werkausgabe Band I (2 Aufl. Suhrkamp, 1995), 352면 §224 참조.

6) 이 과정에 대해서는 Brian Z. Tamanaha, On the Rule of Law―History, Politics,
   Theory (Cambridge University Press, 2005), 77-90면 참조. 그러나 법현실주의자
   또는 비판법학자들이 반드시 법적 불확정성 논변을 통해 법의 지배에 회의를 제
   기했던 것은 아니다. 즉 그들도 법적 불확정성과 법의 지배는 양립가능하다고 보
   기도 하였던 것이다. 이 점에 대해서는 Jules L. Coleman & Brian Leiter, 앞의

식주의적으로만 결정되는 것이 아니고, 법이 아닌 그 밖의 다른 요소에 좌우될 수 있으며, 따라서 법적 추론은 단 하나의 정답에 도달하지 못하고, 경우에 따라서는 심지어 상호 모순되는 두 개 이상의 결론에 도달할 수 있다는 소위 '법적 불확정성 테제(legal Indeterminacy thesis)'를 제기하였던 것이다.7)

자유주의 정치철학 하의 '법의 지배'와 관련하여 '불확정성 논변'은 중요한 의미를 가질 수 있다. 왜냐하면 '법의 지배'가 전제하는 '형식주의'에 따르면 국가기관들과 시민은 어떠한 행위가 법적으로 규제되는가를 명확히 예측할 수 있어야 하는바, 만일 법의 해석과 적용이 불확정적이라면, 법은 수범자들에 대한 행위규범으로서의 효력을 상실할 것이고, 결국 '법의 지배'라는 정치철학적 이념은 결코 실현될 수 없을 것이기 때문이다.8) 나아가 국가권력에 의한 법적 강제력의 행사가 정당화되기 위해서는 판결에 정당한 근거가 제시될 것이 요구되는바, 만일에 법적 불확정성이 근거의 제시가 불확정적이라는 의미로 이해될 수 있다면, 이 역시 자유주의적 '법의 지배' 구상을 심각하게 훼손시킬 수 있기 때문이다.9)

그런데 과연, '법적 불확정성 테제'는 '법의 지배' 이념을 심각하게 훼손시키는가? 바로 이 점을 두고 영미권의 법(철)학계에서는 다양한 논의가 전개되어 왔다. 본고에서는 그동안 '법의 지배'와 '법적 불확정성'의 상호연관성에 대한 논의를 소개하고 이를 토대로 몇 가지 새로운 논점과 결론을 제시해 보고자 한다.

논문, 215면 참조.

7) Brian Z. Tamanaha, 앞의 책, 86면 참조.

8) 이 점에 대해서는 Mark V. Tushnet, Defending the Indeterminacy Thesis, in: Brian Bix (ed.), Analyzing Law (Oxford University Press, 1998), 232면 참조.

9) Jules L. Coleman & Brian Leiter, 앞의 논문, 229면. 아울러 법적 불확정성은 판결의 정당성 문제까지 불러일으킬 수 있다. 이 점에 대해서는 Ken Kress, Legal Indeterminacy, in: Dennis Patterson (ed.), Philosophy of Law and Legal Theory —An Anthology (Malden, MA: Blackwell, 2003), 77면 참조.

II. 법적 불확정성 테제

1. 법적 불확정성의 의미와 유형

법적 불확정성 테제(legal indeterminacy thesis)란 일반적으로 법적 사안에 단 하나의 정답이 존재하지 않는다는 것을 의미한다. 즉, 법의 해석과 적용은 심지어 두 개 이상의 상호 모순되는 결론에 도달하기도 한다는 것이다.[10] 전술한 드워킨의 사례들이 대표적이라고 할 수 있다. 불확정성은 '근거의 불확정성(indeterminacy of reasons)'과 '원인의 불확정성(indeterminacy of causes)'으로 나눌 수 있다. 판결의 정당성은 근거에 의해 판단할 수 있다. 정당화는 근거에 의존하기 때문이다. 근거의 불확정성이란 사안의 결과와 이를 정당화해 주는 법적 근거 사이의 문제로서 사안의 결과를 정당화해 주기에 법적 근거가 불충분함을 뜻한다. 한편 결과에 대한 인과적 설명은 그 원인을 밝혀냄으로써 가능하다. 원인의 불확정성이란 법관이 결정에 이르게 된 과정에 대한 인과적 설명의 문제로서, 법적 근거가 사안의 결정에 대한 원인이 되기에는 불충분함을 뜻한다.[11] 다시 말해 원인의 불확정성은 해당 판결이 일련의 법적 근거만으로는 충분한 예측이 불가능할 때 발생하며, 이 경우에 법적 근거는 판결에 대하여 인과적으로 불확정적(causally indeterminate)인 관계에 있다고 한다. 요컨대 법적 근거의 불확정성테제는 법적 근거가 결정을 정당화하기에 불충분하다는 주장이고, 원인의 불확정성테제는 결정과 원인 사이의 인과성을 설명하기에 불충분하다는 주장인 것이다. 이 중에서 일반적으로 법적 불확정성테제라고 하면 전자를 의미한다. 법적 근거가 불확정적이더라도, 법관이 결정에 이르게 된 법적 근거 외의 원인을 밝혀냄으로써 판결의 예측가능성을 확보할 수 있으므로 인

---

10) Timothy A.O. Endicott, Linguistic Indeterminacy, *16 Oxford Journal of Legal Studies 667* (1996), 669면; Brian Z. Tamanaha, 앞의 책, 86면 참조.
11) 이러한 구분방식으로는 Jules L. Coleman & Brian Leiter, 앞의 논문, 212면 참조.

과적 확정성은 획득가능하기 때문이다. 즉, 원인의 불확정성은 판결의 예측가능성에 큰 위해요소가 되지 못한다는 것이다. 법적 근거는 두 가지 요소의 복합체이다. 첫째 요소는 유효하고 구속력 있는 법의 원천 (legal sources)이고, 둘째 요소는 그러한 법의 원천에 정당하게 실행할 수 있는 일련의 해석작업(interpretive operation)과, 관련된 법과 주어진 사실에 실행할 수 있는 이성적 작업(rational operation)이다. 유효한 법의 원천에는 기본적으로 제정법과 선례가 있고, 전형적인 해석작업 및 이성적 작업에는 해석규칙과 연역 및 유추 등의 법적 추론(legal reasoning)이 포함된다. 종합해 보자면 법적 근거란, 사안의 해결을 위해서 원용이 가능한 다양한 법원(法源)들만을 지칭하는 것이 아니라 그러한 원천들에 대해 해석규칙과 법적 추론을 동원하는 일체의 논증작업까지 모두를 통칭하는 것이다. 정리해 보자면, 이처럼 법적 근거들은 그 실질적인 내용들이 존재함에도 불구하고, 법적 결정을 충분히 정당화하기에 필요한 '능력'이 없다는 주장이 바로 법적 불확정성테제이다.[12]

법적 불확정성테제는 다음과 같은 네 가지 주장으로 정식화할 수 있다. 첫째, 일련의 법적 근거들(the set of legal reasons)은 어떠한 결과도 보장(warrant)하기에 불충분하다. 둘째, 일련의 법적 근거들은 어떠한 결과라도 보장하기에 충분하다. 셋째, 일련의 법적 논거들은 개별 사안에 있어서 단 하나의 결과만을 유일하게 보장 또는 정당화해 주지 못한다. 넷째, 일련의 법적 논거들은 중요하거나 결정이 어려운 사안 (important or hard cases)에서는 단 하나의 결과만을 유일하게 보장 또는 정당화해 주지 못한다.[13] 이 중에서 첫째 주장은 지나친 것으로 보이며, 이보다 다소 완화된 형태가 둘째 주장이기는 하지만, 이 역시 법관이 어떠한 결정이든 내릴 수 있다고 보는 점에서 법의 권위를 무너뜨리게 되므로 온당하지 못하다. 게다가 심지어 이 두 명제가 옳다고 믿는 법적 불확정론자들도 불확정성이 정당한 법의 지배에 중대한 위

---

12) Jules L. Coleman & Brian Leiter, 앞의 논문, 213면.
13) 이상의 네 가지 구분방식으로는 Jules L. Coleman & Brian Leiter, 앞의 논문, 213-215면.

협이 된다는 점을 논증하기 위해 두 명제가 반드시 참일 필요는 없다고 본다.[14] 셋째 주장은 법적 논거를 통해서, 물론 모든 사안에서는 아니더라도, 단 하나의 정답에 도달할 수 있다는 드워킨의 정답테제(right answer thesis)에 상치되는 주장으로서[15] 불확정성을 주장하는 학자들은 설령 법적 논거를 통해 단 하나의 결론에 도달할 수 있다 하더라도, 상소심 재판과 같이 중요하거나 논란의 여지가 많은 사안에 있어서는 분명 단 하나의 정답에 도달하지 못한다는 취지에서, 바로 넷째 주장을 제기할 수 있다.[16]

넷째 주장은 (하트와 같은) 법실증주의자들의 입장을 대변해 준다. 왜냐하면 그들은 결정이 쉬운 사안(easy case)과 결정이 어려운 사안(hard case)을 구분하였던바,[17] 전자의 경우 결론이 확정적(determinate)으로 도출되지만, 후자의 경우는 법적 논거만으로는 결론을 도출하는

---

14) 이 점에 대한 지적으로는 Jules L. Coleman & Brian Leiter, 앞의 논문, 213-214면.

15) 이 점에 대한 지적으로는 Jules L. Coleman & Brian Leiter, 앞의 논문, 214면 참조. 그러나 콜만과 라이터에 의하면, 드워킨도 현재는 모든 케이스에 정답이 있다고까지 주장하지는 않는다고 한다. 왜냐하면 초기의 드워킨은 '권리 존중론(Taking Rights Seriously)'을 통해 권리중심의 이론을 전개함으로써 소송 당사자에게는 선재하는(pre-existing) 권리가 존재한다면 판결은 바로 이 권리를 확정하는 것이며 따라서 그러한 권리가 존재한 모든 사안에서는 정답을 찾을 수 있다고 주장했지만, 이후 '법의 제국(Law's Empire)'에서는 그러한 입장을 다소 완화했다는 것이다. 물론 이러한 드워킨 해석은 자신들의 생각이며 드워킨이 명백히 말한 것은 아니라고 조심스러운 입장을 보인다. 한편 드워킨은 최근 새로운 저서 'Ronald Dworkin, Justice for Hedgehogs(Cambridge, Mass.: Belknap Press of Harvard University Press, 2011)'에서 자신의 정답테제를 다시 맹렬히 옹호하고 있어 주목을 끈다.

16) Jules L. Coleman & Brian Leiter, 앞의 논문, 215면.

17) H.L.A. Hart, Positivism and the Separation of Law and Morals, *71 Harvard Law Review 593* (1958), 607-608면 참조. 하트의 중심부/주변부 개념에 대한 설명으로는 Anthony J. Sebok, Finding Wittgenstein at the Core of the Rule of Recognition, *52 S.M.U. L. Rev. 75* (1999), 75면, 85면, 91면 참조. 특히 91면에 따르면 하트는 오로지 주변부 사례와 관련해서만 '해석(interpretation)'이란 말을 사용했다고 한다.

데 불충분하기 때문에 법관의 재량이 필요하다고 설명했기 때문이다.[18] 여기서 불확정론자들과 실증주의자들, 그리고 드워킨 사이의 견해 차이와 일치점을 확인할 수 있다. 불확정론자와 드워킨은 만일 넷째 주장이 옳다면 법의 권위에 심각한 문제를 초래할 수 있다는 점에서 일치하겠지만, 불확정론자들은 이 주장이 실제로 옳다고 간주한 반면, 드워킨은 이 주장은 대부분의 경우 틀린 것으로 본 점에 있어서는 분명 차이가 있다. 또한 실증주의자들과 불확정론자들은 넷째 주장이 옳다고 본 점에서는 일치하지만, 실증주의자들은 그러한 불확정성은 법의 권위와 양립할 수 있다고 본 반면, 불확정론자들은 법의 권위를 훼손시키게 된다고 본 점에서 차이가 있다고 정리할 수 있을 것이다.[19]

2. 불확정성의 발생연원

법의 불확정성이 발생하는 층위는 크게 두 가지로 나누어 볼 수 있다. 그 하나는 법 고유의 특성에서 비롯되는 특수한 것이고, 다른 하나는 법의 언어적 성질에서 비롯되는 일반적인 것이다. 이중에 법에 특유한 불확정성의 원인은 다음과 같다. 첫째 기본적으로 법의 원천들 간에 상호 모순과 충돌이 존재하며, 따라서 그로부터 도출되는 결론 역시 상충할 수 있기 때문에 불확정성이 발생하게 된다. 그렇기 때문에 그러한 법적 원천들로부터 어떠한 법적 결과든 도출될 수 있게 된다. 이처럼

---

18) 하트가 이처럼 중심부/주변부 개념을 도입한 이유는 법의 적용은 논리적 연역 (logical deduction)에 의한 규칙의 적용만으로 가능한 것이 아니고 정책적 판단, 즉 사법 재량이 개입하기 마련이라고 주장하는 법현실주의자 내지는 규칙회의론자들의 비판을 일부 수용하면서도 모든 사안이 사법 재량을 요구하는 것이 아니라는 점을 입증함으로써 자신의 법실증주의를 옹호함에 있다. 이 점에 대해서는 Anthony J. Sebok, 앞의 논문, 85-87면, 특히 87면 참조; 허버트 하트(H.L.A. Hart)/오병선 역, 법의 개념(The Concept of Law) (아카넷, 2002), 418-419면(역자 해설) 참조.

19) 이러한 설명으로는 Jules L. Coleman & Brian Leiter, 앞의 논문, 215면.

법적 결론이 상호 모순되는 법의 원천들로부터 도출될 수 있다면, 전술한 법적 불확정성의 유형 중에서 둘째, 셋째, 넷째 유형의 불확정성이 발생할 수 있는 것이다.[20] 다음으로 법에 특유한 불확정성의 두 번째 원인으로서는 일련의 법적 근거들이 너무 부족하거나 너무 넘쳐난다는 점이 지적된다. 해당 사안에 대한 법적 근거가 부족한 경우, 예컨대 법원[21]이 부족하거나 해석규칙 또는 추론방식 등이 발달해 있지 않다면 법관들은 사법재량을 통해 법 외적 근거를 동원하여 사안의 해결을 도모하게 된다. 이는 특히 법의 원천이나 해석규칙 및 추론방법이 풍부하게 발달하지 못한 사회에서는 더욱 현저한 특징이라고 볼 수 있을 것이다. 그러므로 이를 극복하기 위해서는 다양한 법의 원천들을 찾아내 법적 근거로 채택할 필요가 있는데, 여기서 하나의 역설이 발생한다. 법의 원천이 풍부해질수록 법관이 원용할 수 있는 법원은 다양해질 것이고 따라서 해당 사안에 적용될 수 있는 단 하나의 법원을 확정할 수 없게 되는 불확정성이 발생하기 때문이다.[22] 즉, 법의 원천이 풍부해지게 되면 판결을 정당화 해 주는 유일한 법원은 존재할 수 없게 된다는 불확정성에 봉착하게 되는 것이다. 이처럼 법에 특유한 두 가지 불확정성의 발생 연원으로 인해 법적 불확정성은 결코 완전히 제거될 수는 없다.

다음으로는 법적 불확정성의 보다 일반적인 발생 연원으로서 언어적 모호성이 있다. 모든 자연언어(natural language)[23]는 모호한 술어(vague predicates)와 가족유사적 개념을 포함한다. 이는 법률언어도 마찬가지임은 자명하다. 예컨대 "머리숱이 적으면 대머리이다"거나 "정당한 보상", "적법절차" 등이 바로 그러한 술어와 개념들이다. 이러한 통찰은 일찍이 하트(H.L.A. Hart)가 주창한 바 있는 개념의 중심부

---

20) Jules L. Coleman & Brian Leiter, 앞의 논문, 216-218면.
21) 본고에서는 콜만과 리터의 용어 사용법과 문맥을 고려하여 'legal reasons'을 '법적 근거'로, 'legal sources'를 '법의 원천(법원)'으로 번역하였다.
22) Jules L. Coleman & Brian Leiter, 앞의 논문, 218면.
23) '자연언어'란 언어적 모호성을 제거한 '인공언어(artificial language)'의 상대어이다.

(core)와 주변부(penumbra)의 구분을 통해 널리 알려져 있다. 이러한 구분방식에 따르면 중심부 사례(core case)에서는 법관은 확정적으로 법규칙을 적용할 수 있지만, 주변부 사례(penumbra case)에서는 법규칙의 해석과 적용이 불확정적이기 때문에 법관은 재량권을 행사하게 된다고 주장한다. 이에 대해 드워킨은 법적 구속력이 있는 도덕원리(moral principles)를 원용함으로써 법관의 사법재량의 범위는 현저히 축소될 수 있다고 주장한바 있다. 그러나 드워킨식의 주장도 불확정성을 완전히 제거할 수는 없는데, 왜냐하면 도덕원리들이 포함하고 있는 '정당한(just)', '공정한(fair)', 그리고 '평등한(equal)'이라는 단어들 자체도 모호하기는 마찬가지이기 때문이다.24) 특히 다원화된 사회에서 다양한 도덕 원리들이 서로 경합하는 경우에는 더욱 그러하다고 볼 수 있을 것이다.25)

법적 불확정성의 일반적인 연원으로서의 언어적 모호성은 좀 더 극단적으로는 '의미회의론(semantic scepticism)'으로까지 전개되기도 하였다. 이는 한 마디로 언어의 의미는 항상 확정될 수 없다는 주장이다. 과연 이러한 주장은 얼마나 수용 가능한 것인지 이하 본고에서는 법적 불확정성의 일반적 원인으로서의 언어적 모호성에 대해 비판적으로 검토해 보기로 한다. 또한 관련하여 비트겐슈타인의 '규칙 따르기 고찰'이 '법의 지배'에 갖는 의의는 무엇인지도 함께 살펴보기로 한다.

---

24) 이상의 설명과 지적으로는 Jules L. Coleman & Brian Leiter, 앞의 논문, 216-217면 참조.

25) 이러한 지적으로는 Brian Z. Tamanaha, 앞의 책, 81-82면 참조. 역시 같은 문제점을 지적하는 견해로는, Andrew Altman, Legal Realism, Critical Legal Studies, and Dworkin, *15 Philosophy and Public Affairs 205* (1986), 205면과 227-235면 참조. 이밖에도 드워킨의 법원리에 대한 종합적이고 체계적인 비판으로는 Larry Alexander & Ken Kress, Against Legal Principles, in: Andrei Marmor (ed.), Law and Interpretation (Oxford University Press, 1997), 279-327면 참조.

III. 규칙회의주의와 법의 지배

1. 규칙회의주의와 그에 대한 평가

의미회의주의란, 언어자체가 근본적으로 불확정적이기 때문에 한 단어의 의미를 확정해 주는 어떠한 객관적인 사실(fact)도 존재하지 않는다는 식의 논변을 말한다. 즉 한 단어의 의미가 "A+1"이나 "A-1" 또는 "A+B" 등의 그 밖의 무한한 어떤 것이 아니라 바로 "A"를 의미한다는 점을 입증해 주는 그 어떠한 사실도 존재하지 않는다는 주장인 것이다.26) 의미를 고정시켜 주는 언어사용규칙은 불확정적이라는 것인데, 이와 같은 주장은 대표적으로 크립키가 비트겐슈타인을 규칙회의론자로 해석하면서 제기되었다. 규칙회의주의란 어떠한 규칙도 새로운 상황에 적용될 때에는 그 자체로는 어떻게 적용되는 것이 올바른가에 대해 확정성을 담보해 주지 못한다는 식의 회의론적 주장을 뜻한다. 이에 따르면 언어사용규칙 역시 언어의 의미를 확정해 주지 못한다. 예를 들어 한 의미회의론자가 지구에서 개와 고양이의 의미를 구분해 부르지만, 어느 날 달에 착륙해서 함께 데리고 간 개와 고양이를 보고, 이 둘을 구분하지 않고 통칭해 '개양이'라고 부르며, 자신은 개와 고양이의 의미를 화성에서는 이와 같이 사용하는 규칙을 따르고 있었다고 주장할 수 있다는 것

---

26) Jules L. Coleman & Brian Leiter, 앞의 논문, 219면 참조. 단, 콜만과 라이터는 의미회의주의를 소개함에 있어서 다른 학자들은 크립키의 비트겐슈타인의 '규칙 따르기 고찰'에 대한 해석을 논급하는 데 반해, 크립키의 비트겐슈타인의 '사적 언어(private language)' 논변에 대한 해석을 논급하고 있음에 차이가 있다. 크립키의 비트겐슈타인 해석에 따르면 "규칙 따르기가 공동체적"이기 때문에 공동체에 의존하지 않는 "사적 언어는 존립할 수 없다"는 비트겐슈타인의 주장이 나올 수밖에 없다고 이해되는바, 적어도 크립키의 해석에 따르면 양자는 서로 같은 맥락의 논의이기 때문에 이는 문제되지 않는다. 이 점에 대한 정확한 지적으로는 남기창, 크루소의 언어는 사적 언어인가?, 「언어철학연구 I」(현암사, 1995), 224-225면 참조.

이다. 이런 식의 회의론적 논변에 대해서는 앞 장에서 상세히 다루었으므로, 여기서는 그에 대한 평가를 중심으로 간략히 살펴보기로 한다.

크립키의 비트겐슈타인 해석이 틀렸음은 많은 학자들에 의해 지적되고 있다. 즉, 비트겐슈타인은 규칙회의론자가 아니라는 것이다. 이 점에 대해서 우리는 앞 장에서 스캇 허쇼비츠의 비판을 통해 충분히 검토해 보았다.

그런데 설령 크립키의 해석이 옳다고 하더라도 그러한 해석이 법이 극도로 불확정적이라는 논변의 근거가 될 수는 없다. 흔히 법적 불확정성을 주장하는 학자들은 크립키를 원용하며 언어가 극도로 불확정적이므로 법언어(legal language)는 더욱 더(a fortiori) 불확정적일 수밖에 없다는 식의 주장을 한다.27) 그러나 크립키의 해석을 주의 깊게 보면, 결과적으로 크립키는 언어의 의미가 공동체의 관행에 의해서 확정될 수 있다고 보고 있다. 따라서 규칙 따르기 고찰에 대한 재해석을 통해 제기된 크립키의 의미회의론은 법적 불확정성과 그다지 큰 관련이 없다고 결론지을 수 있을 것이다.28)

---

27) Jules L. Coleman & Brian Leiter, 앞의 논문, 221면.

28) 이러한 견해로 Jules L. Coleman & Brian Leiter, 앞의 논문, 222면 참조. 그렇다면 여기서 한 가지 의문이 제기될 수 있다고 본다. 과연 비트겐슈타인과 크립키의 규칙 따르기에 대한 결론의 일치점과 차이점은 무엇인가? 왜냐하면 비트겐슈타인도 크립키도 결과적으로는 규칙 따르기가 가능하다는, 다시 말해 의미의 확정이 가능하다는 점에 대해서는 동의하고 있기 때문이다. 그러나 비트겐슈타인의 경우는 우리가 규칙을 따르고 있다는 것을 의심한다는 것은 무의미하다고 보았던 반면, 크립키는 회의론적 입장을 취하며 규칙을 따르고 있는지 의심하는 것은 가능하다고 보았던 사실에 중요한 차이가 있다. 비트겐슈타인과 크립키는 규칙 따르기를 정당화해주는 '진리조건'은 없다는 점에서 일치를 보이지만, 전자는 그와 같은 '진리조건'이나 그 밖의 '정당화 조건'을 찾을 필요도 없고, 그러한 조건이 없어도 규칙 따르기는 '의심의 여지없이' 가능하다고 보았던 반면에, 크립키는 그러한 '진리조건'은 없기 때문에 '주장가능성 조건'이라는 새로운 정당화 근거를 통해서 회의적인 방법을 통해서나마 규칙 따르기가 정당화될 수 있다고 보았던 점에서 이해방식상의 큰 차이가 있는 것이다. 전자는 규칙 따르기에 '근거'나 '해석'이 불필요하다고 보았지만, 후자는 이와 반대로 필요하다고 보았던 점에서 이러한 상이한 결론이 도출되는 것이다. 즉, 비트겐슈타인에게는 '규칙 따르기'를 정당화해 줄 수 있는 '근거'나 '해석'으로서의 '플라톤적인 그림

다만 여기서 한 가지 주의할 점은 언어의 의미가 확정가능하다고 하더라도 바로 이 사실로부터 곧바로 법언어, 즉 법문의 뜻 역시 확정가능하다는 결론은 도출할 수는 없다는 점이다. 이 점은 언어가 불확정적이라면, 법언어는 더욱 더(a fortiori) 불확정적이라는 결론을 도출할 수 있는 것과 대비된다고 볼 수 있다. 전술한 바와 같이 크립키는 그의 회의적 해결책을 통해 규칙 따르기를 가능케 해 주는 것은 '진리조건'이 아니라 '주장가능성 조건', 다시 말해 공동체의 관행이라고 주장하였다. 그리하여 결과적으로 규칙의 의미확정은 가능하다는 것이다. 바로 이 점은 비트겐슈타인이 규칙 따르기에는 '해석'이 불필요하다고 본 것과 같은 결론이라고 볼 수 있다. '해석'없이 우리는 관행적으로 규칙을 따를 수 있다는 것이다. 안드레이 마머는 비트겐슈타인의 규칙에 대한 통찰은 법규에도 그대로 유효하게 적용될 수 있다고 주장한 바 있다. 다시 말해 규칙의 의미가 확정 가능하다면 법의 의미도 '해석'없이 충분히 확정가능하다는 것이다. 이 점과 관련하여 허쇼비츠는 우선 '해석'에 대한 마머의 사용법과 비트겐슈타인의 사용법이 다르다는 점을 지적해 주었다. 그는 우선 PI §201의 세 번째 단락을 제시하며 동 개소에서 비트겐슈타인은 '해석'의 의미를 제한적으로만 사용하고 있음을 지적한다. 즉 비트겐슈타인에 따르면 '해석'이란 "어떤 하나의 규칙에 대한 표현을 다른 하나로 대체하는 것"이다. 그런데 우리는 어떤 '그림'을 해석할 때 그 그림을 다른 그림으로 대체하지 않는다. 마찬가지로 법률 해석은 비트겐슈타인의 그것과는 다르다. 법률 해석은 법률의 표현을 다른 것으로 대체하는 행위에 제한되지 않는다(물론 그런 경우도 있겠지만). 그럼에도 불구하고 마머가 비트겐슈타인의 '해석'을 법률 '해석'과 동일한 차원에서 본 것은 비트겐슈타인에 대한 오독(over-reading)이라는 것이다.

(platonic picture)'은 불필요한 것이다. 요컨대 비트겐슈타인에게는 규칙 따르기에 정당화 근거나 설명을 요구하는 태도는 어리석은 일이라는 것이다. 이 점에 대한 상세한 지적으로는 남기창, 크루소의 언어는 사적 언어인가?, 「언어철학연구 I」(현암사, 1995), 243-245면; Jules L. Coleman & Brian Leiter, 앞의 논문, 222-223면 참조.

그리고 허쇼비츠에 의하면 마머의 주장은 보다 근본적인 결함을 안고 있다. 비트겐슈타인이 "규칙 따르기에는 해석이 필요하지 않다"는 주장을 할 때 예를 든 규칙은 수학이나 언어의 활용과 같은 것들이며, 그러한 규칙들은 기본적으로 비반성적인 성격을 지닌다. 즉 그러한 규칙을 따름에 있어서는 대체적으로 정당화나 근거가 요구되지 않는다는 것이다. 이에 반해 법의 적용은 하나의 반성적인, 그것도 가장 반성적인 작업이다. 우리는 법률을 적용할 때 정당화와 근거를 제시하며, 항상 그것이 올바르게 적용되고 있는지 되묻곤 한다. 그렇기 때문에 법규와 비트겐슈타인의 규칙을 동일시할 수 없다는 것이다. 물론 법은 언어로 구성되어 있다는 점에서 비트겐슈타인의 통찰을 가져올 여지가 없지는 않지만, 그럼에도 불구하고 법의 반성적 성격상 언어로서의 특성이 법에 적용될 가능성은 극히 적다는 것이 허쇼비츠가 일깨우고자 하는 바의 핵심이다. 요컨대 규칙의 의미가 '해석'없이 확정가능하다고 하더라도, 법규의 의미도 그처럼 확정가능하다는 결론은 재고의 여지가 있다고 본다. 이상의 고찰이 주는 교훈은 비트겐슈타인이 논급한 규칙과 법규칙을 동일한 의미로 생각하는 것은 명백한 범주오류라는 것이다.[29] 이 점과 관련해서는 다음의 라딘의 주장을 비판적으로 검토해 보면서 상세히 다루어 보기로 한다.

2. 규칙회의주의와 법의 지배

1) 법의 지배와 형식주의

마거릿 라딘(Margaret Jane Radin)은 비트겐슈타인을 규칙회의주의자로 보고 "비트겐슈타인에 따르면 규칙은 사회적 관행이며, 따라서 관행에 있어서 공동체의 일치(community agreement in practice)가 있을 때에

---

29) 콜만과 라이터는 크립키의 해석이 결과적으로 의미는 공동체적 관행에 의해 확정가능하다는 주장을 하고 있다고 보면서도 이로부터 법규의 의미도 확정가능하다는 결론을 도출해 내지는 않고 있다. Jules L. Coleman & Brian Leiter, 앞의 논문, 222-223면 참조.

만 존재할 수 있다"고 해석하면서30) 그러한 해석이 전통적 '법의 지배' 관념에 지닐 수 있는 함의를 제시한 바 있다. 라딘에 의하면 법의 지배는 자유주의적 전통 하에서 볼 때, 형식주의와 밀접하게 접착된 개념이다.31) 왜냐하면 자유주의적 구상 하에서 법관은 법을 적용하는 의무를 가지고 있지, 법을 제정하는 권한을 가지고 있지는 않은바, 만일 법률이 형식주의적 이념대로 논리적이고 분석적으로 적용될 수 없다면 법관은 개인적인 재량을 행사하게 될 것이고, 이는 곧 어느 개인이 아닌 법에 의한 지배라는 자유주의적 법치개념32)을 심각하게 훼손시키기 때문이다.33) 즉, 형식주의적 법적용의 실패는 법체계의 효율성을 떨어트리고, 수범자의 자유를 침해하게 되며, 결국 법관에게 '자의적 권력'을 부여함으로써 민주주의의 토대를 침식하게 된다는 것이다.34)

2) 법에 대한 형식주의적 이해방식과 비트겐슈타인의 규칙

주지하다시피, 법에 대한 형식주의적 이해방식에 따르자면 개별 사안에 있어서 단 하나의 결론이 규칙으로부터 '연역될(deduced)' 수 있으며 그와 같은 규칙적용 과정은 '분석적(analytical)'인 것이다. 다시 말해

---

30) Margaret Jane Radin, Reconsidering the Rule of Law, *69 B.U. L. Rev. 781* (1989), 782-783면 참조.

31) Margaret Jane Radin, 앞의 논문, 795-796면 참조.

32) '법의 지배(rule of law)'와 '법치국가(Rechtsstaat)' 개념은 역사적 형성배경과 구성요소에 있어서 다소의 차이를 보이지만(김도균, 근대 법치주의의 사상적 기초, 「법치주의의 기초」, 서울대학교출판부, 2006, 3면), 본고는 양자를 유사한 개념으로 보고 혼용하기로 한다. 주지하다시피 형법해석의 지도원리인 죄형법정주의는 바로 이 법치이념에서 유래한다.

33) Margaret Jane Radin, 앞의 논문, 791면과 795-796면 참조.

34) Margaret Jane Radin, 앞의 논문, 796면. 라딘에 의하면 롤즈나 홉스의 자유주의적 법치구상에 비추어 볼 때, 리바이어던(Leviathan)으로서의 정부가 필요하면서도 그에 대한 권력행사의 제한도 역시 필요하기 때문에, 사법부를 구성하는 법관역시 철저하게 입법자가 입안한 법률을 적용하는 역할만 해야 하는바, 형식주의는 이를 뒷받침해 준다고 설명한다. 롤즈와 홉스의 자유주의적 법치구상에 대해서는, Margaret Jane Radin, 앞의 논문, 788-790면과 796-797면 참조.

규칙과 그 적용의 관계는 '형식적'으로 결정되어 있다는 것이다.[35] 또한 형식주의에 의하면 법에 대한 논리적, 분석적 토대가 되는 최상의 원리들(first principles)은 우리의 정신과 무관하게 독립적으로 실재한다고 본다. 예를 들어 자연법이론이 바로 이러한 입장에 있다고 볼 수 있다.[36] 다음으로 하트의 중심부/주변부 구분에 있어서 주지하다시피 주변부의 경우 법관은 입법을 하게 되지만 적어도 중심부에 있어서 법관은 해당 사안에 대한 법규로부터의 형식적 연역이 가능한바, 이러한 형식주의적 추론이 가능한 이유는, 개별 사안의 사실관계가 법문의 의미에 연역적으로 포섭될 수 있기 때문인데, 이로부터 형식주의는 일정한 언어이론, 소위 지시적 의미론(theory of reference)을 전제로 하고 있다고 볼 수 있다.

즉, 적어도 중심적 의미를 갖는 법문에 있어서는, 예를 들어 '탈 것'의 경우, 탈 것의 중심적 의미에 포섭되는 대상은 '자동차'와 '버스' 등의 사례군이 이미 지시적으로 결정되어 있다는 것이다.[37] 끝으로 형식주의적 법이해에 따르자면 법은 개별 사안에 앞서 이미 선재(先在)하는 것으로 인식되어진다. 다시 말해 개별 사안에 대한 법규의 적용은 이미 법규 그 자체에 내재해 있다는 것이다. 예를 들어 "21세 미만 술집 출입 금지"라는 법규가 있을 때, 만일 샐리가 자신의 16세 생일에 어느 술집에 있을 경우 샐리는 술집에서 나가야 된다는 결론은, 규칙 자체로부터 직접 도출되는 것이지, 그 규칙이 예전에 어떻게 적용되었는지 여부나 기타의 환경적 요소와는 전혀 무관하다는 것이다.[38]

요컨대 법에 대한 형식주의적 이해방식에 따르자면, 법은 지시적 의미론을 토대로 하여 객관적인 연역과 분석작업을 통해 개별 사안에 적용될 수 있으며, 그러한 개별사안에 대한 적용여부가 그 적용에 앞서 이미 결정되어 있는, 사안과 독립적인 실재라고 볼 수 있을 것이다.

---

35) Margaret Jane Radin, 앞의 논문, 793면.
36) Margaret Jane Radin, 앞의 논문, 793면 참조.
37) Margaret Jane Radin, 앞의 논문, 794면 참조.
38) Margaret Jane Radin, 앞의 논문, 795면 참조.

3) 라딘의 비트겐슈타인 해석

규칙에 대한 비트겐슈타인의 통찰은 형식주의적 이해방식과는 상이하다. 전술한 바와 같이 이미 라딘이 잘 지적하였듯 비트겐슈타인에 따르면 규칙은 사회적 관행이며, 따라서 관행에 있어서 공동체의 일치가 (community agreement in practice) 있을 때에만 존재할 수 있다. 부연하자면 규칙은 그 실제의 사용, 즉 사람들 간의 반복되는 적용인 관행과 분리되어 존재할 수 없다는 것이다.[39] 요컨대 규칙은 그것이 사용되는 사회적 맥락과 독립적으로 존재할 수 없다는 것이 비트겐슈타인의 '규칙 따르기 고찰'의 결론인 것이다. 형식주의적 이해방식과 비교해 볼 때, 가장 두드러진 차이점은 비트겐슈타인은 사람들 간의 행동방식의 일치가 있어야만 규칙이 존재한다고 보았다는 점이다. 다시 말해 형식주의는 규칙이 개별 사안의 적용에 선재(pre-existing)한다고 주장한 것에 반해, 비트겐슈타인은 공동체의 관행에 의해 따를 때에만 존재한다고 반대의 주장을 전개한 것이다.[40]

이처럼 비트겐슈타인은 규칙에 대해서 전통적 법치이념과 다른 생각을 갖고 있었던 바, 그 핵심적인 생각은 규칙은 스스로의 적용범위를 확정하지 못한다는 것이다. 그러나 규칙에 대한 이해방식을 이와 같이 바꾼다고 하더라도 비트겐슈타인의 규칙은 명백하게 논란의 여지없이 적용된다는 점에서 전통적인 법치이념과 형식주의가 전제하는 규칙개념과 별다른 차이는 존재하지 않는다. 즉, 형식주의적 규칙모델은 비트겐슈타인 식으로 재해석하더라도 결과적으로 유의미한 차이점을 지니지 못한다는 것이다.[41] 예컨대 중심부 사례의 경우 규칙이 개별 사안에 형식주의적으로 적용될 수 있다는 견해는 비트겐슈타인 식으로 재해석될 수 있다. 중심부 의미가 논란의 여지없이 확정적인 것은, 비트겐슈타인의 규칙이 논란의 여지없이 관행적으로 따를 수 있는 것과 유사하기

---

39) Margaret Jane Radin, 앞의 논문, 801면 참조.
40) Margaret Jane Radin, 앞의 논문, 800면과 807면 참조.
41) Margaret Jane Radin, 앞의 논문, 801면.

때문이다. 즉 중심부 의미나 비트겐슈타인의 규칙은 공동체 구성원들 간의 '일치(agreement)'가 있다는 점에서 동일하다는 것이다. 이와 같은 관점에서 보면, 중심부 사례에서 법규의 적용이 사회적 맥락이나 과거의 적용여부와 무관하게 형식주의적으로 연역과 분석을 통해 이루어진다고 설명하는 대신 논란의 여지가 없는 법적 추론이라는 하나의 지속적인 법적 관행에 의해 이루어진다고 설명할 수 있기 때문이다.[42] 요컨대, 비트겐슈타인의 규칙은 적어도 중심부 사례에 있어서는 형식주의적 규칙개념과 실천적인 차이를 가져올 수 없다. 게다가 규칙에 대한 비트겐슈타인 식의 통찰이 법에도 무리없이 적용된다고 보기도 힘든데, 왜냐하면 주변부 사례나 해결이 어려운 사례의 경우에 있어서는 비트겐슈타인의 규칙과 달리 그 적용상의 불일치와 논란이 발생하기 때문이다.[43] 그러나 이러한 결론은 비트겐슈타인을 지나치게 협소하게 해석하였기 때문에 발생한 것이고, 규칙에 대한 비트겐슈타인의 통찰은 다른 방식으로 재해석될 수 있다고 라딘은 주장한다.

라딘에 의하면 비트겐슈타인의 규칙 따르기 고찰은 다음과 같이 해석될 수 있다.

첫째, 규칙의 적용과 제정은 상호 접착(coalesce)된 개념이다. 둘째, 규칙과 그것이 적용되는 개별사안 역시 상호 독립적이지 않다. 셋째, 규칙은 단순히 특정한 입법행위에 의해 확정되는 것이 아니라 삶의 형식(form of life)[44]에 의존하며 따라서 근본적으로 변할 수 있는 것이다. 요컨대 규칙의 적용과 제정은 서로 확연히 구분될 수 없으며, 규칙은 공동체의 구성원들이 규칙을 이해하고 스스로 그것의 적용을 받는다고 승인하는 경우에만 존재할 수 있다는 것이다.[45]

라딘은 이러한 규칙이해방식에 따르면 하트의 일차적 규칙과 이차적 규칙의 구분방식은 재고될 필요가 있다고 주장한다. 하트에 의하면

---

42) Margaret Jane Radin, 앞의 논문, 802-803면 참조.
43) Margaret Jane Radin, 앞의 논문, 803-804면 참조.
44) '삶의 형식'에 대해서는 앞 장의 각주 129)번 참조.
45) 이상의 내용에 대해서는 Margaret Jane Radin, 앞의 논문, 807면 참조.

일차적 규칙은 수범자들이 그것을 준수하거나 준수하지 않거나 관계없
이 항상 효력을 지니고, 이차적 규칙은 법공동체의 관행 속에 존재하지
만,46) 비트겐슈타인의 통찰에 따르면 그러한 차이는 그렇게 뚜렷한 것
이 아니라는 것이다. 즉, 일차적 규칙도 역시 공동체의 준수와 관행이
없으면 그 존재의의가 사라지게 된다는 것이다.47) 이처럼 규칙은 그 규
칙을 준수하고 승인하는 사회적 관행에 의존하기 때문에, 법에 있어서
도 규칙을 어떻게 적용할 것인지는 근본적으로 법관이나 법적 행위자
(legal actors)들의 행위뿐만 아니라 당해 사안에 관련된 법적 행위자 스
스로 자신의 행동을 예측함으로써 파악할 수 있는바, 규칙적용에 대한
이러한 그림은 전통적 형식주의가 전제하는 규칙관과 매우 상이한 것
이라는 것이 라딘의 주장이다.

　이어서 라딘은 규칙에 대한 이러한 이해방식을 좀 더 확대 적용하면
법과 나아가 법의 지배에 대한 이해방식도 다음과 같이 바뀔 수 있다고
주장한다.

　우선 법적 규칙의 존재는 입법자 또는 기타 유권기관의 활동에 의해
확정되는 것이 아니고 사회적 맥락, 즉 삶의 형식에 의해 결정된다. 따
라서 무엇이 규칙인지 확인하기 위해서는, 관행이 무엇인지 살펴보면
(look and see) 되는 것이다. 따라서 규칙에 따른 법관의 판결은 반드시
입법자의 의사에 부합될 필요는 없지만 법공동체 전체의 의사에는 부
합되어야 한다는 것이다. 결국 라딘의 이해방식에 의하면 규칙은 법의
모습은 입법이나 행정청의 활동에 의해서가 아니라 사회적 맥락과 합
의에 의해서 변할 수 있다는 것이다.48)

　다음으로 라딘에 의하면 전통적 '법의 지배' 개념은 "사람이 아닌 법
에 의한 지배"라는 의미를 지니고 있었던 바, 따라서 법관이나 사법경

---

46) 승인규칙은 비트겐슈타인의 규칙처럼 관행에 의해 적용된다는 동지의 견해로는
　　Anthony J. Sebok, Finding Wittgenstein at the Core of the Rule of Recognition,
　　52 S.M.U. L. Rev. 75 (1999), 105-106면 참조.
47) Margaret Jane Radin, 앞의 논문, 807면 하단 참조.
48) Margaret Jane Radin, 앞의 논문, 808-809면 참조.

찰관, 공무원 등은 단지 이미 선재하는 법을 형식적으로 적용만 하는 도구적 기능을 하는 관리일 뿐, 그들 스스로 지배한다는 의미는 없었다. 한 마디로 법을 제정하는 입법기능과 이를 적용·집행하는 사법·집행기능은 명백히 구분되는 개념이었던 것이다. 그러나 라딘의 이해방식에 따르면 법공동체 구성원들은 하나의 전체로서의(holistic) 해석공동체(interpretive community)를 구성하고 있으며, 이들은 각각 단순히 법을 제정, 적용 및 집행하는 고유한 기능만을 담당하는 것이 아니라 그 사회의 관행과 더불어 더 나은 사회에 대한 비전까지 고려하여 최선의 도덕적 선택을 해야 하는 의무를 지닌 존재라고 한다.[49] 이처럼 전통적 삼권분립의 이상도 수정될 필요가 있다고 보면서 나아가 형식주의의 핵심을 이루는 법률의 명확성의 원칙도 재해석하여 법률의 명확성이란 관행상 사회적으로 확고히 받아들여지는 일치가 존재할 때에만(strong social agreement exists in practice) 성립하는 개념이라고 주장한다.[50]

4) 법의 지배에 대한 라딘의 재해석에 대한 평가

라딘의 비트겐슈타인 해석과 그러한 해석이 '법의 지배'에 가질 수 있는 의의에 대해서는 전술한 바와 같다. 요약하자면, 규칙 따르기는 공동체적이며 따라서 법을 포함한 모든 규칙은 형식주의적으로 그 의미가 확정될 수 없고 공동체의 관행에 일치하는 경우에만 적용이 가능하다는 것이다. 나아가 법관은 법을 단순히 형식주의적으로 적용하는 '법 적용의 도구'가 아니라 현재의 관행과 보다 나은 사회에 대한 비전 등의 사회적 맥락을 모두 고려하여 최선의 도덕적 선택을 하는 주체라는 것이 라딘의 주장인 것이다. 이러한 라딘의 주장에 대해 다음과 같은 비판이 제기된다.

첫째, 규칙 따르기가 반드시 공동체적인 것만은 아니라는 것이다. 예

---

49) Margaret Jane Radin, 앞의 논문, 810-817면. 라딘은 이와 같은 자신의 주장을 입론하기 위해 해석학 이론을 원용하기도 한다.
50) Margaret Jane Radin, 앞의 논문, 815면.

컨대 누군가 평범한 고양이 한 마리를 기르며 다른 사람들과 떨어져 혼
자 살고 있을 때, 그 사람은 자신의 고양이를 혼자서 '페르시아 고양이'
라고 명명할 수 있으며, 그는 공동체적 관행과 무관하게 일정한 언어규
칙, 즉 평범한 자신의 고양이를 '페르시아 고양이'라고 부르는 규칙을 따
른다고 볼 수 있다는 것이다.51) 또 비트겐슈타인 자신은 공동체에 의존
하는 규칙 따르기만 가능하다는 주장을 하지는 않았다는 견해도 있다.
예컨대 맥긴(McGinn)에 의하면 PI §198-§202에서 비트겐슈타인은 '관
습', '관행', '사용' 등의 용어를 사용하면서 반드시 '사회적' 또는 '공동
체의'라는 어구로 한정하여 수식하지 않았다는 점을 지적한다. 즉 비트

---

51) 이 점에 대한 지적으로는 Timothy A.O. Endicott, Linguistic Indeterminacy, *16
Oxford Journal of Legal Studies 667* (1996), 692면 참조. 엔디콧 교수는 이러한
지적을 하면서 명시적으로 비트겐슈타인의 사적 언어(private language) 논변을
언급하지는 않았지만, 이는 분명 관련된 문제이다. 예컨대 태어나면서부터 무인
도에서 홀로 자라온 가상의 인물 로빈슨 크루소가 있다고 가정할 때, 과연 크루
소는 언어를 사용할 수 있는가라는 문제가 언어철학적으로 논란의 대상이 되어
왔다. 크루소 규칙을 따를 수 있느냐는 것이다. 비트겐슈타인은 사적 언어는 불
가능하다고 보았고, 크립키는 규칙 따르기가 공동체적이라고 주장했지만, 이로부
터 비트겐슈타인과 크립키가 크루소의 규칙 따르기는 불가능하다고 보았다는 결
론은 도출되지 않는다고 한다. 왜냐하면 사적 언어란 "그 언어의 사용자만이 가
질 수 있는 직접적이며 사적(私的)인 감각들을 지칭하는 낱말들로 이루어진 언어
로서(PI §243), 따라서 그 언어 사용자 이외의 그 누구도 경험할 수도, 이해할
수도 없는" 것이며 그러한 언어가 불가능한 이유는 공동체와 격리되어 있기 때문
이 아니라 공적(公的)인 대상들과 격리되어 있기 때문인바, 단순히 공동체와 격
리된 크루소의 규칙 따르기가 가능한지의 여부는 사적 언어 가능성과는 논의의
층위가 다른 문제이기 때문이다. 따라서 비트겐슈타인도 크립키도 크루소의 규
칙 따르기 역시 불가능하다고 보았을 것이라는 논거를 찾기는 어렵다고 한다. 이
점에 대해서는 남기창, 규칙 따르기의 여러 유형, 철학적 분석 제12권, 2005,
77-98면 참조. 엔디콧 교수는 바로 이처럼 개인의 규칙 따르기가 가능한 적실한
예를 보여 주고 있다고 생각된다. 특히 남기창 교수에 따르면 사적 언어가 불가
능하다는 비트겐슈타인의 주장이 크루소의 언어가 불가능하다는 것을 함축하지
는 않는다고 보는 것이 옳으며, 이는 맥긴과 백커(Backer), 핵커(Hacker) 등도 같
은 입장이라고 한다. 이에 대해서는 남기창, 앞의 논문(*크루소의 언어는 사적 언
어인가?*), 214-215면과 230면, 특히 248-249면 참조.

겐슈타인이 공동체적인 규칙 따르기 개념을 주장할 의도였다면 분명 그러한 수식어구를 삽입했었을 것이란 지적이다.52) 이와 유사한 맥락에서 앞서 살펴본 바와 같이 마머는 비트겐슈타인적 의미의 관습(관행)은 그것을 사용하는 사람의 수가 많음을 뜻하는 것이 아니라 그것을 사용하는 경우가 많음(multiplicity of occasions of use)을 말한다고 주장한 바 있다. 노래에 비유하자면, 관행은 어떤 노래를 혼자서 부르지 않고 여럿이 합창한다고 해서 형성되는 것이 아니라, 노래를 부를 때 따라야 할 악보(score)와 같은 개념이라는 것이다.53) 다시 말해 규칙을 따른다는 것이 반드시 공동체적인 것만은 아니라는 것이다.

둘째, 라딘은 크립키처럼 비트겐슈타인을 회의론자로 해석하면서 이로부터 입론된 규칙회의론을, 전통적 형식주의를 논박하기 위한 도구로 활용하는바, 이와 같은 논리구성은 불필요하다는 지적이 있다. 라딘에 따르자면 형식주의는 규칙이 연역적으로 적용될 수 있다고 한다. 규칙이 연역적으로 적용될 수 있다는 의미가 만일 "공원에서 탈 것 금지"라는 법규가 있을 때, 이러한 법문이 대전제가 되고, 모토 사이클 운전자의 경우라는 개별 사안이 소전제가 되어, '모토 사이클'이 '탈 것'에 자동적으로 포섭되는 형식적인 과정을 지적한 것이라면 형식주의가 연역적 사고과정을 전제한다는 것에 대한 라딘의 이해방식은 옳다고 볼 수 있다. 그러나 또 다른 측면에서 살펴보면, 모토 사이클을 탈 것으로 보는 과정에는, 그 실질에 있어 연역적 사고과정이 개입되지 않는다. 그것이 만약 연역적 사고과정이라면 연역은 전제(premises)를 요구하기 마련이고, 그렇다면 "탈 것은 이러저러한 특징을 지닌다"라는 전제가 필요할 것이다. 이때 '이러저러한 특징' 역시 그러한 특징을 규정해 주는 또 다른 전제를 필요로 할 것이고 이러한 식으로 연역적 사고의 과정은 끝이 없는 '무한 퇴행(absurd regress)'에 빠져버리고 만다. 따라서 형식

---

52) C. McGinn, Wittgenstein on Meaning (Oxford; New York: B. Blackwell, 1984), 78면 참조.

53) Andrei Marmor, Interpretation and Legal Theory (Rev. 2nd ed., Oxford: Hart, 2005), 115면 참조.

주의가 연역적 사고과정을 요구한다는 라딘의 전제는 잘못된 것이라고
볼 수 있으며, 그러한 잘못된 전제를 논박하기 위해 비트겐슈타인을 회
의주의자로 해석한 것도 결국 무의미한 시도라는 것이다.54)

　셋째, 라딘은 규칙 따르기가 공동체적이라는 비트겐슈타인 해석으로
부터 궁극적으로 법관의 도덕적 책무를 강조하려 했던바, 그러한 주장은
굳이 규칙회의주의를 원용하지 않아도 충분히 가능하다는 비판이 제기
될 수 있다. 전술한 바대로 라딘의 이해방식에 따르면 법공동체 구성원
들은 하나의 전체로서의(holistic) 해석공동체(interpretive community)를
구성하고 있으며, 이들은 각각 단순히 법을 제정, 적용 및 집행하는 고
유한 기능만을 담당하는 것이 아니라 그 사회의 관행과 더불어 더 나은
사회에 대한 비전까지 고려하여 최선의 도덕적 선택을 해야 하는 책무
를 지닌 존재이다. 따라서 법관 역시 단순히 기계적으로 법을 적용하는
도구적인 존재가 아니라 바람직한 사회를 위해 독자적으로 도덕적 결
단을 내려야 하는 책무를 지닌 해석공동체의 주체인 것이다. 그러나 법
관이 법을 해석, 적용, 변경, 축소, 확장, 무효화하는 권한을 행사함에
있어서 사회에 대한 자신의 도덕적 책무를 의식하고 있어야 한다는 주
장은 굳이 규칙회의주의를 원용하지 않더라도 충분히 제시될 수 있다
는 것이다.55)

　끝으로 필자가 지적하고자 하는 바는, 규칙에 대한 비트겐슈타인의
통찰로부터 법의 지배에 대한 함의를 이끌어 내는 라딘의 논증방식 역
시 전형적인 '범주오류'에 해당된다는 점이다. 비트겐슈타인의 규칙과
법규칙은 엄연히 논의의 층위가 다른 두 개의 별개의 규칙이라는 점을
여기서 상세히 재론할 필요는 없을 것이다. 그럼에도 불구하고 라딘이
비트겐슈타인을 회의론자로 해석하고, 그러한 해석을 통해 법의 해석과
적용, 나아가 '법의 지배'에까지 '공동체적 규칙개념'을 확대 적용하여,
'해석공동체'와 '법관의 도덕적 책무'를 입론하려 했던 점은 그 구상의

---

54) 이러한 지적으로는 Timothy A.O. Endicott, 앞의 논문, 692면 참조.
55) Timothy A.O. Endicott, 앞의 논문, 693면 참조.

일 그들이 그러한 예측방법을 잘 모를 경우에는, 그러한 민속이론(folk theory)에 정통한 다른 사람에게 상담을 통해 조언을 구할 수 있기 때문에 결국 사회과학적 예측이론이 일반인에게 잘 알려져 있지 않다 하더라도 판결의 예측가능성은 확보될 수 있다고 한다.[64] 끝으로 만일 완전무결한 사회과학적 예측이론이 법관들에게 잘 알려져 있다면 법관들은 오히려 그러한 예측과는 반대되는 근거를 원용해 판결을 하게 된다는 문제는, 모든 예측모델이 반드시 법관으로 하여금 반대의 판결을 내리도록 만들지는 않는다는 점이 지적될 수 있다. 예컨대 법관들에게 "법관들은 배가 고플 때 식사를 한다."는 예측모델이 알려진다고 하여 배가 고프지도 않은데 식사를 하거나 배가 고픈데도 식사를 하지 않게 되지는 않는다는 것이다. 요컨대 판결에 대한 예측이 가능하기 위해서는 반드시 완전무결한 사회과학적 예측이론이 필요한 것은 아니며, 단지 대부분의 법률가와 시민들이 알고 있는 민속이론만으로도 법관의 판결에 대한 예측가능성은 충분히 확보될 수 있다. 아울러 법관들이 그러한 예측이론을 잘 알게 되었다 하더라도 그로부터 항상 그러한 예측에 상반되는 판결을 내리게 되지는 않는다. 결국 판결의 예측가능성은 확보될 수 있다는 것이다.[65]

2. 법의 불확정성과 국가 강제력 행사의 정당화 문제

다음으로 '법의 지배'의 또 다른 요건인 강제력 행사의 정당화 문제를 살펴보기로 한다. 판결의 강제적 집행은 단순히 법적 결과에 대한 예측가능성이 확보되었다고 정당화되는 것은 아니다.[66] 즉 예측가능하더라도 정당화되지 않는 판결은, 강제적으로 집행할 수 있는 정당성을 지니지 못하는 것이다. 따라서 국가의 강제력 행사는 예측가능성 이외의 또 다른

---

64) Jules L. Coleman & Brian Leiter, 앞의 논문, 234면.
65) Jules L. Coleman & Brian Leiter, 앞의 논문, 234-235면. 이러한 결론에 동조하는 견해로 Mark V. Tushnet, 앞의 논문, 232면 참조.
66) Jules L. Coleman & Brian Leiter, 앞의 논문, 236면.

정당화 근거를 요구하며, 그것은 바로 판결이 단 하나의 확정적인 법적 논거에 의해서 정당화되어야 한다는 사실이다.[67] 이러한 맥락에서 법적 불확정성은, 법적 논거에 의한 판결의 정당화를 곤란하게 만든다는 점에서 일견 '법의 지배' 이념을 훼손시킨다고 생각할 수도 있음은 전술한 바와 같다. 그러나 엄밀히 말해, 국가 공권력 행사의 정당화를 위해 필요한 것은 판결이 일련의 법적 근거에 의해 정당화될 수 있는가에 달려 있는 것이지, 그 판결이 단 하나의 유일한 법적 근거에 의해 정당화될 것을 요구하는 것은 아니다. 즉, 강제력의 행사는 보장(warrant)을 요구하는 것이지, 유일성(uniqueness)을 요구하는 것이 아니라는 것이다.[68]

판결에 대한 강제력 행사를 이와 같이 정당화할 수 있다고 하더라도 이에 대해 다음과 같은 반론이 제기될 수 있다. 피고에게 유리한 일련의 법적 근거에 의해 소송에서 패소한 원고가 당해 사안에서 만일 승소할 수도 있었을 것이라고 생각하는 경우에 소송 당사자인 원고는 국가의 강제력 행사가 불공정하다고 생각할 수 있다는 것이다. 물론 이와 같은 문제제기는 타당하다고 볼 수 있다. 그러나 상충되는 규범들 간에도 어느 정도는 가치의 우열을 가릴 수 있기 때문에[69] 정당화라는 개념이 정도의 차이를 갖는(ordinal) 개념임을 고려하면 이 문제는 충분히 해소될 수 있다. 왜냐하면 위 사안에서 설령 원고와 피고 모두 일정한 법적 논거에 의해 유리한 판결을 받을 수 있었다고 하더라도, 결론적으로 동 사안은 피고에게 유리한 판결이 법적 논거에 의해 더욱 더 지지될 수 있는 경우라고 볼 수 있기 때문이다.[70]

그러나 보다 심각한 문제는 다음과 같은 경우에 발생한다. 만일 소송 당사자 간의 원용 가능한 일련의 법적 논거가 상호 우열을 가리기

---

67) Jules L. Coleman & Brian Leiter, 앞의 논문, 241면. 콜만과 라이터 교수는 이 논문에서 자유주의(liberalism)는 법적 확정성을 요구한다고 주장하는 입장에 대한 소개와 비판을 하고 있다.

68) Jules L. Coleman & Brian Leiter, 앞의 논문, 237면.

69) 이 점에 대해서는 Jules L. Coleman & Brian Leiter, 앞의 논문, 227면.

70) Jules L. Coleman & Brian Leiter, 앞의 논문, 237면.

힘들 정도로 팽팽히 맞서는 경우, 다시 말해 양 당사자가 모두 일련의 법적 논거에 의해 동등하게 보장될 수 있는(equally warranted) 경우에 동 사안에서 패소한 원고는 분명 자신이 패소한 정당한 근거에 대해 의문을 제기할 수 있다. 바로 이 경우에 보다 심각한 판결의 불공정 문제가 발생한다는 것이다. 예컨대 대립되는 법적 논거들이 통약불가능해(incommensurable) 공통된 기준을 통해 가치의 우열을 가리기 힘든 경우가 대체로 그렇다고 볼 수 있을 것이다.71) 그렇지만 이 경우에도 우선 주목해야 할 점은, 비록 양 당사자의 법적 논거가 동등한 정도로 팽팽히 맞서고 있어 어느 판 당사자의 편을 들어 주기가 어렵다고 하더라도, 피고에게 승소판결을 내린 법관의 판단은 근거가 없다거나, 불합리하여 자의적이라는 비판을 할 수는 없다는 점이다. 왜냐하면 이 경우에도 법관은 일정한 정당화 근거(justifying reason)는 가지고 있으며, 다만 양 당사자의 법적 논거 간 우열을 가려주는 결정적인 근거(conclusory reason)를 갖고 있지 못할 뿐이기 때문이다.

이처럼 양 당사자 간의 법적 논거가 한 치의 양보도 없이 충돌할 때에는 다음과 같은 점에 주목할 필요가 있다. 그것은 판결을 정당화해주는 법적 근거와 국가의 강제력 행사에 권위를 부여해 주는 근거는 다르다는 사실이다.72) 판결의 강제적인 집행을 위해서는 전자가 요구됨은 분명하지만, 전자와 후자가 일치하지는 않는다. 법적 논거의 범위는 승인규칙(rule of recognition)이나 구속력 있는 법원과 관행들(binding sources and conventions)이 결정해 주지만, 국가의 강제력 행사에 대한 정당화 근거(legitimate reasons)의 범위는, 국가가 자신의 권위를 완전히 강제할 수 있는 영역에 관한 정치학 이론(political theory)이 결정해 주기 때문이다. 따라서 이러한 정치학 이론에 따르면, 법관은 법적 논거 이외의 근거를 통해 판결을 내릴 수 있는 권위를 부여받을 수 있다. 그러한 논거는 법관의 재량권에 속하게 된다. 바로 이와 같은 법관의 재

---

71) 이 점에 대해서는 Jules L. Coleman & Brian Leiter, 앞의 논문, 227면.
72) Jules L. Coleman & Brian Leiter, 앞의 논문, 238면.

량권이 전술한 문제, 즉 양 당사의 법적 논거가 팽팽히 맞설 때, 이를 해결해 주는 논거가 되는 것이다. 그리고 현존하는 법적 관행에 따르더라도 법적 논거가 불확정적일 때에는 사안의 해결을 위해 법관은 법외적 논거(extra-legal reasons)를 원용할 권한이 부여되어 있음은 주지의 사실이다.[73]

물론 이 경우에도 패소한 원고는 불만족스러울 수 있다. 왜냐하면 설령 법관이 재량권을 행사하여 법 이외의 논거를 원용해 피고에게 승소판결을 내렸다고 할 때, 원고에게 유리한 법 외적 논거를 원용할 여지도 충분히 존재할 수 있기 때문이다. 이와 같은 문제제기에 대해서는 두 가지 답변이 가능하다. 우선 무엇보다 일정한 사안에 있어서는 양 당사자가 모두 공유하고 있는 문화적 규범(cultural norms)과 관행이 존재할 수 있을 것이고, 사안과 관련하여 양 당사자가 이러한 규범과 관행을 승인하고 따를 수 있다면, 위와 같은 경우에 문화적 규범과 관행에 의해 하나의 결론이 더욱 올바른 것으로 채택될 수 있다는 것이다. 즉, 일정한 사안에 있어서는 문화적 규범과 관행에 의해 법관의 재량권 행사는 패소자에게 별다른 불만이 없이 정당화 될 수 있다는 것이다. 다음으로 가능한 또 다른 논변은, 위와 같이 법적인 논거가 양 당사가 간에 팽팽히 맞서는 사안에서 만일 법관이 피고가 아닌 원고승소 판결을 내린다면, 원고 역시 피고와 마찬가지로 동일한 취지의 이의를 제기하게 될 것이라는 우려감에서 도출된다. 우리가 일정한 공식적인 분쟁해결의 시스템을 선택한 이상 소송에서 승자와 패자는 당연히 구분되기 마련이다. 따라서 일정한 논거에 의한 판결이, 판결이 없는 것보다는 바람직하듯이, 일정한 권위에 의한 판결 역시 판결이 없는 것보다는 낫다는 것이다.[74] 그것은 비록 법관의 재량에 대한 패소자의 불만이 어느 정도 존속할 수 있다 하더라도, 국가권위의 강제에 관한 정치학 이론의 관점에서 볼 때, 유효한 가치판단이다.[75]

---

73) Jules L. Coleman & Brian Leiter, 앞의 논문, 239면.
74) Jules L. Coleman & Brian Leiter, 앞의 논문, 239-240면.
75) 이는 롤즈의 페어플레이 원칙(principle of fair play)에서도 도출되는 결론과 유사

3. 불확정성과 판결의 정당성

지금까지 법적 불확정성이 문제되는 이유를 살펴보았지만, 그 무엇보다도 법적 불확정성 논변이 지적하려는 바는 법이 불확정적이면 재판의 민주적 정당성이 침해될 수 있다는 점이 비판법학자들에 의해 지적된바 있다.[76]

많은 법학자들에 의하면 사법판단의 정당성은 법관이 법을 제정하지 않고 법을 적용만 하는지 여부에 달려 있다고 한다. 즉, 법관의 판단이 철저하게 제한된 범위 내에서 이루어질 때에만 판결의 정당성은 확보된다는 것이다.[77] 그리고 판결이 정당하다면, 일응(prima facie) 시민들은 그 판결에 복종할 도덕적 의무를 지게 된다.[78] 비판법학자들은 법이 불확정적이기 때문에 법관은 재량권을 행사할 수밖에 없고, 따라서 법은 정당성을 잃게 된다고 주장한다.[79] 비판법학자들의 이와 같은 주장은 다음과 같이 전개된다. 우선 비판법학자들은 판결의 정당성을 설명해 주는 자유주의 법이론을 다음과 같이 정식화한다.[80]

> (1) 시민들은 입법자들에 의해 정식으로(duly) 제정된 법률에 동의하였고, 그러므로 그 법률에 복종할 의무가 있다.
> (2) 법관들이 입법부가 제정한 법률을 '적용'한다면 (1)의 결과로서 시민들은

하다고 판단된다.

76) Ken Kress, Legal Indeterminacy, in: Dennis Patterson (ed.), Philosophy of Law and Legal Theory − An Anthology (Malden, MA : Blackwell, 2003), 254면과 Mark V. Tushnet, 앞의 책 참조.

77) Owen M. Fiss, Objectivity and Interpretation, 34 *Stanford Law Review 739* (1982), 739와 749면 참조.

78) Joseph Raz, The Morality of Freedom (Oxford University Press, 1986), 100-101면 참조.

79) 예컨대, Joseph Singer, The Player and The Cards: Nihilism and Legal Theory, *94 Yale Law Journal 1* (1984), 12면 참조.

80) 이러한 정식화에 대해서는 Ken Kress, 앞의 논문, 256면 참조.

법관의 판결에 복종할 의무가 있다.

(3) 모든 사법 판단은 정식으로 제정된 성문법규의 '적용'이다.

(4) 따라서 시민들은 법관의 판결에 복종할 의무가 있다.

비판법학자들은 위에서 (3)이 잘못되었기 때문에 (4)가 논리적으로 입증되지 않는다고 주장한다. 왜냐하면 법은 불확정적이기 때문에 법관은 단순히 법을 적용하는 임무에 그치지 않고 스스로 입법을 하게 되기 때문이라는 것이다.[81] 비록 하트는 법적 사안을 확정성이 지배하는 중심부 사례와 불확정성이 지배하는 주변부 사례로 구분하였지만, 극단적인 형태의 불확정성을 주장하는 학자들은 중심부 사례란 거의 존재하지 않는다고까지 주장하며 판결의 정당성에 회의적 입장을 제기한다.[82]

그러나 이에 대해서는 다음과 같은 반론이 제기될 수 있다.

우선 (1)의 전제가 잘못되었다는 것이다. 왜냐하면 특정한 정부관료 등을 제외하곤 대부분의 일반시민들은 실제로 동의를 하지 않았기 때문이다.[83] 따라서 '동의'라는 근거를 통해 시민들의 법에 대한 일반적인 복종의무를 논증하는 방식은 틀렸다는 것이다. 오늘날 지배적인 견해에 따르면 그 어떤 단 하나의 근거만으로는 법에 대한 일반적인 복종의무를 입론할 수 없다고 한다.[84] 오히려 그와는 반대로 각각의 개별적 근거들은 관련된 특수한 영역에 있어서만 시민들의 법에 대한 복종의무를 정당화시켜 줄 수 있을 뿐이라는 것이 오늘날의 정설이라고 한다.[85] 아울러 켄 크레스에 의하면 그러한 근거를 통해 법에 대한 복종의무가 발생한다고 할 때, 그러한 의무가 반드시 확정적인 법에 대한

---

81) Ken Kress, 앞의 논문, 255-256면 참조.

82) Ken Kress, 앞의 논문, 255면 참조.

83) Ken Kress, 앞의 논문, 256면.

84) 이 점에 대한 지적으로는 Ken Kress, 앞의 논문, 256면. 관련 문헌으로는 A. Simmons, Moral Principles and Political Obligations (Princeton University Press, 1979), 191면 참조.

85) Joseph Raz, The Authority of Law (Oxford University Press, 1979), 233-249면; A. Simmons, 앞의 책, 191-195면; L. Green, The Authority of The State (Oxford University Press, 1988).

복종의무만을 가리킨다는 필연성은 존재하지 않는다.86)

예컨대, 동의의 경우 대다수 시민들이 법일반에 대해서 자발적인 동의를 하지는 않았겠지만, 정부 관료들처럼 적어도 관련된 특수한 영역의 법에 대해서는 동의를 한 경우도 있을 것이다. 그리고 과연 이 때 시민들이나 정부관료의 동의가 확정적인 법에 대한 동의만을 뜻한다고 볼 이유는 없다. 이는 물론 경험적으로 입증될 문제이겠지만, 대부분의 경우 그들의 동의는 불확정적인 경우까지 포함하여 확정적인 법에 대한 동의 모두를 의미하고 있다고 봄이 옳을 것이다. 그리고 이는 루소(Rousseau) 식으로 거주(residence)에 의해 국가에 대한 묵시적 동의를 하고 있다는 논변을 취하더라도 마찬가지라고 볼 수 있다. 물론 거주자가 마지못해 거주하고 있는 경우가 있을 수 있기 때문에87) 루소식의 묵시적 동의는 인정할 수 없다 하더라도 예컨대 여권을 받은 외국인 방문객의 경우에는 분명 묵시적 동의가 있다고 볼 수 있을 것이고 이 때 그가 오로지 확정적인 법에만 동의했다는 사실은 찾기 힘들 것이다.88)

다음과 같은 논변도 가능하다. 페어플레이 원칙(principle of fair play)에 의하면 사회적 협력(social cooperation)체제로부터 이익을 향유하는 자는 그러한 체제가 주는 제약도 감수해야 한다. 이 경우 법에 동의하는 경우와는 달리 시민이 자발적으로 사회적 협력체제가 부여하는 제약에 동의하는 것이 아니기 때문에, 복종의무의 범위는 시민 스스로의 복종의사에 달려 있는 것이 아니라 사회적 협력체제의 약속(terms)에 따라 결정된다. 따라서 이 경우에 사회적 협력체제는 시민으로 하여금 불확정적인 재판의 결과를, 그것이 전적으로 부당하지는 않다면, 감수하도록 하는 정당한 의무를 부과할 수 있다고 한다. 결국 페어플레이 원칙에 의하면 불확정적인 판결도 정당성을 확보할 수 있다는 것이다.89)

---

86) Ken Kress, 앞의 논문, 257면.
87) 이 점에 대해서는 David Hume, On the Original Contract, in David Hume, Essays: Moral, Political, and Literary (Indianapolis: Liberty Classics, 1985), 32면.
88) Ken Kress, 앞의 논문, 257면.
89) Ken Kress, 앞의 논문, 257면. 관련 문헌으로는 John Rawls, A Theory of Justice

라즈의 '정상적 정당화 논변(normal justification thesis)'도 불확정적인 판결이 정당성을 지닐 수 있다는 근거가 될 수 있다. 라즈에 의하면, 시민이 그 스스로 가장 적합한 근거가 요구하는 것이 무엇인지를 판단하기보다는 일정한 권위적 명령에 따라서 행동하는 것이 곧 자신에게 가장 적합한 근거가 요구하는 행동을 할 가능성이 더 크다면 바로 그 경우에 권위는 시민의 개인적 판단에 우월하게 정당화될 수 있다고 한다. 이러한 논변에 의하면 법적 불확정성이 두드러진 사안에 있어서 시민은 전문적이고 공평무사하며, 경험 많은 법원에 의존하는 것이 스스로의 조야한(untutored) 판단에 의존하는 것 보다는 낫기 때문에 법관의 판결은 불확정적이더라도 정당성을 획득하게 된다. 더욱이 이 경우는 법적 불확정성이 판결의 정당성을 훼손시키는 것이 아니라 오히려 그 반대로 법원 판결의 정당성과 법에 대한 복종의무를 더욱 증진시키게 된다고 볼 수 있을 것이다.[90]

이상 살펴본 바와 같이, 비판법학자들은 법적 불확정성이 판결의 정당성을 훼손시켜 법에 대한 복종의무를 면제시키게 된다고 주장했지만, 크레스가 잘 보여주었듯 판결의 정당성은 비판법학자들이 주장하는 것처럼 단순히 동의에서만 도출되는 것은 아니고, 또 설령 동의에서 도출된다고 하더라도, 법에 대한 복종의무의 다양한 근거를 검토해 볼 때, 법적 불확정성은 판결의 정당성과 양립가능한 개념이라고 볼 수 있을 것이다.[91]

V. 맺음말

지금까지 '법의 불확정성'과 '법치'가 양립가능한가라는 물음에 답하기 위해 장황하게 설명하였지만, 우리는 직관적으로 법이 어느 정도

(Harvard University Press, 1971), 342-350면 참조.

90) Joseph Raz, 앞의 책(*The Morality of Freedom*), 53면 참조.

91) 켄 크레스는 상기의 논변 이외에도, '형제애(fraternity)'나 '공리주의' 논변 등을 차례로 검토하고 있지만, 본고에서는 논의의 중요도와 지면관계상 위의 논거만을 제시하기로 한다.

불확정적이더라도 이는 곧 법치가 실패했다고, 다시 말해 법의 지배가 존재하지 않는다고는 쉽게 생각하지 않는다. 또 정도의 차이와, 개인적 차이는 있겠지만 법 문외한인 평범한 시민들도 법이 다양하게 해석될 수 있음은 경험적으로 잘 알고 있다. 이는 곧 법치와 법적 불확정성의 문제가 일상생활에서 큰 이슈로 잘 떠오르지 않는 이유일 것이다.

그러나 만일 우리가 소송당사자, 특히 형사재판의 피고인이 될 경우에는 상황이 달라진다. 법률이 어떻게 해석되고 적용되느냐에 따라서 피고인의 지위는 천양지차를 보이게 될 것이기 때문이다.

법적 불확정성이 현저하게 드러나 우리 학계의 주목을 끌었던 사안으로 이른바 "과수원 실화사건"92)이 있다. 여기서 동 사안의 사실관계와 관련조문을 상세하게 논급할 필요는 없을 것이다. 사안의 쟁점은 형법 제170조 2항이 "자기의 소유에 속하는 제166조 또는 제167조에 기재한 물건을 소훼하여 공동의 위험을 발생하게 한 자"라는 법문에서 '자기의 소유에 속하는'이라는 수식어구가 제166조에만 걸리는지 아니면 제167조에까지 걸리는지에 놓여 있었다. 만일 167조에까지 걸린다면 타인의 소유에 속하는 제167조에 기재한 물건을 소훼한 피고인은 제1심과 원심법원의 결정처럼 처벌규정의 불비로 무죄가 되는 사안이었다. 그러나 대법원 다수의견은 제166조와 제167조 등의 방화죄의 관련 조문들이 타인소유의 물건에 대한 방화를 자기소유의 물건에 비하여 보다 완화된 요건으로, 즉 공공의 위험발생을 요구하지 않으면서도 보다 중한 법정형으로 처벌하고 있음을 지적하면서, 나아가 제170조 1항과 2항의 관계 등을 전체적, 종합적으로 해석하여 자기소유의 물건에 대한 실화를 처벌하면서 타인소유 물건에 대한 실화죄를 처벌하지 않는다면 이는 명백하게 불합리하다고 설시하였다. 이에 대법원 소수의견은 타인소유 물건에 대한 실화에 대한 처벌의 필요성은 인정하면서도 이는 "법의 개정을 통하여 충족시켜야 할 것"이라고 지적하면서, "자기의 소유에 속하는 제166조 또는 제167조에 기재한 물건"을 "자기의 소

---

92) 대법원 1994.12.20. 선고, 94모32 전원합의체결정.

유에 속하는 제166조에 기재한 물건 또는 자기나 타인의 소유에 속하는 제167조에 기재한 물건"으로 해석하는 것은 죄형법정주의의 원칙, 특히 유추해석금지의 원칙에 반한다고 판시하였다.

동 사안은 "또는"이라는 접속어 해석의 언어적 불확정성에 대한 문제로부터 시작하여 대법원 다수의견의 "전체적, 종합적 해석방법"이라는 논거와 "죄형법정주의의 원칙, 특히 유추해석금지원칙"이라는 법적 논거가 상충한, 다양한 형태의 불확정성이 복합적으로 작용한 대표적인 케이스라고 볼 수 있을 것이다. 대법원 다수의견에 찬성하는 학계의 논거로서 "법전편찬상의 과오"가 있는 경우는 해석을 통한 보정이 가능하다는 주장이 추가되었고,[93] 다수의견처럼 "또는"을 "분리어"로 해석하는 것은 명백히 "금지되는 유추"라는 견해도 제시되어[94] 소수의견 및 제1심과 원심의 결정에 다시 힘을 부여해 주기도 하였다. 그렇다면 과연 동 사안에서 발생한 법적 불확정성은 어떻게 해결되었다고 볼 수 있을 것인가? 대법원 다수의견과 소수의견이 제시한 법적 논거 이외에도 학계에서 새롭게 추가한 논거까지 고려하면 우열을 가리기 힘들 정도로 첨예하게 맞서는 법적 논거들의 경합이 있었다. 결과적으로 다수의견의 논거가 채택되었다는 점에서, 다수의견의 논거와 아울러 이후 학계에서 추가된 '편집과오' 등의 법적 논거가 소수의견 및 그 지지논거보다 결론을 정당화하는데 있어서 보다 우위에 있었다고 볼 수도 있을 것이다. 아니면 쌍방의 논거가 우열을 가리기 힘든 법적 불확정성을 야기한 상황이었지만, 결국은 법관의 재량에 의해서 '해소'되었다고 볼 수도 있을 것이다. 그 어떤 경우이든 중요한 사실은 동 사안에서 분명히 '법치'가 구현되었고, 피고인은 '법의 지배'를 받았다는 점일 것이다.[95]

---

93) 이에 대해서는 신동운, 판례백선형법총론, 2006, 32-35면 참조. 역시 대법원 다수의견을 지지한 가장 최신의 견해로는, 최봉경, 편집상의 오류, 서울대학교 법학 제48권 제1호, 2007, 351-354면 참조.

94) 김영환, 법률해석의 한계, 형사판례연구, 제4집, 1996, 1면 이하 참조.

95) 과연 어떠한 경우에 일방의 법적 논거가 우위에 있고, 아니면 쌍방의 법적 논거가 대등하다고 판단할 수 있는지 여부는 전술한 바와 같이 '논박불가능성'이란 표지에 의해 해결될 것이다. 논거가 누구나 이해가 가능한 형태로 제시된다면,

비단 위 "과수원 실화사건"뿐만 아니라 대부분의 실정법의 해석에 있어서도 법적 불확정성이 현저하게 나타난다고 볼 수 있다. 각 조문을 둘러싼 수많은 학설대립과 해석론이 이를 여실히 입증해 준다 하겠다. 예컨대 '과실범의 공동정범'을 인정할 것인가의 문제는 현재까지도 논자들 간에 첨예한 대립이 지속되고 있는바[96] 형법 도그마틱상의 복잡다기한 논변들과 과실범의 공동정범을 인정해야 할 실익 등의 법정책적 차원의 논거들까지 망라되어 양 진영의 상쟁(相爭)하는 법적 논거를 형성하고 있듯이, 이 역시 법적 불확정성이 극명히 드러나는 문제라고 볼 수 있을 것이다.[97] 또 다른 예로서 형법학계에는 형법 제16조의 "법률의 착오"에서 법률의 부지를 제외시키는 대법원의 해석론을 둘러싸고 다양한 비판이 전개되었던바, 이는 "법률의 부지는 용서받지 못한다"는 로마법 이래의 전통적 법원칙에 내재한 가치를 우선시할 것인가 아니면 "비난가능성이 없는 행위자에게는 형사책임을 지울 수 없다"는 형법상의 책임원칙을 우선시할 것인가라는 법적 논거들 간의 첨예한 대립이 문제 상황을 이해하고 해결하기 위한 관건이 되는 것이다.[98]

법적 불확정성의 발생은 비교적 단순하여 명확해 보이는 각론상의 문제에 있어서도 예외는 아니다. 누구나 쉽게 잘 알고 있으리라고 생각

누구든지 그 논거의 질을 비교해 우위를 결정할 수 있다. 어떤 상반되는 주장 중에 어느 쪽을 따를 것인지는 개인적 선호와 가치관에 의해 좌우될 수 있지만 그 주장의 논거의 질을 평가하는 것은 사물의 크기나 색깔을 비교하는 것과 같다. 거기에는 불일치가 존재하지 않는다. 더 나은 것과 그렇지 못한 것의 판단은 삶의 형식의 일부이기 때문이다.

96) 과실범의 공동정범을 부정하는 통설에 대해 이를 긍정하는 유력한 견해로는, 이용식, 과실범의 공동정범, 형사판례연구[7], 1999, 81면 이하; 이재상, 과실범의 공동정범, 형사법연구 제14호, 2000, 215면 이하 참조.

97) '과실범의 공동정범'이 법적 불확정성이 두드러진 문제영역임에도 불구하고 과실범의 공동정범에 대한 긍정론의 논거가 부정론의 논거보다 타당하고 설득력이 있으며 따라서 '논거의 우위성'에 기초하여 과실범의 공동정범을 긍정할 수 있음을 입론하는 견해로는 안성조, 과실범의 공동정범, 형사법연구 제19권 제3호(하권), 2007, 587-618면 참조.

98) 이에 관해서는 안성조, 형법상 법률의 착오론 (경인문화사, 2006) 참조.

되는 절도죄나 사기죄만 하더라도 일상생활에서 흔히 접할 수 있는 "우편배달부가 보관중인 봉투안의 돈을 영득한 경우"의 절도죄 성립여부와 "과다한 거스름돈을 받은 경우"에 사기죄 성립여부 등에 있어서조차 어느 하나의 법적 논거에 의해 확답이 결정되어 있지 못한 처지이다. 나아가 위임금액을 초과하여 현금을 인출한 경우에 컴퓨터등사용사기죄가 성립하는지 여부 등 역시 견해대립이 첨예하다. 이렇듯 총·각론을 막론하고 법적 불확정성은 거의 모든 영역에 편재해 있다고 보아도 큰 무리는 아닐 것이며, 그리고 이와 같은 사정은 다른 법역과 법체계에서도 마찬가지일 것으로 사료된다. 그럼에도 불구하고 우리는 '법의 지배'를 온전히 받고 있다고 생각한다. 그 이유는 무엇일까? 우선은 아마도 '법의 불확정성'이 '법치'와 양립할 수 있다는, 앞서 다룬 논증들이 타당하기 때문이기도 할 것이다. 아울러 '법적 불확정성' 다시 말해 '법적 논거들의 대립'이 존재한다는 사실은, 바꿔 생각하면, 그만큼 법공동체 구성원들이 법의 해석과 적용에 신중을 기하고 있기 때문이라고 해석할 수 있다는 것이다. 수많은 해석론의 대립과 법원과 학계의 첨예한 견해대립, 그리고 법해석에 있어서의 다양한 가치관과 법적 원리의 충돌은, 비판법학자들의 주장처럼 법의 권위를 훼손시키는 것이라기보다는 오히려 모든 법적 분쟁의 해결과정에 있어서 "가장 뛰어난 이성적 판단을 가리는 경쟁"이 요구되어 왔고, 또 요구된다는 사실을 방증하는 것이라고 본다. 법적 불확정성을 이러한 견지에서 바라볼 수 있다면, 법적 불확정성은 "개인의 자의적 판단이 아닌 이성적인 법에 의한 판단"이라는 법치이념의 '중심부 의미'를 전혀 훼손시키지 않는다고 볼 수 있을 것이다.

요컨대 '확정적인' 법의 지배뿐만 아니라 '불확정적인' 법의 지배도 가능한 것이다.

§ 4. 괴델정리의 논증이론적 함의

[글 소개]

이 글은 오랫동안 기획해 왔던 것이다. 인류 지성사에 커다란 획을 그은 것으로 평가받고 있는 괴델정리를 법학의 영역에서도 충분히 수용해 그 함의를 구명해 내야겠다는 학문적인 의무감이 오래 전부터 있었기 때문이다. 괴델이 증명한 불완전성정리란 한 마디로 말해, 매우 단순한 형식체계, 예컨대 산술체계 내에서조차 "직관적으로 참이지만" 그 체계 내의 공리적 방법으로는 참값을 유도해 낼 수 없는 산술적 명제가 반드시 존재한다는 것이다. 이는 법체계도 공리체계로 볼 수 있다면 그 체계 내에서 공리적 방법으로는 참인지 거짓인지 결정해 낼 수 없는 명제가 존재한다는 유비적 함의를 지니는 바, 비트겐슈타인의 규칙 따르기 고찰과 함께 법의 불확정성을 입론하는 논거로 널리 원용되어 왔다. 이 글에서는 과연 그러한 입론이 타당한 것인지 면밀히 검토하고 있으며, 결론적으로 말해 규칙 따르기 고찰과는 달리 괴델정리를 원용해 법의 불확정성을 입론하는 것은 타당하다는 것이 이 글의 주된 요지다. 즉 명제단위의 법문에 있어서는 참인지 거짓인지 결정할 수 없는 경우가 존재한다는 것이다. 따라서 괴델정리도 법의 해석에서 논증의 필요성을 일깨워주는 역할을 한다. 법이 불확정적이라면 결국 논증을 통해서 법치 이념을 구현해야 하기 때문이다. 아울러 이 글에서는 법적 추론을 통해 대립되는 결론들에 도달할 경우 이러한 문제를 해결하기 위해서는 규범적 직관이 필요하다는 점을 괴델정리를 원용해 지적했으며, 그러한 직관의 타당성은 논박불가능성이라는 표지를 통해 결정될 수 있다고 주장하였다. 간단히 말하자면 더 이상 논박이 불가능한 논거가 최선의 논거라는 것이다. 이 글에는 수학과 논리학의 용어들이 다수 등장해 혹자에게는 매우 어렵게 느껴질 수도 있을 것이다. 그러나 그런 만큼 어떤 이들에게는 대단한 지적 흥미를 유발할 수도 있다. 그래서인지 이 글은 다른 학문영역, 심지어 교양과학서적에서도 종종 인용되곤 한다. 어쨌거나 법률전문가들에게는 분명 낯선 테마이고 그만큼 접근하기 어려울 것임은 자명하다. 굳이 이런 방식의 논증까지 동원할 필요가 있느냐는 생각도 가질 법하다. 그래서 좀 더 쉽게 다듬을 생각도 했었다. 법률전문가들이 보다 이해하기 쉬운 구체적인 사례를 고안해 볼 수도 있었다. 그러나 결국 그대로 두기로 결정하였다. 본서의 서문에서 밝힌 것처럼 글을 이해하기 쉽도록 쓰는 것은 모든 저자가 지향해야 할 미덕의 하나이지만 때로는 그러한 노력이 생각의 깊이를 잘 드러내 보여주지 못하게 만드는 원흉이 되기도 한다. 쉬운 글은 그만큼 쉽게 잊히기 마련이다. 나는 이 글이 많은 독자들의 뇌리에 깊이 각인되기를 희망한다. 또 불완전성 정리를 발견하게 된 괴델의 지적 배경과 그의 정리를 법(철)학적으로 수용하려 했던 법률전문가들의 고단한 노력, 이를 토대로 법의 해석과 적용에 있어 법관의 '열린 태도'를 역설한 저자의 각고의 지적 노력이 널리 공감될 수 있기를 바란다. 다행스럽게도 이미 그러한 반향을 곳곳에서 감지할 수 있다. 이제는 내가 한 때 가졌던 의무감을, 비록 완전히는 아니지만 떨쳐버릴 수 있어 조금은 홀가분하다. 자, 법해석공동체의 독자들을 괴델의 불완전성정리로 초대한다!

I. 괴델정리의 지성사적 배경과 의의

1999년 타임지는 지난 20세기를 빛낸 가장 뛰어난 과학자와 사상가의 한 사람으로 쿠르트 괴델(Kurt Gödel)을 선정하였다.[1] 타임지를 통해 알려지기 전부터 사실 괴델과 그의 정리는 서구 지성계를 중심으로 널리 논급되어 오고 있었다. 그러나 법학계에는 거의 알려진 바가 없어 비교적 최근까지도 동서양을 막론하고 그 또는 그의 이론에 주목한 논의는 상대적으로 드문 형편이다.[2]

괴델은 1906년 현재의 체코슬로바키아의 중부 도시인 브루노에서 태어났다. 그의 부모는 모두 독일계였으며, 그가 태어난 도시는 그 당시 합스부르크왕국의 섬유산업의 중심지였다. 열 살 때부터 수학과 물리학에 흥미를 보인 괴델은 1924년 빈대학에 입학하여 물리학을 전공하였으나, "정확성에 대한 흥미에 이끌려" 1926년에는 전공을 수학을 바꾸었고, 이후 1928년에는 수리논리학을 공부하였다. 괴델은 철학적으로 플라톤주의자로 잘 알려져 있는데, 그의 철학적 토대는 빈대학 하인리히 곰페르츠 교수[3]의 철학사 강의를 들으면서 형성된 것이라고 한다. 괴델은 빈대학 재학 중 '논리실증주의(logical positivism)'로 유명한 빈서클(Vienna circle)의 초청[4]을 받아 1926년부터 1928년까지 매주 정기적으로 이 모임

---

1) 타임지는 "The Most Important People of the Century"라는 표제 하에 정치·혁명가, 예술·연예인, 영웅 및 상징적 인물(Heroes & Icons) 등 총 다섯 분야에서 각 20인씩 총 100명을 선정하였으며, 이 중에서 전 분야를 통틀어 20세기 최고의 대표인물로는 아인슈타인이 꼽혔고, 기타 처칠, 간디, 케네디, 펠레, 비틀즈, 빌게이츠 등이 이 반열에 올랐다. The Times (March 29, 1999).

2) 독일의 경우 Eckehart Köhler, Wie Gödel Kelsens Rechtspositivismus widerlegen würde, in: Clemens Jabloner & Friedrich Stadler(Hrsg.), Logischer Empirismus und Reine Rechtslehre (Wien: Springer, 2001) 정도가 눈에 띈다. 이 논문과 책에 대한 서평으로는 심헌섭, Logischer Empirismus und Reine Rechtslehre, 서울대학교 법학 제43권 제1호, 2002, 487-493면 참조.

3) 곰페르츠 교수의 부친인 테오도르(Theodore)는 고대철학 분야의 저명한 교수였다.

에 참석하였다. 이 모임에 참석하면서도 괴델은 다른 참석자들과는 달리
"경험적으로 검증될 수 없는 모든 명제는 무의미하다"는 논리실증주의
자들의 신념에 동조하지 않았으며, 오히려 1928년부터는 빈서클의 핵심
신조를 반증할 수 있는 불완전성정리의 증명에 착수해, 1930년 초수학
(metamathematics)에 관한 학회에 참석하여, 20세기의 가장 중요한 수학
적 정리로 일컬어지는 '불완전성정리(Incompleteness Theorem)'를 발표하
였다. 이후 괴델은 1952년에 하버드대학교에서 명예 박사학위를 수여받
았고 1953년에는 프린스턴 고등과학원의 영구멤버가 되었다. 젊은 시절
부터 편집증에 시달렸던 괴델은 증세가 악화되어 음식에 독이 있다고
거부하기 시작하였고 마침내 영양실조와 굶주림으로 1978년 72세에 프
린스턴병원에서 일생을 마감하였다.5)

괴델이 증명한 불완전성정리란 한 마디로 말해, 매우 단순한 형식체
계, 예컨대 산술체계6) 내에서조차 "직관적으로 참이지만" 그 체계 내의

---

4) 빈서클은 초청받은 자들만 참석할 수 있었다. 저명한 철학자 칼 포퍼(Karl
Popper)도 이 모임의 초청을 받지 못했으나, 괴델은 이미 학부시절에 자신의 수
리논리학 지도교수인 한스 한(Hans Hahn)의 소개로 초청을 받았다. 괴델 이외에
도 프리드히 바이스만(Friedrich Waismann), 허버트 파이글(Herbert Feigl), 그리
고 카를 멩거(Karl Menger) 등이 학생시절에 초청을 받았다. 이 중 파이글은 후
일 "논리실증주의의 기원과 정신"이란 글을 남겼다.
5) 이상 괴델의 생애와 사상에 대해서는 Rebecca Goldstein, Incompleteness: The
Proof and Paradox of Kurt Gödel (New York: W.W. Norton), 2005; Hao Wang,
From Mathematics to Philosophy (London; New York: Routledge & Kegan Paul,
1974)를 주로 참조하였다.
6) 산술은 자연수의 구조를 다루며, 덧셈과 곱셈이라는 연산과 연수관계(連數關係;
successor relation)에서 출발한다. 이 때 연수관계란 어떤 자연수 'n'이 주어졌을
때 순서에 따라 '바로 다음 수'인 'n+1'을 얻게 해 주는 관계를 말한다. 뺄셈과
나눗셈을 비롯한 다른 모든 산술적 연산들은 '덧셈', '곱셈', 그리고 '연수관계'로
부터 정의할 수 있다. 자연수에 대한 대표적 공리로는 이탈리아 수학자 페아노
(G. Peano)가 제안한 페아노의 공리(Peano's axioms)가 있다. 페아노의 공리는 1)
1은 자연수이다. 2) 모든 자연수 'n'은 그 다음 자연수 'ń'을 갖는다. 3) 1은 어떤
자연수의 연수(다음 수)도 아니다. 4) 두 자연수의 연수들이 같다면 두 수는 서로
같다. 5) 어떤 자연수들의 집합이 1을 포함하고 모든 원소에 대해 그 다음수를

공리적 방법7)으로는 참값을 유도해 낼 수 없는 산술적 명제가 반드시 존재한다는 것이다. 즉, 정수론(number theory)8)에 관한 어떠한 형식체계에도 그 체계 내에서는 참인지 거짓인지 결정할 수 없는 명제가 존재한다는 증명이다. 달리 말하면 단순한 정수조차도 완전한 공리화가 불가능하다는 것이다. 그렇기 때문에 이를 "불완전성정리"라고 말한다.9) 참이지만 증명불가능한 산술적 명제의 예를 하나 들자면 '골드바흐의 추측(Goldbach's conjecture)'이 있다. 골드바흐의 추측이란 "2보다 큰 모든 짝수는 두 소수의 합으로 나타낼 수 있다"는 정리다.10) 두 소수의 합이 아닌 짝수는 찾아볼 수 없기 때문에, 이 정리는 분명 직관적으로 참이지만, 산술의 공리에서는 이를 증명할 수 없기 때문에, 바로 참이지만 증명불가능한 산술적 명제의 한 예가 될 수 있다.11)

　　괴델정리는 인류 최초의 과학 또는 학문이 싹튼 이후 장구(長久)한 지성사에 걸쳐 지식의 엄밀성과 확실성을 추구하는 과정에서 탄생했다. 고

항상 포함한다면 그 집합은 자연수 집합이다. "1+1=2"라는 산술적 명제도 바로 이 페아노의 공리를 통해 연역적으로 증명할 수 있으며, 그 증명과정은 생략한다.

7) 공리적 방법이란 어떤 명제를 증명할 필요가 없는 공리 또는 공준으로 인정하고, 그런 공리를 바탕으로 정리라 알려진 다른 명제를 도출하는 방법을 말한다. 공리는 수학의 '기초'이며, 정리는 상위구조(superstructure)로서 논리학의 원리에 따라 "공리로부터 유도"된다. Ernest Nagel & James R. Newman, Gödel's Proof, (Revised ed., New York University Press, 2001), 3면.

8) 정수론이란 정수들 간의 관계(relationships of integers)를 다루는 수학의 한 분야이다.

9) 괴델의 불완전성정리는 원래 상기의 정리(이를 제1불완전성정리라 한다)와 함께 이의 따름정리(corollary)로서 "수론에 적합한 어떠한 형식체계의 무모순성은 그 체계 안에서는 증명할 수 없다(제2불완전성정리)"의 두 가지이다. 단, 논의 목적과 편의상 이하 본고에서 괴델정리라 하면 제1불완전성정리를 지칭하는 것으로 한다.

10) 예컨대, 6=3+3, 8=5+3, 10=5+5, 100=97+3 ⋯ 등이 있다.

11) 다만 골드바흐의 추측이 괴델정리의 맥락에서 "결정불가능한" 명제인지, 단순히 "증명되지 않고" 있는 명제인지는 아직 명확하지 않다. 보다 적실한 결정불가능한 명제의 예로는 로저 펜로즈(Roger Penrose) 외 3인/김성원·최경희 역, 우주·양자·마음(The Large, the Small, and the Human Mind) (2002, 사이언스북스), 227면 이하 참조. 펜로즈에 의하면 "굿스타인 정리"는 "수학적 귀납법"만으로는 증명할 수 없지만 '직관적으로 참'인 명제이다.

대 그리스 초창기 이래 수학적 지식은 인간이 가진 지식들 가운데 가장 확실한 것으로 여겨져 왔다. 연역을 통한 공리적 방법(axiomatic method)은 선험적이기 때문에 어떠한 경험에 의해서도 반박될 수 없고,[12] 따라서 가장 확실하고 명증한 무류적(無謬的) 지식의 토대가 된다고 믿어져 왔던 것이다. 기하학의 공리가 그 대표적인 예이다.

그러나 수학적 지식과 공리적 방법에 대한 확고한 믿음은 19세기 무렵 무너지기 시작했다. 그 결정적인 이유는, 직관적으로 볼 때 너무나 자명한 것으로 여겨져 온 '공리계 자체'의 '진실성'이 흔들리게 되었기 때문이다. 예컨대 유클리드 기하학의 5개 공리 중에서 평행선 공리[13]는 자명하지 않다는 점이 지적되었는데, 그 이유는 다른 4개의 공리는 제한된 공간을 상정하고 있기 때문에 누구나 눈으로 확인할 수 있는 반면, 평행선 공리는 무한대를 상정하고 있는바, 무한에 대한 인간의 직관은 명백하지 않기 때문이다. 이 공리가 참임을 증명하기 위해 다른 네 공리로부터 이 공리를 유도하려 했던 모든 시도는 실패하였고, 오히려 평

---

12) 예컨대 어떠한 경험도 "3+7=10"이라는 결론을 뒤집을 수 없다. 특정 물건을 각각 3개와 7개를 샀는데 9개가 있다면, 물건의 숫자를 다시 세어야 하며, 설령 10개의 물방울이 모여 1개가 된다 하더라도 이는 "3+7=10"이라는 수학적 결론을 뒤엎을 수 없다. 즉, 선험적인 수학지식은 진리를 판단하는 준거이며, 결코 그 역할은 바뀔 수 없다.

13) 단순히 말해, 직선 밖의 임의의 한 점을 지나 이 직선에 평행인(다시 말해 서로 만나지 않는) 직선은 오직 하나만 존재한다는 공리이다. 유클리드 자신도 이 공리를 만족스럽게 여기지 않았다고 하는데, 그 이유는 이 공리가 무한을 언급하고 (reference to infinity) 있기 때문이다. 예컨대 공간에서 유한한 영역을 상정할 경우 어떤 직선 밖의 한 점을 지나 이 직선에 평행인(만나지 않는) 직선을 얼마든지 그을 수 있다. 그러므로 평행선 공리는 오직 무한대를 상정할 때만 타당하다. 이 점에 대해서는 Rebecca Goldstein, 앞의 책, 130면의 각주 2)와 Ernest Nagel & James R. Newman, 앞의 책, 8면의 각주 1) 참조. 이 평행선 공리는 유클리드 기하학원론의 다섯 번째 공준 즉, "두 직선이 다른 한 직선을 만나 생기는 두 교각(같은 쪽)의 합이 180도보다 작으면 두 직선을 두 교각이 있는 쪽으로 무한히 연장하면 반드시 교차한다"는 공준과 동치인 공리로서 플레이페어(Playfair)에 의해 발견된 것이다.

행선 공리가 부정될 수 있는 새로운 공간14)에 적용되는 비유클리드 기하학이 등장하게 됨으로써 명징적인 공리체계를 확립하는데 기초가 되는 수학적 직관도 '자명성'을 담보하기에는 매우 취약하다는 결론에 이르게 된다. 집합론에서도 이러한 확신이 흔들리기 시작한다. 버트란트 러셀(Bertrand Russel)은 집합론에서 역설이 발생한다는 사실을 발견했다. 간단히 말하면 "자신의 원소가 아닌 모든 집합들의 집합"이 있을때, 이 집합은 자신의 원소이기도 하고 자신의 원소가 아니기도 한 모순된 집합이 되어버린다는 것이다. 이것은 수학에 쓰이는 공리로부터의 연역적 추론이라는 표준적 방법이 매우 취약하다는 것을 보여준다. "이 문장은 거짓이다"와 같은 역설이 일상 언어에서도 발생할 수 있듯이, 그 '의미론적 내용'이 완전히 제거되지 않는 한 집합론과 같은 단순한 수론체계에 있어서도 역설의 발생을 막을 수가 없다는 인식을 하게 되었던 것이다.15)

　　이처럼 인간의 직관이 매우 간단한 수학적 공리체계에 있어서조차 틀릴 수 있고, 집합론과 같은 단순한 수론체계에서도 역설이 발생할 수 있다는 사실이 밝혀지면서, 수학자들은 수학적 논의의 엄밀성과 확실성을 획득하기 위해 직관과 의미론적 내용을 모두 제거한 공리체계를 구축하려는 노력을 기울이게 된다. 이처럼 직관에 대한 호소와 의미론적 내용을 완전히 제거한 공리체계를 '형식체계(formal system)'라고 한다.

---

14) 예컨대 구면에서는 직선 밖의 임의의 한 점을 지나는 직선은 이 직선과 반드시 만나게 된다. 그것들은 모두 직선이어야 하기 때문이다.

15) 러셀은 수론에서 이러한 역설의 발생을 원천적으로 불가능하게 만들기 위해 산술체계로부터 의미론적 내용을 모두 제거하려는 노력, 즉 산술의 형식화(dogmatic in form)를 위한 작업을 화이트헤드와 공동으로 추진했던 바, 그 노력의 결실이 바로 저 유명한 '수학의 원리(PRINCIPIA MATHEMATICA)'이다. 이 책의 서문에서 두 저자는 완전한 연역체계(deductive system)를 구상하고 있으며, 만족스런 해결을 얻었다고 자평하고 있다. Alfred North Whitehead & Bertrand Russel, PRINCIPIA MATHEMATICA Vol. I (2nd ed., Cambridge University Press, 1927), v면 참조. 그러나 후술하겠지만 괴델의 불완전성정리에 의해 '수학의 원리'의 원대한 목표는 성취될 수 없다는 점이 밝혀졌다.

형식체계는 어떤 의미를 지닌 상징들이 아니라 완전히 무의미한 기호들로 구성되며, 이 기호들의 의의는 오로지 각 기호들 사이의 관계에 대해 정해 놓은 규칙에 의하여 정의될 뿐이다. 모든 의미가 제거되기 전의 공리체계는 예컨대 수론에 대한 산술체계나, 집합에 대한 집합론, 또는 공간에 대한 기하학에 관한 것으로 이해되지만, 형식체계는 그야말로 그 어떤 것에 대한 것도 아니다. 그렇기 때문에 형식체계를 논할 경우에는 수나 집합이나 공간에 관한 직관에 호소할 필요가 전혀 없다. 이는 수학적 직관에의 의존을 탈피하기 위한 것이며, 이렇게 함으로써 수학적 활동을 어떤 상상력이나 독창성도 필요 없는 순전히 기계적인 과정으로 전환시키게 되는 것이다. 이처럼 형식화된 공리체계가 무모순적이고 수학의 모든 진리를 증명하는데 적합한 것으로 밝혀진다면 수학의 확실성이 확고하게 정초될 수 있다는 신념 하에 수학에서 모든 직관을 추방해야 한다고 주장하는 견해를 '형식주의(formalism)'라고 한다. 이러한 입장의 선봉에 다비드 힐베르트가 있었다. 그는 수학의 여러 분야를 체계적으로 형식화할 것을 제안하였으며, 이처럼 수학에 있어서 연역체계를 완전히(complete) 형식화(formalization)하려는 시도를 '힐베르트 프로그램(Hilbert program)'이라고 한다.

그러나 괴델의 불완전성정리가 의미하는 것은 바로 이러한 힐베르트 프로그램이 성취 불가능하다는 것이다. 즉, 직관적 요소를 제거한 산술의 형식체계 내에서조차 "직관적으로는 참이지만", 그 참과 거짓을 결정할 할 수 없는 산술적 명제가 존재한다는 것은 역설적으로 "직관에의 호소"는 결코 완전히 제거될 수 없음을 보여준 것이다.

현재까지 괴델정리의 철학적 함의에 대해서는 다양한 견해가 쏟아져 나오고 있다. 1961년에 옥스퍼드의 존 루카스는 괴델정리와 지성의 본질 사이의 관계에 대해 다음과 같이 말했다.

"내가 보기에 괴델의 정리는 기계론(Mechanism)이 오류임을 증명한 것 같으며, 따라서 정신(Minds)은 기계로 설명될 수 없다는 뜻인 것 같다. 그리고 많은 사람들이 이에 동의하는 것 같다. 내가 이 문제를 제기했던 거의 모든 수리논리학자들은, 비슷한 생각을 털어 놓았다(confessed). 그러나 그들은 모든 반론에 대한 충분한 답변이 주어져 논쟁이 정리될 때까지 자신의 입장을 단정적으로 내세우기를 꺼려했다."16)

한편 역시 옥스퍼드의 수학자인 로저 펜로즈는 다음과 같이 논평했다.

"괴델정리는 자체만으로도 충분히 주목할 만한 업적이다. 하지만 그의 결과는 그 자체의 의미를 넘어 인간의 이해와 통찰은 어떤 계산적 규칙들의 집합(any set of computational rules)으로도 환원될 수 없음을 보여주는 강력한 논거가 될 수 있다. (중략) 또한 괴델의 정리는 오늘날 우리가 갖고 있는 컴퓨터에 대한 이해에 비추어 볼 때, 인간의 사고(human thinking)에는 컴퓨터로는 도저히 이룰 수 없는 것들이 있다는 나의 논변을 지지해 주는 이론적 토대를 제공해 준다."17)

그러나 괴델 자신은 자신의 정리로부터 인간 정신의 본질에 관한 결론을 도출해 내는 데 훨씬 신중한 태도를 취했다. 이 점은 괴델이 1951년에 한 어느 강연 내용에 잘 나타난다. 그는 "정신과 기계(Minds and Machines)"에 대하여 다음과 같이 논급했다.18)

"인간의 정신(human mind)은 모든 수학적 직관을 정식화(formulating) 또는 기계적 절차화(mechanizing) 할 수 없다. (중략) 수학적 직관도 일종의 기계라는 점을 증명할 수 있는 정리가 존재할 수도 있을 것이다(경험적으로 발견될 수도 있을 것이다). 그러나 그러한 정리가 존재한다는 사실은 참이라고 증명될 수 없[다] (cannot be proved to be so)."

"두 번째 결론은 다음과 같은 선언적(選言的) 판단(disjunction)이다. 즉, 인간의 정신이 모든 기계를 초월하거나 – 좀 더 정확히는 인간의 정신은 수론의 문제들(number theoretical questions)을 어떠한 기계보다도 더 많이 결정할 수 있거나 – 아니면 인간 정신으로도 결정할 수 없는 수론의 문제들이 있거나 둘 중 하나이다."

---

16) John R. Lucas, Minds, Machines, and Gödel, *36 Philosophy 112* (1961), 112면.
17) Roger Penrose, Shadows of the Mind: A Search for the Missing Science of Consciousness (Oxford University Press, 1994), 65면.
18) Hao Wang, 앞의 책, 324면.

전술한 괴델 자신의 입장은 루카스나 펜로즈의 견해보다 훨씬 절제
되어 있다. 즉, 인간의 정신이 기계가 결정할 수 없는 문제를 해결할 수
있다고 보는 점에서는 두 사람의 입장과 동일하지만, 기계를 뛰어 넘을
수 있는 인간의 정신능력, 다시 말해 직관조차도 어쩌면 기계일 수 있
다는 가능성을 열어 두고 있기 때문이다. 이는 곧 직관도 일정한 규칙
에 따라 결정되는 기계적 과정에 지나지 않을 수 있다는 것을 의미한다.
다만 인간의 직관이 기계적 과정일 수 있다는 증명은 가능하지 않다는
견해도 함께 피력하고 있다.[19]

요컨대 "정신과 기계"에 관한 괴델 자신의 입장은 인간의 정신이 기
계를 초월해 있거나, 아니면 정신조차 일종의 기계이거나 둘 중의 하나
라는 선언명제(disjunctive proposition)의 형식을 취하고 있다고 보는 것
이 정확할 듯 보인다.[20]

---

19) 만일 직관이 기계적 과정의 하나라면, "직관은 기계적 과정이다"라거나 "직관은
기계적 과정이 아니다"라는 판단은 모두 직관 내에서는 판단이 불가능한 명제들
이기 때문이다. 아울러 "직관이 기계일 가능성도 있다"는 괴델의 신중한 견해에
있어서 '기계'는 모든 수학자들의 기계적 판단과정에 동일하게 적용될 수 있는
보편적 형식체계(universal formal system)를 지칭하는 것임에 유의할 필요가 있을
것이다. 수학자를 비롯해 누구나 각각의 상이한 직관적 사고패턴(algorithm)을 지닐
수 있음은 분명하기 때문이다. 이 점에 대해서는 Roger Penrose, The Emperor's
New Mind (Oxford University Press, 1989), 535-536면 참조. 동 문헌에서 펜로즈
는 수학적 직관에 상응하는 '보편적 형식체계'가 존재한다 하더라도 이는 너무
복잡하고 모호해서 그 자체의 진위여부를 판별할 수 없고, 따라서 '참(truth)'에
대한 확신을 줄 수 없다고 한다. 이는 직관이 수학적 '참'을 결정해 줄 수 있다는
전제에 모순이므로, 직관은 본래적으로 '비기계적 성격(non-algorithmic nature)'을
지닐 수밖에 없다고 논증하고 있다.
20) 그러나 설령 직관이 기계적 과정의 일종에 불과하다 할지라도, 직관은 분명 어떠
한 공리체계보다도 많은 것을 결정할 능력이 있다는 점을 간과해서는 안 될 것이
다. 이것이 바로 괴델정리의 직접적 함의이기 때문이다.

II. 불완전성과 불확정성:
괴델정리의 법적 논의로의 도입

1. 법적 불확정성의 근거로서 괴델정리

법적 논의에 있어서 괴델정리가 원용되기 시작한 것은 미국의 비판법학자들에 의해서였다. 잘 알려져 있다시피 이들은 "법은 과학이며, 법적 추론은 기계적으로 명료하게 결정될 수 있다"고 보는 법형식주의를 강력하게 논박하고 부정하는 입장이다. 이들은 법현실주의의 이론적 계승자로서 법적용의 결과는 결코 형식주의적으로만 결정되는 것이 아니고, 법이 아닌 그 밖의 다른 요소에 좌우될 수 있으며, 따라서 법적 추론은 단 하나의 정답에 도달할 수 없고, 경우에 따라서는 심지어 상호 모순되는 두 개 이상의 결론에 도달할 수 있다는 이른바 '법적 불확정성 테제'를 주장하였다. 법현실주의자들이 주로 실천적 측면에서 법의 불확정성을 논급했던 반면, 비판법학진영에서는 보다 철저하게 이론적인 차원의 논거를 제시했다. 이들은 특히 언어적 모호성을 통해 불확정성 논변을 입론하였던바, 언어의 주관적이고 부정확한 속성으로 인해 언어에 의존하는 법 역시 그러한 모호성을 공유할 수밖에 없다는 식의 논변을 전개하였다. 나아가 이들은 괴델의 불완전성정리로부터, 설령 법으로부터 언어적 모호성이 완전히 제거될 수 있다 하여도 법은 본래적으로 불확정적일 수밖에 없다(the law still must prove inherently indeterminate)는 논증을 할 수 있게 된다.[21] 한 마디로 괴델의 불완전성정리는 비판법학자들의 법적 불확정성 논변에 결정적인 이론적 근거를 제시해 준다는 것이다. 예컨대 앤소니 다마토(Anthony D'Amato)와 존 파라고

---

21) 이에 대해서는 Mark R. Brown & Andrew C. Greenberg, On Formally Undecidable Propositions of Law: Legal Indeterminacy and the Implications of Metamathematics, *43 Hastings L.J. 1439* (1992), 1439-1441면 참조.

(John M. Farago)는 괴델의 불완전성정리가 법에 있어서 입증도 반증도 불가능한 명제가 무한한 정도로 존재한다는 사실을 증명해 준다고 주장하였다.22)

그러나 괴델정리는 수학, 좀 더 정확히는 수론의 형식체계에 관한 정리이다. 비록 수학적인 체계와 법적 체계가 일정한 유사성을 지닌다고는 하지만 수론에 관한 정리로부터 곧바로 법적 함의를 이끌어 내기 위해서는 분명 신중하고 엄밀한 별도의 논증을 필요로 한다고 볼 수 있을 것이다. 바로 이와 같은 맥락에서 켄 크레스는 뢰벤하임-스콜렘 정리(Löwenheim-Skolem Theorem)와 같은 수학적 증명은 법률 영어(legal English)에는 적용될 수 없다고 적절히 지적했던바, 그에 따르면 수학적 용어의 의미는 그에 상응하는 법률 용어(legal homonyms)와는 의미가 상이하기 때문이라고 한다.23) 한편 존 로저스와 로버트 몰존은 이러한 논박의 정도를 다소 완화시켜, 괴델정리가 법체계에도 매우 유관성이 있는(germane) 것은 사실이지만, 다만 이는 동일한 법으로부터 법이 어떠한 결과라도 도출해 낼 수 있을 만큼 극도로 불확정적이라는 함축을 담고 있는 것이 아니라 단지 한정된 범위 내에서의 선택지를 허용하고 있을 뿐이라는 온건한 반론을 펴기도 하였다.24)

---

22) Anthony D'Amato, Can Legislatures Constrain Judicial Interpretation of Statutes?, 75 *Virginia Law Review 561* (1989), 597면; John M. Farago, Intractable Cases: The Role of Uncertainty in the Concept of Law, 55 *New York University Law Review 195* (1980), 226-229면 참조.

23) Ken Kress, A Preface to Epistemological Indeterminacy, 85 *Northwestern University Law Review 134* (1990), 144-145면. 켄 크레스는 괴델정리를 명시적으로 논급하고 있지 않지만, 그의 논의맥락에 비춰 볼 때 충분히 괴델의 불완전성정리도 법에는 적용될 수 없다고 보고 있다고 판단된다.

24) John M. Rogers & Robert E. Molzon, Some Lessons about the Law from Self-Referential Problems in Mathematics, 90 *Michigan Law Review 992* (1992), 1008면과 1021-1022면 참조.

2. 괴델정리의 법적 논의로의 적용가능성에 대한 증명

그렇다면 과연 괴델정리가 법적 논의에 적용될 수 있다는 증명은 어떻게 가능한지 검토해 볼 필요가 있을 것이다.

직관적으로 볼 때, 괴델정리가 수론과 같이 제한되고 엄밀한 체계에 적용될 수 있다면 그보다 훨씬 넓고 복잡한 체계인 법에는 당연히(a fortiori) 적용될 수 있을 것으로 생각할 여지도 있다. 괴델정리는, 예컨대 "이 명제는 증명불가능하다"처럼 자기기술(self-description)이 가능할 만큼 충분히 복잡한(sufficiently complex) 체계에서는 적용될 수 있는바, 단순한 수론체계조차도 이러한 자기기술을 허용한다면, 이보다 훨씬 풍부한 표현이 가능한 법규칙들은 당연히 자기 자신을 기술할 수 있을 만큼 충분히 복잡하다고 볼 수 있기 때문에 이러한 직관은 분명 타당한 측면이 있다.[25] 그러나 전술한 바와 같이 아무리 자명해 보이는 직관도 틀릴 수 있다. 그렇기 때문에 괴델정리를 원용해 법체계의 불확정성을 입론하기 위해서는 괴델정리가 법체계에도 적용될 수 있는지에 대하여 매우 엄밀한 논증이 선행되어야 할 것이다.[26]

---

25) John M. Rogers & Robert E. Molzon, 앞의 논문, 1009면 참조. 괴델의 불완전성 정리는 원래 자기지시(self-reference)와 이로부터 발생하는 역설(paradox)과 밀접한 연관이 있다. 즉, 자기기술(self-description)을 허용할 만큼 충분히 복잡하고 무모순적인 체계라면 역설적 명제가 만들어질 수 있기 때문이다. 앞의 논문, 1010면 참조. 동양에서도 불교논리학은 일찍이 이러한 역설을 발견하고 이를 극복하려는 노력을 기울여 왔다. 예컨대 "모든 것은 무상하다"는 불교적 명제가 그러하다. 불교에서는 이를 '자어상위(自語相違)'라 한다. 이에 대해서는 김상일, 괴델의 불완전성정리로 풀어 본 원효(元曉)의 판비량론(判比量論)(지식산업사, 2003), 74면 이하. 다만 보다 정확히 말하자면, 후술하듯이(각주 27 참조) 괴델명제 G의 결정불가능성은 첫째, G가 자기지시적 명제일 것 둘째, G가 자기 자신의 증명불가능성을 주장해야 할 것이 모두 충족되어야 발생한다. 이 점에 대한 적확한 지적으로는 이종권, Gödel의 증명에서의 對角線論法, 철학논구 제8권, 1980, 35면 참조.

26) 이 점은 많은 학자들로부터 누누이 지적되어 왔다. 대표적으로 지라도 스팬은 "The differences between formal logical systems and our less rigorous legal

이를 위해서는 크게 세 가지 방법론이 강구될 수 있다.

첫째는 괴델이 증명한 방식[27])에 따라서 법체계의 불완전성을 직접

---

system are substantial enough that it is probably not useful to attempt a direct application of Gödel's theorem to legal or philosophical analysis"라고 지적하고 있다. Girardeau A. Spann, Secret Rights, *71 Minnesota Law Review 669* (1987), 698-699면.

27) 괴델의 증명은 전반적 구도는 다음과 같다. 다음과 같은 명제 G가 있다고 하자. G: G는 이 체계 내에서는 증명불가능하다. 그렇다면 G의 부정~G는 다음과 같다. ~G: G는 이 체계 내에서는 증명가능하다. 만일 G가 증명가능하다면, G의 부정명제 ~G는 참이다. 그리고 어떤 명제의 부정이 참이면, 그 명제는 거짓이므로 G가 증명가능하다면, G는 거짓이다. 그러나 G가 증명가능하다면, 이는 G가 참이란 뜻이다. 이 체계가 무모순적인 체계라고 가정할 때(만일 모순적 체계이면 G도 ~G도 증명가능하기 때문에), G가 증명가능하면 G는 참이면서 동시에 거짓이다. 이것은 모순이며, 따라서 G는 증명불가능하다는 것을 뜻한다. 결국 이 체계가 무모순적이면, G는 이 체계 내에서는 증명불가능하다. 그런데 이러한 결론은 결국 명제 G 그 자체이다. 그러므로 G는 참인 명제이다. G가 참이라는 점이 이 체계 내에서는 증명되지 않지만, 체계를 넘어서 들여다 볼 수 있는 '직관'에 의해 확인된다. 요컨대, 직관적으로 참이지만, 체계 내에서는 증명할 수 없는 명제가 존재한다는 것이다. 괴델은 이 증명과정에서 명제 G를 이른바 '괴델기수법'에 의해 산술명제로 전환시킴으로써 산술체계 내에서 참이지만 증명불가능한 명제가 존재한다는 사실을 증명한 것이다. '괴델기수법'은 대략적으로 말하자면, 명제 G의 문장을 논리 기호들만으로 나타내 '형식체계화'하고, 이 논리 기호들에 일정한 수를 부여함으로써 결국 산술만으로 이루어진 명제로 전환시키는 것이다. 즉, 명제 G를 형식체계의 명제로 바꾸고, 또다시 이를 산술명제로 나타내는 것이다. 예컨대, 다음과 같은 논리 기호 "부정(not; ~)"에는 1을, "만일 … 그러면 …(if… then…)"에는 2를, "변수(variable; x)"에는 3을, 그리고 "등호(equals; =)"에는 4를 부여하는 것 등이다. 이렇게 함으로써 명제 G는 형식화된 논리기호만으로 표기될 수 있으며, 이 형식화된 명제는 또다시 산술명제로 전환이 가능한 것이다. 그러므로 전술한 명제 G에 대한 결론 "직관적으로 참이지만 체계 내에서는 증명할 수 없는 명제가 존재한다"는 "산술을 포함하는 형식체계 내에서는 직관적으로 참이지만 증명할 수 없는 명제가 존재한다"는 결론으로 전환되는 것이다. 이것이 괴델의 제1불완전성정리이며, 괴델은 더 나아가 산술을 포함하는 어떠한 형식체계에서도, 예컨대 공리를 추가해 G를 형식적으로 유도할 수 있는 새로운 형식체계를 만든다 하더라도, 똑같은 결론이 가능함을 증명하였다.

적으로 증명하는 것이다. 그러나 결론적으로 이것은 사실상 불가능하
다. 괴델의 산술체계의 불완전성을 증명하기 위해 다수의 기호식과 증
명규칙을 사용했던바, 그 증명과정은 대단히 복잡하기 때문에 만일 간
단한 산술체계가 아닌 법체계의 불완전성을 괴델의 방식을 따라 증명
하기 위해서는 신적인 노력(herculean effort)이 필요할 것이기 때문이다.

둘째는 산술의 명제를 기술적 방법을 동원해 그에 상응하는 법명제
로 표현하거나 법적 사례로 표현함으로써 산술체계의 불완전성으로부
터 법체계 또는 법적 사례의 불완전성을 입론하는 것이다.[28] 그러나 이
방법에 대해서는 산술명제와 법명제의 상호전환을 위한 기술적 방법의
어려움은 차치하고, 설령 이러한 방법이 가능하다 할지라도 이것만 가
지고는 법체계 일반의 불완전성은 입론될 수 없기 때문에 역시 한계가
있다고 볼 수 있다. 왜냐하면 괴델의 정리는 어떠한 산술체계에서도 적
용될 수 있지만,[29] 산술명제를 전환해 구축한 특정한 법체계가 다른 법
체계로까지 확장될 수 있는지는 불확실하고 별도의 또 다른 증명을 요
구하기 때문이다.[30]

마지막으로 차선책이지만 강구될 수 있는 방법은 "특정한 법적 맥락에

---

28) 이러한 가능성은 다음과 같을 것이다. 예컨대, 산술의 표현도구인 각 숫자에 그에
    대응하는 법개념과 규칙을 부여하여, 가령 "2: 원고, 3: 피고, 8: 승소하다, 10:
    패소하다"라고 하고, 이 법체계에는 "원고는 패소한다"는 공리가 지배한다고 가
    정한다면 "원고가 패소하다"라는 법명제는 "2(원고)×5=10(패소하다)"라는 산술
    적 명제로 전환시킬 수 있으며, 피고가 승소하게 될 것이므로 "3(피고)+5=8(승소
    하다)"이라는 명제로 표현할 수도 있다. 법명제의 논리적 관계가 산술적 관계로
    전환된 것이다. 따라서 "원고가 패소한다"라는 법명제는 공리에 의해서도 증명이
    가능하지만 "2×5=10" 또는 "3+5=8"이라는 산술을 통해서도 증명할 수 있다. 이
    는 괴델이 자신의 증명을 위해 "=", "~" 등의 일정한 부호와 "x, y" 등의 변수에
    일정한 수(괴델수)를 부여한 것과 유사한 방식이다.
29) 이 점은 괴델정리의 중요한 내용 중의 하나이다. 즉, 산술의 공리체계를 수정하거
    나 무한히 확장시켜 보아도 이 새로운 공리계 내에서도 형식적으로 연역할 수
    없는 산술적 참명제가 존재한다는 점을 괴델은 증명했다. Ernest Nagel & James
    R. Newman, 앞의 책, 59면 참조.
30) Mark R. Brown & Andrew C. Greenberg, 앞의 논문, 1474면.

서 불확정적인 법명제(an indeterminate legal proposition within a specific
legal context)"를 만들어 보는 것이다. 즉, 괴델이 사용했던 증명방식과
마찬가지로 "G는 이 체계 내에서는 증명불가능하다"처럼 "이 명제가
불확정적 법명제로 제시될 때에는 법은 이 명제가 참이라고 결정할 수
없다"는 법명제를 만들고, 이것이 곧 자신을 포함하는 법적 사례의 자기
지시적 구조를 "반영(mirror)"[31]하도록 하여, 이 명제의 증명불가능성으
로부터 주어진 법적 사례의 불확정성을 입론할 수 있도록 상황을 설정하
는 것이다. 비록 이것은 완전한 증명은 아니며, 단지 미시적(microcosmic)
접근방법에 불과하지만 법은 본래적으로 불확정적이라는 결론을 도출
해 낼 수 있다. 그 방법은 다음과 같다.[32]

우선 다음과 같은 사례를 설정할 수 있다.

> 실제사례) 형식주의자인 랑델르(Langdelle) 교수는 자신의 비판적 학생인 구르
> 델(Kurt Gurdelle)과 법의 불확정성 문제를 해결하기 위한 계약을 맺
> 는다.[33] 계약조건은 다음과 같다. 랑델르는 만일 구르델이 불확정적인
> 법명제를 포함하는 불확정적인 가상의 사례를 만들어 오면 100달러를
> 주기로 약속하였다. 괴델은 랑델의 제시조건을 승낙하고 그러한 사례
> 를 만들기 위해 떠난다. 이후 구르델은 자신이 그러한 사례를 찾았다
> 고 확신하면서 이를 랑델르에게 제시하고 100달러를 청구한다. 그러
> 나 랑델르는 그 증명이 "터무니없고 기묘하다(preposterous)"고 보아,
> 이를 거부한다.

물론 이 경우 구르델은 랑델르를 상대로 계약위반에 대해 소를 제기
할 수 있고 이 소송에서 승패의 관건은 과연 구르델이 계약조건대로 불
확정적인 사례를 찾아 왔느냐는 것이며, 다시 말해 구르델이 제시한 사

---

31) 전문용어로는 '寫像(mapping)'이라고 한다.
32) 이하의 증명은 Mark R. Brown & Andrew C. Greenberg, 앞의 논문, 1477-1480면
   을 참조해 좀 더 이해하기 쉽도록 필자가 약간의 변형을 가해 재구성한 것이다.
33) 이 명칭은 물론 대표적 법형식주의인 랑델(Langdell)과 비판법학자(Critical Legal
   Scholars), 그리고 괴델의 이름에서 약간 변형시켜 따온 것이다.

례가 법에 의해 하나의 확정적인 결론에 도달할 수 있느냐, 없느냐의 여부인 것이다.

구르델은 다음과 같은 가정적 사례(hypothetical case) "비판적 학생 대 형식주의 교수(Critical Student v. Formalist Professor case)"를 고안해 낸다.

> 가상사례) 형식주의자인 가상의 법대 교수가 또한 가상의 학생과 법의 불확정 성 문제를 해결하기 위해 계약을 맺는다. 교수는 만일 그 학생이 법에 의해 결정될 수 없는, 불확정적인 법명제를 포함하는 불확정적인 사례 (indeterminate case containing a legal proposition that cannot be resolved under the law)를 찾아오면 100달러를 주겠다고 약속한다. 학생은 그러한 사례를 만들어 내기 위해 급히 떠나고 결국 찾아내어 교수에게 제시하였지만, 교수는 그 증명이 "터무니없고 기묘하다"고 여겨 돈을 주기를 거부한다.

위 두 사례는 동일하며, 따라서 가상사례는 "이 문장은 거짓이다"라는 명제처럼[34] 일종의 자기지시적 성격을 지니고 있다.[35] 그리고 가상 사례에 대한 법관의 결정은 곧 실제사례의 결과를 결정한다. 위 두 사례에서 쟁점이 되는 것은 가상의 학생이 제시한 증명이 참인지 거짓인지의 문제이며, 과연 이를 결정할 수 있느냐가 문제해결의 관건이다. 가

---

34) 가상사례의 자기지시적 구조는 정확히는 "이 문장은 거짓이다"의 '콰인화'된 명 제의 구조에 더 가깝다. 이에 대해서는 후술하는 '콰인화'를 참조할 것.

35) "이 문장은 거짓이다"라는 명제와 크레타 인이 주장한 "모든 크레타 인은 거짓말 쟁이다"라는 명제는 모두 역설을 낳지만 중요한 차이가 있다. 전자는 주어진 명 제를 참으로 가정하거나 거짓으로 가정하거나 항상 역설이 생기지만, 후자는 그 명제를 참이라고 가정할 경우에만 역설이 발생한다. 왜냐하면 만일 그 명제가 거 짓이라면 "어떤 크레타 인은 거짓말쟁이가 아니다"라는 뜻이 되므로 "어떤 크레 타 인"은 그 말을 한 크레타 인 자신이 될 수도 있고 아닐 수도 있기 때문이다. 이 크레타 인은 철학자 에피메네데스를 가리키며 흔히 후자는 에피메네데스의 역설로 불린다. 후자와 같은 유형의 역설을 부분적 또는 불완전한 역설로 볼 수 있을 것이다. 이 점에 대한 상세한 설명으로는 야마오카 에쓰로(山岡悅郎)/안소 현 역, 거짓말쟁이의 역설(うそつきのパラドックス) (영림카디널, 2004), 24-27면.

상사례를 통해 구르델은 가상의 학생이 제시한 증명이 참이라는 점을 결정할 수 없는 사례를 제시하고 있는 것이다. 그런데 가상학생이 제시한 증명은 곧 실제사례에서 구르델 자신이 제시한 증명이다. 그러므로 이 가상사례의 자기지시적 구조는 다음과 같이 표현할 수 있다.

> 구르델의 증명: "이 증명이 불확정적 사례의 증명으로 제시될 때에는 이 증명이 참이라고 결정할 수 없다."[36]

가상사례의 자기지시적 구조를 그대로 반영할 수 있는 법명제를 만들면 다음과 같다. 그리고 가상의 학생이 이를 불확정적 법명제로 제시한다고 가정하자.

> 법명제 1) "이 명제가 불확정적 법명제로 제시될 때에는 법은 이 명제가 참이라고 결정할 수 없다."[37]

법관은 이 명제가 법에 의해 참 또는 거짓으로 결정될 수 있다고 전제하며 판결을 내리고자 할 때 다음과 같은 딜레마에 빠지게 된다. 우선 만일 법이 이 명제를 참으로 결정할 경우, 이 명제가 법에 관해 주장하는 바는 참일 것이며, 그렇다면 이 명제의 주장에 따라 법은 이 명제가 참이라고 결정할 수 없는 바, 법관은 결국 법이 이 명제가 참이라고 결정할 수 없을 때 이 명제가 참이라고 결정해야 하므로 이는 명백히 모순이다. 반면 만일 이 명제가 법에 의해 거짓이라고 결정될 경우, 이 명제가 법에 관해 주장하는 바의 부정이 참이 될 것이며, 이 명제의 부정은 법이 이 명제를 참이라고 결정할 수 있을 때 이 명제가 거짓이라고 결정해야 한다는 것인바, 이 역시 모순이다. "이 법체계가 무모순적

---

36) 가상사례의 자기지시적 구조는 "'는 증명은 그 인용이 앞에 나오면 참이라고 결정할 수 없는 증명이 발생한다'는 증명은 그 인용이 앞에 나오면 참이라고 결정할 수 없는 증명이 발생한다"로 '콰인화'시킬 수 있을 것이다.

37) "The law does not compel a determination that this proposition is true when it is offered as an instance of an indeterminate proposition of the law."

이라면" 더 이상의 다른 결론은 도출될 수 없는 바, 결국 이 명제는 법에 의해 참과 거짓의 결정이 불가능한 불확정적 법명제인 것이다.

다만 이때 법명제가 불확정적인 이유는 법의 불확정성 그 자체 때문이 아니라 "이 진술은 거짓이다(This statement is false)"와 같이 "이 진술(This statement)" 등의 자기지시적 표현을 사용함으로써 언어사용의 혼동에서 비롯된 것이다.[38] 따라서 위 법명제를 이러한 언어적 혼동이 없는 불확정적 법명제로 전환할 필요가 있는데, 다음과 같은 법명제가 가능하다.[39]

> 법명제 2) "는 그 인용구가 앞에 나오면, 법이 참이라고 결정할 수 없는 명제가 발생한다"는 그 인용구가 앞에 나오면, 법이 참이라고 결정할 수 없는 명제가 발생한다.[40]

다소 복잡한 이 명제를 이해하기 위해서는 콰인(W.V. Quine)의 역설에 대한 검토가 필요하다. 콰인은 전술한 "이 진술은 거짓이다"와 같은 역설이 "이(this)"라는 애매한 지시어가 사용되었기 때문임을 지적하면서, "이 진술은 거짓이다"를 다음과 같이 바꾸었다.

> 콰인명제 1) "는 그 인용이 앞에 나오면 거짓이 발생한다"는 그 인용이 앞에 나오면 거짓이 발생한다("Yields a falsehood when appended to its own quotation" yields a falsehood when appended to its own quotation).

콰인명제 1)은 이해의 편의상 다음과 같이 풀어서 쓸 수가 있다.

---

38) Mark R. Brown & Andrew C. Greenberg, *Ibid.*, p.1479.
39) 이 증명과정에서 '콰인화'가 필요한 이유는 괴델정리의 증명과정에서 명제 G를 언어적 애매성이 없는 형식적 기호로 대체한 것과 같은 맥락이다.
40) "'yield a statement for which the law does not compel a finding that it is true, when appended to its quotation' yields a statement for which the law does not compel a finding that it is true, when appended to its quotation."

콰인명제 2) "는 그 인용이 앞에 나오면 거짓이 발생한다"라는 문구 앞에 그 문구를 인용한 문장은 거짓이다.

콰인명제 2)에서 "'는 그 인용이 앞에 나오면 거짓이 발생한다'라는 문구 앞에 그 문구를 인용한 문장"은 결국 콰인명제 2) 자신이다. 요컨대 콰인명제 2)는 "콰인명제 2)는 거짓이다"라고 서술하고 있는 것이며, 이는 곧 "이 진술은 거짓이다"라는 명제처럼 자기지시적이며 역설적인 명제인 것이다. 그리고 콰인처럼 명제를 바꾸는 것을 '콰인화'라고 한다. 콰인은 "이 진술은 거짓이다"와 같은 자기지시적 명제를 '콰인화'하여 '이(this)' 등의 구절을 제거하더라도 역설이 발생할 수 있음을 증명해 주었다.[41]

법명제 2)는 소위 법명제 1)을 '콰인화'한 것이며, 전술한 바와 같이 결정 불가능한 명제로부터 "이 문장" 등의 자기지시적 표현을 제거하더라도 역시 동일한 역설이 발생한다. 즉, 법명제 1)에서 자기지시적 표현을 모두 제거하여 법명제 2)처럼 바꾸어도 여전히 동일한 역설이 발생한다는 것이다.

이상의 증명으로부터 다음과 같은 결론을 이끌어 낼 수 있다.

전술한 사례는 법이 불확정적이라는 사실을 증명해 준다. 법관은 법이 일정한 법명제의 진위를 결정해 줄 수 있다는 전제하에 그 명제가 참인 경우와 거짓인 경우를 모두 검토해 보았지만 결국 역설이 발생하였던 바, 그 이유는 법이 모든 법명제의 진위를 결정해 줄 수 있다는, 즉 법이 확정적이라는 전제가 틀렸기 때문이다. 다만 이러한 결론에는 일정한 제한이 있다. 앞서 증명한 것은 일정한 조건의 성취를 요구하는, 무모순적인 계약법적 체계 내에서는 법이 불확정적이라는 것이다. 따라서 다른 법체계의 불확정성은 별도의 증명이 필요할 것이다. 예컨대 형사법체계에서의 불확정성은 불확정적 형사사례와 법명제의 고안을 통해서 입론될 수 있을 것이다.[42]

---

41) Willard van Orman Quine, Pursuit of Truth (Harvard University Press, 1990), 81-84면. 야마오카 에쓰로(山岡悦郎)/안소현 역, 앞의 책, 199-122면 참조.

III. 플라톤주의와 괴델정리

1. 수학적 플라톤주의와 괴델

괴델은 수학에 있어서 '플라톤주의자'로 잘 알려져 있다. 일반적으로 플라톤주의란 '경험주의'에 반대되는 입장으로서 인간의 경험을 벗어나 존재하는 '객관적 실체'의 존재를 긍정하는 철학적 입장을 말한다. 플라톤은 그러한 객관적 실체를 '형상' 또는 '이데아'라고 불렀다. 이데아는 존재하는 모든 대상들의 전제로서 그 스스로는 모든 변화로부터 벗어나 있고, 그렇기 때문에 진실로 존재하는 것이며, 이데아 이외의 감각적인 개별적 사물들과 구분된다. 즉, 이데아는 모든 존재의 원초적 형태이며 이에 반해 현실의 개개의 사물들은 이데아에 참여하거나 이데아를 모방하는 한에서만 존재하게 된다고 한다. 나아가 플라톤은 이데아는 오류가 불가능한 완전한 지식인 데 비해 감각세계의 사물들은 불확실하고 오류를 범할 수 있는 주장의 대상일 뿐이라고 보았다. 다시 말해 이데아는 개별적인 경험에 관계없이 가장 보편타당한 인식대상이고, 이데아의 내용은 절대적 확실성을 지닌 영원한 이성진리(Vernunft-wahrheiten)라는 것이다.[43] 그리고 플라톤은 이성적 사유에 의해 이데아를 인식할 수 있음을 분명히 하였다.[44]

플라톤적 관점을 수학에 적용해 수학적 실체의 객관적 존재를 추구하는 관점을 가리켜 '수학적 실재론' 또는 '수학적 플라톤주의'라고 한다. 수학적 플라톤주의는 "인간은 만물의 척도다"라는 고대 소피스트들

---

42) Mark R. Brown & Andrew C. Greenberg, 앞의 논문, 1480면.

43) 이에 대해서는, 한스벨첼(Hans Welzel)/박은정 역, 자연법과 실질적 정의 (Naturrecht und Materiale Gerechtigkeit) (삼영사, 2002), 38면 참조.

44) 남경희, 플라톤: 서양철학의 기원과 토대 (아카넷, 2007), 19면 참조. 단, 플라톤의 '동굴의 비유'는 이데아의 인식이 결코 용이하지 않은 노력을 필요로 함을 잘 보여준다.

의 명제에 반대하며, 수학적 진리는 일체의 인간적 행위와는 무관하게 결정된다는 입장을 견지한다. 이 입장에 따르면, 수학적 진리는 수학적 실체(reality of mathematics), 즉 비록 추상적이긴 하지만 그 실체를 구성하는 수나 집합과 같은 실체적 요소들(real entities)의 성질에 의해 결정된다고 한다. 간단히 말해 수학적 진리는 플라톤의 '형상' 또는 '이데아' 개념처럼 경험적인 대상을 넘어 이들로부터 독립해 있는, 초월적이고 객관적인 형이상학적 공간에 존재하며, 따라서 수학적 진리는 '발견'되는 것이지 결코 인간에 의해 '창조'되는 것이 아니라고 본다.45)

괴델은 바로 이러한 '수학적 플라톤주의'의 신봉자였던 것이다.46) 그런데 전술한 바와 같이 괴델은 논리실증주의자들의 모임인 빈서클의 일원이었다. 이처럼 괴델이 실증주의자들과 교류하였다는 사실에 비추어 그 역시 실증주의자였고, 괴델정리도 논리실증주의를 표방하는 정리라고 해석하는 견해가 있다.47) 예컨대 데이비드 에드몬드와 존 아이디노는 그들이 펴낸 "Wittgenstein's Poker"에서 별다른 근거도 없이 괴델 정리에서도 빈서클의 목소리가 울려퍼진다고 평가하였다.48) 또한 빈서클의 일원이자 저명한 철학자인 카르납도 "괴델의 정리는 빈서클의 입장을 옹호하는 것이며, 괴델의 방법을 이용하면 메타논리(metalogic)도 산술화와 정식화가 가능한바, 이로써 모든 형이상학적 요소를 제거하려는 빈서클의 계획을 실현가능하게 해 준 것이다"라고 평가하였다고 한

---

45) Rebecca Goldstein, 앞의 책, 44-47면.

46) 쾰러도 이 점을 명확히 지적하고 있다. "Der wichtigste gegenwärtige Platonist im Gebiete der Mathematik war zweifellos Kurt Gödel." Eckehart Köhler, 앞의 논문, 245면.

47) 심지어 전 세계적으로 널리 알려진 슈퇴리히(Hans J. Störig)의 '세계철학사(Kleine Weltgeschichte der Philosophie)'에서도 괴델을 "논리실증주의를 표방한 빈서클에 속한" 인물로만 기술함으로써 충분히 이러한 그릇된 해석을 불러일으킬 소지를 남기고 있다. 한스 요하임 슈퇴리히(Hans J. Störig)/박민수 역, 세계철학사(Kleine Weltgeschichte der Philosophie) (이룸, 2008), 1038-1039면 참조.

48) David Edmonds & John Eidinow, Wittgenstein's Poker (New York: Ecco, 2001), 163면.

다.[49] 그러나 이러한 평가는 완전히 잘못된 것이며, 괴델정리의 법이론적 의의를 이해하는데 있어서도 분명히 재검토 되어야 할 부분이다. 이하에서는 논리실증주의의 기원과 그 철학적 지향점을 검토해 보고, 그것이 플라톤주의와 다른 점을 확인한 뒤, 괴델정리의 법이론적 의의를 논구해 보고자 한다.

2. 논리실증주의와 빈서클

20세기 초반 플라톤적 사고방식을 거부하고 반형이상학적 관점을 명백히 천명하며 등장한 사상사조로서 '논리실증주의'가 있다. 이들은 형이상학적 사변, 특히 선험적이고 초월적인 유형의 사변에 철저하게 반대했으며, 경험과학적 방법론을 동원하여 철학적 연구의 전통적 방식에 뿌리박혀 있는 신비적 모호성과 형이상학적 경향을 일소하려 하였다. 이들은 종종 '논리경험주의(logical empiricism)' 또는 '급진적 경험주의(radical empiricism)'라고도 불린다. 이들이 일종의 경험주의로 이해되는 것은 경험에 의한 과학적·실증적 방법에 의해 지식의 한계를 찾고자 한 데이비드 흄과 콩트의 정신을 이어받고 있기 때문이다.[50] 이들은 '지식'에 관한 경험주의자들의 이론을 '의미'에 관한 이론으로 전환시켰다. 경험주의자들은 지식의 진위는 경험적 수단을 통해서만 판별이 가능하다고 보았듯이, 논리실증주의자들은 명제는 그 진위가 경험적으로 검증가능한 경우에만 '유의미'하고 검증불가능한 초경험적인 명제는 '무의미(nonsensical)'한 것으로 보아 철저히 배척하였던 것이다. 이처럼 이들은 경험적으로 검증가능한 명제[51]와 무의미한 명제[52]를 철저하게

---

49) Rebecca Goldstein, 앞의 책, 104면의 각주 17)을 참조.

50) 이러한 평가로는 Herbert Feigl, 논리실증주의의 기원과 정신, 「쿤의 주제들: 비판과 대응(조인래 편역)」 (이화여자대학교 출판부, 1997), 19-21면 참조. 원전은 "The Origin and Spirit of Logical Positivism", in: P. Achinstein & S. Barker(eds.), The Legacy of Logical Positivism (Johns Hopkins University Press, 1969) 참조.

구분하였던바, 경험적 검증과 관계없이 개념 자체에 의해 선험적으로 진위가 결정되는 순수 수학적 명제나 논리학의 '항진명제(tautology)'는 그러한 구분에서 제외하였다. '논리실증주의'란 명칭 앞에 붙은 '논리(logical)'는, 바로 이처럼 논리실증주의자들이 순수 수학적 명제와 같은 논리적 명제를 유의미한 명제와 무의미한 명제라는 이분법적 구도에서 제외시켰다는 점을 강조하기 위해서라고 한다.[53] 즉, 이들에 의하면 수학적 명제에는 '서술적 내용(descriptive content)'이 없기 때문에 경험적으로 검증할 수 없고, 오로지 그 진위는 수학 자체의 개념과 정의, 그리고 추론규칙 등에 의해 증명될 뿐이라고 본다. 한 마디로 수학은 '구문론적(syntactic)'이라는 것이다. "수학이 구문론적이다"라고 이해하게 되면 수학적 명제의 진위는 형식체계의 구문론, 즉 정해진 수학적 규칙에 따라 판명되게 된다. 따라서 논리실증주의자들은 골드바흐의 추측에 대해 "2보다 큰 모든 짝수는 어떤 두 소수의 합이다"라고 형식체계 내에서 증명되지 못하면 '참'이 아니지만, 수학적 실재론, 또는 플라톤주의자들은 설령 증명하지 못했을 지라도, 두 소수의 합으로 표현되지 않는 2보다 큰 짝수가 없다면 이 명제는 '참'이다. 바로 이 점이 수학적 플라톤주의와 논리실증주의의 큰 차이점인 것이다.[54]

    논리실증주의는 괴델이 공부하던 오스트리아의 빈대학에서 태동하였다. 당시 빈에는 선도적인 지식인들을 중심으로 정기적으로 일정한 주제에 관해 진지한 논의를 나누는 토론그룹이 많았으며, 그 중에서 철학자 모리츠 슐리크(Moritz Schlick)를 중심으로 하는 서클이 가장 두각을 나타내어, 처음에는 '슐리크 서클'이라고 불리다가 후일 저 유명한 '빈서클'로 알려지게 된다. 이 그룹은 다양한 사상가들로 구성되었는데,

---

51) 경험적으로 검증가능한 명제란 예컨대 "버락 오바마는 흑인이며 미국의 대통령 당선자이다"처럼 실제 사실에 비추어 그 진위의 판명이 가능한 명제를 말한다.
52) 이들의 관점에서 무의미한 명제란 대표적으로 "신은 존재한다"가 있다. 경험적으로 검증할 수 없기 때문이다. 같은 이유로 "신은 존재하지 않는다"도 무의미한 명제가 된다.
53) Rebecca Goldstein, 앞의 책, 85면.
54) 앞의 책, 86-87면.

철학자인 루돌프 카르납, 사회학자이며 경제학자인 오토 노이라트, 수
학자인 한스 한, 프리드리히 바이스만, 허버트 파이글, 카를 멩거 등이
그 주역이었다. 이들은 처음에는 빈의 한 카페에서 모이다가, 1924년부
터 모임을 정식화하여 당시 빈대학의 수학과 물리학 연구소들이 들어선
건물 지하의 한 방에서 모임을 개최하였다. 한번 모임에는 20명 이하의
멤버들이 참석했으며, 가끔 외부에서도 참관을 하였는데 대표적 인물로
는 헝가리 출신의 수학자이며 게임이론을 개발한 장본인인 폰 노이만과
하버드대학의 분석철학자인 콰인, 영국의 철학자 에이어, 그리고 폴란드
의 논리학자인 타르스키 등이 대표적이다. 이들은 괴델을 제외하고는
거의 모두 실증주의적 관점을 취하고 있었다.

빈서클에 가장 큰 영향력을 발휘한 사람은 그 서클의 멤버가 아닌
비트겐슈타인이었다.[55] 특히 이 서클의 지도자인 슐리크는 비트겐슈타
인에게 매우 헌신적이었고,[56] 그를 정기적으로 만났다. 빈서클은 슐리
크와 한스 한의 요청에 따라 이 모임에 참여한 기하학자 쿠르트 라이데
마스터의 제안에 따라서 1924 또는 1925년 무렵부터 1년에 걸쳐 비트
겐슈타인의 '논리철학논고'를 두 번이나 통독하였다. 빈의 실증주의자
들은 '논리철학논고'가 그들이 추구하는 실증주의적 관점에 새롭고 순
수한 기초를 제시해 준다고 믿었던 것이다.[57] 예컨대 논고 4.003은 그
들의 근본신념과 완벽하게 부합되고 있다고 보았다.

"철학 저술들에 나오는 대부분의 명제와 질문들은 오류라기보다는 무의미하

---

55) 이 점은 알렌 자닉(Allan Janik)과 스티븐 툴민(Stephen Toulmin)이 지은
   "Wittgensteins's Vienna(London, 1973)"라는 책과 이 책의 제목만 보아도 감지할
   수 있다. 우리나라에는 "빈, 비트겐슈타인, 그 세기말의 풍경"이란 제목으로 번역
   서가 출간되어 있다. 비트겐슈타인은 빈서클의 명예회원이었고, 정신적 지도자로
   존경을 받았지만, 그 자신은 정식 회원이 되는 것을 거절했다고 한다. 이에 대해
   서는 David Edmonds & John Eidinow, 앞의 책, 149면.
56) 이러한 평가는 이 서클의 주된 멤버의 한 사람인 파이글이 내린 것이다. Herbert
   Feigl, 앞의 책, 20면.
57) Rebecca Goldstein, 앞의 책, 97-98면.

다. 따라서 우리는 이런 종류의 질문들에 아무런 답도 할 수 없으며 단지 무의미
하다고 지적할 수 있을 뿐이다."58)

　　나아가 빈서클은 논리철학논고의 마지막 명제 즉, "말할 수 없는 것
에 대해서는 침묵해야 한다(Wovon man nicht sprechen kann, darüber
muß man schweigen)"는 구절에 대해 "말할 수 있는 것을 초월한 곳에는
아무것도 존재하지 않는다"고 주장하는 것으로 이해했다.59)

　　그러나 비트겐슈타인은 자신이 실증주의자로 비치지만 결코 아니라
고 주장했으며,60) 빈서클이 자신을 억지로 그들의 관점에 짜 맞춰 해석
하는 것(fitting him to the procrustean bed of their precision)에 대해 분노
를 터뜨리곤 하였다고 한다.61) 즉 비트겐슈타인은 "말할 수 없는 것"들
이 실재한다고 보았으며,62) 다만 논고의 마지막 명제를 통해 이는 언표

---

58) 4.003 "Die meisten Sätz und Fragen, welche über philosophische Dinge
　　geschrieben worden sind, sind nicht falsch, sondern unsinnig. Wir können daher
　　Fragen dieser Art Überhaupt nicht beantworten, sondern nur ihre Unsinnigkeit
　　feststellen."
59) 이 점에 대해서는 박영식, 비트겐슈타인 연구 : 「논리철학논고」의 해명 (현암사,
　　1998), 169면 참조.
60) 이 점은 비트겐슈타인이 자신의 전기철학에서 중요한 역할을 하는 '대상
　　(Gegenstand; object)'이란 개념을 플라톤의 '형상' 개념과 유사한 것이라고 밝힌
　　바에서도 잘 드러난다. PI § 48 "Diese Urelemente waren auch Russel's 'individuals',
　　und auch meine 'Gegenstande'(러셀의 '개별자들'도 나의 '대상들'도 이러한 원소
　　들 ― 텍스트 문맥상 플라톤의 형상을 지칭함 ― 이었다)."
61) 비트겐슈타인과 빈서클 간의 견해 대립으로 인한 '불화'와 그로 인한 '결별'은
　　널리 알려진 사실이다. 이 점에 대해서는 알렌 자닉·스티븐 툴민(Allan Janik &
　　Stephen Toulmin)/석기용 역, 빈, 비트겐슈타인, 그 세기말의 풍경(Wittgensteins's
　　Vienna) (이제이북스, 2005), 349-365면 참조. 특히 361면. 또한 Rebecca
　　Goldstein, 앞의 책, 106-108면 참조.
62) 박영식, 앞의 책, 168-169면 참조. 동 문헌에 따르면 논리실증주의자들은 명제의
　　검증원리에 어떠한 제한도 설정하지 않고, 이 원리의 적용을 넘어서는 초월적인
　　대상의 존재를 인정하지 않지만, 비트겐슈타인은 언표할 수 없고, 세계를 초월해
　　있는 존재를 인정하고 있다는 점에서 차이가 있다고 한다. 동지의 견해로
　　Rebecca Goldstein, 앞의 책, 106면과 191-192면 참조.

가 불가능하다고 선언했을 뿐인데, 실증주의자들이 이를 자신들의 관점
에 따라서 왜곡하여 해석하여 '실증주의자'로 '낙인'을 찍는 것에 대해
분개했다는 것이다.[63] 비트겐슈타인은 논고의 출판과정에서 그 책의 주
제에 내해 실명한 어느 서신에서 다음과 같이 말했다고 한다.

> "이 책의 요점은 윤리적인 것입니다. (중략) 서문과 결론을 읽어 주시기 바랍
> 니다. 왜냐하면 그 내용이 이 책의 요점에 관한 가장 직접적인 표현을 포함하고
> 있기 때문입니다."[64]

서신의 내용에 따르면 논고의 주제는 명백히 '윤리적'인 것이다. 실
증주의자들의 해석과는 달리 비트겐슈타인은 '언표될 수 없는 것'의 존
재와 가치를 인정하고 있는 것이다.[65] 이 점은 1929년에서 1930년 무
렵, 비트겐슈타인이 'The heretics'라는 한 모임에서 강연한 '윤리학 강
연(A Lecture on Ethics)'에서 더욱 분명히 드러난다.[66]

> "내 모든 성향(My whole tendency), 그리고 내가 믿건대, 윤리학이나 종교에
> 대해 쓰고 말하려고 시도해 보았을 모든 사람들의 성향은 언어의 한계를 벗어나
> 려는 것이었습니다. 그러나 이처럼 우리를 가두고 있는 언어의 한계를 넘어서려
> 는 것은, 단언컨대 가망 없는 시도입니다. 윤리학은, 그것이 삶의 궁극적 의미와

---

63) '말할(gesagt) 수 있는 것', 다시 말해 언표(言表)될 수 있는 것과, 말할 수 없지만
　　단지 '보여질(gezeigt) 수 있는 것'의 구분은 비트겐슈타인이 '논고'에서 일관되게
　　강조하고 있다. M. 뮤니츠(Milton K. Munitz)/박영태 역, 현대분석철학(Contem-
　　porary Analytic Philosophy) (서광사, 1997), 370면 참조. 이때 말할 수 없는 것들
　　이란 '논리적 형식', '철학의 본성', '윤리학', '삶의 의미의 문제' 등이 있다. 앞의
　　책, 369-400면.
64) Paul Engelmann, Letters from Ludwig Wittgenstein, with a Memoir (University
　　of California Press, 1969), 143-144면.
65) 신오현, 비트겐슈타인과 스피노자의 비교연구, 「비트겐슈타인과 분석철학의 전개
　　(한국분석철학회 편)」, (철학과 현실사, 1992), 75-76면; 남경희, 비트겐슈타인과
　　현대 철학의 언어적 전회 (이화여자대학교 출판부, 2005), 51-52면 참조.
66) 캠브리지에서 행한 이 강연의 원고에는 원래 제목이 없었으며, 이 강연은 비트겐
　　슈타인의 생애 유일한 대중강연이었다고 한다.

절대적 선, 그리고 절대적 가치에 대해 무언가 말하고자 하는 욕구에서 출발하는 한, 절대로 과학이 될 수 없습니다. 윤리학이 말하는 것은 어떤 의미에서도 우리의 지식에 더해주는 바가 없습니다. 그러나 윤리학은 인간의 정신에 내재한 일정한 성향에 대한 기록(document)이며, 따라서 나로서는 윤리학을 진실로 존중하지 않을 수 없고, 결코 윤리학에 조소(嘲笑)를 보내지 않을 것입니다."67)

강연의 마지막 구절인 위 인용구를 보면, 비트겐슈타인은 윤리학에 강력히 사로잡혀 있었음을 시인하고 있으며, 비록 윤리학이 언어의 한계를 벗어나 과학이 될 수 없다 하더라도 비트겐슈타인 자신은 인간의 정신에 내재한 일정한 성향으로서의 윤리학을 진실로 존중하지 않을 수 없다고 고백하고 있음을 확인하게 된다. 다시 말해 비트겐슈타인에게 윤리는 매우 중요하며 가치 있는 존재란 뜻이다. 비록 윤리는 우리의 지식에 더해주는 바가 없는 초월적인 대상이지만 존중할 수밖에 없다는 것이다.68)

---

67) Ludwig Wittgenstein, A Lecture on Ethics, *74 The Philosophical Review 3* (1965), 12면.

68) 비트겐슈타인이 윤리학을 '말할 수 없는 것'으로 보는 이유는 다음과 같다. 비트겐슈타인은 윤리학이 선(善)에 대한 탐구이며, 삶의 의미와 가치에 대한 탐구이고, 삶의 올바른 길에 대한 탐구라고 규정한다. 윤리학은 미학(美學)의 본질적인 부분을 포괄하는 넓은 의미로 사용될 수 있으며, 윤리학과 미학을 동일한 것으로 본다. 바로 이 점에서 윤리학은 분명 '사실'의 문제가 아니라 '가치'의 문제임을 알 수 있다. '사실'에 관한 명제는 논리실증주의자들의 주장처럼 '경험'에 의해 검증 가능하지만 '가치'에 관한 명제는 '사실화(factualized)'될 수 없기 때문에 검증 불가능하고 따라서 무의미한 명제가 된다. 가치는 세계 속에 있는 것이 아니고 세계의 바깥에, 세계를 초월하여 존재하기 때문에 이것은 검증 가능한 사실적 명제에 의해 기술될 수 없으므로 참과 거짓을 판명할 수 없는 무의미한 명제가 되기 때문이다. 단, 비트겐슈타인은 윤리적 명제를 두 종류로 나눈다. 그 하나는 상대적 의미의 윤리적 명제이고 다른 하나는 절대적 명제이다. 상대적 의미의 윤리적 명제란 "이것은 좋은(good) 의자다", "이 길은 빈으로 가는 바른(right) 길이다"처럼 일정한 목적과 관련되어 있고, 강제성이 없으며, 사실적 명제로 환원될 수 있는 명제를 말한다. 예컨대 "이 길은 빈으로 가는 바른 길이다"라는 명제는 '거리'나 '길의 상태', 또는 '주변의 경치' 등의 특정한 목적에 따라서 '바른'의 뜻이 달라질 수 있으며, 만일 '거리'가 목적이라면 이 명제는 "이 길은 빈으로

일반적으로 비트겐슈타인은 자신의 후기 저작인 '철학적 탐구'를 통해 '논고'에서 전개한 자신의 전기사상을 상당부분 수정하면서 플라톤주의를 강력하게 비판한 것으로 잘 알려져 있으나, 적어도 전기 비트겐슈타인은 서양철학사의 주류를 형성해 온 플라토니즘(Platonism)의 영향을 벗어나지 못하고 있다는 평가가 지배적이다.[69] 적어도 전기 비트겐슈타인은 일정부분 논리실증주의자들과 동일한 생각을 공유하면서도 '언표될 수 없는 것'의 존재를 인정하고 또 그것을 중요하게 여기는 '초월적' 철학자였다는 것이다.[70]

요컨대 비트겐슈타인은 말할 수 있는 것을 제한했다는 점에 있어서 실증주의와 양립가능한 원리를 제공하였으면서도, 동시에 그들과는 달리 말할 수 없는 것이 실제로 존재하고 또 더 중요하다고 보았다는 점에 있어서는 큰 견해 차이를 지녔던 것이다. 이상 논리실증주의의 기원과 정신에 대해 살펴본 바와 같이 괴델은 분명히 이들과는 다른 사고방식을 가지고 있었다고 보아야 할 것이다. 왜냐하면 괴델정리는 분명

가는 최단거리의 길이다"라는 사실적 명제로 환원이 가능한 것이다. 그리고 이 말을 들은 행인이 그 길로 가지 않더라도 그를 윤리적으로 비난할 수는 없다. 그러므로 비트겐슈타인에게 상대적 의미의 윤리적 명제는 윤리적 명제가 아니다. 반면 절대적 의미의 윤리적 명제로는 "그는 선한(good) 사람이다" 또는 "이것은 삶의 바른 길이다" 등의 명제가 있다. 절대적 의미의 '바른 길'은 누구나 반드시 가야 할 길이고, 그 길로 가지 않으면 죄책감과 부끄러움을 느껴야 하는 그런 길이다. 이는 특정한 목적과 무관하고, 강제성이 있으며, 사실적 명제로 환원되지 않는 명제들인 것이다. 이때 절대적 의미의 윤리적 명제의 성격은 예컨대 "나는 절대로 안전하다(Nothing can injure me)"처럼 절대적 가치를 지닌 경험을 나타내는 명제와 마찬가지로 무의미하다는 것이다. "나는 절대로 안전하다"는 명제는 곧 "나는 나를 보호하는 신의 품에 있다"라는 명제와 같으며, 이는 경험적으로 검증 가능한 세계를 초월해 있는, 따라서 언어의 한계를 넘어선 명제이기 때문이다. 이상의 내용에 대해서는 Ludwig Wittgenstein, A Lecture on Ethics, 앞의 글, 3-12. 박영식, 앞의 책, 227-244면 참조.

69) 대표적으로 남경희, 앞의 책, 6, 96면 참조.

70) 알렌 자닉·스티븐 툴민(Allan Janik & Stephen Toulmin)/석기용 역, 앞의 책, 364면. 이 점에 대한 정치한 논증으로는 M. 뮤니츠(Milton K. Munitz)/박영태 역, 앞의 책, 325-334면 참조.

'증명할 수 없는' 참인 명제의 존재를 인정하고 있는 반면, 논리실증주의자들은 '검증 불가능한' 명제의 존재를 인정하고 있지 않기 때문이다. 한편 빈서클에 심원한 영향을 끼친 비트겐슈타인은 '말할 수 없는 것', 즉 검증 불가능한 존재를 인정했다는 점에 있어서는 오히려 괴델과 유사한 사상을 공유하고 있었다고 정리할 수 있을 것이다. 따라서 논고의 마지막 명제, 즉 "말할 수 없는 것에 대해서는 침묵해야 한다"는 이러한 맥락에서 괴델 불완전성정리의 비트겐슈타인 버전이라고 볼 수 있을 것이다.[71)]

3. 플라톤주의와 자연법

괴델은 '실증주의자들의 전당'이라 할 수 있는 빈서클에 속해 있었으면서도 스스로는 플라톤주의적 신념을 고수하였다. 그리고 그의 신념은 자신의 수학적 증명을 통해 드러난다. "직관상 산술적으로 참이지만 그 체계 내에서는 증명할 수 없는 명제가 존재한다"는 괴델의 증명은 인간이 구축한 체계에 의해서는 증명할 수 없지만 참인 수학적 실체가 분명 존재함을 보여주고 있다. 나아가 그 증명은 수학을 이해하는 인간의 정신(minds)은 인간이 구축한 체계의 한계를 벗어나 독립적으로 존재하는 추상적 실체를 인식할 수 있다는 플라톤적 신념을 강력히 옹호하고 있는 것이다.[72)]

괴델의 정리는 법이론적으로 "직관상 '법'이지만 해당 법체계 내에서는 증명할 수 없는 법명제가 존재한다"로 전환될 수 있을 것이다.[73)] 이 두 명제는 모두 "직관적으로 참이지만 주어진 산술 또는 법의 형식 체계 내에서 증명할 수 없는 명제가 존재한다"는 것이고, 따라서 법적 추론에 있어서도 '직관'의 역할이 중요함은 전술한 바와 같다. 그러나

---

71) 이러한 평가로는 Rebecca Goldstein, 앞의 책, 119면.
72) Rebecca Goldstein, 앞의 책, 50-51면.
73) "'참(truth)'이지만을 '법(law)'이지만"으로 전환할 수 있다는 아이디어로는 John M. Rogers & Robert E. Molzon, 앞의 논문, 998-999면.

여기서 간과되어서는 안 될 점은 바로 그러한 참인 명제가 "존재한다"는 것이다. 즉, 법에 있어서도 '일정한 법체계' 내에서는 증명할 수 없지만 그것이 법적으로 참인 법명제가 존재한다는 것이다. 규범적 직관은 개인마다 다를 수 있지만, 그럼에도 불구하고 분명 해당 법체계 내에서 옳은 법은 존재하며 인식할 수 있다는 것이다. 다만 이때의 '옳은 법'은 '해당 법체계' 내에서 타당한 법이라는 점에 주의할 필요가 있을 것이다. 다시 말해, 만일 해당 법체계가 '전제적' 법체계라면 '전제적 성격의 법'이 옳은 법이 될 것이고, '민주적' 법체계라면 '민주적 성격의 법'이 옳은 법이 된다는 것이다. 왜냐하면 괴델정리에 의하면 산술체계 내에선 공리적으로 도출될 수 있는 명제의 '참'과 참이지만 공리적으로 증명될 수 없는 명제의 '참'은 질적으로 동일한 성격이어야 하는바, 만일 '옳은 법'이 보편타당하게 참인 법을 뜻한다면 '전제적 성격'의 법체계에서 공리적으로 도출되는 법과 그것이 참이지만 증명될 수 없는 보편타당한 법의 성격은 다르게 될 것이기 때문이다. 즉, 증명할 수 없지만 '옳은 법'은 해당 법체계, 나아가 해당 정체(政體)의 성격과 무관하게 '옳은' 법이 아니라는 점에 유의할 필요가 있다.[74)]

주지하다시피 전술한 플라톤의 이데아론은 윤리학으로까지 연장된다. 플라톤에 의하면 인간의 삶의 다양한 활동들이 어떠한 이념에 의해 규제되고 있다. 비록 삶과 행동에 모습을 부여하고 내용을 형성하는 무수히 많은 믿음과 생각들이 산발적이고 단편적이며, 서로 상이할 수 있지만, 이들은 어떤 식으로건 상호 연관되어 있으며, 나아가 어떤 위계를 이루고 있다고 본다. 바로 이러한 위계의 정점에 최상위의 이념이 존재하며, 플라톤은 이를 "선의 이데아"라고 불렀다.[75)] 즉, 우리의 삶을 향

---

74) 참고로 하트가 논급한 '승인율(rule of recognition)'도 통치구조에 따라서 '전제적 승인율', '과두적 승인율', 그리고 '민주적 승인율' 등으로 구분될 수 있다. 이 점에 대해서는 김도균, 근대 법치주의의 사상적 기초, 「법치주의의 기초」 (서울대학교출판부, 2006), 112-113면 참조. 또한 이때의 '옳은 법'은 민법, 형법, 상법, 노동법, 행정법, 소송법 등 개별 법률의 고유한 성격과도 무관하지 않을 것이다.

75) 남경희, 앞의 책, 200-201면 참조.

도하는 최고의 원리로서 '선의 이데아'가 존재한다는 것이다.[76] 플라톤의 이러한 신념, 즉 "언제나 모든 사람에게 타당하고 이성에 의해 알 수 있는 도덕적 원리들이 존재한다"는 신념은 '자연법(自然法)' 사상으로까지 발전한다.[77] 자연법에 대한 다양한 정의가 가능하겠지만, 레오 스트라우스(Leo Strauss)에 의하면 "자연법이란 옳고 그른 것을 결정하며, 그 본성상, 언제 어디서나 힘을 지니거나 또 타당한 법을 의미한다."[78] 자연법은 그 자체로 올바른 선택의 표준, 규범적 표준이기 때문에 구속력이 있다.[79] 플라톤은 "법률(Nomoi)"에서 올바른 법은 존재하지 않으며 단지 부족들의 합의와 관습, 그리고 그들의 논의에 의해서 끊임없이 변하는 것이라는 입장을 비판하였다.[80] 나아가 자연법에서 요구되는 덕행의 일반적 유형은 모든 사람들에게 똑같다고 보았으며, 따라서 입법자는 입법을 함에 있어서 자연법의 요구에 부합되도록 해야 한다

---

76) 이처럼 행위를 올바른 방향으로 지도해 주는 '선의 이데아'는 비트겐슈타인적 표현으로는 '철학적 최상급(philosophischer superlativ)'이라고 부를 수 있을 것이다. PI §192 참조.

77) R. F. Stalley, An Introduction to Plato's Laws, Indianapolis (IN: Hackett, 1983), 33-34면.

78) Leo Strauss, Studies in Platonic Political Philosophy (The University of Chicago Press, 1983), 137면.

79) 오병선, 최고재판소 판결에서 법철학적 정당화와 법이념의 갈등조정, 법철학연구 제10권 제1호, 2007, 21면 참조.

80) *Nomoi* 888e-890d. 다만 플라톤은 '국가·정체(Politeia)'와 '정치가(Politikos)'에서는 아르케(archē; arkhé)를 절대시 하였고, '법률(Nomoi)'에서는 법률의 전능함을 강조하고 있다. 아르케는 권력, 주권, 통치권, 군주권 등을 의미한다. 아르케의 개념에 대해서는 장 피에르 베르낭(Jean Pierre Vernant)/김재홍 역, 그리스 사유의 기원(Les Origines de la pensee grecque) (길, 2006, 원전은 1962년 파리에서 출간), 13면과 66면 참조. 플라톤 사상에서 나타나는 아르케와 법률의 갈등은 이들이 모두 권력, 법률, 관습의 유일한 기준인 '선의 이데아'에 귀속됨으로써 해소될 수 있다고 한다. 이에 대해서는 쟈클린 보르드(Jacqueline Bordes)/나정원 역, 폴리테이아: 고대 그리스 시민권론과 정치체제론(Politeia : dans la pensee Grecque jusqu'a Aristote) (대우학술총서, 2000, 원전은 1982년 파리에서 출간), 599면 참조.

고 주장했던바, 플라톤은 "서양에 있어서 정밀하고 일관된 자연법이론을 완성한 최초의 철학자"라는 평가도 받고 있다.[81]

요컨대 플라톤은 법에 있어서도 '이데아론'을 관철시켜 '자연법론'을 선구적으로 발전시킨 장본인이라고 볼 수 있을 것이다.[82] 이를 '수학적 플라톤주의'에 대비시켜 '법적 플라톤주의'라고 명명할 수 있다고 본다. 플라톤의 자연법론은 법적 맥락에서 이해하자면, 실제로 다양한 법과 관습, 그리고 규범들이 존재하지만 이들은 궁극의 규범적 실체인 자연법의 불완전한 모상(模相)에 불과하다는 것이다. 이를 괴델정리의 맥락에서 보면, "직관상 그것이 자연법이지만, 증명할 수 없는 자연법적 명제가 존재한다"는 정리가 도출될 수 있을 것이다. 예컨대 헌법 제10조의 "인간(人間)으로서의 존엄(尊嚴)과 가치(價值)"는 그 의미와 기본권성(基本權性)에 대해서 논자에 따라 이해방식의 차이는 있겠지만 자연법적 성격을 띠는 규정이라는 점은 널리 받아들여지고 있다. 이 명제의 타당성은 자명하며, 그 어떤 공리로부터도 연역되지 않는다.[83] 이러한 맥락에서 직관적으로 자연법임이 명백하지만, 증명할 수 없는 자연법적 명제가 될 수 있을 것이다. 다만 여기서 "직관상 자연법이지만"이라는 부분이 중요한데, 왜냐하면 규범적 직관은 수학적 직관과는 달리 다양하고 상이한 판단이 가능하기 때문이다. 이성에 의해 영원불멸의 불변

---

81) J. Wild, Plato's Modern Enemies and the Theory of Natural Law (The University of Chicago Press, 1971), 155-156면.

82) 벨첼은 플라톤이 선험적 법이론의 기초를 놓았다고 평가한다. 한스벨첼(Hans Welzel)/박은정 역, 앞의 책, 47면.

83) 김철수, 헌법학원론, 2007, 482면; 장영수, 헌법학, 2007, 566면; 허영, 한국헌법학, 2004, 313면. 학자들에 따라서 "근본규범(根本規範)" 또는 "무조건적으로 받아들여야 할 擬制" 등으로 표현하기도 한다. 헌재의 입장도 이와 크게 다르지 않다고 본다. 헌재 2006.6.1. 98헌마216; 헌재 1992.10.1. 91헌마31; 헌재 1992.4.14. 90헌마82 참조. 같은 맥락에서 자연법은 연역적으로 '추론'될 수 없고, '발견'될 수 있을 뿐이라는 견해로는 존 하트 일리(John Hart Ely)/전원열 역, 민주주의와 법원의 위헌심사(Democracy and distrust : a theory of judicial review) (나남, 2006), 135-149면 참조.

하는 형상, 곧 이데아를 인식할 수 있다고 주장했던 플라톤이었지만, 그
가 제시한 자연법은 현대적 관점에서 볼 때 매우 불평등하고 불합리한
모습을 띠고 있었다는 점을 고려하면 더욱 그러하다 할 것이다.[84]

IV. 괴델정리의 논증이론적 함의

1. 법이론적 함의

1) 법적 결정에 있어서 직관의 역할과 중요성

앞서 증명했듯이 괴델정리는 법이론적으로도 유의미하다. 즉 괴델정
리에 의하면 법은 모든 분쟁을 기계적 절차에 따라서 형식적으로 해결
할 수는 없다는 점을 함축한다. 법은 언어적 모호성 또는 체계 내의 모
순 등으로 인해 완전히 확정적일 수는 없고, 설령 그러한 모호성과 모
순이 제거된 완전히 무모순적 법체계가 구축될 수 있다고 하더라도 일
정한 불확정성을 본래적으로(inherently) 지닐 수밖에 없기 때문이다. 따
라서 법적 판단에 있어서 분명 '통찰'과 '직관'이 필요하며, 그렇기 때
문에 법적 분쟁의 해결을 위해서는 보다 '현명한' 법률가와 법관을 요
구할 수밖에 없게 된다. 다만 법이 불확정적이라는 명제는 제한적으로

---

84) 플라톤의 자연법론의 한계에 대한 지적으로는 박종현, 헬라스 사상의 심층 (서광
사, 2001), 276-278면 참조. 예컨대 플라톤은 남녀차별과 노예제도를 긍정했다.
자연법에 대한 직관이 다를 수 있다는 동지의 견해와 관련 사례의 소개로는 존
하트 일리(John Hart Ely)/전원열 역, 앞의 책, 144면. 그러나 존 하트 일리는 자
연법에 대한 직관이 다르다는 점이 곧 자연법이 존재하지 않는다는 근거로 원용
될 수는 없다고 적확히 지적한다. 그는 "도덕적 진리는 없다는 점을 증명하기 위
하여, 전혀 다른 아돌프 히틀러의 도덕성을 원용하는 것은 지구의 모양에 관하여
정확한 입장은 없다는 점을 증명하기 위하여 '지구가 평면이라고 주장하는 사람
들의 협회'의 견해를 원용하는 것과 마찬가지로 공정하지 못하다"고 논박한다.
같은 책, 146면 참조.

이해될 필요가 있다고 본다. 즉, 법은 아무 것도 확정할 수 없다는 식의 '급진적 불확정성 테제(radical indeterminacy thesis)'는 사실과 다르며, 타당하지 않다. 왜냐하면 모든 불확정적인 법적 사안을 보더라도 비록 법은 그 해석방법론상 다양한 선택지를 허용하고 있지만, 허용되는 것보다 훨씬 많은 수의, 거의 무한에 가까운 선택지를 불허하고 있음은 명백하기 때문이다.[85] 요컨대 법이 불확정적이라는 테제는 제한된 선택지 내에서의 불확정성을 의미한다.

그런데 과연 괴델정리는 랑델르와 구르델 사례와 같이 자기지시적인 사례 이외의 사례에도 함의를 지닐 수 있는가라는 문제가 제기될 수 있다. 괴델의 불완전성정리는 기본적으로 '자기지시'가 가능한 체계에서 적용되기 때문이다.[86] 예컨대 만일 완전히 형식적이고(formal) 무모순적이며(consistent) 완전한(complete) 법체계가 구축될 수 있다면 여기에는 인간의 직관이 불필요하지 않겠느냐는 것이다. 그러나 전술한 바와 같이 괴델정리는 연역체계의 완전한 형식화를 추구한 힐베르트프로그램이 불가능함을 의미하기 때문에 법적 결정과정의 완전한 형식화는 불가능하다. 설령 그러한 알고리즘적 절차를 갖춘 법체계가 구축된다 하더라도 이는 거의 무용하다는 지적도 있다. 즉, 이론적으로 기계적인 법적용절차가 구축될 수 있다 하더라도, 그 과정을 컴퓨터로 처리하는 데에는 거의 무한에 가까운 시간이 소요된다는 것이다.[87] 따라서 법적

---

85) John M. Rogers & Robert E. Molzon, 앞의 논문, 1008-1009면. 로저스와 몰존에 의하면 법이 허용하는 선택지의 범위는 특히 헌법해석의 경우 해당 정체(政體, polity)에 의해 결정될 수 있다고 한다.

86) 그러나 '자기지시'적 명제가 언제나 체계 내에서 모순을 발생시키는 것은 아니다. 예컨대 '법률의 착오' 조문은 분명 자기지시적 법명제이지만 그 해석상 법체계 내에 아무런 역설을 초래하지 않으며 무해하다. 이처럼 '자기지시적 법명제'이지만 무해한 조문들과, 또 '자기지시'로 인해 역설을 초래하는 실제의 법명제들에 대해서는 John M. Rogers & Robert E. Molzon, 앞의 논문, 1010-1016면 참조.

87) 예컨대 10개의 알파벳으로 이루어진 40자의 가능한 문자열은 총 1,040개가 있으며, 그러한 모든 문자열들을 초당 1,000개의 속도로 컴퓨터 처리한다 하더라도 소요되는 총 시간은 "three octillion centuries"가 넘는다고 한다. 'octillion'은 10

분쟁의 해결에 있어서 직관은 언제나 요구된다고 볼 수 있을 것이다.[88]

다음과 같은 질문도 가능하다. 그렇다면 직관이 필요하다고 볼 때, 과연 그 필요한 직관의 정도가 어느 만큼이냐는 것이다. 예를 들면 법적 사안의 해결에 있어서 직관이 필요하다고 하더라도 일반적으로 그것은 형식논리(formal logic)보다는 적게 요구된다고 볼 수 있다. 즉, 법적 추론절차에 있어서 직관적 판단은 형식논리에 의한 판단보다는 적게 필요하다는 것이다. 또한 상대적으로 직관이 적게 요구되는 케이스와 많이 요구되는 케이스를 구분할 수 있겠느냐는 질문도 제기될 수 있다. 즉, 하드케이스(hard case)와 이지케이스(easy case)가 명확히 구분될 수 있느냐는 것이다. 적어도 직관의 '정도(degree)'만을 가지고 이상의 질문을 제기한다면, 이는 답하기에 매우 어려운 문제이다. 왜냐하면 직관의 가치와 정도를 측정하는 것은 기계적인 일(algorithmic task)이 아니기 때문이다.[89] 이렇듯 직관의 가치(value)는 기계적 절차에 따라서 양적으로 평가될 수 없기 때문에 하드케이스와 이지케이스에 필요한 직관의 정도를 비교하는 것은 객관적으로는 불가능하다고 본다.[90]

이를 잘 입증해 주는 케이스로, 예컨대 미국헌법 제2조는 대통령은 35세 이상이어야 한다는 규정이 있는데,[91] 29세의 후보자가 대통령이

의 27승이다. Mark R. Brown & Andrew C. Greenberg, 앞의 논문, 각주 139) 참조.

88) 법적 결정에 있어서 직관의 중요성과 필요성을 긍정하는 동지의 견해로는 권영준, 민사재판에 있어서 이론, 법리, 실무, 서울대학교 법학 제49권 제3호, 2008, 340-347면 참조.

89) 전술한 바대로 괴델 자신도 인정하고 있듯이 직관은 기계화 될 수 없으며, 설령 기계화가 가능하더라도 이를 증명할 수 없기 때문이다. 직관이 기계화 될 수 없다는 논증으로는 Roger Penrose, 앞의 책(*The Emperor's New Mind*), 538-541 참조.

90) 그러나 이로부터 하드케이스와 이지케이스의 구분이 불가능하다는 것은 아니다.

91) U.S. CONST. art. II. § 1, cl. 5. "No Person except a natural born Citizen, or a Citizen of the United States, at the time of the Adoption of this Constitution, shall be eligible to the Office of President; neither shall any Person be eligible to that Office who shall not have attained to the Age of thirty five Years, and been fourteen Years a Resident within the United States."

되고자 대선에 출마하는 경우에 이는 당연히 이지케이스가 되는가의
문제가 있다. 미국헌법 제2조는 하나의 확정적 결론을 제시해 주지 못
한다. 왜냐하면 논자에 따라서는 헌법 기초자의 의도는 단지 미성숙한
후보자를 배제하려는 것이었다거나, 또는 수정헌법 제5조나 14조에서
연령차별을 금지하고 있다는 논거를 제시할 수 있기 때문이다. 따라서
법관은 가장 설득력 있는 논거를 '직관'에 의해 결정해야 한다. 이처럼
매우 자명해 보이는 사례조차도 형식적인 절차로는 단지 일정한 지침
(guide)만이 제공될 뿐, 그것만으로는 사례를 확정할 수 없고, 따라서 궁
극적으로 법관의 '직관'이 요구된다고 볼 수 있을 것이다. 또한 '직관의
정도'에 따라서 하드케이스와 이지케이스가 구분된다면, 이 사안에서의
법관에게 필요한 직관의 정도는 '기계적으로 측정될 수 없기 때문에'
이 사안을 두고 하드케이스인지 이지케이스인지 구분하는 문제는 판단
이 어렵다고 볼 것이다.92)

2) 규칙 따르기와 뢰벤하임-스콜렘 정리

괴델정리와 마찬가지로 법적 불확정성을 입론하기 위해 널리 원용
되는 논변 중의 하나로 규칙 따르기 논변이라는 것이 있다. 간단히 말
해, "2, 4, 6, …"으로 전개되는 수열이 있을 때, 그 다음에 올 수 있는
수는 무한하게 많고 불확정적이라는 것이다. 이는 비트겐슈타인이 그의
책 철학적 탐구(Philosophical Investigation: PI)에서 제기했고,93) 비트겐
슈타인을 회의론자로 해석한 크립키(Saul A. Kripke)에 의해서 논의가
촉발되었으며,94) 이를 법이론에 수용한 일단의 학자들에 의해 '법적 불

92) 이 사례의 소개와 상세한 논의로는 Mark R. Brown & Andrew C. Greenberg,
앞의 논문, 1482-1484면 참조.
93) PI §185, §201 참조.
94) Saul A. Kripke, Wittgenstein on Rules and Private Language (Harvard University
Press, 1982), 8면 이하. 크립키에 의하면 비단 수열뿐만 아니라 덧셈규칙도 무한
히 다양하게 해석될 수 있으며, 따라서 68+57=5라는 명제도 정당화될 수 있다고
한다. 왜냐하면 이 경우 규칙회의론자는 덧셈규칙을 다음과 같이 이해할 수 있기

확정성'의 근거로 널리 인용되어 왔던 것이다.95) 그러나 규칙 따르기에 대한 크립키의 비트겐슈타인 해석은 틀렸으며,96) 비트겐슈타인이 말한 규칙(Regel)과 법규칙은 명백히 범주가 다른 차원의 것임에도 불구하고, 규칙 따르기 논변을 법(철)학 논의에 직접적으로 수용한 것도 오류라는 점은 널리 지적되어 왔다.97)

규칙 따르기 논변은 크립키식의 규칙회의주의98) 형태로만 전개된 것은 아니다. 규칙 따르기 논변을 근거로 한 법적 불확정성의 이론은 정교한 논리학상의 정리에 의해서도 지지되어 왔다. 그 예가 바로 뢰벤하임-스콜렘 정리다. 뢰벤하임-스콜렘 정리란 수열과 관련시켜 말하면, 어떠한 유한한 수열이 주어질 때, 그 다음의 수를 결정해 주는 무한한

때문이다. 즉, "X ⊕ Y= X + Y, if X, Y < 57 and X ⊕ Y = 5, otherwise." 앞의 책, 8-9면.

95) 크립키의 규칙 따르기 해석을 근거로 법적 불확정성을 이론하는 학자들로는 대표적으로 Charles M. Yablon, Law and Metaphysics, *96 Yale Law Journal 613* (1987); Ross Charnock, Lexical Indeterminacy: Contextualism and Rule-Following in Common Law Adjudication, in: Anne Wagner, Wouter Werner, & Deborach Cao (eds.) Interpretation, Law and The Construction of Meaning (Dordrecht, The Netherlands: Springer, 2007) 참조.

96) 이 점은 철학계에서도 널리 받아들여지고 있다고 한다. 다만 그럼에도 불구하고 크립키의 비트겐슈타인 해석은 그 논증방식이 매우 독창적이어서 크립키에 대한 연구는 지속적으로 전개되고 있다고 한다. 이 점에 대해서는 솔 A. 크립키(Saul A. Kripke)/남기창 역, 비트겐슈타인 규칙과 사적 언어(Wittgenstein on Rules and Private Language) (철학과 현실사, 2008), 5면의 '옮긴이의 글' 참조.

97) 대표적으로 Jes Bjarup, Kripke's Case: Some Remarks on Rules, their Interpretation and Application, *Rechtstheorie 19* (1988), 49면; Christian Zapf & Eben Moglen, Linguistic Indeterminacy and the Rule of Law: On the Perils of Misunderstanding Wittgenstein, *84 Geo. L.J. 485* (1996), 500면. 역시 같은 지적을 하는 최신의 문헌으로는 Scott Hershovitz, Wittgenstein on Rules: The Phantom Menace, *22 Oxford Journal of Legal Studies 619* (2002) 참조. 동지의 안성조, 법적 불확정성과 법의 지배, 법철학연구 제10권 제2호, 2007, 69-88면 참조.

98) 규칙회의주의란 어떠한 규칙도 새로운 상황에 적용될 때에는 그 자체로는 어떻게 적용되는 것이 올바른가에 대해 확정성(determinacy)을 담보해 주지 못한다는 식의 회의론적 주장을 뜻한다.

수의 공식이 존재한다는 정리이다.[99] 터쉬넷과 다마토는 "2, 4, 6, ⋯" 다음에 올 수를 결정해 주는 단 하나의 공식은 존재하지 않는다고 주장하였고,[100] 특히 다마토는 뢰벤하임-스콜렘 정리에 비추어 볼 때, 정수로 전개되는 수열보다 훨씬 풍부한 표현이 가능한(more expressive) 법률언어에 있어서는 주어진 법명제를 해석할 수 있는 공식이 더 많이 주어질 수 있다고 주장하였다.[101]

뢰벤하임-스콜렘 정리도 괴델정리처럼 법체계에도 적용될 수 있을 것이라는 주장인 것이다. 그러나 켄 크레스가 적확히 지적하였듯이 뢰벤하임-스콜렘 정리는 오직 일차형식체계(first order formal system)[102]에서만 적용될 수 있다. 일차술어논리(first order predicate logic)는 정량화된 문장을 형식화하는 논리로서 대상(objects)에 대한 명제와 같이 대상의 성질(properties)을 기술하지는 못한다. 그것은 이차술어논리(second order predicate logic)에 의해 가능하기 때문이다. 그런데 법률언어는 이차체계(second order system)이다. 그러므로 뢰벤하임-스콜렘 정리는 법에 필연적으로 적용될 수는 없다.[103] 요컨대, 유한수열의 다음 수를 확정해

---

99) 다음과 같이 표현된다. "A formula may be valid in every domain comprising only finitely many of the natural numbers". 뢰벤하임-스콜렘 정리는 일차논리 언어에서 문장의 해석의 영역의 크기와 관련 있는 논의들을 모아 놓은 것이다. 뢰벤하임의 정리와 이를 더욱 확장시킨 스콜렘의 정리를 지칭한다. 이 점에 대해서는 Encyclopedia of Philosophy Vol. 5 (2nd ed., Thomson Gale, 2006), 470-471면 참조.

100) 이 점에 대해서는 Mark V. Tushnet, Following the Rules Laid Down: A Critique of Interpretivism and Neutral Principles, *96 Harvard Law Review 781* (1983), 781면과 822면; D'Amato, 앞의 논문, 597면의 각주 96) 참조.

101) Anthony D'Amato, Pragmatic Indeterminacy, *85 Nw. U. L. Rev. 148* (1990), 176면.

102) 일차형식체계에서는 언어에 의해 개별적 대상(individual objects)만을 기술할 수 있는 체계를 말한다. 반면 이차형식체계에서는 언어에 의해 개별적 대상의 성질(properties)과 집합(sets)을 표현할 수 있다. 뢰벤하임-스콜렘 정리는 이차형식체계에는 적용될 수 없다(the corollary of Löwenheim-Skolem theorems fails for second order logic). 이 점에 대한 증명으로는 George Boolos & John Burgess & Richard Jeffrey, Computability and Logic, (4th ed., Cambridge University. Press, 2002), 282-283면.

주는 공식이 오직 단 하나만 있는 것은 아니라는 지적은 타당한 측면이 있다고 볼 수 있지만, 이 점을 뢰벤하임-스콜렘 정리를 원용해 일반화하는 것은 잘못된 것이며,[104] 이는 괴델정리가 법체계에의 불확정성을 위해 원용될 수 있다는 것과 차이가 있다.

이처럼 뢰벤하임-스콜렘 정리는 괴델정리와는 달리 법체계에 적용될 수 없다는 결론은 수학적·논리학적 정리나 철학적 논의를 법이론에 응용하는 데 있어서 보다 신중을 기할 필요가 있다는 반성의 계기를 마련해 준다고 본다. 전술한 규칙 따르기 논변에 있어서도 비트겐슈타인의 규칙에 대한 언명을 법이론에 그대로 수용하는 것이 과연 타당한 것인지 되묻지 않을 수 없듯이, 수학·논리학상의 정리도 그로부터 법이론적 함축을 도출해 내기 위해서는 보다 엄밀한 증명과 논증이 필요하다고 본다. 이것이 괴델정리의 또 다른 중요한 법이론적 의의다.

3) 직관에 의한 불확정 사안의 확정 가능성

전술한 바와 같이 필요한 직관의 정도를 기계적으로 결정해 줄 수 있는 방법은 존재하지 않는다. 그렇다면 "2, 4, 6, …"의 수열에서 다음

---

103) Ken Kress, 앞의 논문, 144-145면.
104) 그럼에도 불구하고 이러한 유형의 오류는 저명한 철학자들에게서조차 종종 발생한다. 예컨대 힐러리 퍼트남(Hilary Putnam)은 그의 책 '이성, 진리, 역사'에서 뢰벤하임-스콜렘 정리가 비트겐슈타인의 철학적 탐구의 몇몇 논변, 즉 규칙 따르기 논변과 어떤 연관이 있음을 직관적으로 알아차렸다(suddenly saw the connection)고 말하고 있으며(Reason, Truth and History, Cambridge University Press, 1981, 7면과 67면), 나아가 이 정리를 형이상학적 실재론을 논박하는 근거로 원용한다(Hilary Putnam, Models and Reality, in: Realism and Reason: Philosophical Papers Vol.3, Cambridge University Press, 2002, 11-17면). 그러나 이러한 시도에 대해서 이언 해킹은 형이상학적 실재론을 논박하기 위해 뢰벤하임-스콜렘 정리를 원용하는 것은 오류라고 적확히 지적한다. 왜냐하면 이 정리는 일차형식논리에만 적용되는 것이므로, 이는 일상 영어가 사용되는 언어철학 전반에 확장될 수는 없기 때문이다. Ian Hacking, Representing and Intervening (Cambridge University Press, 1983), 92-111면.

에 오는 수가 "8"이든 "10"이든 "125"이든 어느 것이 더 객관적으로 타당한지는 결정할 수 없다. 그러나 비록 직관이 측정 불가능한 대상이라 할지라도 직관에 의한 '해석의 질(quality)'을 판단할 수 있는 '직관적' 방법이 없는 것은 아니다. 직관적으로 볼 때, 분명 어느 한 해석은 다른 해석보다 나은 경우가 있다. 예컨대 위 수열에서는 "8"이 그렇고, 미국 헌법 제2조의 해석 사례에서는 "29세의 후보자"는 출마할 수 없다는 것이 바로 그 답이다. 그 이유는 크게 두 가지로 설명될 수 있다. 첫째는 일종의 "사회화(socialization)"에 의해 설명이 가능하다. "8"이란 답이 일반적으로 사회가 인정하는 답이기 때문이라는 것이다.[105] 이와 비슷한 일종의 "경험(experience)"에 근거한 설명방식도 가능하다. 동일한 문제를 지속적으로 접하게 되면, 어느 답이 유용하고, 어느 답이 무용한지 알 수 있게 되며, 축적된 경험에 의해 무의식적으로 예전에 선택했던 유용한 답을 다시 선택하게 된다는 것이다.[106] "사회화"와 "경험"에 의한 설명방식은 일종의 "관행"에 의한 설명방식이라고 볼 수 있을 것이다.

또 다른 설명방식으로는 자연선택(natural selection)설이 있다. 이 설명에 따르면, 어떤 직관에 의한 선택은 다른 선택보다 나은데, 그 이유는 그러한 선택이 그 선택자로 하여금 성공적으로 살아남을(survive and prosper) 수 있게 해 주기 때문이라는 것이다. 호프스태터(D. Hofstadter)

---

105) 이는 규칙 따르기가 '공동체적 관행'에 의해 확정될 수 있다고 주장한 크립키의 해결방식과 유사하다. 크립키에 의하면 규칙 따르기를 정당화 해 주는 것은 어떤 사실이(진리조건) 아니라 그것이 어떠한 조건하에서 적절히 주장될 수 있으며 또 그러한 행위가 우리의 삶에서 어떠한 역할을 하는가(주장가능성조건)에 의해 정당화 될 수 있다고 본다. 진리조건이란 예컨대 "Guido가 방 안에 있다"는 문장이 참일 수 있는 진리조건은 실제로 Guido가 방 안에 있을 때 충족되며, 크립키에 의하면 규칙 따르기에 대한 그러한 진리조건은 존재하지 않는다. 이상의 내용에 대해서는 Saul A. Kripke, 앞의 책, 61-86면; Charles M. Yablon, 앞의 논문, 629면; Jules L. Coleman & Brian Leiter, Determinacy, Objectivity, and Authority, in: Andrei Marmor (ed.), Law and Interpretation (Oxford University Press, 1997), 219면.

106) Roger Penrose, 앞의 책, 534면.

에 의하면 자연선택에 의해서 좋은 판단 메커니즘은 살아남고, 나쁜 메커니즘은 사라진다고 한다.107) 이는 법률가들의 법적 판단에 있어서도 타당하게 적용될 수 있으며108) 따라서 직관적 선택의 문제는 단순한 기호의 문제가 아니며, 생사(生死)의 갈림길을 결정해 주는 '적자생존(適者生存)'적 성격을 갖는다는 것이다. 이러한 자연선택은 의식적 판단절차(algorithms of conscious judgement)를 진화시키며, 나아가 이렇게 진화된 판단절차는 다른 판단절차의 타당성도 '직관적으로' 판단할 수 있다고 한다.109) 요컨대 "8"이란 답이 "125"보다 본래적으로 우월한 것은 아니지만, "8"을 선택하는 것이 더 나은 이유는, 보다 성공적으로 살아남을 가능성이 더 크기 때문이라고 볼 수 있다.

전술한 두 설명방식은 직관의 작용방식을 설명해 주는 데 있어 분명 타당한 측면이 있다. 이는 특히 앞서 예로 든 수열과 같이 비교적 단순한 사안에서는 직관에 의한 사안의 확정을 설명해 주는 데 적합해 보인다. 그러나 대통령 후보자의 제한연령과 같은 법적 사례에 있어서 직관의 작용방식을 설명해 주기에는 충분하지 못하다. 왜냐하면 연령판단과 같은 문제는 일견 수열의 문제처럼 단순히 관행적인 판단으로 확정될 수 있어 보이지만, 그것이 헌법에 의해 허용되는 대통령 후보자의 연령판단이라는 법적 사안을 구성하게 되면 설득력 있는 논거와 정당화가 필요하게 되기 때문이다. 물론 가장 설득력 있는 논거를 직관적으로 선택함에 있어서는 관행이나 자연선택적 고려가 작용할 수 있겠지만 이는 판결의 근거로서 충분하다고도, 또한 적실하다고도 볼 수 없다. 일반

---

107) Douglas R. Hofstadter, Metamagical Themas: Questing for the Essence of Mind and Pattern (New York: Basic Books, 1985), 577면.

108) 앞의 책, 576면.

109) 그러나 펜로즈는 이러한 자연선택설을 믿기 힘들다고 보는데, 그 이유는 자연선택과정은 오직 판단의 결과(output of the algorithms)에만 작용하며, 그러한 판단을 내리는 기초가 되는 생각(the ideas underlying the actions of the algorithms)에는 작용할 수 없기 때문이라고 지적한다. Roger Penrose, 앞의 책, 536면. 펜로즈의 지적은 타당하지만 전적으로 동의할 수는 없다. 왜냐하면 일반적으로 직관적 판단과정에서도 이미 결과에 대한 고려가 어느 정도 선행하기 때문이다.

적으로 판결의 정당한 근거로서 "직관적으로 그러하다"는 논거는 통용될 수 없는바, 법적 판단은 단순히 '관행'과 '자연선택'에 부합되는 것만으로는 지지될 수 없는, '정당화(justification)'와 '근거(reason)'를 요구하는 '반성적인(reflective)', 그것도 가장 반성적인 작업이기 때문이다.[110]

2. 사례의 검토: 직관의 작용방식과 정당화

이상 괴델정리의 법이론적 함의로서 직관의 역할과 중요성을 살펴보았다. 그리고 직관이 필요하다고 볼 때, 불확정적 사안을 확정해 주는 직관의 작용방식을 '관행'과 '자연선택'의 측면에서 설명이 가능함을 제시해 보았다. 아울러 그러한 설명방식이 법적 판단을 정당화 하는데 있어서 불충분하다는 점을 지적했던바, 실제 사례를 통해 이를 확인해 보기로 한다. 나아가 직관의 바람직한 통제방법도 논급해 보기로 한다.

1) 헌법상 사후체포영장 해석론: 법적 직관의 작용방식

최근 형사법학계에서는 형사소송법의 개정을 전후하여 '긴급체포제도'에 대한 해석논쟁이 활발히 전개된 바 있다. 그 논의의 층위는 다양하지만 본고에서는 헌법 제12조 제3항의 해석을 둘러싼 해석론의 대립에 국한시켜 살펴보기로 한다.

헌법 제12조 제3항은 "체포·구속·압수 또는 수색을 할 때에는 적법한 절차에 따라 검사의 신청에 의하여 법관이 발부한 영장을 제시하여야 한다. 다만, 현행범인인 경우와 장기 3년 이상의 형에 해당하는 죄를 범하고 도피 또는 증거인멸의 염려가 있는 때에는 사후에 영장을 청구할 수 있다"고 규정하고 있다. 주지하다시피 동 조문은 본문과 단서에 '영장주의'와 '영장주의의 예외'를 각각 규정하고 있다. 이에 형사소송법은 긴급체포 후 구속의 사유가 있는 경우 구속영장을 청구하면 족하도록 규정하고 있다.[111] 긴급체포에 관한 동 형사소송법 규정이 위헌논

---

110) Scott Hershovitz, 앞의 논문, 636면.

란을 불러일으킨 이유는, 긴급체포 후 명시적으로 체포영장까지 요구하고 있지는 않기 때문에 긴급체포 후 48시간 동안 사실상 무영장체포가 가능해진다는 비판이 제기되었기 때문이다. 예컨대 만일 긴급체포 후 구속의 필요가 없어 석방한 경우에는 법관의 통제가 전무하다는 점이 위헌의 소지를 키운 것이다.

이에 대해 표준적인 헌법해석론은 "헌법이 사후에 영장을 청구할 수 있도록 규정한 것은 재량형식으로 규정한 것이 아니라 원칙과 예외의 표현형식이며, 본문과 단서에서 동일한 표현으로 규정하고 있는 '영장'을 동일한 규범적 의미로 해석해야 하므로 본문의 '영장'은 체포영장과 구속영장을 의미하는 것으로 해석하면서 단서의 '영장'을 현행범체포나 긴급체포 후 구속할 경우에 청구하는 사후 구속영장을 의미하는 것으로 해석해서는 안 된다"고 보고 있다.112) 형법학계의 지배적 견해도 이와 다르지 않다.113) 즉, 긴급체포 후에는 반드시 사후체포영장이 요구된다는 것이다.114)

그러나 표준적, 지배적 해석론처럼 과연 헌법 제12조 제3항의 의미

---

111) **제200조의3 제1항** "검사 또는 사법경찰관은 피의자가 사형·무기 또는 장기 3년 이상의 징역이나 금고에 해당하는 죄를 범하였다고 의심할 만한 상당한 이유가 있고, 다음 각 호의 어느 하나에 해당하는 사유가 있는 경우에 긴급을 요하여 지방법원판사의 체포영장을 받을 수 없는 때에는 그 사유를 알리고 영장 없이 피의자를 체포할 수 있다. 이 경우 긴급을 요한다 함은 피의자를 우연히 발견한 경우 등과 같이 체포영장을 받을 시간적 여유가 없는 때를 말한다." **제200조의4 제1항** "검사 또는 사법경찰관이 제200조의3의 규정에 의하여 피의자를 체포한 경우 피의자를 구속하고자 할 때에는 지체 없이 검사는 관할지방법원판사에게 구속영장을 청구하여야 하고, 사법경찰관은 검사에게 신청하여 검사의 청구로 관할지방법원판사에게 구속영장을 청구하여야 한다. 이 경우 구속영장은 피의자를 체포한 때부터 48시간 이내에 청구하여야 하며, 제200조의3 제3항에 따른 긴급체포서를 첨부하여야 한다."
112) 이효원, 대한민국 헌법과 검찰·검사-인신구속제도의 헌법적 원리를 중심으로-, 대한민국 검찰 60주년 기념 국제학술 심포지움, 2008, 46-47면 참조.
113) 신동운, 신형사소송법, 2008, 203면. 역시 동지의 견해로, 조국, 위법수집증거배제법칙 (박영사, 2005), 206면 참조.
114) 이 점은 긴급체포 후 구속의 필요가 없어 석방한 경우에도 마찬가지라고 본다.

가 연역적으로 '자명하게' 도출될 수 있는지는 분명 의문의 여지가 있다.115) 비교법적으로 볼 때, 독일 헌법조문도 우리 헌법과 마찬가지로 피체포자에 대하여 지체없이 사후에 법관의 결정을 받도록 규정하고 있지만, 계속구금의 필요가 없어 석방한 경우는 법관의 사후결정을 받을 필요가 없는 것으로 해석되고 있다는 점에 비추어 봐도 "사후에 영장을 받을 수 있다"는 우리 헌법조문을 "계속구금의 필요가 없어 석방한 경우까지 반드시 청구하여야 한다"고 해석해야 할 '논리필연적 당위성'은 없다고 본다.116) 동 조문의 해석을 둘러싼 정책적 논거의 대립도 자명하게 우열이 가려지지는 않는다. '체포영장 요구론'에서는 '긴급체포제도의 남용가능성과 그로 인한 기본권 침해'를 지적하는 반면, '체포영장 불요론'에서는 '수사의 효율성, 외국의 긴급체포제도와의 불균형' 등에 비추어 볼 때 '과잉입법론'이 될 수 있다고 논박한다.117)

동 사안은 해석론상 그리고 정책적으로도 규범적 가치판단의 대립이 첨예하여 쉽게 결정하기 힘든 불확정적 사안의 하나임은 분명하다. 그러나 이 경우 하나의 해석론을 법관에게 결정하라고 한다면 어느 입장이 더 선호될 것인가? '관행'의 측면에서 보면 표준적·지배적 해석론을 따르는 것이 보다 '적합할' 것이다. 또한 '자연선택설'의 입장에서 보더라도 법관의 직관은 표준적·지배적 해석론으로 기울 가능성이 크다. 그렇지만 법관은 판결을 함에 있어서 최소한의 정당화 근거를 제시해야 한다. 그런데 '관행'과 '자연선택'을 고려해 직관적으로 표준적·지배적 해석론을 따랐다는 사실을 판결의 정당화 근거로 제시할 수는 없다. 그러므로 실제로 법관이 그러한 직관적 판단을 따랐다면 판결문의 이유설시를 위해 표준적·지배적 해석론을 원용할 수밖에 없을 것이

---

115) 이 점에 대한 지적으로는 안성조, 인신구속제도와 헌법해석의 묘(妙), 대한민국 검찰 60주년 기념 국제학술 심포지움, 2008, 75-77면 참조. 이 글은 검찰 60주년 학술회의에서의 토론문이다.

116) 이완규, 형사소송법 특강 (법문사, 2006), 184-185면. 역시 동지의 견해로는 안성수, 영미의 체포, 구속제도에 비추어 본 우리 제도의 문제점과 보완방안, 「구속제도와 영장항고」 (법문사, 2007), 171면 참조.

117) 안성조, 앞의 글, 77면 참조.

다.118) 즉, 자신이 직관적으로 선택한 해석론을 판결의 논거로서 제시하는 방식을 취하게 된다는 것이다.119) 그런데 전술한 바와 같이 표준적·지배적 해석론에 대해서는 다양한 층위의 반론이 제시되어 있다. 따라서 법관의 결정이 정당화 될 수 있으려면, 표준적·지배적 해석론이 반대 논거들의 결함을 충분히 논박할 수 있어야 한다. 만일 그렇지 않다면 법관의 결정은 정당화 될 수 없다. 즉, 법관의 직관은 그 작용방식에 있어서 단순히 '관행'과 '적자생존'의 차원을 넘어 '정당화의 요구'를 고려하지 않을 수 없다는 것이다.

이 점은 법관이 언제나 관행에 따라, 또는 성공적으로 살아남을 수 있는 판결만을 내릴 것이라고 단정할 수는 없고, 실제로도 그렇지 않다는 점에서도 확인할 수 있다. 특히 하드케이스에서 볼 수 있는 다수의견과 소수의견의 대립, 그리고 판례의 변경 등이 이러한 사실을 여실히 입증해 준다. 이는 법관의 직관이 보다 복잡한 메커니즘에 따라서 움직임을 증명해 주는 것이고, 직관은 형식적으로 '기계화'될 수 없다는 괴델의 신념을 잘 입증해 준다고도 볼 수 있을 것이다. 그런데 괴델의 또 다른 신념에 의하면 인간의 직관에 의해서도 결정할 수 없는 문제들이 존재할 수 있다. 다시 말해 주어진 체계를 벗어나 직관에 의존해서도 참값을 결정할 수 없는 '진리'가 존재할 수 있다는 것이다. 만일 괴델의 신념이 옳다면 궁극적으로 법관의 직관은 어떻게 정당화 될 수 있는가? 이하 과실범의 공동정범 사례를 통해 그 한 가능성을 입론해 보기로 한다.

2) 과실범의 공동정범 사례: 논거의 정당화 조건

형법 해석상 법적 불확정성이 두드러진 영역으로서 '과실범의 공동정범'이 있다. 형법 제30조는 "2인 이상이 공동하여 죄를 범한 때에는

---

118) 물론 원용의 방식은 선택한 해석론을 그대로 '직접 원용'하거나 아니면 법관의 견해와 실무 감각을 반영해 일부 논지를 가감(加減)해 변형시키는 '간접 원용'이 모두 가능하다. 대부분의 판결문은 후자의 방식을 취하고 있다고 본다.

119) 이러한 예로는 이하 각주 132)의 과실범의 공동정범 관련 판례의 '직관적 구조'에 대한 분석 참조.

각자를 그 죄의 정범으로 처벌한다"고 규정하고 있다. 이에 대해 우리학계의 다수견해는 '고의 공동정범'만을 규정하고 있다고 보는 반면, 최근의 유력설은 동 조문은 '과실 공동정범'까지 처벌할 수 있게 입안된 것이라고 본다. 대법원 판례도 초기에는 "과실에 있어서는 의사연락의 관념을 논할 수 없으므로 고의범과 같이 공동정범이 있을 수 없[다]"고 판시해 과실범의 공동정범을 부정하는 입장이었다가,[120] 1962년 이후 판례를 변경하여 "형법 제30조에 '공동하여 죄를 범한 때'의 '죄'는 고의범이냐 과실범이냐를 불문한다고 해석하여야 할 것이며 따라서 공동정범의 주관적 요건인 공동의 의사도 고의를 공동으로 가질 의사임을 필요로 하지 않고 고의행위이고 과실행위이고 간에 그 행위를 공동으로 할 의사이면 족하다고 할 것이므로 2인 이상이 어떠한 과실행위를 서로의 의사연락 아래 범죄되는 결과를 발생케 한 것이라면 여기에 과실범의 공동정범이 성립되는 것이다"고 설시한[121] 이래 과실범의 공동정범을 인정해 오고 있다.

편견없이 형법 제30조를 문리적으로 해석해 보면 과연 고의 공동정범만을 규정한 것인지 과실 공동정범까지 처벌할 수 있도록 규정한 것인지 불명확하다. 또한 과실범도그마틱과 공동정범도그마틱을 어떻게 구성하느냐에 따라 과실공동정범을 긍정할 수도 있고 부정할 수도 있다.[122] 이렇듯 과실범의 공동정범 인정문제는 법조문과 형법도그마틱체계 내에서는 확정될 수 없고,[123] 그렇다면 형법체계 외의 정책적 논거를

120) 대법원 1956.12.21. 4289형상276.
121) 대법원 1962.3.29. 4294형상598.
122) 과실 공동정범을 긍정하는 대표적 문헌으로는 이용식, 과실범의 공동정범, 형사판례연구[7], 1999, 81면 이하; 이재상, 과실범의 공동정범, 형사법연구 제14호, 2000, 215면 이하 참조.
123) 단, 이 경우 과실 공동정범의 긍정여부가 법적 추론에 의해 확정적으로 연역되지 않는 것은 '조문의 다의적 해석가능성'과 '형법도그마틱체계의 모순적 성격' 때문이지 형법체계 내의 '불완전성' 때문은 아니라고 본다. 즉, 이 문제가 불확정적인 이유는 우선 언어적 다의성 때문이고, 다음으로는 형법도그마틱의 체계 내적 모순, 즉, '과실범'도그마틱을 중심으로 이론구성 하느냐, 아니면 '공동정범'도그마틱을 우선시하느냐에 따라 결론이 달라질 수 있기 때문이라는 것이다. 모순된 체계는 상반된 결론을 모두 허용한다.

검토할 필요가 있을 것이다. 만일 정책적 논거가 결정적으로 어느 한 입장을 지지해 줄 수 있다면 과실범의 공동정범 문제는 일단락될 수도 있을 것이다. 그러나 정책적 논거는 대개 직관적 판단이 첨예하게 대립하여 어느 일방의 논거가 결정적으로 타당하다고 말하기는 어렵다. 과실범의 공동정범에 대한 정책적 논거의 대립도 이와 다르지 않다.124) 그렇다면 과실범의 공동정범 인정여부는 과연 어떻게 확정될 수 있을 것인가?

일반적으로 사안이 불확정적이라도 상충하는 논거의 우열은 가려지게 마련이다. 즉, 논거에 의한 정당화는 정도의 차이가 있는(ordinal) 개념이라는 것이다. 따라서 어느 일방의 입장을 타방에 비해 '더욱' 정당화 할 수 있는 논거가 제시될 수 있다. 그러므로 불확정적 사안에서 어느 한 입장이 정당화 될 수 있기 위해서는 무엇보다 상대측의 논거를 남김없이 논박할 수 있어야 할 것이다. 만일 긍정론이 정당하다면 부정론의 논거를 모두 적실히 논박할 수 있어야 한다.125) 동시에 긍정론의 논거가 부정론자에 의해 적실히 논박될 수 없어야 한다. 그래야만 '논거의 우위성'에 기초해 긍정론이 정당하게 옹호될 수 있기 때문이다. 이렇듯 상대측 논거를 모두 논박하고 자신의 논거가 더 이상 논박불가능할 때 법적 논거는 정당화 될 수 있다.126) 그러므로 논거의 정당화는

---

124) 조문해석상, 도그마틱상, 그리고 정책적 논거의 대립에 대한 상세한 검토로는 안성조, 과실범의 공동정범, 형사법연구 제19권 제3호(하권), 2007, 588-599면 참조. 특히 정책적 논거의 대립에 대해서는 590-597면 참조.

125) 필자는 위 논문에서 과실범의 공동정범을 부정하는 다양한 층위에서 제시된 거의 모든 논거를 논박하면서, 이를 긍정하는 것이 '인간의 공존'을 위해 필요한 행위의 준칙을 존중하는 것이며, 보다 '인간적'이고 '안전한' 사회를 만들기 위해 바람직하다는 점을 입론한 바 있다.

126) 논의의 층위가 다르기는 하지만 비슷한 생각은 칼 포퍼에게서도 찾아볼 수 있다. 그는 "이론을 제시하여 그러한 이론이 틀렸다는 것을 보여주기 위하여 최선을 다하고 이러한 비판적인 시도가 성공을 거두지 못했을 경우에는 그 이론들을 잠정적으로 수용하는, 추측과 논박의 방법보다 더 합리적인 절차는 없[다]"고 말한다. 이에 대해서는 칼 포퍼(Karl R. Popper)/이한구 역, 추측과 논박(Conjectures and refutations: the growth of scientific knowledge) 제2권 (민음사, 2001, 원전은 1963년 초판발행), 110면 참조.

더 이상의 논박이 가능하지 않은 '논박불가능성'[127]에서 찾을 수 있다고 본다.[128] 이는 직관적 판단의 정당화에 있어서도 마찬가지라고 보며 이하에서는 직관의 합리적 통제방법과 궁극적 정당화 가능성을 살펴보기로 한다.

3) 직관의 합리적 통제방법: 논박(불)가능성과 열린 태도

헌법 제10조의 "인간(人間)으로서의 존엄(尊嚴)과 가치(價値)"처럼 직관적으로 자연법적 명제임을 분명히 판단할 수 있는 경우도 있지만, 앞서 살펴본 바와 같이 대개의 경우 규범적 직관은 개인차가 있게 마련이다. 여기에서 상충하는 직관의 대립은 어떻게 해소될 수 있을 것인지의 문제가 제기된다. 직관은 빠르지만 언제든지 오류를 범할 수 있고 또한 속단(速斷)에 이를 수도 있다. 또한 괴델의 한 신념에 따르면 직관으로도 해결할 수 없는 문제도 존재할 수 있다. 따라서 법적 판단에 있어서 직관을 정당화 할 수 있는 방법이 요구된다.[129]

우선 법관의 직관은 판결을 내릴 경우 현행 사법시스템 하에서 상급

---

127) 필자가 사용하는 '논박불가능성'이란 그 자체로 오류가 없거나 반대 논거로부터 적실한 방어가 가능해 더 이상의 논박이 불가능하다는 뜻이지 논거의 성격이 비경험적이거나 형이상학적이어서 적실한 논박이 원천적으로 불가능하다는 뜻이 아님에 유의할 필요가 있다. 칼 포퍼는 이론의 과학적 지위에 대한 기준은 그 이론에 대한 검증가능성 또는 논박가능성에 놓여 있다고 주장하면서 비과학적 이론은 원천적으로 논박이 불가능하다는 뜻에서 '논박불가능성(irrefutability)'이란 용어를 사용하고 있다. 칼 포퍼(Karl R. Popper)/이한구 역, 앞의 책, 82-91면 참조. 개념상의 차이에도 불구하고 포퍼의 생각은 법적 논거도 검증과 논박이 가능한 형태로 제시될 필요가 있다는 점에서 본고의 논지에도 유의미한 함축을 지니고 있다고 본다.

128) 유사한 입장의 문헌으로 Jules L. Coleman & Brian Leiter, 앞의 논문, 227-237면. 이러한 맥락에서 볼 때, 설득력 있는 반대논거가 제시되었음에 불구하고 이를 충분히 재반박하지 못하거나 하지 않고 있는 견해는 정당화되지 못한다.

129) 직관의 힘을 긍정함과 동시에 그 위험, 즉 오류에 이를 수 있는 가능성을 풍부한 사례를 통해 제시해 주고 있는 문헌으로는 David G. Myers, Intuition: Its Powers and Perils (Yale University Press, 2002) 참조.

심의 통제를 받게 된다. 물론 1차적으로는 기존의 상급심 판례나 오랜 관행에 의해 확립된 법리의 영향 하에서 작용할 것이다. 또한 관련 학설과 이론의 영향도 무시할 수는 없을 것이다.[130] 그렇다면 상급심 법관의 직관은 어떻게 통제될 수 있는가? 상급심 법관의 직관도 우선적으로는 선례나 학설과 이론에 의존할 수밖에 없을 것이다. 다만 법관은 궁극적으로는 헌법 제103조의 '양심'에 따라서 사법재량을 행사할 수 있다. 그러나 가치의 우열을 가리기 힘들어 법관의 '양심'으로도 결정하기 힘든 불확정적 사안은 분명 존재할 수 있다.[131] 이 경우 법관의 직관이 단순한 '선택'이나 '결단'이 아닌 '정당한 근거'로서 작용하기 위해서는 어떠한 합리적 통제 방법이 가능할 것인가? 이는 바로 앞서 논급한 '논박(불)가능성'이라고 본다. 법관의 직관은 판결문에 반영되게 마련이다.[132] 만일 그 판결의 논거[133]가 충분히 또한 적실히 '논박가능한'

---

130) 권영준, 앞의 논문, 346면 참조.
131) Jules L. Coleman & Brian Leiter, 앞의 논문, 237-140면. 콜만과 라이터에 의하면, 법적 논거의 우열에 의해 결정이 불가능해 사법재량이 요구될 정도로 불확정적인 사안에서는, 법관의 권위에 의해 사법재량을 행사하는 것이 분쟁해결 과정에서 판결을 못 내리는 것보다는 낫기 때문에 그 자체로 정당화 될 수도 있고, 비록 사법재량이라 하더라도 그 재량의 내용을 구성하는 법 외적 논거가 문화적 규범(cultural norm)과 관행에 의해 우열이 가려질 수 있기 때문에 역시 '논거의 우위성'에 기초한 정당화가 가능하다고 한다.
132) 예컨대 앞서 과실범의 공동정범을 부정하는 대법원 판례와 긍정하는 판례는 형법 제30조의 "2인 이상이 공동하여 죄를 범한 때"의 '죄'를 전자는 '고의범'으로만 해석하고 후자는 '과실범도 포함되는 것'으로 해석해 이에 따라 공동정범의 주관적 요건인 '공동의 의사'를 각각 달리 해석하고 있는바, 왜 '고의범'으로만 보아야 하는지, 아니면 '과실범도 포함되는 것'으로 볼 수 있는지에 대해서 정당한 근거를 제시하지 않고 있다. 이는 상이한 판결의 전제가 되는 '죄'의 해석에 있어서 각각의 상이한 '직관'에 기초하고 있기 때문이며, 이로부터 과실범의 공동정범 인정여부에 관한 법관의 결정에 있어서 작용한 규범적 '직관'의 일면을 엿볼 수 있게 된다. 두 판결문에 반영된 법관의 '직관'은 각각 지지하는 부정논거(범죄공동설 등) 또는 긍정논거(행위공동설 등)의 '논박불가능성'을 통해 정당화 될 수 있을 것이다.
133) 여기서 판결의 논거란 판결문에 명시적으로 설시된 논거 이외에 법관의 직관을

것이면 법관의 직관은 틀렸다고 볼 수 있을 것이다. 즉, 법관이 제시한 논거가 논박의 여지가 없거나 예상되는 반론을 충분히 재반박할 수 있을 때에만 직관은 정당화될 수 있다고 본다.[134]

그러나 직관에 의한 규범적 판단이 '논박불가능성'에 의해 정당성을 획득했다고 하더라도 이것이 반드시 '궁극적 징당성'을 의미하지는 않는다. 괴델의 신념처럼 직관에 의해서도 해결할 수 없는 문제가 존재한다면, '논박불가능성'에 의해 정당화된 법명제는 어디까지나 잠정적인 '한시적 정당성'만을 지닐 수 있을 것이기 때문이다.

이 점은 특히 형법상 '법률의 착오'를 둘러싼 유구한 세월동안의 논쟁에 비추어 볼 때 더욱 그러하다. 동서고금을 통해 법률의 착오를 행위자에게 유리한 요소로 고려할 것인가 말 것인가의 문제는 2천 년이 넘는 세월동안 다투어져 왔지만 현재까지 확정적인 합의에 이르고 있지는 못한 듯 보인다. 오히려 상반되는 두 가지 보편적 사고방식이 상호 교섭과 대립의 과정을 거치며 현재까지 이어져 오고 있다고 보는 것이 적절할 것이다.[135] 비록 단편적 예이기는 하나, 형법상 법률의 착오

지지해 주는, 묵시적으로 판결에 반영되어 있는 다양한 층위의 관련논거를 통칭하는 것이다.

134) 이는 학설과 이론의 정립과정에서 작용하는 직관의 경우도 마찬가지라고 본다.

135) 예컨대 로마법에서는 "법률의 부지는 용서받지 못한다"는 전통적 법원칙이 통용되었지만, 이탈리아의 경우 법률의 착오에 대한 두 가지 해결방식, 즉 이를 인정하려는 전통과 고려하지 않으려는 전통은 모두 오랜 전통을 지녀왔다고 한다. 또한 당률에 비추어 볼 때, 전통 중국법은 법률의 착오를 고려하지 않았던 것으로 보이나 중국법계 국가라도 중화민국의 경우 1935년 형법에 '법률의 착오' 조문을 두었으나 1975년 중화인민공화국 형법은 '법률의 착오' 조문을 두지 않았고, 캐나다의 경우 로마법상의 전통적 법원칙이 주류를 이루는 'Common Law' 계통의 국가임에도 불구하고 연방최고법원은 1982년 'R v. Macdougall case' 이래로 법률의 착오를 항변사유로 인정해 오다가 1995년 'R v. Jorgenson case'에서는 다시 인정하지 않는 방향으로 판례를 변경하였다. 반면 일본의 경우는 현행 형법 제38조 제3항은 법률의 착오는 범의의 성립에 영향을 미치지 못한다고 명시하고 있고 최고재판소 판례 역시 위법성인식불요설을 지지하고 있으나 위법성인식불요설을 극복하기 위한 다양한 해석론이 제시된 바 있다. 이

론이 전개되어 온 역사에 비추어 볼 때, 보편타당성을 인정받는 규범적 판단은 '순환적'일 수 있다고 본다. 그러므로 직관에 의한 규범적 판단이 논박불가능성에 의해 정당화될 수 있다 하더라도 법관은 자신의 규범적 판단에 대해 '확신'을 갖기 보다는 항상 '열린 태도'를 견지할 필요가 있을 것이다. 즉 법적 결정에 개입된 직관의 궁극적 정당화는 항상 오류의 가능성을 열어 놓고 자신의 결정을 경계의 눈으로 바라보며, 판결의 정당성과 무류성(無謬性)을 끝까지 추구하려는 법관의 내적 태도에 달려 있다고 할 것이다.136) 이것이 괴델정리의 논증이론적 함의이다.

V. 맺음말

이상 본고에서 논의한 내용을 간추리면 다음과 같다.

에 대한 풍부한 사례의 소개와 비교·역사적 논증으로는 안성조, 형법상 법률의 착오론 (경인문화사, 2008), 343-397면 참조.

136) 이는 비록 괴델정리로부터 도출되는 직접적 함의는 아니라고 할지라도 "직관으로도 해결할 수 없는 문제가 존재할 수 있다"는 괴델의 한 신념으로부터 배울 수 있는 교훈임은 명백하다 할 것이다. 그러나 만일 법관에게 '자연법(自然法)'을 발견해서 이를 적용해야 할 도덕적 의무가 있다면, 자연법론을 옹호해 주는 괴델정리의 함의로부터, 법관에게 '열린 태도'가 요구된다고 입론할 수 있을 것이다. 한편 네이겔과 뉴만은 괴델정리에 대해, 공리적으로 해결될 수 없는 문제가 전적으로 '신비스러운 직관(mystic intuition)'을 통해서만 해결될 수 있다는 것으로 이해해서는 안 된다고 지적한다. 왜냐하면 주어진 공리로부터 형식적으로 추론될 수 없었던 수학적 명제가 '비형식적인' 초수학적(metamathematical) 추론에 의해 증명된 예들이 있기 때문이다. 따라서 괴델정리는 "인간의 추론능력에 피할 수 없는(ineluctable) 한계가 있다는 것을 뜻하지 않는다. 그보다는 인간 지성의 원천(resources of the human intellect)이 이제까지 완전히 형식화된 적은 없었고, 또한 그렇게 될 수도 없다는 것을 의미하며, 따라서 새로운 증명원리가 끊임없이 창안되고 발견될 것이라는 전망을 품게 해 준다." 이에 대해서는 Ernest Nagel & James R. Newman, 앞의 책, 112면. 네이겔과 뉴만의 지적은 분명 일리가 있다고 보며, 그렇다면 법학에 있어서 초수학적 추론에 상응하는 방법론은 무엇이며, 또한 가능한 것인지 논구될 필요가 있을 것이다.

　1. 괴델의 불완전성정리는 법체계의 불확정성을 입론하는 데에도 원용될 수 있다.

　2. 따라서 언어적 모호성과 체계내적 모순이 완전히 제거된 무모순적인 법체계가 구축될 수 있다 하더라도 법은 본래적으로 불확정적이다(inherently indeterminate).

　3. 다만 법의 불확정성은 그 무엇도 확정할 수 없다는 '극단적(radical) 불확정성'을 의미하는 것은 아니고 단지 제한된 선택지 내에서의 불확정성을 의미한다.

　4. 괴델정리에 의하면 법적 추론절차에 있어서도 항상 '직관'의 역할이 중요하다. 즉, 불확정적 사안의 확정을 위해서는 법관에게도 '직관'의 적극적 활용이 요구된다.

　5. 법적 결정에 작용한 법관의 직관은 통제될 필요가 있으며, 잠정적으로는 논거의 '논박(불)가능성'에 의해, 그리고 궁극적으로는 법관의 '열린 태도'에 의해 정당화될 수 있다.

　6. 괴델정리는 플라톤주의에 토대를 두고 있으며, 자연법론을 옹호해 준다.

　7. 괴델정리와 달리 뢰벤하임-스콜렘 정리는 법체계에는 적용될 수 없으며, 바로 이 점은 수학·철학 등 법 외적 논의를 법에 도입·적용하는 데 있어서는 신중을 기해야 한다는 것을 의미한다.

§ 5. 실재론적 법해석방법론
- '법문의 가능한 의미'를 중심으로 -

[글 소개]

내가 이 글을 어느 학회에서 발표하던 날 오전에, 노무현 전 대통령의 서거 소식이 있었다. 어쩌면 그래서 "정신 독립적"이고 "변하지 않는" 실재에 관한 나의 글이 좀 더 비장하게 들렸는지도 모르겠다. 어쨌든 청중들의 반응은 기대 이상이었다. 많은 질문이 쏟아졌고, 한국에도 실재론을 주장하는 학자가 있다는 게 놀랍다는 격려의 언사도 있었다. 물론 실재론적 법해석방법론이 얼마나 성공적일 수 있을지는 더 지켜봐야 한다는 지적도 함께 나왔다. 나도 그렇게 생각한다. 다만 비록 반실재론적 사고가 인기를 끌고 있는 시대지만, 실재론의 가치는 여전히 재음미해 볼 필요가 있다는 것이 나의 지론이다. 실재의 반대는 허상이다. 우리는 때대로 허상을 믿으며 살기도 한다. 그러나 허상만 믿으며 살 수는 없다. 우리의 믿음 대부분이 참이 아니라면 삶의 영위 자체가 불가능해질 것이기 때문이다. 이것은 부인할 수 없는 사실이다. 법해석도 마찬가지다. 법이 불확정적이고 정답을 찾기 어렵다고 해서 올바른 해석을 포기할 수는 없다. 우리의 삶에서 마음을 추동해 어떠한 행동을 취하게끔 만드는 것들의 대부분은 실재적 가치에 대한 확신에서 비롯된다. 규범에 대한 믿음도 이와 같다. 법해석의 옳음에 대한 실재적 확신 없이 법을 따르고 적용하고 집행하는 것은 생각하기 어렵다. 그래서 법해석은 중요한 것이고, 법문의 올바른 의미를 밝히기 위해서는 최대한 객관적이고 타당한 해석을 추구하려는 해석자의 심적 태도가 요구된다. 그렇다면 실재론적 법해석방법론은 충분히 논의해 볼 만한 가치가 있을 것이다. 이하에서는 법의 해석에서 실재론적 관점이 어떻게 활용될 수 있는지 고찰해 보기로 한다.

Ⅰ. "법문의 가능한 의미"는 확정 가능한가?

로마의 12표법(Zwölftafelgesetz)에 의하면 네발 달린 짐승(Vierfüßers)의 소유자는 그 짐승의 야성(Wildheit)으로 인해 야기된 손해를 배상해야 할 책임이 있다. 그렇다면 두발 달린 짐승, 예컨대 아프리카의 타조가 그 야성으로 끼친 손해에 대하여 소유자의 책임을 인정할 수 있을 것인가? 이에 대해 파울루스(Paulus, Digesta 9.1.4.)는 유추(Analogieschluß)를 통해 네발 달린 짐승뿐만 아니라 다른 짐승이 손해를 입힌 경우에도 소를 제기할 수 있다고 해석하며, 동물적 본성으로 인해 특히 중대한 손해를 쉽게 야기할 수 있는 생물의 경우 책임을 인정하려는 것이 본 조항의 법정책적 목적이므로 이러한 추론은 정당하고 주장하였다. 엥기쉬(K. Engisch)는 이 사례에 대해, 유추추론과 반대추론(Umkehrschluß) 사이의 우위를 순수논리적으로는 결정할 수 없고, 일정한 목적론과 결합되어야 함을 보여주는 사례로 평가하면서도, 법문의 가능한 의미(möglicher Wortsinn)를 해석의 한계로 설정할 경우 어의로는 한계가 있으므로 아무리 최대한 노력을 하여도 타조를 네발 달린 짐승의 개념에 포함시킬 수 없다는 점을 인정한다.[1]

형법상 유추금지는 이미 고전적 주제이다.[2] 그러나 이를 둘러싼 첨예한 논쟁은 계속되고 있다. 그 이유는 무엇보다도 "허용되는 확장해석"과 "금지되는 유추해석"의 한계를 지우는 "법문의 가능한 의미(möglicher Wortsinn)" 또는 "법문의 한계(Wortlautsgrenze)"가 과연 확정될 수 있는가에 대한 논란이 종식되고 있지 않기 때문이라고 본다. 법문의 가능한 의미가 확정 가능하다고 보는 입장에서는[3] 형법해석의 한계가 이 실질

---

1) 이 사례는 에네케루스(L. Enneccerus)와 바르톨로메직(H. Bartholomeyczik)이 소개한 바 있고, 칼 엥기쉬가 그의 저서 "법적 사고의 입문(Einführung in das juristische Denken)"에서 다루고 있는 것이다. Karl Engisch, Einführung in das juristische Denken (Stuttgart: W. Kohlhammer, 1956), 144면 이하.

2) 이에 대한 우리 학계의 고전적 문헌으로는 신동운 외, 법률해석의 한계 (법문사, 2000) 참조.

3) 신동운, 형벌법규의 흠결과 해석에 의한 보정의 한계, 법률해석의 한계, 10-11면; 김영환, 형법해석의 한계 – 허용된 해석과 금지된 유추와의 상관관계, 「법률해석의 한계」, 28-36면; 김영환, 형법상 해석과 유추의 한계, 「법률해석의 한계」, 94-98면; 김대휘, 형법해석의 한계와 법방법론, 「법률해석의 한계」, 140-141면.

적인 기준에 의해 설정될 수 있다고 보는 반면, 이를 불확정적이라고 보는 회의론적 입장에서는 유추금지 원칙이란 기껏해야 법치국가적 형법해석을 실현하려는 "법관의 직업에토스"일 뿐,[4] 사후적 심사를 가능하게 해 주는 '외재적 기준'은 될 수 없으므로 이 기준을 과감히 포기하고 그 대신 방법론상 대화원칙을 도입하거나 목적중심적 법해석론[5]을 활용할 것을 제안한다.[6]

　　"법문의 가능한 의미"를 둘러싸고 벌어진 형법해석 논쟁은 실재론과 반실재론의 오래된 대립양상과도 밀접한 관련이 있다. 잘 알려진 정의에 의하면 실재론(realism)이란, 다양한 층위의 정의가 가능하겠지만, 기본 입장은 "세계는 정신독립적 대상들의 확정된 총체로 이루어져 있다."[7]는 것이다. 이를 의미론과 관련시켜 보면 한 낱말의 지시체나 어떤 명제의 참값이 우리의 정신과는 독립적인, 객관적으로 고정된 대상과 사실에 의해서 결정될 수 있다고 보는 철학적 입장이다. 즉, 어떤 낱말이나 명제의 진리치는 우리가 그것을 알든 모르든 간에 그 낱말과 명제를 참으로 만드는 조건에 의해 결정되어 있고 바로 그렇게 결정되어 있는 조건이 그 낱말과 명제의 의미라고 보는 것이다. 이러한 입장을 실재론적 의미론 또는 의미 실재론이라고도 한다. 이를 법해석에 원용하면 법해석에 "법문의 가능한 의미"를 확정지을 수 있는 외재적 기준을 입론할 수 있을 것이다.[8] 반면에 반실재론은 그러한 독립적인 고정된 실재

---

4) 이상돈, 형법해석의 한계, 「법률해석의 한계」, 89면; 이상돈, 형법상 유추금지의 대화이론적 재구성, 형사법연구 제5권, 1992, 10-21면.

5) 최봉철, 문언중심적 법해석론, 「법률해석의 한계」, 173-178면과 역시 동지의 허일태, 형법상 해석원칙과 그 한계, 형사판례연구 제13호, 2005 참조.

6) 이러한 입장에 서 있는 삭스(Sax), 카우프만(Kaufmann), 하세머(Hassemer) 등 독일 학자들의 견해에 대한 소개로는 김영환, 형법해석의 한계 – 허용된 해석과 금지된 유추와의 상관관계, 「법률해석의 한계」, 29-30면; 김학태, 법률해석의 한계, 외법논집 제22집, 2006, 182-185면 참조. 김학태 교수는 "법문의 가능한 의미"가 법관이 법해석을 하기 전에 이미 확정되어 있어 법관이 단지 이를 발견하는 것으로 족한지, 아니면 법관의 법해석을 통해서 비로소 형성되는 것인지 불분명하다고 지적하고 있다.

7) "The world consists of some fixed totality of mind-independent objects."

는 없으며, 우리가 인식하는 세계는 오로지 주관이 작용하여 창조해 낸 인위적 구성물에 불과하다는 입장이다. 이러한 맥락에서 보면 해석자의 주관을 떠나 "법문의 가능한 의미"를 객관적으로 확정해 주는 그 어떠한 외재적인 기준도 인정하기 힘들 것이고, 따라서 회의론적 입장에서 법해석 문제를 바라보게 된다.9) 실재론에서 다루어지는 또 다른 분야로서 도덕 실재론(moral realism)이란 논의가 있다. 도덕 실재론이란 사실 명제의 진위여부가 확정되는 방식과 유사하게 도덕 명제의 진리치도 우리의 정신과 독립적인 도덕 사실(moral fact)에 의해서 결정될 수 있다고 보는 입장이다. '법문'은 '언어'로 구성되어 있고, "법적 논란은 그 핵심 쟁점에 있어서 도덕원리(moral principle)와 관련된다."는 드워킨의 명제10)를 고려한다면, 실재론적 의미론과 도덕 실재론은 모두 법의 해석에 있어서 필요한 논의들이겠으나, 본고에서는 "법문의 가능한 의미"의 확정과 보다 밀접하게 관련되어 있다고 판단되는 '실재론적 의미론'에 국한시켜 고찰해 보고자 한다.11)

---

8) 실재론의 입장을 법해석에 도입하는 견해로는, Michael S. Moore, Natural Law Theory of Interpretation, *58 S. Cal. L. Rev.* 277 (1985) 참조.

9) Michael S. Moore, 앞의 논문, 270-280면 참조.

10) Ronald Dworkin, Taking Rights Seriously (Harvard University Press, 1978), 7면. 물론 이 때의 도덕은 법관의 개인적 윤리관을 의미하는 것이 아니라 공동체의 법과 제도에 내재하는 정치도덕(political morality)이다. 이 점에 대한 지적으로는 김도균, 권리의 문법 – 도덕적 권리·인권·법적 권리 (박영사, 2008), 198면 참조.

11) 물론 향후 '도덕 실재론'에 대한 논의가 보완되어야 할 것이다. 왜냐하면 "법문의 가능한 의미"가 고정될 수 있다는 실재론적 주장은 자칫 "법률로 규정된 것은 뒤바뀔 수 없다"든지 "악법도 법이다"라는 식의 법실증주의적 사고로 흐를 위험이 있기 때문이다. 우리나라의 실정법 해석과 관련해 이러한 문제의식을 잘 보여주는 글로는 신동운 편저, 유병진 법률논집: 재판관의 고민 (법문사, 2008), 391-403면; 김도균, 한국 법체계에서 자연법론의 형성과 발전, 법철학연구 제11권 제2호, 2008, 192-200면 참조. 실정법개념의 한계와 비실증주의적 법개념 내지 자연법의 필요성에 대한 근원적인 문제의식으로는 박은정, 자연법의 문제들 (세창출판사, 2008), 9-12면과 60-66면 참조. 그러나 본고에서 '의미 실재론'을 다루는 의도는 실증주의를 옹호하려는 데 있지 않다. 본고의 목적은 형법상 금지되는 '유추'와 허용되는 '해석'의 구분기준을 제시하고자 함에 있으며, 그 과정에서

이하 본고에서는 '내재적 실재론(internal realism)'[12]을 중심으로 현대 철학이 도달해 있는 실재론의 최신 연구 성과를 비판적으로 검토해 보고 이를 토대로 "법문의 가능한 의미"가 어떠한 방식으로 형법해석의 한계로 설정될 수 있는가를 검토해 보기로 한다.

Ⅱ. 중심부 사례와 주변부 사례

1. 법문의 가능한 의미가 명백한 사례들

"법문의 가능한 의미"는 불확정적이라는 회의론자들의 견해에도 불구하고 상당수 사례는 분명 "법문의 가능한 의미"에 대한 확정이 가능하다. 하트(H.L.A. Hart)의 중심부(core) 사례와 주변부(penumbra) 사례의 구분에 비추어 보면, 일정한 사례는 분명 법문의 외연에 명확히 포섭된다.[13] 예컨대 "소, 돼지, 말, 양"이란 법문의 외연을 아무리 넓혀도 이에 "염소"는 포함될 수 없는바, 이와 같은 사례의 경우[14] 법문의 가

부수적으로 '법문의 실재론적 의미 확정'이 사회·현실적으로 일면 부당한 결과를 초래하게 되는 문제가 발생할 수도 있겠으나, 이는 '자연법론' 또는 '도덕 실재론' 차원에서 해결해야 할 문제이며, 본고에서 '의미 실재론'을 통해 다루고자 하는 '유추와 해석'의 논의 범위를 넘어선다.

12) '형이상학적 실재론'에 대비되는 퍼트남의 '내재적 실재론'에 대한 상세한 소개로는 Mark Quentin Gardiner, Semantic Challenge to Realism: Dummett and Putnam (University of Toronto Press, 2000), 139-218면; Drew Khlentzos, Naturalistic Realism and the Antirealist Challenge (The MIT Press, 2004), 187-206면 참조.

13) H.L.A. Hart, Positivism and the Separation of Law and Morals, *71 Harvard Law Review 593* (1958), 607-608면.

14) 축산물가공처리법 제2조는 위생적인 육류공급을 위해 "소, 돼지, 말, 양, 닭, 오리 기타 대통령령으로 정하는 동물"을 위생처리시설이 아닌 장소에서 도축한 자를 3년 이하의 징역에 처한다."라고 규정하고 있는바, 대법원은 동 조문을 근거로 유추해석 해 흑염소를 야산에서 도축한 자를 처벌하는 것은 죄형법정주의에 반하는 것이라고 판시하였다(대법원 1977.9.28. 선고 77도405).

능한 의미는 해석의 한계를 설정하는 기능을 충실히 다할 수 있다. 따라서 회의론자들의 지적은 포섭여부가 불분명한 경계 사례에 대한 문제제기로 보는 것이 타당할 것이다.

법문의 가능한 의미가 불분명한, 널리 논급되는 하드케이스로서 "공원에서는 탈 것(vehicle)을 금지함"이라는 법문이 있다. 하트는 이 경우 '탈 것'에는 자동차는 분명히 포함되지만, 자전거나 롤러스케이트는 법규의 적용여부가 불투명해 사법재량이 요구되는 주변부 사례가 된다고 지적한 바 있다. 이에 대해 풀러는 하트의 "해석이 불필요한" 중심부, 그리고 "법관의 재량이 요구되는" 주변부라는 구분은 타당하지 못하며, 예컨대 만일 2차대전에 사용된 기념물 지프가 공원에 전시되어 있다면 입법목적을 고려할 때만, 즉 적절한 해석을 통하여서만 중심부 사례가 될 수 있다고 지적하였다. 나아가 풀러는 "모든 개선사항(all improvements)은 (   )에게 즉시 보고되어야 한다."는 법문이 있을 때, 하트의 중심부/주변부 구분론에 따르면 이 미완결의 법문만 가지고도 '개선사항'의 표준적 경우들을 충분히 알 수 있다고 주장하겠지만, 사실은 그와 달리 괄호 안의 대상이 확정되어야만 법문의 목적이 드러나 해석이 가능해진다고 논박한다.[15] 이에 대해 샤우어는 풀러가 법문의 의미 확정에 있어서 맥락(context)의 중요성을 과장했다고 비판하였다. 즉, 앞서 논급한 '염소'나 '탈 것'은 관련된 맥락을 전혀 모르더라도 확실한 중심부 의미를 지니며, 따라서 풀러가 예로 든, 기념물 지프가 '탈 것'에 포함되는 것은 명백하나, 다만 동 사례는 "규칙의 엄격한 적용은 때때로 불합리한 결과를 낳거나 또는 적어도 규칙의 목적에 부합되지 않는 결과를 초래한다."는 교훈을 줄 뿐이라는 것이다.[16] 마머 역시 풀러를 비판하며, 그가 논급하는 "개선사항"은 맥락이 존재하지 않을 경우 표준적인 경우(standard instance)를 가질 수 없다고 볼 것이 아니라 오히려 다양한 맥

---

15) Lon L. Fuller, Positivism and Fidelity to Law – A Reply to Professor Hart, in: Dennis Patterson (ed.), Philosophy of Law and Legal Theory (Malden, MA: Blackwell, 2003), 109면.

16) Frederick Schauer, Playing by the Rules (Oxford University Press, 1991), 55-59면.

락에서 각각의 표준적 경우를 가지는 것으로 볼 수 있다고 적절히 지적
한 바 있다.17) 빅스도 풀러의 입장을 논박했던바, 하트도 법의 해석에
는 입법목적에 대한 고려가 필요하다는 풀러의 생각에 반대하지는 않
을 것이고, 그러나 입법목적을 고려하더라도 사법재량의 여지는 발생한
다는 것이 바로 하트의 생각이라는 것이다. 입법자가 법률을 기초하면
서 상정하는 것은 중심부 사례, 즉 표준적 경우들이기 때문에 미처 염
두에 두지 못한 경우가 언제나 발생할 수 있기 때문이다.18)

　　이상 언급한 논쟁은 무엇보다도 하트가 중심부 사례의 표준적 경우들
이 어떻게 확정되는가에 대해 어떠한 통일적인 설명도 해주고 있지 않기
때문에 발생한 것으로 보인다. 그는 다만 "중심부 사례란 유사한 맥락에
서 항상 빈발하여 우리에게 친숙한 것들(the familiar ones, constantly
recurring in similar contexts)"이라고 설명할 뿐이다. 서복은 하트의 구분
법이 비트겐슈타인의 가족유사성 개념을 원용한 것이라고 이론적 설명
을 시도한 바 있다. 즉 하트가 말한 중심부 사례의 표준적 경우들, 예컨
대 '탈 것' 사례의 버스나 택시, 그리고 스포츠카나 리무진 등에는 공통
된 하나의 특징은 발견되지 않지만, 이들을 표준적 경우들로 묶을 수
있는 서로 교차하면서 발생하는 유사성, 즉 가족유사성19)은 찾아볼 수
있다는 것이다.20) 그러나 풀러는 이러한 느슨한 기준에 만족하지 못할
것이다. 예컨대 '가족유사성'에 비추어 보면, '탈 것'에 자동차는 물론이
고 오토바이나 자전거도 포함될 수 있다. 그러나 동 법문의 목적에 비

---

17) Andrei Marmor, Interpretation and Legal Theory (Rev. 2nd ed., Oxford: Hart,
　　 2005), 102-103면.

18) Brian Bix, The Application(and Mis-Application) of Wittgenstein's Rule-Following
　　 Consideration to Legal Theory in: Brian Bix (ed.), Law, Language and Legal
　　 Determinacy (Oxford University Press, 1993), 29면.

19) 가족 구성원들을 단일한 공통점으로 묶을 수는 없지만 그들 간에는 체구나 용모,
　　 눈매나 눈빛, 걸음걸이, 기질 등의 겹치고 엇갈리며 크고 작은 다양한 유사성은
　　 찾아볼 수 있다. 비트겐슈타인은 이를 가족유사성이라고 칭했다.

20) Anthony J. Sebok, Finding Wittgenstein at the Core of the Rule of Recognition,
　　 52 S.M.U. L. Rev. 75 (1999), 91면의 각주 96) 참조

추어 보면 자전거, 특히 어린이용 세발자전거는 출입이 허용될 것이기 때문이다. 그러므로 '가족유사성'에 의존해 법문의 표준적 경우를 판별해 낸다는 것은 쉽지 않은 작업일 것이다.

그럼에도 불구하고 일정한 사안은 분명 "법문의 가능한 의미"에 대한 확정이 가능하다. 예컨대 서울시내 공원을 가게 되면 애완동물과 자동차의 출입을 제한하는 다음과 같은 경고문을 볼 수 있다. "도시공원 및녹지등에관한법률" 제49조 제2항의 2에 의거 "동반한 애완견을 통제할 수 있는 줄을 착용시키지 아니하고 도시공원 또는 도시자연공원구역에 입장하는 행위"는 금지되며 위반 시 10만원 이하의 과태료가 부과된다. 동 법문에 의하면 분명 "줄을 달지 않은 애완견"의 동반입장만을 금지하므로, 기타의 다른 '애완동물'은 출입이 가능할 것이다. 아니 "법문의 가능한 의미"에 따라 그렇게 해석할 수밖에 없다. 역시 동법률시행령 제50조의 5에 의거 "이륜 이상의 바퀴가 있는 동력장치를 이용하여 차도 외의 장소에 출입하는 행위"는 금지된다. 이 경우도 막연히 "탈 것 금지"라는 법문과는 달리 "이륜 이상의 바퀴가 있는 동력장치"라고 규정되어 있기 때문에 오토바이 등의 원동기장치 자전거와 자동차만을 금지하고 일반적인 자전거는 출입이 허용될 것이다. 이렇듯 법문은 그 규정형식을 어떻게 취하고 있느냐에 따라서 의미 확정이 충분히 가능하고 또 그러한 사례는 얼마든지 존재한다.

2. 법의 불확정성과 경계 사례

그러나 회의론자들의 지적은, 분명 어떤 경계 사례에 있어서는 법이 하나의 결론을 제공해 주지 못하고 불확정적이라는 점에 있어서는 옳다. 법적 추론에 있어서 불확정성이 발생하는 원인은 일반적으로 언어적 모호성 때문이다.[21] 법문의 표현이 모호하다고 하여 언제나 불확정성이 초래되는 것은 아니지만, 경계 사례는 대부분 모호성 때문에 발생

---

21) 안성조, 법적 불확정성과 법의 지배, 법철학연구 제10권 제2호, 2007, 68면.

한다.22) 그렇다면 "법문의 가능한 의미"가 형법해석의 한계로 기능할 수 있는지의 여부는 과연 '모호성'의 정도가 그 한계를 무너뜨릴 정도인가 아닌가의 문제로 귀착된다고도 볼 수 있을 것이다.

그러나 이러한 문제설정은 제한적으로만 타당하다. "법문의 가능한 의미"를 법문의 '일상적' 또는 '표준적' 의미를 넘어 바로 그러한 모호성의 문제를 안고 있는 주변부(penumbra)를 '해석'에 의해 해당 법문에 포섭할 수 있는 "부여 가능한 의미"로 보게 되면,23) 주변부 영역은 직업법관의 관점에 의해서건 일반 시민의 소박한 언어감각에 의해서건 해당 법문의 적용여부가 모호하기는 마찬가지이기 때문에 '처벌의 중대한 흠결'이나 '법전편찬상의 과오'가 있다면 목적론적으로 확장 또는 축소해석하더라도 해석의 한 방법으로서 정당성을 상실하지 않을 것이다. 이 경우 "유추금지"란 바로 그러한 "법문의 부여 가능한 의미"를 '명백히' 넘어서는 해석을 금지하는 형법해석의 원칙인 것이다. 예컨대 '탈 것'에 자전거나 롤러스케이트가 포함되는지 여부는 '모호'하지만, 그렇다 하더라도 일정한 처벌 필요성이나 정책적 목적에 의해 이를 포함시켜 해석하는 것은 "법문의 부여 가능한 의미"를 넘지 않는 확장해석이 된다는 것이 '유추금지'에 내포된 죄형법정주의의 정신인 것이다. 같은 맥락에서 '소, 돼지, 말, 양'에 '염소'를 포함시킬 수 없다거나, '목줄을 달지 않은 개'에 '목줄을 달지 않은 토끼나 고양이'까지 포함시켜서는 안 된다는 것은 바로 "법문의 부여 가능한 의미"를 명백히 넘어선 해석은 유추해석으로서 허용될 수 없다는 것이 죄형법정주의의 결론인 것이다.

문제는 "법문의 가능한 의미"를 문언의 '일상적' 또는 '표준적' 의미와 동일하게 볼 때에 발생한다.24) 이와 관련된 고전적 사례로서 '실화

---

22) 김혁기, 법의 불확정성 연구, 서울대학교 박사학위논문, 2009, 131-132면.

23) 이것은 '실화죄' 판결에서 대법원 다수의견이 취한 견해이다. 즉, '일상적', '표준적' 의미는 개념의 중심부에 해당하고, '부여 가능한' 의미는 개념의 주변부까지를 포함하는 것이다.

24) 흥미로운 점은 "법문의 가능한 한계"의 해석기준으로서의 기능에 회의적인 입장

죄 사건'에서 접속어 '또는'이 '연결어'인지 '분리어'인지 일상언어적으로는 확정이 불가능하다는 논변이 대표적이다. 역시 "탈 것 금지" 사례에서 과연 '탈 것'의 '표준적' 의미에 오토바이까지만 포함될 것인지, 자전거나 롤러스케이트도 포함될 것인지도 논란이 될 수 있다. 그렇다면 이 경우에는 "법문의 가능한 의미"의 확정이 불가능한 것일까?[25]

3. 의미의 고정가능성

법문의 표준적 의미가 일상언어적으로 확정이 불가능하다는 회의론자들의 지적은 타당한 측면이 있다. 그러나 풀러의 비판에 대한 샤우어와 마머의 지적에서 볼 수 있듯이 그러한 회의적 관점이 지나치게 과장되어서는 안 될 것이다. 분명 많은 경우 법문의 중심부 의미는 확정이 가능하다. 또 일견 중심부 의미가 없다고 생각되는 사례의 경우는 맥락에 따라 각각의 중심부 의미가 존재한다고 볼 수도 있다. 이처럼 단어들이 의미론적으로 지각적 원형들(perceptual prototypes)과 연계되어 있다는 점은 널리 지지를 받아 온 견해이기도 하다.[26] 포더(Jerry A. Fodor)는

들은 모두 동 표지를 문언의 '일상적', '보통의', 또는 '표준적' 의미로만 이해하려 든다는 것이다. 이는 동 표지가 두 가지 뜻으로 해석될 수 있음을 명확히 인식하고 있는 경우에도 마찬가지이다. 이상돈, 형법해석의 한계, 「법률해석의 한계」, 64-65면; 최봉철, 문언중심적 법해석론, 「법률해석의 한계」, 177면.

25) 반드시 그렇지만은 않다고 본다. 단, 이 경우에는 일정한 개념틀 내에서의 정답만을 논할 수 있을 것이다. 즉, 일정한 해석방법론, 즉 목적론적 해석방법론 하에서는 오토바이까지만이 금지된다고 볼 수 있을 것이다. 이러한 개념틀을 전제하지 않고 "일상적·표준적 의미"가 무엇이냐고 묻는 것은 그 자체로 "오도된 질문"이며, 그 자체로는 "신도 해결할 수 없는" 문제일 것이다.

26) Hilary Putnam, Representation and Reality (The MIT Press, 1988), 43-44면. 퍼트남은 이를 '고정화된 유형(stereotypes)'이라고도 부른다. 무어는 하트의 중심부/주변부 이론과 유사하게 언어공동체의 지배적 관행에 의해 적용이 확실한 모범례가 정해질 수 있다는 이론을 '모범사례이론(paradigm case theory)'이라고 부른다. 이에 대해 Michael S. Moore, 앞의 논문, 295-296면.

이를 "기본적 지각 범주(basic perceptual category)"라고 말한다. 예를 들어 "푸들, 개, 포유류, 동물, 물리적 대상"이라는 범주의 위계가 있을 때, 각 대상의 외연은 상위 범주로 올라갈수록 많아진다. 이중 특정 범주를 충족시키는 것은 무엇이든지 그보다 상위의 범주를 충족시킨다. 포더에 의하면 "기본적 지각 범주"란 이 중에서 심리적으로 특별한 중요성을 갖는 것이다. 그것은 바로 '개'라는 범주이다. 그 이유는 기본적 범주의 단어는 가장 빈번히 사용되는 어휘이며(higher frequency lexical item), 또 그 단어는 다른 범주의 단어를 알기 전에 배우게 되는 경향이 있다. '개'라는 단어는 '푸들'이란 단어를 모르는 어린이에게 지시적으로 (ostensively) 가르칠 수 있지만, '개'를 모르는 어린이에게 '푸들'을 지시적 정의(ostensive definition)에 의해 가르칠 수는 없다. 또한 '개'와 동일한 수준의 범주에 있는 다른 동물들을 모르는 사람에게 '동물'을 지시적으로 가르칠 수도 없다. 이렇듯 포더에 의하면 우리는 '개'의 지각적 원형을 가지고 있으며, 그 종류나 상위 범주를 모르더라도 우리가 만나게 된 동물이 그러한 지각적 원형과 일치한다고 인식할 수 있다.[27] 이를 "목줄을 달지 않은 애완견" 금지라는 법문에 비추어 보면, '개'와 동일한 범주에 있는 '고양이'는 분명 '지각적 원형'이 다르며, 따라서 이 법문의 적용이 배제된다고 보아야 한다. 또 "공원에서 탈 것 금지" 사례의 경우, 우리는 '탈 것'이란 상위범주의 외연이 미치는 범위를 정확히 모르더라도 그보다 하위범주에 속하는 '자동차', '오토바이', '자전거' 등에 대한 지각적 원형은 분명히 가지고 있다. 다만, 이 사례에서는 그 하위범주에 속하는 대상들 중 예컨대 '롤러스케이트'나 '유모차'가 있을 때, 그 '지각적 원형'이 분명하다 하더라도, 과연 이것들까지 '탈 것'의 범주에 포함시킬 수 있느냐, 아울러 '자전거'가 탈 것의 범주에 분명 속한다 하더라도 이를 금지하는 것이 과연 규범적으로 타당한 지 여부가 문제시되고 있는 것이다. 요컨대 하위범주의 '자동차'와 달리 '탈 것'의 '지각적 원형'이 불명확하다는 것과, 공원의 안전에 무해한 '자전

---

27) Jerry A. Fodor, The Modularity of Mind (The MIT Press, 1996), 94-97면.

거'를 '탈 것'에 포함시키는 것이 의미론적으로는 타당하겠으나 규범적으로도 타당하냐는 논란인 것이다.[28] 따라서 "법문의 가능한 의미"가 불확정적이라는 지적은 이러한 경우에 한해 제한적으로만 타당하다고 볼 수 있을 것이다.

포더에 의하면 지각적 원형은 모양이나 색깔, 또는 움직임 등의 시각적으로 관찰가능한 속성에 의해 결정된다.[29] 이 지각적 원형은 단순히 정신적 심상(image)이나 언어로서의 한 고정화된 유형(stereotype)이 아니라 그보다 훨씬 배후에 있는 심층적인 어떤 것이다. 비유컨대 온도계가 온도에 대한 개념을 지니지 않고도 온도를 '인식'할 수 있듯이 우리의 시각체계 속에 있는 어떠한 '패턴 인식장치'로서의 지각적 원형은 개의 개념을 갖지 않고도 개의 형태와 관련된 어떤 것을 인식할 수 있다는 것이다.[30] 그러나 퍼트남에 의하면 한 낱말의 의미가 전적으로 지각적 원형에 의해 결정되는 것은 아니다. 예를 들어 우리의 지각적 원형은 형태적으로 매우 유사한 '너도밤나무'와 '느릅나무'에 대해 동일한 의미를 부여하겠지만, 그럼에도 불구하고 양자의 의미는 분명히 구분된다는 것이다. 즉, 의미는 단지 "머리 속에 있지 않다"는 것이다. 이처럼 의미가 단순히 지각적 원형에 의해 결정되지 않는다는 점은 설령 지각적 원형이 불명확하더라도 의미는 확정될 수 있다는 함축을 품고 있다. 그러므로 지나친 의미회의론에서 벗어나 "법문의 가능한 의미"를 유의미한 표지로 '복원'시키기 위해서는 언어의 '의미'를 '외재적 기준'에 의해 객관적으로 '고정'시키기 위한 이론적 시도를 고찰해 볼 필요가 있을 것이다. 이하에서는 현대의 대표적 실재론자인 힐러리 퍼트남의 의미론을 통해 의미의 고정이 어떻게 가능한지 검토해 보기로 한다.

---

28) 하트는 필자와 달리 자전거의 경우도 '주변부'로 보고 있다. 그 이유는 아마도 하트는 '의미론적' 주변부가 아닌 '규범 적용상의' 주변부에 주목하고 있기 때문일 것이다.

29) Jerry A. Fodor, 앞의 책, 97면.

30) Hilary Putnam, 앞의 책, 43-44면.

III. 의미에 관한 실재론적 고찰

1. 내재적 실재론

퍼트남은 형이상학적 실재론(metaphysical realism)이 우리가 이해할 수 없는 '마술적 지시이론(magical theory of reference)'에 기초한 '신적 관점(God's Eye point of view)'을 전제하고 있다는 점을 저 유명한 "통속의 뇌(Brains in a vat)" 논증을 통해 비판하며 내재적 실재론을 옹호한다. 통속의 뇌 논증은 다음과 같은 가상적 상황을 설정하며 시작한다.

> "어떤 사람이(나 자신이라고 생각해도 좋다) 사악한 과학자에 의해 뇌가 분리되어 생존이 가능한 통속에 집어넣어졌다고 하자. 이 뇌의 신경조식은 초과학적 (super-scientific) 컴퓨터에 연결되어 이 컴퓨터가 그 사람으로 하여금 모든 것이 정상적인 듯이 보이는 환각을 일으키도록 한다고 하자. 사람과 사물들 모든 것이 실재하는 듯 보이지만, 그 사람이 경험하는 모든 것은 컴퓨터에서 신경세포로 이어지는 전자자극의 결과이다. 두뇌 하나가 아니라 모든 인간이 통속의 두뇌라고 상상할 수도 있다. 어쩌면 사악한 과학자는 존재하지도 않고, 우주는 온통 두뇌와 신경조직으로 가득 찬 통만을 만들어 내는 자동기계(automatic machinery)로 구성되어 있어, 우리로 하여금 서로 무관한 각각의 서로 다른 환각이 아니라 하나의 집단적인 환각을 일으켜 상호 의사소통이 가능하도록 만들어 졌다고 가정할 수도 있다."[31]

퍼트남에 의하면 통속의 뇌는 자신이 통속의 뇌라고 생각하거나 말할 수 없다. 예를 들어 한 마리 개미가 모래 위를 기어가다가 우연히 윈스턴 처칠을 모양을 그리게 되어도 우리는 개미가 모래 위에 그린 그림이 윈스턴 처칠을 표상한다고 말할 수 없다. 개미에게 처칠을 직접 보았고, 처칠의 그림을 그릴 수 있는 '지능'과 처칠을 그릴 '의도'가 없었다면 모래그림 그 자체는 처칠을 표상하거나(represent) 지시할(refer)

---

31) Hilary Putnam, Reason, Truth and History (Cambridge University Press, 1981), 6-7면.

수 없기 때문이다. 이처럼 우리가 특정한 사물, 예컨대 사과나 집을 지
각할 수 있고, 다루거나 매매할 수도 있어야만, 다시 말해 대상과 인과
적 상호작용(causal interaction)[32])을 할 수 있어야만 우리는 기호나 말로
써 그 대상을 지시하거나 표상할 수 있는 것이다.[33]) 인과적 상호작용이
없다면 우리가 하는 말은 무의미해 진다. 예컨대 '통 속의 뇌'의 뇌는
모든 실재의 사물들이 사라져 버린다 해도 계속 환각을 보며 말하게 될
것이기 때문이다. 통 속의 뇌가 말하는 바는 실재의 통 속의 뇌를 지시
할 수 없다. 단지 컴퓨터에 의해 프로그램화된 감각 자극들만을 지시할
수 있을 뿐이다. 따라서 '통속의 뇌'의 경우 자신을 통속의 뇌라고 의미
있게 말하거나 생각할 수 있으려면, 통속의 뇌가 통 밖으로 나가 자신
이 생각한 통속의 뇌에 대한 심상과 실재적인 상태에 있는 자신의 통속
의 뇌와의 인과적 상호작용을 통해 지시 관계를 형성할 수 있어야 한다.
그러나 가정에 의해 통속의 뇌는 스스로 그렇게 할 수 있는 능력이 없
다. 이것이 가능하다는 것은 '신적 관점'에서 '마술적 지시'가 가능하다
는 점을 인정한다는 것이고 따라서 통속의 뇌는 자신이 통속의 뇌라고
"의미 있게" 말할 수 없다는 것이다. 부연하자면 우리가 실제로 통 속의
뇌라 한다면, 우리가 "우리는 통 속의 뇌이다"라는 말로 의미하는 바는
"우리가 컴퓨터에 의해 조작된 이미지 속의 통에 들어 있는 뇌라는 것"
이다. 그러나 우리가 이미지 속의 통에 들어 있는 뇌가 아니라는 점도
우리는 통 속의 뇌라는 가정의 일부를 차지한다. 한 마디로 말해서 우리
가 만일 통속의 뇌라고 가정한다면, 우리가 "우리는 통 속의 뇌이다"라
는 명제를 생각하거나 말할 때, 이 명제는 거짓이 된다.[34]) "우리가 통속

---

32) 여기서 '인과적(causal)'이라는 말의 의미는 예컨대 내 마음 속의 '저 사과'라는
 생각이 바로 저 사과에 대한 표상이 될 수 있는 것은, 나의 심적 표상이 저 사과
 에 의해 '야기된(caused)' 것이기 때문이다.

33) 퍼트남은 예컨대 사과에 대한 경험에 기초해 "나는 사과를 본다"와 같은 말을
 할 수 있게 해 주는 '언어유입규칙(language entry rules)'과 언어로 표현된 결정
 (예컨대 나는 사과를 몇 개 사려고 한다)에 근거해 말하는 행위 이외의 다른 행위
 를 유발시키는 '언어방출규칙(language exit rules)'이 모두 있어야만 지시와 표상
 이 가능하다고 본다. Hilary Putnam, 앞의 책, 11면.

의 뇌라는 가정"은 마치 내가 "나는 존재하지 않는다"는 명제를 생각하거나 말할 때 이 명제가 거짓이 되는 것처럼 자기 반박적인(self-refuting) 성격의 가정이기 때문이다.[35]

이상 '통속의 뇌' 논증을 통해 우리의 정신적 표상과 정신 밖에 존재하는 대상 간의 지시 관계에 대한 인식론적 해명의 필요성을 제기한다. 해명되지 않은 지시 관계에 기초하여 용어와 지시 대상 간의 대응관계를 전제하는 입장을 퍼트남은 형이상학적 실재론이라고 설명한다. 그는 형이상학적 실재론은 이처럼 해명되지 않은 '마술적 지시이론(magical theory of reference)'에 근거하고 있으며, 따라서 마치 어떤 방식인지 알지 못하는 문제를 풀기 위해 무엇인지 알지 못하는 것의 존재를 믿는 것과 같다고 비판하였던 것이다.[36]

퍼트남은 전통적으로 객관주의가 모종의 실재론적 신념, 즉 형이상학적 실재론에 근거하고 있으며, 이 형이상학적 신념은 세계가 정신독립적인 대상들의 어떤 고정된 총체에 의해 구성된다는 것을 전제로 하고 있다고 본다. 형이상학적 실재론에 의하면 진리란 단어 또는 명제와 정신 독립적인 사물간의 대응관계다. 반면에 상대주의는 반실재론적 신념과 밀접하게 관련되어 있으며, 이는 모든 것이 주관적이라는 주장에 근거하고 있다. 그는 진리 개념이 합리성(rationality) 개념과 밀접한 연

---

34) Hilary Putnam, 앞의 책, 15면.

35) Hilary Putnam, 앞의 책, 7-8면. '자기 반박적(self-refuting)' 가정이라 함은 그것이 참이면 동시에 거짓도 함축되어 있는 가정을 말한다. 예컨대 "모든 일반적 진술은 거짓이다"라는 명제가 바로 그러한 것이다. 또한 어떤 명제가 생각되거나 언표될 경우에 거짓을 함축하게 될 때에도 그 명제는 '자기 반박적'이라 한다. 예컨대 "나는 존재하지 않는다"는 명제가 바로 그러하다. 이 명제가 어떤 나이든지 간에 '나'에 의해 생각되었다면 곧 생각하는 '나'의 존재를 요청하는 것이고 따라서 '자기 반박적'인 명제가 되기 때문이다. 이와 마찬가지로 "나는 통속의 뇌이다"라고 생각하기 위해서는 내가 통속의 뇌가 아니어야 한다. 따라서 "나는 통속의 뇌다"라는 명제는 '자기 반박적'이다.

36) 한편 퍼트남의 '통속의 뇌' 논증이 우리가 통 속의 뇌가 아님을 증명하는데 실패했다고 지적하는 인상적인 논문으로는 김도식, 퍼트남의 '통 속의 뇌' 논증에 대한 비판적 고찰, 「언어·표상·세계」 (철학과 현실사, 1999), 246-268면.

관이 있다고 보며, 무엇이 합리적인지를 규정해 주는 역사 초월적인 불변의 법칙(ahistorical unchanging canon)이 존재한다고 보는 객관적 관점을 "이성은 역사적으로 진화한다(our conceptions of reason evolve in history)"는 점에서 잘못된 것으로 보고, 그렇다고 "이성은 무엇이든지될 수 있다(reason itself can be or evolve into anything)"는 식의 상대주의(주관적 관점)도 옳지 않다는 점을 지적하며 이러한 이분법을 시대착오적인 것으로 보고 모두 논박한다. 그가 옹호하는 내재적 실재론은 진리가 정신 독립적인 대상들과의 대응관계에 의해 결정된다는 명제를받아들이지 않는다. 그렇다고 "무엇이든 된다(anything goes)"는 식의상대주의도 거부한다. 퍼트남을 비롯해 내적(internal) 관점을 취하는 자들은 세계에 대한 한 개 이상의 '참된(true)' 이론 또는 기술(description)이 있다고 본다. 이 관점에서는 진리란 일종의 "이상화된 합리적 수용가능성(idealized rational acceptability)"이라고 본다. 즉 진리란 정신과독립된 '사태(states of affairs)'와의 대응관계가 아니라 "우리의 믿음들상호간의 그리고 믿음과 우리의 믿음체계 속에서 표상된 우리의 경험과의 이상적 정합성(ideal coherence)"이라는 것이다.[37] 요컨대 내재적 실

---

[37] 퍼트남은 진리와 합리성(rationality) 간에 밀접한 연관이 있다고 본다. 어떤 것이사실(fact)로서 수용되기 위한 유일한 척도(only criterion)는 그것이 합리적인 것으로 받아들여 질 수 있느냐에 달려 있다는 것이다. 즉 어떤 그림이 아름답다는점이 합리적으로 수용가능하다면, 그것은 그 그림이 아름답다는 사실이 될 수 있다는 것이다. 진리 개념을 이와 같이 파악한다면 가치 사실(value fact)도 존재할수 있다. 그러나 합리적 수용가능성(rational accetability)과 진리 개념은 구분되는개념이다. "어떤 진술이 어떤 시점에서 합리적으로 수용된다고 반드시 참인 것은아니다(A statement can be rationally acceptable at a time but not true)." 합리적수용가능성은 역사적으로 변할 수 있으나 진리는 변할 수 없기 때문이다. 이 점은 퍼트남이 실재론적 관점을 취하고 있음을 잘 보여주며, 그의 논의에서 일관되게 유지된다. Hilary Putnam, 앞의 책, x면. 참조. 다시 말해 퍼트남이 거부하는것은 "진리를 알기 위해서는 정신 독립적인 대상들의 총체로써 구성된 세계와의대응관계를 발견해야 한다"는 입장이지, "세계는 그것을 기술하는 사람의 관심과독립적으로 있는 그대로 존재한다"는 실재론의 입장은 여전히 수용하고 있는 것이다. 한 마디로 퍼트남은 "정신이 개입된 세계"와 "정신이 만들어낸 세계"를 명

재론은 정신이 세계를 모사한다든가(실재론) 정신이 세계를 만든다는 것
(반실재론)이 아니라 "정신과 세계가 공동으로 정신과 세계를 만들어 낸
다(the mind and the world jointly make up the mind and the world)."[38]는
입장인 것이다.[39]

　퍼트남은 자신의 내재적 실재론을 토대로 그의 내재적 지시론을 발
전시킨다. 내재적 지시론에 따르면 우리는 우리의 개념적 틀을 통해서
외부의 대상과 상호작용하고, 정신 독립적 대상 자체를 지시하는 것이
아니라, 정신 의존적인 우리의 대상을 지시하기 때문에 지시가 가능하
다. 다시 말해, 대상들이 정신 독립적으로 존재하는 것이 아니라, 우리
의 개념화 작용에 의해서 대상 자체로부터 주어진 경험적 유입물들로
부터 형성되는 것이기 때문에 우리는 그 대상을 본래적으로 지시할 수
있다. 외부 세계로부터의 경험적 유입물과 우리의 개념화 행위라는 두
전제조건들이 만족될 때, 그리고 오직 그 때에만 우리는 단어나 사고
기호를 이용해 외부 대상을 지시할 수 있다고 본다.[40]

확히 구분하고 있는 것이다. 그렇기 때문에 그의 이론은 '내재적'이지만 '실재론'
의 범주에 들어가는 것이다.

38) 퍼트남은 진리에 대한 객관주의/주관주의의 이분법을 타파하는 것이 자신의 이론
의 목표라고 설명하고 있다. Hilary Putnam, 앞의 책, ix-xi면과 49-50면.

39) 퍼트남과 달리 반실재론과 상대주의 간의 밀접한 연관성을 부정하는 견해로는
A.C Grayling/이윤일 역, 철학적 논리학(An introduction to philosophical logic)
(선학사, 2005), 472-485면 참조.

40) 나는 퍼트남의 '통 속의 뇌' 논증이 플라톤의 "동굴의 비유"가 부적절함을 지적
하는 논변이라고 생각한다. 즉, 우리가 실제로 동굴 속의 죄수라면, 우리는 "동굴
의 비유"를 "의미 있게" 생각하거나 지시할 수 없다는 것이다. 우리가 생각하는
동굴 속 죄수는 실제의 동굴 속 죄수를 지시할 수 없다. 다시 말해 동굴 밖의
'실재'는 우리의 인식범위를 '영원히' 넘어선 대상이라는 것이다. 따라서 퍼트남
의 내재적 실재론에 의하면 "동굴의 비유"는 다음과 같이 변형되어야 한다. 죄수
들은 동굴 밖에서 그 밑면을 자신들이 바라보고 있는 벽을 향한 채 어떤 원기둥
이 굴러가든, 그 밑면과 같은 크기의 공이 굴러가든 '동일한 것'이 움직였다고
생각할 것이다. 이 때, 원기둥과 공의 '물 자체적' 차이를 파악하는 것은 죄수들
의 인식능력을 영원히 넘어서는 것이다. 동굴 벽에 비친 그림자들은 물 자체의
사물들(형이상학적 실재)로부터의 '경험적 유입물'과 쇠사슬로 인해 제한된 관점,

2. '의미'의 의미

1) 전통적 의미이론 논박

일반적으로 한 단어의 의미는 내포와 외연을 갖는 것으로 이해된다. 아리스토텔레스로부터 존 스튜어트 밀, 그리고 프레게, 럿셀, 서얼 등의 전통적 의미이론가들은 한 단어 W의 의미가 바로 내포(속성)들의 논리적 합(logical sum)이라고 보았다. 예컨대 '물'의 의미는 "무색+무취+투명+갈증해소+겨울철에 얼음이 되는 성질+대기 중에서 비가 되어 내림+⋯"로 분석된다. 그러나 퍼트남에 의하면 단어의 의미는 한 개인이 그 단어의 속성에 대해 알고 있는 것, 즉 그의 정신적 표상에 의해 결정되지 않는다. 다시 말해 내포의 연언이 한 단어의 외연을 결정하지 않는다는 것이다. 퍼트남은 이를 논증하기 위해 그의 유명한 "쌍둥이 지구(Twin Earth) 논변"을 제시한다.[41]

"은하계 어딘가에서 우리가 살고 있는 지구와 모든 면에서 동일한 쌍둥이 지구가 발견되었다고 하자. 쌍둥이 지구는 우리의 지구와 동일해 보이는 사물들로 구성되어 있다. 그곳에는 우리와 같은 말을 하는 유사한 인간(Doppelgänger; an

---

즉 우리의 '개념적 틀'에 의해 형성된 현상에 비유될 수 있을 것이다. 만일 우리가 그러한 인식적 제약을 갖고 태어났다면, 원기둥과 공은 "정신 독립적으로" '원기둥 자체' 또는 '공 자체'로서의 그 자신의 신분을 드러내는 대상들이 아니라, 단지 우리의 제한된 개념틀 내에서만 "정신 의존적으로" 오로지 "둥근 것"이라는 신분을 드러내는 대상일 뿐이라는 것이다. 퍼트남에 의하면 대상들을 어떤 종류로 분류하는 것은 세계 자체가 아니라 바로 '사유자' 자신이다. 이상의 변형된 동굴의 비유에 대한 탁월한 착상으로는 김영정, 언어·논리·존재 (철학과 현실사, 1999), 91면 참조.

41) Hilary Putnam, The Meaning of 'Meaning', in: Mind, Language and Reality: Philosophical Papers, Vol.2 (Cambridge University Press, 1975), 223-227면 참조. 쌍둥이 지구 논변은 퍼트남의 "의미의 의미"에 처음 등장하며 이후, Hilary Putnam, Representation and Reality (The MIT Press, 1988), 30-33면과 Hilary Putnam, Reason, Truth and History (Cambridge University Press, 1981), 21-25면에서도 줄곧 전개된다.

identical copy)이 살고 있다. 이 때 지구의 한 우주선이 쌍둥이 지구를 방문하여 다음과 같은 내용을 보고하였다. 쌍둥이 지구에 물이 있다. 그것은 지구의 물맛과 동일하고 갈증을 해소해 주고, 바다, 호수에 가득 차 있으며, 우리 지구에서처럼 비로 내린다. 그런데 이 우주선이 쌍둥이 지구에서 물이라고 발견한 것을 가져와서, 그 원소를 검사해 보니, 그 분자식이 매우 길고 복잡한 - 그러나 간단히 표시하자면 - 'XYZ'였다. 이 경우 쌍둥이 지구에 다녀 온 우주비행사의 정신적 표상에는 지구의 물(H_2O)과 쌍둥이 지구의 물(XYZ)의 내용이 동일하다. 만일 그 비행사가 물의 분자구조에 대한 전문적 지식을 갖고 있지 않았다면 전통적 의미론에 따라서 이 경우 정신적 표상이 동일하기 때문에 그 지시체도 동일하다고 결론지어야 한다. 그러나 퍼트남에 의하면 지구의 물(H_2O)과 쌍둥이 지구의 물(XYZ)는 분명히 그 외연이 다르다. 두 경우 지시체가 다른 이유는 바로 지시되는 '물질자체(stuff)'가 다르기 때문이다."[42)]

2) 언어적 노동분업

퍼트남에 의하면 '지시'란 사회적 현상이다. 예컨대 혹자는 '금'에 대해 평범한 문외한들은 '금'의 의미를 실제로 아는 것이 아니라 그 '부분적' 의미만을 안다고 생각할 수 있다. 그렇다면 단어 '금'의 전체 의미는 무엇인가? "원자번호 79를 가진 원소"라는 것은 그 정답이 될 수 없다. 왜냐하면 금의 원자번호가 79라는 것을 아는 화학자는 단어 '금'의 의미에 대해 단지 보다 많은 지식을 알고 있을 뿐이기 때문이다. 금

---

42) 이처럼 지구의 물(H_2O)과 쌍둥이 지구의 물(XYZ)의 의미가 다르다고 해서 양 지구인들 간의 정상적인 의사소통이 불가능해지는 것은 아니다. 가령 지구인이 쌍둥이 지구에 가서도, '물(water)'이란 단어로써 쌍둥이 지구의 물을 지시할 수 있기 때문이다. 예를 들어 기나긴 우주여행 끝에 쌍둥이 지구에 도착한 지구인이 갈증 해소를 위해 '물'을 달라고 했을 때, 이때의 물은 어의적으로는 지구의 물을 지시하지만, 쌍둥이 지구인들은 아무 어려움 없이 지구인의 의도를 읽고 쌍둥이 지구의 물을 내줄 수 있다. 단어가 지시하는 대상(what a term refers to)과 화자가 그 단어로써 지시하고자 하는 대상(what one uses it to refer to)은 구분될 수 있는바, 지구인과 쌍둥이 지구인은 상호 간의 지시적 의도(referential intention)를 파악함으로써 동일한 대상에 대해 의사소통을 할 수 있다. 이 점에 대한 적확한 지적으로는 Heimir Geirsson, Moral Twin-Earth and Semantic Moral Realism, *62 Erkenntnis 353* (2005), 359-361면 참조.

인지 여부를 가리는 다양한 시험 방법들을 알고 있는 보석상들만 금의 전체의미를 알고, 문외한들이나 혹은 원자번호는 알지만 보석상들의 시험방법을 모르는 과학자들은 금의 부분적 의미만을 알고 있다는 것도 기이한 견해다. 전통적 의미이론의 관점에서 볼 때, 금에 대한 일반인의 정신적 표상은 "노란 색의 귀중한 금속"이다. 그러나 이것만으로는 '금'의 지시대상을 정확히 선별해 내지 못한다. 그 형태와 크기가 유사한 '참새'와 '울새' 또는 '느릅나무'와 '너도밤나무'가 정신적 표상만으로는 구분될 수 없는 것과 같은 이유에서이다. 그럼에도 불구하고 우리는 '금'이라는 말을 이해하고 사용하는데 어려움이 없다. 달리 말해 우리가 사용하는 '금'이란 단어가 정확히 그 지시대상을 지시하는데 대해 의심의 여지가 없다. 어떻게 이것이 가능한가?

　우리 사회에서 어떤 사람은 예물 금반지를 만드는 일을 하고, 어떤 이는 금을 사고, 파는 일을 하며, 또 어떤 사람은 금인지 아닌지 여부를 판별하는 일을 한다. 이들은 단지 각자의 본분에 충실하면 되고, 서로의 역할까지 해야 할 필요는 없다. 바로 이러한 상황들이 언어 분업을 일으킨다. 만일 금인지 여부가 의심스러운 경우에는 전문가의 판정 결과에 의존하면 된다. 따라서 전문가들이 금을 인식하는 방법은, 언어 공동체의 각 개인에 의해 소유되지는 않더라도 바로 전문가에 의해 그 언어 공동체에 귀속된다. 그러므로 만일 금의 화학적 구조에 대해 새롭게 알려진 사실이 있다고 할 때, 그 사실이 금이라는 말을 사용하는 대다수 화자에게 알려지지 않았더라도, '금'의 사회적 의미의 일부분이 된다. 요컨대 한 단어에 대한 언어분업이 있을 경우, 그 언어 공동체의 평균 화자는 그 말의 외연을 고정시키는 어떤 것도 습득하지 않더라도, 그 단어의 외연은 사회적으로 고정된다는 것이다. 즉, 사회에는 언어적 노동의 분업이 있고, 언어는 본질적으로 개별적인 활동이 아니라 협동적인 활동이며 따라서 지시대상(외연)은 사회적으로 고정되는 것이지 개인의 정신 속에 있는 조건들이나 대상들에 의해 결정되는 것이 아니라고 퍼트남은 지적한다. 이는 쌍둥이 지구의 예에서 지구의 물과 쌍둥이 지구의 물이 전문가에 의해 구분될 수 있다는 것과도 일맥상통한다.[43)]

3) 환경의 기여

퍼트남은 쌍둥이 지구 논변을 통해 '물'의 지시대상이 '물질 자체'에 의해 부분적으로 고정되는 방식을 보여주었다. 이 사고실험에서 지구와 쌍둥이 지구의 유일한 차이는 그 화학적 분자구조이다. 그렇다면 그러한 분자구조가 발견되기 전에는 지구의 물과 쌍둥이 지구의 물이 지시하는 대상이 동일하다고 보아야 하는가? 이에 대해 퍼트남은 물의 분자구조를 밝힐 수 없었던 1750년에조차도 지구의 물과 쌍둥이 지구의 물은 다른 지시대상을 가지고 있었다고 본다. 비록 그 당시 지구와 쌍둥이 지구 사람들의 '물'에 대한 정신적 표상은 동일한 것일 수 있더라도 '물질 자체'가 달랐기 때문에 그 지시대상은 다를 수밖에 없다고 한다. 즉 이것은 '환경 자체'에 의해 지시대상이 부분적으로 고정된다는 주장을 담고 있다. 퍼트남은 이를 '환경의 기여'라고 부른다. 그런데 분명히 1750년의 지구인과 쌍둥이 지구인에게는 물의 분자구조가 알려져 있지 않았다. 그럼에도 불구하고 퍼트남은 어떻게 양자 간의 차이가 있었다고 주장하는 것인가? 퍼트남에 의하면 지구의 물과 쌍둥이 지구의 물이 '물질 자체'에 있어서 차이가 있다면 비록 그 분자구조가 알려져 있지 않다 하더라도 양자 간의 차이를 드러내 줄 수 있는 어떤 제3의 물질이 존재해야 한다고 본다. 예컨대 물이 어떤 물질 S와 혼합되면 화학반응을 일으켜 노란 침전물을 만드는 반면, 쌍둥이 지구의 물은 S와 혼합되면 폭발을 일으키는 그러한 S가 존재할 수 있으며, 이러한 현상은 설령 물의 분자구조를 모르더라도 지구의 물과 쌍둥이 지구의 물이 다른 두 물질이라는 것을 보여준다는 것이다. 다만 1750년에 지구인과 쌍둥이 지구인은 이 사실을 모르고 있었을 뿐이며, 따라서 물에 대한 정신적 표상은 동일했지만, 그럼에도 불구하고 지시대상이 달랐다는 것이다. 요컨대 이러한 차이점은 1750년대의 지구인과 쌍둥이 지구인들에게서 '이상적' 또는 '충분히 좋은' 인식적 상황 하에서는 "입증될 수 있었다"는 것이다.44)

---

43) Hilary Putnam, 앞의 책(*Representation and Reality*), 30-33면.

퍼트남은 '환경의 기여'에 의해 지구의 물과 쌍둥이 지구의 물을 구분할 수 있는 이유를 '맥락의존지시성(indexicality)'[45]에 의해 부연한다. 즉, 우리가 지구의 물을 쌍둥이 지구의 물로부터 구별하게 해 주는 어떤 '속성'이 있다는 것이다. 그 속성은 "우리 환경으로부터 얻은 어떠한 다른 샘플의 순수한 물과도 똑같이 작용함"이라는 속성이다. 예를 들어 우리가 단어 '물'의 의미를 가르칠 때, 우리는 어떤 샘플에 초점을 맞추며, 이 샘플들과 동일하게 작용하지 않는 물질은 동일한 물질로 간주하지 않는다. 이 때 "이것과 매우 같음"이라는 속성은 쌍둥이 지구에서 '물'의 의미를 역시 동일한 방식으로 가르칠 때 요구되는 속성과는 다른 것이다. 왜냐하면 '이것', '여기', '지금' 등의 단어들을 포함하고 있는 속성 용어들은 사용하는 상황이 따를 때에는 다른 속성들을 지시할 수 있기 때문이다. 가령 "이 버스의 운전수"라는 정신적 표상은 두 사람의 머릿속에서 질적으로는 동일한 대상을 지지할 수 있지만, 분명 서로 다른 개인들을 지시할 수 있기 때문이다. 지구의 물과 쌍둥이 지구의

---

44) Hilary Putnam, 앞의 책, 33-34면. 분자구조가 밝혀지지 않았던 과거나 현재나 물의 의미에는 변함이 없다는 점을 퍼트남은 다음과 같이 설명한다. 예컨대 퍼트남은 어린 시절 금발의 곱슬머리와 프랑스 이름을 가진, 그리고 영어가 아닌 프랑스어를 사용하는 사람이었다. 현재는 성긴 회색머리와 힐러리 퍼트남이라는 영어이름, 그리고 영어를 사용하지만, 그럼에도 불구하고 누구나 그를 과거로부터 현재까지 동일한 사람으로 본다는 것이다. 나아가 이처럼 변화 속에서도 의미의 동일성을 보존해 주는 충분한 연속성(continuity)이 있는지 여부를 결정할 수 있도록 해 주는 것은 '실천적 관행(practice)'이라고 설명한다. 또한 그는 '물'의 의미가 변해 왔다고 보는 것은 우리의 '직관(our intuition)'에도 반할 뿐만 아니라 의미의 '해석상의 관용원리'에 의해 의미의 동일성을 최대한 보존해야 한다는 '해석원리(interpretive principle)에도 어긋난다고 본다. 이에 대해서는 앞의 책, 11면과 17면.

45) 'Indexical'에 대해 '색인적' 또는 '지표적'이라는 번역어가 널리 사용되나, '맥락의존적'이라는 번역이 보다 의미 전달에 적절하다고 본다. 무어에 의하면 '맥락의존적 표현(Indexical expression)'이란 '나(I)'란 단어와 같이 맥락에 따라서 지시가 변하는 표현(expressions whose reference changes from context to context)을 말한다. Michael S. Moore, 앞의 논문, 290면의 각주 22) 참조.

물이 다른 두 공동체에 속한 화자들의 머릿속에 있는 동일한 정신적 표상들과 연계되지만, 그럼에도 불구하고 여전히 다른 물질들을 지시하게 되는 것은 바로 이 "맥락의존지시성" 때문이라는 것이다.[46]

요컨대 환경 자체가 화자나 공동체가 사용하는 단어의 지시를 고정하는 데 중요한 역할을 담당한다.

4) 인과적 지시론

퍼트남과 마찬가지로 크립키(S. Kripke)는 대상의 속성에 대한 화자의 신념과 지식만으로는 의미를 확정지을 수 없다는 입장을 취하며 전통적 의미이론과는 다른 입장을 피력한다. 특히 그는 고유명사의 경우 속성에 의해 정의를 내리 수 없다고 본다. 예컨대 총각을 결혼하지 않은 남자로 정의하듯이, 이순신을 임진왜란 당시 거북선을 발명하여 왜적을 물리친 장군으로 정의한다면, 거북선의 발명이나 해전의 승리는 이순신 장군의 필연적이고 선험적인 속성이 될 것이다. 그러나 이는 명백히 오류다. 왜냐하면 어떤 군인이 거북선을 발명해 왜군을 물리쳤기 때문에 이순신이 된 것이 아니라, 이순신이 미리 존재하여 그런 공적을 남긴 것이기 때문이다. 다시 말해 이순신이 태어날 때 이미 운명적으로 그런 일들을 하도록 결정되어 있던 것이 아니라, 단지 태어나서 우연적으로 그런 업적을 이룬 것이기 때문이다. 즉 우리가 이순신의 업적을 선험적으로 알기란 불가능하며, 따라서 단일한 속성들이 필연적이지 않은 것과 마찬가지로, 그러한 속성들의 논리적인 연접에 의한 정의도 역시 필연적이 지 않다. 그런데도 우리는 일상적으로 타인과의 의사소통

---

46) 퍼트남은 맥락의존지시성에 의한 설명방식이 크립키가 이름과 필연에서 시도한 것처럼 "어떻게 지시대상이 고정되는가의 문제를 그 용어들의 개념적 내용의 문제로부터 분리시키고자 하는 것"이라고 밝히고 있다. 이에 대해서는 Hilary Putnam, 앞의 책, 38면 참조. 크립키가 설명한 방식이란 "인과적 지시론"을 말한다. 다만 크립키는 고유명사의 지시가 어떻게 고정될 수 있는가에 국한시켜 이 방식을 적용함에 비해, 퍼트남은 물과 고양이 같은 자연종 명사를 비롯해 우유 등의 일반명사에까지 확대시키려 하고 있는 듯 보인다.

에서 이름을 통해 이순신을 지시할 수 있다.[47] 그렇다면 도대체 무엇이 이름으로 하여금 하나의 대상을 가려내고 그것을 피칭체로 확정되도록 만드는 것일까?

이에 대해 크립키는 '인과적 지시론(causal theory of reference)'을 제시한다. 크립키에 의하면 '지시(reference)'는 언어공동체와 단절되어서는 설명하기 힘든 현상이다. 다시 말해 고유명사의 사용은 보다 공적이고 사회적이며 역사적인 언어행위를 전제하지 않을 수 없다는 것이다. 예컨대 화자가 어떤 이름을 사용할 때, 언어공동체와 단절된 개인이 그 사용의 역사를 무시하고, 자신만의 사적 언어로 그 이름을 사용한다고 보기는 어렵다. 그보다 화자가 언어 공동체의 일원으로서 고유명사가 사용되어 온 역사적 맥락 속에서, 다른 화자들과 공유하고 있는 공적 언어로, 그 고유명사를 사용한다고 생각하는 것이 보다 타당할 것이다. 한 마디로 '지시'를 설명하기 위해 일종의 '의사소통의 연쇄고리'가 필요하다는 지적이다.

가령 '쇄'가 어떤 이름을 사용하는 것을 '적'이 처음 보고 배운 후, '쇄'가 그 이름으로 지지했던 것과 동일한 대상을 지시할 의도로 그 이름을 사용하면, '적'의 이름 사용은 '쇄'의 사용에서 비롯되었다는 점에서, '쇄'의 사용과 '인과적으로' 연결된다. 또 '쇄'의 사용은, '쇄'가 그 사용법을 '연'에게서 처음 배웠다면, '연'의 사용과 인과적 연결관계를 형성하게 된다. 이러한 방식으로 '연', '쇄', '적' 간의 고유명사 사용자들 사이에 인과적 연결의 사슬이 형성되는데, 그 사슬의 마지막 연결고리는 처음으로 대상에 이름을 부여하는 '명명식(命名式; initial baptism)'이다. 즉, 명명 당시의 직접적인 지시가 '적'의 현재 지시로 '인과적으로' 전달됨으로써, '적'은 결국 최초의 명명에 의해 고정된 그 대상을 지시할 수 있게 된다는 것이다. 요컨대 '인과적 지시론'에 의하면, 우리가 어떤 이름을 사용하여 대상을 지시할 수 있는 것은, 우리의 지식이나 정신적

---

47) 크립키는 '괴델(Kurt Gödel)'의 예를 들고 있으나 논의 편의상 본고에서는 '이순신'의 예를 들었다.

표상이 그 대상을 가려내기 때문이 아니라, 우리가 그 이름으로 대상을 가리킬 수 있었거나 현재 가리키고 있는 다른 사람들과 인과적으로 연결되어 있기 때문이라는 것이다.[48]

고유명사에 대한 크립키의 설명과 유사하게 퍼트남은 자연종(natural kind) 명사의 지시 고정현상에 대해 '인과적 지시론'으로써 해명을 시도한다.

예를 들어 어떤 한 이론용어, 즉, 온도나 전하(electrical charge)와 같은 물리량(physical magnitude)을 지칭하는 용어를 처음으로 도입하여 사용하는 과학자는 어떤 방식으로, 어떤 효과들을 야기하는 원인으로서의 이론적 대상을 경험적으로 탐구하여, 이론용어가 지시하는 이론적 대상에 대한 정보로서 "근사적으로 참인 한정 기술어(approximately correct definite description)"[49]들을 제공한다. 바로 이러한 한정 기술어들이 이론적 대상들에 대한 인과적 연결고리의 역할을 담당하게 된다고 한다. 비전문가인 제3자는 그러한 방식으로 제공된 정보들에 근거해 이론용어를 사용할 수 있다. 이 때 내가 그러한 이론용어를 처음으로 사용할 수 있게 되는 계기는 일정한 '도입사건(introducing event)'에 의해 주어진다. 이는 크립키의 최초의 명명식과 같은 것이며, 제3자가 나중에도 이러한 용어를 사용하게 될 수 있는 것은 바로 그 도입사건과 인과적으로 연결되기 때문이다. 다만 이 때, 도입 사건은 전문가들이 제공한 기술구들에 대해 인과적으로 연결되어야 한다. 이처럼 비전문가인 제3자들이 어떤 자연종 명사를 사용하게 될 때, 그 명사가 지시하는 대상은 전문가가 제공한 정보에 인과적으로 연결된다는 것이다. 그리고 이러한 의미에서 자연종 명사는 고유명사와 다르게 인과적 기술구들에 의해

---

48) Saul A. Kripke, Naming and Necessity (Harvard University Press, 1980), 71-105면. 특히 95-97면.

49) 한정 기술어란, 고유명사(proper name)가 특정한 하나의 개별적 대상을 지시하는 하나의 명사인 것과 달리, 사물의 어떤 속성을 기술하는 두 개 이상의 단어로 구성되어 있으며, 특정한 하나의 대상을 지시하는 기술구를 말한다. 예컨대 "거북선을 처음 만든 사람", 또는 "미국 최초의 흑인 대통령" 등이 한정 기술어이다.

지시체가 고정되어 사용될 수 있다. 예를 들어 우리는 금인지 여부를 확인하기 위해 금은방 전문가에게 의뢰한다. 다시 말해 우리는 '금'의 지시관계를 확인할 수 있는 전문가가 제공해 주는 한정 기술어들에 인과적으로 연결될 때에만, 그 금속을 금이라고 이해하고 인정하게 되는 것이다. 따라서 자연종 명사처럼 지시 관계가 고정된 대상은 그것을 설명하는 이론이 다르더라도 그것의 지시체에 대해서는 동일한 자연종 명사를 사용할 수 있다. 예컨대 과거 '전자(electron)'와 '식물'에 대한 설명방식과 믿음들은 현재와 달랐을 테지만 그러한 이론상의 변화 속에서도 각각의 명칭의 지시대상은 동일했다고 보아야 하기 때문이다. 즉 자연종 명사가 지시하는 대상은 그 대상에 관한 정보들을 제공하는 이론과는 독립적이라는 의미에서 이론-초월적(trans-theoretic)이라고 볼 수 있다.50)

1900년대 이론에서 보어(N. Bohr)는 "전자들이 핵 주위를 돌고 궤도를 가지고 있다."고 설명했던 반면, 1934년의 이론은 "전자는 결코 궤도를 갖지 않으며, 위치와 운동량을 동시에 갖지 않는다."고 말한다. 또한 현재 우리가 '식물'이라고 부르는 자연종들은 엽록소를 갖고 있고, 광합성을 한다고 믿고 있지만, 이러한 것들은 과거에는 알려지지 않았던 사실들이다. 이론과 믿음의 변화에도 불구하고 우리는 '전자'와 식물'의 지시대상이 변했다고 말하지는 않는다. 대상에 대한 '믿음'이 변하는 것이지, 그 '의미'는 변하지 않는 것으로 보아야 하기 때문이다. 이처럼 '전자'나 '식물'을 역사적으로 동일한 의미가 보존되는 것으로 보려는 결정은 해석에 있어서 '관용(charity)' 또는 '의심스러운 것에 대한 선해(benefit of the doubt)'를 통해 이루어 질 수 있다. 예컨대 우리는 1900년대 보어가 '전자'라고 불렀던 것이 현재의 우리가 '전자'라고 부르는 것을 지시한다고 해석해야만, 그의 1900년대 믿음들 중 적어도 약간을 '참'이 되도록 만드는 것이며, 만일 그가 "존재하지 않는 대상"을 지시하고 있었다고 해석한다면 1900년대 그의 믿음 모두를 틀린 것으로 폐기해 버리는 것이 된다. 만일 200년 전 '식물'이라는 단어를 그 당시 믿음에서의 차이점에도 불구하고 현재의 '식물'과 동일한 것으로 보지 않는다면, 200년 전 사람은 우리와는 "다른 세계에 살았던(lived in a different world)"

---

50) Hilary Putnam, Explanation and Reference, in: Mind, Language and Reality: Philosophical Papers Vol.2 (Cambridge University Press, 1975), 198-202면.

것이 되며, 만일 이처럼 그들의 개념이 오늘날 우리의 개념과 '불가공약적(incommensurable)'이라면, 그것은 우리가 200년 전에 기록된 일상적 어의(ordinary letter)조차 해석할 수 없음을 함축한다. 그러므로 모든 해석에는 "해석상의 관용 (charity in interpretation)"이 요구되며, 믿음에서의 약간의 차이는 항상 삭감 (discount)해야 한다. 퍼트남은 이처럼 믿음을 고정시키고 정당화하는(belief fixation and justification) 일상적인 절차들을 통해 의미가 보존되는 방식으로 서로를 해석하지 않으면 '의미'란 개념은 비판적 기능을 할 수가 없다고 지적한다. 즉, 논리학에서 "의미의 동일성 개념"이 한 용어를 어느 곳에서 어떤 의미로 쓰고, 동시에 동일한 논변의 다른 곳에서는 다른 의미로 애매하게 사용하는 것을 '오류 (fallacy)'로 판정해 주는 기능을 하듯이, 만일 우리가 의미를 보존하는 방식으로 해석하지 않으면, 기존의 이론을 수정하는 모든 과학자는 매번 '다른 의미'를 사용하는 격이 되므로, 바로 그러한 '애매성의 오류(guilty of equivocation)'를 범한다고 보아야 하기 때문이다. 요컨대 퍼트남에 의하면 해석은 규범적인 제약조건에 의존하고 있으며, 따라서 의미란 "규범적 개념(normative notion)"이다. Hilary Putnam, 앞의 책, 1988, 11-15면. 무어는 유사한 맥락에서 과거에 사람들은 심폐기능이 정지하고 의식이 상실되면 사람이 '사망(death)'했다고 보았었고, 오늘날 과학의 발달로 두뇌기능과 소생술(revivability)의 발견으로 '사망시기'에게 대한 법적 견해가 바뀌어 가고 있지만(소위 '뇌사설'), 그럼에도 불구하고 과거로부터 현재까지 '죽음' 또는 '사망'은 언제나 동일한 '자연적 사태(natural kind of event; naturally occurring kind of event)'를 의미하는 것으로 보아야 하며, 그 이유는 과거의 사람들이 '죽음' 또는 '사망'란 단어를 사용할 때 지니고 있던 '언어적 의도 (linguistic intention)'는 현재 우리의 언어적 의도와 일치하기 때문인바, 즉 만약 그들도 '뇌사'나 '소생술'을 알았더라면 단지 '심폐기능'이 정지하고 '의식'이 상실된 사람을 '죽었다고' 보지는 않을 것이기 때문이라고 주장한다. Michael S. Moore, 앞의 논문, 297-298면. 의미가 동일하게 보존되는 것으로 보아야 하는 용어로는 '전자'나 '식물', 그리고 '사망' 외에 보다 더 적실한 예로서 '지구(Earth)'를 떠올리면 될 것이다. 고대나 중세의 사람들은 '지구'에 대해 다른 믿음과 지식 (예컨대 평평하다는 생각)을 갖고 있었지만 그럼에도 불구하고 '지구'의 '의미'는 동일하다고 보아야 한다.

3. 내재적 지시론의 법해석 방법론적 의의

퍼트남의 의미이론에서 강조되는 "언어적 노동의 분업"과 "환경의 기여"는 내재적 지시론과 밀접한 연관이 있다. 내재적 지시론이란 퍼트남의 내재적 실재론을 의미이론에 적용한 것이다. 간단히 말해 한 낱말이나 명제가 정신 독립적인 '대상들'을 지시하는 것이 아니고, 그 사용자들의 개념적 틀 내에서만 특정한 대상들을 지시할 수 있다는 이론이다. 다시 말해 우리의 정신적 표상들이 경험적 유입물들에 의해 야기되고 우리의 개념화에 의해 충분하게 정립된 개념들을 형성할 때, 그 표상들은 특정한 대상들을 지시할 수 있다는 것이다. 이 때 세계로부터 경험적 유입물을 얻게 되는 특정한 방식을 퍼트남은 '인과적 상호작용'이라고 설명한다. 예컨대 사람들이 나무와 같은 사물들과의 '직접적 인과관계'나 나무를 기술할 수 있는 어떤 것들과의 '간접적 인과관계'가 없다면 사물들을 지시할 수 없다.51) 나아가 그는 지시의 전제조건으로서 우리의 '개념화 작용'이 필요하다고 본다. 내재적 지시론에 있어서 "기호가 누구에 의해 어떻게 사용되는지와 관계없이 대상에 본래적으로 대응하는 것은 아니다(signs do not intrinsically correspond to objects)." 하지만 특정한 사용자들의 집단에 의해 특정한 방식으로 실제 사용되는 기호는 그 사용자들의 개념틀 내에서 특정한 대상에 대응될 수 있다. "'대상들'은 개념적 틀과 독립적으로 존재하지 않는다('Objects' do not exist independently of conceptual schemes)."52) 우리가 세계를 이러한 또는 저러한 방식의 틀로 기술(description)하려고 할 때, 우리는 세계를 대상들로 나누게 되며, 그 대상들과 기호들은 공히 그러한 특정의 기술방식에 내재적(internal)이기 때문에 무엇과 무엇이 대응하는지 말하는 것이 가능해 진다고 한다.53) 이것이 퍼트남이 말하는 내재적 지시론의 구조이다.

---

51) Hilary Putnam, Reason, Truth and History (Cambridge University Press, 1981), 16-17면.
52) Hilary Putnam, 앞의 책, 51-53면.
53) 퍼트남의 내재적 지시론에 대한 소개로는 김영정, 내재적 실재론에 있어서 칸트적 요소, 실재론과 관념론: 현대 분석철학 논쟁(철학과 현실사, 1993), 124-137면 참조.

퍼트남의 의미이론에서 환경의 기여요소란 내재적 지시론에서 경험적 유입물의 전제 조건에 해당한다. 퍼트남에게 있어서 의미란 외부 세계로부터 주어진 경험적 유입물들의 토대 위에서 형성된 개념이므로 단순히 정신적 존재일 수만은 없는 것이다. 이는 의미의 고정에 기여하는 일정한 외재적 한계가 있다는 뜻이기도 하다. 예컨대, 지구의 물은 쌍둥이 지구의 물까지 지시할 수는 없으며, 마찬가지로 지구의 고양이는, 지구의 고양이와 교배가 불가능한 쌍둥이 지구의 고양이까지 의미할 수는 없다는 것이다. 그렇다고 의미가 정신독립적으로 외부 세계의 대상들 자체를 지시할 수 있는 것도 아니다. 내재적 지시론에 의하면, 단어의 외연은 외부 대상들 자체가 아니라 우리가 만든 개념적 틀들 내에서 개념화된 대상들을 지시하는 것이다. 이러한 개념화 작용의 역할을 하는 것이 바로 언어적 노동의 분업요소이다. 언어의 의미는 언어적 노동의 분업에 의해 수행된 우리의 개념화 작용에 의해 사회적으로 고정되는 것이다. 예컨대 근대 화학이 발달하지 이전인 1750년대에는 전문가들조차 '물'의 분자구조를 모르고 있었다. 따라서 이때의 '물'의 의미는 H_2O라는 외연을 가질 수 없었다. 마찬가지로 '금'의 원자번호가 79라는 사실이 알려지기 전까지는 금의 외연은 분명 현재와는 달랐던 것이다. 이처럼 '언어적 노동의 분업'은 개념적 틀들에 따라 사회적으로 수행되는 개념화 작용의 전제조건에 해당한다고 볼 수 있을 것이다.[54]

그렇다면 이제, 퍼트남의 의미이론은 법의 해석에 있어서 어떠한 의의를 지닐 수 있는지 살펴 볼 차례이다.

우선 "환경의 기여요소"에서 확인할 수 있듯이, "법문의 가능한 의미"는 분명 넘을 수 없는 외재적 한계가 있다고 본다. 분명 법해석에 있어서도 외재적 한계로는 퍼트남이 말한 '물질자체'라는 환경적 요소도 분명 기여하는 바가 있을 것이다. 그러나 다른 한편 '탈 것 금지'라는 애매하기로 악명 높은 사례에서조차 우리는 '탈 것'의 의미를 임의

---

54) 퍼트남의 의미이론과 내재적 지시론의 상관성에 대해서는 김영정, 앞의 책(*언어·논리·존재*), 91면 참조.

로 확장하거나 제한할 수는 없다는 점에 주목할 필요가 있다고 본다. 이를테면 쌍둥이 지구에서는 사람들이 짐까지 함께 실을 수 있는 것만을 '탈 것'이라고 부른다든지, 올라타서 놀 수 있는 놀이기구에만 '탈 것'이라는 명칭을 붙인다면 이는 우리가 살고 있는 이 세계에서의 언어 관행과 매우 다르며, 따라서 우리는 '탈 것'을 해석함에 있어서 "짐까지 함께 실을 수 있는 것"만 의미한다든지, "올라탈 수 있는 놀이기구"만 뜻하는 것으로 임의로 외연을 고정시킬 수는 없다. 지구와 쌍둥이 지구의 환경적 요인에 의해 '탈 것'의 지시대상, 즉 외연이 달라진다는 것이다. 물론 여기서 '환경적 요인'은 퍼트남이 든 '물'과 달리 '물질 자체'의 차이가 아니라 '언어 관행'의 차이다. 우리가 일상적으로 사용하는 단어의 의미는 이 세계에서 형성된 언어관행을 벗어날 수 없다.55) 쌍둥이 지구에는 다른 언어관행이 있다고 하더라도 지구에서의 의미는 지구의 언어관행에 의해 제한된다. 따라서 법해석의 경우 '물질자체'와 '언어관행' 모두 언어의 의미를 부분적으로 고정시키는 환경적 요인이 될 수 있다고 본다.56)

다음으로 "법문의 가능한 의미"의 확정에 있어서 "언어적 노동 분업"이 고려되어야 한다는 점을 퍼트남의 내재적 지시론은 말해준다. '탈 것'의 외연은 일정한 '개념틀'과 독립적인 외부의 대상을 지시하는 것이 아니라, 전문가들에 의해 형성된 '개념틀' 내에서 허용 가능한 대

---

55) 단, 여기서 '언어관행'의 역할이 중요하다고 하여, '관행'이 곧 '의미'를 결정한다는 뜻은 아니다. 만일 관행이 의미를 결정한다면, 과거의 관행과 현재의 관행이 뒤바뀐 경우(예컨대 전술한 '사망시기'를 규정짓는 관행처럼) '의미의 변화'가 있었다고 말해야 하며, 이는 '실재론적 의미론'이 취하는 태도에 반하기 때문이다. 이 점에 대해서는 Michael S. Moore, 앞의 논문, 295-301면.

56) 퍼트남 역시 '우유'의 예를 들며 '우유'는 혼합물이기 때문에 '물'처럼 어떠한 샘플에 대해서도 동일한 작용을 보이지는 않겠지만, 그러나 우리가 "정상적인 우유"에서 발견하는 구성물에 의해 최소 50%가 구성되지 않은 물질은 "진정한 우유"가 아니라고 말해야 한다고 지적하는바(오히려 그것이 "우유를 포함하는 물질"이라고 봐야 한다), 이 경우 퍼트남은 우유의 의미가 순전히 '물질 자체'에 의해 고정된다기보다는 일정한 '언어관행'의 역할을 고려하고 있는 것으로 보인다.

상만을 지시하는 것으로 보아야 한다. 비유적으로 설명하자면, 비전문
가들이 '금'과 '가짜 금'을 구분하지 못하고 일상적으로 사용할 수 있듯
이, '탈 것'의 일상적 의미는 자동차부터 세발자전거에 이르기까지 다양
한 외연을 가질 수 있겠지만, 법률 전문가들에 의해 '목적론적 해석'이
가해진다면 공원에서 금지되는 '탈 것'에는 세발자전거는 제외될 수가
있는 것이다. 즉 일정한 해석방식을 채택할 경우, 이는 하나의 개념틀을
형성하고, '탈 것'의 의미는 이 개념틀 내에서 고정되며 이것이 바로
"공원에서 탈 것 금지"란 법규의 사회적 의미가 되는 것이다. 다시 말
해, 해당 법문의 의미는 법률전문가들이 이를 인식하는 방식, 즉 일정한
해석방식 하에서 고정될 수 있다. 이처럼 법문을 인식하는 일정한 개념
틀, 즉 해석방식을 전제로 하지 않고 정신독립적인 객관적 세계에 대응
하는 법문의 의미는 존재할 수 없다는 것이 내재적 지시론의 함의인 것
이다. 그러한 개념틀을 전제하지 않고 법문의 가능한 의미를 확정하려
는 시도는 "신도 해결할 수 없는 문제"인 것이다.57)

끝으로 낱말이 지니는 의미의 고정에 있어서 '인과적 지시론'이 갖
는 함의를 살펴볼 차례이다. 크립키든 퍼트남이든 고유명사나 자연종
명사가 '명명식' 또는 '도입 사건'에 의해 그 지시가 역사적 또는 인과
적으로 고정될 수 있다고 보고 있다. 그러나 인과적 지시론에 대해서는
다음과 같은 문제점이 제기된다. 인과적 지시론이 전제하는 인과사슬은
단선적이어서, 만일 중간에 피칭체가 바뀌게 되면 지시 역시 바뀌어야
하지만, 인과사슬은 과거의 대상에 묶여 있어서 새로운 대상에 연결시
키지 못한다는 것이다. 예컨대 '마다가스카(Madagascar)'는 원래 아프리

---

57) 무어는 전술한 '사망(death)'의 예에서 가령 '영구적 의식불명상태이지만 심폐기
능은 살아있는' 사람의 경우에는 '관행(규약)적 기준(conventional indicators)'으
로는 사망여부를 판정할 수 없어서 판단이 모호한(vague) 사례가 되겠지만, '실재
론적 의미론'에 의하면 '최선의 과학이론'을 통해 이러한 '주변부(penumbra)'가
제거될 수 있다고 주장하나, 이것은 '죽음' 또는 '사망'과 같은 제한된 경우에는
타당할지 몰라도 위의 '탈 것' 사례처럼 '과학적 발견'이 해결할 수 없는 사례에
있어서는 그러한 시도는 무망(無望)하다고 본다. Michael S. Moore, 앞의 논문,
308면.

카 원주민들이 아프리카 대륙의 일부를 지칭하기 위해 사용했던 이름인데, 마르코 폴로가 말레이시아 또는 아랍 상인들이 전하는 소문을 오해하여, 아프리카 남동쪽의 한 섬(현재의 마다가스카)을 가리킨다고 생각했던바, 그는 '마다가스카'를 새로운 용법으로 사용하기 시작했고, 그의 새 용법은 점차 널리 인정받아 결국 과거의 용법은 사라져, 그것이 새로운 피칭체(현재의 섬 마다가스카)를 지시하게 된 경우가 바로 그것이다.[58] 크립키는 이에 대해 마다가스카의 현재 용법은 역사적 연결(historical connection)을 뒤엎을 만큼 널리 받아들여지고 있음을 인정하면서, 원주민들이 마다가스카를 어떤 신화적 지역을 지칭하기 위해 사용했었다 하더라도 똑같은 일이 발생할 수 있다고 지적한다. 즉, 실제 지시체는 다른 실제의 지시체로 바뀔 수 있고, 가상의 지시체가 실제의 지시체로, 또 그 반대 현상도 일어날 수 있다고 본다. 이와 같은 모든 경우에는 주어진 대상(given entity)를 지시하려는 현재의 의도가 '역사적 전승의 사슬(historical chain of transmission)'을 통해 지시체를 보존하려는 원래의 의도를 무시하게(overrides) 된다. 그 이유는 고유명사 사용의 '두드러지게 사회적인 성격(predominantly social character)'에 의해 설명될 수 있다고 본다.[59] 다시 말해 고유명사의 사용은 비록 어떤 개인의 '명명식'에 인과적으로 연결되는 것은 사실이나, 그렇다고 개인의 임의적 결정으로 이루어지는 것은 아니고, 사회의 일반적 경향과 추세의 영향에 의해 제한을 받는다는 것이다.[60]

역사적 인과사슬의 단절에 대한 크립키의 해명이 다소 모호하기는 하지만, 인과적 지시론 기본전제는 여전히 타당하다고 본다. 왜냐하면, 이 경우 마르코 폴로의 '새로운 명명식'이 있었고, 이것이 기존의 언어관행을 뒤엎을 만큼 선호되고 또 사회적으로 널리 받아들여져, 이 사건을

---

58) Gareth Evans, The Causal Theory of Names, in: Gareth Evans(ed.). Collected Papers (Oxford University Press, 1985), 11면.
59) Saul A. Kripke, 앞의 논문, 163-164면.
60) 이러한 해석으로 김보현, 인과적 지시론과 고유명사의 지시변화, 철학연구 제72집, 1999, 200면 참조.

기점으로 새로운 인과사슬이 형성된 것으로 설명할 수 있기 때문이다.

'인과적 지시'의 단절은 퍼트남이 말한 이론명사에서도 발생할 수 있다. 예컨대 과거에 '사이코패스'는 어떤 동기에 의해서건 반사회적 행동을 일삼는 행위자를 지칭하는 용어였다. 따라서 정신병이나 신경증에서 비롯된 반사회적 행위자도 사이코패스로 분류될 수 있었다. 이를테면 조울증(manic-depressive psychosis)이나 경조증(hypomania)[61] 환자도 사이코패스로 분류될 수 있었던 것이다. 그러나 어느 시점부터인가 사이코패스는 행동의 측면에서뿐 아니라 그 정신병리적 상태까지 고려하여 '공감능력의 결여', '양심과 죄책감의 결여', 또한 '무절제와 충동성' 등의 보다 세분화된 기준을 모두 충족시키는 자만을 지칭하게 되었다.[62] 전술한 인과적 지시론과 인과적 지시의 단절 문제는 "법문의 가능한 의미"를 확정짓는 데 있어서도 매우 중요한 의미를 가질 수 있다고 본다. 형법상 많은 전문 용어들은 상당한 기간을 통해 의미의 변천을 겪어 왔다. 예컨대 형법적 논의에 빈번하게 사용되는 '고의'라는 개념조차 고전적 범죄체계 하에서는 책임의 요소로 파악되어 '위법성의 인식'까지 포함하는 개념이었다가 목적적 범죄체계 이후 현대적 범죄체계에 이르러서는 '위법성의 인식'은 고의와는 구분되는 별도의 '책임요소'로 인정되기에 이르렀다. 이러한 '의미의 변천'을 정확하게 확인하기 위해서는 학설사나 판례연혁의 검토를 통해 유의미한 '명명식' 또는 '도입 사건'을 밝혀내야만 한다. 즉, '법문'의 개념형성에 대한 '역사적 고찰'이 필요하다는 것이다. 이처럼 '역사적 고찰'을 통한 '인과적 지시체'의 확인 없이 "법문의 가능한 의미"를 논하려는 것은 '개념적 혼란의 미궁'을 벗어나려는 것처럼 가망 없는 시도라고 본다.[63]

---

61) 경조증이란 고양되고(elevated) 불안정한(irritable) 기분이 지속되고, 사고와 행동도 그러한 증세를 말한다.

62) 참조할 만한 문헌으로는 Ben Karpman, The Myth of the Psychopathic Personality, *104 American Journal of Psychiatry 523* (1948), 523-534면. 벤 카프만은 정신병과 신경증에서 비롯된 반사회적 행위자는 2차적 사이코패스(secondary psychopath)로 분류하며 이를 사이코패스 개념에서 제외할 것을 주장한다.

63) 자연종 명사뿐만 아니라 인공종 용어(artifactual term)에까지 '인과적 지시론'이

IV. 몇 가지 사례의 검토

1. '또는' 사건

유추와 해석에 관한 고전적 사례로 소위 '실화죄' 사건(대법원 1994. 12.20. 선고, 94모 32 전원합의체결정)이 있다. 이 사례의 주된 쟁점 중 하나는 과연 접속어 '또는'이 '연결어'인지 '분리어'인지에 초점이 맞추어져 있었다. 따라서 본고의 논의 목적상 동 사건을 '또는' 사건으로 부르는 것이 보다 적합할 것이다. 접속어 '또는'은 "법문의 가능한 의미"의 실질적 판단기준을 "문언의 부여 가능한 의미"[64]가 아니라 "일상적·표준적 의미"로 볼 경우 확정이 불가능하다.[65]

이와 달리 접속어 '또는'은 누가 보더라도 '연결어'의 의미를 갖는다는 견해가 있다. 예컨대 "누가 '내 민법책과 형법책'이라는 말을 내 민법책과 나와 타인이 가지고 있는 형법책이라고 이해하겠느냐?"는 것이다.[66] 그러나 이 예문이 다음과 같은 상황에서 사용되었다면 어떠한가? 민법저서를 낸 어느 민법교수가 조교에게 도서관에서 "내 민법책과 형법책"을 대출해 오라고 부탁한 경우 또는 자기 소유의 민법책과 형법책, 그리고 친구에게서 빌리기로 한 형법책을 실수로 그 친구 집에 두고 온 어느 법대생이 친구에게 전화를 걸어 내일 학교에 올 때 "내 민법책과 형법책"을 가져다 달라고 부탁한 경우에 있어서 상호 간의 기대와 믿음의 체계를 떠나 단순히 "내 민법책과 형법책"이라는 문언만으로는 그 의미를 제대로 파악할 수 없다.

확대 적용될 수 있다는 견해로는, Michael Devitt & Kim Sterelny, Language and Reality: An Introduction to the Philosophy of Language (The MIT Press, 1999), 93-96면. 이는 힐러리 퍼트남의 견해이기도 하다.

64) 이러한 표현법으로는 신동운, 형벌법규의 흠결과 해석에 의한 보정의 한계, 「법률해석의 한계」, 19면 참조.

65) 동지의 이상돈, 형법해석의 한계, 「법률해석의 한계」, 64-65면 참조.

66) 김영환, 법학방법론의 관점에서 본 유추와 목적론적 축소, 2009년 한국법철학회 춘계 학술대회 발표문, 9면(발표문 자료집에 수록되지 않고 별도 제출됨).

일상언어적으로도 '연결어'의 의미와 '분리어'의 의미가 모두 있기 때문이다. 언어철학적으로 보더라도 접속어는 그 지시체가 결정되어 있지 않기 때문에 다른 낱말과 달리 지시적 의미론에 의한 의미의 확정이 용이하지 않다. 왜냐하면 지시적 의미론을 옹호하는 사람들은 의미의 최소 단위가 낱말이라고 보며, 그 낱말의 의미는 그 낱말이 지시하는 대상에 의해 주어진다고 생각하는바, 접속어에는 그 지시대상이 없기 때문이다.67) 그러므로 이 경우에는 '총체론적 의미론'을 따를 수밖에 없다고 본다. 총체론적 의미론(meaning holism)이란 문장의 의미가 그 문장을 구성하는 각각의 낱말의 의미에 의존하는 것이 아니고, 전체적인 의미의 그물망으로서의 믿음에 의존한다는 것이다. 가령 '또는' 이란 표현이 동일한 방식으로 상업광고에 쓰였을 때와 법문에 쓰였을 때, 그리고 기타 다른 목적의 표현에 쓰였을 때의 일반 시민의 해석은 각기 다를 수 있다.68) 예컨대 "예쁜 캐릭터가 그려진 남학생용 또는 여학생용 가방 판매"라는 상업광고가 있을 때, 우리는 누구나 '또는'을 '연결어'로 해석할 것이다.69) 반면에 신입사원 입사지원서류에 "외국에서의 어학연수 또는 MBA 취득 경력"이라는 기재란이 있을 때 누구나 '또는'을 분리어로 해석할 것이다. 그렇다면 형법 제170조 제2항의 "자기의 소유에 속하는 제166조 또는 제167조에 기재한 물건"의 경우에도 동 법문의 의미를 명료하게 해 주는 "전체적인 의미의 그물망으로서의 믿음"을 확인할 필요가 있다. "우리가 기대하는 바는 믿음들의 전체 그물조

---

67) 예컨대 러셀처럼 "한 낱말의 의미는 그것들이 세계 내에서 가리키는 어떤 대상"이라는 '지시적 의미이론'은 일정한 수정이 요구되는바, 왜냐하면 '그러나'와 같은 접속어는 세계 속에(사과나 들판이 있는 것처럼) 그 낱말에 대응하는 대상이 존재하지 않기 때문이다. 이에 대한 설명으로는 A.C Grayling/이윤일 역, 앞의 책, 293-294면. 그러나 무어는 '접속어'의 경우에도 논리적 진리(logical truth)에 대한 최선의 이론(best theory)에 기초해 '실재론적 의미론'이 적용될 수 있다고 보고 있다. Michael S. Moore, 앞의 논문, 300-301면.

68) 비슷한 견해로 Brian Bix, Law, Language and Legal Determinacy (Oxford University Press, 1993), 19면.

69) 이 사례는 최봉철, 현대법철학 (법문사, 2007), 277면의 예문을 응용한 것이다.

직(whole network of beliefs)에 의존해 있기” 때문이다.[70] 바로 이 점에
서 대법원이 전체적·종합적 해석론을 채택해 ‘또는’을 ‘분리어’로 해석
한 것은 올바른 해석방법이라고 평가할 수 있을 것이다. 이와 같이 ‘또
는’과 같은 접속어처럼 지시에 의해 의미를 고정시킬 수 없는 낱말의
경우에는 “법문의 가능한 의미”를 “전체론적(holistic)” 방식으로 해석하
는 것이 타당하다고 본다.[71]

2. ‘콜밴’ 사건

다음으로 주목하고자 하는 비교적 최신의 사례로는 ‘콜밴’ 사건(대
법원 2004.11.18. 선고, 2004도1228 전원합의체 판결)이 있다. 이 사례의
쟁점은 여객자동차운송사업면허를 받거나 등록을 하지 아니한 채 화물
자동차로 형식승인을 받고 등록된 콜밴을 이용해 유상으로 여객을 운
송하는 행위가 여객자동차운수사업법(이하 ‘법’으로 표기함) 제81조 제
1호[72]에 해당하는지 여부이다. 대법원 다수의견에 의하면 법 제2조 제1
호의 정의규정에 의하면 동법 사용되는 ‘자동차’는 자동차관리법 제3조
의 규정에 의한 승용차 및 승합자동차만을 의미하는 것이므로, 화물자
동차로 등록된 콜밴을 이용한 무면허 운송행위는 제81조 제1호에 해당

---

70) Hilary Putnam, 앞의 책(*Representation and Reality*), 8-11면.
71) 법해석에 있어 ‘전체론적 방식’이란 일단 법문의 ‘일상적·표준적’ 의미를 출발점
으로 삼되, 다른 유사개념의 의미내용이라든지, 입법연혁, 다른 형벌법규들과의
논리적 관련성, 입법취지 등을 종합적으로 고려하여 구체적 형벌법규를 해석하
는 것을 뜻한다고 볼 수도 있을 것이다. 이러한 방식에 따라 수행된 해석의 결과
는 언제나 확장해석이 되는 것은 아니고 경우에 따라서는 제한적 해석이 될 수도
있다. 이 점에 대한 적확한 지적으로는 신동운, 형벌법규의 흠결과 해석에 의한
보정의 한계, 「법률해석의 한계」, 13면 참조.
72) 여객자동차운수사업법 제81조: 다음 각 호의 1에 해당하는 자는 2년 이하의 징역
또는 2천만원 이하의 벌금에 처한다.
1. 제5조 제1항의 규정에 의한 면허를 받지 아니하거나 등록을 하지 아니하고
여객자동차운송사업을 경영한 자

하지 않는다고 보며, 비록 법이 개정되는 과정에서 과거 화물자동차 등을 이용한 무면허 여객유상운송행위를 처벌하다가 입법의 불비로 이에 대한 처벌규정을 빠뜨린 '입법과오'를 인정할 충분한 이유가 있다 하더라도 법 제2조에서 위와 같은 정의규정을 두고 있는 이상, 동법 제81조 제호의 처벌조항을 "문언의 가능한 의미"를 넘어서까지 유추하여 화물자동차 등을 사용한 여객유상운송행위까지 처벌할 수 있다는 사고는 죄형법정주의에 어긋난다고 보았다. 이에 대해 대법원 소수의견과 동 판례에 대한 비판론은 "법 개정상의 입법과오가 명백하고, 처벌의 부당한 흠결이 생기며, '형식상' 화물차로 등록되어 있다 하더라도 '실질적인' 기능과 구조를 고려할 때 콜밴은 '승용겸 화물형'인 승용차로 보는 것이 타당하며, 콜밴을 승용차로 인정하는 것은 국민일반의 자연스러운 통념에도 일치하는바, 화물자동차를 이용한 무면허 여객유상운송행위를 법 제81조 제1호 위반죄로 처벌하거나, 콜밴을 '화물자동차'가 아니라 '승용겸 화물형'의 승용차로 보아 역시 법 제81조 제1호 위반죄로 의율하는 것은 법문의 가능한 의미를 넘지 않는 전체적·종합적 해석방법으로서 죄형법정주의가 경계하는 유추해석에 해당하지 않는다."고 다수의견을 논박하였다.73)

　'콜밴' 사건은 '또는' 사건과는 대법원 다수의견과 소수의견이 뒤바뀐 흥미로운 사건이다. '또는' 사건에서는 다수의견이 "법문의 가능한 의미를 넘지 않는" 전체적·종합적 해석방법에 의한 처벌을 주장한 반면, '콜밴' 사건에서는 반대로 소수의견이 그와 같은 논지로 처벌을 주장하였다. 양 사건은 "법문의 가능한 의미"의 실재론적 의의를 잘 부각시켜 주는 사안들이다. 전술한 바와 같이 '또는' 사건의 경우 법문의 일상적·표준적 의미조차 불확정적이다. 실재론적으로 볼 때, '접속어'인 '또는'의 지시체가 존재하지 않기 때문이다. 그렇기 때문에 '총체론적 해석'을 통해 법문의 가능한 의미를 다수의견처럼 확장시키는 것이 허용된다고 볼 수 있다. 그러나 '콜밴' 사건은 경우가 다르다고 본다. '화

---

73) 허일태, 형법상 해석원칙과 그 한계, 형사판례연구 제13호, 2005, 25-52면 참조.

물자동차'의 의미는 아무리 그 외연을 확장시켜도 '승용차'나 '승합차' 가 될 수 없음은 자명하다. 비록 '콜밴'의 기능·구조적 실질이 '승용겸 화물형' 승용차 하더라도 법적으로 화물자동차로 등록된 이상, 법의 정의규정에 따라 '승용차'와 '승합차'의 범주에서는 제외는 것이 타당 하다. 소수의견은 국민일반의 통념과 전체적·종합적 해석방법을 거론 하며 화물자동차도 처벌되어야 한다든지, 콜밴을 승용차로 보아야 한다 고 주장하였지만, 법적으로 '화물자동차'로 등록되어 있고 '화물자동차' 의 지시체가 너무나 명백한 이상 이를 목적론적 해석에 의해 처벌이 가 능하다고 본다거나 법 제2조의 '승용차'나 '승합차'에 해당한다고 보는 것은 바로 "법률 없으면 범죄도 없고, 형벌도 없다(nullum crimen, nulla poena sine lege)"는 죄형법정주의 정신에 반하는 '유추해석'에 해당한다 할 것이다.

물론 이 사례를 법에 의한 '규약적 정의(conventional definition)'와 '자연적 의미'가 상충된 사례로 볼 여지도 있을 것이다. 즉 법에 의해 '화물차'로 규정되었지만, 그 실질적 의미가 '승용차'인 콜밴의 경우 어 느 의미를 중시해야 하느냐의 문제라는 것이다. 이와 관련해 참고할 만 한 사례로 무어는 다음과 같은 가상 사례를 소개한 바 있다.

Regina v. Ojibway 사건에서 피고인은 '작은 새 보호법(Small Bird Act)'을 위반한 혐의로 기소되었다. 이 법에 의하면 어떠한 작은 새라도 죽이는 것은 금지된다. 이 사안의 쟁점은 피고인이 총으로 죽인 '등 위 에 솜털 베개를 얹은 조랑말(a pony with a downy pillow on its back)'이 동 법규의 적용을 받느냐는 것이다. 새의 일상적·자연적 의미로는 조랑 말이 포함되지 않는 것이 자명하지만, 문제는 동 법규에 의하면 '새'란 "깃털을 가진 두 발 동물(two-legged animal covered with feathers)"로 정 의되고 있다는 점에서 발생한다. 법원은 동 법규의 '새'에 위 '조랑말' 이 해당된다고 해석해 피고인에게 유죄를 선고하였다. 판결 이유는 첫 째, 조랑말은 동물이고, 둘째, 네 발 달린 동물은 반드시 두 발을 가지고 있으며, 셋째, 등에 솜털을 얹고 있기 때문이라는 것이다. 아울러 법원 은 깃털이 인공적인 것이든 자연적인 것이든 문제되지 않는다고 보았던바, 그 이유는 새의 경우도 깃털이 뽑힌 후 다시 접착제로 붙인다 하더라도 여전히 새이기 때문이라고 하였다. 이에 변호인은 조랑말의 경우 첫째, 말울음 소리를 내고, 둘째, 사람들이 탈 수 있으며, 셋째, 편자(horseshoes)가 박혀 있는데다, 넷째, 만일 총을 쏘기 전에 등에 얹은 솜털 베개가 내려졌다면 이는 새가 아닐 것이고, 따라서 이 사안에서 조랑말은 새로 보아서는 안 된다고 주장하였다. 이에 대하여 법원은 '작은 새 보호법'의 '새'에 대한 정의는 그 짐승이 어떤 소리를 내건, 사람들이 이를 어떻게 사용하건, 무엇을 착용하고 있건 무관심하고, 또한 새는 깃털을 잃어도 여전히 새로 보아야 한다며 변호인의 주장을 이유 없다고 배척하였다.[74]

이 가상 사례에 대해 무어는 명백한 법적 정의규정에도 불구하고 자연적 의미를 무시해서는 안 된다고 보며, 법관은 법적 정의를 올바르게 적용하기 위해서라도 자연적 의미를 인식하고 있어야 하고, 만일 법적 정의와 자연적 의미에 반할 때에는 그 정의를 무시하는 것은 당연하다고 주장한다.[75] 한 마디로 '자연적 의미'가 '법적 정의규정'에 우선한다는 것이다. 그러나 무어의 주장은 형법 해석에 수용하기에는 무리가 있다. 왜냐하면 그의 주장은 "범죄와 형벌은 성문의 법률에 의하여 규정되어 있지 않으면 안 된다(法律主義)"는 죄형법정주의 에 반하기 때문이다. 즉, 적어도 형법 해석에 있어서는 '법적 정의'가 '자연적 의미'에 우선한다고 보는 것이 옳다. 따라서 오히려 이 사례는 "공원에서 탈 것 금지" 사례에 대한 하트와 풀러의 논쟁에서 샤우어가 적절히 지적하였듯이, "법규의 엄격한 적용은 때때로 불합리한 결과를 낳는다"는 교훈을 상기시키는 경우로 이해하는 것이 보다 적절할 것이다. 따라서 이 경우에는 목적론적 해석을 통해 새의 정의규정에서 조랑말을 제외시키는 것이 타당하다고 본다. 이는 피고인에게 유리한 해석으로 형법적으로 정당한 해석방법이다.[76]

---

74) Michael S. Moore, 앞의 논문, 329-330면.
75) Michael S. Moore, 앞의 논문, 331면.
76) 다만, 무어의 주장은 '자연적 의미'의 확정에 있어서 '관행(규약)주의

3. "성전환자 강간" 사건

우리 대법원 판결에서 '실재론적 해석방법'이 일부 수용되고 있음을 잘 보여주는 사례로 "성전환자 강간" 사건(대법원 1996.6.11. 선고 96도 791 판결)이 있다. 형법 제297조는 "폭행 또는 협박으로 부녀를 강간한 자"라고 하여 강간죄의 객체를 '부녀'에 한정시키고 있다. 부녀란, 대법원의 정의에 따라 "성년이든 미성년이든, 기혼이든 미혼이든 불문하며 이는 곧 여자"를 가리키는 것이다. 한 마디로 '부녀'란 '여자'이다. 이러한 의미에서 '부녀'는 퍼트남이 말한 '자연종(natural kind) 명사'이다. 자연종 명사란 교수, 자동차, 노트북처럼 인공물의 범주에 속하는 것들과 달리, 물, 금, 고양이처럼 자연적으로 존재하는 물질, 즉 물리적 대상을 지칭하는 명사를 말한다.[77] 전술한 바와 같이 퍼트남은 모든 자연종 명사들의 의미는 그 본질적 구조에 의해(예컨대 물은 H_2O) 고정적이라고 본다. 그렇다면 자연종 명사인 '부녀'의 의미 역시 고정적이라고 할 수 있다. 이와 관련 대법원은 "무릇 사람에 있어서 남자, 여자라는 성의 분화는 정자와 난자가 수정된 후 태아의 형성 초기에 성염색체의 구성(정상적인 경우 남성은 XY, 여성은 XX)에 의하여 이루어지고, 발생과정이 진행됨에 따라 각 성염색체의 구성에 맞추어 내부생식기인 고환 또는 난소 등의 해당 성선이 형성되고, 이어서 호르몬의 분비와 함께 음경 또는 질, 음순 등의 외부성기가 발달하며, 출생 후에는 타고난 성선과 외부성기 및 교육 등에 의하여 심리적, 정신적인 성이 형성되는 것이다. 그러므로 형법 제297조에서 말하는 부녀, 즉 여자에 해당하는지의 여부도 위 발생학적인 성인 성염색체의 구성을 기본적인 요소로하여 성선, 외부성기를 비롯한 신체의 외관은 물론이고 심리적, 정신적인 성, 그리고 사회생활에서 수행하는 주관적, 개인적인 성역할(성전환

(conventionalism)'와 '실재론(realism)' 상충할 경우 '실재론'의 입장이 옳다고 보는 점에 있어서는 본고의 논지에 부합된다. 예컨대 전술한 '사망(death)'의 의미를 고려해 보라. Michael S. Moore, 앞의 논문, 291-301면.

77) A.C Grayling/이윤일 역, 앞의 책, 305-309면 참조.

의 경우에는 그 전후를 포함하여) 및 이에 대한 일반인의 평가나 태도 등 모든 요소를 종합적으로 고려하여 사회통념에 따라 결정하여야 할 것이다."고 보면서 "여성으로의 성전환 수술을 받음으로써 여성으로서의 질 구조를 갖추고 있고 유방이 발달하는 등 외관상으로는 여성적인 신체구조를 갖추게 되어 보통의 여자와 같이 남자와 성생활을 할 수 있으며 성적쾌감까지 느끼고 있으나 여성의 내부성기인 난소와 자궁이 없기 때문에 임신 및 출산은 불가능한 상태라는 것이다. (중략) 외견상 여성으로서의 체형을 갖추고 성격도 여성화되어 개인적으로 여성으로서의 생활을 영위해 가고 있다 할지라도, 기본적인 요소인 성염색체의 구성이나 본래의 내·외부성기의 구조, 정상적인 남자로서 생활한 기간, 성전환 수술을 한 경위, 시기 및 수술 후에도 여성으로서의 생식능력은 없는 점, 그리고 이에 대한 사회 일반인의 평가와 태도 등 여러 요소를 종합적으로 고려하여 보면 위 피해자를 사회통념상 여자로 볼 수는 없다 할 것이다."고 판시한 바 있다.

요컨대 대법원의 입장은 '여자'에 해당하는지 여부를 검토함에 있어서 심리적·정신적인 성과 성역할, 그리고 일반인의 평가나 태도 등을 종합적으로 고려하여야 한다고 설시하면서도 성염색체나 성선, 그리고 생식능력 등 "생물학적 구조 자체"를 중요하게 고려하고 있는 것으로 볼 수 있을 것이다. 즉, '부녀'가 '자연종' 명사라는 점을 고려하여 최대한 '물질 자체'의 차이에서 기인한 '환경적 요소'의 역할을 존중하려는 것으로서 대법원의 태도는 의미의 객관성을 보존하기 위한 "실재론적 해석"의 시도로서 높이 평가할 만하다 할 것이다.

그러나 이후 대법원은 "성전환증을 가진 사람의 경우에도, 남성 또는 여성 중 어느 한쪽의 성염색체를 보유하고 있고 그 염색체와 일치하는 생식기와 성기가 형성·발달되어 출생하지만 출생 당시에는 아직 그 사람의 정신적·사회적인 의미에서의 성을 인지할 수 없으므로, 사회통념상 그 출생 당시에는 생물학적인 신체적 성징에 따라 법률적인 성이 평가될 것이다. 그러나 출생 후의 성장에 따라 일관되게 출생 당시의 생물학적인 성에 대한 불일치감 및 위화감·혐오감을 갖고 반대의 성에 귀속감을 느끼면서 반대의 성으로서의 역할을 수행하며 성기를 포함한 신체 외관 역시 반대의 성으로서 형성하기를 강력히 원하여, 정신과적으로 성전환증의 진단을 받고 상당기간 정신과적 치료나 호르몬 치료 등을 실시하여도 여전히 위 증세가 치유되지 않고 반대의 성에 대한 정신적·사회적 적응이 이루어짐에 따라 일반적인 의학적 기준에 의하여 성전환수술을 받고 반대 성으로서의 외부 성기를 비롯한 신체를 갖추고, 나아가 전환된 신체에 따른 성을 가진 사람으로서 만족감을 느끼고 공고한 성정체성의 인식 아래 그 성에 맞춘 의복, 두발 등의 외관을 하고 성관계 등 개인적인 영역 및 직업 등 사회적인 영역에서 모두 전환된 성으로서의 역할을 수행함으로써 주위 사람들로부터도 그 성으로서 인식되고 있으며, 전환된 성을 그 사람의 성이라고 보더라도 다른 사람들과의 신분관계에 중대한 변동을 초래하거나 사회에 부정적인 영향을 주지 아니하여 사회적으로 허용된다고 볼 수 있다면, 이러한 여러 사정을 종합적으로 고려하여 앞서 본 사람의 성에 대한 평가 기준에 비추어 사회통념상 신체적으로 전환된 성을 갖추고 있다고 인정될 수 있는 경우가 있다 할 것이며, 이와 같은 성전환자(아래에서 말하는 성전환자는 이러한 성전환자를 뜻한다)는 출생시와는 달리 전환된 성이 법률적으로도 그 성전환자의 성이라고 평가받을 수 있을 것이다."고 판시하여 성전환자에게 '호적정정'을 통해 전환된 성을 인정받을 수 있는 길을 열어주는 취지의 판결(대법원 2006.6.22 선고 자2004스42 전원합의체 판결)을 하였다. 동 판결은 강간죄의 객체를 '부녀'에 국한시킨 기존의 '실재론적' 해석방식에 일견 배치되는 듯 볼 여지가 있으나 정확히 살펴보면 일관성이 유지되고 있다. 즉 2006년 판결은 성전환자에게 '호적정정'을 통해 '전환된 성'으로 인정받을 수 있는 법적 절차를 제공하려는 것이지, 생물학적으로 보존되고 있는 '여성' 또는 '남성'의 의미를 '성전환'이라는 이유로 각각 '반대 성'으로 볼 수 있다는 뜻은 아니다. 다시 말해 '호적정정'을 통해 '전환된 성'으로 인정받으면 그 때부터는 그 '전환된 성'의 의미를 갖게 된다는 것이다. 예컨대 '남성'의 의미는 생물학적으로 보존되지만, 일단 '호적정정'을 통해 '여성'으로 법률적

성이 변경되면, 그 때부터는 '여성'의 법률적·사회적 의미를 갖게 된다는 것이다. 이는 앞의 '콜밴' 사건에서 콜밴이 화물자동차로 등록된 이상, 그 실질이 '승용겸 화물형' 승용차라 하더라도 법적으로는 '화물자동차'의 의미를 지닐 수밖에 없는 것과 동일하다. 이 점을 보다 명확히 해 주는 하급심 판례로서 "강간죄가 강제추행죄에 비하여 엄하게 처벌되는 입법취지의 근저에는 모성보호, 즉 추상적이나마 수태의 가능성이 있는 부녀를 더 보호하고자 하는 취지가 포함되어 있고, 현재의 의학수준에 비추어 성전환수술 후 육체적으로 반대의 성이 갖는 해부학적인 성의 구조를 완벽하게 재현할 수 없는 실정인 점 등을 고려하면, 피해자가 성염색체나 외부성기 등 육체적인 성별에는 이상이 없는데도 성자아의 혼란을 겪은 나머지 부득이 외과적인 수술로서 환자가 바라는 반대적인 성이 지니는 일부 해부학적인 성기의 외관을 갖추었다고 하더라도, 따로 호적정정 등 성별을 확정하는 절차를 거치지 아니한 이상 그 상태만으로 강간죄의 '부녀'라고 단정할 수는 없다."는 논지의 해석론(서울지방법원 1995.10.11 선고 95고합516 판결)을 참조할 수 있을 것이다. 요컨대, 성전환자가 '법적 절차'를 거쳐 성이 전환된 이후에는 남성은 '부녀'가 되며, 따라서 강간죄의 객체가 될 수 있다는 것이다. 퍼트남식으로 말하자면, 성전환자가 보유한 '성(性)'은 그 의미 확정에서 있어서 '언어적 노동분업'을 통해 법률전문가들로부터 '여성'으로 판정된 경우에는 그 사람의 성은 사회적으로 '여성'으로 고정될 수 있다는 것이다. 이것은 예를 들어 어느 가능세계[78]에서 '금'이 변질되어 '플래티넘'이 될 수 있다고 할 때, 전문가에 의해 원래 '금'으로 판정되었던 대상의 의미가 역시 전문가에 의해 '플래티넘'으로 변할 수 있다는 것이다.

---

78) 가능세계(possible worlds)란 현실세계에 대한 반사실적 상황을 기술함으로써 구성되는 세계이다. 그렇다고 현실세계에 대한 지시 내용과 독립적인 존재유형을 가진 세계는 아니다. 가능세계는 그 구성요소가 현실세계의 구성요소와 다르거나, 구성요소가 같다면 속성이나 관계가 현실세계와 다를 뿐이다. 요컨대 가능세계는 '발견'되는 것이 아니라 '규정'되는 것이며, 현실세계로부터 출발한 '반사실적 상황'이다.

다만 생물학적으로 여전히 '여성'의 의미가 보존되는 사람을, 법률 전문가의 판정에 의한 '호적정정'을 통해 '남성'으로 의미를 전환하는 것이 '물질 자체'의 차이를 강조하는 퍼트남의 입장과는 모순되는 것이 아닌지 의문이 제기될 수 있다. 그러나 퍼트남이 '물질 자체'를 강조하는 것은 '의미 확정'에 있어서 일정한 '환경적 요인'이라는 외재적 기준을 최대한 고려하려는 것이지 그 자체가 절대적 기준은 될 수 없다. 왜 냐하면 가령 물이나 금의 경우에 있어서도 분자구조나 성분이 새롭게 발견되거나 과학이 더 발달하면 더욱 세분화 될 여지가 있기 때문이 다.79) 판례는 '호적정정'에 의해 '여성'을 '남성'으로 의미 전환시킬 수 있도록 허용하면서 여전히 그 기준으로 '성전환 수술'이라는 신체의 구 조변경을 요구하고 있는바, 이는 퍼트남식의 '환경적 요인'을 충분히 반 영하는 해석론으로 볼 수 있을 것이다.

또 다른 반론으로서 만일 충분히 성전환 요건을 갖추었음에도 불구 하고 '호적정정' 절차를 통해 성이 전환되지 않은 상태에서 강간을 당 한 성전환 여성의 경우 '강간죄'의 적용이 불가능하다고 보는 것은 부당 하지 않느냐는 비판이 제기될 수 있다고 본다. '실질'과 '형식'의 괴리가 크다는 것이다. 그러나 우리가 '법문의 가능한 의미'을 최대한 사회적으 로 '고정'시키고자 한다면, 그리고 의미의 객관성을 최대한 보존하고자 한다면 이와 같은 해석론은 불가피할 뿐만 아니라 '법적 관행'에 비추어 보아도 타당하다고 본다. 법에 의해 사회적으로 '의미'가 확정되기 전까 지는 법률적 혜택을 받지 못하거나 제한적으로 받을 수 있는 경우는 얼 마든지 있기 때문이다.80) 그러므로 전술한 세 개의 판례는 "실재론적 의 미론"을 취하고 있는 일관된 해석론으로 볼 수 있을 것이다.81)

---

79) 이 점은 퍼트남의 의미이론에 대한 더밋(Dummett)의 지적이기도 하다. Michael Dummett, The Social Character of Meaning, in: Michael Dummett, Truth and Other Enigmas (Harvard University Press, 1978), 427-429면.

80) 예컨대, 사실혼(事實婚)과 법률혼(法律婚)에 대한 법적 효과의 차이를 보라.

81) 단, 성전환자들의 '사회적 성'을 보다 더 존중해야 할 필요가 있다는 논변이 다양 한 형태로 제기될 수 있을 것이다. 그러나 앞서 밝힌 바와 같이 본고의 목적은 '의미 실재론'의 관점에서 "법문의 가능한 의미"를 밝히려는 데 있는 것이므로,

이 문제는 '도덕 실재론' 차원에서 별도의 검토가 필요하다고 본다. 물론 '의미실
재론'의 입장에서도 성전환자들의 '성(性) 확정'이 전적으로 '생물학적 특성'에
의해 결정된다고 보는 것은 아니라는 점에 유의할 필요가 있을 것이다. 전술한
바와 같이 의미의 고정에 기여하는 '환경적 요인'은 단지 '물질 자체'뿐만 아니라
이미 사회적으로 굳어진 '관행'일 수도 있으며, 후술하듯이(맺음말 참조) 의미의
변천을 가능케 하는 데 있어서 단지 '전문가의 판정'뿐만 아니라 한 사회의 '지배
적 선호'도 중요한 역할을 담당할 수 있기 때문이다. 그러므로 의미의 확정에 있
어서 때로는 전문가와 일반시민 간의 '판단의 일치' 내지 '소통'과 '교감'이 필요
하다고 볼 수 있을 것이다. 이와 관련하여 최근 대법원은 흥미롭게도 성전환자에
대한 강간죄의 성립을 인정하는 판례를 내놓았다(대법원 2009.9.10.선고 2009도
3580). 대법원은 "원심이 유지한 제1심판결의 이유에 의하면, 남성으로 태어난
피해자는 성장기부터 남성에 대한 불일치감과 여성으로서의 귀속감을 나타내면
서 따돌림을 당하였고, 사춘기에 이르러 여성으로서의 분명한 성정체성이 형성
되기 시작하면서 이를 감당하지 못하여 집을 떠나게 된 사실, 피해자는 24세이던
1974년경 성전환수술을 결심하고 정신과 병원에서 정밀진단과 심리치료, 관찰을
거쳐 성전환증이라는 확진을 받은 다음, 성형외과에서 남성의 성기와 음낭을 제
거하고 여성의 질 등 외부성기를 형성하는 수술을 받고 이후 상당기간 호르몬
요법의 시술을 받았으며, 2차로 일본 오사카현 이마사토에 있는 한 성형외과병원
에서 가슴형성수술을 받은 바 있고, 3차로는 1998.2. 부산에 있는 [한] 성형외과
에서, 2000년경에 이르러 태국의 한 병원에서 각 가슴보강수술과 질확장수술을
받은 사실, 피해자는 남성 또는 여성으로서 자녀를 출산한 경험이 없고 생식기능
또한 존재하지 아니하나, 성전환수술 후 여성으로서의 성생활에 전혀 지장이 없
으며, 특히 피해자의 사정을 이해하는 남성과 과거 10여 간년 동거하며 지속적으
로 성관계를 영위함에 아무런 문제가 없었고, 성적 만족도 또한 이상이 없는 사
실, 피해자는 여성으로서의 신체와 외관을 갖추고 있을 뿐만 아니라 여성으로서
의 성적 정체성도 확고하고 자신이 여성임에 만족하고 있으며, 피해자의 가족들
과도 가출 후 10년이 지나면서부터 소식을 주고받으며 관계가 유지되어 왔고,
현재 살아 있는 가족들이 피해자의 처지와 사정을 잘 이해하여 관계가 개선된
사실, 피해자는 성전환수술 후 30여 년간 여성 무용수로서 국내와 국외를 오가며
활동하여 왔는데, 피해자가 국내에 거주할 때는 주로 부산시 소재 일정 지역에
30년 가까이 주거를 정하여 살면서 주민들과는 여성으로서 오랜 세월 동안 친분
을 유지하여 온 사실을 각 알 수 있는바, 위와 같은 사정을 종합하여 보면, 피해
자는 성장기부터 남성에 대한 불일치감과 여성으로의 귀속감을 나타내었고, 성
인이 된 후 의사의 진단 아래 성전환수술을 받아 여성의 외부 성기와 신체 외관
을 갖추었고, 수술 이후 30여 년간 여성으로 살아오면서 현재도 여성으로서의

4. "현금 초과인출" 사건

법의 해석과 적용에 있어서 언어적 노동 분업이 반드시 필요한 이유
는 많은 경우 법문의 의미는 시민 일반의 지식과 언어관행으로는 파악
하기 어렵기 때문일 것이다. 바로 이 점을 고려하여 법계(法系)를 막론
하고 각 나라의 법에는 "법의 부지는 용서받지 못한다."는 법리가, 규율
방식의 차이는 있지만 반드시 존재하고 있는 것이라고 본다. 즉, 대부분
의 법체계에서는 '법률의 착오'를 용서할 것인가에 대해 엄격한 태도를
취하고 있고, 용서하는 경우에 있어서도 반드시 변호사 등 법률전문가
에게 조회하는 등의 노력을 다하였을 것을, 즉 착오에 '정당한 이유'가
존재할 것을 요구하고 있기 때문이다.

"법문의 가능한 의미"가 일상언어적으로 확정되기 어려운, 법률가의
전문적 판단이 요구되었던 사안으로 '현금 초과인출' 사건이 있다(대법

성정체성이 확고하여 남성으로 재 전환할 가능성이 현저히 낮고, 개인생활이나
사회생활에서도 여성으로 인식되어, 결국 사회통념상 여성으로 평가되는 성전환
자에 해당한다고 봄이 상당하고, 이 사건 피고인도 피해자를 여성으로 인식하여
강간범행을 저질렀다. 따라서 위와 같은 제반사정을 고려하여 성전환자인 이 사
건 피해자를 법률상 여성으로 보고 강간죄의 객체가 된다고 한 제1심판결을 유
지한 원심의 판단은 적법하고, 거기에 강간죄의 객체인 부녀의 해석에 관한 법리
오해의 위법이 없다"고 판시하였다. 동 판결은 남녀의 성별을 결정함에 있어서
단지 생물학적 차이에만 주목하지 않고, 법률전문가와 일반시민 간의 '소통'과
'교감', 다시 말해 '사회적 성'을 존중하는 '관행'과 '지배적 선호'를 좀 더 고려했
다는 점에 있어서는 일단 긍정적으로 평가할 만하다. 그러나 전환된 성으로 인정
받기 위한 명확한 요건, 예컨대 성적 귀속감의 정도나 성전환자로 지낸 기간 등
을 충분히 제시하지 못했다는 점, 성전환자의 호적정정 허가에 대해 장래적 효력
을 부여한 기존 결정의 취지(대법원 2006.6.22.선고 2004스42 전원합의체 결정)
에 배치될 우려가 있다는 점, 나아가 만일 대법원의 판단대로라면 어느 미래에
유전자 조작을 통한 복제인간의 출현이 가능한 시점에 이르러 과연 이들도 사회
적 통념이 허용된다면 우리와 동등한 존엄과 가치, 그리고 기본권을 지닌 진정한
의미의 인간으로 봐야 할 것인가라는 의문을 제기할 수 있는바, 이러한 점에 대
한 윤리적·실재론적인 측면의 근거제시가 전혀 보이지 않는다는 점에서 많은 논
란의 소지를 남기고 있다.

원 2006.3.24. 선고 2005도3516 판결). 사건의 개요는 "현금카드 소유자로부터 20,000원의 인출을 부탁받은 사람이 50,000원을 인출하여 그 중 20,000원만 피해자에게 건네주고 나머지 30,000원을 취득한 것"으로 줄일 수 있다. 이에 검사는 피고인이 컴퓨터 등 정보처리장치에 권한 없이 정보를 입력하여 30,000원 상당의 재산상 이익을 취득했다고 보아 컴퓨터등사용사기죄로 공소를 제기하였다. 제1심 법원은 "우리 형법은 재산범죄의 객체가 재물인지 재산상의 이익인지에 따라 이를 재물죄와 이득죄로 명시하여 규정하고 있는데, 형법 제347조의2는 컴퓨터사용사기죄의 객체를 재물이 아닌 재산상의 이익으로만 한정하여 규정하고 있으므로, 타인의 신용카드로 현금자동지급기에서 현금을 인출하는 행위가 재물에 관한 범죄임이 분명한 이상 이를 위 컴퓨터등사용사기죄로 처벌할 수는 없다"고 판시하여 컴퓨터등사용사기죄에 대하여 무죄를 선고하였다. 이 판결에 대해 검사는 항소하면서 법원에 공소장변경을 신청하였고 법원은 이를 허가하였다. 변경된 공소사실에 의하면 검사는 피고인이 30,000원의 재산상 이익을 취득한 것이 아니라 30,000원을 절취한 것으로 보았다. 그러나 원심법원은 이에 대해서도 무죄를 선고하였다. "절도죄에 있어서 절취란 재물의 점유자의 의사에 반하여 그 점유자의 지배를 배제하고 자신의 지배를 옮겨놓는 행위를 의미하는 것인데, 현금지급기는 은행 등 금융기관과 예금자 사이의 약정에 따라 예금자가 은행 등이 지정해 준 비밀번호 등 정보를 입력하면 일정한 컴퓨터프로그램에 따라 그 정보를 자동처리하는 것이고, 현금지급기에 삽입된 현금카드와 입력된 비밀번호 등 정보가 정확하기만 하면 현금지급기의 카드의 사용자가 누구이든지 간에 인출가능한 한도 내에서 예금이 인출되는 특성을 지니고 있는 것이므로, 그 인출자가 현금카드 소유자의 승낙에 의하여 일단 현금카드를 사용할 권한을 부여받았다면, 그 승낙의 의사표시가 설사 하자있는 것이라고 하더라도 현금지급기 관리자인 은행 등으로서는 현금카드 소유자의 계산으로 적법하게 예금을 지급할 수밖에 없는 것이므로, 현금카드를 절취한 때와 같이 현금카드 자체를 사용할 권한이 없는 경우와 달리 피고인이 예금명의인인 공소외인으로부터 위 현금카드를 사용할 권한을 일응 부여받은 이상 이를 기화로 그 위임 범위를 벗어나 추가로 금원을 인출하였다고 하더라도 현금지급기 관리자로서는 예금명의인의 계산으로 인출자에게 적법하게 현금을 지급할 수밖에 없는 것이고, 따라서 이러한 경우 현금지급기 관리자에게 예금명의인과 그로부터 현금 인출을 위임받은 자 사이의 내부적인 위임관계까지 관여해 그 위임받은 범위를 초과하는 금액에 대하여는 그 인출행위를 승낙하지 않겠다는 의사까지 있다고 보기는 어렵다. 따라서 위 현금인출 행위가 현금지급기 관리자의 의사에 반하여 그가 점유하고 있는 현금을 절취한 경우에 해당한다고 볼 수 없고, 달리 위 현금인출이 그 관리자의 의사에 반하여서 이루어졌다고 볼 증거가 없다."[82])는 것이 그 논거이다.

이에 검사는 "현금카드를 절취하여 현금인출을 하는 경우와 본 사건의 경우를 달리 볼 합리적인 이유가 없다."며 절도죄를 인정해야 한다는 취지로 상고하였고, 대법원은 "예금주인 현금카드 소유자로부터 일정한 금액의 현금을 인출해 오라는 부탁을 받으면서 이와 함께 현금카드를 건네받은 것을 기화로 그 위임을 받은 금액을 초과하여 현금을 인출하는 방법으로 그 차액 상당을 위법하게 이득할 의사로 현금자동지급기에 그 초과된 금액이 인출되도록 입력하여 그 초과된 금액의 현금을 인출한 경우에는 그 인출된 현금에 대한 점유를 취득함으로써 이 때에 그 인출한 현금 총액 중 인출을 위임받은 금액을 넘는 부분의 비율에 상당하는 재산상 이익을 취득한 것"으로 보고 형법 제347조의2에 규정된 '컴퓨터등 정보처리장치에 권한 없이 정보를 입력하여 정보처리를 하게 함으로써 재산상의 이익을 취득'하는 행위로서 컴퓨터 등 사용사기죄에 해당된다고 판시하면서, 유죄의 취지로 이 사건을 원심법원에 파기환송하였다.

이 사안의 핵심 쟁점은 "현금 초과인출" 행위를 어느 법문에 포섭시킬 것이냐의 문제다. 절도죄의 '절취'의 외연에 해당하는 것인지 컴퓨터 등사용사기죄의 '재산상 이익'에 해당하는 것인지가 문제해결의 관건인 것이다. 대법원은 일관되게 재산범죄의 객체로 재물과 재산상의 이익을

---

82) 청주지방법원 2005.5.18. 선고 2004노1160 판결.

명확히 구분하며, 컴퓨터등사용사기죄의 객체는 재산상의 이익이라고
보고 있다. 따라서 현금은 재물이지 재산상의 이익이 아닌 이상 타인명
의 신용카드를 부정하게 사용해 현금을 인출한 행위는 절도에 해당하며
컴퓨터등사용사기죄는 될 수 없다고 판시하고 있다(대법원 1995.7.28. 선
고 95도997; 2002.7.12. 선고 2002도2134; 대법원 2003.5.13. 선고 2003도
1178). 그렇다면 기존의 일관된 입장에 따라 "현금 초과인출" 사건도 절
도죄로 의율해야 할 것인데, 대상판결은 그렇게 보고 있지 않다. 그 대
신 다소 모호하게 "초과된 금액의 현금을 인출한 경우에는 그 인출된
현금에 대한 점유를 취득함으로써 이 때에 그 인출한 현금 총액 중 인
출을 위임받은 금액을 넘는 부분의 비율에 상당하는 재산상 이익을 취
득한 것"이라고 설시하고 있을 뿐이다. 과연 대법원 판례의 입장을 어
떻게 이해해야 하는 것인지가 문제의 핵심이다.

　　필자는 여기서 대상판결에 대한 다양한 비판논거와 해석론을 일일
이 상론할 생각은 없다.[83] 다만 대법원이 취하고 있는 일관된 입장 내
에서 '단순 현금 인출'과 '현금 초과 인출'을 달리 보아야 하는 이유에
초점을 맞추고자 한다. 그리고 바로 이 점에서 대법원이 '사태'의 동일
성과 차이점을 파악하는 데에도 '실재론적 관점'을 견지하고 있음을 보
이고자 한다. 앞서 살펴본 바대로 대법원은 자연종 명사와 같은 '사물'
의 동일성을 판별하는데 있어서 물질 자체 의한 '구조적 차이'를 고려
하고 있다. 퍼트남식으로 말하자면 사물의 외연은 '숨은 구조(hidden
structures)'에 의해 확정될 수 있다는 것이다. 마찬가지로 대법원은 법적
으로 중요한 '법적 사태(Rechtssachverhalt)'의 이동(異同)을 판단하는 데

---

83) 사실 이 사안에서 논란이 되었던 핵심 쟁점 중 하나는 '재물'과 '재산상 이익'의
　　관계를 확정하는 것이었다. 그러나 판례는 물론 여러 판례평석에서도 이 양자의
　　관계에 대한 면밀한 '연혁적 고찰'이 없이 전개되고 있다. 이 점은 매우 우려스러
　　운 부분이다. 앞서도 지적하였지만, '법문'의 '역사적·인과적 의미'를 확인하지
　　않은 채 논의를 한다는 것은 혼란만 가중시킬 수 있기 때문이다. 이 점에서 조문
　　제정과정에 대한 연혁적 고찰을 통해 재물과 재산상의 이익의 관계를 상호 배척적
　　이며 택일적인 관계로 보는 논문으로 신동운, 횡령죄와 배임죄의 관계, 한국형사법
　　학의 새로운 지평(유일당 오선주 교수 정년기념논문집), 2001, 320-328면 참조.

도 그러한 관점을 견지하고 있는 것으로 보인다. 그렇다면 과연 대법원
이 보고 있는 두 경우의 차이는 무엇인가?

가장 큰 차이점은 전체 인출금액에 대한 소유권의 인정여부와 그로
부터 발생하는 현금의 현실적 귀속상태이다. '단순 현금 인출'의 경우에
는 인출한 전액이 ― 불법적인 방법이기는 하더라도 특정되어 ― 곧바
로 피고인 소유가 된다. 반면 '초과 인출'의 경우에는 인출한 금액
50,000원 전체에 대한 점유는 취득했지만, 그 중 20,000원에 대해서는
불법영득의사가 없고 나머지 30,000원에 대해서만 소유권이 인정될 것
이다. 그런데 50,000원 중 공소외인에게 돌려 줄 20,000원이 구체적으로
분할되어 특정되기 전까지는 30,000원은 여전히 특정이 되지 않아 재물
로 볼 수 없고, 따라서 이는 현실적으로 피고인의 소유가 아니라 그것
을 취득할 수 있는 '잠재적 이익'이 피고인에게 귀속된다고 보는 것이
타당할 것이다. 바로 이 점에서 대법원은 "인출한 금액 현금 총액 중
인출을 위임받은 금액을 넘는 부분의 비율에 상당하는 재산상 이익을
취득한 것"으로 보고 있는 것이다.[84]

이 판결에 대해 컴퓨터등사용사기죄의 객체인 '재산상의 이익'에 '재물'
인 '현금'까지 포함시킴으로써 "법문의 가능한 의미"를 넘어선 유추해석이
라는 비판이 제기되기도 하였다.[85] 그러나 우리가 대법원의 입장을 실재론
적 의미론을 취하는 것으로 해석하는 이상, 동 판결은 초과 인출된 현금을
재물로 보고 있지 않으며, '잠재적 이익'으로 보고 있는바, 이러한 해석론
은 '재산상의 이익'의 가능한 의미를 벗어나지 않는다고 해야 할 것이다.

---

84) "피고인이 취득한 50,000원은 구체적인 분할이 다시 이루어지기 전까지는 공소
외인과 피고인의 공유관계로 보아야 하고, 따라서 피고인이 취득한 소유권은 적
어도 이 단계에서는 위 50,000원 전체에 대한 30,000원 상당의 공유지분권으로
이해하여야 하지, 아직 구체적으로 특정, 분할되지 아니한 10,000원권 낱장 3장
자체에 대한 소유권이라고 할 수 없다."는 견해도 있다. 이동신, 예금주인 현금카
드 소유자로부터 일정액의 현금을 인출해 오라는 부탁과 함께 현금카드를 건네
받아 그 위임받은 금액을 초과한 현금을 인출한 행위가 컴퓨터등사용사기죄를
구성하는지 여부, 대법원판례해설, 2006년 상반기(통권 제62호), 410-411면 참조.
85) 손동권, 형법각론, 2005, 389면.

V. 맺음말: 내재적 지시론의 법해석상 의의와 한계

이상 본고에서는 힐러리 퍼트남의 내재적 실재론을 중심으로, "법문의 가능한 의미"가 실재론적으로 어떤 의의를 지닐 수 있는가를 검토해 보았다. 이를 간단히 정리하자면 다음과 같다.

1. "법문의 부여 가능한 의미"와 "법문의 일상적·표준적 의미"는 구분될 수 있다.

2. "법문의 가능한 의미"를 곧 "법문의 일상적·표준적 의미"로 보더라도 실재론적 의미론에 의해 의미의 확정이 가능하다. 실재론적 의미론에 의하면 낱말의 의미는 '환경적 요소'와 '언어적 노동분업'에 의해 고정될 수 있기 때문이다.

3. 따라서 "법문의 가능한 의미"는 형법해석의 한계를 설정하는 기능을 담당할 수 있다.

4. 대법원 판례도 일부 실재론적 의미론의 관점에서 법해석을 시도하고 있다고 보인다.

언어의 의미가 결정되고 보존되는 방식은 산에 등산로가 나는 과정과 유사하다고 본다. 우선 어느 주도적 인물이(또는 집단이) 등산로를 개척하려는 노력을 기울일 것이다(전문가에 의한 언어적 노동분업 및 명명식). 이 과정에서 그의 개인적 선호, 의지, 목적, 능력 및 판단이 반영되게 마련이다(개념틀의 형성 및 개념화 작용). 그가 공들여 만든 길이 등산객들에 의해 널리 선호되고 애용되면(관행의 형성) 그 길은 등산로로서 널리 인정받아 확정이 될 것이다. 단, 등산로가 결정되는 과정에 주도적 인물의 역할이 중요하다고 하여 전적으로 그에 의해 임의대로 결정될 수 있는 것은 아니다. 우선 산세나 지형의 영향을 받아 가급적 단거리 또는 오르기 쉬운 길로 인도될 것이다. 또 자연경관의 영향도 있을 것이다(환경의 기여). 그리고 난 후에 등산객들이 지배적으로 그 길을 선호해야 한다. 주도적 인물이나 등산객들은 처음에는 그 등산로가 가장 단거리라고 생각했으나 시간이 흐른 뒤 새로운 사실이 밝혀짐에 따라 가장 오르기 쉬운 경로 또는 경관이 가장 빼어난 길이라는 사실을 깨닫게 될 수도 있다(과학의 발달에 따른 믿음과 지식의 변천). 다만 어떤 이해방식에 의하든 그 길은 그 산의 등산로로 동일성이 유지된다(역사적으로 의미의 동일성 보존). 이처럼 '산의 지세'나 '자연경관', '다수의 선호로부터 형성된 관행', 그리고 '주도적 인물의 노력'이 복합적으로 작용해야 비로소 등산로가 하나의 길로서 확정될 수 있다. 물론 경우에 따라서는 또 다른 주도적 인물의 노력에 의해 보다 오르기 쉬운 길 또는 더욱 경관이 빼어난 길(새로운 명명식과 언어적 노동분업)이 더 생길 수도 있다. 그리고 이 여러 개의 등산로가 병존할 것이냐 아니면 이전 등산로는 사장되고 새로운 등산로만 남게 될 것이냐는(새로운 인과적 의미사슬의 형성) 전적으로 등산객들의 지배적 선호(관행)에 달려 있다고 볼 수 있을 것이다. 이상은 퍼트남이 언어의 의미가 고정되고 보존되는 방식을 '환경의 기여'와 '언어적 노동분업', 그리고 '인과적 지시론'으로 설명한 것과 크게 다르지 않다고 본다. 언어의 의미는 환경의 영향 하에 있기 때문에 임의대로 결정될 수 없지만, 우리들 중 누군가 주도적 인물이 설정해 놓은 '개념적 틀'과 '개념화 작용'에 의해 영향을 받아 형성되고 보존되는 과정을 거친다. 이것이 바로 내재적 실재론이 뜻하는 바이며, "법문의 가능한 의미"도 바로 이와 같은 방식으로 형성·유지된다고 볼 수 있을 것이다.

나는 자주 등산을 즐긴다. 종종 산행을 하다가 "이 산의 등산로는 어떻게 만들어지게 되었을까?"라는 생각을 하곤 했는데, 어느 날 우연히 이에 대한 해답을 찾게 되었다. 이전까지는 막연히 "언어의 의미가 관행적으로 결정되듯이" '집단적 관행'에 의해 등산로가 생겨날 것이라고 생각했으나, 몇 해 전 어느 봄날 내가 자주 산책삼아 오르곤 하는 산에서 지인을 만나 그 산의 등산로에 대한 이야기를 들은 후 생각이 바뀌었다. 그의 말에 따르면 그 등산로는 수년 전부터 "그의 주도적 노력"에 의해 생겨난 것이라고 하였다. 원래는 등산로가 없었으나, 그 산 아래에 근무하는 그가 거의 매일 등산을 하며 등산로를 만들었다는 것이다. 이 말은 들은 후 처음에는 의아하게 생각했었으나, 오히려 막연히 관행에 의해 생겨난다는 설명보다는 훨씬 더 사실에 부합되는 듯 보였고, 지금은 나도 그렇게 생각하고 있다. 그리고 언어의 의미도 바로 이와 마찬가지라고 믿고 있다. 힐러리 퍼트남의 실재론적 의미론이 지닌 이론적 미덕은 언어의 의미가 그저 '집단적인 관행'에 의해 전적으로 결정된다기보다 어느 특정한 주도적 인물(또는 집단)이 의미형성에 중요한 역할을 담당함으로써 분업적으로 형성된다는 사실을 적확하게 지적하고 있다는 점에서 찾을 수 있을 것이다.

내재적 지시론은 분명 낱말 단위의 의미 확정에 있어서는 타당한 측면이 있다고 보인다. 퍼트남이 형이상학적 실재론을 논박하기 위해 고안한 "통속의 뇌" 논증은 분명히 낱말 차원의 지시가 어떻게 '마술적'이 아닌 '내재적' 방식으로 가능한가를 보여주고 있기 때문이다. 그러나 명제단위의 의미 확정에 있어서도 내재적 지시론이 타당하다고 단정하기는 힘들다. 필자는 다른 곳에서[86] 괴델정리를 원용하여 법명제 중에서도 "직관적으로 참이지만" 공리적인 방법으로는 참인지 거짓인지 결정불가능한 법명제가 존재할 수 있음을 보인 바 있다. 이는 '명제단위'의 '법문'의 해석에 있어서는 연역적 추론방식과는 다른 방식에 의해 진위여부를 가릴 수 있는 방법론이 필요함을 역설해 준다. 즉, 내재적 지시론은 일정한 '개념틀' 내에서만 참과 거짓을 논단할 수 있다고 보지만, 그러한 '개념틀' 내에서도 결정할 수 없는 '참'인 명제가 존재할 수 있다는 것이다. 이는 "법문의 가능한 의미"를 '낱말' 단위로 결정하는 경우에 있어서는 '내재적 지시론'이 타당하다고 볼 수 있겠으나, '명제' 단위로 결정해야 하는 경우에 있어서는 '형이상학적 실재론'이나 '도덕 실재론', 그리고 '자연법론'에 기초한 논의가 필요할 수도 있다는 뜻이다. 또한 낱말단위 '법문'이라도 모든 경우에 내재적 지시론이 타당하게 적용될 수 있을 것인지 여부도 아직 미지수다.[87] 이에 대한 추가적인 검토가 필요

---

86) 안성조, 괴델정리의 법이론적 함의, 서울대학교 법학 제49권 제4호, 2008, 692-698면 참조.

87) 동일한 문제의식으로는 Michael S. Moore, 앞의 논문, 300-301면과 322-328면

하다고 본다. 이상의 논의로부터 다음과 같은 결론을 얻는다.

5. "법문의 가능한 의미"은 '낱말' 단위의 법문인 경우 내재적 지시론에 의해 실재론적 확정이 가능하지만, '명제' 단위의 법문의 경우에는 '형이상학적 실재론'이나 '도덕 실재론' 및 '자연법론'에 기초한 논의가 검토될 필요가 있다. 또한 모든 낱말 단위 '법문'에 있어서도 그 의미를 확정함에 있어 내재적 지시론이 타당하게 적용될 수 있는지 추가적으로 논의되어야 한다.

필자는 힐러리 퍼트남의 내재적 지시론과 마이클 무어의 실재론적 법해석을 중심으로 논의를 전개하였다. 본고의 입장과 공통점이라면 모두 '실재론적(realistic)' 관점을 취하고 있다는 것이다. 즉, 정신과 주관에 의해 쉽게 변하지 않는 객관적이고 외재적인 기준에 의해 "언어의 의미" 또는 "법문의 가능한 의미"가 결정되고 보존되는 과정을 설명하려는 시도를 하고 있는 것이다. 여기서 무어나 퍼트남의 입장과 필자의 견해의 차이점을 밝혀두는 것이 논지의 정확한 이해를 돕기 위해 필요하다고 본다. 우선 무어는 관행적으로 법문의 의미를 확정하기 어려운 경우에도 '최선의 과학이론' 또는 '최선의 이론(best theory)'에 의해 의미의 확정이 가능하다고 본다. 접속어의 경우도 마찬가지라고 주장한다. 그러나 이러한 주장은 지나치다고 생각한다. 가령 "공원에서 탈 것 금지"라는 법문이 과연 '최선의 과학이론'에 의해 확정될 수 있을까? 또 접속어 '또는'이 '논리적 진리에 관한 최선의 이론'에 의해 그 의미를 명확하게 드러낼 수 있을까? 둘 다 아니라고 본다. 먼저 "탈 것 금지"는 전술한 바와 같이 일정한 개념틀, 즉 어떠한 해석방법론을 취하느냐에 따라 외연이 결정되는 문제지 '최선의 과학이론'이 해결해 줄 수 있는 문제가 아니다. '또는'의 경우 무어는 '논리적 진리에 관한 최선의 이론'이 해결해 줄 수 있다고 보고 있지만, '또는' 사건을 둘러싼 다수의 견과 소수의견, 그리고 다양한 층위의 해석론들의 대립을 보면 이는 단순한

참조. 무어는 이에 대해 긍정적인 입장을 취하고 있는 듯 보인다.

'논리'의 문제가 아님을 우리는 잘 알고 있으며 굳이 상론할 필요는 없을 것이다. 따라서 필자는 무어의 위 주장에는 동의하지 않는다.

퍼트남은 언어의 의미가 '환경의 기여'와 '언어적 노동분업' 그리고 '인과적 지시'에 의해 '공시적', '통시적'으로 고정되고 보존될 수 있다고 설명하고 있다. 그런데 '언어적 노동분업'이나 '인과적 지시'에 있어서 '전문가의 판정'과 '명명식'이 사회적으로 자연히 받아들여지는 것으로 보는 듯하다. 다시 말해 '전문가의 판정'과 '명명식'이 있으면 그 의미가 곧 사회적인 '의미'로 확정 된다고 보고 있다. 그러나 이 견해는 매우 '단선적'이다. 우선 인과적 지시론에 대한 에반스의 지적에서 볼 수 있듯이 '마다가스카'의 의미는 우연적이든 의도적이든 '새로운 명명식'에 의해 변할 수 있다. 또한 '전문가의 판정'도 반드시 일치하리란 보장은 없다. 따라서 그의 견해처럼 의미가 '명명식'과 '전문가의 판정'에 의해 '사회적으로' 고정된다고 본다면, '새로운 명명식'과 '전문가 판정의 불일치' 문제를 해명해 줄 필요가 있을 것이다. 그 해답은 바로 '지배적 선호'에서 찾을 수 있다고 본다. '관행'이라고 부를 수도 있을 것이다. 즉, '새로운 명명식'이 있다고 하여 반드시 의미가 변한다는 보장은 없다. 의미가 변하기 위해서는 새로운 의미부여에 대해 한 사회의 '지배적 선호'가 있어야 한다. 마찬가지로 '전문가의 판정'은 다양하고 불일치할 수도 있지만, 그 중에서 '어느 의미'가 '사회적 의미'로 살아남아 통용되는 것은 바로 그 의미에 대한 '지배적 선호'가 있기 때문이다.

실재론적 관점을 취하는 한, 의미는 '규범적' 성격을 띤다. 의미회의론자는 덧셈을 자의적으로 해석해 "68+57=5"라고 주장할 수 있으나[88] 이러한 용법은 '덧셈'의 '의미'가 될 수 없다. 단, '의미'가 사회적으로 형성되는 과정에서 한 사회의 '지배적 선호'도 중요한 역할을 담당한다.

---

88) 이는 규칙회의주의(Rule-Scepticism)와 관련된 예이다. 이에 대해서는 안성조, 법적 불확정성과 법의 지배, 법철학연구 제10권 제2호, 2007, 70-81면 참조.

PART II

. . .

ROMANTICS

Romantic Prologue

미하엘 슈마허가 긴장된 눈으로 도로 끝의 무언가를 응시하고 있다. 심호흡을 하듯 잠시 눈을 지그시 감는다. 이내 경기용 수트 지퍼를 올리고 차에 오른 슈마허는 버튼 식 차키를 누른다. 굉음과 함께 붉은 색의 날렵한 스타일의 스포츠카 한 대가 도로 끝의 터널을 향해 질주한다. 터널 안에서 대기하고 있는 긴급구조반원들의 긴장된 모습이 역력하다. 무언가 심상치 않은 일이 벌어질 것이 틀림없다. 이윽고 터널 안으로 들어선 차는 매우 빠른 속도로 터널 옆면을 타고 올라 터널 천정을 한 바퀴 돌아서 내려온다. 터널 천정을 360도 돌아서 내려오는 숨가쁜 장면을 차에 내장된 카메라가 실감나게 보여준다. 놀라움과 흥분은 여기서 그치지 않는다. 무사히 회전을 마치고 유유히 터널을 빠져나온 슈마허가 차를 멈추자 차의 두 문이 날개처럼 위로 솟아오른다. 보는 이의 경탄을 자아내기에 충분하다. 이를 알고 있다는 듯, 슈마허는 카메라를 향해 만족스럽게 윙크한다.[1]

메르세데스 벤츠는 2010년 신형 SLS AMG를 출시했다. 갈매기 날개처럼 위로 접어 올리면서 열리는 '걸윙도어(gullwing door)'로 유명한 이 모델은 벤틀리나 아우디의 고성능 스포츠카를 겨냥해 개발한 벤츠의 야심작이다. 광고 동영상에서 느껴지듯 2010년대 수많은 사람들의 심장을 뛰게 할 드림카로 자리매김할 만한 충분한 자격을 갖췄다. 어떤 이는 페라리나 포르쉐보다 더 아름답다고 평한다. 테르모필레(Thermopylae) 전투를 소재로 한 잭 스나이더 감독의 영화 "300"에 등장했던, 페르시아제국의 황제 크세르크세스(Xerxes)[2] 분명 탐냈을 만한 자동차다.

---

1) 벤츠의 이 광고 동영상은 컴퓨터 그래픽 없이 촬영된 것이라고 한다. 단, 아쉽게도 슈마허의 터널 통과 장면은 대역을 쓴 것으로 알려졌다.

2) 재위 486-465 B.C. 영화 "300"에서 크세르크세스는 중성적인 외모와 기괴한 목소리, 퇴폐적인 복장을 하고 자신의 병사들을 노예처럼 다루는 잔인무도한 폭군으로 묘사되지만 이는 어디까지나 영화적 설정에 불과하다. 그에 대한 왜곡된 이

얼마 전 이건희 회장은 이 차를 '현찰로' 구입했다고 한다.[3] 한국을 대표하는 대기업 회장이 중후한 세단도 아닌 이 자동차를 구입한 것이 이채롭다. 역시 자동차 '매니아'답다. 물론 이 회장의 '애마'는 따로 있다. 잘 알려진 바대로 벤츠의 고급 브랜드인 마이바흐이다. 마이바흐는 BMW그룹의 롤스로이스와 폭스바겐그룹의 벤틀리라는 최고급 세단 브랜드에 대항하기 위해 다임러그룹이 내놓은 비장의 차로, 구자경 LG그룹 명예회장과 구본무 현 회장, 이명희 신세계그룹 회장, 그리고 한류스타 배용준과 미국의 팝가수 마돈나가 타는 차로도 잘 알려져 있다. 이 회장의 차에 대한 열정이 이렇다보니 삼성이 공식적으로 자동차 사업을 포기한 지 10여년 만에, 최근 또 다시 삼성의 자동차사업 진출설이 고개를 드는 것도 무리는 아니다.[4]

2010년 크리스마스에 나는 아내와 함께 일본 오사카 신사이바시에 머물고 있었다. 결혼 1주년을 기념하는 여행 중이었다. 일본의 대표적 쇼핑거리로 조르지오 아르마니 등의 명품 매장과 그 끝이 보이지 않는 아케이드 거리가 이웃해 늘어서 있는 이 지역은 크리스마스 인파로 북적거렸고, 때마침 화이트 크리스마스라 더욱 축제 분위기였다. 일본 여행이 처음은 아니었지만, 유난히 이번에는 문화적 충

미지는 상당부분 오랜 세월 페르시아의 침략을 받아 결코 호의적일 수 없었던 고대 그리스 역사가들의 의도적 폄훼에 근거한 것이다. 그리스 역사가들은 그를 "퇴폐적이고 방탕했던 전제적 폭군으로 페르시아 제국의 몰락을 가져온 인물"로 묘사했다(이 점에 대해서는 Amy Chua, Day of Empire, New York: Doubleday, 2007, 19-21면 참조). 그렇지만 비교적 공정한 입장에서 기술한 문헌에 의하면 그는 큰 키에 건장했으며 어릴 때부터 황제가 되기 위한 교육을 충실히 받았고 - 예컨대 영화상의 그의 특이한 목소리도 황제로서 위엄있는 목소리를 내기위한 발성연습을 거친 결과이다 - 똑똑하고 분별력이 있었다고 한다. 비록 테르모필레 전투 승리 후 살라미스 해전에서는 그리스에 패배했지만, 이 패배는 그가 이룩한 많은 승전에 비하면 극히 일부에 불과하다. 페르시아 제국의 마지막 전성기를 이끌었던 인물로서, 제국의 제2수도인 페르세폴리스(Persepolis)의 건립은 그의 치적이다. 이 점에 대해서는 A.T. Olmstead, History of the Persian Empire (University of Chicago Press, 1948), 230면 이하 참조.

3) 조선일보(2010.9.27).

4) 시사저널 1107호(2011.1.5).

격이 크게 느껴졌다. 화려하고 광대하게 계획적으로 발달해 있는 상권은 서울 명
동과 청담동 등의 대표적 쇼핑가를 압도하고 있었다. 아니, 그 규모면에서 이미
홍콩도 능가하고 있는 듯 보였다. '축소지향적 일본'5)이란 말이 무색할 지경이다.
아사다 마오'쯤'은 수차례 가볍게 제쳐버리는 김연아를 봐 왔기 때문일까? 이젠
한국기업의 경영마인드를 배워야 한다고 호들갑 떠는 일본기업 총수들의 너스레
를 진정으로 받아들였기 때문일까? 아무튼 내가 생각하고 있던 일본이 아니었다.
신사이바시의 화려한 가로등 아래서 우리나라가 적어도 경제적으로는 아직 갈 길
이 멀다고 새삼 느낀 것은 당연지사일 수밖에 없다.

　2011년 1월 11일, 일본 출국을 앞둔 이건희 회장에게 "삼성이 일본
을 앞섰다는데 이에 대해 어떻게 생각하느냐?"고 기자들이 질문했다.
이 회장은 "겉모양은 앞서지만 속의 부품은 아직까지도 일본 따라가려
면 많은 시간이 필요하고 연구도 필요하다. 더 배울 게 많습니다. 한참
배워야죠."라고 답변했다. 역시 탁월한 경영능력으로 오늘날의 삼성을
일구어 낸 기업총수다운 면모가 돋보인다. 많은 사람들이 삼성의 후계
구도에 지대한 관심을 갖는 데에는 그만한 이유가 있을 것이다.6)
　우리나라든 일본이든, 어느 나라든 경제발전은 절대 포기할 수 없는
국가적 목표의 하나이다. 상호 간 서로를 따라잡기 위해, 또 뒤처지지
않기 위해 끊임없는 노력을 경주해야 한다. 그리고 바로 이러한 목표의
성취를 위해서 최전방을 누비고 있는 것이 바로 기업이다. 한 나라의
경제적 번영을 선도하는 첨병이 바로 기업인 것이다. 물론 기업의 이익
과 국가의 이익이 반드시 일치하는 것은 아니다.7) 또 기업의 최우선 목

---

5) 이어령, 축소지향의 일본인 (문학사상사, 2003) 참조.
6) 2010년 12월 3일 단행된 삼성그룹 사장단 인사에서 이건희 회장의 장남 이재용
　삼성전자 부사장과 장녀 이부진 호텔신라 전무는 각각 사장으로 승진했다. "삼성
　을 생각하는" 사람이라면 누가 후계자가 되든지 부친에 못지않은 혜안을 갖추고
　있기를 바랄 것이다.
7) 해외 법인을 많이 두고 있는 글로벌 기업일수록 기업 이익과 국익 사이의 간격은
　도리어 멀어지고 있다. 예컨대 고용의 측면에서 보더라도 외국인 고용이 훨씬 많
　기 때문이다. 이 때문에 대기업을 키울수록 국익도 자연히 성장할 것이라는 생각
　은 반드시 옳은 것은 아니다. 이 점에 대한 예리한 지적으로는 조선일보(2009.
　10.24), 송호용 칼럼 "기업의 이익, 국가의 이익"을 참조할 것.

표가 국가의 경제발전에 있는 것도 아니다. 기업은 어디까지나 주주를 위해서8) 이윤추구를 지상목표로 삼으며, 이를 위해서는 무엇보다도 기업 간 생존경쟁에서 살아남아야 한다.

　　기업 간 극심한 경쟁을 부추기는 주된 원인은 급변하는 경영환경에서 찾아볼 수 있을 것이다. 전 세계적으로 거의 모든 산업이 노동집약적 생산방식에서 자본집약적 생산방식으로9) 전환되어 가고 있다. 이처럼 노동비용이 점차 감소하는 반면에 자본비용이 차지하는 비율이 크게 증가함에 따라 규모의 경제(economies of scale)10)도 커지게 되고, 자본재에 대한 막대한 투자를 회수하기 위해서는 대규모 생산체제를 갖추지 않으면 안 된다. 따라서 경쟁적으로 기업 간 인수·합병(M&A)

---

8) 이처럼 기업경영의 목표를 어떻게 하면 주주들에게 최대한의 배당을 안겨주느냐에 맞추는 자본주의를 '주주자본주의'라 한다. 최근의 경영문화는 주주가치로부터 사회적 가치로 경영의 초점을 전환해 가고 있다. 치료적 사법의 관점에서 이러한 방향성을 제시하고 있는 글로는 안성조, 기업사이코패시의 치료가능성, 「기업범죄연구 제1권」 (경인문화사, 2011) 참조.

9) 자본집약형 산업은 노동력에 비해서 자본의 투입비율이 상대적으로 높은 산업을 말하며, 노동집약형 산업의 반대개념이다. 오늘날 거의 모든 산업에서 인간의 노동력은 자동화된 기계, 로봇, 컴퓨터로 조작되는 정밀기계로 대체되고 있다. 자동차산업의 경우 전체 자동차 생산비용에서 노동자임금이 차지하는 비율은 6% 정도에 불과하며 이는 계속 낮아지고 있다. 자동차, 항공기, 전기, 전자, 철강, 화학산업이 모두 자본집약적 산업이다. 장세진, 글로벌경영 (박영사, 2010), 14-15면 참조.

10) 규모의 경제란 생산요소의 투입량을 증가시킬 때 산출량이 투입량의 증가비율 이상으로 증가하는 것을 말하며 이로 인해 생산 단가를 낮출 수 있게 되어 경쟁력이 증가하고 따라서 시장점유율도 높일 수 있게 되는 현상을 말한다. 규모의 경제가 발생하는 중요한 원인은 노동의 분업과 전문화이다. 규모의 경제는 대량생산에 의해 1단위당 일반 비용을 줄이고 이익을 늘리는 방법으로서, 예컨대 가장 많은 자동차를 생산하는 기업이 다른 경쟁자들에 비하여 동일한 자동차를 가장 저렴한 비용으로 생산할 수 있게 된다. 규모의 경제가 작용하는 제품의 경우, 여러 기업이 생산하면 평균비용이 매우 높아지므로 한 개 또는 소수의 기업에 의해 생산이 이루어지는 경향이 강하다. 규모의 경제에 의해 독점이 되는 경우를 자연독점(natural monopoly)이라고 한다. 규모의 경제에 대해서는 벤 버냉키·로버트 프랭크(Ben S. Bernanke & Robert H. Frank)/곽노선·왕규호 역, 경제학 (Principles of Economics) (McGraw-Hill Korea, 2006), 310면 참조.

을 추진하거나 해외에 진출해 생산설비를 확충해야 할 경제적 필요성이 더욱 커질 수밖에 없다.11) 이와 같은 경영환경 속에서는 기업은 더욱 극심한 생존경쟁을 할 수밖에 없다.

기업 간 치열한 경쟁의 현장을 생생하게 보여주는 사례로서 최근 전 세계 자동차 제조업체들 간에 벌어졌던 드라마틱한 인수합병과 순위변동을 들 수 있다. 이처럼 인수합병이 치열한 것은 M&A가 기업의 경쟁력과 가치를 단기간에 끌어 올릴 수 있는 가장 좋은 수단이기 때문이다. 즉 M&A를 통해 시장점유율을 높일 수 있고, 상호간 중복되는 노력을 피하며, 상대방이 가진 전략적 기술을 통해 주력 분야에 집중할 수도 있다. 합병에 따르는 대규모 부채가 발생하더라도 세금감면 혜택을 받을 수 있으므로 수익성은 향상되고 주식시장에서 투자지표로 널리 이용되는 자기자본이익률(ROE)12)도 높아져 주가를 끌어 올리는 효과도 있다. 한 마디로 생산성과 수익성이 높아지는 시너지를 가져올 수 있다.13)

　　10년 전 500대 기업에 선정된 글로벌 기업 중 현재까지 순위에 남아 있는 곳은 273개에 불과하다. 불과 10년 사이에 절반가량의 기업이 사라진 것이다. 한 가지 흥미로운 사실은 '지속 성장'을 이룬 기업들의 평균 인수합병(M&A) 건수가 3회에 달했고 M&A 활용률도 61%나 됐다는 통계다. 반면 순위에서 탈락한 기업들의 평균 M&A 건수는 0.9회, 활용률도 30.9% 그쳤다. M&A를 적극적으로 활용한 기업일수록 성장성과 수익성이 모두 우수했다는 뜻이다.14)

현재 유럽최대의 자동차업체인 폭스바겐그룹은 2011년 1월에 그간 공격적 경영으로 폭스바겐의 성장을 주도해 온 마틴 빈터콘 최고경영

---

11) 규모의 경제와 M&A 및 기업 글로벌화 필요성에 대해서는 김화진·송옥렬, 기업 인수합병 (박영사, 2007), 11면과 장세진, 앞의 책, 14-15면 참조.
12) 자기자본의 운영이 얼마나 효율적으로 이루어졌는지 반영하는 지표로서 자기자본에 대한 기간이익의 비율로 나타낸다.
13) 그러나 시너지 창출이 M&A의 모든 동기는 아니다. 비효율적인 경영진을 교체해 기업가치를 제고할 수도 있고, 개인적인 성취감, 신규사업으로의 진출 등도 동기가 될 수 있다. 이 점에 대해서는 김화진·송옥렬, 앞의 책, 9면 이하 참조.
14) 한경비즈니스 No.793(2011.2.16), 16면 참조.

자(CEO)의 임기를 2016년까지 5년 연장하기로 결정했다. 파이낸셜타임
즈와 월스트리트 저널에 따르면 폭스바겐은 빈터콘의 고용계약 연장을
통해 포르쉐 합병에 박차를 가할 계획이라고 한다.15) 폭스바겐은 이미
벤틀리, 람보르기니, 부가티 등을 인수한 상태임에도 불구하고 추가 합
병을 추진하고 있는 것이다. 또한 2018년까지 세계 1위의 자동차업체로
발돋움하기 위해 향후 5년간 500억 유로를 투입, 미국과 중국 등지에
신규 공장을 설립해 차량 생산을 늘리기로 했다.16) 폭스바겐이 타겟으
로 삼고 있는 현 세계 1위의 자동차업체는 미국의 GM이 아니다. 일본
의 도요타다. 불과 몇 년 전까지만 해도 GM은 업계 판매량 1위를 고수
해 왔지만, 2007년부터 도요타에게 1위를 내주고 말았다. 폭스바겐은
바로 그 도요타를 목표로 삼고 있는 것이다. 반면에 101년의 역사를 지
닌, 수십 년간 업계 판매량 세계 1위를 지켜온 미국의 자존심 GM은
2009년 6월 파산보호를 신청했다.17) 이는 기업이 경영혁신을 이루지 못
하고 시장 변화를 정확히 읽지 못하면 언제든지 한 순간에 몰락할 수
있음을 보여주는 상징적 사건이 되었다. GM의 몰락은 결코 남의 이야
기가 아니다. 바로 1위 자리를 물려받은 도요타 역시 2009년부터 2010
년 사이 대규모 리콜사태로 큰 시련을 겪고 있다. 2010년에 실시한 대
대적 판매촉진정책이 효과를 거두어 전년도 판매실적을 웃돌고 있지만
향후 전망은 불투명하다. 도요타를 추격하고 있는 폭스바겐은 스즈키와
합병 수준의 전략적 제휴18)를 2010년 체결해 이미 폭스바겐-스즈키그
룹 차원에서는 도요타의 판매량을 능가하고 있다. 한편 푸조도 미쓰비
시의 인수를 추진, 현대기아차 그룹을 누르고 업계 5위 등극을 노렸으
나, 이는 결렬되고 말았다. 일찌감치 영국의 애스턴 마틴과 재규어, 스

---

15) Financial Times(January 2, 2011).
16) 폭스바겐은 미국 내 판매량을 3배까지 늘릴 계획이라고 한다. The Wall Street
    Journal(January 10, 2011).
17) 경영 재건 중인 GM은 2010년 11월 18일 재상장하였다.
18) 폭스바겐은 스즈키 주식의 19.9%를 인수하고, 스즈키는 그 인수대금의 절반으로
    폭스바겐 주식을 사기로 합의하였다.

웨덴의 볼보를 인수해 자동차 업계에서 오랜 세월 GM과 강력한 라이벌 구도를 형성해 왔던 포드는 적자 손실을 줄이고 경기침체로 인한 경영난을 타개하기 위한 선제적 구조조정 차원에서 2007년 이후 애스턴마틴과 재규어, 볼보를 차례로 매각하였다. 그 대가였는지 2010년에는 현대기아차그룹에 판매량 5위 자리를 넘겨주게 된다. 이렇듯 최근 몇 년간 치열한 경쟁을 통해 2010년의 글로벌 자동차 제조업체 빅5중에 역대 최고 실적을 기업은 현대기아차그룹과 폭스바겐그룹뿐이다. 그래서 정몽구 회장과 빈터콘 회장은 라이벌 관계로 언론에 자주 부각되곤 한다. 빈터콘 회장은 최근 독일 잡지 포커스와의 인터뷰에서 다음과 같이 말했다고 한다. "우리의 라이벌은 더 이상 도요타가 아니라 현대차입니다." 그의 말에 진정성이 있다면, 이는 우리에게 대단히 고무적인 일이라 하지 않을 수 없다.

　이상 세계 자동차업계를 한 예로 살펴본 급격한 순위변동과 극심한 합종연횡은 기업 간 경쟁에서 영원한 절대강자는 없으며, 생존경쟁이 얼마나 치열한가를 잘 보여준다. 기업은 바로 이렇게 극도로 경쟁적인 환경 속에서 활동하고 있는 것이다. 그러다보니 기업에게 있어서 수익 극대화는 지상명령이 된다. 어떻게 해서든 이윤을 최대한 많이 내야만 살아남을 수 있기 때문이다. 그래서 기업은 투기적이고 모험적인 거래에 내몰리게 된다. 회계부정은 필수다. 좋은 이미지와 평판을 얻어서 판매량을 늘리고 더 많은 투자자들을 끌어 모으기 위해서는 물불을 가리지 않아야 한다. 과장광고를 넘어 허위광고까지 하게 된다. 기업 간 인수합병 시 허위발표를 한 예도 있다. 대표적인 예가 바로 다임러와 크라이슬러 간의 인수합병이다. 1998년 메르세데스벤츠로 유명한 독일의 다임러와 미국 내 자동차업체들 중에서 뛰어난 생산성과 혁신성의 대명사였던 크라이슬러는 상호 간의 '동등한 합병(Merger of Equals)'이 성사되었다고 발표했다. 다임러-벤츠와 크라이슬러의 합병을 발표했을 당시 많은 사람들은 폭 넓은 잠재력을 바탕으로 그 시너지 효과가 상당할 것이라고 전망했었다. 이는 독일의 고급 자동차기술과 재빠르게 몸집을 줄인 미국 경영진의 결합이었고, 대서양을 사이에 둔 전설적인 두

자동차 브랜드가 한 팀을 이룬 것으로 누구나 좋은 평가를 내렸었다. 그러나 공식 발표와 달리 사실 이 합병은 결코 동등한 합병이 아니었다. 다임러가 크라이슬러를 '인수'한 것이었다. 크라이슬러 임원들은 합병 파트너와 동등한 입장에 일하게 될 것으로 기대했지만, 다임러 회장 위르겐 슈렘프는 결코 동등한 합병을 의도하지 않았고, 고의적으로 허위 정보를 발표했던 것이며, 이 합병이 성사된 지 얼마 되지 않아서 크라이슬러의 최고경영진들은 해고되었다. 다임러 측은 이를 동등한 합병이라고 발표함으로써 미국 정부의 독점금지 담당자들과 크라이슬러 주주들을 호의적으로 만들고, 100억 달러 가량의 기업인수 프리미엄을 피하는 등 여러 이익을 얻을 수 있었다.[19]

다임러크라이슬러가 90억 달러(약10조8,000억 원)의 손해배상청구소송에 휘말렸다. 1998년 미국의 크라이슬러와 합병한 독일 다임러벤츠에 대해, 크라이슬러의 최대주주 출신으로 현 다임러 크라이슬러의 3대 개인 주주인 억만장자 커크 커코리언(83)이 당시 합병이 사기극이라며 27일 미국 델라웨어주 법원에 손해배상을 청구했다. 트라신다 투자회사 대표인 커코리언은 위르겐 슈렘프 다임러 크라이슬러 회장 등 다임러 벤츠 측의 경영진이 당시 크라이슬러 측 이사회와 주주들에게 동등한 합병이라고 설명했으나 사실상 미국 현지 사업부문 수준으로 합병을 추진, 고의적으로 증권법을 위반해 속인 것이라고 주장했다. 실제로 슈렘프 회장은 최근 파이낸셜 타임스 등과의 인터뷰에서 크라이슬러를 완전한 합병 파트너라기보다는 사업부문으로 만들려 했다고 시인, 미국인들의 분노를 불러일으켰다. 결과적으로 이달 초 짐 홀든 사장 등 10여명의 크라이슬러 측 미국 경영진이 합병 이후 자의든 타의든 회사를 떠나야 했으며 주가가 반 토막으로 추락, 주주들에게 엄청난 손해를 입혔다는 것이 커코리안의 주장이다. 지난 1995년 크라이슬러 지분을 인수해 13.75%를 보유한 최대주주였으며 현재 다임러크라이슬러 지분의 3.7%를 갖고 있는 커코리언은 실질적 손해 부분 20억 달러와 주가하락으로 인한 손실 10억 달러, 그리고 징벌적 손해배상 60억 달러를 청구, 총 90억 달러의 손해배상을 요구했다. 커코리언은 또 양사를 재분할, 크라이슬러를 다시 독립법인으로 바꿔달라고 법원에 요청했다. 최근 크라이슬러 측의 실적 부진과 인사 홍역 등으로 몸살을 앓고 있던 다임러크라이슬러 주가는 이날 유럽 시장에서 47.60유

---

19) 이 사례에 대해서는 로버트 F. 하틀리(Robert F. Hartley)/e매니지먼트(주) 역, 윤리경영(Business Ethics: mistakes and successes) (21세기 북스, 2006), 492-514면 참조. 이 사례는 기업윤리사례로 널리 인용되고 있다.

로로 마감, 합병 이후 최고치보다 50% 떨어졌다. 결국 다임러크라이슬러는 크라이슬러부문의 적자가 누적되자 2007년 크라이슬러를 매각했다.[20]

　　기업은 매스컴을 장악해 여론을 자신들에게 유리하도록 조작하기도 하며, 정치인들과 행정기관의 도움을 얻기 위해 비자금을 쌓아 두기도 한다. 각종 범죄의 유혹에 빠지기 쉬운 것이다. 이쯤 되면 기업이 사이코패스와 비슷하다는 진단이 나올 만하다.

　　그러나 기업은 여전히 국가 경쟁력의 원천이다. 오늘날 기업의 역할은 16, 17세기에 특허장을 받고 국가의 대외정책을 수행하던 때와는 현저히 다르지만, 여전히 기업은 한 나라의 경제적 수준을 가늠할 수 있는 주요한 척도가 된다. 그렇기 때문에 기업의 성장과 발전은 곧 국가의 위신과 관련되며 이는 곧 국민의 자긍심이 되기도 한다. 기업은 국가의 명예이자 국민의 얼굴인 것이다. 자, 그렇다면 과연 어떠한 법제도를 만들어야 극도로 경쟁적인 환경으로부터 기업이 보다 잘 살아남을 수 있을까? 이 질문에 대해 경제학자나 경영학자들은 나름의 해답을 제시하고 있을 것이다. 또 기업가나 관료, 정치인들도 나름의 생각이 있을 것이다. 그러면 형법학에는 이에 대한 해법은 없을까? 앞의 질문을 바꿔 보자. "과연 어떤 법제도적 장치를 갖추면 기업이 범죄의 유혹을 떨쳐버리고 준법경영을 통해 더욱 자유롭게 경제활동에 전념하며 국가의 경제적 번영에도 기여하도록 만들 수 있을까? 또 과연 그렇게 고안한 법제도가 형법상 전통적인 기본원칙에도 부합될 수 있을까?" 이에 대해 PART II에서 살펴보고자 한다.[21]

---

20) 문화일보(2000.11.28)와 중앙일보(2007.2.15)를 참조.
21) 물론 궁극적으로는 준법경영뿐 아니라 더 나아가 윤리경영과 사회적 책임경영을 할 수 있는 제도적 장치를 강구할 필요가 있다. 오늘날 성공기업이 되기 위해서는 제품을 잘 만들어 고객의 사랑을 받고 주주에게 많은 이익을 안겨 주는 것만으로는 부족하고 사회적으로 존경을 받을 수 있는 기업이 되어야 하기 때문이다. 이 점에 대해서는 기업범죄연구회, 「기업범죄연구 제1권」(경인문화사, 2011), 추천사와 서문, 그리고 제1장을 참조할 것.

§ 6. 기업 사이코패시와 집단책임의 이론

"경제는 도덕의 바다 위에 떠있는 섬이다.
즉, 월가는 부도덕한 바다 아래로 침몰했고,
글로벌 경제도 도덕의 바다 아래로 침몰하고 있다."
- 갤브레이스(J.K Galbraith)

I. 세계금융위기와 기업규제필요성의 대두:
경제적 자유주의에 대한 반성?

2007년 서브프라임 모기지 사태로 시작된 미국발 금융위기는 세계 경제의 침체를 가져왔다. 전 세계 53개국 주요 증시의 시가총액(63조 503억 달러)의 40%, 세계전체 GDP의 50%에 달하는 금액인 25조 달러가 허공으로 증발했고, 다른 나라에 비해 주식자산이 많은 미국의 부는 무려 20%가량이나 감소했다. 전 세계 헤지펀드는 20%정도가 파산했고 부동산 가격은 급락을 지속하고 있다. 이러한 금융 패닉은 진원지인 미국을 거쳐 유럽과 아시아, 그리고 브릭스(BRICs) 지역으로 급속히 전이되어 글로벌 경제의 동반침체가 가시화 되었다. 우리나라도 예외는 아니어서 코스피 지수가 1000포인트 가량 떨어졌다가 최근에야 가파른 회복세를 보이고 있는 형국이다. 그러나 여전히 전반적인 세계경제에 대한 전망은 밝지 않다.

전 세계 기업 총수들의 향후 경기에 대한 신뢰가 크게 호전되면서 금융위기 이전 수준을 회복한 것으로 나타났다. 25일 파이낸셜타임스(FT)에 따르면 국제 회계컨설팅법인 프라이스워터하우스쿠퍼스(PwC)가 지난해 말 전 세계 기업 최고 경영자(CEO) 1201명을 대상으로 실시한 조사에서 이 같은 결과가 확인됐다. PwC 는 보고서에서 응답자의 48%가 향후 12개월의 회사 성장에 대해 "매우 확신한

수 있다 하더라도 그렇다고 시장효율성을 강조한 시카고학파의 이론이 더 이상 유용하지 않다는 결론이 뒤따르는 것은 아니라고 뉴스위크는 지적했다. 다음에는 어느 학파의 이론이 승리할지 아무도 모르기 때문이다. 결론을 내리자면 다음과 같다. "경제침체기가 우리에게 주는 가장 큰 교훈은 우리가 인간의 복잡한 세계를 포괄적으로 설명해 줄 수 있는 거대한 통합적 경제이론을 구축하기 위해서는 하나의 잘 정리된 이론에만 의존해서는 안 된다는 것이다."6)

　탐욕, 시장만능주의, 그리고 도덕적 해이에서 비롯된 글로벌 금융위기는 기업의 적절한 규제방식에 대한 반성의 기회를 갖게 만든다. 이는 형사적 영역에 있어서도 예외는 아니다. 그동안 경제영역에 대한 형법의 투입은 이른바 형법의 보충성 원칙에 입각해 필요최소한도에 그쳐야 한다는 것이 지배적 사고였다. 경제영역은 고유의 원리에 의해 자율적으로 작동하기 때문에 법의 과도한 개입, 특히 형사처벌이라는 강력한 방식으로 그 자율적 작동원리를 훼손시켜서는 안 된다는 것이었다. 세계 금융위기는 바로 그 명제에 대해 다시 한 번 진지하게 성찰해 보아야 할 필요가 있음을 알려주는 드라마틱한 사건이라고 본다.

　이하 본고에서는 기업에 대한 형사제재, 특히 법인처벌의 필요성과 정당성을 논증하고자 한다. 이를 위해 우선 기업의 작동원리가 사이코패스의 행동방식과 유사하다는 점을 '기업사이코패시(corporate psychopathy)'란 개념을 통해 살펴보고(II), 기업이 범죄를 저지르지 않는 범위 내에서 이윤창출에 전념할 수 있게 효과적으로 규제하기 위해서는 현행 양벌규정 이외에 법인 자체의 형사책임을 인정하는 것이 바람직하다는 점을 보이고, 최근 플레처 교수를 통해 제시된 바 있는 집단책임(collective guilt)의 이론을 통해 법인의 형사책임을 새롭게 재구성해 본 후(III), 그 가능성과 한계를 비판적으로 검토해 보고자 한다(IV).

---

6) 이 기사는 Newsweek(January 22, 2010)과 서울경제(2010.2.8)의 기사를 종합, 인용한 것이다.

II. 기업 사이코패시

1. 기업조직과 사이코패스의 유사성

기업의 궁극적 목적은 주주들의 투자수익을 높이기 위해 이윤을 극대화시키는데 있다. 즉, 영리추구가 그 주된 목적이고, 사회봉사나 공헌을 위한 활동은 주주들의 부의 증대에 비해 도움이 되는 한에서만, 부차적으로 허용될 수 있을 뿐이다.7) 기업의 사회적 책임(CSR)도 정확히 말하면 부가가치를 창출하고 이를 공정하게 분배하며 많은 세금을 내고 기술발전의 통로가 돼서 여러 사람들을 행복하게 하는 역할을 하라는 의미이지, 영리기업이 사회사업과 봉사에 직접 나서야 한다는 의미는 아닌 것이다.8)

---

7) 이를 명확히 한 기념비적인 판례로는 1919년 포드자동차 사건(Dodge v. Ford Motor Company)이 있다. 이 사건은 당시 엄청난 이익을 내고 있던 포드자동차의 지배주주인 헨리 포드가 주주들에 대한 배당금 지급계획을 포기하자, 이 회사의 주주인 닷지(Dodge) 형제가 회사의 그 결정에 대해 이의를 제기하며 소를 제기한 것이다. 포드의 결정은 회사의 영업이익이 너무 많아 주주들은 이제 돈을 벌만큼 벌었고, 이제는 사회를 위해 좋은 일을 해야겠다는, 존경받을 만한 이유에서 내려진 것이었다. 즉 배당금을 지급하지 않고 그 이익을 사내에 유보해 회사의 수익규모가 크지 않아도 되도록 하고 자동차의 판매가를 낮춰 보다 많은 사람들이 자동차를 구매할 수 있게 하는 동시에 보다 많은 직원을 고용하고 좋은 보수를 주자는 생각이었다. 그러나 미국의 미시간주 대법원은 "영리회사는 원칙적으로 주주들의 투자수익을 위해 조직되고 운영된다."는 바이블과 같은 판결을 내렸다. 법원은 포드가 사재를 사용해서 위와 같은 목적의 사업을 하는 것은 전혀 개의치 않겠으나, 회사의 돈을 이용해 그런 사업을 하는 것은 허용할 수 없다고 판시했다. 법원은 회사도 자선 및 사회사업을 위한 지출을 할 수는 있으나, 그러한 지출을 함에 있어서는 일정한 장기적인 사업상의 이유가 있어야 한다고 판결했다. 이 때 장기적인 사업상의 이유란 회사수익의 궁극적인 극대화와 그로 인한 주주들의 부의 증대다. 포드자동차 판결은 지난 1백년이 넘는 기간 동안 미국 경영자들에게 가장 큰 영향을 미친 법원 판결 중 1위에 랭크됐다.

8) 김화진, 기업지배구조와 기업금융 (박영사, 2009), 28-29면.

포드자동차 판결을 통해 정립된 "기업의 이익 극대화 원칙(The best interests of the corporation principle)", 즉 회사가 주주의 이익을 극대화하는 것을 유일한 최고의 목표로 해 운영돼야 한다는 원칙은 오늘날 널리 받아들여지고 있으며, 일단의 법경제학자들은 주주이익의 극대화라는 목표가 경제적으로 가장 효율적일 뿐 아니라 임직원, 채권자, 사회전반 등 이른바 '이해관계자'들의 이익을 해하지도 않는다는 것을 학술적으로 입증해 놓고 있다. 밀튼 프리드먼은 "기업의 사회적 책임은 이익을 많이 내는 것이다"라고까지 과감히 말하고 있다.[9] 기업이 영리추구에 주력함으로써 궁극적으로 사회경제 전체의 이익으로 연결된다는 명제에 이의를 제기하는 사람은 드물 것이다. 그러나 기업의 영리추구가 '반사회적'인 방식으로까지 허용될 수 있다고 보는 사람도 없을 것이다. 기업의 수익 극대화 원칙에도 분명 일정한 한계를 그을 필요가 있다.

영리추구를 기업활동의 최우선 목표로 삼는 기업들의 행태가 사이코패스의 행동패턴과 유사하다는 주장이 최근 널리 제기되고 있다. "기업 사이코패시(corporate psychopathy)"란 개념을 입론할 수 있다는 것이다. 잘 알려져 있다시피 사이코패스는 자신의 행위에 무책임하며, 타인을 조종하는데 능하고, 과장이 심하며, 공감능력이 결여된 데다가, 후회나 죄책감이 없다.[10] 이들에게는 가장 기본적이고 보편타당한 사회규범의 하나라고 할 수 있는 황금률, 즉 "남에게 바라는 대로 남에게 해주어라"는 자연법적 명령조차도 아무 효력을 지니지 못한다. 오히려 이들에

---

9) Milton Friedman, The Social Responsibility of Business Is to Increase Its Profits (New York Sunday Times, 1970.9.13). 프리드먼과 마찬가지로 노벨경제학상 수상자이자 그의 친구인 스티글러(George J. Stigler)는 프리드먼에 대해 "그는 사실상 사기업의 친구들(friends of private enterprise)이라는 무형의 조직을 이끄는 지도자의 위치에 있었기 때문에 대다수 경제학자들에게 존경받지 못했다"고 평가한 바 있다. 요한 판 오페르트벨트(Johan van Overtveldt)/박수철 역, 시카고학파(The Chicago School) (에버리치홀딩스, 2011), 129면 참조.
10) Robert D. Hare, Without Conscience (New York: The Guilford Press, 1999), 33-56면; 안성조·서상문 공저, 사이코패스 I － 범죄충동·원인론·책임능력 － (경인문화사, 2009), 133-136면.

게는 "결과에 관계없이 네가 바라는 대로 남에게 해 주어라"는 행위준칙이 더 근본적으로 기능한다.[11] 이러한 행동특성은 일반적인 기업들의 특성과도 일치하는데, 이 분야의 세계적 권위자인 헤어(Robert D. Hare)에 의하면 기업들은 자신들의 이익을 달성하는 데만 몰두할 뿐 타인에게 어떤 위험이 초래될 것인지에 대해서는 관심을 두지 않아 '무책임하고', 여론 등을 '조종하는데 능하고' 언제나 자신들의 상품이 최고이며 넘버원이라고 '과장이 심하며', 소비자들에게 피해를 주게 되더라도 '공감능력이 결여되어' 그들의 고통에 피상적으로만 반응하며, '죄책감이 없어' 법을 어긴 경우 벌금을 내고 난 후에는 또 예전처럼 행동한다. 심지어 종종 '사회적 책임' 운운하는 기업의 공익적 활동마저도 결국은 장기적으로 기업이익을 극대화시키기 위한 것으로서, 이는 타인을 매료시키는 능력을 통해 자신의 위험스러운 성격을 교묘하게 감추는데 능한 사이코패스의 악명높은 특성과 일치한다고 지적한다.[12] 물론 이러한 특성은 기업 자체의 특성일 수도 있으며, 기업 경영진 등의 특성일 수도 있다.[13] 단 기업 경영자들의 경우 기업의 이익을 위해 조직 내에서는 사이코패스적으로 행동하게 되지만, 조직 밖에서는 분명 정상적인 사람이라는 사실에 유의할 필요가 있을 것이다. 헤어에 따르면 대부분의 경영자들은 사이코패스가 아니나, 그들이 회사의 운영자(operatives)로서 행동할 때에 나타나는 행동특성들 중 많은 부분이 사이코패스적일 수 있다. 심리학적으로 설명하자면, 기업 경영자들은 조직 내부의 생활에 필요한 도덕률과 조직 밖의 일상생활에 필요한 도덕률을 "상호 영향을 미치지 않도록 이중적으로 적용할 수 있는(compartmentalize)" 능력으로 인해 사이코패스가 되지 않을 수 있다는 것이다.[14]

---

11) Montague Ullman, Corporate Psychopathy, 2004 참조. 관련 사이트로 http://siivola.org/monte/papers_grouped/uncopyrighted/Misc/corporate_psychopathy.htm.

12) Joel Bakan, The Corporation: The Pathological Pursuit of Profit and Power (London: Constable, 2004), 57면.

13) 1996년 옥스퍼드대학의 연구결과에 의하면 영국의 회사 경영자 6명 중 1명이 사이코패스였다고 한다. 이 에 대해서는 리타 카터(Rita Carter)/양영철·이양희 역, 뇌: 맵핑마인드(Mapping the mind) (말글빛냄, 2007), 184면.

이 점을 잘 보여주는 사례로 포드 핀토 사건이 있다. 잘 알려진 기업가 리 아이아코카(Lee Iacocca)는 돈 때문에 사람을 죽일 사람이 결코 아니다. 그러나 그는 포드 자동차 회사의 사장으로서 포드의 중역들과 함께 차량 한 대당 11달러만 들이면 차의 가스탱크를 교체하여 추돌사고가 났을 때 폭발할 수 있는 가능성을 줄일 수 있었음에도 불구하고, 이를 하지 않아 많은 인명사고와 부상사고가 일어나도록 방치했다. 사실 이 기계적 결함은 1970년 포드사의 자체 사전 생산테스트에서 드러났지만, 포드 중역들은 미국 고속도로 교통안전위원회가 추정한 자동차 사고로 인한 사망자의 경제학적 비용을 근거로 비용편익분석을 했고, 그에 따라서 행동했던 것이다. 교통안전위원회는 사망자 한 명당 20만 725달러의 비용이 드는 것으로 추정했다. 포드의 중역들은 '충돌에 의한 연료누출 및 화재와 관련된 사망사고'라는 제목의 보고서에서, 연료탱크를 고치지 않았을 때 폭발할 2,100대의 자동차에서 예상되는 180명의 사망자와 180명의 심각한 화상환자들에 대한 추정 보상비용보다 연료탱크를 고치는 비용이 거의 세 배가 높다고 산정했다. 이에 따라서 결국 포드는 차량의 결함을 바로잡지 않는 쪽을 택했다. 문제의 핀토(Pinto) 자동차는 8년 동안 생산, 판매되었다.

1978년 길레스피 부인(Mrs. Gillespie)은 포드사의 핀토 자동차를 타고 고속도로를 달리 고 있었다. 캬브레이터의 이상으로 엔진이 정지되었으며, 후방에서 달려오던 차와 추돌 하였다. 연료탱크로부터 연료가 새어나와 승용차 실내로 유입되었고 전기배선의 스파크로 인해 차량이 폭발하였다. 부인은 병원에서 치료를 받던 중, 화상으로 사망하였다. 동승했던 13세의 로비 칼톤(Robbie Carlton)은 전신에 80도 화상을 입었으나 기적적으로 살아났다. 부인의 남편 길레스피는 포드를 상대로 제조물책임소송을 제기하였다. 포드의 경영진은 1960년대 말부터 미국의 소형차 시장을 위협했던 폭스바겐과 경쟁하기 위해 핀토 자동차를 개발하였다. 개발 과정에서 후방 추돌 시 연료탱크가 터진다는 사실을 알았고 기존의 연료탱크보다 더 안전한 연료탱크로 교체할 수 있었다. 그러나 개발비용이 높다는 이

---

14) Joel Bakan, 앞의 책, 56면 참조. 여기서 바칸은 헤어와의 인터뷰 내용을 근거로 삼고 있다. 세계적인 친환경 천연화장품업체인 바디샵(Bodyshop)의 창설자인 아니타 로딕(Anita Roddick)은 경영자들의 이러한 특성을 일종의 '정신분열증(schizophrenia)'적인 것이라고 지적한 바 있다. 동지의 Chester I. Barnard, The Functions of he Executive (Cambridge, Mass., Harvard University Press, 1938), 263면. 미국의 탁월한 조직이론가이자 기업가였던 체스터 바나드는 이 책에서 사람들은 몇 개의 양립불가능한 도덕률을 지닐 수 있는데, 가족과 종교 등의 사생활에서의 도덕률과 사업상의 도덕률은 상당히 다르며, 따라서 독실한 기독교 신자인 사람에게 일요일에 적용되는 도덕적 기준이 평일에 회사에서는 매우 낮아질 수 있다고 지적하였다.

유와 개발 소요시간을 단축하기 위해 이 사실을 묵인했다. 소송 진행과정에서 포
드에서 유출된 내부 문서에 따르면 포드 핀토 차량의 연료 탱크에 결함이 있다는
사실이 경영진에게 알려졌으며, 한 대당 리콜 비용을 11 달러, 리콜 차량 대수를
1250만대, 인명피해 비용을 일인당 20만 달러로 비용편익분석(cost/benefit analysis)
을 하였다고 한다.15) 그 결과 결함을 감추는 것이 이익으로 판단되어 리콜을 하
지 않은 것으로 알려졌다. 소송 결과, 포드는 피해자에게 2,500,000달러의 배상금
과 리콜을 고의로 하지 않은 부분에 대해 3,500,000달러의 징벌적 손해배상
(punitive damage)금을 지불하게 되었다(Gillespie v. Ford Motor Corp., 1978).

위 사례는 정상적인 사람도 기업조직 내에서는 개인으로서의 합리적
판단과는 다르게 행동할 수 있음을 잘 보여준다. 사이코패스적 행동을
할 수도 있다는 것이다. 이 사례에서 개인적인 합리성과 기업의 합리성
이 불일치하는 이유는, 일반적으로 기업은 개인보다는 합리적으로 행동
하는 존재로 알려져 있지만16) 기업의 조직적인 합리성(organizational
rationality)은 구성원들 또는 리더들의 합리성을 단순 합산한 것(simple
sum)과 반드시 같을 필요는 없기(need not) 때문이다.17) 그렇다면 여기

---

15) "Fatalities Associated with Crash-Induced Fuel Leakage and Fires"란 제목의 내부
    문서에 의하면 비용/편익분석은 다음과 같다.

Cost/Benefit Analysis	
BENEFITS	
Savings: 180 burn deaths, 180 serious burn injuries, 2,100 burned vehicles.	
Unit Cost: $200,000 per death, $67,000 per injury, $700 per vehicle.	
Total Benefit: 180X($200,000)+180X($67,000)+$2,100X($700)=$49.5 million.	
COSTS	
Sales: 11 million cars, 1.5 million light trucks.	
Unit Cost: $11 per car, $11 per truck.	
Total Cost: 11,000,000X($11)+1,500,000X($11)=$137 million.	
Costs	$137.5 million
Benefits	$49.5 million
Difference	$ 88.0 million

16) J. Tomkins, B. Victor, & R. Adler, Psycholegal Aspects of Organizational
    Behaviour: Assessing and Controlling Risk, in: D.K. Kagehiro & W.S. Laufer
    (eds.), Handbook of Psychology and Law (New York: Springer-Verlag, 1992),
    526면 참조.

서 과연 무엇이 포드의 중역들을 사이코패스적으로 행동하게 만든 것인지 추론할 수 있다. 헤어의 진단처럼 경영자 개개인은 조직 밖에서 사이코패스가 아니라면, 그들을 조직 내에서 사이코패스로 만드는 것은 바로 기업조직 자체 혹은 기업의 조직구조적 환경인 것이다.[18] 그러므로 어떤 면에서는 경영자들이 기업을 관리하는 것이 아니라, 기업이 경영자들을 관리하고 있다고 볼 수도 있을 것이다.[19]

　기업과 사이코패스 사이에는 중요한 유사점이 하나 더 있다. 그것은 바로 그 범죄적 성향의 치료가 힘들다는 점이다. 사이코패스의 치료는 매우 어렵다는 것이 거의 대부분의 관련 연구문헌이 내리고 있는 결론이다.[20] 이와 마찬가지로 기업범죄의 경우 기업의 이익을 위해 활동한 이상 처벌받은 전문경영인들이 석방 후 원상복귀하거나 유, 무형의 보상을 받는 경우가 많기 때문에 그에 대한 조직 내 비난은 물론 제재가 가해지지 않는 경우가 많아 형벌이 위하력을 발휘하기 어렵다. 기업의 입장에서도 범죄를 통해 획득하는 이익이 그 구성원 개인의 처벌을 보상해 주는데 드는 비용보다 훨씬 클 경우에는 범법행위를 억지해야 할 이유가 없다.[21] 따라서 기꺼이 형사처벌의 위험을 감수한다.[22] 이처럼 기업의 이익을 위한 범법행위가 묵인되거나 조장되는 조직구조적 환경으로 인해 기업의 병리적일 만큼 맹목적인 영리추구 경향은 사이코패

---

17) Elizabeth Wolgast, Ethics of an Artificial Person: Lost Responsibility in Professions and Organizations (Stanford University Press, 1992), 87면 참조.

18) 기업조직을 사이코패스적으로 행동하게 만드는 집단(사회)심리학적 메커니즘에 대한 보다 상세한 분석은 안성조, 기업사이코패시의 치료가능성, 「기업범죄연구 제1권」(경인문화사, 2011) 참조.

19) 이 점은 기업에게 자연인 종업원의 의사와는 다른 고유한 의사적 실체가 있음을 입증해 주는 단서가 될 수 있다고 본다. 이에 대해서는 PART II의 'Realistic Epilogue'를 참조할 것.

20) 그러나 최근 사이코패스의 치료가능성을 긍정하는 유력한 연구성과도 많이 나오고 있어 주목할 필요가 있다. 이 점에 대해서는 PART III를 참조할 것.

21) 조국, 법인의 형사책임과 양벌규정의 법적 성격, 서울대학교 법학 제48권 제3호, 2007, 65면.

22) J. Tomkins, B. Victor, & R. Adler, 앞의 논문, 527면;

스처럼 치유하기 어렵다는 점에서 양자는 공통점이 있다고 볼 수 있을 것이다.

물론 모든 기업을 사이코패스적 조직으로 규정하는 것은 기업과 그 구성원들에게 지나친 멍에를 지우는 것이다. 우리 주변에는 건전하고 윤리경영에 힘쓰며 모범적인 기업도 얼마든지 찾아볼 수 있다. 그러므로 이러한 진단은 범행이 상습적이고 기업의 이익을 위해 종업원의 범법행위를 조장하거나 묵인하는 경향이 있는 기업에 내리는 것이 보다 적절할 것이다. 다만 그렇다고 해서 기업사이코패시란 개념이 부적절한 것은 아니라고 본다. 일찍이 미국의 신학자 니부어(R. Niebuhr)가 그의 저서 "도덕적 인간과 비도덕적 사회"에서 적확히 분석해 냈듯이 개인은 도덕적이고 싶어도 그가 속한 집단은 구조적 원리에 의해 이기적이고 비도덕적인 행위를 할 수밖에 없는 경우도 있기 때문이다. 그렇기 때문에 이 개념도 기업의 비도덕적 성격, 다시 말해 사회구조적으로 주어진 기업의 목적과 작동원리, 즉 이윤극대화의 원칙에 의해 항시 사이코패스로 발전할 위험성이 있다는 점을 경계하려는 학제적 연구의 결과로 이해하는 것이 타당할 것이다.

사이코패스라고 해서 모두가 범죄자로 발전하는 것은 아니다. 마찬가지로 기업이 영리추구를 제일의 목표로 삼는다고 해서 항상 범죄를 저지르는 것은 아니다. 게다가 사이코패스적 특성이 필연적으로 사회에 유해한 것만도 아니다. 예컨대 '공감능력의 결여'라는 사이코패스적 특성은 경우에 따라 특정한 전문 직업군에 있는 사람들로 하여금 자신의 목표를 성취하는데 있어 놀라운 효율성을 발휘하게 하기도 한다. 오히려 이 경우 지나친 공감능력은 기업가나 정치인 등 특정한 직업군에 있는 자들의 효율적 업무수행에 방해가 될 수도 있다. 이들에게 사이코패스적 특성은 병이 아니라 일종의 재능일 수도 있다는 것이다.[23] 따라서 기업과 경영자를 사이코패스적 성향을 잠재적으로 지닌 행위자로 볼

---

23) Alison Abbott, Abnormal Neuroscience: Scanning Psychopaths, *450 Nature 942* (2007), 943-944면 참조.

수 있다 하더라도 이들에 대한 대응은 필요·적절한 수준에 그쳐야 할 것이다. 즉 이들에게 자선단체 수준의 사회적 봉사와 공헌을 요구할 수는 없겠지만, 최소한 성공한 사이코패스(successful psychopath) 수준으로 체질을 개선시켜 범죄행위에는 가담하지 않으면서 자유로운 경제활동에 주력할 수 있는 - 그리하여 궁극적으로는 경제발전과 국부의 증진에 기여할 수 있도록 - 환경이 조성될 수 있도록 법제도적인 대응책을 강구해 내야 할 것이다.24)

2. 기업범죄에 대한 효과적 대응방안의 모색

이러한 대응책은 크게 두 가지로 강구될 수 있을 것이다. 하나는 양벌규정과 기타 형사적 제재에 의해 법인 자체를 처벌함으로써 법인의 소유자인 주주에게 형벌이 의미 있는 위하력을 발휘하도록 하는 것이고, 다른 하나는 비형벌적 방식으로 기업 지배구조를 개선하거나, 내부통제시스템을 도입하는 것이다. 이 중에서 오늘날 각광을 받고 있는 방식은 후자인 듯 보이나25) 본고에서는 형사적 방식에 주목하고자 한다. 법인에 대한 처벌을 지양하고 대신 민사제재로 대체하는 것이 사회적으로 보다 바람직한 결과를 가져온다고 논증하는 견해도 있으나26) 법인처벌은 기업이 그 구성원의 범법행위에 대해 자유방임적 태도로 묵

---

24) 입법자가 이러한 법제도를 모색함에 있어서 법심리학적(psycholegal) 연구성과를 활용할 것을 제안하는 견해로는, J. Tomkins, B. Victor, & R. Adler, 앞의 논문, 537면 이하 참조.

25) 이 점을 입론하는 견해로는 윤영신, 회사지배구조에서 법규제(Legal Rule)와 소프트 로(Soft Law)의 역할 및 관계, 서울대학교 법학 제48권 제1호, 2007; 김화진, 앞의 책, 17면 이하.

26) 대표적으로 V.S. Khanna, Corporate Criminal Liability: What Purpose Does It Serve?, 109 Harv. L. Rev. 1477 (1996), 1477면 이하 참조. 우리나라의 경우 형벌의 보충적 성격으로 법인에 대해서는 행정제재로 충분하고 형벌을 부과할 필요가 없다는 견해가 있다. 강동범, 경제범죄와 그에 대한 형법적 대응, 형사정책 제7호, 1995, 26면.

인하는 것을 방지하는 효과가 있고,[27] 이를 처벌하지 않는 것이 오히려 기업범죄를 조장하고 시민의 법에 대한 신뢰를 저해하는 등 - 예컨대 전술한 킨들버거 교수의 말을 상기하라 - 사회적으로 바람직하지 못한 결과를 가져온다는 반론도 첨예하게 맞서고 있다.[28] 각기 다른 관점에서 접근한 법인의 형사처벌에 대한 찬반논거들의 타당성을 여기서 충분히 다 검토하기는 힘들 것이다. 다만 본고는 기업이 수익극대화의 원칙하에 움직일 수밖에 없다면, 이는 정신의학적 관점에서 볼 때 '병리적(pathological)'일 정도의 이윤추구 성향으로 나타날 수 있다는 연구결과를 보여줌으로써, '기업사이코패시'란 새로운 개념을 제시하고,[29] 이러한 병리적 현상의 발현을 방지하기 위해 '발본적(拔本的)'인 규제방식으로서 법인의 형사처벌이 필요하다는 점을 입론하고자 한다.

많은 연구자들이 지적하듯이 법인처벌은 분명 최소한 지배주주들에게 심리적 위하력을 발휘할 가능성이 있다고 본다.[30] 왜냐하면 기업을 잠재적인 사이코패스적 조직으로 볼 수 있다 해도, 전술한 바와 같이 그 구성원까지 반드시 사이코패스라는 필연성은 존재하지 않는다. 만일 기업 구성원이 사이코패스라면 사이코패스의 특성상 그들에 대해서는 처벌의 위협도 심리적 위하력을 가질 수 없겠지만,[31] 기업의 주요한 의사결정을 담당하는 이사회나 경영자, 그리고 지배주주의 대부분은 정상

---

27) Ann Foerschler, Corporate Criminal Intent: Toward A Better Understanding of Corporate Misconduct, *78 Calif. L. Rev. 1287* (1990), 1310면. 한편 법인 구성원인 자연인에 대한 처벌만으로는 당해 법인이나 여타 다른 법인에 대해 모두 위하력을 지니지 못하기 때문에 법인처벌이 필요하다는 견해로는 Günter Heine, Die Strafrechtliche Verantwortlichkeit von Unternehmen (Baden-Baden: Nomos, 1995) 322면.

28) 이에 대해서는 John. E. Stoner, Corporate Criminal Liability for Homicide: Can the Criminal Law Control Corporate Behavior?, *38 Sw. L. J. 1275* (1985), 1294면.

29) GM(General Motors) 등 미국 내 대표적 기업들의 사이코패스적 활동경향에 대한 폭넓은 예증으로는 Joel Bakan, 앞의 책, 28-138면. 바칸은 기업을 일종의 '제도적 사이코패스(institutional psychopath)'라고 표현하기도 한다. 앞의 책, 85면.

30) 동지의 조국, 앞의 논문, 65면.

31) 이 점에 대해서는 안성조·서상문, 앞의 책, 85-92면 참조.

인이라고 볼 수 있고, 따라서 기업의 형사처벌에 의한 범죄억제의 효과
를 분명 기대할 수 있을 것이기 때문이다.[32]

III. 집단책임의 이론

1. 양벌규정의 한계

현행 법제는 기업에 대한 처벌의 필요성이 있는 경우 정책적으로 양
벌규정을 두어 법인 자체를 처벌할 수 있도록 규정하고 있다. 양벌규정
자체의 문제점은 별론으로 하더라도,[33] 양벌규정은 법인의 범법행위에
대한 일반적 규제방식이 아니라 특수한 경우에 한해 법인을 처벌할 수
있다는 한계점을 지니고 있다. 그렇기 때문에 양벌규정의 적용을 받지
않는 사안에 있어서 법인처벌의 필요성이 절실한 경우에도 부득이 이
를 포기하지 않을 수 없다. 형법총칙에 법인범죄의 구성요건 및 법인의
형사책임에 관한 명시적인 규정을 두고 있는 프랑스 등의 법제와 비교

---

32) 물론 기업에 대한 처벌이, 단지 벌금형에 한정될 경우 실제 범죄를 행하는 개인
    에게는 억지효과를 가져오지 못한다는 비판도 있다. 즉 고도로 복잡한 관료적 조
    직을 갖는 대기업에 있어서는 개인과 조직의 이해관계가 분화되어 기업이 처벌
    되더라도 개인은 여전히 자신의 성과를 내는 데 수월한 방법인 범죄를 저지르게
    된다는 것이다. 하지만 이러한 맹점은 벌금형 외에 기업보호관찰제도를 도입함
    으로써 극복될 수 있을 것이다. 이 점에 대한 상세한 논증으로는 김재봉, 기업에
    대한 보호관찰의 도입가능성 검토, 비교형사법연구 제8권 제2호, 2004, 806면 이
    하 참조.
33) 책임주의에 위배된다는 헌재결정(2005헌가10 2007.11.29) 이외에, 법인처벌근거
    가 불명확하며, 양벌규정에 의한 법인처벌이 자연인 행위자의 처벌을 전제로 한
    다고 보면 그 행위자가 처벌되지 않는 경우나 본조의 행위가 신분범으로 규정된
    경우에 행위자가 그 신분을 갖추지 못한 때에는 법인은 처벌될 수 없어 처벌의
    공백이 생길 수밖에 없다는 지적도 있다. 박기석, 양벌규정의 문제점과 법인범죄
    의 새로운 구성, 형사정책 제10호, 1998, 106-110면 참조. 단, 판례(대법원
    1987.11.10, 87도1213)는 자연인 처벌을 법인처벌의 전제조건으로 보지 않는다.

해 볼 때, 현행 양벌규정은 입법자가 법인의 형사책임에 대해 명확한 결단을 내리지 않은 상태에서 임시방편적으로 법인범죄에 대처한데서 나온 과도기적 입법으로서 기업의 역할과 사회적 비중이 크지 않던 사회에서는 양벌규정만으로도 기업범죄의 규제가 충분했을지 모르나, 기업의 중요성이 커진 사회에서는 이에 상응하는 보다 적극적인 새로운 대처방안이 강구될 필요가 있을 것이다.

그것은 바로 법인 자체를 독자적 범죄주체로 인정하고 처벌하는 것이다. 이를 위해서는 우선 법인의 범죄능력에 대한 긍정이 전제되어야 한다. 법인의 범죄능력에 대해서는 법계를 막론하고 오랜 논쟁이 있었다. 전통적으로 영미법계에서는 산업혁명 이후 법인의 형사책임을 광범위하게 인정해 온 반면, 대륙법계에서는 로마법 이래 "단체는 범죄능력을 갖지 않는다."는 원칙하에 법인의 형사책임을 부정해 왔다.[34]

단, 히르쉬(Hans Joachim Hirsch)는 "단체는 범죄를 저지르지 못한다(Societas delinquere non potest)"는 법언이 대륙법계에 뿌리깊게 내린 지배적인 사고방식이었다는 통설에 대해 의문을 제기한다. 즉, 이 법언은 단체(Korporation)나 법인의 개념이 전혀 알려지지 않았던 로마법에서는 통용될 수 있었지만, 중세에 접어들면서 사정이 변했다고 한다. 18세기까지의 소송기록에 따르면 분명 도시나 지역(Gemeinde) 및 조합도 형사처벌의 대상이 될 수 있었고, 18세 중반의 대부분의 교과서도 법인의 형사처벌을 긍정하고 있었다고 한다. 19세기 초에 이르러 다수설이 법인의 형사처벌을 부정하기 시작했는데, 그 이유는 영주의 권력이 막강해져서 한 지역 전체나 기타 인적총체(Personengesamtheit)에 대한 유죄판결과 같은 무거운 조치를 할 수 없었기 때문이라고 한다. 즉, 이 시기에 단체형벌의 정치적, 실무적 필요성은 사라지게 되었고, 이러한 배경에 힘입어 부정설이 이론적으로 공감대를 얻게 되었다고 분석해 낸다.[35]

---

34) 이기헌·박기석, 법인의 형사책임에 관한 비교법적 연구 (한국형사정책연구원, 1996), 17면 이하; 송기동, 영미 기업범죄 형사책임의 전개, 형사정책 제20권 제2호, 2008, 44면 이하.

35) Hans Joachim Hirsch, Die Frage der Straffähigkeit von Personenverbänden, 성균관법학 제5호, 1994, 322-323면 참조.

그러나 현재에는 독일을 제외한 네덜란드, 프랑스 등의 대부분의 대
륙법계 국가에서도 법인의 형사책임을 명문화하고 있고, 독일에서도 최
근 법인의 형사책임을 인정하는 주장이 증가하고 있다.[36] 우리나라의
경우 법인의 범죄능력을 부정하는 것이 다수설과 판례[37]의 입장이지만,
양벌규정이 엄연히 존재함에도 법인의 범죄능력을 부정하는 것은 가능
한 해석론의 범위를 넘어선다는 비판도 유력하게 제기되고 있다.[38]

법인의 범죄능력 인정여부는 형법관과 법인범죄에 대한 형사정책적
대응방식, 그리고 법인의 본질에 대한 이해방식에 따라 다르게 결정될
수 있으며, 따라서 이 세 가지를 종합적으로 고려하여 판단해야 할 문
제라고 본다. 범죄능력을 부정하는 논거는 여러 형태로 제시되어 있지
만, 그 핵심은 "책임은 비난가능성"이며, 이는 의사의 자유를 갖춘 자연
인에게만 인정될 수 있는 개념이기 때문이라는 것이다.[39] 즉, 그러한
책임비난, 다시 말해 인간의 윤리적 가치결단을 이해하고 받아들일 수
있는 정신적·윤리적 능력이 없는 법인에게 범죄능력을 인정하는 것은
형벌의 본질에 반한다는 것이다.[40] 그러나 이처럼 행위능력과 책임능력
이 인정되는 주체로 자연인 개인만을 관념할 수 있다는 것은 철저한 자
유주의적 형법관[41]에 입각할 때에만 정당성을 가질 수 있다. 자연인과
법인이 그토록 다르다면, 법인의 범죄능력을 자연인의 속성을 기준으로
판단할 것이 아니라 법인 고유의 속성을 토대로 평가하는 것이 타당하

---

36) Claus Roxin, Strafrecht AT Band I (4. Aufl., München: C.H. Beck, 2006), 264면
　　이하 참조.
37) 대법원 1984.10.10. 선고 82도2595 판결을 참조.
38) 조국, 앞의 논문, 74면. 물론 법인의 범죄능력에 대한 본질론적 논의는 처벌의
　　필요성을 긍정하는 형사정책적·기능적 논의와는 무관하며, 따라서 구분되어야
　　한다는 지적도 있다. 박상기, 형법총론, 2009, 72면.
39) 이재상, 형법총론, 2006, 96면.
40) 신동운, 고시연구, 1998.4, 163-164면.
41) 자유주의적 형법관 하에서는 형법은 개인의 자유를 최대한 보장하는 소극적 임무,
　　즉 보호막 역할만을 하게 된다. 그 안에서 개인은 성숙한 판단능력과 행위능력을
　　갖춘 자율적 행위주체로 상정된다. 따라서 여기서는 개인의 형사책임만이 논해질
　　수 있으며, 집단(단체)책임은 개인의 자유를 축소시키므로 거부될 수밖에 없다.

다.42) 따라서 관점을 달리한다면 법인에게도 그 고유의 '의사'를 관념
할 방법은 얼마든지 찾을 수 있다.43) 그런데도 왜 군이 개인만을 형법
상 행위주체로 인정해야 하는가? 금융위기로 경제적 자유주의에 대한
반성이 일고 있듯이 법에 있어서도 자유주의의 미덕뿐만 아니라 그 한
계점도 분명 되짚고 넘어갈 필요는 있다고 본다.

   법인은 자연인처럼 '자유의사'를 명확히 확인할 수 있는 대상은 아
니지만 그 특유의 조직과 기관, 즉 인적 구성원과 물리적 조직체계의
복합적 작용에 의해 그 구성원 '개인의 의사'와는 다른 '법인 고유의 의
사' 즉 일정한 '정책과 목적'을 갖고 자신의 명의로 사회적 기능과 활동
을 하는 독립된 행위주체이다. 그렇다면 법인의 정책과 목적이 반사회
적이거나 그 종업원으로 하여금 범죄를 저지르게끔 유도하는 경우가
있다면 해당 법인의 '범죄적 의사'를 관념할 수 있을 것이고 결과적으
로 그 의사, 즉 정책과 목적에 대한 윤리적 '비난가능성'도 관념할 수
있다고 본다.44) 다시 말해 일종의 '제도적 고의(institutional intent)'를
인정할 수 있다는 것이다. 예컨대 법인의 정책(policy)이 관련 법규를 명
시적으로 위반하거나, 법인의 내부 관행이 그 구성원의 범법행위를 조
장하거나 묵인하는 경우에는 충분히 법인의 범죄의사와 형사책임을 인
정할 여지가 있다.45)

---

42) 이천현, 법인의 범죄주체능력과 형사책임, 형사정책연구 제22권, 2004, 72면.

43) 김일수·서보학, 새로 쓴 형법총론, 2003, 136-137면. 동 문헌에 따르면 법인의
    책임능력도 개인의 정신적·윤리적 능력을 기준으로 할 것이 아니라 법적·사회적
    책임이란 관점에서 보아 사회유해적(社會有害的) 행위 또는 위험을 회피할 수
    있는 능력에서 찾는다면 법인에 대한 책임귀속과 책임능력의 인정도 불가능하지
    는 않다.

44) 법인에 대한 윤리적 비난이 가능하다는 견해로는 임웅, 고시연구, 1998.12, 135
    면; 임웅, 형법총론, 2009, 77면.

45) 이러한 입장으로는 Seth F. Kreimer, Note, Reading the Mind of the School
    Board: Segregative Intent and the De Facto/De Jure Distinction, 86 Yale L. J.
    317 (1976), 333-334면. 동지의 Brent Fisse, Reconstructing Corporate Criminal
    Law: Deterrence, Retribution, Fault, and Sanction, 56 S. Cal. L. Rev. 1141
    (1983), 1149면. 123면. 피세는 이를 '전략적 고의(Strategic mens rea)'라고 말한

법인의 독자적인 범죄의사와 형사책임을 인정하려는 법리와 이론들이 20세기 중후반부터 국내외에서 다양하게 전개되어 오고 있다. 예컨대 현대적 기업조직의 '부서별 업무적 독립성(compartmentalization)'에 착안하여 어느 구체적 구성원 개인도 처벌할 수 없는 경우라 하더라도 그 구성원들 전체의 집단적 인식(collective Knowledge)을 법인의 범의(mens rea)로 귀속시켜 형사책임을 인정하려는 시도나,[46] 최근에 일본에서 주장되고 있는 기업조직체책임론[47] 등이 바로 그것이다. 이러한 일련의 시도는 논의의 층위는 다양하지만 법인에게 독자적 고의 또는 책임을 인정한다는 측면에 있어서는 공통점을 지닌다.[48] 이하 본고에서는 집단 자체의 고의와 책임을 인정하려는 시도로서 비교적 최근에 미국의 형법학자 플레처에 의해 전개된 바 있는 집단책임이론을 다루어 보고자 한다. 비록 그의 이론은 주로 국가책임을 염두에 두고 고안된 것이지만, 관점에 따라서는 이를 재해석해 법인책임의 구성에 접목시키는 것이 충분히 가능하다는 전제 하에[49] 그의 집단책임이론이 법인의

다. 전략적 고의란 법인이 취하고 있는 정책을 통해 법인이 어느 정도 범죄를 방지하기 위한 전략과 대책을 수립하고 있는가에 의해 인정될 수 있는 고의이다. 즉, 법인 구성원의 범법행위에 대한 법인 운영체계상의 방침이 방임적 태도를 보이는 경우에는 법인이 고의로 법령에 위반한 것으로 인정할 수 있다는 것이다.

46) '집단적 인식(collective knowledge)'을 통해 법인의 책임을 인정한 선도적 판결로는 Inland Freight Lines v. United States, 191 F.2d 313(10th Cir. 1951); United States v. T.I.M.E.-D.C., Inc., 381 F. Supp. 730 (W.D. Va. 1974) ; United States v. Bank of New England, N.A., 821 F.2d 844(1st Cir. 1987) 등이 있고 이를 지지하는 대표적 문헌으로는 Martin J. Weinstein & Patricia Bennett Ball, Criminal Law's Greatest Mystery Thriller: Corporate Guilt through Collective Knowledge, *29 New Eng. L. Rev. 651* (1994), 651면 이하 참조.

47) 기업조직체책임론이란 기업의 전체조직을 하나의 개체로 파악하여 구성원 개인의 고의인정 여부와 상관없이 객관적으로 업무관련성이 있는 조직 내 모든 업무 담당자의 행위를 법인의 행위로 파악하는 이론이다. 이기헌·박기석, 앞의 책, 88-90면.

48) 고의개념에 의존하지 않고 법인의 책임을 인정하려는 이론도 보인다. 박기석, 앞의 논문, 124-125면 참조.

49) 예컨대 Herbert Morris, George Fletcher and Collective Guilt: A Critical Commentary

형사처벌에 시사하는 바는 무엇이며, 또 그 한계는 무엇인지 구명해 보기로 한다.

2. 플레처의 집단책임 이론

형사책임을 인정함에 있어서 분명 개인책임만을 인정하는 것이 만족스럽지 않은 경우에까지[50] 왜 군이 집단 또는 단체에 대한 책임인정을 포기해야만 하는가? 이에 대해 플레처는 적확하게도 우리가 자유주의적 형법관을 너무도 당연하게 받아들이고 있기 때문이라고 간파해 낸다. 바로 이러한 문제의식에서 그는 최근 자유주의가 아닌 낭만주의적 관점에서 집단책임의 이론을 구성해 관련 학계로부터 지대한 관심을 이끌어 낸 바 있다. 이하에서는 그의 이론을 간략히 소개해 보기로 한다.[51]

형사책임을 인정함에 있어서 분명 개인책임만을 인정하는 것이 만족스럽지 않은 경우에까지 왜 군이 집단 또는 단체에 대한 책임인정을 포

---

on the 2001 Storrs Lectures, *78 Notre Dame L. Rev. 731* (2003), 733면. 모리스 교수는 그의 이론이 정부와 정당(political party) 등에도 적용될 수 있다고 보는 듯하다. 또한 플레처 자신도 집단행동에 대한 집단책임을 질 수 있는 행위주체로서, 회사(corporations)와 대학 및 전문 조직(professional organization)은 물론 군대와 가족까지도 논급하고 있다. 다만 그들이 책임을 지게 되는 메커니즘은 국가와 다르기 때문에 이를 설명하기 위해서는 상이한 방법론(methodology)이 요구된다고 한다. 이 점에 대해서는 2001년 11월 예일대 로스쿨의 스토스 강연에서 플레처가 발표한 원고를 수정, 편집한, George P. Fletcher, The Storrs Lectures: Liberals and Romantics at War: The Problem of Collective Guilt, *111 Yale L. J. 1499* (2002), 1526-1537면.

50) 이러한 이유로 법인처벌의 필요성을 긍정하는 견해로 Hans Joachim Hirsch, Strafrechtliche Verantwortlichkeit von Unternehmen, ZStW 107 (1995), 287면.

51) 이하의 내용은 George P. Fletcher, Romantics at War: Glory and Guilt in the Age of Terrorism (Princeton University Press, 2002)의 핵심적 내용을 요약한 것이다. 이 책은 플레처의 위 논문을 단행본으로 엮은 것이다. 두 문헌 간 내용과 목차 상의 많은 변화가 눈에 띄나, 주요 논지에는 변화가 없는 듯 보인다.

기해야만 하는가? 이에 대해 플레처는 적확하게도 우리가 자유주의적 형법관을 너무도 당연하게 받아들이고 있기 때문이라고 간파해 낸다. 바로 이러한 문제의식에서 그는 최근 자유주의가 아닌 낭만주의적 관점에서 집단책임의 이론을 구성해 관련 학계로부터 지대한 관심을 이끌어 낸 바 있다. 이하에서는 그의 이론을 간략히 소개해 보기로 한다.

우리는 때때로 발생한 사건의 책임을 어느 한 개인에게 돌리는 것이 부당한 경우를 볼 수 있다. 예컨대 제2차 세계대전 당시 진주만을 공습했던 일본군 파일럿이나 그 공습을 명령한 사령관에게만 개인적인 책임을 물을 수 없다. 그들은 모두 대일본제국이란 이름하에 공습을 감행한 것이기 때문이다. 이것은 911 사태의 항공기 납치테러범들과 그 배후에서 테러를 조직한 알카에다(Al Qaeda)라는 단체, 더 나아가 배후의 이슬람 세력전체 간의 책임을 논할 때에도 마찬가지다. 911 사태가 벌어진 후 미국인들은 국가와 개인적 자아를 동일시하는 낭만주의적 충동에 빠져들었다. 국가의 명예를 위해 자신을 위험스러운 일에 내던지려는 의욕을 불사르게 된 것이다. 이러한 분위기는 국가의 명예가 곧 자신과 직결된다는 점을 깨닫게 해주었고, 애국심을 불러일으켰으며 국가의 이익을 위해 전쟁에 뛰어들려는 의지를 고무시켜 주었던 것이다.

낭만주의는 계몽주의의 낙관적 전망처럼 이성이 모든 문제에 올바른 답을 제시해줄 수 있다는 신념이 실패하면서 싹튼 사조이다. 낭만주의는 '속박되지 않는 자유로운 의지'를 강조하면서 '사물의 본성이 있다는 진리'나, '만물에 불변하는 구조가 존재한다는 개념'을 파괴하고 전복하려는 시도이기도 하다. 그래서 자유는 행동이고 어떤 관조적인 상태가 아니며, 삶은 행동에서 출발하고 지식은 도구일 뿐이라고 주장한다. 즉 "우리는 머리로 알고 있기 때문에 행동하는 것이 아니라 행동에의 요청이 있기 때문에 아는 것이다." 또 "음식이 옆에 놓여 있기 때문에 배고픔을 느끼는 것이 아니라, 나의 배고픔이 그 대상을 음식으로 만든다." 요컨대 내가 어떠한 특정한 방식으로 살기 때문에 세계가 내게 어떤 특정한 방식으로 보인다는 것이다.[52] 이들의 사상은 계몽주의자들, 특히 그 대표자라 할 수 있는 칸트와 매우 대조적이다. 칸트는 이성의 보편성을 신뢰하고, 인간의 존엄성은 오로지 이성적 능력에서 찾을 수 있으며, 모든 감각적 충동을 배제한 순수한 이성적 추론만이 진리에 도달할 수 있다고 보는 반면, 낭만주의자들은 본성과 감각적 충동, 그리고 내적 감정의 세계를 진리의 등불로 여긴다. 문화, 국적, 역사, 인종, 성별과 관계없이 누구나 선천적으로 지니게 되는 '인간의 존엄성'이란 개념은 칸트가 남긴 지적 유산이다. 이러한 '보편적 존엄성' 개념은 "모든 인간은 신의 형상으로 창조되었다"는 기독교 사상과 함께 "인간의 생명은 절대적인 것으로 다루어야 한다."는 도덕적 명제를 정립해 서구 법사상에 지대한 영향을 끼쳤는바, 오늘날 대부분의 법계에 보편적으로 받아들여지고 있는 인권 및 법 앞의 평등사상은 바로 이러한 계몽주의적 유산에 기초하고 있는 것들이다. 그러나 낭만주의자들은 칸트적 도덕의 보편성보다는 개인과 국가적 경험(역사)의 특수성에 주목한다. 이들은 '보편적 존엄성'보다는 '명예'에 관심을 갖는다. 명예는 사회적 상호작용 속에서 우리가 자신의 역할을 수행하는 과정에서 부각된다는 점에서 '타인에 대한 체면'과 관련이 있고, 얼마든지 상실될 수 있다. 국가에게는 선천적 존엄성은 없다. 단지 국가는 국제적 경쟁의 장에서 어떻게 행동하느냐에 따라 명예를 획득할 수 있을 뿐이다.

낭만주의자들은 또한 자유주의자들과도 다르다. 낭만주의자들은 세계를 해석함에 있어서 확장주의적(expansionist) 사고로 추상적 실체를 가지고 설명하려 드는 반면, 자유주의적 개인주의자들(liberal individualists)은 널리 합의된 단위들, 예컨대 개인의 욕구나 원자 등과 같이 관찰가능한 요소들로 축소시켜 설명하려는 환원주의적(reductionist) 경향이 강하다. 따라서 낭만주의자들은 이슬람에 대한 전쟁을 '상상력의 비약(leap of imagination)'을 통해 "선과 악의 대립"으로 보는 반면 자유주의자들은 전문적 '정책통'의 시각으로 사태를 해결하려 든다. 자유주의자들은 세계를 그 요소들로 나누어 보며, 집단의 행동은 개인들의 행동

---

52) 낭만주의에 대해서는 조홍식, 법에서의 가치와 가치판단: 원고적격의 규범학(I), 서울대학교 법학 제48권 제1호, 2007 참조.

의 총합으로 파악하지만 낭만주의자들은 확장주의적 충동에 의해 절대적이고 무한한 그 무엇으로 설명한다. 자유주의자들은 세계를 주체성을 가진 개인의 욕구와 충동에 의해 설명하려 들지만, 낭만주의자들은 신이 수호하는 국가 같은 추상적 용어에 더 매력을 느낀다. 예컨대 낭만주의자들은 미국의 남북전쟁을 역사의 새 장을 여는 위대한 사상에 따른 행동으로 보지만, 리차드 포즈너 같은 경제학자들은 노예제의 유지와 폐지에 따른 각각의 실익에 의해 남북전쟁을 바라본다는 것이다. 이러한 낭만주의자들의 사고방식은 전시(戰時)에 개인을 국가와 동일시할 수 있도록 만들어 주는데, 그것은 바로 '상상력의 비약'을 동원해 자신 삶이 국가의 운명과 일치하며, 국가의 역사적 운명으로부터 자신의 명예를 드높일 수 있다고 생각하기 때문이다. 이처럼 개인들의 상상력에 의해 국가는 의사를 지닐 수 있고, 독립적인 행위를 할 수 있으며, 위업을 달성함은 물론 패배를 경험할 수도 있는데다가, 심지어 범죄를 저지를 수도 있고, 결국 자신의 범행에 대한 책임을 질 수도 있게 된다.

이상의 논의로부터 플레처는 "국가가 집단적으로 자신의 죄에 책임을 질 수 있다고 보는 것은 타당하다"고 입론하고 있다. 다만 플레처는 집단책임의 의미를 엄격히 정의하고자 하는데, 그 자신은 범행에 가담하지 않았음에도 불구하고 단지 그가 소속된 단체의 어느 다른 구성원이 범죄를 저질렀다는 이유만으로 책임을 진다는 의미의 집단책임은 명백히 거부한다. 다시 말해 단지 "소속에 의한 죄책(guilt by association)"[53] 및 모든 구성원 개인이 처벌되어야 한다는 의미의 "집단적 처벌(collective punishment)"[54]은 그가 주장하고자 하는 집단책임에서 제외됨을 분명히 하고 있다. 이러한

---

53) 여기서 '소속(association or membership)에 의한 죄책'이란 1901년 미국 대통령 윌리엄 맥킨리(William McKinley)가 무정부주의자인 리안 촐고즈(Leon Czolgosz)에 의해 암살된 후 미국 의회가 무정부주의를 신봉하거나 불법테러단체에 소속된 자의 입국을 불허하는 이민법을 제정한 데서 유래한다. 이에 대해서는 Keisha A. Gary, Congressional Proposals to Revive Guilt by Association: An Ineffective Plan to Stop Terrorism, *8 Geo. Immigr. L. J. 227* (1994), 228-232면.

54) 예컨대 어느 점령군이 주둔하는 마을에서 점령군의 한 병사가 어느 마을 주민에 의해 살해되었다고 할 때, 그 마을 주민을 모두 집단 처형하는 경우를 들 수 있다.

것은 '미개한' 책임개념이기 때문이다. 그보다 플레처는 집단책임의 내용으로서 책임 있는 양 당사자 간의 책임을 분배(distribution of guilt among responsible parties)하는 기능을 제시한다. 즉, 행위자가 국가나 단체 등의 집단적 실체(collective entity)의 존재에 호소하는 방식으로 범죄를 저지른 경우에는 그의 책임은 감경되어야 한다는 것이다.55)

플레처의 집단책임 이론은 형법이론상 공범이론과 차이가 있다. 유명한 스타신스키 사례(Staschinskij Fall)를 보자. 이 판례는 구소련 KGB로부터 암살지령을 받은 스타신스키가 소련의 한 정치망명객을 살해한 사건에서, 독일연방최고법원이 스타신스키를 방조범으로 판결해 형을 감경해준 사례이다.56) 이 사례는 조직적 명령체계를 갖춘 권력집단이 그 구성원을 이용해 범죄를 저지른 경우로서, 현대 형법이론에 따르면 살인을 실제로 행한 스타신스키가 정범이고, 그 배후의 KGB는 소위 "정범 배후의 정범이론(Die Lehre vom Täter hinter Täter)"에 의해 간접정범이 된다는 것이 지배적 견해나, 플레처는 독일연방최고법원의 판결을 정당하다고 보고 있다. 왜냐하면 법정에서 스타신스키가 주장한 바대로 정범의사를 가진 자는 KGB이고, 그 자신은 단지 KGB의 하수인으로서 시킨대로 할 뿐이라는 공범의사를 갖고 범행을 저질렀을 뿐이기 때문이다.57) 플레처는 스타신스키 사례가 나치독일과 유대인 학

---

55) 플레처에 의하면 집단책임은 일상적으로도 호소력이 있다. 많은 사람들은 노예제도와 미국 토착문화 파괴에 대한 미국의 책임과, 유태인학살에 대한 나치독일의 책임, 인종분리정책에 대한 남아프리카공화국의 책임을 기꺼이 인정하려 든다는 것이다. 물론 그는 자유주의자들은 개인형사책임(individual guilt)이나 집단책임(collective responsibility) 및 집단수치(collective shame)는 인정하지만, 집단형사책임(collective guilt)이라는 용어법은 거부할 것이라고 본다. 이는 미국을 비롯한 서구 법문화에 환원주의적 자유주의가 만연해 있기 때문이라고 보는데, 현재의 법적 관행이 법인의 형사책임을 인정하는 것도 회사 역시 그 복잡한 유기체적 구조가 한 명의 행위자로 환원될 수 있다는 사고방식 하에서만 가능하다는 것이다. 환원주의적 자유주의가 지배하는 법적 사고방식에서 볼 때, 다원적인 집단(polycentric collective) 자체를 행위주체로 보는 사고는 여전히 낯설다고 그는 지적한다.
56) BGHSt 18, 87.

살의 실무책임자였던 아돌프 아이히만의 관계와 얼마나 유사성이 있는
지를 논한다.[58] 그에 따르면 외견상 비슷한 구조를 갖는 듯 보이지만
양자는 엄연히 다른 사례다. KGB와 스타신스키의 관계는 "지배와 복
종(domination and subordination)"의 관계로서, 양자는 상호 구분되는
독립된 당사자이다. 또한 KGB의 지령에 의해 스타신스키가 암살을 저질
렀다는 점에서 '인과적(causal)' 관계에 있다. 그러나 나치독일과 아이히
만의 관계는 이와 다르다. KGB는 스타신스키가 범행을 저지르도록 야
기했지만(causal), 나치독일은 아이히만을 통해 그 자신을 표현했을
(express) 뿐이다. 후자의 관계는 지배와 복종의 관계가 아니며, 양자는
상호 뚜렷이 구분되는 별개의 당사자도 아니다. 이 관계는 흡사 오케스
트라와 그 단원 바이올린 연주자의 관계에 비유될 수 있다.[59] 오케스트
라는 하나의 집단적 실체(collective entity)로서 다른 단원들과 마찬가지
로 바이올린 연주자를 통해 자신을 표현한다. 이 때 오케스트라라가 그
단원들을 지배하여 연주하게 만든다고 볼 수는 없다. 따라서 양자의 관
계는 전혀 '인과적'이지 않다. 단지 연주자를 "통해" 자신을 표현할 뿐
인 것이다. 이것이 바로 '조직적 지배'에 의한 공범관계와 집단책임 사
례 간의 결정적인 차이라고 플레처는 설명한다.

　그렇다면 집단책임이 인정될 경우 그 구성원인 개인의 형사책임은
왜 감경되어야 하는가? 이에 대해 플레처는 '자유의지'에 관한 최신 논
의 중 하나인 해리 프랑크퍼트(Harry G. Frankfurt)의 "1차적 욕망과 2
차적 의지" 이론을 도입한다.[60] 프랑크퍼트에 의하면 1차적 욕망이란

57) 정범과 공범의 구분을 '정범의사'와 '공범의사'에서 찾는 것을 형법이론에서는
　　'주관설'이라고 한다.
58) 아이히만은 1960년 이스라엘의 정보기관인 모사드에 의해 체포되어 이스라엘에
　　서 공개재판 후에 1962년에 처형되었는데, 그 역시 재판정에서 자신은 상부의
　　지시에 따랐을 뿐이라고 항변하였으나, 이는 배척되었다.
59) 플레처는 2002년 논문에서는 5인의 즉흥 재즈그룹과 그 구성원의 한 명인 드러
　　머(drummer)의 관계에 비유했다. George P. Fletcher, 앞의 논문, 1539-1540면.
60) Harry G. Frankfurt, Freedom of the Will and the Concept of a Person, in: Gary
　　Watson (ed.), Free Will (Oxford; New York: Oxford University Press, 1982) 참조.

우리가 범죄를 의도할 때 경험하게 되는 전형적인, 예컨대 절도, 살인 등의 유혹을 말한다. 이와 달리 2차적 의지란 바로 1차적 욕망에 순응할 것인지 거부할 것인지를 결정할 수 있는 의지다. 인간은 모두 2차적 의지를 지니고 있으며, 2차적 의지가 없는 인간은 모든 일차적 욕망에 굴복하고 마는 '미숙한 어린애'에 불과하다. 우리가 죄책감을 느끼는 경우는 바로 2차적 의지가 억제함에도 불구하고, 1차적 욕망에 굴복해 행동할 때이다. 플레처는 프랑크퍼트의 이론으로부터 집단도 2차적 의지를 지닐 수 있다는 아이디어를 얻는다. 따라서 집단이 2차적 의지에 순응하지 못하고 1차적 욕망에 굴복하면 형사책임을 져야 한다고 본다. 그런데 낭만주의적 충동에 의해 자신이 속한 집단의 범죄적 태도에 충성스러운 행위자는 그 자신이 속한 문화의 진실한 대변자로서 죄책을 묻기가 어렵다. 그 자신이 속한 국가나 사회의 모든 지배적 사회규범이 범죄를 장려하고 부추기고 있기 때문이다. 다시 말해 이 경우에 집단은 1차적 욕망에 굴복했기 때문에 책임을 져야 하지만, 개별 행위자는 집단의 범행을 부추기는 지배적 문화로 인해 자기교정 능력을 상실해 2차적 의지에 순응할 수 없었던 것이기 때문에 책임이 감경되어야 한다는 것이다. 집단의 부도덕한 환경은 우연히 발생한 것이 아니다. 교사와 종교적 지도자, 정치인, 국가 정책, 그리고 법조차 그러한 범행을 지지해 주기 때문에 조성된 것이다. 이와 같은 상황에서 행위자에게 올바른 행동을 기대하기는 어려우며, 이는 흡사 법률의 착오가 있는 경우에, 한 사회의 지배적 환경이 그 착오에 기여한 바가 있으면 행위자의 책임이 감경될 수 있는 것과 유사한 법리라고 볼 수 있다. 요컨대 국가와 사회는 그 구성원 개인이 육체적으로도, 도덕적으로도 성장, 발전할 수 있도록 조력해야 할 의무가 있으며, 만일 특정한 교의를 강요하거나 도덕적 선택의 폭을 제한함으로써 도덕적 자기비판의 가능성을 박탈할 경우, 그로 인해 발생한 개인적 범죄에 대해 책임을 분담해야 한다는 것이다. 따라서 아돌프 아이히만에게 사형을 선고해서는 안 된다는 것이 플레처의 집단책임 이론의 결론이다.[61]

3. 집단책임과 법인책임

그렇다면 플레처의 집단책임 이론은 법인책임의 구성에 어떻게 적용될 수 있을까?

1) 개정 양벌규정의 해석과 집단책임의 이론

이에 대해 2008년 12월 6일 개정된 69개 법률의 양벌규정이 집단책임의 이론에 입각해 볼 때, 새로운 형태의 단체책임을 도입한 것으로 보는 견해가 제시되었다.[62]

주지하다시피 헌법재판소는 법인, 단체의 대표자나 대리인, 종업원이 저지른 위법행위에 대해 책임유무를 묻지 않고 양벌규정에 의해 법인 또는 대표이사를 처벌하는 것은 책임주의에 어긋난다고 판시하였다. 헌법재판소의 위헌결정으로 인하여 양벌규정의 개정이 불가피해짐에 따라 법무부는 양벌규정의 개선을 추진하게 되었다. 이와 관련하여 법무부가 추진하는 양벌규정의 개선안의 주요 내용은 첫째, 업무주 처벌에 대하여 면책사유 등 아무런 조건을 두지 않은 양벌규정 단서에 업무주가 범죄행위를 방지하기 위한 관리 및 감독의무를 다한 경우에는 책임을 면제하는 면책규정을 두어 책임주의를 관철시키고, 둘째, 업무주

---

61) 플레처의 집단책임 구상에서 개인책임을 감경시켜야 하는 또 다른 이유는, 예컨대 아이히만 개인만 처벌하는 것으로는 불충분하기 때문이다. 왜냐하면 그럴 경우 그러한 범죄에 기여했던 집단(나치독일)의 부도덕한 문화의 역할을 망각하거나 면책시켜 줄 위험이 있기 때문이다. 즉, 집단의 책임을 인정한다는 것은 집단이 저지른 범죄를 기억하고 그 만행으로 발생한 불화(rift)에 대한 주의를 환기시킴으로써 결국 사회적 재통합의 가능성을 열어주는 기능을 한다는 것이다. 이 점에 대한 정확한 지적으로는 William B. Michael, Romanticizing Guilt, *112 Yale L.J. 1625* (2003), 1628면.

62) 조병선, 형법에서 행위자의 특정: 개인책임과 단체책임, 서울대학교 법학 제50권 제2호, 2009, 600면 이하.

에게 징역형을 부과하는 규정을 개정하여 징역형을 폐지함과 동시에 업무주에 대한 처벌수단을 벌금으로 일원화하며, 셋째, 업무주에게 책임을 물을 수 있는 종업원의 위반행위의 범위를 업무와 관련된 행위로 한정하여 업무주의 책임을 합리적으로 제한한다는 것이다. 개정 양벌규정 중에서 하나를 소개하면, 자격기본법상 양벌규정에 해당하는 제42조는 "법인 또는 단체의 대표자, 법인·단체 또는 개인의 대리인·사용인 및 그 밖의 종업원이 그 법인·단체 또는 개인의 업무에 관하여 제000조의 위반행위를 한 때에는 행위자를 벌하는 외에 그 법인·단체 또는 개인에 대하여도 각 해당 조의 벌금형을 과한다."라고 규정되어 있다가, "법인 또는 단체의 대표자나 법인·단체 또는 개인의 대리인, 사용인, 그 밖의 종업원이 그 법인·단체 또는 개인의 업무에 관하여 제000.조의 어느 하나의 위반행위를 하면 그 행위자를 벌하는 외에 그 법인·단체 또는 개인에게도 해당 조문의 벌금형을 과(過)한다. 다만, 법인·단체 또는 개인이 그 위반행위를 방지하기 위하여 해당 업무에 관하여 상당한 주의와 감독을 게을리 하지 아니한 경우에는 그러하지 아니하다."라고 개정되었다. 양벌규정의 전형적인 유형은 면책사유 등 아무런 조건없이 위반행위자와 함께 법인을 처벌하는 형태가 아니라 단서에 면책규정을 두는 형태가 된 것이다. 바로 이와 같은 형태의 양벌규정에 의해 기업이 단체책임을 지는 것은 바로 "종업원의 법규범 위반행위를 방지하기 위한 상당한 주의 또는 감독을 게을리 한 탓"으로서, 요컨대 "총체적인 위반방지 시스템의 결여"에서 비롯된다는 것이다. 다시 말해 전술한 바와 같이 국가가 집단책임을 지는 이유가 범죄를 조장하는 사회분위기를 조성해 행위자 개인의 도덕적 자기비판의 가능성을 차단했기 때문이듯이, 기업도 동일한 논리구조에 의해 집단책임을 질 수 있다는 것이다.

그러나 플레처의 논의를 법인과 그 구성원 간의 관계에 그대로 적용할 수 있는지에 대해서는 좀 더 신중한 검토가 필요하다고 본다.

우선 법인, 예컨대 회사의 구성원도 전시의 낭만주의자처럼 국가의 영광과 자신을 동일시할 수 있을 만큼 강한 '내적 응집(internal cohesion of self and nation)'이 과연 있다고 볼 수 있는지 검토되어야 할 것이다. 즉, 전시의 낭만주의자나 이슬람 테러리스트만큼 자신의 행위가 곧 배후 집단의 의사를 "표현한다(express)"고 보기에 '충분한' 내적 응집이, 회사와 그 구성원 간에도 있는지 밝혀져야 할 것이다.

2001년 노벨경제학상을 수상한 UC버클리대학 교수인 조지 애커로프(George A. Akerlof)와 듀크대학의 레이첼 크랜튼(Rachel E. Kranton)의 주도 하에 정립된 정체성 경제학(Identity Economics)이 밝혀낸 바에 따르면, 군대든 기업이든 조직이 제대로 기능하려면 금전적 인센티브에만 의존해서는 안 된다. 그보다 오히려 정체성은 조직을 돌아가게 하는 핵심적 요소다. 정체성 모델에 따르면 기업이 직원의 정체성에 투자할 때 이익이 전반적으로 늘어난다고 한다. 성공하는 기업은 그 직원들에게 공동의 정체성을 적극적으로 주입해, 각각의 직원이 자신과 기업의 목표를 동일시하도록 만든다는 것이다. 조직에 대한 자부심과 충성심은 구성원들의 사발적인 분발 동기를 이끌어 내기 때문이다. 공동의 정체성 주입은 그 비용이 저렴하다는 이점도 있지만, 보이지 않는 곳의 직원의 행동을 통제할 수 있다는 점에서도 조직에 유익하다. 조직 내에는 공동의 정체성에 따라 행동하는 인사이더(insider)도 있지만, 그 반대로 자신이 조직의 일부라고 생각하지 않는 아웃사이더(outsider)도 있게 마련이다. 아웃사이더는 주로 외재적인 동기, 예컨대 급여수준이나 인센티브에만 민감하게 반응하며 회사에 투입하는 노력을 최소화하기 위해 노력한다. 반대로 기업과 자신을 동일시하는 인사이더에게는 업무목표 달성을 촉진하기 위한 인센티브가 거의 필요하지 않다. 인사이더는 전반적인 보수수준이 낮더라도 자발적으로 열심히 일한다. 따라서 기업은 직원의 정체성 변화를 기꺼이 투자한다. 그러므로 정체성 경제학에 따르면 조직과 자신을 동일시하는 구성원의 태도는 조직의 성공이나 실패에서 주요한 요소일 뿐 아니라 지배적 요소이다. 이러한 분석에 의하면, 법인과 그 구성원 간에도 상당한 수준의 내적 응집을 관념할 수 있다고 볼 수 있을 것이다.[63]

---

63) 조지 애커로프·레이첼 크랜턴(George A. Akerlof & Rachel E. Kranton)/안기순 역, 아이덴티티 경제학(Identity economics) (랜덤하우스, 2010), 57-89면 참조. 이들의 연구에 따르면 조직에 대한 충성심이 크고 유명한 기업에만 존재하는 것은 아니라고 한다. 아울러 직원들은 전체 조직이 아닌 자신과 직접적으로 관계가 있

다음으로 만일 위 질문에 긍정적인 대답이 내려질 수 있거나 그러한 경우가 있다 해도 현행 양벌규정의 조문구조에 비추어 과연 집단책임 이론을 도입한 것으로 평가할 수 있는지 의문이다. 플레처의 이론대로 라면 법인에 비해 그 종업원의 형사책임은 감경되어야 한다. 그러나 현행 개정 양벌규정은 "그 행위자를 벌하는 외에 그 법인 또는 개인에게 도 해당 조문의 벌금형을 과한다."고만 규정하고 있을 뿐 종업원에 대한 책임감경적 구성요건은 찾아볼 수 없기 때문이다. 또한 2008년 6월 22일부터 시행되고 있는 질서위반행위규제법 제11조가 "법인의 대표자, 법인 또는 개인의 대리인·사용인 및 그 밖의 종업원이 업무에 관하여 법인 또는 그 개인에게 부과된 법률상의 의무를 위반한 때에는 법인 또는 그 개인에게 과태료를 부과한다."고 규정하여 행위자에 대해서는 과태료를 부과하고 있지 않은 것도 역시 새로운 형태의 집단책임을 도입한 것으로 이해하려는 시도 역시 엄밀히 말해 플레처의 구상과는 다르다. 그는 집단책임을 개인책임에 대한 감경적 요소(mitigating factor)로 파악하고자 하는 바, 종업원의 책임을 완전히 면책(exculpating)시키고 있는 동 조문은 차이가 있기 때문이다.64)

2) 플레처 이론의 재해석

양벌규정 상 법인의 처벌근거에 대해서는 다양한 학설이 제시되어 있다. 그러나 중요한 사실은 그 모든 학설은 자유주의적 관점에 기초하고 있다는 점이다. 다시 말해 법인을 하나의 개별적 행위자로 간주하고 그 책임을 논하는 것이지, 유기체적 행위자(organic actor)로서의 법인의

는 작업집단과 자신을 동일시하는 경향을 보인다고 한다. 따라서 기업 전체에 대한 충성심보다는 작업 집단에 대한 충성심을 규정한 세밀한 모델이 좀 더 현실적인 모델이 될 수 있다. 앞의 책, 73면과 77면 참조. 이는 집단책임 이론을 기업조직에 적용하는 데 있어서도 고려되어야 할 대목이다.

64) 한편 플레처의 집단책임이론에 대해 왜 "개인책임이 면책될 수는 없고, 감경되어야만 하는가?"라고 예리한 지적을 하는 견해도 있다. Herbert Morris, 앞의 논문, 746-747면.

집단성(collectivity) 고려하고 있는 것은 아니다. 따라서 엄밀히 말해 플레처의 집단책임 이론을 개정 양벌규정의 해석에 가져오는 것은 적절하지도, 타당하지도 않다. 그보다 플레처의 이론은 양벌규정에 의해 법인의 책임을 물을 수 없는 경우, 즉 처벌의 필요성이 존재함에도 불구하고 현행법상 처벌의 공백이 노정되는 경우에 일반적으로 적용될 수 있는 이론으로 자리매김하는 것이 옳을 것이다. 다시 플레처의 논의 처음으로 돌아가면, 집단책임은 진주만 공습이나 911 사태와 같이 한 행위자에게만 책임을 묻는 것이 우리의 도덕적 직관에 배치되는 부당한 결과를 가져오는 특정한 경우를 전제로 인정된 것이다.[65] 따라서 일정한 정책적 목적에 의해 고안된 양벌규정이 상정하는 경우가 아니더라도 법인의 처벌이 요구되고, 또 정당한 경우라면 법인을 처벌할 수 있는 이론으로 이해하는 것이 타당하다고 본다. 물론 이를 위해서는 무엇보다 법인책임에 대한 형법총칙상의 명확한 입법이 전제되어야 할 것이며, 그 과정에서 법인과 그 종업원 간의 내적 응집의 '충분성'이라는 요건을 명시적으로 두어, 그 종업원의 행위가 곧 법인의 의사를 '표현하는' 것으로 볼 수 있을 만큼 긴밀히 접착된 관계가 필요하다는 점이 명문화되어야 할 것이다.[66]

---

65) 또한 행위자와 그 수뇌부, 다시 말해 기업으로 치자면 종업원과 이사회 구성원, 나아가 지배주주까지 모두 공동정범으로 보아 처벌하더라도 여전히 책임추궁이 불충분하다고 판단되는 경우에 적용되는 이론인 것이다.

66) 예컨대 S기업이 수년째 자동차사업 진출을 시도했으나 번번이 실패한 결과 현재 라이벌 기업과의 선두다툼에서 크게 뒤졌을 뿐 아니라 재무구조도 크게 악화되었고, 수년 내 자동차사업을 유치하지 못할 경우 더 이상 시장에서 살아남기 어렵다는 보고서가 제출된 상태라고 할 때, 동 기업의 지배주주이자 대표이사인 L이 회사의 영광과 명예를 걸고 자동차사업 인가를 받기 위해 관련 공무원에게 거액의 뇌물을 준 경우 이것을 L이라는 개인의 행위라고만 보고 L만 단죄하는 것은 부당할 것이다. 이 경우 대표이사 L의 범행은, 누군가 그러한 방법이라도 취하지 않을 수 없도록 직·간접적으로 부추겨 온 회사내부의 부도덕한 분위기를 반영하는 것으로, 대표이사 L이 곧 S기업의 집단적 고의를 표현한(express) 것으로 볼 수 있을 것이다. 이러한 사례에 있어서 대표이사의 행위를 법인의 행위로 보아야 한다는 유사한 입장으로는 오영근, 형법총론, 2005, 142면.

플레처의 집단책임 이론을 이렇게 재해석하는 것은 법인에 대한 개별적 규제방식이 아닌 법인책임의 총칙화를 요구하는 것이다. 즉, 이것은 해석론이 아니라 입법론에 더 의의를 두려는 시도이다. 그렇다면 기업범죄에 대한 형사적 대응은 다음과 같이 체계화 될 수 있다. 우선 현행 형법상 범법행위를 직접 또는 공범관계에 의해 실행한 기업구성원 개인에 대한 처벌이 가능할 것이다. 다음으로 양벌규정에 의해 행위자 개인과 더불어 법인을 처벌할 수 있다. 만일 행위자 개인 또는 행위자와 그 공범만을 처벌하거나 양벌규정의 미비로 인해 법인을 처벌할 수 없어 처벌의 공백이 생기는 경우, 그러한 사안에 있어서는 플레처의 이론에 의해 법인책임을 인정할 여지가 있을 것이다. 물론 그 전제로서 집단책임을 인정할 수 있는 요건이 형법총칙에 입법화되어야 할 것이다. 다만 이 경우 플레처의 이론대로라면 법인의 의사를 표현하여 범죄를 저지른 행위자 개인의 형은 감경되어야 한다는 점이 의문시될 수 있다.67) 법인처벌을 위해 그 구성원에 대한 처벌을 경감시키면 오히려 형벌의 위하력이 제 기능을 발휘하지 못하지 않겠느냐는 것이다. 이 난점은 플레처의 이론을 법인책임에 그대로 적용하는 과정에 수반되는 한계점이기도 하다. 하지만 플레처의 이론적 구상을 전적으로 수용한다 하더라도, 개인적 자아와 법인의 집단적 의사간의 내적 응집이 충분한

---

67) 흥미롭게도 개정 전 조세범처벌법 제3조는 "법인의 대표자, 법인 또는 개인의 대리인, 사용인 기타의 종업원이 그 법인 또는 개인의 업무 또는 재산에 관하여 이 법에 규정하는 범칙행위를 한 때에는 행위자를 벌하는 외에 그 법인 또는 개인에 대하여서도 각 본조의 벌금형에 처한다. 다만, 행위자에 대하여서는 정상에 의하여 그 형을 감면할 수 있다(법률 제2714호, 1974.12.24)."고 규정하고 있었던 바, 플레처의 구상에 더 부합되는 구조를 취하고 있었다. 그러나 현행 조세범처벌법은 2010. 1. 1에 전부개정되면서 제18조(양벌 규정)에 "법인(「국세기본법」제13조에 따른 법인으로 보는 단체를 포함한다. 이하 같다)의 대표자, 법인 또는 개인의 대리인, 사용인, 그 밖의 종업원이 그 법인 또는 개인의 업무에 관하여 이 법에서 규정하는 범칙행위를 하면 그 행위자를 벌할 뿐만 아니라 그 법인 또는 개인에게도 해당 조문의 벌금형을 과(科)한다. 다만, 법인 또는 개인이 그 위반행위를 방지하기 위하여 해당 업무에 관하여 상당한 주의와 감독을 게을리하지 아니한 경우에는 그러하지 아니하다."고 새롭게 규정하였다.

경우는 그리 많지 않을 것이란 점을 고려한다면, 형사처벌 상의 흠결은 중대한 정도가 되지는 않을 것이다. 따라서 플레처의 이론의 미덕, 즉 어떻게 집단이 고의를 지닐 수 있고 범죄를 저지르며 책임을 질 수 있는가에 대한 낭만주의적 설명방식이 타당하다면, 여전히 그의 구상은 음미할 필요가 있다고 본다.

이상 플레처의 집단책임 이론이 법인책임 논거의 재구성에 기여할 수 있는 바를 검토해 보았다. 그 요지는 양벌규정에 의한 처벌의 공백이 생기는 경우 보충적으로 적용될 수 있는 이론이라는 것이다. 하지만, 기업에 대한 형사적 규제의 적절성이란 관점에서 보자면 이러한 구상도 여전히 불완전한 것이다. 앞서 논급한 바 있듯, 법인 자체의 고의와 책임을 인정하는 판례와 이론은 더 다양하다. 현대사회의 기업 조직이 고도로 분화되고 복잡화된 점에 착안해 기업 구성원의 인식의 총합 또는 기업의 방침 내지는 내부적 관행을 기업전체의 고의로 보거나, 객관적으로 업무관련성이 있는 조직 내 모든 업무담당자의 행위를 법인의 행위로 파악하는 기업조직체책임론 등이 바로 그것이다. 만일 기업에 대한 형사적 규제가 보다 적실히 실현될 필요와 정당성이 있다면, 이러한 관점도 적정수준에서 수용할 필요가 있을 것이다. 이를 위해 현행 양벌규정에 의한 개별적 규제방식을 지양하고, 그보다 형법총칙에 기업의 형사책임에 관한 상세한 구성요건을 설정해, 프랑스 형법의 총칙규정처럼[68] 통일적 방식으로 해결하는 것이 더 바람직할 것이라고 본다. 여기서 법인책임에 대한 모든 논점을 다 다룰 수는 없다. 법인 자체의 책임을 긍정하는 여타 제 이론에 대한 검토와 법인에 대해 어떠한 형벌을 부과하는 것이 바람직한 것인지, 그리고 법인 범죄의 형법총칙상의 명문화에 대한 보다 상세한 논의는 다음 기회로 미루고자 한다.

---

68) 프랑스 형법 제121-2 참조.

IV. 맺음말

몇 년 새 불어닥친 전 세계적 금융위기와 경기침체는 그동안 우리에게 익숙해져 있던 많은 것들에 대해 반성하게 되는 계기가 되고 있다. 바로 기업과 법의 관계도 그 중 하나며, 경제와 법을 지배하던 자유주의 사조에 대한 반성도 그러하다. 바야흐로 기업활동에 대한 규제의 목소리가 높아지고 있는 것이다. 본고는 이러한 문제의식에서 출발하여 최근 자유주의의 한계를 지적하며 낭만주의 관점에서 집단책임이론을 새롭게 구성한 플레처의 논증을 검토해 보면서 이를 법인책임의 논거를 재구성하는데 적용해 보았다. 결론적으로 집단책임이론은 양벌규정에 의해 법인을 처벌하지 못하는 경우를 보완해 줄 수 있으며, 그렇지만 기업에 대한 형사적 규제가 충분히 이루어지기 위해서는 플레처의 집단책임 이론 이외에도 '집단인식(collective knowledge)'에 의해 법인책임을 인정하는 견해나 기업조직체책임론 등에서 제시하는 관점 등을 적정수준에서 종합적으로 수용해 형법전에 법인의 형사책임에 대한 상세한 구성요건을 설정하는 것이 바람직하다는 것이 본고의 요지이다.

기업에 대한 형사적 규제의 다각화를 강구하는 것이 건전한 기업활동을 위축시키는 원흉으로 오해되어서는 안 될 것이다. 이러한 다각화는 결코 책임없는 기업을 처벌하려는 시도가 아니며, 그동안 책임이 있음에도 불구하고 법적으로 방치되고 있던 기업활동영역을 법의 테두리 안으로 다시 가져오려는 것이다. 오히려 이러한 시도는 최근 금융위기의 교훈에서 살펴보았듯 기업활동에 적정한 한계를 명확하게 그음으로써 궁극적으로 도덕적으로 절제된 자본주의를 구현하는데 일조하는 것이라 본다. 이런 맥락에서 "경제는 도덕의 바다 위에 떠있는 섬이다."라고 말한 "대공황(The Great Crash)"의 저자 갤브레이스의 통찰은 분명 시사하는 바가 크다 할 것이다.

§ 7. Rethinking '플레처의 집단책임론'

Ⅰ. 집단책임론에 대한 몇 가지 반론

미국의 형법학자 플레처(George G. Fletcher)가 주창한 집단책임
(collective guilt) 이론[1]이 최근 국내·외 학계에서 다각도로 검토되고 있
다.[2] 근대 이후 형법상 책임은 개인책임이 원칙이지만 이제 바야흐로
집단책임이 본격적인 학문적 논쟁의 수면위로 부상하고 있는 것이다.
물론 집단책임이 플레처에게서 처음 인식된 것은 아니다. 여러 형태의
집단책임론이 이전부터 꾸준히 논의되어 왔으나,[3] 플레처와 같은 주장

---

1) 잘 알려져 있다시피, 플레처는 이 이론을 2001년 예일대 로스쿨의 스토스 강연을
   통해 처음 주창하였고, 이후 그의 강연원고를 수정한 논문(George P. Fletcher,
   The Storrs Lectures: Liberals and Romantics at War: The Problem of Collective
   Guilt, *111 Yale Law Journal 1499*, 2002)과 저서(George P. Fletcher, Romantics
   at War: Glory and Guilt in the Age of Terrorism, Princeton; Oxford: Princeton
   University Press, 2002)가 출간되었다.
2) William B. Michael, Romanticizing Guilt, *112 Yale L.J. 1625* (2003); Herbert
   Morris, George Fletcher and Collective Guilt: A Critical Commentary on the 2001
   Storrs Lectures, *78 Notre Dame L. Rev. 731* (2003); David N. Cassuto, Crime,
   War & Romanticism: Arthur Andersen and the Nature of Entity Guilt, *13 Va.
   J. Soc. Pol'y & L. 179* (2006). 우리나라의 경우 조병선, 형법에서 행위자의 특
   정: 개인책임과 단체책임, 서울대학교 법학 제50권 제2호, 2009 참조.
3) 예컨대 칼 야스퍼스(Karl Jaspers)는 그의 저서 "The Question of German
   Guilt(E. B. Ashton trans., 1947)"에서, 책임(guilt)을 형법적, 도덕적, 정치적, 형이
   상학적 차원의 책임으로 분류하였다. 그는 일정한 그룹의 집단책임을 긍정하면서
   도, 유대인 대학살에 대한 독일의 집단책임(German guilt)은 부정하였다. 그 이유
   는 첫째, 독일인(German nation)이라는 집단의 경계(contours)가 불확실하기 때문
   이고, 둘째, 역사적으로 볼 때, 집단책임은 반유대주의(anti-Semitism)와 같은 해
   악을 낳았기 때문이다. 즉, 유대인 대학살에 대한 독일의 집단책임을 묻는 것은,
   마치 유대인이 예수의 십자가 처형에 협조한 것에 대해 유대인 전체의 죄책을

을 한 경우는 거의 찾아볼 수 없다는 점에서 그의 이론의 독창성과 가치를 찾을 수 있다 할 것이다. 하지만 이론이 독창적인 만큼 그 수용과정이 결코 순탄하지만은 않은 듯 보이며, 관련 학계로부터 다각도로 비판을 받아 왔던 바, 이하 본고에서는 플레처의 주장에 대한 몇 가지 주요 반론을, 형사법적 측면에만 국한하여 특히 모리스(Morris) 교수의 비판적 논평을 중심으로 검토해 보기로 한다. 나아가 플레처의 집단책임론이 법인책임의 재구성에 어떠한 역할을 할 수 있는지도 다루어 보고자 한다.

1. 집단의 책임을 입론함에 있어서 반드시 낭만주의를 원용할 필요가 있는가?

미국의 저명한 법철학자이자 형법학자인 허버트 모리스는 2003년에 발표한 논문, "플레처와 집단책임: 2001년 스토스 강연에 대한 비판적 논평"에서 플레처의 집단책임론에 대해 몇 가지 중요한 문제점을 지적하였다.

묻는 것과 같다는 것이다. 플레처는 칼 야스퍼스의 견해에 대해, 독일인의 경계가 분명하지 않다는 주장에 대해서는 반대하지만, 독일의 집단책임을 인정하는 것은 결국 반유대주의를 되풀이하는 과오를 범하는 것이라는 지적은 수용하여, 집단책임은 결코 개인을 통해 유전되지 않는다는 이론적 탈출구를 찾는다. 다시 말해 집단책임이 곧 그 구성원 모두의 개인책임을 의미하지는 않는다는 것이다. 한편 이 밖에 일정한 단체나 조직의 집단책임을 인정하는 견해는 주로 법인의 형사책임(corporate criminal liability)과 관련하여 폭넓게 논의되어 오고 있다. 대표적인 논문을 두 편 소개하자면 Martin J. Weinstein & Patricia Bennett Ball, Criminal Law's Greatest Mystery Thriller: Corporate Guilt through Collective Knowledge, *29 New Eng. L. Rev. 65* (1994)와 John Hasnas, The Century of A Mistake: One Hundred Years of Corporate Criminal Liability, *46 Am. Crim. L. Rev. 1329* (2009)가 있다. 전자는 법인의 형사책임을 긍정하는 입장이고, 후자는 New York Cent. & H.R.R. Co. v. United States, 212 U.S. 481 (1909) 판결 이래로 지난 1세기 동안 법인의 형사책임을 인정해 왔던 판례의 입장을 비판하고 있다. 양자 모두 흥미로운 제목으로 눈길을 끈다.

우선 그는 집단책임을 인정함에 있어서 반드시 낭만주의를 끌어올 필요가 없다고 말한다. 예를 들어 법인의 형사책임(corporate criminal liability)은 굳이 낭만주의가 아닌 자유주의적 관점 하에서도 개념적으로 얼마든지 인정될 수 있다는 것이다. 즉, 로스쿨 교수진이라든지 정부와 같은 집단적 실체(collective entities)에 대해서도 우리는 다양한 속성을 부여할 수 있으며, 따라서 자유주의자인 로스쿨 교수도 그가 속한 로스쿨 교수진 전체가 어리석게 또는 부정하게 행동했다고 생각할 수 있다고 한다. 이런 경우에도 책임귀속(attribution of guilt)에 전혀 문제가 없는데, 왜냐하면 자유주의적 관점에서도, 개인책임에 기초해서 정부(government)나 각 부처(department)가 위법한 행위를 할 경우, 그에 대한 책임을 묻는 것이 불가능하지 않기 때문이다.[4] 이 점은 특히 자유주의자건 낭만주의자건 개인 행위자의 책임으로부터 집단책임을 도출해내는 데 있어서 그 행위자 개인이 단순히 집단의 구성원이라는 사실만으로는 부족하고 그 집단을 대표하는 능력(capacity as a representative of the collective)이 요구된다는 점에 비추어 볼 때, 낭만주의와 자유주의의 구분이 집단책임의 인정에 기여하는 바가 무엇인지 의문시된다고 비판한다.[5]

2. 집단책임은 모든 집단구성원의 개인책임을 함축하는가?

다음으로 모리스는 집단책임이론에 대해 누구나 품게 되는, 그러나 매우 중요한 질문을 던진다. 이는 바로 집단책임을 인정하게 되면, 과연 모든 개인도 책임을 지게 되느냐는 것이다. 이에 대해 플레처는 그의 논문에서는 다소 불명확한 태도를 취하고 있다. 그는 집단책임이 후대에 유전될(passed by birth to next generation) 수 있는 전제 하에, 모든 독일인에게 책임을 지우는 것은 명백히 반유대주의 같은 오류를 범하

---

4) Herbert Morris, 앞의 논문, 735면.
5) Herbert Morris, 앞의 논문, 736면.

는 것이라고 본다. 즉, 나치독일 당시의 모든 독일인은 집단적으로 책임을 질 수 있지만, 그렇다고 집단책임이 유전되어 후대의 모든 독일인에게 책임이 있다고 볼 수는 없다는 것이다.6) 다시 말해 집단책임은 후대에 유전될 수 있으나, 그것은 집단에서 집단으로 이어지는 것이지, 후대의 개인에게까지 책임이 유전되는 것은 아니라는 것이다. 그런데 집단책임이 후대의 개인책임과는 무관하다는 점은 명확히 하면서도 당대의 개인책임에 대해서는 명확한 언급이 없다. 이러한 태도는 그의 논문에 계속 등장한다. 그는 집단책임은 개인책임에 대해서 아무 관련이 없다고 말하면서도, 이 말의 의미를 과거에 국가에 집단책임이 있다는 사실과 현재의 특정한 국민이 유책한지 무책한지 여부는 무관하다(nothing follows)는 뜻으로 다시기술하고 있다.7) 나아가 특정한 개인들의 책임여부는 열려 있는 문제라고 결론내리고 있기 때문에,8) 후대가 아닌 당대의 개인책임에 대해서는 명확한 입장을 이해하기 힘들다.

이에 대해 모리스는 집단책임으로부터 개인책임을 도출할 수 없게 만드는 것은 행위자 개인이 당대에 살아 있었느냐 아니냐의 여부가 아니라고 비판한다. 다시 말해 후대의 사람에게만 개인책임이 부정되고, 당대의 사람에게는 인정될 수 있지는 않다는 것이다. 예컨대 예수가 살던 시대에, 몇몇의 유대인이 유대인의 이름으로, 그러한 권한을 부여받고, 예수에게 중대한 부정행위를 한 책임이 있는 경우에, 우리는 유대인 전체에게 집단책임을 인정할 수 있겠지만, 그렇다고 그 당시에 살았던 또는 그 이후에 살았던 모든 특정한 유대인에게 책임이 있다고 할 수는 없다는 것이다. 또 나치독일 당시에도 유아(乳兒)여서 책임을 물을 수 없거나, 명백히 나치의 만행에 생명의 위험을 무릅쓰고 반대한 사람은 책임이 있다고 볼 수 없다고 한다. 역시 마찬가지로 당대의 범법자가 살아있어야만 후대에까지 집단책임이 인정되는 것도 아니라고

---

6) George P. Fletcher, 앞의 논문, 1533면.
7) George P. Fletcher, 앞의 논문, 1549면. 플레처는 집단책임의 이러한 성격을 '비전이적(nontransitive)'인 것이라고 칭한다.
8) George P. Fletcher, 앞의 논문, 1572면.

모리스는 지적한다. 요컨대 행위 당시 행위자의 출생여부는 집단책임과 개인책임의 관계에 중요하지 않다는 것이다.[9]

3. 집단책임은 개인책임의 감경사유로서 형법상 필요, 적절한 것인가?

모리스의 비판은 무엇보다도 집단책임이 개인책임의 감경사유가 된다는 플레처의 가장 핵심적이고 독창적인 이론에 집중되어 있다. 그 주요한 내용을 살펴보면, 우선 그는 플레처의 논변이 국가의 부도덕한 규범형성으로 인해 개인의 비판적 판단능력에 장애가 발생한 점에서 출발한다는 사실에 초점을 맞춘다. 즉, 플레처에 따르면 개인은 국가의 범행을 부추기는 지배적 문화로 인해 자기교정 능력을 상실해 2차적 의지에 순응할 수 없어서 범죄를 저지른 것이기 때문에 책임이 감경되어야 한다는 것인 바, 이는 행위자가 올바른 행위를 판단할 수 없도록 시비변별능력에 영향을 미쳤다는 것이고, 이러한 논리구조는 법적으로 심신장애(legal insanity)가 행위자의 책임능력에 미치는 영향과 유사하다는 것이다. 다만, 전자는 사회적 환경(societal environment)이 원인이 되는 것이고, 후자는 정신적 장애요인(psychotic condition)이 원인이 된다는 점에서 차이가 있다. 하지만 모리스는 이에 대해 다음과 같은 질문을 던진다. 첫째, 행위자의 개인책임의 감경에 반영되어야 하는 것이 왜 굳이 집단(collective)이어야 하는가? 둘째, 만일 그것이 집단이라면, 꼭 그 집단은 유책해야(guilty) 하는가? 셋째, 만일 그것이 집단이고, 그 집단이 유책하다 하더라도, 그러한 개인책임의 감경을 정당화시켜주는 것이 과연 바로 그 집단책임인가?[10]

모리스의 질문은 이런 취지이다. 첫째, 책임이 감경되는 이유가 행위자의 도덕적 자기비판능력이 그 어떤 실체에 의해 영향을 받았기 때문이라고 볼 때, 그렇다면 그 영향을 준 실체가 반드시 집단이어야 한다

---

9) Herbert Morris, 앞의 논문, 736-739면.
10) Herbert Morris, 앞의 논문, 744-745면.

는 논리필연적 이유는 없다는 것이다. 다음으로 설령 그 어떤 실체가 집단이 될 수 있다 하더라도, 그 집단이 유책해야 할 논리필연적 이유도 없다는 것이다. 그렇기 때문에 집단책임이 인정될 수 있다고 하더라도 개인책임의 감경을 초래하는 것은 집단책임이 아니고 바로 그 행위자의 도덕적 판단능력이, 반드시 책임감경을 요하는 방식으로(in the requisite manner) 영향을 받았다는 사실 그 자체라고 모리스는 지적한다. 예를 들어 아이히만의 경우를 보더라도, 그가 유대인 학살에 앞장선 것이 나치독일의 집단책임 때문이 아니라 뇌종양 때문이거나 히틀러에게 세뇌를 당해서(mesmerized)라고 생각할 수 있다는 것이다. 또한 설령 아이히만의 행동에 영향을 준 것이 집단이라고 하더라도, 반드시 집단이 유책해야 할 필요는 없는데, 왜냐하면 그 집단의 광기(collectively psychotic)로 인해 아이히만에게 영향을 주었을 수 있고, 집단적으로 정신병을 앓고 있었다면 집단 그 자체는 책임이 없기 때문이다. 나아가 설령 그 집단이 유책하고, 집단이 아이히만의 도덕적 판단능력에 책임감경에 요구되는 방식으로 영향을 주었다 하더라도 그에 대한 책임감경의 근거가 되는 것은 집단책임이 아니라 도덕적 능력에 대한 영향 그 자체(the effect on capacity)라고 모리스는 강조한다. 요컨대 행위자의 도덕적 능력의 상실에 영향을 주는 것은 집단도 집단책임도 아니라는 것이다.[11]

　이 밖에도 책임감경사유로서 집단책임에 대한 모리스의 비판은 더 철저하게 전개된다. 플레처에 의하면 집단책임이 개인책임을 감경하게 되는 논리구조는 행위자의 시비변별능력을 저해하기 때문이다. 그렇다면 만일 집단의 모든 외부적 신호가(all the external signals) 행위자가 실제로는 범행을 저질렀음에도 불구하고 정당한 일을 한 것처럼 가리킨다면, 다시 말해 집단의 지배적 도덕규범이나 정서(prevailing moral norms and sentiments) 또는 세론(世論)의 일반적 분위기가(general climate of opinion)[12] 행위자의 2차적 의지를 저해하여 도덕적 판단능력을 완전히

---

11) Herbert Morris, 앞의 논문, 745면.

떨어뜨린 경우라면 어째서 책임이 완전히 조각되지(exculpating) 않고 감경(mitigating)되어야 하는가라고 모리스는 의문을 제기한다. 한 마디로 집단책임이 왜 책임감면요소가 아닌 책임감경요소로만 기능하느냐는 것이다.[13]

　나아가 모리스는 만일 집단책임을 책임감경사유로 인정하게 된다면 빈곤(poverty)이나 동료집단에서 가해지는 사회적 압력(peer pressure) 및 가족의 영향(familial influence)도 행위자의 도덕적 비판능력을 저해할 수 있는 한 모두 책임감경사유가 될 위험이 있다고 지적한다. 너무 많은 사회환경적 요소가(societal environments) 법적 고려대상이 된다는 것이다. 그러나 모리스는 그러한 요소를 모두 책임판단에 필요한 사유로 관념할 수 없고, 또 그러한 요소들이 행위자에게 영향을 줄 수 있다 하더라도 과연 어느 정도로 중요한 의미를 지닐 수 있는지 확실성(certitude)을 담보할 수 없기 때문에 법은 책임감경사유를 인정하는 데 있어 보수적인 태도를 취할 수밖에 없다고 본다.[14]

　끝으로 그는 행위자에 대한 도덕적 비난가능성에 영향을 미치는, 집단책임 등의 사회환경적 요소들에 대한 평가는 궁극적으로 신에게 맡길 수밖에 없으며, 그렇다고 하더라도 신은 결코 히틀러에게 관용을 베풀지 않을 것이라고 통렬히 논박한다. 한 마디로 플레처의 집단책임 이론의 책임감경 구상은 우리의 직관에도 배치된다는 것이다.[15]

---

12) 집단의 모든 외부적 신호란, 문맥상 지배적 도덕규범이나 정서, 그리고 세론의 일반적 분위기는 물론, 지배적 견해(dominant opinion), 지배적 신념체계(dominant systems of beliefs) 등과 호환되어 사용되고 있다. 이에 대해서는 George P. Fletcher, 앞의 책, 173-174면과 George P. Fletcher, 앞의 논문, 1541면 참조.
13) Herbert Morris, 앞의 논문, 746면.
14) Herbert Morris, 앞의 논문, 748-749면.
15) Herbert Morris, 앞의 논문, 749면.

II. 견해의 검토

1. 첫 번째 반론에 대한 평가

낭만주의를 원용함이 없이도 집단의 책임을 인정할 수 있다는 모리스의 지적은 옳다. 일상적 언어관행을 보더라도 "S전자 주식회사의 잦은 회계처리방식 변경은 분식회계에 상당할 정도로 지나치다."라든지, "일본 T자동차 회사는 리콜 사태에 책임이 있다." 또는 "P광역시가 그 소속 공무원의 과적차량 운행에 책임이 있다."16)라는 등의 책임비난을 개인이 아닌 집단에 가하는 경우를 쉽게 발견할 수 있다. 또 법인 구성원의 행위 중에는 분명 그 구성원 개인의 행위라기보다는 법인의 행위로서의 성격이 더 강한 경우가 있다는 사실도 잘 알려져 있다. 이를테면 H라는 기업의 대표이사 갑이 신규 법인활동의 허가를 받아내기 위해 관련 공무원에게 뇌물을 준 경우에 이는 갑 개인의 행위라고만 보는 것은 부당하고 H법인의 행위로서의 성격을 지닌 것으로 보아야 한다는 것이다.17) 그러나 자유주의적 사고방식 하에서도 법인 등 단체에 대한 책임비난이 가능하다고 해서 자유주의와 낭만주의적 관점을 대비시키는 플레처의 이론적 구상이 무의미해지는 것은 아니다. 왜냐하면 책임귀속의 방식과 결과에 있어서 분명 자유주의와 낭만주의는 차이를 보이기 때문이다. 모리스는 자유주의적 관점에서도, 개인책임에 기초해 법인의 형사책임을 인정하는 것이 불가능하지 않다고 지적한다. 이 경우 자유주의적 관점에 따르더라도 행위자 개인이 단순히 집단의 구성원이라는 사실만으로는 부족하고 그 집단을 대표하는 능력이 요구된다

---

16) 부산지법 2004.4.22 선고, 2003노4401 판결; 대법원 2005.11.10 선고 2004도2567 판결. 참조. 동 사안은 양벌규정의 적용대상에 사법인뿐만 아니라 지방자치단체도 포함된다고 인정한 예이다.

17) 오영근, 형법총론, 2005, 142면; 이천현, 법인의 범죄주체능력과 형사책임, 형사정책연구 제22권, 2004, 74면 참조.

는 점에서 집단과 개인의 강력한 내적 응집을 요구하는 낭만주의적 구상과 별 차이가 없다는 점도 지적한다. 일견 옳은 듯 보이는 지적이나, 좀 더 신중히 검토해볼 필요가 있다.

개인책임에 기초해 법인의 형사책임을 인정할 수 있다는 것은, 그가 명시적으로 설명하고 있지는 않지만, 이는 미국법상의 대위책임론 (vicarious liability)을 염두에 둔 것으로 보인다. 전통적으로 영미법은 법인의 형사책임을 인정함에 있어서 종업원 개인의 행위책임을 법인에게 귀속시키는 법리를 발전시켜 왔다. 다만 그 전개양상은 차이가 있는 바, 영국은 법인의 두뇌에 해당하는 고위 관리직의 범주에 해당하는 종업원의 의사와 행위만을 법인자체의 의사와 행위와 동일시할 수 있다고 보는 동일시원리를 채택하였고, 미국은 직급과 직무에 관계없이, 일정한 조건 하, 예컨대 자신의 직무범위 내에서 기업을 위해서 한 행위라면, 모든 종업원의 행위를 법인에 귀속시킬 수 있다는 대위책임론으로 각자 법인범죄에 대한 고유의 형사책임 법리를 전개시켜 왔던 것이다.18) 따라서 모리스가 보기에는 자유주의적 책임론 하에서도 대위책임론을 통해 집단책임을 인정하는 것이 불가능하지 않으며, 이 경우 낭만주의적 관점이 집단과 행위자 간의 특수한 관계를 요구하듯, '집단을 대표하는 능력'이 요구된다는 점에서 양자 사이에는 별다른 차이가 없다는 것이다.

그러나 플레처의 집단책임 구상은 전통적 대위책임의 원칙과는 분명히 다르다. 대위책임의 원칙 하에서는 범죄를 저지른 행위자가 확정되어야만, 그 책임을 집단에 귀속시킬 수 있다. 그런데 집단책임론에 의

18) 영미 법인책임법리의 발달과정에 대해서는 Amanda Pinto & Martin Evans, Corporate Criminal Liability (London: Sweet & Maxwell, 2003), 3-31면; Ann Foerschler, Corporate Criminal Intent: Toward a Better Understanding of Corporate Misconduct, *78 Cal. L. Rev. 1287* (1990), 1292-1298면; 조국, 법인의 형사책임과 양벌규정의 법적 성격, 서울대학교 법학 제48권 제3호, 2007, 61-62; 송기동, 영미 기업범죄 형사책임의 전개, 형사정책 제20권 제2호, 2008, 44면 이하 참조.

하면 범죄를 저지르는 것은 집단 그 자신이며, 따라서 집단 구성원은 집단의 범의를 표현하는(express) 수단에 불과하다. 플레처의 예시처럼, 양자는 오케스트라와 그 바이올리니스트 단원의 관계인 것이다. 그렇다면 대위책임 원칙과는 달리 행위자가 구체적으로 누구인지는 중요하지 않다. 이러한 사고방식의 차이는 실제 사례에서도 법인책임의 법리구성에서 매우 중요한 차이를 가져올 수 있으며, 이를 잘 보여주는 실례는 다음과 같다. 2002년 6월 15일, 미국 휴스턴 연방지법 배심원단은 회계법인 아더앤더슨(Arthur Andersen)에 대해 관계당국의 수사를 방해한 사법방해죄(obstruction of justice)로 유죄평결을 내렸다. 엔론 사의 회계부정사실을 은폐하기 위해 회계장부 및 컴퓨터 파일 등을 파기했기 때문이다. 이 사건에서 법리적으로 쟁점이 되었던 것은, 전통적 대위책임의 원칙에 따르면 범죄를 저지른 법인 구성원을 확정할 수 있어야만 그의 행위를 법인에 귀속시킬 수 있지만 이 사건에서는 누가 유책한 행위자인지에 대해 배심원들의 의견이 일치되어 있지 않았기 때문에, 아더앤더슨의 형사책임을 어떻게 구성할 것인지가 문제였다. 이에 대해 하만(Harmon) 판사는 "앤더슨의 유죄를 입증하기 위해서는 합리적 의심의 여지없이(beyond a reasonable doubt), 적어도 한 명의 앤더슨 직원이 범의를 지니고 범행을 저질렀음을 입증해야 하며, 그러나 그가 누구인지에 대해서 만장일치로 동의할 필요는 없다"고 배심원들에게 설시함으로써 법인책임 법리구성에 새로운 장을 열었다.19) 이러한 법리구성은

---

19) 이 사안에서 과연 누가 유책한 행위자인지 논란이 되었던 인물들은 엔론의 회계감사를 담당한 아더앤더슨의 수석파트너(lead partner)인 데이비드 던컨(David Duncan)과, 엔론 감사팀의 마이클 오둠(Michael Odum), 그리고 아더앤더슨의 사내 변호사(in-house attorney)인 낸시 템플(Nancy Temple) 등의 세 사람이었다. 동 사안의 사실관계와 법리적 공방에 대해서는 David N. Cassuto, Crime, War & Romanticism: Arthur Andersen and the Nature of Entity Guilt, *13 Va. J. Soc. Pol'y & L. 179* (2006), 190-207면. 단, 하만 판사의 설시 이후 배심원단은 결국 낸시 템플을 유책한 행위자로 지목함으로써 결과적으로는 대위책임의 원칙에 의해 아더앤더슨에 유죄평결을 내렸다. 아더앤더슨 평결의 법리적 의의에 대해서는 안성조, 2002 아더앤더슨 유죄평결의 의미 －미국 판례 상 집단인식 법리의 형

전통적 대위책임의 원칙에서 벗어나 플레처의 집단책임 구상과 유사한 사고방식이 반영된 결과였던 것이다.[20] 그렇다면 플레처의 낭만주의적 집단책임론은 자유주의적 집단책임 귀속방식과는 분명 다른 측면이 있다고 봄이 옳을 것이다.

2. 두 번째 반론에 대한 평가

플레처의 이론에서 집단책임과 개인책임의 관계가 불명확하다는 지적은 일면에 있어서만 옳다고 본다. 플레처가 다소 불명확한 태도와 표현을 취함으로써 양자의 관계에 대해 모호한 입장을 보이고 있는 것은 사실이다. 예컨대 그는 나치독일 하에서 범행에 생명의 위험을 무릅쓰면서 범행에 명백히 반대한 사람에게도 적어도 형이상학적 책임(metaphysical guilt)은 인정될 여지가 있다고 보고 있기 때문이다.[21] 그

성과 변용-, 형사법의 신동향 통권 제25호, 2010 참조. 2002년 앤더슨 판결은 2005년 5월 31일 배심원에 대한 법관의 설시가 잘못되었다는 이유로 미연방대법원에 의해 파기되었지만, 대법원이 지적한 설시의 오류는 관련 법조문을 잘못 해석하였다는 것이지 행위자의 확정 없이도 법인의 형사책임을 인정할 수 있다는 하만 판사의 논증방식을 명시적으로 문제 삼지 않았다는 점에서 여전히 그 생명력이 살아 있다고 볼 수 있다. 이 점에 대해서는 David N. Cassuto, 앞의 논문, 203-204면과 동 논문의 각주 4)번 및 84)번 참조; Arthur Andersen, L.L.P., v. United States, 544 U.S. 696, 125 S. Ct. 2129 (2005), 2130-2132.

20) 이러한 분석으로는 David N. Cassuto, 앞의 논문, 217-231면. 단, 카수토는 플레처의 이론이 국가가 아닌, 법인(회사)에는 적용될 수 없다고 논증하고 있다.

21) 형이상학적 책임이란 형법적, 도덕적, 정치적 책임 등의 모든 책임을 초월하는 것으로 타인과의 연대의식(solidarity with other human beings)에서 비롯되는 것이다. 다시 말해 곤궁해 처한 사람을 보았을 때, 그를 구할 가망이 전혀 없는 경우에도 구하지 못한 데 대해 발생하는 유형의 존재론적 책임(existential guilt)이다. 탈무드에도 이러한 유형의 무조건적인 책임이 언급되고 있는바, 예컨대 어느 유대인 마을이 적에게 포위되어 적으로부터 누군가 한 명을 인질로 제공하라는 요구를 받았을 때, 랍비의 가르침에 의하면 이러한 경우 마을주민들의 의무는 그들 중 어느 한 명을 지명하여 인질로 제공하는 것이 아니라 함께 죽는 것이다.

러나 전술한 바와 같이 플레처는 단순한 '소속에 의한 책임'이나 '집단
처벌'이란 개념에는 명백히 반대한다고 밝히고 있다. 나아가 그는 논문
이후 저서에서는 집단책임이 인정되더라도 당시의 범행과 무관한 후대
의 개인은 물론 범행에 가담치 않은 당대의 개인에게도 형사책임은 없
거나 감경된다고 보고 있다.[22] 물론 모리스의 비판이 저서가 아닌 논문
에 대해 가해지고 있다는 점에서 논문에는 플레처의 정확한 입장이 반
영되지 않았기 때문에, 타당했다고 볼 수 있겠으나, 저서의 내용까지 고
려한다면 집단책임과 개인책임의 관계에 대한 모리스의 입장과 플레처
의 입장은 상이한 것이 아니라고 볼 수 있을 것이다.

3. 세 번째 반론에 대한 평가

모리스의 지적처럼 책임이 감경되는 이유가 행위자의 도덕적 자기
비판능력이 그 어떤 실체에 의해 영향을 받았기 때문이라고 본다면 그
영향을 준 실체가 반드시 집단이어야 한다는 논리필연적 이유는 없고,
설령 집단이 될 수 있다 하더라도, 그 집단이 유책해야 할 논리필연적
이유도 없다. 그의 지적처럼 일반적으로 책임감경의 근거가 되는 것은
집단책임이 아니라 도덕적 능력에 대한 영향 그 자체라고 볼 수 있기
때문이다. 또 집단책임을 개인책임의 감경사유로 인정하게 되면 너무
많은 사회환경적 요소가 법적 고려대상이 될 수 있다는 그의 지적도 옳
은 것이다. 그러한 요소를 모두 책임판단에 필요한 사유로 관념할 수도
없고, 과연 책임판단에 어느 정도로 중요한 의미를 지닐 수 있는지 불
확실하기 때문이다. 그러나 모리스의 비판은 어딘가 방향이 잘못된 느
낌이 든다. 왜냐하면 플레처가 집단책임을 입론하는 것은 개인책임의
새로운 감경사유를 제시하고자 하는 것이 아니며,[23] 집단책임이란 법형

이에 대해서는 George P. Fletcher, 앞의 책, 79-80면.

22) George P. Fletcher, 앞의 책, 73-78면.

23) 이에 대한 적확한 지적으로는 William B. Michael, Romanticizing Guilt, *112 Yale L. J. 1625* (2003), 1627면.

상이 존재할 수 있다는 논증을 하는 과정에서, 집단책임이 인정되면 논리필연적으로 개인책임이 감경될 수밖에 없다는 결론을 내리고 있는 것이기 때문이다. 다시 말해 모리스는 플레처의 이론이 새로운 책임감경사유를 입론하려는 시도로 이해하고 있지만, 이는 본말이 전도된 평가로서, 사실은 집단책임의 논리적 귀결(logical corollary)로서 개인책임의 감경을 입론하고 있는 것으로 봄이 옳다. 이렇게 본다면 모리스의 비판은 그 자체로는 옳지만, 전체 맥락에 비추어볼 때, 플레처의 이론구상에 대한 것이 아니며, 그가 지어낸 가상의 관념적 대상을 향한 것으로, 실제에서 빗나간 것이다.

다음으로 집단책임이 어째서 책임감경사유로만 기능하고 책임감면사유는 될 수 없는가에 대한 해명이 필요하다는 점에 대해서 살펴보건대, 플레처가 개인책임이 감경되는 원리를 금지착오에 비유해 설명한 것에 비추어 보면, 모리스의 지적처럼 모든 지배적 문화와 규범이 행위자로 하여금 범죄를 허용하는 경우, 이는 독일형법 제17조의 규정처럼 회피불가능한 금지착오가 될 것인 바, 어째서 책임이 조각되지 않고 단지 감경될 뿐이냐는 질문으로 대체할 수 있다고 본다. 그러나 금지착오의 경우라도 그에 대한 법적 효과는 법계와 나라별로 다를 수 있다. 또 형사미성년자의 경우 도덕적 판단능력이 있다 하더라도 책임무능력자로 구분할 수 있듯이 이는 어디까지나 규범적 결단의 문제이고, 단지 도덕적 판단능력의 유무가 책임감경이냐 책임감면이냐를 판정하는 결정적 조건은 아니라고 본다. 또한 모리스도 논박하고 있듯이 직관적으로 봐도 "신은 결코 히틀러에게 관용을 베풀지 않을 것"이라면, 집단책임에 의한 개인책임의 분배수준을 감경에 그치도록 설정하는 플레처의 구상은 적절한 것이 아닌가 생각된다. 이 점은 플레처 역시 집단책임이 개인책임을 감경할 수 있다 하더라도, 많은 경우 그 책임은 중한 형벌(severe punishment)을 받기에 충분한 정도로 남아있을 것이라고 시인하고 있는 사실[24]에 비추어 볼 때 더욱 그러하다고 볼 수 있다.

---

24) George P. Fletcher, 앞의 논문, 1539면. 플레처는 다음과 같이 말한다.

III. 추가 논점

1. 플레처의 보론: 집단책임은 필연적으로 집단에 대한 처벌을 수반하는가?

플레처의 집단책임론에 대해 누구나 가질 수 있는 한 가지 의문은 그렇다면 과연 예컨대, 국가의 집단책임이 인정될 경우 국가에 대한 처벌을 어떻게 하느냐는 것이다. 이에 대해 플레처는 국가의 집단책임은 행위자 개인의 책임을 감경시켜주는 책임분배의 기능을 하며, 그렇게 함으로써 국가의 책임을 기억하도록 하고, 나아가 피해자에게 사죄와 응분의 조치를 할 수 있게 함으로써 양자 간의 화해를 도모할 수 있는 사회적 기능을 하게 된다고 설명하고 있을 뿐, 처벌에 대한 내용은 명시적으로 논급하지 않고 있다.

하지만 플레처는 자신의 논문과 저서에 대한 보론 형식으로 출간한 두 편의 논문 "집단책임과 집단처벌(2004)"25)과 "성서적 사고에 나타난 처벌, 책임, 그리고 수치(2004)"26)에서 이에 대한 자신의 입장을 밝힌다. 그 결론은 한 마디로 책임과 처벌 간에는 필연적인 관계는 없으며, 따라서 집단책임에 대해 참회(confession)로써 처벌에 갈음할 수 있다는 것이다.27) 그리고 그 근거로서 성서 속에 등장하는 책임개념과 처벌 및 참회의 관계를 다양한 성경내용과 구절을 통해 제시한다.28)

"Recognizing the mitigating effect of the nation's guilt would mitigate the responsibility of the offender, though perhaps in many cases this guilt remain sufficiently grave to justify severe punishment."

25) George P. Fletcher, Collective Guilt and Collective Punishment, 5 *Theoretical Inquiries L.163* (2004).

26) George P. Fletcher, Punishment, Guilt, and Shame in Biblical Thought, *18 Notre Dame J.L. Ethics & Pub. Pol'y 343* (2004).

27) George P. Fletcher, 앞의 책, 176-178면.

28) 형법상 책임(Schuld; guilt) 개념의 기원을 성서에서 찾으려는 시도는 그다지 낯선

그런데 문제는, 집단책임에 대해 공개적 참회에 의해 피해 당사자와의 화해의 길을 열어줄 경우 반드시 처벌을 수반할 필요는 없다는 주장은 직관적으로 수긍하기 힘든 면이 있다는 것이다. 예컨대 나치독일의 책임이나 태평양 전쟁당시의 일본의 만행에 대해 단지 참회로써 그 책임이 면제될 수 있다면 그 누가 이를 흔쾌히 받아들이겠는가? 범죄의 정도가 가벼운 경우라면 참회로써 갈음하는 것이 가능하겠지만, 매우 중한 범죄를 저지른 경우 이를 처벌 없이 용서할 수 있다는 사고방식은 직관적으로도 논리적으로도 설득력이 약하다. 그보다는 차라리 국가의 경우에는 그 성격상 국제법적으로나 현실적으로 기소와 처벌이 불가능하기 때문에 개인책임의 분배 및 참회에 의한 피해자와의 화해 기능을 하는 데 만족해야 한다고 시인하는 것이 더 타당하다고 본다. 그렇다면 국가가 아니라 형사소추가 가능한 집단에 대해서는 중대한 범죄에 대해 집단책임이 인정될 경우 그 집단자체에 대한 형사처벌이 가능한 것으로 봐야 하지 않을까? 물론 이 경우 집단구성원 모두에 대해 개인적인 처벌을 할 수 있다는 의미는 아니다. 집단자체에 대한 형사적 제재를 통해 죄값을 치르게 함으로써 집단범죄에 대한 예방적 효과는 물론 집단구성원들로 하여금 집단 내 부도덕한 지배적 규범과 문화를 바꿀 수 있도록 개선·교화하는 효과를 기대할 수 있다는 것이다. 집단책임이론을 이렇게 재해석하더라도 집단책임이 개인책임을 함축하지 않는다는 플레처의 구상을 훼손시키지 않으면서, 오히려 더 타당한 결론에 도달할 수 있다는 장점이 있다.

그렇다면 과연 플레처가 제시한 성서적 근거는 어떻게 이해하는 것이 타당한가? 그가 성서적 전거로부터 집단책임이 처벌을 반드시 수반하지 않는다는 결론을 도출해 내는 방식이 왜 설득력이 없는지 살펴보기로 한다.

것은 아니다. 이러한 시도를 하고 있는 또 다른 문헌으로는 Hellen Silving, Guilt, 서울대학교 법학 제4권 제1/2호, 1962, 31면 이하 참조.

2. 보론에 대한 비판: 성서적 근거에 대한 의문

플레처는 성서, 그 중 창세기의 구절을 인용하며 고대 히브리의 법사상 속에는 집단책임에 대해 공개적 참회(confession)로써 처벌에 갈음할 수 있다는 사고가 존재했다고 주장한다. 이를 위해 그는 죄책에 대한 대가로 희생제물(sacrifice)을 바침으로써 속죄(cleansing)하는 방식과 공개적 참회에 의한 화해라는 두 가지 방식이 병존했음을 몇 가지 사례를 통해 논급한다.29) 그리고 제물과 속죄를 요구하는 방식은 죄책에 대해 처벌을 요구하는 고대시대의 법적 사고방식의 하나로, 범죄와 형벌을 분리하여 생각하기 힘든 현대적 형벌관으로까지 이어져 온 것으로 분석한다.30) 자신이 저지른 범죄에 대해 속죄에 의해 용서받을 수 있다는 규범적 사고방식은 비단 고대 서구의 법사상에서뿐만 아니라 동양의 법사상에서도 찾아볼 수 있는 매우 보편적인 사고였던 것으로 보인다. 예컨대 레위기(제5장 17~18절)나 민수기(제15장 27~28절)에서 여호와의 금령(禁令)을 위반한 경우 일정한 제물을 바치는 제의식에 의해 속죄될 수 있다는 내용은, 인도 최고(最古)의 성전(聖典)인 리그베다(Rgveda)나 베다전통의 인도 고대법전의 하나인 마누법전에서도 유사한 방식으로 나타난다.31) 따라서 성서로부터 현대적 규범의식을 구명해 내려는 플레처의 접근방식은 충분히 수긍할 만하다. 그러나 문제는 '참회'를 처벌에 갈음할 수 있는, 양자택일적일만큼 일반적인 죄책의 상쇄방식으로 해석하는 데 있다. '참회'로써 처벌에 갈음할 수 있는 경우는 대체로 가벼운 경죄에 한한다고 봄이 상식에 부합된다. 예를 들어 고대 사회의 규범적 사고방식의 일면을 엿볼 수 있는 불교 계율을 보더라도

---

29) 그는 창세기 12장, 20장, 26장의 아브라함의 이야기와 37장부터 42장까지의 요셉의 이야기를 대비시키며 다루고 있다.

30) George P. Fletcher, 앞의 논문(*Collective Guilt and Collective Punishment*), 172면 참조.

31) Rgveda VII.86.4; Manu V.20, 21; Manu XI. 45, 147. 보다 자세히는 안성조, 고대 동양에서의 법률의 착오론, 비교형사법연구 제8권 제1호, 2006, 48-60면 참조.

범한 죄의 경중에 따라서 바라이(波羅夷), 승잔(僧殘), 바일제(波逸提), 바라제제사니(波羅提提舍尼), 돌길라(突吉羅)의 5편으로 나누어,32) 이 중에서 가장 중한 죄인 바라이에 대해서는 불공주(不共住), 즉 교단에서 영구 추방하는 처벌이 내려지고,33) 그 다음의 중죄인 승잔죄는 대중 앞에서 참회하고 일정 기간 근신생활을 하는 처벌을 받게 된다. 단, "교단에는 남을 수 있다(殘)"는 점에서 바라이와 구분된다.34) 다음으로 바일제죄는 계율에 어긋난 물건을 내놓고 참회를 부과하는 벌에 처해진다.35) 바라제제사니법은 받아서는 안 되는 음식물을 받은 경우에 성립하는 죄이고 바일제죄보다는 경미한 죄로서 이 경우는 이미 음식물을 먹어버린 뒤이기 때문에 내놓는 물건은 없고 참회만이 부과된다.36) 끝으로 가장 가벼운 죄로서 돌길라는 계율상의 죄가 될 정도에는 이르지 않기 때문에37) 범계(犯戒)자는 입으로 말을 내어 회과(悔過)할 필요는 없고 그저 마음속으로 "이제부터는 범하지 않을 것이다"라고 심회(心悔)하기만 하면 된다.38) 즉, 죄의 경중이 가벼워야 참회로써 처벌에 갈음할 수 있고, 또 가벼울수록 참회의 정도도 단순해진다는 원리를 쉽게 이해할 수 있다. 그렇다면 플레처는 성서해석상 어떤 오류를 범했다고 말할 수 있을까?

우선 그가 '참회'에 의한 '처벌'의 대체가능성을 주장하기 위해 인용하는 개소는 요셉의 이야기이다(창세기 제37~42장). 잘 알려져 있지만, 간략히 정리해 보면 요셉에 대한 아버지의 총애를 시기한 그의 형들이 그를 구덩이에 빠트려 죽이기로 모의한 후 요셉을 구덩이에 던졌으나 구덩이에 물이 없어 죽지 않은 채 한동안 시간이 지나자, 형들 중 유다

---

32) 이에 대해서는 平川彰/석혜능 역, 원시불교의 연구 －교단조직의 원형－ (민족사, 2003), 252- 253, 264면 ; 목정배, 계율학 개론 (장경각, 2001), 129면.
33) 平川彰/석혜능 역, 앞의 책, 270면.
34) 平川彰/석혜능 역, 앞의 책, 274-280면.
35) 平川彰/석혜능 역, 앞의 책, 260면.
36) 平川彰/석혜능 역, 앞의 책, 289-290면.
37) 이에 대해서는 平川彰/석혜능 역, 비구계의 연구 Ⅰ(민족사, 2002), 142면 참조.
38) 平川彰/석혜능 역, 앞의 책(*원시불교의 연구*), 297면 참조.

354 PART II ROMANTICS

가 같은 피를 나눈 형제인데 동생을 자신들이 피를 보며 직접 죽이는 것보다는 상인들에게 팔아넘기는 것이 낫겠다고 제안하자 이에 동의한 다른 형들은 요셉을 애굽의 상인에게 팔아 넘겼다. 훗날 애굽의 총리가 된 요셉은 그를 몰라보며 자신을 찾아 온 형들을 정탐꾼으로 몰아 단죄 할 기회를 얻게 되고, 만일 그들이 정탐꾼이 아니라는 사실을 입증하려 면 그들의 막내 동생(요셉)을 데리고 오라고 하자, 그들은 자신의 동생 을 죽이려 했던 사실에 대해 서로 깊이 참회하게 되고, 그 모습을 목격 한 요셉은 눈물을 흘리며 그들을 풀어, 용서해 준다는 이야기이다. 창세 기의 이 구절을 통해 플레처는 형제들의 집단책임에 대해 참회로써 처 벌에 갈음한 사례라는 일반적 결론을 이끌어 낸다. 그러나 이러한 해석 은 다소 성급해 보인다. 우선 성서에 기록된 사실관계가 명확하진 않지 만, 형들의 살인공모는 분명 미수에 그쳤다. 따라서 이 사례는 책임감경 의 여지가 있는 특수한 사례다. 그렇다면 이 사례는 불교 계율처럼 경 한 죄에 대해 처벌이 아닌 '참회'의 효과를 부여하고 있는 사례로 해석 하는 것이 보다 적실하다고 본다. 이렇게 본다면 요셉 사례를 통해 집 단책임이 꼭 처벌을 수반하지는 않는다는 결론을 도출하는 플레처의 논증방식은[39] 설득력이 약하다고 할 수밖에 없다.[40]

---

39) 플레처의 이러한 해석을 선해하자면, 그것은 어쩌면 독일 및 프랑스 등과는 달리 미수범을 처벌하는 영미법 전통의 사고방식에서 기인하는 것인지도 모른다. 다만 영미법계의 판례와는 달리 모범형법전(Model Penal Code 5.1.4)은 중지미수에 해 당하는 범의의 포기(renunciation; abandonment of purpose)를 항변(defense)으로 인 정한다. 이 점에 대해서는 George P. Fletcher, Rethinking Criminal Law (Boston: Little, Brown and Company, 1978), 184-185면 참조.

40) 흥미롭게도 집단책임을 인정하는 사고방식은 비단 히브리 전통에만 존재하는 것 이 아니다. 불교에서도 공업(共業)이라고 하여, 카르마(업)의 원리가 개인에게 뿐 만 아니라 일정한 집단에도 적용될 수 있다고 본다. 즉 그 과보를 다른 사람과 공유하는 업을 공업이라고 한다. 예컨대 불교경전인 대정신수대장경에는 다음과 같은 사례가 소개되어 있다. "그때의 인민들은 마구잡이로 비법을 행하고, 죄악 을 습관적으로 수습하여 복력이 쇠미해졌습니다. 선신이 버리고 떠나서 재난이 다투어 일어났습니다. 공업(共業)이 초감(招感)되어 하늘로 하여금 대단히 가물 게 하였습니다. 여러 해가 지나도록 단비가 내리지 않아 초목은 말라 비틀어졌고,

3. 플레처 집단책임론의 재해석: 법인책임의 재구성

전술한 바와 같이 집단책임이 반드시 처벌을 수반하는 것은 아니라는 플레처의 성서해석은 제한적으로 해석될 필요가 있다. 참회로 처벌에 갈음할 수 있는 경우는 흔치 않을 것이기 때문이다. 그렇다면 플레처의 집단책임론은 국가가 아니라면, 즉 형사소추가 가능한 단위의 집단에 대해서는 처벌을 허용하는 이론으로 재해석할 수 있다고 본다. 만일 이러한 입론이 옳다면 그 이론은 여러 갈래의 법적 함의를 가져올 수 있다. 이는 특히 법인책임을 재구성하는 데 유용하게 원용될 수 있다.

법인의 독자적인 범죄의사와 형사책임을 인정하려는 법리와 이론들이 20세기 중후반부터 국내·외에서 다양하게 전개되어 오고 있다. 예컨대 기업조직의 '부서별 업무적 독립성(compartmentalization)', 즉 기업조직의 고도발달로 인해 기업 내 부서 간 업무가 엄격하게 분리되어 자율적 체계를 갖추게 됨에 따라 기업은 각 부서별 상호간 인식의 공유가 없어도 정상적인 업무를 수행할 수 있듯이 각 부서 종업원들의 상호 무관한 개별적 인식의 총합을 통해서도 범죄사실을 인식하고 범죄를 저지를 수 있게 되었다는 사실에 착안하여, 어느 개별적 구성원 개인도 처벌할 수 없는 경우라 하더라도, 그 구성원들 전체의 집단적 인식(collective Knowledge)을 법인의 범의(mens rea)로 귀속시켜 법인책임을 인정하는 미국의 판례나,[41] 최근에 일본에서 주장되고 있는 기업조직체

샘물이 말랐습니다." 집단으로 범한 죄책에 대해 집단적 과보가 돌아오고 있는 사례인 것이다. 이에 대해서는 남궁선, 불교 業思想의 생태철학적 연구, 동국대학교 박사학위논문, 2005, 139면.

41) '집단적 인식(collective knowledge)'을 통해 법인의 책임을 인정한 선도적 판결로는 Inland Freight Lines v. United States, 191 F.2d 313(10th Cir. 1951); United States v. T.I.M.E.-D.C., Inc., 381 F. Supp. 730 (W.D. Va. 1974) ; United States v. Bank of New England, N.A., 821 F.2d 844(1st Cir. 1987) 등이 있고 이를 지지하는 대표적 문헌으로는 Martin J. Weinstein & Patricia Bennett Ball, Criminal Law's Greatest Mystery Thriller: Corporate Guilt through Collective Knowledge, *29 New Eng. L. Rev. 651* (1994). 집단인식 법리의 개념과 형성배경, 대표적 리딩

책임론42) 등이 바로 그것이다. 이러한 일련의 시도는 논의의 층위는 다

케이스의 분석 및 이론적 근거에 대해서는 안성조, 미국 판례 상 집단인식에 의한 법인책임의 법리 연구, 부산대학교 법학연구 제51권 제1호, 2010 참조. 간단히 말해 집단인식의 법리란, 회사 종업원의 개별 인식들이 합해지면, 비록 그 각각의 인식은 가벌성이 없는 무책한(innocent) 것이라 하더라도 법인의 주관적 범죄성립요소인 '범의(mens rea)'를 구성할 수 있다는 법리이다. 예를 들어 어느 회사의 A라는 종업원은 새로 고용될 회사직원이 미성년자라는 사실을 서류기록을 통해 알고 있었으나 어느 부서에 배치될지는 몰랐고, B라는 종업원은 그 신입직원이 미성년자라는 사실은 몰랐지만 매우 위험스러운 업무를 담당하고 있다는 사실은 알고 있었으며, C라는 종업원은 그 신입직원의 존재는 물론 채용여부도 모르고 있었는데, 미성년자를 그러한 위험스러운 업무에 고용하는 것은 불법이라는 사실을 알고 있었다고 할 때, A, B, C 각각의 인식은 범의를 구성할 수 없는 무책한 인식(innocent knowledge) 임에도 불구하고 회사는 그 모든 것을 알고 있었던 것으로 간주되어 처벌될 수 있다는 법리인 것이다.

42) 기업조직체책임론이란 기업의 전체조직을 하나의 개체로 파악하여 구성원 개인의 고의인정 여부와 상관없이 객관적으로 업무관련성이 있는 조직 내 모든 업무담당자의 행위를 법인의 행위로 파악하는 이론이다. 이에 대해서는 이기헌·박기석, 법인의 형사책임에 관한 비교법적 연구 (한국형사정책연구원, 1996), 88-90면 참조. 이와 유사한 맥락에서 기업자체의 조직책임(Organizationsverschulden)을 인정하는 독일의 학자들로는 Klaus Tiedemann, Strafrecht in der Marktwirtschaft, Stee/Wessels-FS, 1993, 527면 이하; Harro Otto, Die Strafbarkeit von Unternehmen und Verbänden (Berlin; New York: de Gruyter, 1993), 28면 이하. 이밖에도 독일 내 법인책임을 인정하는 다양한 견해에 대해서는 Claus Roxin, Strafrecht AT Band I (4. Aufl., München: C.H. Beck, 2006), 264면 이하 참조. 미국에도 기업의 조직(organization)으로서의 특성에 대한 경험적 연구를 바탕으로 기업의 정책, 내부관행, 그리고 표준운영절차(standard operating procedures) 등이 곧 기업 고유의 범의(mens rea)가 될 수 있다고 이론구성하는 견해가 있다. 대표적으로 Ann Foerschler, Corporate Criminal Intent: Toward a Better Understanding of Corporate Misconduct, 78 Cal. L. Rev. 1287 (1990). 이처럼 기업의 조직구조적 특성에 주목하는 견해를 조직모델(organization model)이라고 하며, 조직모델의 관점에 서 있는 대표적인 연구로는 M. Dan Cohen, Rights, Persons, and Organizations: A Legal Theory for Bureaucratic Society (Berkeley: University of California Press, 1986) 참조. 미국 판례에서 형성, 발달해 온 집단인식의 법리도 이러한 조직모델을 토대로 한 것이다. 이 점에 대해서는 안성조, 법인의 범죄능력에 관한 연구 −낭만주의모델과 조직모델의 비교검토−, 한양법

양하지만 법인에게 독자적인 고의 또는 책임을 인정한다는 측면에 있어서는 공통점을 지닌다. 이러한 이론적 시도의 연장선상에서 플레처의 이론은 주로 국가책임을 염두에 두고 고안된 것이지만, 전술한 바와 같이 이를 재해석해 법인책임의 구성에 접목시키는 것이 충분히 가능하다고 본다.43) 이하에서는 그의 집단책임이론이 법인의 형사책임에 시사하는 바는 무엇이며, 그 한계는 무엇인지 구명해 보기로 한다.

IV. 집단책임과 법인책임

현행 법제는 기업에 대한 처벌의 필요성이 있는 경우 양벌규정을 두어 법인 자체를 처벌할 수 있도록 규정하고 있다. 양벌규정은 법인의 범법행위에 대한 일반적 규제방식이 아니라 특수한 경우에 한해 법인을 처벌할 수 있다는 한계점을 지니고 있다. 그렇기 때문에 양벌규정의 적용범위 밖의 사안에 있어서 법인처벌의 필요성이 절실한 경우에도 부득이 이를 포기하지 않을 수 없다. 형법총칙에 법인범죄의 구성요건 및 법인의 형사책임에 관한 명시적인 규정을 두고 있는 외국의 법제44) 등과 비교해볼 때 현행 양벌규정은 입법자가 법인의 형사책임에 대해

학 제21권 제2집, 2010 참조.

43) 이미 국내에는 이러한 이론적 시도가 있었다. 조병선, 형법에서 행위자의 특정: 개인책임과 단체책임, 서울대학교 법학 제50권 제2호, 2009 참조. 외국에도 그의 이론이 다양한 층위의 집단에 적용될 수 있다고 보는 견해를 찾아볼 수 있다. 예컨대 Herbert Morris, 앞의 논문, 733면. 모리스 교수는 그의 이론이 정부와 정당(political party) 등에도 적용될 수 있다고 보는 듯하다. 또한 플레처 자신도 집단행동에 대한 집단책임을 질 수 있는 행위주체로서, 회사(corporations)와 대학 및 전문 조직(professional organization)은 물론 군대와 가족까지도 논급하고 있다. 다만 그들이 책임을 지게 되는 메커니즘은 국가와 다르기 때문에 이를 설명하기 위해서는 상이한 방법론(methodology)이 요구된다고 한다. 이 점에 대해서는 George P. Fletcher, 앞의 논문, 1526-1537면.

44) 예컨대 프랑스 형법 제121-2조, 스위스 형법 제102조, 오스트레일리아 형법 제12.2조.

명확한 결단을 내리지 않은 상태에서 임시방편적으로 법인범죄에 대처
한데서 비롯된 과도기적 입법으로 볼 수 있다. 따라서 기업조직의 규모
와 복잡성, 사회적 비중이 크지 않던 사회에서는 양벌규정만으로도 기
업범죄의 규제가 가능했을지 모르나, 기업의 사회 전반에 대한 영향력
과 중요성이 커진 현대 사회에서는 이에 상응하는 보다 적극적인 새로
운 대처방안이 강구될 필요가 있을 것이다.

　　그것은 바로 법인 자체를 독자적 범죄주체로 인정하고 처벌하는 것
이다.[45] 이를 위해서는 무엇보다도 법인의 범죄능력이 이론적으로 긍정

---

45) 기업에 대한 처벌이, 단지 벌금형에 한정될 경우 실제 범죄를 행하는 개인에게는
억지효과를 가져오지 못한다는 비판도 있다. 즉 고도로 복잡한 관료적 조직을 갖
는 대기업에 있어서는 개인과 조직의 이해관계가 분화되어 기업이 처벌되더라도
개인은 여전히 자신의 성과를 내는 데 수월한 방법인 범죄를 저지르게 된다는
것이다. 하지만 이러한 맹점은 벌금형 외에 기업보호관찰제도를 도입함으로써 극
복될 수 있을 것이다. 이 점에 대한 상세한 논증으로는 김재봉, 기업에 대한 보호
관찰의 도입가능성 검토, 비교형사법연구 제8권 제2호, 2004, 806면 이하 참조.
물론 형사제재와는 별도로 기업 지배구조를 개선하거나, 내부통제시스템을 도입
하는 방안도 충분히 검토되어야 한다. 이러한 구상으로는 김화진, 기업지배구조
와 기업금융 (박영사, 2009), 17면 이하; 윤영신, 회사지배구조에서 법규제(Legal
Rule)와 소프트 로(Soft Law)의 역할 및 관계, 서울대학교 법학 제48권 제1호,
2007, 95면 이하 참조. 한편, 법인처벌을 지양하고 대신 민사제재로 대체하는 것
이 사회적으로 보다 바람직한 결과를 가져온다고 논증하는 견해도 있고(V.S.
Khanna, Corporate Criminal Liability: What Purpose Does It Serve?, 109 Harv.
L. Rev. 1477, 1996, 1477면 이하) 형벌의 보충적 성격으로 법인에 대해서는 행정
제재로 충분하고 형벌을 부과할 필요가 없다는 주장도 있으나(강동범, 경제범죄
와 그에 대한 형법적 대응, 형사정책 제7호, 1995, 26면), 범법행위를 저지른 기
업을 처벌하지 않게 되면 법에 대한 신뢰를 떨어뜨려 기업범죄를 조장하여 사회
적으로 바람직하지 못한 결과를 가져온다는 반론도 첨예하게 맞서고 있다(John
E. Stoner, Corporate Criminal Liability for Homicide: Can the Criminal Law
Control Corporate Behavior?, 38 Sw. L.J. 1275, 1985, 1294면). 생각건대, 법인에
대한 형사처벌은 분명 최소한 지배주주에 대해 심리적 위하력을 지닐 수 있고(조
국, 앞의 논문, 65면), 또 법인의 내부 구조(internal structure)에 영향을 주어 재범
을 방지하기 위한 각종 조치를 취하게 만들 수 있기 때문에(John E. Stoner, 앞의
논문, 동일한 면), 비형사적 제재와 별도로 필요하다고 본다. 법인처벌이 아닌 이

될 수 있어야 하는데 바로 이 점에서 플레처의 집단책임론은 집단(단체) 자체를 독자적 범죄주체로 인정하는 결정적인 논거가 될 수 있는 이론이다. 법인의 범죄능력을 부정하는 논거는 여러 형태로 제시되어 있지만, 그 핵심은 "책임은 비난가능성"이며, 이는 의사의 자유를 갖춘 자연인에게만 인정될 수 있으므로,46) 주체적 자기결정능력이 없는 법인에게는 범죄능력이 인정될 수 없다는 것이다.47) 즉, 그러한 책임비난, 다시 말해 인간의 윤리적 가치결단을 이해하고 받아들일 수 있는 정신적·윤리적 능력이 없는 법인에게 범죄능력을 인정하는 것은 형벌의 본질에 반한다는 것이다.48) 그러나 범죄능력이 인정되는 주체로 자연인만을 관념할 수 있다는 주장은 자유주의적 형법관49)에 입각할 때에만 정당성을 가질 수 있다. 플레처가 주창한 낭만주의적 집단책임론에 따르

사회 구성원 등 대표적 행위자만을 처벌하는 것으로 충분하다는 반론도 가능하나, 조직의 규모가 크고 복잡한 현대적 기업구조 하에서는 이사회나 고위 임원진들이 일상적인 의사결정에 기여하는 바가 거의 없다는 점(Ann Foerschler, 앞의 논문, 1295면), 그리고 자연인에 대한 처벌만으로는 당해 법인은 물론 타 법인에 대해서도 형벌이 효과적인 위하력을 발휘하기 어려울 것이라는 점(Günter Heine, Die Strafrechtliche Verantwortlichkeit von Unternehmen: Von Individuellem Fehlverhalten zu kollektiven Fehlentwicklungen, insbesondere bei Großrisiken, Baden-Baden: Nomos, 1995, 322면)에서 타당하지 않다.

46) 이재상, 형법총론, 2006, 96면.

47) 박상기, 형법강의, 2010, 48면.

48) 신동운, 고시연구, 1998.4, 163-164면. 록신도 법인에게는 심리적, 정신적 요소가 결여되어 있기 때문에 법인의 범죄능력은 부정된다고 한다. 나아가 티데만(Tiedemann) 등이 주장한 조직책임에 대해서도 조직의 결함은 엄밀히 말해서 법인자체에서 비롯되는 것이 아니라 법인의 경영진(Leitungspersonen)에 의해 초래된 것이기 때문에 허구에 불과하다고 논박한다. 이에 대해서는 Claus Roxin, Strafrecht AT Band I (4. Aufl., München: C.H. Beck, 2006), 262-264면 참조

49) 자유주의적 형법관 하에서는 형법은 개인의 자유를 최대한 보장하는 소극적 임무, 즉 보호막 역할만을 하게 된다. 그 안에서 개인은 성숙한 판단능력과 행위능력을 갖춘 자율적 행위주체로 상정된다. 따라서 여기서는 개인의 형사책임만이 논해질 수 있으며, 집단(단체)책임은 개인의 자유를 축소시키므로 거부될 수밖에 없다.

면 집단(단체)도 고유의 의사를 갖고 행위를 할 수 있다. 또 그에 대한 윤리적 책임비난도 가능하며, 따라서 법인도 범죄능력이 있다고 볼 여지가 있을 것이다. 다만 낭만주의적 관점을 수용한다 하더라도 자연인과 집단(단체) 사이에 엄연한 차이가 있다는 점을 간과할 수는 없다. 예컨대 법인에게는 자연인과 동일한 정신적, 윤리적 판단능력이 없다는 점은 분명하다.[50] 그렇다면 법인의 범죄능력을 자연인의 속성을 기준으로 결정할 게 아니라 법인 고유의 속성을 토대로 구성하는 것이 타당할 것이다. 이를테면 법인은 자연인의 의사와는 다른, 그 고유의 의사적 요소, 즉 법인의 정책과 운영절차, 그리고 내부관행 등의 문화와 에토스(corporate culture and ethos)를 통해 자신의 정체성을 형성할 수 있고, 범죄를 저지를 수 있다.[51] 그러므로 생각의 틀을 달리한다면 법인에게도 그 고유의 의사와 범죄능력을 관념할 방법은 얼마든지 찾을 수 있다. 그런데도 왜 굳이 자연인 개인만을 형법상 행위주체로 인정해야 하는가?

법인은 자연인처럼 '자유의사'나 '주체적 자기결정능력'을 명확히 관념할 수 있는 인격체는 분명 아니다. 하지만 그러한 의사와 능력의 차이는 정도의 차이일 뿐이다. 법인도 그 고유의 조직구조와 기관, 즉 인적·물적 조직체계의 복합적 작용에 의해 시비를 변별하고 행위를 통제할 수 있는 능력을 지니고 있다.[52] 또 형벌은 법인의 내부구조에 영향을 줄 수 있다. 다시 말해 법인으로 하여금 정책이나, 내부적 관행 및

---

50) 이 점에 대해서는 Günther Jakobs, Strafbarkeit juristischer Personen?, in: Lüderssen-FS, 2002, 559면 이하. 야콥스는 자연인에게 관념할 수 있는 전통적 의미의 책임개념을 법인에게 그대로 적용할 수 없다고 본다.

51) Ann Foerschler, 앞의 논문, 1298-1305면. 이처럼 정책 및 관행 등 법인의 문화적 풍토(climate)가 법인 고유의 인격과 정체성을 형성할 수 있다는 이론을 "법인 고유의 정체성 모델(Separate Self-Identity Model)"이라고 칭할 수 있다. 이 점에 대해서는 Eli Lederman, Models for Imposing Corporate Criminal Liability: From Adaptation and Imitation Toward Aggregation and th Search for Self-Identity, *4 Buff. Crim. L. Rev 641* (2000), 678-700면.

52) Eli Lederman, 앞의 논문, 690-692면.

표준운영절차[53] 등을 개선함으로써 범죄를 예방하게끔 위하력을 발휘할 수 있다는 것이다. 이처럼 법인도 '그 고유의 의사'라고 볼 수 있는 '정책과 표준운영절차 및 내부관행'을 통해 법을 준수하고 형사제재를 피하기 위한 적절한 반응을 보일 수 있다는 것이다.[54] 그렇다면 법인의 정책과 표준운영절차 및 내부관행이 반사회적이거나 종업원으로 하여금 범죄를 저지르도록 유도하는 경우가 있다면 이로부터 해당 법인의 '범죄의사'를 관념할 수 있을 것이고 결과적으로 그에 대한 윤리적 '비난가능성'도 인정할 수 있다고 본다.[55] 다시 말해 일종의 '제도적 고의(institutional intent)'를 입론할 수 있다는 것이다.[56] 예를 들어 법인의 정책이 관련 법규를 명시적으로 위반하거나, 표준운영절차 및 내부관행이 법인 구성원의 범법행위를 조장하거나 묵인하는 경우에는 법인의 범죄의사와 형사책임을 인정할 수 있다.[57] 따라서 플레처가 논급한 집단(단체)의 고의는 법인의 경우 정책과 표준운영절차 및 내부관행 등으로 구체화시킬 수 있다고 본다.

집단책임은 진주만 공습이나 911 사태와 같이 자연인 행위자에게만 책임을 묻는 것이 우리의 도덕적 직관에 배치되는 부당한 결과를 가져

---

53) 표준운영절차(standard operating procedures; SOPs)란 친숙하고 일상적인 문제들, 예컨대 고객의 불만을 해결하거나, 제품의 품질을 지속적으로 관리하고, 폐기물을 처리할 때 참고하도록 마련된 문제해결절차를 말한다. 이들 중 어떤 것들은 구두 및 명문화된 지침(directives)에 의해 제도화된 것일 수도 있고, 단지 관습에 의해 발생해 특별한 지시 없이 관행적으로 인정된 것일 수도 있다. 이 점에 대해서는 Simeon M. Kriesberg, Decisionmaking Models and the Control of Corporate Crime, *85 YALE L.J. 1091* (1976), 1102면 참조.

54) John E. Stoner, 앞의 논문, 1294면.

55) 법인에 대한 윤리적 비난이 가능하다는 견해로는 임웅, 고시연구, 1998.12, 135면; 임웅, 형법총론, 2003, 77면.

56) 이러한 입장으로는 Seth F. Kreimer, Note, Reading the Mind of the School Board: Segregative Intent and the De Facto/De Jure Distinction, *86 Yale L.J. 317,* (1976), 333-334면. 관련 판례로는 Keyes v. School District No. 1, 413 U.S. 189 (1973); Oliver v. Michigan State Bd. of Educ, 508 F.2d 178 (6th Cir. 1974).

57) Ann Foerschler, 앞의 논문, 1306-1311면 참조.

오는 특정한 경우를 전제로 인정되는 것이다. 즉, 행위자와 그 수뇌부, 다시 말해 기업에서 종업원과 이사회 구성원, 나아가 지배주주까지 모두 공동정범으로 처벌하더라도 여전히 책임귀속이 불충분하다고 판단되는 경우에 적용되는 이론인 것이다. 따라서 양벌규정이 상정한 경우가 아니더라도 법인의 처벌이 요구되고, 또 정당한 경우라면 법인을 처벌할 수 있는 이론으로 이해하는 것이 타당하다고 본다. 그러나 플레처의 논의를 법인과 그 구성원 간의 관계에 그대로 적용할 수 있는지에 대해서는 좀 더 신중한 검토가 필요하다. 우선 법인, 예컨대 회사와 그 구성원 사이에도 전시의 낭만주의자처럼 국가의 영광과 자신을 동일시할 수 있을 만큼 강력한 '내적 응집(internal cohesion of self and nation)'이 과연 있다고 볼 수 있는지 구명되어야 할 것이다. 즉, 전시의 낭만주의자나 이슬람 테러리스트들만큼 그들의 행위가 곧 배후 집단의 의사를 "표현한다(express)"고 보기에 '충분한' 내적 응집이, 회사와 그 직원 간에도 존재할 수 있는지 밝혀져야 한다는 것이다. 이에 대해 긍정적인 대답이 내려질 수 있어야만, 또 그러한 경우에 한해서만 집단책임은 법인책임을 구성하는 논거가 될 수 있을 것이다. 낭만주의가 주로 국가적 영광이나 애국심을 부르짖는 문학사조와 긴밀히 얽혀 있는 점으로 미루어 볼 때, 국가에 대한 소속감이 아닌 실리적 계약관계로 맺어져 있는 회사와 그 구성원 간의 관계에도 이 모델이 그대로 적용된다고 보기는 어려울 것이다. 조국의 영광을 위해 진주만에 자살공습을 감행하거나 항공기를 납치해 자살테러를 하는 경우와 회사 직원의 범행을 동일 평면상에서 바라본다는 것은 분명 무리가 있을 것이다. 하지만 오늘날 각 기업 및 단체는 그 구성원의 소속감을 높이기 위한 다양한 프로그램을 마련하여 지속적으로 그 유대감을 강화하고 있다는 점이나, 회사와 그 구성원 간의 강력한 내적 응집을 관념할 여지가 있는 사안도 분명 존재할 수 있다는 점에서[58] 낭만주의모델은 유용하게 원용될 여지가

---

58) 예컨대 S기업이 수년째 자동차사업 진출을 시도했으나 번번이 실패한 결과 현재 라이벌 기업과의 선두다툼에서 크게 뒤졌을 뿐 아니라 재무구조도 크게 악화되었고, 수년 내 자동차사업을 유치하지 못할 경우 더 이상 시장에서 살아남기 어

있다고 본다. 물론 이 경우에도 법인에 대한 형사처벌이 가능하기 위해서는 법인책임에 대한 명확한 입법이 전제되어야 함은 물론이다. 그 과정에서 낭만주의적 관점이 법조문에 반영되려면 법인과 그 종업원 간의 내적 응집의 '충분성'이라는 요건을 명시적으로 두어서, 그 종업원의 행위가 곧 법인의 의사를 '표현하는' 것으로 볼 수 있을 만큼 긴밀히 접착된 관계가 필요하다는 점이 명문화되어야 할 것이다. 그런데 이처럼 "내적 응집의 충분성"을 요하는 입법례는 현재까지 비교법적으로 찾아보기 어렵다. 법인의 형사책임을 법전에 명문화하고 있는 관련 입법례를 살펴보면 대부분 법인의 기관이나 대표 및 기타 종업원이 법인의 이익 또는 법인의 목적과 관련된 행위를 한 경우에 그에 대한 책임이 법인에게 귀속된다는 구조를 취하고 있다. 이러한 조문구조는 앞서 살펴본 영미의 동일시원리나 대위책임과 유사한 귀책방식을 채택한 것으로 볼 수 있다.[59] 그러나 이와 같은 방식의 규정만으로는 플레처의 관

럽다는 보고서가 제출된 상태라고 할 때, 동 기업의 지배주주이자 대표이사인 L과 사내 법무팀장인 K가 공모하여 회사의 사운을 걸고 자동차사업 인가를 받기 위해 관련 공무원에게 거액의 뇌물을 전달해 준 경우 이것을 L과 K라는 개인의 행위라고만 보고 그들만 단죄하는 것은 부당할 것이다. 이 경우 대표이사 L과 법무팀장 K의 범행은, 누군가 그러한 방법이라도 취하지 않을 수 없도록 직·간접적으로 부추겨 온 회사내부의 부도덕한 분위기를 반영하는 것으로, L과 K가 곧 S기업의 집단적 고의를 표현한(express) 것으로 볼 수 있을 것이다. 물론 이 경우 동일시원리나 대위책임에 의해서도 S기업의 책임을 물을 수 있으나, 만일 L과 K의 공모관계의 입증이 불가능하고, 아울러 L과 K중 누가 최종적으로 뇌물 전달의 지시를 내렸는지 확정이 곤란한 경우라면, 동일시원리나 대위책임에 의해서는 책임추궁이 불가능하겠지만, 낭만주의모델에 의하면 그러한 경우라도 "둘 중에 적어도 한 명이 뇌물전달 지시를 내렸음을 입증할 수 있다면", S기업에 대한 형사소추와 형사책임의 인정이 가능하다.

59) 동지의 Emilia Mugnai & James Gobert, Coping With Corporate Criminality — Some Lessons from Italy, *Crim. L. R. AUG, 619* (2002), 625면. 동 문헌에 따르면 이탈리아는 2001년 "법인, 회사, 기타 (권리능력 없는) 사단의 행정적 책임에 관한 법률"이라는 특별법(Disciplina della responsbilità amministrativa delle persone giuridiche, delle società e delle associazioni anche prive di personalità giuridica, **D.Lgs.** 231/2001)의 제정을 통하여 법인의 두뇌에 해당하는 고위관리직은 물론

점을 적실하게 반영할 수 없다고 본다. 낭만주의모델에서는 "특정한 자연인의 행위가 법인의 행위와 동일하다거나 자연인의 행위가 곧 법인에게 귀속된다"는 식의 동일시모델 또는 대위책임모델이 아니라, "법인의 고의가 자연인을 통해서 표현된다"는 식의 집단책임모델이 요체이기 때문이다. 따라서 플레처의 관점이 법인책임의 구성에 수용가능하고, 필요하다면 "내적 응집의 충분성"이라는 구성요건표지를 여하한 형태로든 명문화할 필요가 있을 것이다.60) 플레처의 집단책임론을 이렇게 재해석하는 것은, 양벌규정에 의한 개별적 규제방식이 아닌 법인책임의 총칙화를 요구하는 것이다.61)

하급직(subordinate) 종업원의 행위까지도 법인에게 귀속시킬 수 있게 규정함으로써 동일시원리와 대위책임을 모두 수용하였다. 한편 동일시원리와 유사한 조문구조를 채택한 입법례로는, 몰타(Malta) 형법 제121D조와 벨기에 형법 제5조 1항, 이스라엘 형법 제23a조 2항과 프랑스 형법 제121-2조 및 핀란드 형법 제9장 제2절 1항을, 대위책임과 유사한 구조를 채택한 입법례로는 네덜란드 경제형법전(Wirtschaftsstrafgesetz) 제15조와 노르웨이 형법 제48a, 48b조, 그리고 오스트레일리아 모범형법전 제12.2조를 참조할 것.

60) 바로 이 점에서 이스라엘 형법 제23a조 2항에서 엄격책임(strict liability) 범죄와는 달리 범죄성립에 범의(criminal intent)나 과실(negligence)가 요구되는 범죄의 경우, "(관리직) 임원의 행위와 범의 및 과실이 법인의 행위와 범의 및 과실로 간주될 수 있는(deemed to) 경우에는 법인이 형사책임을 진다"고 규정하고 있는 점은 주목할 만하다. 이것은 흡사 법인과 구성원 간의 "내적 응집의 충분성"을 달리 표현한 것으로 볼 여지가 있기 때문이다. 그러나 동 조문은 명백히 동일시모델을 채택한 것이다. 이 점에 대해서는 Eli Lederman, 앞의 논문, 658면(레더만은 이스라엘 텔아비브 법대의 학장을 역임하였다). 이처럼 동일시모델은 일견 집단책임모델과 유사한 측면이 있다. 자연인 행위자의 행동이 곧 집단의 의사결정을 반영한다는 점에서 "내적 응집의 충분성"을 관념할 여지가 있기 때문이다. 그러나 양자는 분명 다르다는 점에 유의해야 한다. 후자에 의하면 "내적 응집의 충분성"이 존재하는 한 자연인 행위자는 누구나 될 수 있겠지만 전자에서는 반드시 두뇌에 해당할 만큼의 외관을 갖춘 행위자여야 하기 때문이다. 물론 그렇다고 집단책임모델이 대위책임모델과 동일한 것도 아님은 전술한 바(II-1)와 같다.

61) 다만 이러한 법인책임의 총칙화를 형법전에 할 것인지, 아니면 독자적인 단체형법전에 할 것인지는 별도의 논의를 필요로 한다. 이는 특히 법인의 주관적 구성요건은 자연인의 고의나 과실과는 다르다는 점에서 더욱 신중한 검토를 요한다

다만 이 경우 플레처의 이론대로라면 법인의 의사를 표현하여 범죄를 저지른 행위자 개인의 형은 감경되어야 한다는 점이 의문시될 수 있다. 법인처벌을 위해 그 구성원에 대한 처벌을 경감시키면 오히려 형벌의 위하력이 제 기능을 발휘하지 못하지 않겠느냐는 것이다. 이 난점은 플레처의 이론을 법인책임에 그대로 적용하는 과정에 수반되는 한계점이기도 하다. 하지만 플레처의 이론적 구상을 전적으로 수용한다 하더라도, 개인적 자아와 법인의 집단적 의사간의 내적 응집이 충분한 경우는 그리 많지 않을 것이고, 만일 저지른 범죄가 중할 경우 개인책임의 감경 수준은 형벌의 위하력을 떨어트릴 만큼 크지 않을 것이란 점을 고려한다면, 형사처벌 상의 흠결은 중대한 정도가 되지는 않을 것이다. 따라서 플레처의 이론의 미덕, 즉 어떻게 집단이 고의를 지닐 수 있고 범죄를 저지르며 책임을 질 수 있는가에 대한 낭만주의적 설명방식이 타당하다면, 여전히 그의 구상은 음미할 가치가 있다고 본다.

V. 맺음말

최근 몇 년 새 불어 닥친 전 세계적 금융위기와 경기침체는 그동안 우리에게 익숙해져 있던 많은 것들에 대해 반성하게 만드는 계기가 되고 있다. 바로 기업과 법의 적절한 관계도 그 중 하나며, 경제와 법을 지배하던 자유주의 사조에 대한 맹목적 신뢰도 그러하다. 이는 형사사법의 영역에 있어서도 예외는 아니다. 그동안 경제영역에 대한 형법의 투입은 이른바 형법의 보충성 원칙에 입각해 필요최소한도에 그쳐야 한다는 것이 지배적 사고였다. 경제영역은 고유의 원리에 의해 자율적으로 작동하기 때문에 법의 과도한 개입, 특히 형사처벌이라는 강력한 방식으로 그 자율적 작동원리를 훼손시켜서는 안 된다는 것이었다. 그

할 것이다. 참고로 오스트리아는 단체책임법(Verbandsverantwortlichkeitsgesetz)이라는 특별법을 제정하여, 2006년 1월 1일부터 시행해 오고 있다.

러나 2002년 아더 앤더슨에 대한 유죄평결에서 볼 수 있듯, 대위책임에
의해 전통적으로 법인의 형사책임을 인정해 왔던 미국 법원도 근래 들
어 기업에 대한 형사소추를 보다 용이하게 해주는 새로운 법리를 적용
하기 시작했고, 그동안 법인의 형사책임을 부정했던 국가들도 상당수가
입법을 통해 법인처벌이 가능토록 하는 추세다. 바야흐로 기업활동에
대한 형사 규제의 목소리가 높아지고 있는 것이다. 본고는 이러한 맥락
에서 자유주의의 한계를 지적하며 낭만주의적 관점에서 집단책임론을
새롭게 구성한 플레처의 논증을 검토해 보았다. 여러 측면의 비판에도
불구하고 그의 이론은 논리적 일관성과 타당성이 있고, 법인의 형사책
임을 재구성하는데 매우 유용한 기여를 할 수 있다는 것이 주된 논지다.
다만 기업에 대한 형사적 규제가 적절히 이루어지기 위해서는 플레처
의 집단책임론 외에도 집단인식에 의해 법인책임을 인정하는 법리나
기업조직체책임론 등에서 제시하는 관점[62]을 적정한 수준에서 종합적
으로 수용하여 입법을 통해 법인의 형사책임에 대한 구성요건을 설정
하는 것이 필요하고, 또 바람직하다고 본다.

---

[62] 집단인식의 법리나 기업조직체책임론의 요체는 발생한 범죄에 대해 책임을 져야
하는 유책한 종업원을 찾아낼 수 없는 경우에도 법인의 책임을 인정할 수 있다는
것이다. 이러한 관점을 법전에 수용한 입법례로는 대표적으로 노르웨이 형법 제
48a조와 스위스 형법 제102조 1항, 오스트레일리아 형법 제12.4조 (2)-(b)항과 이
탈리아 **D.Lgs.** 231/2001의 제8조 및 핀란드 형법 제9장 제2절 2항을 참조. 이상
의 입법례 중 가장 최근(2003)에 발효된 스위스 개정 형법 제102조 1항은 "기업
내에서 기업의 목적범위 내 영업활동의 수행 중에 중죄나 경죄가 범해지고, 이
범행이 결함 있는(mangelhaft) 기업조직으로 인하여 특정 자연인에게 귀속될 수
없는 경우에 이러한 중죄와 경죄는 기업에게 귀속된다. 이 경우 기업은 5백만
스위스 프랑 이하의 벌금에 처한다."고 규정하였고, 역시 비교적 최근의 입법례
인 오스트레일리아 모범형법전(1995) 제12.4조 (2)-(b)항은 "법인의 종업원, 대리
인 또는 임원 중 누구에게도 과실(negligence)이 없는 경우에, 전체적으로 보아
(즉, 다수의 법인의 종업원들, 대리인들 또는 임원들의 행위를 종합해 보았을 때)
법인의 행위에 과실이 있다면, 법인에게는 과실이 인정된다."고 규정하고 있다.

§ 8. 미국 판례상 집단인식에 의한 법인책임의 법리

I. 집단인식의 법리의 개념

최근 우리나라에서도 법인 고유의 범죄의사를 인정해 법인의 형사책임을 구성하려는 이론적 시도가 거세지고 있다.[1] 그 중 상당수의 문헌이 주목하고 있는 것은 미국 판례상 적용되고 있는 "집단인식의 법리 (collective knowledge or aggregate knowledge doctrine)"이다. 미국법의 경우 산업혁명기 이전에는 법인의 형사책임을 인정하지 않았으나, 19세기 이후 점진적으로 인정의 폭을 넓혀 오는 경향을 보여 왔다. 즉, 공법인에서 사법인으로, 부작위범죄에서 작위범죄로, 그리고 고의를 요구하지 않는 범죄로부터 일반고의(general intent)를 요구하는 범죄로, 더나아가 특별고의(specific intent)를 인정하는 범죄로까지 법인의 형사책임 인정범위를 확장시켜 온 것이다.[2] 하지만 전통적으로 미국 판례는 법인 고유의 의사를 인정하는데 있어서는 제한적인 태도를 취해 왔던바, 이른바 대위책임(vicarious liability)을 통해 일정한 조건 하에 자연인

---

1) 송기동, 영미 기업범죄 형사책임의 전개, 형사정책 제20권 제2호, 2008; 최대호, 법인에 대한 형사책임 귀속의 요건, 중앙대학교 법학논집 제33집 제1호, 2009; 김재윤, 현대형법의 위기와 과제 (전남대학교 출판부, 2009), 194-246면 참조. 이러한 주장은 이미 이전부터 있었다. 이기헌·박기석, 법인의 형사책임에 관한 비교법적 연구, 한국형사정책연구원, 1997; 박기석, 양벌규정의 문제점과 법인범죄의 새로운 구성, 형사정책 제10호, 1998; 노명선, 회사범죄에 관한 연구, 성균관대학교 박사학위논문, 2001, 78-79면 참조.

2) 이에 대해서는 Ann Foerschler, Corporate Criminal Intent: Toward A Better Understanding of Corporate Misconduct, *78 Cal. L. Rev. 1287* (1990), 1292-1294면 참조.

종업원의 범의를 법인에게 귀속시키는 방식을 고수해 왔던 것이다. 따라서 법인의 형사책임이 인정되기 위해서는 일단 유책한 행위를 한 종업원이 발견되어야 한다. 그러나 기업구조가 고도로 복잡화, 분권화되어감에 따라 유책한 종업원을 찾아내는 것이 거의 불가능해지자 미국 법원은 새로운 법리를 통해 기업범죄에 대응하기 시작한 것이다. 그것이 바로 집단인식의 법리이다.[3] 집단인식의 법리란 회사 종업원의 개별 인식들이 합해지면, 비록 그 각각의 인식은 처벌할 수 없는 무책한 (innocent) 것이라 하더라도 – 법인의 주관적 범죄성립요소인 '범의 (mens rea)'를 구성할 수 있다는 법리이다. 예를 들어 어느 회사의 A라는 종업원은 새로 고용될 회사직원이 미성년자라는 사실을 서류기록을 통해 알고 있었으나 어느 부서에 배치될지는 몰랐고, B라는 종업원은 그 신입직원이 미성년자라는 사실은 몰랐지만 매우 위험스러운 업무를 담당하고 있다는 사실은 알고 있었으며, C라는 종업원은 그 신입직원의 존재는 물론 채용여부도 모르고 있었는데, 미성년자를 그러한 위험스러운 업무에 고용하는 것은 불법이라는 사실을 알고 있었다고 할 때, A, B, C 각각의 인식은 전혀 책임없는 무책한 인식(innocent knowledge) 임에도 불구하고 회사는 그 모든 것을 알고 있었던 것으로 간주되어 처벌될 수 있다는 법리인 것이다.[4] 이는 시대변화에 수응하여, 유책한 종업원 개인의 범의를 법인에 귀속시키는 전통적 대위책임원칙에서 벗어나, 새로운 원리에 의해 법인 고유의 의사를 인정하기 시작한 것으로 평가할 수 있을 것이다.

---

3) Ann Foerschler, 앞의 논문, 1296-1298면.
4) '집단적 인식(collective knowledge)'을 통해 법인의 책임을 인정한 선도적 판결로는 Inland Freight Lines v. United States, 191 F.2d 313(10th Cir. 1951); United States v. T.I.M.E.-D.C., Inc., 381 F. Supp. 730 (W.D. Va. 1974) ; United States v. Bank of New England, N.A., 821 F.2d 844(1st Cir. 1987) 등이 있다.

II. 집단인식 법리에 관한 두 가지 오해

그동안 우리나라에도 몇몇 연구자들에 의해 집단인식의 법리가 간략히 소개된 바가 있었으나, 집중적인 연구성과가 아니라 단편적 개념 및 사례의 소개에 그쳤고, 약간의 오해되고 있는 측면도 있었다. 이를 살펴보기로 한다.

첫 번째 오해는, 집단인식의 법리가 주류적인 위치를 차지하지 못하고 예외적인 판례에 불과하다는 인식이다. 그러나 이것은 분명 잘못된 평가고, 오해다. 미국 내 많은 연구문헌들이 지적하고 있듯이 집단인식 법리는 법인의 '제도적' 고의를 인정하려는 다수의 판례에 의해 인정되고 있는 최근의 경향(trend)이고,[5] 따라서 현실적으로 미국 내에서 기업 활동을 하고 있는 외국 기업들이라면 분명히 유념하고 있어야 할 법리인 것이다.[6]

두 번째로는 이 법리의 내용과 취지가 잘못 이해되고 있다는 점이다. 이는 일부 국내에 소개된 동 법리에 대한 설명이 불충분한 데서 비롯된 것으로 보인다. 예를 들어 "특정한 개인의 인식내용이 책임을 근거짓기에 불충분한 경우에도 다른 개인의 인식내용과 합하여 범죄사실의 인식이 있다고 볼 수 있는 경우에는 법인의 형사책임을 인정하는 것", 또는 "종업원 개개인의 주관적 불법요소가, 또는 여러 명의 종업원이 조금씩의 주관적 불법요소를 가지고 있지만 발생한 범죄에 대하여 하나의 완전한 범죄에 대한 인식으로 인정하기 어려울 때에도 기업에게 주관적 불법요소를 인정하기 위해 등장한 이론" 등이 그러하다. 구체적 사례를 통해 설명하지 않고 이와 같은 개괄적 설명만으로는 도대체 어떻게 개인의 무책한 인식이 총합이 법인의 범의가 될 수 있는가를

---

5) Ann Foerschler, 앞의 논문, 1304-1305면.
6) 이러한 지적으로는 Martin J. Weinstein & Patricia Bennett Ball, Criminal Law's Greatest Mystery Thriller: Corporate Guilt through Collective Knowledge, *29 New Eng. L. Rev. 65* (1994), 90-91면.

쉽게 납득할 수 없다. 이러한 의문은 두 가지다. 첫째로 "책임을 근거짓기 불충분한" 또는 "발생한 범죄에 대한 인식으로 인정하기 어려운" "조금씩의 주관적 불법요소", 즉 "무책한 인식"이란 어떤 경우를 의미하는 것인가? 둘째, 그러한 인식내용이 합해진다고 하더라도 어떻게 범죄사실의 인식이 되느냐는 것이다. 만일 집단책임의 법리를 정확히 이해하지 못하면, 이 법리가 적용된 실제 사례를 이해하는 데에 있어서도 어려움을 겪게 되고 또 실수를 범하기 쉽다. 그 대표적 사례는 다음과 같다. 미국에서 집단책임의 법리가 인정된 선도적 판결로 널리 논급되는 것으로서 United States v. Bank of New England 사건이 있다. 이를 소개한 한 국내문헌은 다음과 같이 동 판결을 해설하고 있다.

> "당시 자금규제법규에 의하면 각 금융기관은 10,000달러를 초과하는 금액의 이동에 관해서는 당국에 보고를 하도록 규정하고 있었는데, 금액을 처리했던 당시 은행 직원들은 각각 자신들이 처리한 소액의 자금이동에 관해서는 알고 있었지만 총 거래내역을 모두 합쳐 10,000달러 넘는 금액의 이동이 있었다는 사실은 어느 누구도 알지 못한 상태였다. 하지만 법원은 여러 명의 종업원이 10,000달러 이상 금액의 이동이라는 하나의 사안에 관한 완전한 지식을 보유한 것이 아니라, 각각의 종업원이 각자가 처리한 단편적인 소액의 금액이동이라는 내용만을 인지하고 있었다고 할지라도, 금액이동 업무를 처리한 모든 종업원의 인식을 모두 합쳐 기업의 주관적 불법요소(mens rea)로 간주할 수 있다고 판시하면서, 관련된 종업원의 모든 인지내용을 합하여 은행의 주관적 불법요소로 평가하여 은행은 분명히, 신고 없이 10,000달러 이상 금액을 이동한, 법률위반행위에 관하여 인지를 하고 있었다고 판정하였다."

이 사례해설을 읽고 나면 집단인식의 법리가 어떻게 오해되고 있는지 확인할 수 있다. 우선 10,000달러 이하 금액이동 업무를 처리한 직원들의 각각의 인식이 과연 어떻게 은행의 자금규제법규(현금거래보고법)[7]위반의 인식이 될 수 있는지 납득이 가지 않는다. 각각의 은행원들

---

7) 흔히 이 법규는 (고액)현금거래보고법(Currency Transaction Reporting Act)으로 번역되며, 거의 모든 나라의 자금세탁방지(Anti-Money Laundering) 법제에 도입되어 있다. 이하 본고에서는 이를 현금거래보고법으로 칭한다.

은 분명 10,000달러 이하의 금액을 처리하였고, 그 인식의 총합이 10,000달러 이상의 금액을 처리한 것이 된다 하더라도, 그러한 금액의 처리가 현금거래보고법 위반행위가 된다는 인식이 없는 이상 범죄사실에 대한 인식이 될 수는 없다. 예를 들어 앞서 논급한 미성년자 불법고용 사례에서 A와 B의 인식은 합해도 법인이 불법고용사실을 인식하고 있었다고 인정하기 어렵다. 왜냐하면 종업원 C의 인식이 제외된다면 법인은 정당하게 미성년자를 고용하고 있다고 인식하고 있을 뿐, 범죄사실의 인식이 있었다고 볼 수는 없기 때문이다. 위 사례해설은 집단인식의 법리가 어떠한 방식으로 오해되고, 또 오해될 수 있는지를 잘 보여주는 사례로, 종업원의 모든 종류의 무책한 인식이 단순히 합쳐진다고 해서 법인자체에 범죄사실의 인식이 있었다고 간주할 수는 없다. 만일 집단인식의 법리가 이와 같다면 각 종업원의 무책한 부분적 인식 하에 저지른 모든 기업범죄는 법인의 책임이 될 것이기 때문이다. 따라서 그것이 범죄사실의 인식으로 인정되기 위해서는 종업원 개개인의 인식의 총합에 반드시 구성요건적 사실에 대한 인식뿐만 아니라 법규위반사실에 대한 인식 즉, 위법성의 인식도 포함되어야 한다. 좀 더 정확히 설명하자면, 법인의 범의를 구성하게 되는 '무책한 인식'이란 "전체 범죄사실의 인식"에 필요한 어느 한 국면(facet)이라고 볼 수 있다. 예컨대 기준치 이상의 환경오염물질을 배출한 기업의 법인책임은 다음과 같은 방법에 의해 구성된다. 종업원 중 누군가가 어느 물질이 기준치 이상의 환경오염물질이라는 사실을 알고 있고(facet 1), 다른 누군가는 그 물질의 배출사실을 알고 있었으며(facet 2), 또 다른 누군가는 그러한 행위가 위법하다는 사실을 알고 있는 경우(facet 3), 각각의 종업원의 인식은 집단적으로 회사의 인식으로 귀속되어, 그 회사는 환경오염물질의 불법배출사실을 알고 있는 것이 된다(facet 1+2+3=범죄사실의 인식).

　사실 위 사례해설은 집단인식의 법리를 잘못 소개하고 있을 뿐만 아니라, 본래의 사실관계 역시 잘못 설명하고 있다. 그것은 어쩌면 집단인식의 법리를 잘못 이해해서 생긴 오류일 수도 있고, 반대로 사실관계를 잘못 해석하여 집단인식의 법리를 오해하게 된 것일 수도 있다. 양자는

어차피 밀접하게 맞물려 있는 문제이기 때문이다. 실제 사례는 다음과 같다.8)

맥도너프(James McDonough)라는 은행 고객이 1983년 5월부터 1984년 7월 사이에 총 31번 에 걸쳐 뉴잉글랜드(New England) 은행의 프루덴셜(Prudential) 지점을 방문해 5,000달러에서 9,000달러에 달하는 복수의 수표를(multiple checks), 어느 한명의 은행창구직원에게 동시에(simultaneously to a single bank teller) 제시하고 10,000달러 이상의 현금을 인출했다. 그 당시 현금거래보고법(Currency Transaction Reporting Act)에 의하면 10,000달러 이상의 현금거래가 있을 경우 15일 이내에 현금거래보고서(CTRs: Currency transaction reports)를 작성하도록 되어 있었다. 분명 각각의 수표는 10,000달러 이하의 금액이었지만, 매번 인출한 현금총액은 10,000달러 이상으로 현금거래보고서의 작성대상이었음에도 불구하고 은행은 보고서를 작성하지 않았다. 이에 대해 제1심법원은 은행 종업원의 인식의 총합은 은행에 귀속될 수 있다고 설시하며, "만일 A라는 직원이 현금거래보고요건(currency reporting requirements)의 어느 한 국면(one facet)를 알고 있고, B라는 직원은 그 요건의 다른 국면을 알고 있으며 (another facet), 그리고 은행직원 C는 세 번째 국면을 알고 있다면, 은행은 그 모든 단계를 알고 있는 것이라고 판시하였다. 따라서 설령 (각각 10,000달러에 미치지 못하는) 복수의 수표가 사용되었다 하더라도, 만일 어느 종업원이 자신의 업무상 그 경우 현금거래보고서가 작성되었어야 한다는 점을 알고 있었다면 은행은 그것을 알고 있었던 것으로 간주된다. 마찬가지로 만일 각각의 종업원이 현금거래보고요건의 일부를 알고 있었고, 그러한 인식의 총합이 현금거래보고요건이 모두 충족된다는 사실에 이른다면(amounted to knowledge that such a requirement existed), 은행은 그것을 알고 있었던 것으로 간주된다." 즉, 비록 현금을 인출해 준 창구직원이 복수 수표에 의한 10,000달러 이상의 현금인출이 현금거래보고법의 규제대상이라는 점을 몰랐다 하더라도 최소한 10,000달러 이상의 현금인출을 한 사실은 알고 있었고, 또한 어느 은행직원은 그와 같은 현금인출이 현금거래보고서의 작성대상이라는 사실을 알고 있었다면 은행직원들의 인식의 총합은 현금거래보고법위반에 대한 은행자신의 범죄사실의 인식이 된다고 판시하였다.

실제 사례는 위와 같고 따라서 "은행 직원들은 각각 자신들이 처리한 소액의 자금이동에 관해서는 알고 있었지만 총 거래내역을 모두 합쳐 10,000달러 넘는 금액의 이동이 있었다는 사실은 어느 누구도 알지

---

8) United States v. Bank of New England, N.A., 821 F.2d 844 (1st Cir. 1987) 844-857.

못한 상태였[던]" 것이 아니라, 현금인출을 담당한 창구직원은 10,000달러 넘는 금액의 거래가 있었던 사실을 명확히 알고 있었고, 다만 10,000달러 미만의 복수의 수표에 의한 그와 같은 거래가 현금거래보고법상의 규제대상이라는 사실을 모르고 있었을 뿐인 것이다. 또한 관련 증거에 의하면 분명 어느 직원은 그러한 거래라도 현금거래보고서를 작성해야 한다는 점을 충분히 인식하고 있었기 때문에 은행 종업원들의 인식의 총합은 은행의 범죄사실의 인식이 될 수 있다.[9]

Ⅲ. 집단인식 법리의 형성 배경

일반적으로 집단인식의 법리가 확립된 선도적 판례로서 전술한 United States v. Bank of New England(1987)가 널리 논급되나, 그보다 앞서 최초로 집단인식의 법리를 인정한 사례로는 Inland Freight Lines v. United States(1951)와 United States v. T.I.M.E. - D.C., Inc. (1974)가 있다. 이 두 사례를 차례로 검토해 본 후, 이러한 법리가 탄생하게 된 배경을 살펴보기로 한다.

1. Inland Freight Lines v. United States

이 사건의 사실관계와 판결요지는 아래와 같다.

당시 주간통상법(Interstate Commerce Act)에 의하면 자동차 운수업자가 알면서(knowingly), 의도적으로(willfully) 허위 기록을 작성하거나 보존하는 것을 경범죄(misdemeanor)로 규정하고 있었다. 공소사실에 따르면 어떤 운전기사들이 자신들의 운행시간과 결근시간을 일지(log

---

9) 동 판례의 정확한 사실관계와 판시내용에 대한 해설로는 Thomas A. Hagemann & Joseph Grinstein, The Mythology of Aggregate Corporate Knowledge: A Deconstruction, *65 Geo. Wash. L. Rev. 210* (1997), 212-228면; Martin J. Weinstein & Patricia Bennett Ball, 앞의 논문, 75-80면을 참조할 것.

books)와 운행보고서(travel reports)에 틀리게 기록하였다. 그러나 운수
회사의 그 어떤 종업원도 일지와 운행보고서의 불일치를 알고 있지 못
했다. 이에 대해 법원은 만일 적어도 어느 한 직원이 일지의 내용을 알
았고 또 다른 직원은 운행보고서의 내용을 알고 있었다면, 두 직원의
인식은 집단적으로(collectively) 회사에 귀속된다고 보았다.[10] 비록 항
소심에서 파기되기는 하였지만 이 판결은 회사의 인식이 그 종업원들
이 주요 사실에 대해 집단적으로 가진 인식을 증명함으로써 입증될 수
있다고 보았다는 점에서 집단인식의 법리에 중대한 이론적 첫발을 내
디딘 판례로 평가된다.[11]

2. United States v. T.I.M.E.-D.C.

이 사례에서 배차원들은 회사의 새로운 병가(sick-leave) 정책을 운송
기사들에게 고지할 책임이 있었다. 새 정책에 따르면 병가를 내기 위해
서는 의료진단서를 제출해야만 하고, 만일 진단서 없이 병가를 내면 면
책 받지 못하고 고용 상 불이익을 보게 되어 있었다. 이 정책은 불완전
하고 모호한 정보를 기사들에게 고지함으로써 종업원들의 치솟는 결근
율을 낮추려는 의도로 회사에 의해 고안된 것이었다. 관련 증거에 의하
면 두 명의 운송기사가 처음에 병결을 전화로 알렸으나, 배차원들이 그
들의 결근은 면책 받지 못할 것이라고 알려주자, 고용 상 불이익을 염
려한 두 기사들은 결근신청을 철회하고 몸이 안 좋은 상태에서 운송업
무를 했다. 그런데 주간통상법에 의하면 운송업자와 그 운송기사들이
운송능력에 장애가 있는 상태 하, 또는 그들의 운송능력에 장애를 줄
수 있는 환경 하에서 운전을 함으로써 운행을 불안전하게 만드는 것을
경범죄로 규정되어 있었다. 입증된 증거에 따르면 그 두 명의 운송기사
들은 배차원들로부터 결코 공식적으로 또는 명시적으로 새로운 병가정

---

10) Inland Freight Lines v. United States, 191 F.2D 313 (10th Cir. 1951) 313-316.
11) 이러한 평가로는 Martin J. Weinstein & Patricia Bennett Ball, 앞의 논문, 71면.

책에 대해 고지 받은 적이 없었다. 이에 대해 운수회사는 비록 주간통상법이 운송능력에 장애가 있는 자의 운송업무를 금지한다는 점을 알고 있었지만, 두 운송기사들이 병가를 철회하고 정상업무에 들어갔기 때문에 그들이 병이 있었다는 사실은 몰랐다고 항변하였다. 그러나 법원은 회사 측의 주장을 배척하고 회사가 자신들이 병든 운송기사를 사용하고 있다는 사실을 충분히 인식하고 있었다고 설시하였다. 그 이유는 비록 운송기사들이 병가신청을 철회했다고 하여도, 배차원들은 분명히 그들이 병에 걸렸다고 고지받아 이를 알고 있었기 때문이라고 하였다. 즉, 배차원들은 병든 기사들을 운송업무에 사용하고 있다는 인식을 지니고 있었고, 이러한 인식은 그러한 행위를 금지하고 있는 주간통상법의 내용을 알고 있는 회사 내의 다른 종업원들의 인식과 결합되면 회사의 인식이 된다는 것이다.12)

이 사례 역시 Inland Freight Lines v. United States와 마찬가지로 회사 종업원들의 무책한 인식이 범죄사실의 인식에 필요한 각각의 단계를 충족시킬 때 그 총합은 곧 회사에 인식으로 귀속될 수 있다고 본 점에서 전형적인 집단인식 법리의 맹아로 평가할 수 있을 것이다.13)

3. 집단인식 법리의 배경

그렇다면 왜, 미국법원은 집단인식의 법리를 발전시키게 되었을까? 이에 대해서는 두 가지 관점의 설명이 제시되어 있다.

우선 사회경제적인 배경이다. 즉, 미국처럼 시장경제가 고도로 성숙한 나라에서는 이러한 독자적인 법리에 의한 기업규제의 필요성이 커

---

12) United States v. T.I.M.E.-D.C., Inc., 381 F. Supp. 730 (W.D. Va. 1974) 730-741.
13) 이후에도 집단인식의 법리가 직·간접적으로 원용된 판례로는 United States v. Osorio, 929 F.2d 753, 761 (1st Cir. 1991); United States v. Ortiz de Zevallos, 748 F. Supp. 1569, 1576 n.7 (S.D. Fla. 1990); United States v. Shortt Accountancy Corp., 785 F.2d 1448 (9th Cir. 1986); United States v. Sawyer Transp., Inc., 337 F. Supp.29 (D. Minn. 1971) 등이 있다.

질 수밖에 없다는 것이다. 즉, 미국 내 기업, 특히 다국적 기업의 경우는 수천 명의 종업원을 고용하고 있을 뿐만 아니라 회사업무를 독립적인 개별 부서에 위임함으로써 회사조직의 기능을 분권화(decentralize) 시키고 있기 때문에, 그 규모와 복잡성이 증대하여 만일 회사 내 범죄가 발생하더라도 그 관련 책임자를 색출해 내는 데 수개월에서 수년이 소요되는 지경에 이르렀다는 것이다. 예컨대 회사 내 어느 부서가 과세기록을 작성하는 업무에 대해서 고유한 권한이 있다고 하더라도 사실상 법인의 소득신고서에 기재된 모든 내용은 또 다른 부서에 의해 작성되는 경우가 있다는 것이다. 극단적으로는 회사 내 한 부서가, 수천마일 떨어진 곳에 위치한 독립적인 부서에 의해 제공된 정보에 전적으로 의존해 신용대출을 신청하는 경우도 있을 것이다. 이처럼 기업 내부의 의사결정 과정이 복잡하고 분권화된 위계구조에 의해 조직적으로 이루어질 경우, 기업 경영진의 일부가 외국의 정치인에게 뇌물을 전달해 주기로 결정을 내린 경우에도 다른 부서의 사원들이 그러한 뇌물지급에 대해 궁극적 책임을 지는 일도 발생할 수 있게 된다. 시장경제가 고도화됨에 따라 바야흐로 미국법원은, 기업조직이 자신의 의사결정 메커니즘이 복잡화, 분권화 된 점을 이용해, 기업 내 각 부서 간 정보가 상호 영향을 미치지 않도록 부서조직을 엄격히 업무적으로 분화시킬 수 있는 고유한 능력을 갖추게(capacity to compartmentalize information) 된 점을 인식하기 시작하였고, 그 결과 한 기업 내 여러 직원들의 집단적 인식이 기업의 고의로 인정될 수 있다고 법리구성을 할 수 있게 된 것이다. 요컨대, 기업조직의 고도발달로 인해 기업 내 부서 간 업무가 엄격하게 분리되어 자율적 체계를 갖추게 됨에 따라 기업은 각 부서별 상호간 인식의 공유가 없어도 정상적인 업무를 수행할 수 있듯이 각 부서 종업원들의 상호 무관한 개별적 인식의 총합을 통해서도 범죄사실을 인식하고 범죄를 저지를 수 있게 되었다는 것이다.[14]

　다음으로는 기업의 형사책임에 관하여 미국 내에서 전개되어 온 고유

---

14) Martin J. Weinstein & Patricia Bennett Ball, 앞의 논문, 66-70면.

한 이론적 배경이 있다. 전통적으로 미국 법원은 대위책임(vicarious liability)에 입각하여 기업의 형사책임을 인정해 왔다. 즉, 회사 종업원이 그의 직무범위 내 또는 직무수행 중에 기업의 이익을 위해 저지른 행위에 대한 책임은 해당 기업에 귀속될 수 있다는 것이다. 그러한 사고방식의 원류는 불법행위의 영역에서 종업원의 직무범위 내의 행위에 대해 법인이 손해배상책임을 지는 사용자책임의 법리(Respondeat superior)에서 유래한다. 미국법상 대위책임이 인정되기 위해서는 그 전제로서 종업원의 범의(mens rea)가 인정되어야 한다. 그러나 시장경제가 고도로 발전함에 따라 기업조직은 더욱 복잡화, 분권화 될 수밖에 없고,15) 따라서 누가 발생한 결과에 대해 책임있는 종업원인지 찾아내는 것이 점점 더 어려워지게 된다. 이렇게 될 경우 기업의 형사책임을 묻기가 어려워지는 바, 이러한 이론적 난점을 극복하기 위해 집단인식의 법리가 탄생할 수밖에 없었다는 것이다.16)

IV. 집단인식 법리의 유용성과 정당성

1. 형사사법상 실천적 장점

집단인식의 법리는 종업원들의 무책한 인식의 총합만으로도 기업의 범의를 인정할 수 있기 때문에 무엇보다 책임있는 특정 개인을 찾아내

---

15) 이 점에 대한 전문적인 연구로는 M. Dan Cohen, Rights, Persons, and Organizations: A Legal Theory for Bureaucratic Society (Berkeley: University of California Press, 1986), 30-40면 참조.

16) 이 점에 대해서는 Ann Foerschler, 앞의 논문, 1297-1298면. 포쉴러에 의하면 현대사회에서 회사는, 자신의 업무를 처리하기 위해, 이를 나누어 전담할 하위부서로 이관시키는 고도로 복잡한 조직구조를 갖추게 되었고, 이러한 구조 하에서는 유책한 개인을 찾아낸다는 것이 거의 불가능하기 때문에 미국법원은 집단인식의 원리를 통해 유책한 개인을 찾을 수 없더라도 종업원의 인식의 총합이 회사의 인식이 될 수 있다는 법리구성을 하게 된 것이라고 평가한다. 앞의 논문, 1304-1306면; 역시 동지의 송기동, 앞의 논문, 44-48면 참조.

는 데 들어가는 과도한 수사비용과 시간의 절약을 가져올 수 있다. 만일 이 법리가 없었다면, 수사기관은 물론 기업 자체에도 장기화된 수사기간 동안 막대한 자원의 낭비를 초래할 수 있다. 최근 우리나라에서도 기업비자금수사와 관련해 이러한 사례를 찾아볼 수 있다.

"한화그룹 비자금 의혹에 대한 검찰수사가 장기화 조짐을 보임에 따라 한화증권의 푸르덴셜투자증권 합병 작업이 지연되는 등 한화증권 경영에 차질이 빚어지고 있다. 6일 금융감독원에 따르면 한화증권과 푸르덴셜투자증권의 합병 심사작업이 늦어지고 있다. 당초 계획대로라면 이미 금감원 측에서 심사를 완료하고 금융위원회에서 승인 여부를 검토해야 할 시점이지만 심사 일정이 미뤄지고 있는 것이다. 합병 과정이 계속 미뤄지는 이유는 한화그룹의 비자금 조성 혐의에 대한 검찰수사가 예상보다 길어지고 있기 때문으로 풀이된다. 특히 직접적인 증권사 합병 문제보다는 푸르덴셜자산운용이 한화증권의 자회사로 편입되는 데 따른 김승연 한화그룹 회장의 대주주 자격 요건 문제가 앞으로 합병의 걸림돌이 될 수 있다는 설명이다. 김 회장은 한화증권 지분 0.37%를 보유해 한화엘엔씨 등과 함께 최대주주로 분류돼 있다. 금융당국에서는 현재 푸르덴셜투자증권의 합병과 푸르덴셜자산운용의 자회사 편입 심사가 동시에 진행되고 있기 때문에 만약 푸르덴셜자산운용 편입에 큰 문제가 생길 경우 자칫 증권사 합병도 무산될 가능성이 있는 것으로 내다보고 있다. 금감원의 한 관계자는 "예정대로라면 현재 승인 과정에 들어갔어야 하지만 한화증권 측에서 추가적으로 필요한 내부 자료 일부를 아직 제출하지 않고 있다"며 "김 회장의 혐의가 사실로 밝혀지고 처벌 수위가 심각할 경우 한화증권은 이번과는 다른 방법을 통해 합병을 꾀해야 할 것"이라고 말했다. 합병 심사 및 승인이 계속 미뤄지면서 오는 20일 이사회를 거쳐 내년 1월1일 합병을 완료하려던 계획도 이보다 더 늦춰질 가능성이 큰 것으로 예상되고 있다. 한화그룹의 한 관계자는 "일단 기존 계획을 수정하지 않았지만 수사 결과에 따라 합병기일이 미뤄질 가능성에 대한 검토도 충분히 하고 있다"고 설명했다. 경영차질이 빚어지는 것은 비단 한화증권뿐이 아니다. 한화그룹 계열사들은 검찰의 '싹쓸이'식 수사로 말미암아 신규사업 추진 및 우수 인력확보에 상당한 어려움을 겪고 있는 것으로 알려졌다. 한화그룹의 한 관계자는 "잇따른 압수수색 및 대규모 소환으로 내년도 사업계획도 확정을 못하고 있는 상황"이라고 설명했다."[17]

또한 특정 개인의 책임을 추궁하지 않는다는 점에서 일부 경영자

---

17) 이 기사는 서울경제(2010.12.6)의 "한화證, 그룹 비자금 수사 장기화로 경영 차질 푸르덴셜證 합병도 불투명"을 인용한 것이다.

를 감옥에 보내야 할 악덕 임원으로 간주해 일벌백계식으로 처벌하거나, 일반시민의 관점에서 볼 때, 처벌받아야 할 기업을 무책임하게 방치하는 것보다는 법감정적으로 부합된다는 장점도 있다.[18] 그리고 무엇보다도 법인 자체의 처벌을 가능케 함으로써 기업범죄에 대한 형법적 통제력을 제고하는 기능도 분명 기대할 수 있을 것이라고 본다. 일반적으로 법인은 자연인에 비해 소송에서 자신을 방어할 능력을 더 갖추고 있음은 자명한 사실이다. 막대한 자본력을 바탕으로 필요한 만큼의 복수의 유능한 변호인을 얼마든지 선임할 수 있을 것이기 때문이다. 이와 같이 방어권 행사에 있어서 자연인에 비해 현저하게 우월한 지위에 있음에도 불구하고 법인의 범죄능력을 부인하여 법인에 대한 형사소추의 길을 원천적으로 봉쇄한다면 이는 공정한 사법시스템이 아니다. 바로 이 점에서 집단인식의 법리는 '공정한 사회정의' 관념에도 부합된다는 장점이 있다. 또한 이처럼 자연인 처벌을 전제하지 않고도 법인을 처벌할 수 있도록 법리구성함으로써 기업에 대한 형사처벌의 가능성을 보다 넓게 열어 놓는 것은, 정부 등 사회의 다른 부분과 비교해 비대칭적일 정도로 나날이 그 규모와 사회적 영향력이 커져 권력기구화 되어가는 기업의 위상을 볼 때, 기업 경영진의 도덕적 해이를 막고 무분별한 이윤추구 과정으로부터 자칫 무고한 희생양이 될 수 있는 시민들을 보다 두텁게 보호해야 할 필요성이 있다는 점을 고려한다면, 이 역시 공정과 정의의 원칙에 부합된다고 볼 수 있을 것이다.

　　요컨대 집단인식의 법리는 기업자신은 물론 수사기관, 그리고 시민 모두에게 이익이 되는 윈윈(win-win)의 차원과 공정과 정의의 원칙에 부합된다는 측면에서 정당화될 수 있다고 본다.

2. 법리적 정당성: 책임주의와의 조화

　　그러나 집단인식 법리의 실천적 유용성이 있다고 해서 법리적으로

---

18) Martin J. Weinstein & Patricia Bennett Ball, 앞의 논문, 91면.

허용될 수 있는 한계를 넘어서까지 적용될 수는 없음은 자명하다. 이와 관련해 동 법리에 대한 몇 가지 반론을 살펴보건대, 무엇보다도 전통적인 형법상 책임원칙에 반한다는 점이 문제로 지적될 수 있다.[19] 이러한 비판은 두 가지 측면에서 제기되었다. 우선 종업원의 행위를 통해 법인의 책임을 인정하는 법리구성은 형사책임을 예외적으로만 확장하는 공범이론을 고려해 보더라도 정당화되기 어렵다는 비판이 있다.[20] 다음으로 미국의 대위책임의 법리를 보더라도 법인의 형사책임은 전통적으로 자연인 종업원의 책임을 기초로 하여 인정되어 온 점에 비추어 볼 때, 유책한 개인이 없는 상태에서 법인의 책임을 인정하는 것은 책임원칙에 정면으로 반하는 것이라는 비판도 제기될 수 있다.

그렇지만 책임주의에 반한다는 지적에 대해서는 다음과 같은 반론이 가능하다. 앞서 법인의 범죄능력에 관한 논의에서 이미 검토해 보았듯이 자연인과 다른 법인 고유의 속성에 의해 법인의 범죄능력을 구성해 본다면, "법인에 대한 비난가능성"을 관념할 수 있다는 점을 되새겨 볼 필요가 있을 것이다. 법인이란 특유의 조직과 기관, 인적, 물적 조직체계의 복합적 작용에 의해 구성원 '개인의 의사'와는 다른 '법인 고유의 의사', 다시 말해 일정한 '정책과 내부관행 및 운영절차'를 갖고 사회적 활동을 하는 독립된 행위주체라고 볼 수 있다면, 바로 그러한 법인 내부의 정책과 관행 및 운영절차를 곧 법인 고유의 의사로 볼 수 있을 것이고, 그에 대한 비난가능성을 관념할 수 있다면, '유책한 범의'도 인정할 수 있게 된다.[21] 법인 고유의 의사와 관련해 우리나라 대법원과 헌법재판소가 양벌규정상 법인처벌의 근거를 선임·감독상의 과실

---

19) 최대호, 법인에 대한 형사책임 귀속의 요건, 중앙대학교 법학논문집 제33집 제1호, 2009, 128면.

20) 이기헌·박기석, 앞의 책, 49면 참조.

21) 이러한 입장에서 조직이론(organization theory)을 원용해 법인 고유의 의사와 책임을 논증하고 있는 대표적 문헌으로는 Ann Foerschler, 앞의 논문, 1303-1311면. 조직이론은 법인을 조직적 지능(organizational intelligence)을 갖춘 의사를 지닌 시스템으로 보는 모델로서, 법인의 의사와 활동은 법인 내부의 특정 개인의 의사나 행동으로 환원될 수 없다고 보는 이론이다.

에서 찾고 있는 점은, 비록 양벌규정에 국한된 판단이기는 하지만, 분명 법인도 과실범의 형태로 범죄를 저지를 수 있다는 것이고, 이는 법인에게도 유책한 의사를 인정할 수 있음을 보여준다는 점에서, 동 법리의 정당성을 논하는 데 있어 매우 고무적인 입장으로 평가할 수 있을 것이다.

V. 맺음말

이상 고찰해 본 바와 같이 집단인식의 법리는 고도 시장경제의 성숙이 뒷받침된 미국의 사회경제적 배경 하에서 어쩌면 필연적으로 태동할 수밖에 없었던 법리라고 볼 수 있다. 기업조직의 규모가 거대해지고 의사결정의 과정이 분권화, 복잡화됨에 따라 책임소재를 파악하기가 극도로 어려워졌기 때문이다. 이로 인해 기업 스스로 자신의 부서조직을 개별 정보가 상호 공유되지 않도록 엄격히 업무적으로 분화시킬 수 있는(compartmentalize) 능력을 갖게 되었고, 기업은 이를 악용하여 발생한 범죄에 대한 책임자를 수사기관이 찾아내지 못하도록 만들게 되자, 기업에 대한 규제의 필요성이 대두되었던 것이다. 전통적으로 미국법원은 회사 종업원이 그의 직무범위 내 또는 직무수행 중에 기업을 위해 저지른 행위에 대한 책임은 해당 기업에 귀속될 수 있다는 대위책임의 원칙을 고수해 왔다. 그런데 대위책임의 원칙 하에서는 유책한 종업원을 찾아내지 못하면 법인 자체의 책임을 묻는 것은 불가능하다. 그렇기 때문에 미국법원은 종업원들의 무책한 인식의 총합이 법인의 범의를 구성할 수 있다는 이론적 돌파구를 찾았던 것이다.

그렇다면 과연 미국판례상 집단인식의 법리가 국내에도 수용될 여지가 있을까? 이 점에 대한 긍정적인 답변은 현재로서는 기대하기 어렵다. 무엇보다도 판례가 법형성을 주도해 가는 카먼로 전통의 미국과는 달리 대륙법계 국가인 우리나라에서는 죄형법정주의에 의해 형법전에 법인책임이 명문화 되어 있지 않은 이상 설령 처벌의 필요성이 존재한다 하더라도 집단인식의 법리를 통한 법인처벌은 불가능하기 때문이다.

결국 이 법리의 수용가능성은 입법론적 차원에서 찾는 것이 타당할 것
이라고 본다.

　　다만 현행 양벌규정의 해석과 관련하여 집단인식의 법리와 유사한 원리를 원
용한 대법원 판례가 있어 주목된다. 양벌규정을 통한 법인처벌이 자연인 행위자
의 처벌을 전제로 하는가, 아니면 자연인 처벌과는 독립적으로 처벌이 가능한가
에 대해서 견해의 대립이 있어왔다.22) 이에 대해 대법원은 "양벌규정에 의한 영
업주의 처벌은 금지위반행위자인 종업원의 처벌에 종속하는 것이 아니라 독립하
여 그 자신의 종업원에 대한 선임감독상의 과실로 인하여 처벌되는 것이므로 영
업주의 위 과실책임을 묻는 이 사건에서 금지위반 행위자인 종업원에게 구성요건
상의 자격이 없다고 하더라도 영업주인 피고인의 범죄성립에는 아무런 지장이 없
다."고 판시함으로써23) 양벌 규정상 자연인 처벌은 법인처벌의 전제조건이 아니
라는 점을 명확히 하였다. 즉, 법인은 "독립하여 그 자신의 종업원에 대한 선임감
독상의 과실로 인하여 처벌"된다는 것이다. 양벌규정에 대한 대법원의 이러한 해
석은 미국판례상 집단인식의 법리와 상당히 유사한 논리구조를 공유하고 있다.
그것은 바로 자연인 종업원이 처벌되지 않아도 법인을 처벌할 수 있다는 점이다.
물론 양자 간의 차이점도 존재한다. 집단인식의 법리에 의하면 법인처벌의 전제
조건으로서 종업원들의 무책한 인식의 총합이 범죄사실에 대한 인식, 즉 구성요건
적 사실에 대한 인식과 위법성의 인식까지 모두 구비할 것을 요구한다. 그러나 대
법원의 경우는 그러한 전제조건 없이 자연인 처벌과는 무관한 법인의 선임·감독
상의 과실책임에 의해 법인이 처벌된다는 점만을 강조하고 있다. 즉, 개별 종업원
의 주관적 인식이 과연 어떻게 법인의 유책한 범의와 연결될 수 있는가에 대한
원리적 설명이 결여되어 있다는 점에서 집단인식의 법리와는 확연한 차이가 있다.

　　이상 집단인식의 법리가 향후 어떻게 평가받고 얼마나 수용될 수 있
는가에 대해 비판적으로 검토해 보았다. 그에 대한 대답을 긍정적으로
내리긴 하였지만 여전히 논란의 여지는 남아 있을 것이다.24) 다만 기업

---

22) 양벌규정의 해석에 있어서 자연인처벌을 법인처벌의 전제조건으로 파악하는 견
　　해로는, 정동기, 환경오염의 형사법적 규제와 입법론, 검사세미나 연수자료집
　　(XI), 1992, 18-19A면; 강대석, 개정 수질환경보전법, 대기환경보전법상 방지시설
　　등의 비정상운영, 검찰 107호, 33면; 역시 동지의 판결로는 서울지방법원 동부지
　　원 86고단117.
23) 대법원 1987.11.10. 선고 87도1213 판결.
24) 물론 미국에서도 집단인식의 법리를 거부한 판례도 존재한다. Southland

범죄에 대한 바람직한 형사사법의 대처방안을 찾아감에 있어서, 비록 법체계는 다르지만 미국 판례상 인정되고 있는 집단인식의 법리에 주목하고, 이를 비판적으로 검토하려는 작금의 여러 시도는 바람직한 방향을 향해 나아가고 있는 것이 아닌가라는 조심스런 진단을 내려 보며 결론에 갈음코자 한다. 여러 난관을 극복해야 하겠지만, 그 수용전망이 결코 무망한 것만은 아닐 것이다.[25)]

Securities Corp. v. INSpire Ins. Solutions, Inc., 365 F.3d 353, 366 (5th Cir. 2004); Nordstrom, Inc. v. Chubb & Son, Inc., 54 F.3d 1424, 1435 (9th Cir. 1995)를 참조할 것.

25) 미국 내 대부분의 주석가들은 집단인식의 법리가 그 자체로 독립적(stand-alone) 법리라고 인정하고 있으나 (이 점에 대해서는 Michael Viano & Jenny R. Arnold, Corporate Criminal Liability, *43 Am. Crim. L. Rev. 311,* 2006, 320면), 이와 달리 집단인식의 법리는 그 자체로는 불완전한 것이기 때문에 "의도적 인식회피 (willful blindness)"가 사실관계에 전제되는 경우에만 이 법리가 위헌의 소지 없이 적용될 수 있는 법리라고 설명하는 견해도 있다. 이에 대해서는 Thomas A. Hagemann & Joseph Grinstein, 앞의 논문, 228면. 즉, 집단인식의 법리는 의도적 인식회피와 결합될 때에만 정당하게 적용될 수 있다는 것이다. 이는 동 법리의 의의를 새로운 시각에서 조명한 것으로, 이에 대한 면밀한 검토는 다음 장으로 미루기로 한다.

§ 9. 집단인식의 법리와 의도적 인식회피

I. 기본개념과 문제의 제기

1. 집단인식의 법리와 의도적 인식회피의 개념

미국 판례에 의해 형성, 발달한 "집단인식의 법리(collective knowledge doctrine)"란, 법인 종업원의 개별 인식들이 합해지면, 비록 그 각각의 인식은 처벌할 수 없는 무책한(innocent) 것이라 하더라도 법인의 주관적 범죄성립요소인 범의(mens rea)를 구성할 수 있다는 법리이다. 예를 들어 어느 회사의 A라는 종업원은 새로 고용될 회사직원이 미성년자라는 사실을 서류기록을 통해 알고 있었으나 어느 부서에 배치될지는 몰랐고, B라는 종업원은 그 신입직원이 미성년자라는 사실은 몰랐지만 매우 위험스러운 업무를 담당하고 있다는 사실은 알고 있었으며, C라는 종업원은 그 신입직원의 존재는 물론 채용여부도 모르고 있었는데, 미성년자를 그러한 위험스러운 업무에 고용하는 것은 불법이라는 사실을 알고 있었다고 할 때, A, B, C 각각의 인식은 전혀 책임 없는 무책한 인식(innocent knowledge) 임에도 불구하고 회사는 그 모든 것을 알고 있었던 것으로 간주되어 처벌될 수 있다는 법리인 것이다.1) 그런데 모

---

1) '집단적 인식(collective knowledge)'이란 개념은 프랑스의 사회학자 모리스 알박스(Maurice Halbwachs)가 주창한 개념인 '집단적 기억(memoire collective; collective memory)'의 영향을 받은 것으로 보인다. 이러한 분석으로는 Eli Lederman, Models for Imposing Corporate Criminal Liability: From Adaptation and Imitation Toward Aggregation and The Search for Self-Identity, *4 Buff. Crim. L. Rev. 641* (2000), 664면. 한 민족이나 한 사회, 혹은 사회 집단이 공통적으로 겪은 역사적 경험은 그것을 직접 체험한 개개인의 생애를 넘어 집단적으로 보존, 기억되는데 이를 집단적 기억이라고 한다. '집단적 인식(collective knowledge,

든 종류의 무책한 인식이 단순히 합쳐진다고 해서 법인자체에 범죄사
실의 인식이 있었다고 간주할 수는 없다. 만일 집단인식의 법리가 이와
같다면 종업원의 무책한 부분적 인식 하에 저지른 모든 기업범죄는 법
인의 책임이 될 것이기 때문이다. 따라서 그것이 범죄사실의 인식으로
서 인정되기 위해서는 종업원 개개인의 인식의 총합에 반드시 구성요
건적 사실에 대한 인식뿐만 아니라 법규위반사실에 대한 인식도 포함
되어야 한다. 좀 더 정확히 설명하자면, 그것이 합해져 법인의 범의를
인정하게 되는 '무책한 인식'이란 "전체 범죄사실의 인식"에 필요한 어
느 한 국면(facet)이라고 볼 수 있다. 예컨대 기준치 이상의 환경오염물
질을 배출한 어느 기업의 법인책임은 다음과 같은 방법에 의해 구성된
다. 그 회사 종업원 중 누군가가 어느 물질이 기준치 이상의 환경오염
물질이라는 사실을 알고 있고(facet 1), 다른 누군가는 그 물질의 배출사
실을 알고 있었으며(facet 2), 또 다른 누군가는 그러한 행위가 위법하다
는 사실을 알고 있는 경우(facet 3), 각각의 종업원의 인식은 집단적으로
회사의 인식으로 귀속돼 그 회사는 환경오염물질의 불법배출사실을 알
고 있는 것이 된다(facet 1+2+3=범죄사실의 인식). 이 법리는 유책한 종
업원을 확정할 수 없는 경우에도 법인에게 형사책임을 인정할 수 있게
해 주는 바, 다수의 판례에 의해 인정되고 있는 최근의 판례경향이고,[2]
따라서 현실적으로 미국 내에서 기업활동을 하고 있는 외국 기업들이
라면 분명히 유념하고 있어야 할 법리이다.[3] 최근 우리나라에서도 법인
고유의 범죄의사를 인정해 법인의 형사책임을 구성하려는 논의가 활발

---

aggregate knowledge)'을 통해 법인의 책임을 인정한 선도적 판결로는 Inland
Freight Lines v. United States, 191 F.2d 313(10th Cir. 1951); United States v.
T.I.M.E.-D.C., Inc., 381 F. Supp. 730 (W.D. Va. 1974) ; United States v. Bank
of New England, N.A., 821 F.2d 844(1st Cir. 1987) 등이 있다.

2) Ann Foerschler, Corporate Criminal Intent: Toward a Better Understanding of
Corporate Misconduct, *78 Cal. L. Rev. 1287* (1990), 1304-1305면.

3) 이러한 지적으로는 Martin J. Weinstein & Patricia Bennett Ball, Criminal Law's
Greatest Mystery Thriller: Corporate Guilt through Collective Knowledge, *29
New Eng. L. Rev. 65* (1994), 90-91면.

히 전개되고 있으며, 그 중 상당수 문헌이 주목하고 있는 것도 바로 이 집단인식의 법리이다.

우리는 앞 장에서 집단인식의 법리에 대한 몇 가지 오해되고 있는 측면을 확인하고, 보다 명확한 개념과 리딩케이스의 정확한 사실관계를 제시해본 바 있다. 이번 장에서는 여기서 한 걸음 더 나아가 집단인식의 법리가 기초하고 있는 원리적 토대에 대하여 미국 내에서 대립되고 있는 상반된 견해를 비판적으로 검토해 봄으로써 동 법리에 대한 이해의 폭을 한층 넓혀 법인의 형사책임에 관한 국내 논의에 유용한 시사점을 제공해 보고자 한다.

미국 내 대부분의 주석가들은 집단인식의 법리가 그 자체로 독자적 (stand-alone) 법리라고 해석하고 있으나[4], 이와 달리 집단인식의 법리는 그 자체로는 불완전한 것이기 때문에 전체 범죄사실의 한 국면을 인식하고 있는 종업원이 다른 종업원들이 인식하고 있는 사실에 대해 "의도적 인식회피(willful blindness)"가 있다는 점이 사실관계에 드러난 경우에만 이 법리가 위헌의 소지 없이 적용될 수 있는 법리라고 주장하는 견해가 있다.[5] 다시 말해 집단인식의 법리는 의도적 인식회피와 결합될 때에만 정당하게 적용될 수 있으며 실제로 이 법리가 적용된 기존의 선도적 사례들에도 의도적 인식회피가 사실관계에 노정되어 있었다는 것이다. 의도적 인식회피란, "범죄의 요소가 되는 사실에 대한 적극적 인식을 의식적으로 회피하려는 노력(a conscious effort to avoid positive knowledge of a fact which is an element of an offense charged)"을 의미한다.[6] 예컨대 어느 운송업자가 많은 돈을 받고 화물을 멕시코에서 미

---

4) 이 점에 대해서는 Michael Viano & Jenny R. Arnold, Corporate Criminal Liability, *43 Am. Crim. L. Rev.311* (2006), 320면.

5) 이에 대해서는 Thomas A. Hagemann & Joseph Grinstein, The Mythology of Aggregate Corporate Knowledge: A Deconstruction, *65 Geo. Wash. L. Rev. 210* (1997), 228면; Anthony Ragozino, Note, Replacing the Collective Knowledge Doctrine with a Better Theory for Establishing Corporate Mens Rea: The Duty Stratification Approach, *24 Sw. U. L. Rev. 423* (1995).

6) 악의적 회피는 의도적 무지(deliberate blindness, deliberate ignorance, willful

국으로 운송하기로 했을 때, 그는 화물에 마약이 포함되어 있는지 확신
할 수는 없었지만, 그러한 가능성은 인식하고 있었고, 그럼에도 불구하
고 확인하지 않기로 결정을 내린 경우를 말한다.[7] 다만 마약의 포함여
부를 확인하지 않은 것만으로는 의도적 인식의 회피가 되지 못하고, 그
가 운송하는 화물에 마약이 포함될 수 있다고 믿을 만한 근거가 있어야
만 한다.[8] 그렇게 무지의 상태가 되기로 결정함으로써 피고인은 범죄사
실에 대한 적극적 인식이 없었음을 항변할 수 있게 된다. 그러나 법원
은 만일 피고인이 의도적으로 사실인식을 회피했음이 입증된 때에는
이는 법을 잠탈(circumvent)하려는 시도로 보아 사실에 대한 인식이 있
었던 것으로 간주한다. 즉, 피고인은 사실에 대한 인식이 없었음에도 불
구하고 이를 인식하고(knowingly) 범죄를 저지른 것이 된다.[9] 이 법리
의 정당화 근거는 의도적 인식회피나 적극적 인식은 똑같이 유책하기
(equally culpable) 때문이라고 한다. 한 마디로 행위자는 그 사실을 인식
하였더라도 범행을 저질렀을 것이기 때문이라는 것이다.[10]

---

ignorance), 의도적 무관심(deliberate indifference), 의식적 회피(conscious avoidance)
등으로도 알려져 있으나, 본고에서는 의도적 인식회피가 가장 적절하다고 생각
되어 이 번역어를 채택하고자 한다.

7) Arnold H. Loewy, Criminal Law (4th ed., St. Paul, Minn.: Thomson/West, 2003),
128면.

8) 이와 관련된 판례로는 U.S. v. Campbell, 777 F. Supp. 1259(W.D.N.C.1991), aff'd
in part and rev'd in part, 1992 U.S. App. LEXIS 23805(4th Cir. 1992)를 참조할
것. 동 사건에서 피고인인 부동상중개업자의 인식과 관련해, 고개의 생활방식이
비정상적이고, 특이한 습관을 갖고 있다는 사실을 알고 있다는 것만으로는 그 고
객의 불법활동 가능성을 인식하였다고 볼 수 없고, 또한 지역사회에서 마약밀매
자로 소문나 있다는 것만으로는 피고인의 인식을 추정할 수 없다고 판시함으로
써 의도적 인식회피 법리에 대한 한계를 제시하고 있다.

9) 예컨대 United States v. Restrepo-Granda, 575 F.2d 524, 528 (5th Cir. 1978)에서
법원은 만일 피고인이 불법행위가 존재할 것이라는 매우 높은 가능성을 주관적
으로 인식하고 있었고, 그러한 불법행위에 대한 인식을 의도적으로 회피하려 했
음(purposely contrived to avoid learning of the illegal conduct)이 입증된 경우
범죄성립에 필요한 인식(knowledge)이 있었던 것으로 본다고 판시하였다.

10) U.S. v. Jewell, 532 F.2d 697 (9th Cir. 1976) 700; Arnold H. Loewy, 앞의 책,

2. 법인에게 의도적 인식회피가 있어야만 하는가?

집단인식의 법리가 적용되려면 의도적 인식회피가 전제되어야 한다는 것은 법인의 범의를 인정함에 있어서 단순히 다수 종업원의 무책한 인식의 총합이 법인에게 귀속되어 법인을 유책하게 만드는 것이 아니라, 법인의 각 종업원에게 범죄사실에 대한 인식의 충분한 가능성이 있었음에도 불구하고 이를 의도적으로 회피했다는 점이 입증되어야만 집단인식에 의해 법인책임을 귀속시킬 수 있다는 의미이다.

그렇다면 과연 집단인식 법리는 범의를 입증하기 위한 독자적 법리인가 아니면 그보다는 각 종업원의 의도적 인식회피가 입증될 경우에만 비로소 의미를 가질 수 있는 법리인 것인가? 이하 본고에서는 두 입장의 타당성을 검토하기 위해 집단인식의 법리를 인정한 대표적 리딩케이스를 분석 대상으로 삼아 각 사례의 사실관계에 의도적 인식회피를 인정할 만한 요소가 있었는지 면밀히 검토해 보고(II), 이 법리가 독자적 법리라는 견해를 동 법리의 형성배경을 통해 살펴본 뒤(III), 의도적 인식회피가 반드시 전제되어야 한다는 주장의 당부를 가려보고자 한다. 결론적으로는 집단인식의 법리가 인정된 사례의 경우 법인 종업원에게 의도적 인식회피가 있는 것으로 해석될 소지도 있지만, 반드시 그렇지는 않다는 점을 논증하며, 조직모델을 통해 새로운 대안적 해석론을 제시할 것이다(IV). 마지막으로 동 법리가 지닌 법이론적 한계를 지적함으로써 향후 연구 과제를 남겨 두고자 한다(V).

II. 리딩케이스의 검토

일반적으로 집단인식의 법리가 확립된 선도적 판례로는 Inland Freight Lines v. United States Case(1951)와 United States v. T.I.M.E.- D.C., Inc.

128면.

Case(1974), 그리고 United States v. Bank of New England Case(1987)가 널리 논급되고 있다. 세 개의 사례를 차례로 검토해 보기로 한다.

1. Inland Freight Lines v. United States

이 사건의 사실관계와 판결요지는 아래와 같다.

당시 주간통상법(Interstate Commerce Act)에 의하면 자동차 운수업 자가 알면서(knowingly), 의도적으로(willfully) 허위 기록을 작성하거나 보존하는 것을 경범죄(misdemeanor)로 규정하고 있었다. 공소사실에 따르면 어떤 운전기사들이 자신들의 운행시간과 결근시간을 일지(log books)와 운행보고서(travel reports)에 틀리게 기록하였다. 그러나 운수 회사의 그 어떤 종업원도 일지와 운행보고서의 불일치를 알고 있지 못했다. 이에 대해 법원은 만일 적어도 어느 한 직원이 일지의 내용을 알았고 또 다른 직원은 운행보고서의 내용을 알고 있었다면, 두 직원의 인식은 집단적으로(collectively) 회사에 귀속된다고 보았다.[11] 비록 항소심에서 파기되기는 하였지만 이 판결은 회사의 인식이, 그 종업원들이 주요 사실(key facts)에 대해 집단적으로 가진 인식을 증명함으로써 입증될 수 있다고 보았다는 점에서 집단인식의 법리를 발전시키는데 있어서 중대한 이론적 첫발을 내디딘 판례로 평가된다.[12]

집단인식의 법리가 악의적 회피와 결합되어야만 정당하게 적용될 수 있다고 보는 입장(이하 '결합론'으로 칭함)에서는 이 사례에도 회사 종업원의 의도적 인식회피가 있다고 해석한다. 예컨대 제1심에서 법관은 배심원들에게 다음과 같이 설시하였다. "만일 회사가 정을 알면서 틀린 일지를 받아들였거나, 오류유무에 대한 조사 없이 받아들인 경우에는, 감독의무(duty of inspection)를 다했더라면 일지의 오류는 발견될 수 있었을 것이기 때문에, 그 회사는 유죄가 된다."[13] 이에 대해 결합론

---

11) Inland Freight Lines v. United States, 191 F.2D 313 (10th Cir. 1951) 313-316.
12) 이러한 평가로는 Martin J. Weinstein & Patricia Bennett Ball, 앞의 논문, 71면.

자들은 회사는 일지와 운행보고서의 불일치를 확인·감독할 의무가 있음에도 불구하고 이를 이행하지 않은 경우, 이것은 알면서도 틀린 일지를 받아들인 것과 마찬가지로 간주된다는 취지의 설시를 한 것이라고 주장한다.

2. United States v. T.I.M.E.-D.C.

이 사례에서 배차원들은 회사의 새로운 병가(sick-leave) 정책을 운송기사들에게 고지할 책임이 있었다. 새 정책에 따르면 병가를 내기 위해서는 의료진단서를 제출해야만 하고, 만일 진단서 없이 병가를 내면 면책 받지 못하고 고용상의 불이익을 입게 되어 있었다. 이 정책은 불완전하고 모호한 정보를 기사들에게 고지함으로써 종업원들의 치솟는 결근율을 낮추려는 의도로 회사에 의해 고안된 것이었다. 관련 증거에 의하면 두 명의 운송기사가 처음에 병결을 전화로 알렸으나, 배차원들이 그들의 결근은 면책 받지 못할 것이라고 알려주자, 고용상의 불이익을 염려한 두 기사들은 결근신청을 철회하고 몸이 안 좋은 상태에서 운송업무를 했다. 그런데 주간통상법에 의하면 운송업자와 그 운송기사들이 운송능력에 장애가 있는 상태 하, 또는 그들의 운송능력에 장애를 줄수 있는 환경 하에서 운전을 함으로써 운행을 불안전하게 만드는 것은 경범죄로 규정되어 있었다. 입증된 증거에 따르면 그 두 명의 운송기사들은 배차원들로부터 결코 공식적으로 또는 명시적으로 새로운 병가정책에 대해 고지 받은 적이 없었다. 이에 대해 운수회사는 비록 주간통상법이 운송능력에 장애가 있는 자의 운송업무를 금지한다는 점을 알고 있었지만, 두 운송기사들이 병가를 철회하고 정상업무에 들어갔기 때문에 그들이 병이 있었다는 사실은 몰랐다고 항변하였다. 그러나 법원은 회사 측의 주장을 배척하고 회사가 자신들이 병든 운송기사를 사용하고 있다는 사실을 충분히 인식하고 있었다고 설시하였다. 그 이유

---

13) Inland Freight Lines, 191 F.2D 316.

는 비록 운송기사들이 병가신청을 철회했다고 하여도, 배차원들은 분명히 그들이 병에 걸렸다는 사실을 고지 받아 이를 알고 있었기 때문이라고 하였다. 즉, 배차원들은 병든 기사들을 운송업무에 사용하고 있다는 인식을 지니고 있었고, 이러한 인식은 그러한 행위를 금지하고 있는 주간통상법의 내용을 알고 있는 회사 내의 다른 종업원들의 인식과 결합되면 회사의 인식이 된다는 것이다.14) 이 사례 역시 Inland Freight Lines v. United States와 마찬가지로 회사 종업원들의 무책한 인식이 범죄사실의 인식에 필요한 각각의 단계를 충족시킬 때 그 총합은 곧 회사의 인식으로 귀속될 수 있다고 본 점에서 전형적인 집단인식 법리의 맹아로 평가되고 있다.15)

결합론자들은 이 사례에도 운수회사에 악의적 회피가 있다고 본다. 왜냐하면 이 사례에서 회사는 새로운 병가정책이 병가신청을 억제하는 효과가 있을 것이라는 점을 알았거나 알고 있어야 했고, 따라서 운수회사는 기사들에게 병이 있다는 사실을 기술적으로(technically) 모른 채, 그들을 영업에 투입하려는 의도를 가지고 있었던 것이기 때문이다.16) 따라서 회사의 새 병가정책은 병이 있지만 진단서를 받아 오지 못한 기사들에게 눈을 감으려는 의도적 시도(deliberate attempt to turn a blind eye to)를 드러내는 것으로 볼 수 있다는 것이다. 법원도 피고 회사는 결근율을 낮추기 위해 새로운 병가정책에 대해 상세하게 충분히 설명하는 것을 금지했고, 그렇게 함으로써 병들거나 피로한 기사의 운송업무를 금지하는 관련 법규를 의도적으로 무시했다고 설시했다.17)

---

14) United States v. T.I.M.E.-D.C., Inc., 381 F. Supp. 730 (W.D. Va. 1974) 730-741.

15) 이후에도 집단인식의 법리가 직·간접적으로 원용된 판례로는 United States v. Osorio, 929 F.2d 753, 761 (1st Cir. 1991); United States v. Ortiz de Zevallos, 748 F. Supp. 1569, 1576 n.7 (S.D. Fla. 1990); United States v. Shortt Accountancy Corp., 785 F.2d 1448 (9th Cir. 1986); United States v. Sawyer Transp., Inc., 337 F. Supp. 29 (D. Minn. 1971) 등이 있다.

16) T.I.M.E.-D.C., Inc., 381 F. Supp. 739-740; Thomas A. Hagemann & Joseph Grinstein, 앞의 논문, 229-230면.

3. United States v. Bank of New England

집단인식의 법리를 확정적으로 인정한 사례로 가장 보편적으로 인용되는 것으로는 United States v. Bank of New England가 있다. 사실관계와 판시내용은 아래와 같다.

맥도너프라는 은행 고객이 1983년 5월부터 1984년 7월 사이에 총 31번에 걸쳐 뉴잉글랜드 은행의 프루덴셜 지점을 방문해 5,000달러에서 9,000달러에 달하는 복수의 수표를, 어느 한명의 은행 창구직원에게 동시에 제시하고 10,000달러 이상의 현금을 인출했다. 그 당시 현금거래보고법에 의하면 10,000달러 이상의 현금거래가 있을 경우 15일 이내에 현금거래보고서(CTRs)를 작성하도록 되어 있었다.[18] 분명 각각의 수표는 10,000달러 이하의 금액이었지만, 매번 인출한 현금총액은 10,000달러 이상으로 현금거래보고서의 작성대상이었음에도 불구하고 은행은 보고서를 작성하지 않았다. 이에 대해 제1심법원은 은행 종업원의 인식의 총합은 은행에 귀속될 수 있다고 설시하며, "만일 A 직원이 현금거래보고요건의 어느 한 국면(one facet)을 알고 있고, B라는 직원은 그 요건의 다른 국면을 알고 있으며(another facet), 그리고 은행직원 C는 세 번째 국면을 알고 있다면, 은행은 그 모든 단계를 알고 있는 것이라고 판시하였다. 따라서 설령 (각각 10,000달러에 미치지 못하는) 복수의 수표가 사용되었다 하더라도, 만일 어느 종업원이 자신의 업무상 그 경우 현금거래보고서가 작성되었어야 한다는 점을 알고 있었다면 은행은 그것을 알고 있었던 것으로 간주된다. 마찬가지로 만일 각각의 여러 종업원이 현금거래보고요건의 일부를 알고 있었고, 그러한 인식의 총합이 현금거래보고요건이 모두 충족되었다는 사실에 이른다면, 은행

---

17) T.I.M.E.-D.C., Inc., 381 F. Supp. 736-737.

18) 주지하다시피 현금거래보고제도(CTR)는 자금세탁(money laundering) 방지를 위해 도입된 것으로, 미국뿐만 아니라 각국의 자금세탁방지관련 법규에 입법화 되어 있다. 이 점에 대해서는 조균석, 자금세정규제론 (經進社, 1993), 131면 이하 참조.

은 그것을 알고 있었던 것으로 간주된다." 즉, 비록 현금을 인출해 준 창구직원이 복수 수표에 의한 10,000달러 이상의 현금인출이 현금거래 보고법의 규제대상이라는 점을 몰랐다 하더라도 최소한 10,000달러 이상의 현금인출을 한 사실은 알고 있었고, 또한 어느 은행직원은 그와 같은 현금인출이 현금거래보고서의 작성대상이라는 사실을 알고 있었다면 은행직원들의 인식의 총합은 현금거래보고법을 위반한 사실에 대한 은행자신의 인식이 된다고 판시하였다.[19] 현금인출을 담당한 창구직원은 10,000달러 넘는 금액의 거래가 있었던 사실을 알고 있었으나, 10,000달러 미만의 복수의 수표에 의한 그와 같은 거래가 현금거래보고법의 규제대상이라는 사실을 모르고 있었지만, 관련 증거에 의하면 분명 어느 직원은 그러한 거래라도 현금거래보고서를 작성해야 한다는 점을 충분히 인식하고 있었기 때문에 은행 종업원들의 인식의 총합은 은행의 범죄사실의 인식이 될 수 있다는 것이다.

이 사례의 제1심에서 법원은 배심원들에게 다음과 같이 설시하였다. 은행은 기관(institution)이자, 조직(organization)으로서 일정한 책임이 있다. 그렇기 때문에 은행은 현금거래보고서의 요건을 인지하고 있어야 하고, 또 이를 준수해야 한다. 이 점을 의식적으로 회피했는지 여부를 배심원은 판정해야 한다. 은행이 유죄임을 입증하려면 보고서를 작성하지 않은 것이 은행의 "악의적인 조직적 무관심(flagrant organizational indifference)"의 결과라는 사실을 입증해야 한다. 이러한 점에 비추어 볼 때, 배심원들은 은행이 직원들에게 관련 법규를 고지하려는 노력을 기울였는지, 또 직원들에 대한 준법감시 노력을 기울였는지, 현금이 복수의 수표에 의해 인출되었던 기간 동안 얻게 된 다양한 정보에 적절히 대처했는지, 은행의 정책을 어떻게 수행했는지 등을 검토해 보아야 한다. 그리하여 만일 은행 직원이 자신의 직무범위 내에서 현금거래보고서 작성을 의도적으로 하지 않았거나, 은행(직원)이 악의적으로 자신의

---

19) United States v. Bank of New England, N.A., 821 F.2d 844 (1st Cir. 1987) 844-857.

의무에 무관심했다면, 은행은 의도적으로 보고서를 작성하지 않은 것으로 간주된다.[20] 한 마디로, 의도적 무관심은 곧 의도(willfulness)를 입증할 수 있는 허용 가능한 수단(permissible means)이 될 수 있다는 것이다.[21] 결론적으로 법원은 다음과 같이 판시하였다. "맥도너프의 은행거래 방식이 일정기간 상습적인 것이었고, 그의 거래가 보고할 수 있는 성격의 것이라는 점을 알려주는 정보가 많았기 때문에, 이로부터 불거지는 의혹들이 있었다면, 은행직원들은 최소한 맥도너프의 거래가 과연 보고할 만한 것인지 문의해 보았어야 함에도 불구하고 그러지 않았던 바, 이는 현금거래보고법이 부과하는 금지의무에 대해 악의적 무관심이 있었던 것으로 배심원들을 평결할 수 있다."[22] 한 마디로 말하자면, 은행의 책임은 "죄가 될 만한 정보(inculpatory information)"에 대해 의식적으로 회피했거나 악의적으로 무관심했다는 데에서 찾을 수 있다는 것이다.[23]

결합론자들은 이러한 판시내용을 근거로 위 사례도 은행의 의도적 인식의 회피가 있었던 대표적 사례로 해석한다. 바로 그렇기 때문에 집단인식도 의미를 지닐 수 있다는 것이다. 즉, 이 사례에서 종업원들의 집단인식은, 만일 그것이 필요하고 정당하다면, 형사책임을 면하기 위한 은행의 의식적 노력을 수포로 만들기 위해(to defeat the Bank's conscious attempts to avoid criminal liability) 인정되었을 뿐이라는 것이다.[24]

이상 집단인식의 법리를 인정한 선도적 판례를 분석 대상으로 하여 과연 사례에 회사법인의 의도적 인식회피가 있었는지 여부를 검토해 보았다. 결합론자들의 주장처럼 세 개의 사례 모두 일견 의도적 인식회피가 있었다고 해석할 소지는 있다고 보인다. 다만 과연 판례의 취지가

---

20) Bank of New England, N.A., 821 F.2d 855.
21) Bank of New England, N.A., 821 F.2d 855-857.
22) Bank of New England, N.A., 821 F.2d 857.
23) Bank of New England, N.A., 821 F.2d 857.
24) Thomas A. Hagemann & Joseph Grinstein, 앞의 논문, 224-226면.

"집단인식의 법리에는 의도적 인식의 회피가 요구된다는 것"으로 반드시 해석할 필요가 있는지는 의문이다. 왜냐하면 위 판례들은 관점에 따라서는 회사의 일정한 내부관행이나 운영절차 및 정책을 그 법인 자체의 의사로 보고 이에 대해 책임을 추궁한 것으로 해석할 여지도 충분히 있기 때문이다. 사례는 보는 이의 관점에 따라서 달리 해석될 수 있는 것이다. 이하에서는 최근 법인 고유의 의사를 이론적으로 재구성하려는 여러 시도 중에서 '조직모델'의 관점을 살펴보고, 집단인식의 법리가 바로 조직모델을 반영한 것이라는 사실을 논증해 보기로 한다. 이를 위해 우선 집단인식의 법리가 태동할 수밖에 없었던 배경을 검토해 보기로 한다. 집단인식 법리의 형성배경은 집단인식의 법리가 고유한 원리를 토대로 한 독자적 법리라는 견해는 물론, 조직모델이 고안된 이유와도 무관하지 않기 때문이다.

Ⅲ. 집단인식 법리의 형성배경

집단인식의 법리가 형성·발전된 배경에 대해서는 두 가지 설명이 제시되어 있다.

우선 사회경제적인 배경을 들 수 있다. 일찍이 폴란드 출신의 사회학자인 지그문트 바우만(Zygmunt Bauman)은 현대사회에서 발생한 결과에 대한 도덕적 책임귀속의 불확실성이 발생하게 된 이유를 다음과 같이 분석한 바 있다. "분업과 전문화로 인해 다수의 사람들이 관여하는 모든 일에서 그들 각자는 전체업무의 작은 일부만 수행한다. 실제로 관련된 사람이 너무 많아서 그 누구도 발생한 결과에 대한 책임을 합리적이고 설득력 있게 주장하거나 떠맡을 수 없다. 죄인 없는 죄, 범인 없는 범죄, 범인 없는 책임이 발생한다(guilt without culprit)! 즉, 결과에 대한 책임은 떠다니게(floating) 되고, 책임소재를 파악할 수 없다."[25] 바

---

25) Zygmunt Bauman, Postmodern Ethics (Cambridge, Mass.: Blackwell Publishers,

우만의 통찰은 기업에서 발생하는 범죄에 대해서도 유효한 진단이다. 미국처럼 시장경제가 고도로 성숙한 나라에서는 이러한 독자적인 법리에 의한 기업규제의 필요성이 커질 수밖에 없다는 것이다. 즉, 미국 내 기업, 특히 다국적 기업의 경우는 수천 명의 종업원을 고용하고 있을 뿐만 아니라 업무를 독립적인 개별 부서에 위임함으로써 기업조직의 기능을 분권화(decentralize) 시키고 있기 때문에,[26] 그 규모와 복잡성이 증대하여 만일 기업 내 범죄가 발생하더라도 그 관련 책임자를 색출해 내는 데 수개월에서 수년이 소요되는 지경에 이르렀다는 것이다. 예컨대 회사 내 어느 부서가 과세기록을 작성하는 업무에 대해서 고유한 권한이 있다고 하더라도 사실상 법인의 소득신고서에 기재된 모든 내용은 또 다른 부서에 의해 작성되는 경우가 있다는 것이다. 극단적으로는 회사 내 한 부서가, 수천마일 떨어진 곳에 위치한 독립적인 부서에 의해 제공된 정보에 전적으로 의존해 신용대출을 신청하는 경우도 있을 것이다. 이처럼 기업 내부의 의사결정과정이 복잡하고 분권화된 위계구조에 의해 조직적으로 이루어질 경우, 기업 경영진의 일부가 외국의 정치인에게 뇌물을 전달해 주기로 결정을 내린 때에, 다른 부서의 사원들이 그러한 뇌물지급에 대해 궁극적 책임을 지는 일도 발생할 수 있게 된다. 시장경제가 고도화됨에 따라 바야흐로 미국법원은, 기업조직이

1994), 18-19면. 바우만은 영국 리즈대학 사회학 교수를 역임했고, 근대성과 홀로코스트, 탈근대성과 소비주의, 윤리학 등에 탁월한 업적을 남겼다.

26) 예컨대 현대의 많은 기업들은 개별 사업부가 책임경영을 할 수 있도록 개별 사업부장에게 권한을 위임하는 사업부제 조직구조를 채택하고 있다. 권한의 대규모 위임은 사업부의 자발적인 경영을 촉진시키고 빠른 의사결정을 가능하게 하여 책임경영을 할 수 있는 장점이 있는 반면, 각각의 사업부가 다른 사업부와 자원공유나 기술이전과 같은 협력관계가 어려워지고, 사업부끼리 불필요한 경쟁관계가 될 위험도 있다. 이처럼 개별 사업부가 지나치게 독립적으로 운영되어, 사업단위 간 자원 및 지식, 정보의 공유 같은 협력관계가 없어지는 것을 전문용어로 '사일로(silo)' 라고 한다. 현대 기업의 이러한 특성에 대해서는 장세진, 삼성과 소니 (살림, 2008), 233면 이하 참조. 서로 다른 전문성을 가진 조직을 통일적으로 운영할 수는 없기 때문에 사일로는 현대 기업조직에 필수적인 측면도 있고 또 경영의 본질이기도 하지만, 이는 분명 기업범죄에 악용될 소지도 있다.

자신의 의사결정 메커니즘이 복잡화, 분권화 된 점을 이용해, 기업 내 각 부서 간 정보가 상호 영향을 미치지 않도록 부서조직을 엄격히 업무 적으로 분화시킬 수 있는 고유한 능력(capacity to compartmentalize information)을 갖추게 되었다는 점을 인식하기 시작하였고,[27] 그 결과 한 기업 내 여러 직원들의 집단적 인식이 기업의 고의로 인정될 수 있 다고 법리구성을 할 수 있게 된 것이다. 요컨대, 기업조직의 고도발달로 인해 기업 내 부서 간 업무가 엄격하게 분리되어 자율적 체계를 갖추게 됨에 따라 기업은 각 부서별 상호간 인식의 공유가 없어도 정상적인 업 무를 수행할 수 있듯이 각 부서 종업원들의 상호 무관한 개별적 인식의 총합을 통해서도 범죄사실을 인식하고 범죄를 저지를 수 있게 되었다는 것이다. 바로 이 점은 집단인식의 법리가 고유한 원리를 토대로 형성된 독립된 법리라는 주장을 뒷받침해 준다.[28] 즉, 집단인식의 법리는 현대 기업조직에서 빈번하게 발생할 수 있는 '조직적 무책임(organisierte Unverantwortlichkeit)'을 방지하려는, 고유의 원리 위에 형성된 독자적 법리라는 것이다.

다음으로는 기업의 형사책임에 관하여 미국 내에서 전개되어 온 고 유한 이론적 배경이 있다. 전통적으로 미국 법원은 대위책임(vicarious liability)에 입각하여 기업의 형사책임을 인정해 왔다. 즉, 회사 종업원 이 그의 직무범위 내 또는 직무수행 중에 기업의 이익을 위해 저지른 행위에 대한 책임은 해당 기업에 귀속될 수 있다는 것이다. 그러한 사고 방식의 원류는 불법행위의 영역에서 종업원의 직무범위 내의 행위에 대 해 법인이 손해배상책임을 지는 사용자책임의 법리(*Respondeat superior*)

---

27) 이러한 업무적 분화로 인해 발생한 결과에 대한 책임자를 찾아내기 어려워진다. 같은 맥락에서 역할 전문화, 불완전한 정보, 조직 문화, 불복종을 처벌하는 경영 진의 능력 등이 어우러져 기업의 조직적 무책임의 결과가 초래된다고 지적하는 견해는 J. Tomkins, B. Victor, & R. Adler, Psycholegal Aspects of Organizational Behaviour: Assessing and Controlling Risk, in: D.K. Kagehiro & W.S. Laufer (eds.), Handbook of Psychology and Law (New York: Springer-Verlag, 1992), 523-541면.

28) Martin J. Weinstein & Patricia Bennett Ball, 앞의 논문, 66-70면.

에서 유래하고 있었다.[29] 미국법상 대위책임이 인정되기 위해서는 그 전제로서 종업원의 범의가 인정되어야 한다. 그러나 전술한 바와 같이 시장경제가 고도화되어감에 따라 기업조직은 권한을 분배하고, 역할과 책임, 그리고 관련 정보의 흐름(associated information flow)을 분산시킴으로써[30] 더욱 전문화, 분권화, 위계화 될 수밖에 없고, 따라서 누가 발생한 결과에 대해 책임있는 종업원인지 찾아내는 것이 점점 더 어려워지게 된다.

예를 들어 천문학적인 손해배상으로 유명한 미국의 달콘실드(Dalkon Shield) 사건[31]에서 판사는 달콘실드의 제조업체인 A.H. 로빈스 내에서 정확히 누구의 책임인지 판단하기가 불가능하다고 밝혔다. 왜냐하면 달콘실드의 프로젝트 매니저는 피임기구의 안전성 문제가 의료부서 책임이라고 설명했던 반면 의료부서의 대표자는 품질관리부서가 맡아야 할 문제라고 설명했고, 또 품질관리 부서 대표자는 프로젝트 매니저가 그 문제에 대한 결정권한을 갖고 있다고 말하였기 때문이다. 이는 곧 각 부서 담당자들이 발생한 결과에 대해 자신들의 법적 책임유무를 명확히 판단 할 수 있는 위치에 있다고 볼 수 있을 만큼 충분한 정보를 갖고 있지 못하다는 뜻이다. 현대 관료제적 기업조직은 기능적 부서라인에 따라 정보를 분여한다(bureaucratic organizations parcel out information along functional lines).[32]따

---

29) 물론 카먼로 국가들도 처음부터 대위책임의 원칙이나 사용자책임의 법리를 형사적 법리로 인정해 왔던 것은 아니다. 영국의 경우 이러한 법리가 형사적 법리로도 인정되기 시작한 것은 18세기 이후이다. 이에 대해서는 Amanda Pinto & Martin Evans, Corporate Criminal Liability (London: Sweet & Maxwell, 2003), 17-24면.

30) 현대 기업조직의 전문화, 분권화, 위계화에 대해서는 J. Tomkins, B. Victor, & R. Adler, Psycholegal Aspects of Organizational Behaviour: Assessing and Controlling Risk, in: D.K. Kagehiro & W.S. Laufer (eds.), Handbook of Psychology and Law (New York: Springer-Verlag, 1992), 528-529면 참조.

31) 자궁 내 피임기구로 이 기구를 사용한 여성들 중에서 수천 명이 불임, 유산 및 사망에 이르는 심각한 피해를 입었다. 이 사건의 배경과 사실관계 및 소송결과와 이에 대한 기업 윤리적 분석과 평가로는 로버트 F. 하틀리(Robert F. Hartley)/e매니지먼트(주) 역, 윤리경영(Business Ethics: mistakes and successes) (21세기 북스, 2006), 326-342면 참조

32) Palmer v. A.H. Robins Co., 684 P.2d 187 (Colo. 1984). 이 사건에 대한 이와

라서 책임은 분산될 수밖에 없다. 이처럼 역할이 전문화되고 정보가 분여돼 있는 기업조직에서는 구성원들이 회사의 이름하에(in the name of corporations) 업무를 수행한 것이 결국 범죄를 저지르는 결과를 가져오게 되더라도 그들을 비난할 수 없다.[33]

이렇게 될 경우 기업의 형사책임을 묻기가 어려워지는 바, 이러한 난점을 극복하기 위해 집단인식의 법리가 탄생할 수밖에 없었다는 것이다.[34]

IV. 집단인식의 법리와 조직모델

1. 조직이론의 특성과 의의

조직모델에 따르면 회사의 성격은 단순한 사업가들의 집단도 아니고, 그렇다고 막스 베버식으로 위계적 구조에 의해 단일한 목표를 추구하는 관료제(Bureaucracy)모델로도 설명하기 힘들다. 왜냐하면 그러한 모델들은 조직의 복잡성이 크지 않을 때에는 들어맞을지 모르지만, 고도로 복잡해진 조직의 경우에는 더 이상 타당하지 않기 때문이다. 조직

같은 평가로 David Luban, Lawyers and Justice (Princeton University Press, 1989), 123-124면.

33) Herbert C. Kelman & V. Lee Hamilton, Crimes of Obedience: toward a social psychology of authority and responsibility(New Haven: Yale University Press, 1989), 195-210면 참조.

34) 이 점에 대해서는 Ann Foerschler, 앞의 논문, 1297-1298면. 동 문헌에 의하면 현대사회에서 회사는, 자신의 업무를 처리하기 위해, 이를 나누어 전담할 하위부서로 이관시키는 고도로 복잡한 조직구조를 갖추게 되었고, 이러한 구조 하에서는 유책한 개인을 찾아낸다는 것이 거의 불가능하기 때문에 미국법원은 집단인식의 원리를 통해 유책한 개인을 찾을 수 없더라도 종업원의 인식의 총합이 회사의 인식이 될 수 있다는 법리구성을 하게 된 것이라고 평가한다. Ann Foerschler, 앞의 논문, 1304-1306면; 역시 동지의 송기동, 앞의 논문, 44-48면 참조.

모델은 이러한 설명방식 대신 회사를 "지능을 가진 기계"로서의 조직
(organization)으로 설명하는 이론이다.35)

조직모델(organizational model)은 법인의 활동을 법인 구성원 개인들
의 선택의 집합이라기보다는 법인의 조직구조적 산물(product of the
organizational structure)로 본다. 즉, 조직은 개인들의 집합이라기보다는
활동들의 집합(collection of activities)이라는 것이다.36) 따라서 법인의 목
적과 결정은 법인 내 어느 특정 개인의 목적이나 결정과 반드시 일치하
는 것은 아니다. 조직이론은 법인을 하나의 개인처럼 취급하는 전체론적
(holistic) 관점도 거부한다. 전체론적 관점은 회사를 이윤극대화를 추구
하는 이성적 행위자로서 하나의 의사결정 단위로(single decisionmaking
unit) 파악하지만,37) 회사라고 항상 이윤을 극대화하는 행동을 하지는
않으며, 따라서 이러한 모델은 비현실적이라고 보기 때문이다.38) 다시
말해 법인을 단순한 개인들의 집합으로 보는 것도 잘못이지만, 법인을
단일한 의사를 지닌 하나의 이성적 행위자로 보는 것도 실제에 부합되
지 않는다는 것이다. 이 이론은 법인의 복잡한 성격을 총체적으로 파악
하기 위해 법인 내부의 '의사결정절차'에 대한 이해가 필요하다고 본
다.39) 따라서 조직이론은 법인의 의사(corporate intent)를 구명해 내는데
있어서 개별적 법인 구성원의 의사로든 단일한 인격체로서의 법인자체
의 의사로든, 그 어떤 종류의 환원주의도 시도하지 않는다. 그 대신 법
인의 조직구조상의 특성에 주목한다. 잘 알려진 조직모델로는 다음과
같은 두 가지 모델이 있다.

---

35) M. Dan Cohen, Rights, Persons, and Organizations: A Legal Theory for
    Bureaucratic Society (Berkeley: University of California Press, 1986), 16-25면.
36) M. Dan Cohen, 앞의 책, 35면.
37) G. Allison, Essence of Decision: Explaining the Cubean Missile Crisis (Boston:
    Little, Brown and Company), 1971, 32-33면.
38) C. Stone, Where the Law Ends: The Social Control of Corporate Behaviour,
    (New York: Harper & Row), 1975, 38-39면.
39) Simeon M. Kriesberg, Decisionmaking Models and the Control of Corporate
    Crime, 85 YALE L.J. 1091 (1976), 1976면.

우선 조직적 절차모델(organizational process model)은 조직 내 업무
의 전문적 분담(task specialization)이란 개념을 토대로, 조직 내부의 복
잡한 업무가 다루기 쉬운 하부문제로 분리되고, 이는 조직 내부의 하위
부서에 이관 돼 처리되는 과정에 주목한다. 회사들의 경우 각각의 부서
는 독립적인 결과물을 산출하므로 회사의 활동이란 결국 이러한 개별
부서의 의사결정을 종합하여 부분적 조정을 거친 결과(result of the
partial coordination of all of these incremental decisions)이다.[40] 이와 같
은 의사결정메커니즘 하에서는 회사 내에 책임이 분산되며, 따라서 책
임소재를 명확히 해 책임자를 가려내는 것이 어려워진다.[41] 즉, 이러한
의사결정구조 하에서 법인범죄가 발생했다면, 유책한 개인이나 의사결
정단위를 찾아내는 것은 거의 불가능해 진다.

다음으로 관료적 정략모델(bureaucratic politics model)은 게임이론
(game theory)을 토대로 회사의 의사결정과정을 개인들 간의 협상절차
(bargaining process among individuals)로 이해하려는 이론이다. 관료적
정략모델은 회사 내부의 의사결정이 정치적 협상결과라는 관점을 취한
다. 때때로 특정 개인의 목표가 관철될 수도 있지만, 그보다 그 어떤 특
정 개인의 목표와도 일치하지 않는 협상결과에 도달하는 경우가 더 많
다.[42] 한 마디로 회사와 같은 조직에서는 목표에 대한 명백한 합의는
존재하지 않는다는 것이다. 조직적 절차모델과 마찬가지로 관료적 정략
모델은 법인의 활동을 어떤 특정 개인의 행위로 환원시키려 하지 않는
다. 또한 회사의 활동결과 범죄가 발생한 경우, 유책한 개인을 찾아내는
것은 거의 불가능하다고 본다.

이상 살펴본 바와 같이 조직모델은 법인의 의사와 활동을 법인 내부
의 특정 개인의 의사나 행동으로 환원시키는 것이, 불가능하지는 않더

---

40) J. March & H. Simon, Organizations (New York: John Wiley & Sons, 1958),
158-161면과 190면.

41) K. Brickey, Rethinking Corporate Liability Under the Model Penal Code, *19
RUTGERS L.J. 593* (1988), 625-626면.

42) M. Dan Cohen, 앞의 책, 33면; G. Allison, 앞의 책, 145면.

라도, 매우 어렵다는 사실을 잘 해명해 주고 있다. 법인의 정책과 활동
은 종종 그 구성원 개인들의 선택의 단순한 총합 이상이다. 또 많은 경
우 법인의 활동은 구성원 개인들의 선택과, 회사 내에는 자주 발생하는
특정 문제를 처리하기 위한 표준운영절차(standard operating procedures;
SOPs)[43]), 그리고 조직의 구조 자체, 이 모든 것의 상호작용에 의존한다.
결론적으로 법인의 정책과 행동은 법인의 조직구조 전체(corporate
structure as a whole)로 귀속되어야 하며, 개념적으로 법인 내부의 구성
원 개인들의 의사와는 독립적인 것으로 보아야 한다는 것이 조직모델
의 입장이다.[44) 다시 말해 조직모델은 법인의 조직구조 자체를 의사를
지닌 행위주체로 보아야 한다는 이론인 것이다.[45)

---

43) 표준운영절차란 친숙하고 일상적인 문제들, 예컨대 고객의 불만을 해결거나,
   제품의 품질을 지속적으로 관리하고, 폐기물을 처리할 때 참고하도록 마련된 문
   제해결절차를 말한다. 이들 중 어떤 것들은 회사 중역들로 구성된 관련 위원회가
   입안해 만들어진 것일 수도 있고, 단지 관습에 의해 생겨난 규칙으로 특별한 지
   시 없이 관행적으로 인정된 것일 수도 있다. 이에 대해서 Simeon M. Kriesberg,
   Decisionmaking Models and the Control of Corporate Crime, *85 YALE L.J. 1091*
   (1976), 1102면 참조. 어느 경우이건 표준운영절차는 집단적 산출물(collective
   product)이라는 특성을 지닌다. 이 점에 대해 Brent Fisse & John Braithwaite,
   Corporations, Crimes and Accountability (Cambridge University Press, 1993),
   102면 참조. 명문화된 표준운영절차의 예로는 상충되는 이해관계의 해결, 임직원
   의 외부활동 제한, 선물과 접대, 고객정보와 비밀보장, 성희롱, 부정방지 등의 내
   용을 담고 있는 기업 내 윤리 및 행동강령(written code of ethics/conduct)을 들
   수 있을 것이다. 이에 대해서는 토비 비숍·프랭크 히도스키(Toby J.F. Bishop &
   Frank E. Hydoski)/딜로이트 안진회계법인 역, 성공기업의 위험관리(Corporate
   Resiliency) (FKI미디어, 2010), 136면 이하 참조.
44) 조직모델을 주장하는 입장에서는 회사조직을 조직적 지능을 지닌 지향적 시스템
   (intentional system with organizational intelligence)이라고 규정하기도 한다. M.
   Dan Cohen, 앞의 책, 34면.
45) M. Dan Cohen, 앞의 책, 34면.

2. 조직모델과 법인 고유 의사의 재구성

　　조직모델은 회사의 정책과 내부적 관행 및 표준운영절차에 초점을 맞춘다. 다시 말해 조직모델이 강조하는 회사 고유의 의사란 그 회사의 정책과 관행 및 운영절차에 의해 관념할 수 있다는 것이다. 전술한 바와 같이 회사법인의 의사결정과정이 어느 특정 개인의 의사를 그대로 반영한 것이라기보다는 표준운영절차 및 정략적 협상 등이 상호작용하여 이루어진다. 따라서 회사 고유의사란 회사의 조직적 구조 전체에 의해 결정된다. 그러므로 회사의 정책은 물론 내부적 관행과 표준운영절차는 모두 회사 고유의 의사로 평가할 수 있다고 한다. 실제로 미국 법원이 법인의 정책을 '제도적 고의(institutional intent)'로 파악한 이래[46] 회사의 정책에 초점을 맞춰 법인에 대한 비난가능성(blameworthiness)과 형사책임을 인정할 수 있다는 학설과[47] 판례가 꾸준히 전개되어 왔다. 이점에서 특히 집단인식의 법리는 조직모델의 관점을 적절히 반영하고 있는 것으로 보인다.[48] 예컨대 전술한 United States v. Bank of New England를 분석모델로 삼자면, 이 사례에서 법원은 "회사는 특정한 직무와 운영에 대해 (이를 좀 더 쉽게 처리할 수 있는) 보다 작은 단위부서로 업무를 이관·분담시킴으로써, (종업원들의) 인식(knowledge)을 업무적으로 분화시킨다(compartmentalize). 그 작은 단위부서의 (인식의) 총합은 바로 그 특정한 운영에 대한 회사의 인식이 된다. 그 특정한 운영의 어느 한 단계를 수행하는 종업원이 그 운영의 다른 단계를 수행하는 종업원의 활동을 아느냐의 여부는 중요하지 않다."고 덧붙였다.[49] 이러한 법리는 조직모델, 특히 조직적 절차모델의 입장을 수용한 것으로 볼 수

---

46) Keyes v. School District No. 1, 413 U.S. 189 (1973); Oliver v. Michigan State Bd. of Educ, 508 F.2d 178 (6th Cir. 1974).

47) Seth F. Kreimer, Note, Reading the Mind of the School Board: Segregative Intent and the De Facto/De Jure Distinction, 86 YALE L.J. 317 (1976), 333-334면.

48) 동지의 Ann Foerschler, 앞의 논문, 1305-1306면.

49) Bank of New England, N.A., 821 F.2d 856.

있다. 조직적 절차모델에 의하면 조직 내부의 복잡한 업무는 보다 다루기 쉬운 하부문제로 분리되고, 이는 조직 내부의 하위부서에 이관 돼처리되는 과정을 겪는다. 회사들의 경우 각각의 부서는 독립적인 결과물을 산출한다. 그러므로 이와 같은 의사결정메커니즘 하에서는 회사내부에서 책임이 분산되며, 따라서 책임소재를 명확히 해 책임자를 가려내는 것이 어려워진다. 그렇기 때문에 종업원들의 무책한 인식의 총합이 곧 회사 자신의 인식이 된다고 간주하는 것이다. 더욱이 이 사례는 회사의 내부 관행 및 표준운영절차를 책임비난이 가능한 회사의 의사로 파악한 대표적 사례이기도 하다. 동 사례에서 은행의 의사가 비난가능한 것은 31번에 걸쳐서 동일한 방식의 현금인출 행위가 있어도 이에 대한 현금거래보고서를 작성하지 않았던 바, 이는 곧 회사의 내부 관행 또는 표준운영절차로 볼 수 있고, 바로 이러한 관행과 절차가 관련법규를 명시적으로 위반하고 있었기 때문이다.50) 그렇다면 집단인식의 법리는 조직모델의 관점을 잘 반영하고 있다고 평가할 수 있을 것이다.

3. 조직모델에서 범의 성립의 세 가지 요건

조직모델에 따라 조직구조적 특성을 법인 고유의 의사로 볼 수 있다하더라도 과연 어떤 경우에 그 의사가 범의를 구성하게 되는지 구명될필요가 있다. 이에 대해서는 세 가지 경우를 상정해 볼 수 있다. 첫째, 조직구조적 특성에 비롯된 회사정책이나 내부관행 및 표준운영절차가 명시적으로 관련법규를 위반하는 때이다. 예컨대 United States v. Bank of New England 사례처럼 31번에 걸쳐서 복수 수표에 의해 한도를 초과한 현금인출을 허용한 것은 회사의 표준운영절차가 법규를 명시적으로 위반한 것으로 평가할 수 있을 것이다. 둘째, 그 정책이나 관행 및운영절차가 회사 종업원의 범법행위를 초래할 가능성이 상당히 높음(reasonably foreseeable)에도 불구하고 이를 의도적으로 무시한 경우이

---

50) Bank of New England, N.A., 821 F.2d 848.

다. 이 경우는 United States v. T.I.M.E.-D.C. 사례에서 찾아볼 수 있다. 이 사례에서 운수회사는 결근률을 낮추기 위해 새로운 병가정책을 개발해 실시했던 바, 결과적으로 결근률을 낮추기 위해서는 배차원들로 하여금 그 정책을 기사들에게 상세히 설명하지 못하게끔 하여 병으로 신체적 능력이 저하된 기사를 운송업무에 투입함으로써 주간통상법을 위반하게끔 만들 가능성이 높았기 때문이다. 회사의 병가정책 자체가 통상법을 위반한 것은 아니었지만, 종업원의 위반행위를 초래할 가능성을 상당히 높았음에도 불구하고 회사는 이에 무관심했다는 것이다. 마지막으로 회사의 정책과 관행 및 운영절차가 종업원의 법규위반에 대한 확인 및 감독의무를 의도적으로 또는 과실에 의해 내부적으로 강제하고 있지 않은 경우이다. 한 마디로 준법감시의무를 다하지 않고 있는 경우를 말한다. 이 경우 의도적으로 감독의무를 강제하지 않는 경우는 회사가 종업원의 위법행위로부터 이익을 얻기 위해서이다. 반면 과실에 의한 경우는 감독과실로 인해 종업원의 위법행위가 발생한 경우를 뜻한다.[51] 준법감시의무를 다하지 않은 법인의 책임이 인정된 예로는 전술한 Inland Freight Lines v. United States 사건을 들 수 있을 것이다.[52]

---

[51] 감독과실로 법인의 책임을 묻는 형식은 현행 양벌규정에서도 찾아볼 수 있다. 주지하다시피 "법인, 단체의 대표자나 대리인, 종업원이 저지른 위법행위에 대해 책임유무를 묻지 않고 양벌규정에 의해 법인 또는 대표이사를 처벌하는 것은 책임주의에 어긋난다."는 헌법재판소의 위헌결정으로 인하여 양벌규정의 개정이 불가피해짐에 따라 법무부는 양벌규정의 개선을 추진하게 되었다. 법무부가 추진하는 양벌규정의 개선안의 주요 내용은 업무주 처벌에 대하여 면책사유 등 아무런 조건을 두지 않은 양벌규정 단서에 업무주가 범죄행위를 방지하기 위한 관리 및 감독의무를 다한 경우에는 책임을 면제하는 면책규정을 두어 책임주의를 관철시키는 것이다. 개정된 양벌규정 하나를 소개하면, 자격기본법상 양벌규정에 해당하는 제42조는 "법인 또는 단체의 대표자나 법인·단체 또는 개인의 대리인, 사용인, 그 밖의 종업원이 그 법인·단체 또는 개인의 업무에 관하여 제000조의 어느 하나의 위반행위를 하면 그 행위자를 벌하는 외에 그 법인·단체 또는 개인에게도 해당 조문의 벌금형을 과한다. 다만, 법인·단체 또는 개인이 그 위반행위를 방지하기 위하여 해당 업무에 관하여 상당한 주의와 감독을 게을리 하지 아니한 경우에는 그러하지 아니하다."로 개정되었다.

이렇게 본다면, 집단인식의 법리는 변화하는 기업구조에 수용하여 조직모델상의 범죄성립의 세 요건을 반영한 것으로서 해석할 수 있을 것이다. 이 법리를 반드시 의도적 인식회피가 사실관계에 전제되어야만 성립하는 것으로 이해할 필요는 없다. 사실 전술한 세 개의 리딩케이스들 중에서 종업원의 의도적 인식회피가 사실관계에 반드시 전제되어 있다고 보아야 할 당위성이 있는 것은 없다. 세 경우 모두 단순히 과실로 인해 각 종업원들에게 범죄사실의 인식이 없었다고 해석해도 무방하기 때문이다. 반드시 각 경우에 의도적인 인식의 회피가 있었다고 보아야 할 필요는 없다는 것이다.[53] 예컨대 Inland Freight Lines v. United States의 경우 의도적 인식의 회피가 있었다고 보려면 누군가 일지의 오류 가능성을 충분히 인식하고 있어야 하나, 단지 한 종업원이 일지의 내용을 알고 있었고, 다른 한 종업원은 운행보고서의 내용을 알고 있었다는 사실만으로는, 그들이 비록 같은 회사에 소속되어 있다 하더라도, 그러한 일이 상습적으로 발생하지 않은 이상, 일지의 오류 가능성을 충분히 알고 있었다고 보기는 어렵다.[54] 이외에 두 사례의 경우도 각 종업원에게 의도적인 인식의 회피가 있었다고 보아야 할 당위성은 분명 없다.

이상 검토해 본 바와 같이 집단인식의 법리를 인정한 리딩케이스들은 조직모델에 의해 법리적 토대가 설명될 수 있다고 본다. 의도적 인식회피가 전제되어야만 동 법리가 정당하게 설명될 수 있다는 견해가 있으나, 이는 다소 무리한 해석이라고 판단된다. 끝으로 결합론자들은 악의적 회피가 전제되지 않은 집단인식의 법리는 위헌의 소지가 있다고 주장하는바, 이 점에 대해 검토해 보기로 한다.

---

52) 이상의 세 가지 요건은 Ann Foerschler, 앞의 논문, 1306-1311면에서 포쉴러가 제시한 요건을 수정, 응용한 것임을 밝혀둔다.
53) Eli Lederman, 앞의 논문, 671면.
54) 전술한 바와 같이 의도적 인식회피의 법리가 적용되기 위해서는 불법의 가능성에 대한 믿을 만한 근거가 있어야 한다.

4. 위헌론에 대한 검토

미국판례상 최소한 인식(knowledge)이라는 범의를 요구하는 범죄는 단순히 과실(negligence)에 의해서는 저질러질 수 없다는 것은 확립된 원칙이다.[55] 그런데 집단인식의 법리가 적용된 사례들 중, Inland Freight Lines v. United States 사례와 같은 경우 주간통상법에 의하면 자동차 운수업자가 인식하고 있으면서(knowingly), 의도적으로(willfully) 허위 기록을 작성하거나 보존하는 것을 경범죄로 규정하고 있었다. 즉, 법규가 명시적으로 인식과 의도를 범죄성립에 필요한 범의로 요구하고 있는 것이다. 그럼에도 불구하고 법원은 집단인식의 법리를 통해 회사의 책임을 인정하였던바, 회사의 책임이란 이 경우 일지와 운행보고서 간의 불일치를 조사함으로써 그러한 잘못을 방지해야할 의무를 해태한, 일종의 감독의무의 불이행에서 초래된 과실책임(negligence)인 것이다. 즉, 관련 법규의 범죄의 성립에 인식과 의도를 요하고 있음에도 불구하고 법원은 사실상 과실만으로 회사의 범죄성립을 인정하였던 것이다.[56] 따라서 결합론자들은 이 사례의 경우 만일 집단인식의 법리가 악의적 회피와 결합되지 않는다면 법원이 판결에 의해 의회가 명시적으로 규정한 법규를 폐기하는(judicial abrogation) 결과를 가져오게 되는 바, 이는 헌법상 권력분립의 원칙에 반하는 흠을 안게 된다고 주장한다.[57] 더

---

55) Browder v. United States, 312 U.S. 335, 341 (1941); United States v. Crippen, 570 F.2d 535, 538 (5th Cir. 1978).

56) 사실 범죄성립에 필요한 범의를 의도가 아닌 과실로 축소시켰다는 점은 동 판결이 항소심에서 파기된 이유이기도 했다(The convictions were reversed, with the appellate court finding that the jury charge had, in effect, reduced the requisite mens rea from willfulness to negligence). Inland Freight, 191 F.2d 316. 또한 유사한 맥락에서 회사 측은 설령 종업원들의 집단인식(collective knowledge)에 의해 회사의 인식(knowledge)가 입증되었다 하더라도, 여전히 의도(willfulness)는 입증되지 않았다고 항소심에서 항변하였다. 한 마디로, 의도까지 요구하는 범죄를 인식만으로 인정하였다는 것이다. 이 점은 Inland Freight Lines, 191 F.2D 314-316.

나아가 집단인식의 법리를 철저히 관철하면, 회사가 그 종업원에 감독의무를 충실히 이행했음에도 불구하고 우연한 사정에 의해 범죄가 발생한 경우까지도, 다시 말해 회사에 그 어떠한 범의를 찾을 수 없는 경우에까지도 회사는 형사책임을 져야 한다는 부당함이 노정된다는 점도 법리적 문제점으로 지적될 수 있다고 한다.58) 바로 그렇기 때문에 악의적 회피와 결합되지 않은 집단인식만으로는 합헌적이고 정당한 법리가 될 수 없다는 것이다.

그러나 이러한 논변에 대해서는 다음과 같은 반론이 가능하다. 우선 입법자가 말하는 인식과 의도는 법인과 자연인에게 각각 다른 뜻으로 사용된다는 것이다. 앞서 살펴 본 조직모델에 의하면 법인 고유의 의사란 조직구조적 특성 자체에서 비롯된 정책이나 관행 및 표준운영절차 등으로 설명할 수 있다. 이러한 것들은 조직모델이 밝혀주었듯, 어느 종업원 개인의 의사도 아니고, 단순히 종업원들의 의사의 총합도 아니다. 그렇다고 법인을 단일한 의사를 지닌 이성적 행위자로 보는 것도 실제에 부합되지 않는다. 그러므로 법인의 의사를 자연인의 의사, 즉 일반적의 의미의 고의 나 과실과 동일시된다고 보기는 힘들다. 이러한 관점에서 보면 집단인식의 법리에서 말하는 인식의 집합은(collectivization) 단지 법인의 범의를 입증하기 위한 방법(methodology of proof)일 뿐이고, 따라서 자연인에 대한 고의나 과실의 입증방법과는 다른 방식을 통해서 결과적으로 입법자가 설정한 '인식'과 '의도'를 입증하는 것으로 해석할 수 있다고 본다.59) 또 다른 반론으로는 조직모델에 따라 회사의 정책과 관행 및 표준운영절차 등을 법인 고유의 의사로 볼 수 있다면, 자연인에게 있어서의 고의와 과실처럼 그 경중을 구분하기 위해서는 그러한 정책과 관행 및 표준운영절차 등이 법규위반에 기여하는 방식과 정도, 또는 얼마나 오래 유지되었는지 등으로 판정할 수 있을 것이

---

57) 이러한 지적으로는 Thomas A. Hagemann & Joseph Grinstein, 앞의 논문, 238-239면.

58) Thomas A. Hagemann & Joseph Grinstein, 앞의 논문, 239면.

59) Thomas A. Hagemann & Joseph Grinstein, 앞의 논문, 240면.

다. 이렇게 본다면 입법자가 설정한 인식과 의도, 또는 과실이란 표지는 법인의 의사를 판단함에 있어서는 명목적인 것이 되며, 따라서 위헌론은 결정적인 문제점이 될 수는 없다고 생각한다.[60]

다음으로 의도적 인식회피와 결합되지 않은 집단인식의 법리는 회사가 그 종업원에 감독의무를 충실히 이행했음에도 불구하고 우연한 사정에 의해 범죄가 발생한 경우까지 회사가 형사책임을 지게 만든다는 반론에 대해 살펴보건대, 이는 일회성 범죄가 종업원들의 집단적 인식에 의해 저질러진 경우에는 분명 타당한 지적이다. 이 경우 우연한 사정에 의해 종업원들의 과실로 저질러진 범죄를 회사에 귀속시킬 수는 없을 것이다. 또한 조직모델의 관점에서 보더라도, 이처럼 종업원들의 우연한 과실에 의해 범죄가 저질러진 경우 법인 고유의 범의가 정책이나 내부관행 및 표준운영절차 등을 통해 외부로 표출되고 있다고도 보기 힘들 것이고, 따라서 집단인식의 법리가 적용될 여지는 없다고 본다. 집단인식의 법리가 조직모델의 관점을 수용하고 있는 것이라는 본고의 입론이 타당하다면, 우연한 사정에 의해 범죄가 발생한 경우까지 회사가 형사책임을 지게 되는 경우는 없을 것이다.

V. 맺음말

앞서 살펴보았듯이 집단인식의 법리는 조직모델을 반영하고 있는 것으로 보인다.[61] 예컨대 앞서 논급한 United States v. Bank of New England 사건에서 법원은 "회사는 특정한 직무와 운영에 있어 (이를 좀 더 쉽게 처리할 수 있는) 보다 작은 단위부서로 업무를 이관·분담시킴으로써, (종업원들의) 인식(knowledge)을 업무적으로 분화시킨다(compartmentalize). 그 작은 단위부서의 (인식의) 총합은 바로 그 특정한 운영에 대한 회사

---

60) 물론 궁극적으로는 입법론적 해결이 필요하다고 본다.
61) 동지의 견해로는 Ann Foerschler, 앞의 논문, 1305면.

의 인식이 된다. 그 특정한 운영의 어느 한 단계를 수행하는 종업원이 그 운영의 다른 단계를 수행하는 종업원의 활동을 아느냐의 여부는 중요하지 않다."고 설시했던바,[62] 이는 조직모델, 특히 조직적 절차모델의 통찰을 수용한 것으로 평가할 수 있다. 조직적 절차모델에 의하면 조직 내부의 복잡한 업무는 보다 다루기 쉬운 하부문제로 분리되고, 이는 조직 내부의 하위부서에 이관 돼 처리되는 과정을 겪는다. 회사들의 경우 각각의 부서는 독립적인 결과물을 산출한다. 그러므로 이와 같은 의사결정메커니즘 하에서는 회사 내부에서 책임이 분산되며, 따라서 책임소재를 명확히 해 책임자를 가려내는 것이 어려워진다. 그렇기 때문에 종업원들의 무책한 인식의 총합이 회사 자신의 인식이 된다고 법리 구성하는 것이다. 또한 위 사례는 회사의 정책 및 내부 관행을 책임비난이 가능한 회사의 의사로 파악한 대표적 사례이기도 하다. 동 사례에서 회사의 의사가 비난가능한 것은 31번에 걸쳐서 동일한 방식의 현금인출 행위가 있어도 이에 대한 통화거래보고서를 작성하지 않았던 바, 이는 곧 회사의 내부 관행 또는 표준운영절차로 볼 수 있고, 바로 이 관행 및 절차가 관련법규를 직접적으로 위반하고 있었기 때문이다.[63] 이처럼 집단인식의 법리가 조직모델을 반영한 것으로 볼 수 있다면, 조직모델에 의해 재구성된 법인 고유의 의사, 즉 회사의 정책이나 내부관행, 표준운영절차 등에 주목할 필요가 있을 것이다. 입법적으로 법인의 형사책임을 명문에 의해 인정하게 되더라도, 법인 고유의 의사를 어떤 기준으로 판단할 것인지는 논란의 여지가 많은 문제이다. 조직모델은 바로 이 점에 대한 나름의 해결방안을 제시해 주고 있다고 본다. United States v. Bank of New England 사건처럼, 집단인식의 법리가 적용된 사례들은, 법인 고유의 의사는 내부 관행이나 표준운영절차를 통해 드러나게 된다. 또 United States v. T.I.M.E.-D.C. 사건처럼 회사의 정책이, 직접적으로 관련법규를 위반하는 것은 아니더라도, 종업원의 법규위반행

---

62) Bank of New England, N.A., 821 F.2d 856.
63) Bank of New England, N.A., 821 F.2d 848.

위를 초래할 예측가능성을 내포한 경우도 있다. 그렇다면 회사의 정책이나 내부관행, 표준운영절차가 법을 직접적으로 위반하거나, 종업원의 위법행위를 초래할 상당한 예측가능성이 있으면(reasonably foreseeable) 이를 법인의 범의로 볼 수 있을 것이다.64) 마찬가지로 Inland Freight Lines v. United States 사건의 경우, 법원은 제1심에서 회사는 일지와 운행보고서의 불일치를 확인·감독할 의무가 있음에도 불구하고 이를 이행하지 않은 경우, 이것은 정을 알면서도 틀린 일지를 용인하는 것과 마찬가지로 간주된다는 취지의 설시를 했던 바,65) 만일 회사의 정책이나 관행에 의해 감독의무가 이행되지 않았다면 이 경우에도 법인의 범의를 인정할 수 있다고 본다.

이상의 논의로부터 다음과 같은 결론을 도출할 수 있다. 집단인식의 법리는 조직모델의 관점을 반영하고 있다. 다시 말해 이 법리는 회사의 정책과 관행 등이 법인 고유의 범의를 드러내고 있는 사실관계와 결부되어 있다는 것이다. 그러므로 단지 종업원의 무책한 인식의 총합이 범죄사실에 대한 인식을 구성한다고 하여 법인책임을 인정할 수 있는 것이 아니라, 반드시 회사의 정책이나 관행 등을 통해 법인의 범의가 표현되고 있음이 입증되어야 한다. 또한 종업원의 무책한 인식의 총합이 범죄사실에 대한 인식을 포함하지 못하고 있는 경우에는 이 법리가 적용될 여지가 없음은 전술한 바와 같다. 그렇다면 집단인식의 법리는 두 가지 제한요건 속에서만 적용이 가능한 법리이다. 첫째는 종업원의 무책한 인식의 총합이 범죄사실에 대한 인식을 구성해야 하고, 둘째로 회사의 정책이나 관행 및 표준운영절차를 통해 법인 고유의 범의가 드러나고 있음이 입증되어야 한다.

이상 미국 판례상 형성, 발달되어 온 집단인식의 법리에 대한 결합론의 입장을 비판적으로 검토해 보았다. 결론은 동 법리가 반드시 의도적 인식회피와 결합되지 않아도 성립할 수 있다는 것이다. 즉, 법인 구

---

64) Ann Foerschler, 앞의 논문, 1306-1310면.
65) Inland Freight Lines, 191 F.2D 316.

성원에게 의도적 인식회피가 인정되지 않아도 집단인식에 의한 법인책임은 인정될 수 있다. 그 대신 이 경우에 법인 고유의 범의가 정책이나 내부관행 및 표준운영절차 등을 통해 외부로 표출되고 있음이 입증되어야 한다는 점을 조직모델을 통해 제시해 보았다. 집단인식에 의해 법인의 형사책임을 인정하는 원리를 제한할 수 있는 조직모델적 대안을 제시해 본 것이다.

물론 집단인식의 법리가 그 자체로 독자적 원리에 기초한 법리라고 하더라도 동 법리가 전제하고 있는 독자적 원리 자체의 정당성에 대한 의문은 여전히 남아있다. 예를 들어 집단인식의 법리는 개별 종업원의 인식을 법인이 종합할 수 있는 능력이 있다고 전제하고 있으나, 이는 자연인처럼 살아있는 유기체의 경우에는 가능할지 몰라도 법인이란 집단적 실체에 그러한 능력이 있다고 보는 것은 분명 과도한 의인화(over-personification)라는 비판을 벗어날 수 없을 것이다. 게다가 설령 법인에게 그러한 능력이 있다고 하더라도 조직모델에 의해 재구성된 법인 고유의 의사라는 것이 과연 윤리적 비난이 가능한 자연인의 의사와 동일한 인격적 실체로 볼 수 있는지도 여전히 의문이다. 조직모델은 법인에게 자연인의 의사와는 다른 고유한 의사가 존재함을 일깨워 주고는 있지만, 정확히 말하자면 이는 어디까지나 자연인의 의사와는 독립된 고유한 의사결정방식이 존재함을 논증해 준 것이지, 더 나아가 그 의사결정과정에 윤리적 비난이 가능한 인격적 실체가 내재하고 있음을 입증하고 있는 것은 결코 아니다. 그렇다면 결국 집단인식의 법리와 조직모델을 통해 법인의 형사책임을 인정하는 것은 과도한 의인화에 기초한 과도한 범죄화(over-criminalization)가 될 것이란 우려를 불식시킬 수 없을 것이다.[66)]

---

66) Eli Lederman, 앞의 논문, 673-674면. 동지의 Alan Norrie, Crime, Reason and History: A Critical Introduction to Criminal Law (Cambridge University Press, 2006), 95면.

§ 10. 2002 아더앤더슨 유죄평결의 의미

"We just received a message from Saddam Hussein. The good news is that he's willing to have his nuclear, biological and chemical weapons counted. The bad news, is he wants Arthur Andersen to do it."
- George W. Bush, 2002[1]

I. 아더앤더슨(Arthur Andersen) 사건의 법리적 쟁점

2002년 6월 15일, 미국 휴스턴 연방지법 배심원단은 회계법인 아더앤더슨에 대해 관계당국의 수사를 방해한 사법방해죄(obstruction of justice)[2]로 유죄평결을 내렸다. 엔론 사의 회계부정을 은폐하기 위해서 회계장부 및 컴퓨터 파일 등을 파기했기 때문이다. 이로 인해 89년 역사의 세계 최대 회계법인의 하나였던 아더앤더슨은 사실상 문을 닫게 되었다.[3]

---

1) Washington Post (January 28, 2002), at C01.
2) 사법방해란 법적 절차의 집행을 방해하거나 방해하려 시도하는 행위 일체를 의미한다. 이에는 사법절차와 행정절차 및 입법절차에 부정한 영향을 미치는 행위들이 포함된다. 기본적으로 사법방해란 부정하게 공적 절차에 개입하는 행위이다. 가장 일반적인 사법방해 행위의 유형은 문서의 손괴나 변조, 허위진술이나 허위진술의 야기, 증인이나 배심원 또는 법관을 위협하거나 그러한 행위를 시도하는 것 등이 있다. 사법방해죄에 대해서는 김종구, 미국 연방법상 사법방해죄에 관한 고찰, 법학연구 제34집, 2009 참조.
3) 엔론의 회계부정과 파산에 아더앤더슨과 같은 회계감사기관의 기능상실과 역할 부재가 일조했다는 사실은 널리 지적되어 왔다. 미국이 엔론 사태 이후, 회계법인과 피감사기관의 유착관계를 단절시키기 위해 회계제도개혁법(일명 Sarbanes-Oxley법)과 같은 입법조치를 단행한 것도 잘 알려져 있다. 그러나 법리적 측면에

이 사건에서 법리적으로 쟁점이 되었던 것은 아더앤더슨의 책임을 어떻게 구성할 것인지의 문제였다. 전통적으로 미국은 법인의 형사책임을 인정해 왔다. 다만 법인의 책임이 인정되기 위해서는 이른바 대위책임(vicarious liability)의 원칙에 의해 그 전제로서 유책한 자연인 종업원이 존재해야만 한다. 즉, 잘못을 저지른 법인 구성원을 특정할 수 있어야만 그의 행위를 법인에 귀속시킬 수 있는 것이다. 그런데 이 사건에서는 누가 유책한 행위자인지에 대해 배심원들의 의견이 일치되어 있지 않았다. 문제는 바로 이러한 경우에도 법인의 형사책임을 인정할 수 있느냐는 것이었다. 이에 대해 아더앤더슨 측은 "법인의 범의가 인정되기 위해서는 직원의 범의가 전제되어야 한다. 만일 범죄를 저지른 직원이 누구인지에 대해 배심원의 의견이 일치할 수 없다면, 특정 직원의 범의를 입증할 수 없다는 것이고, 그렇다면 법인에게 귀속될 범의도 존재하지 않는다는 것이다. 법인의 범의가 불특정 다수의 직원들에게 분산되어 있을 수는 없다."며 전통적인 대위책임의 원칙을 강조하였다. 반면 검찰 측은 "회사 내에서 범죄를 저지른 특정 직원이 누구인지 여부는 범죄성립의 요소가 아니며, 단지 법인의 형사책임 인정을 위한 방법과 수단에 불과하다. 만일 그렇지 않다면, 법인에 대한 형사소추는 무력해질 수밖에 없고, 결국 법인에게 면죄부를 주게 될 것이다."라고 주장했다. 이러한 관점에 의하면 법인의 직원은 단지 법인이 범죄를 저지르기 위해 사용하는 방법과 수단에 불과하다. 고의를 갖고 범죄를 저지르는 것은 법인 자신이며, 따라서 법인 직원은 강도에 쓰이는 권총과 같다는 것이다. 즉, "배심원들이 동의해야 할 점은 강도에 권총이 쓰였다는 사실이지, 사용된 권총의 동일성이 아니다. 앤더슨의 직원은 강도에 쓰인 권총과 같다."고 논박하였다. 이와 같은 법리논쟁에 대해 하만(Harmon) 판사는 검찰 측의 편을 들어 주었다. "앤더슨의 유죄를 입증하기 위해서는 합리적 의심의 여지없이(beyond a reasonable doubt), 적

서 앤더슨에 대한 유죄평결이 과연 어떠한 의미가 있는지, 적어도 국내에서는 크게 주목을 받지 못하고 있었다. 따라서 본고에서는 법인의 형사책임에 관한 미국 판례의 법리형성과 변천을 중심으로 이 문제에 접근해 보고자 한다.

어도 한 명의 앤더슨 직원이 범의를 지니고 범행을 저질렀음을 입증해
야 하며, 그러나 그가 누구인지에 대해서 만장일치로 동의할 필요는 없
다"고 배심원들에게 설시하였던 것이다.[4]

하만 판사의 설시 후, 배심원단은 결국 범죄를 저지른 특정 직원에
대해 의견의 일치를 보았고,[5] 이를 근거로 유죄 평결을 내렸다는 점에
서 앤더슨 평결은 결과적으로 전통적 대위책임의 원칙을 충실히 따른
것으로 평가할 수 있을 것이다. 그러나 그 평결이 내려지기 전에 전개
된 위 법리공방은 범죄를 저지른 자연인 행위자가 특정되어야 법인책
임을 인정할 수 있다는 전통적 법인책임의 법리를 크게 벗어났다는 점
에서 학술적으로는 물론 실무적으로도 주목 할 가치가 있다고 본다. 이
를 통해 법인에 대한 새로운 방식의 기소 가능성이 열렸기 때문이다.[6]
이에 본고에서는 위 평결 과정에 나타난 새로운 경향의 책임귀속방식
을 면밀히 검토해 보고자 한다. "자연인 행위자가 특정되지 않아도 법
인에게 형사책임을 귀속시킬 수 있다"는 하만 판사의 법리구성은 분명

---

4) 이 사안에서 과연 누가 유책한 행위자인지 논란이 되었던 인물들은 엔론의 회계
감사를 담당한 아더앤더슨의 수석파트너(lead partner)인 데이비드 던컨(David
Duncan)과, 엔론 감사팀의 마이클 오둠(Michael Odum), 그리고 아더앤더슨의 사
내 변호사(in-house attorney)인 낸시 템플(Nancy Temple) 등의 세 사람이었다.
동 사안의 사실관계와 법리적 공방에 대해서는 David N. Cassuto, Crime, War
& Romanticism: Arthur Andersen and the Nature of Entity Guilt, *13 Va. J. Soc.
Pol'y & L. 179* (2006), 190-207면 참조.

5) 배심원단은 결국 낸시 템플 변호사를 문서파기를 주도한 유책한 행위자로 지목
하였다.

6) 2002년 앤더슨 판결은 2005년 5월 31일 배심원에 대한 법관의 설시가 잘못되었
다는 이유로 미연방대법원에 의해 파기되었지만, 대법원이 지적한 설시의 오류
는 관련 법조문을 잘못 해석하였다는 것이지 행위자의 확정 없이도 법인의 형사
책임을 인정할 수 있다는 하만 판사의 논증방식을 명시적으로 문제 삼지 않았다
는 점에서 여전히 그 생명력이 살아 있다고 볼 수 있다. 이 점에 대해서는 David
N. Cassuto, 앞의 논문, 203-204면과, 동 논문의 각주 4)번 및 84)번 참조; Arthur
Andersen, L.L.P., v. United States, 544 U.S. 696, 125 S. Ct. 2129 (2005)
2130-2132.

기존의 법리에서 상당이 이탈한 것으로 봄이 타당하지만, 전혀 낯설고
예측 불가능한 것만은 아니다. 법인, 특히 회사법인의 기능과 사회적 비
중이 점증함에 따라 기존의 대위책임 원칙만으로는 다루기 힘든 법인
범죄가 많이 등장하자, 그로부터 이탈해 '집단인식의 법리'라는 새로운
경향이 미국에서 20세기 중반부터 형성되기 시작하였고, 아더 앤더슨
평결과정에서 하만 판사에 의해 제시된 법리구성도 바로 그러한 형태
의 법리를 다소 '변용'한 것에 다름 아닌 것으로 볼 수 있기 때문이다.7)

　　이하에서는 먼저 집단인식 법리의 개념을 살펴보고, 동 법리가 태동
하게 된 배경을(Ⅱ) 차례로 검토해 본 후, 조직모델과 낭만주의모델의
양 관점에서(Ⅲ) 집단인식의 법리와 아더앤더슨 유죄평결 과정에서 나
타난 새로운 법리를 비교고찰해 보고자 한다. 이를 통해 두 법리가 형성
된 배경으로서의 시대사조를 이론적으로 검토해 봄으로써, 미국에서 전
개된 법인책임법리의 신동향에 대한 이해의 폭을 넓혀 보고자 한다(Ⅳ).

Ⅱ. 집단인식의 법리와 그 형성배경

　　미국도 산업혁명기 이전에는 법인의 형사책임을 인정하지 않았다.
그러나 19세기 이후 점진적으로 인정의 폭을 넓혀, 처음에는 공법인에
게만 인정하다가 나중에는 사법인으로, 또 부작위범에서 작위범으로,
그리고 고의를 요구 하지 않는 엄격책임(strict liability) 범죄로부터 일반
고의(general intent)를 요구하는 범죄로, 여기서 더 나아가 특별고의
(specific intent)를 인정하는 범죄로까지 법인책임의 대상과 범위를 확장
시켜 왔던 것이다. 또한 종업원이 저지른 범죄를 어떠한 방식으로 법인
에게 귀속시킬 것인가에 대해 영국이 법인의 '두뇌'로 볼 수 있는 고위
관리직의 범주에 해당하는 종업원의 행위만을 법인의 행위와 동일하게
간주할 수 있다고 보는 동일시원리(identification doctrine)를 채택한 것

---

7) 이러한 평가로는 David N. Cassuto, 앞의 논문, 215면.

에 비해, 미국법원은 대위책임(vicarious liability)의 원칙을 통해 일정한 조건 하에, 예컨대 종업원이 자신의 직무범위 내에서 법인의 이익을 위해서 한 행위라면 그 지위고하를 막론하고 종업원의 행위가 법인에게 귀속될 수 있다는 법리를 적용함으로써, 법인책임의 구성방식에 있어서도 미국은 상대적으로 수월한 태도를 취해 왔던 것이다. 하지만 관점을 달리 하면 미국법원은 법인의 형사책임을 인정하는데 있어 상당히 제한적인 태도를 취해 왔다고 볼 수도 있다. 왜냐하면 대위책임에 의해 법인의 형사책임이 인정되기 위해서는 일단 유책한 행위를 한 종업원이 특정되어야 하기 때문이다. 그래야만 종업원의 행위를 법인에게 귀속시킬 수 있다. 그러나 기업의 조직구조가 고도로 복잡화, 분권화되어 감에 따라 발생한 범죄에 대해 책임 있는 종업원을 찾아내는 것이 거의 불가능해 지자 미국 법원은 새로운 법리를 통해 기업범죄에 대응하게 된다. 그것이 바로 집단인식의 법리이다.[8] 집단인식의 법리란 회사 종업원의 개별 인식들이 합해지면, 비록 그 각각의 인식은 처벌할 수 없는 무책한(innocent) 것이라 하더라도 법인의 범의(mens rea)를 인정할 수 있다는 법리이다. 예를 들어 L 화장품회사 인사팀의 A라는 직원은 새로 고용된 여직원이 18세의 미성년자라는 사실을 신상기록을 통해 알고 있었으나 어느 부서에 배치될지는 몰랐고, 화장품의 제조에 사용될 유해화학물을 취급하는 부서의 B는 그 신입직원이 미성년자라는 사실은 몰랐지만 유해화학물을 직접 다루는 업무를 담당하고 있다는 사실은 알고 있었으며, 사내 법무팀의 C 과장은 그 신입사원의 존재는 물론 채용여부도 모르고 있었는데, 19세 미만의 미성년자를 그러한 업무에 고용하는 것은 청소년보호법에 위배된다는 사실은 알고 있었다고 할 때, A, B, C 각각의 인식은 전혀 책임이 없는 무책한 인식(innocent knowledge) 임에도 불구하고 L 회사는 그 모든 것을 알고 있었던 것으로 간주되어 처벌될 수 있다는 법리인 것이다. 이는 시대변화에 수응하여, 유책한 종업원 개인의 범의를 법인에 귀속시키는 전통적 대위책임

---

8) Ann Foerschler, 앞의 논문, 1296-1298면.

원칙에서 벗어나서, 새로운 방식으로 법인책임을 구성하기 시작한 것으로 평가할 수 있을 것이다.

집단인식의 법리가 형성·발전된 배경으로는 무엇보다도 사회경제적인 배경을 들 수 있다. 미국처럼 시장경제가 고도로 성숙한 나라에서는 이러한 독자적인 법리에 의한 기업규제의 필요성이 커질 수밖에 없다는 것이다. 즉, 미국 내 기업들, 특히 다국적 기업의 경우는 수천 명의 종업원을 고용하고 있을 뿐만 아니라 회사업무를 자율적인 개별 부서에 위임함으로써 회사조직의 기능을 분권화 시키고 있기 때문에, 그 규모와 복잡성이 증대하여 만일 회사 내 범죄가 발생하더라도 그 관련 책임자를 색출해 내는 데 수개월에서 수년이 소요되는 지경에 이르렀다는 것이다. 이와 더불어 시장경제가 고도화됨에 따라 바야흐로 미국법원은, 기업조직이 자신의 의사결정 메커니즘이 복잡화, 분권화 된 점을 이용해, 기업 내 각 부서 간 정보가 상호 영향을 미치지 않도록 부서조직을 엄격히 업무적으로 분화시킬 수 있는 고유한 능력을 갖추게 되었다는 점을 인식하기 시작하였고, 그 결과 한 기업 내 여러 직원들의 집단적 인식이 기업의 고의로 인정될 수 있다고 법리구성을 할 수 있게 된 것이다. 요컨대, 기업조직의 고도발달로 인해 기업 내 부서 간 업무가 엄격하게 분리되어 자율적 체계를 갖추게 됨에 따라 기업은 각 부서별 상호간 인식의 공유가 없어도 정상적인 업무를 수행할 수 있듯이 각 부서 종업원들의 상호 무관한 개별적 인식의 총합을 통해서도 범죄사실을 인식하고 범죄를 저지를 수 있게 되었다는 것이다. 즉, 집단인식의 법리는 현대 기업조직에서 빈번하게 발생할 수 있는 '조직적 무책임 (organisierte Unverantwortlichkeit)'을 방지하려는, 고유한 배경원리를 토대로 형성된 법리라고 보아야 할 것이다.9) 전술한 바와 같이 전통적으로 미국 법원은 대위책임에 입각하여 기업의 형사책임을 인정해 왔다. 따라서 미국법상 대위책임이 인정되기 위해서는 그 전제로서 종업원의 범의가 인정되어야 한다. 그러나 전술한 바와 같이 경제가 고도화 되어

---

9) Martin J. Weinstein & Patricia Bennett Ball, 앞의 논문, 66-70면.

감에 따라 기업조직은 더욱 복잡화, 분권화 될 수밖에 없고, 따라서 누가 발생한 결과에 대해 책임 있는 종업원인지 찾아내는 것이 점점 더 어려워지게 된다. 이렇게 될 경우 기업의 형사책임을 묻기가 어려워지는 바, 이러한 조직적 무책임을 방지하기 위해 집단인식의 법리가 탄생할 수밖에 없었던 것이다.[10]

Ⅲ. 집단인식의 법리와 조직모델

전술한 바와 같이 집단인식의 법리는 일정한 시대사조를 반영하고 있다. 고도로 발달한 시장경제체제 하에서 회사의 성격이 급변한 현실을 반영하고 있는 것이다. 바로 이 점에서 집단인식의 법리는 회사조직의 성격을 구명하는 이론 중 조직모델(organizational model)의 관점을 반영하고 있다고 볼 수 있다. 조직모델에 따르면 회사의 성격은 단순한 사업가들의 집단도 아니고, 그렇다고 막스 베버식으로 위계적 구조에 의해 단일한 목표를 추구하는 관료제적 모델로도 설명하기 힘들다. 왜냐하면 그러한 모델들은 조직의 복잡성이 크지 않았던 때에는 들어맞을지 모르지만, 고도로 복잡해진 현대사회의 대부분의 회사조직의 경우에는 더 이상 타당하지 않기 때문이다. 따라서 조직모델은 이러한 설명방식 대신, 회사를 "지능을 가진 기계"로서의 조직(organization)으로 설명하는 이론이다.[11] 환언하면, 회사조직 역시 자연인 행위자처럼 "고유

---

10) 이 점에 대해서는 Ann Foerschler, 앞의 논문, 1297-1298면 참조. 동 문헌에 의하면 현대사회에서 회사는, 자신의 업무를 처리하기 위해, 이를 나누어 전담할 하위부서로 이관시키는 고도로 복잡한 조직구조를 갖추게 되었고, 이러한 구조 하에서는 유책한 개인을 찾아낸다는 것이 거의 불가능하기 때문에 미국법원은 집단인식의 원리를 통해 유책한 개인을 찾을 수 없더라도 종업원의 인식의 총합이 회사의 인식이 될 수 있다는 법리구성을 하게 된 것이라고 평가한다. Ann Foerschler, 앞의 논문, 1304-1306면; 동지의 송기동, 영미 기업범죄 형사책임의 전개, 형사정책 제20권 제2호, 2008, 44-48면 참조.

11) M. Dan Cohen, Rights, Persons, and Organizations: A Legal Theory for

한 정체성(separate self-identity)을 갖고 있는 행위주체"라고 보는 입장
인 것이다.

전통적으로 私法상 법인의 본질을 구명해 내려는 이론으로는 크게
법인의제설과 법인실재설로 구분하여 볼 수 있다. 형법상 법인의 범죄
능력 인정여부가 두 학설에 좌우되는 것은 아니지만, 법인의 본질이 법
적 구성물(legal construction)에 불과한 것이냐 아니면 고유한 실체가 있
는 것인가라는 측면에서 볼 때, 사법이나 형법이나 공통된 시각을 갖고
있다. 그것은 바로 일종의 환원주의(reductionism)이다. 법인은 결국 자
연인 행위자를 통해서 활동한다는 관점이나, 아니면 법인도 한 자연인
개인처럼 통일된 의사를 지닌 단일한 인격체로 볼 수 있다는 관점은 모
두 법인의 의사와 행동을 개별 구성원의 그것으로 환원시키거나 아니
면 법인이라는 단일한 인격적 주체로 환원시키고 있다는 점에서는 동
일하기 때문이다. 즉, 전자가 법인 구성원에 초점을 맞추는 원자론적
(atomic) 환원을 시도하고 있다면, 후자는 전체론적(holistic) 환원을 시
도하고 있다는 것이다. 그러나 조직모델은 이러한 환원주의를 거부한다
는 특징이 있다. 대신 조직모델은 회사조직의 조직구조적 특성 자체에
주목한다. 조직모델에 따르면 법인의 활동을 법인 구성원 개인들의 선
택의 집합이라기보다는 법인의 조직구조적 산물이다. 즉, 조직은 개인
들의 집합이라기보다는 활동들의 집합이라는 것이다.12) 따라서 법인의
목적과 결정은 법인 내부 어느 특정 개인의 목적과 결정으로 환원될 수
없으며, 반드시 일치하는 것은 아니다. 조직이론은 법인을 단일한 의사
를 지닌 개인처럼 취급하는 전체론적 관점도 거부한다. 전체론적 관점
은 회사조직을 이윤극대화를 추구하는 이성적 행위자로서 단일한 의사
결정 주체로 파악하지만,13) 조직모델의 의하면 회사라고 항상 이윤을
극대화하는 행동을 하지는 않으며, 따라서 그러한 관점을 비현실적이라

Bureaucratic Society (University of California Press, 1986), 16-25면.

12) M. Dan Cohen, 앞의 책, 35면.

13) G. Allison, Essence of Decision: Explaining the Cubean Missile Crisis (Boston:
Little, Brown, 1971), 32-33면.

고 보기 때문이다.14) 다시 말해 법인을 단순한 개인들의 집합으로 보는 것도 잘못이지만, 법인을 단일한 의사를 지닌 하나의 이성적 행위자로 보는 것도 실제에 부합되지 않는다는 것이다. 조직모델은 법인의 복잡한 성격을 총체적으로 파악하기 위해서는 법인 내부의 '의사결정절차'에 대한 이해가 필요하다고 본다.15) 따라서 조직모델은 법인의 의사를 구명해 내는데 있어서 개별적 법인 구성원의 의사로든 단일한 인격체로서의 법인자체의 의사로든, 그 어떤 종류의 환원주의도 시도하지 않는다. 그 대신 법인의 조직구조상의 특성에 주목한다.

　조직모델은 법인의 의사와 활동을 법인 내부의 특정 개인의 의사나 행동으로 환원시키는 것이, 불가능하지는 않더라도, 매우 어렵다는 사실을 잘 해명해 주고 있다. 이러한 조직모델의 의의는 법인의 형사책임을 논단함에 있어서 단순히 형사정책적 필요성에 의해 법인 고유의 의사를 인정"해야 한다"는 입장을 넘어, 논리적으로도 "인정할 수밖에 없고", 또 그렇게 하는 것이 "실제에도 부합된다"는 사실을 잘 입증해 주고 있다는 점에서 찾을 수 있을 것이다. 법인의 의사결정과 활동은 종종 그 구성원 개인들이 선택한 것의 단순한 총합 이상이다. 또 많은 경우 법인의 활동은 구성원 개인들의 선택과, 빈발하는 특정 문제의 해결을 위해 개발되어 있는 표준운영절차, 그리고 조직의 구조 자체, 이 모든 것의 상호작용에 의존한다. 결론적으로 법인의 의사와 행동은 법인의 조직구조 전체(corporate structure as a whole)로 귀속되어야 하며, 따라서 개념적으로 볼 때 법인 내부의 구성원 개인들의 의사와 행동과는 독립적인 것으로 보아야 한다는 것이 조직모델의 요체다.

　조직모델은 법인의 조직구조 자체를 의사를 지닌 주체로 간주해야 한다고 본다.16) 그런데 누구나 갖게 되는 의문은 과연 그러한 법인 고

---

14) C. Stone, Where the Law Ends: The Social Control of Corporate Behaviour (New York: Harper & Row, 1975), 38-39면.

15) Simeon M. Kriesberg, Decisionmaking Models and the Control of Corporate Crime, *85 YALE L.J. 1091* (1976), 1976면.

16) 앞의 책, 동일한 면.

유의 의사를 어떻게 구체화시킬 수 있겠느냐는 것이다. 법인의 조직구
조 자체라는 표지는 너무 추상적이어서 보다 접근하기 쉬운 명료한 표
지로 대체될 필요가 있다. 이에 대해 조직모델은 회사의 정책과 내부
관행, 그리고 표준운영절차에 초점을 맞춘다. 조직모델이 강조하는 법
인 고유의 의사란 그 회사의 고유한 문화나 풍토(corporate culture and
climate)가 반영되어 있는 회사의 정책과 내부관행 등에 의해 관념할 수
있다는 것이다. 그러므로 회사의 정책이나 내부적 관행, 그리고 표준운
영절차는 회사 고유의 의사로 평가할 수 있다고 본다. 이러한 조직모델
의 관점은 실제 판례에도 반영되어 왔다고 볼 수 있는데, 일찍이 미국
법원이 법인 등 단체의 정책을 일종의 '제도적 고의'로 파악한 이래17)
회사 정책을 판단기준으로 해 법인에 대한 비난가능성 및 형사책임을
인정할 수 있다는 판례가 꾸준히 전개되어 오고 있기 때문이다.18)

그럼 다시 집단인식의 법리로 돌아가 보면, 집단인식의 법리가 그
형성배경으로 하고 있는 원리는 바로 조직모델의 관점을 적절히 반영
하고 있는 것으로 평가할 수 있다고 본다.19) 예컨대 앞서 논급한 United
States v. Bank of New England 사건에서 법원은 다음과 같이 설시하였
다. "회사는 특정한 직무와 운영을 (이를 좀 더 쉽게 처리할 수 있는)
보다 작은 단위부서로 업무를 이관·분담시킴으로써, (종업원들의) 인식
(knowledge)을 업무적으로 분화시킨다(compartmentalize). 그 작은 단위
부서의 (인식의) 총합은 바로 그 특정한 운영에 대한 회사의 인식이 된
다. 그 특정한 운영의 어느 한 단계를 수행하는 종업원이 그 운영의 다
른 단계를 수행하는 종업원의 활동을 아느냐의 여부는 중요하지 않다
."20) 이는 회사에 대한 조직모델의 관점, 특히 조직적 절차모델의 입장

---

17) Keyes v. School District No. 1, 413 U.S. 189 (1973).
18) Seth F. Kreimer, Note, Reading the Mind of the School Board: Segregative Intent
    and the De Facto/De Jure Distinction, *86 YALE L.J. 317* (1976), 333-334면.
    Oliver v. Michigan State Bd. of Educ, 508 F.2d 178 (6th Cir. 1974).
19) 동지의 견해로는 Ann Foerschler, 앞의 논문, 1305면.
20) Bank of New England, N.A., 821 F.2d., 856.

을 법원이 인식하고 있었던 것으로 평가할 수 있을 것이다. 조직적 절차모델에 의하면 조직 내부의 복잡한 업무는 보다 다루기 쉬운 하부문제로 분리되고, 이는 조직 내부의 하위부서에 이관 돼 처리되는 과정을 겪는다. 회사들의 경우 각각의 부서는 독립적인 결과물을 산출한다. 그러므로 이와 같은 의사결정메커니즘 하에서는 회사 내부에서 책임이 분산되며, 따라서 책임소재를 명확히 해 책임자를 가려내는 것이 어려워진다. 그렇기 때문에 종업원들의 무책한 인식의 총합이 회사 자신의 인식이 된다고 법리 구성할 수 있게 된 것이다.

IV. 앤더슨 평결과 낭만주의모델

앤더슨 사건에서 검찰 측과 하만 판사의 관점은 한 마디로 고의를 갖고 범죄를 저지르는 것은 법인 자신이며, 따라서 법인 직원은 강도에 쓰이는 권총과 같다는 것이다. 이러한 관점에 의하면 법인의 직원은 단지 법인이 범죄를 저지르기 위해 사용하는 방법과 수단에 불과하다. 그렇기 때문에 앤더슨의 유죄를 입증하기 위해 "적어도 한 명의 앤더슨 직원이 범의를 지니고 범행을 저질렀음을 입증해야 하며, 그러나 그가 누구인지에 대해서 만장일치로 동의할 필요는 없다"는 법리구성을 할 수 있었던 것이다. 여기서 중요한 사실은, 이러한 사고방식에는 법인과 같은 집단(단체)도 고의를 지닐 수 있다는 관념이 전제되어 있다는 점이다. 이러한 사고방식에 따르면 법인은 그 고의를 직원을 통해 표현하는바, 그 직원이 누군지는 법인의 형사책임을 인정하는데 있어 별 의미가 없게 된다. 이처럼 집단이 고의를 지닐 수 있고, 범죄를 저지를 수 있으며, 또 그에 대한 책임도 질 수 있다는 생각은 전술한 바 있듯이 미국의 저명한 형법학자 플레처의 집단책임론에서 주창된 바 있다.[21]

---

21) 흥미롭게도 플레처가 집단책임론을 주창한 시기와 아더앤더슨 평결이 난 시점이 시기적으로 거의 일치하며, 이 점은 매우 주목할 만하다.

플레처의 집단책임론은 미국에서 벌어진 911사태와 밀접한 관계가 있다. 911사태가 벌어진 후 미국인들은 국가와 개인적 자아를 동일시하는 낭만주의적 충동에 빠져들었다. 국가의 명예를 위해 자신을 위험스러운 일에 내던지려는 의욕을 불사르게 된 것이다. 이러한 분위기는 국가의 명예가 곧 자신과 직결된다는 점을 깨닫게 해 주었고, 애국심을 불러일으켜, 국가의 이익을 위해 전쟁에 뛰어들려는 의지를 고무시켜 주었던 것이다.22) 바로 이러한 시대사조 하에 플레처의 집단책임론이 탄생한 것이다. 낭만주의자들은 '상상력의 비약'과 확장주의적 충동을 통해 조국을 그 자신이 확장된 것(expansion of their individual selves)으로 보며, 자신 삶이 곧 국가의 운명과 일치하고, 국가의 역사적 운명으로부터 자신의 명예를 드높일 수 있다고 생각한다. 낭만주의적 관점에 의하면 개인은 자아를 초월하여 국가와 자신을 동일시할 수 있으며, 이러한 상상력에 의해 국가는 의사를 지닐 수 있고, 독립적인 행위를 할 수 있으며, 위업을 달성함은 물론 패배를 경험할 수도 있는데다가, 또한 범죄를 저지를 수도 있으며, 결국 자신의 범행에 대한 책임을 질 수도 있게 된다. 이와 같은 낭만주의모델은 회사와 같은 집단(단체), 법인조직도 고의를 지니고 행위할 수 있다는 생각을 가능하게 만들어 준다. 낭만주의모델의 확대적용은 비단 회사에 국한되는 것도 아니다: 예컨대 일상언어적으로도 어느 정당이 해당 법안의 날치기 통과에 책임이 있다고 말하지, 어느 특정 국회의원이 책임이 있다고 말하지 않는다. 또 어느 법안에 대해 국회가 그것을 통과시켰다고 말하지, 몇몇 국회의원이 그것을 통과시켰다고 말하지도 않는다. K광역시가 그 소속 공무원의 상습적 과적차량 운행에 책임이 있다고 말할 수도 있음은 물론, A병원이 마취 전 혈청검사를 소변검사로 대체하는 관행 때문에 발생한 의료과오에 책임이 있다고 말할 수도 있다. 이러한 경우에 있어 행위자 개인보다는 그 배후에 있는 집단, 단체, 기관의 범의가 표출된 것으로 평가

---

22) George P. Fletcher, Romantics at War: Glory and Guilt in the Age of Terrorism (Princeton University Press, 2002), 11-15면.

하는 것이 더 타당하기 때문이다. 낭만주의모델은 이러한 집단책임귀속의 메커니즘을 설명해 주는 한 방식이다. 낭만주의적 상상력과 충동에 의해 개인과 그 배후 집단은 동일시될 수 있고, 이 경우 개인의 행위는 그 집단의 의사를 표현한 것으로 평가된다. 이러한 메커니즘을 원용하면, 앤더슨 사건의 경우처럼 법인도 집단고의를 지닐 수 있고, 그 직원은 단지 그 고의를 표현하는 수단에 불과하므로, 그가 누구인지는 범죄성립에 있어 중요하지 않다는 법리를 고안해 낼 수 있게 되는 것이다.[23]

V. 맺음말: 법인책임의 새로운 장을 기대하며

기업조직의 거대화, 복잡화 현상에 수응하여 미국 법원은 전통적 대위책임의 원칙에서 벗어나 유책한 행위자가 "존재하지 않더라도" 회사 직원들의 무책한 인식의 총합을 법인의 범의로 귀속시킬 수 있다는 집단인식의 법리를 고안해 적용해 왔다. 이는 조직모델에 근거한 것이다. 2002년의 아더앤더슨 유죄평결 과정에서 제시된 법리는 전통적 대위책임의 원칙으로부터 또 다른 형태의 이탈을 보여주었다. 유책한 행위자가 누구인지 "특정되지 않더라도" 법인에게 범의를 인정할 수 있다는 것이다. 국가 등의 집단이 의사를 지닌 범죄의 주체가 될 수 있듯이 법인도 자신의 고의를 지닐 수 있고 법인 직원들은 단지 그 고의를 실현하는 수단과 방법에 불과하다는 낭만주의모델의 관점을 수용한 것이다. 낭만주의모델이든 조직모델이든 집단이나 조직도 의사를 지닌 하나의 행위주체로 볼 수 있다는 공통된 시대사조를 반영하는 것이고[24], 그렇

---

23) 이러한 분석으로는 David N. Cassuto, 앞의 논문, 217-231면. 단, 카수토는 낭만주의적 사고를 국가가 아닌 법인에까지 적용하는 것은 오류라고 논증하고 있다. 낭만주의모델의 토대가 된 플레처의 집단책임론에 대한 관련 학계의 다양한 비판과 추가적인 논점에 대한 상세한 논의로는, 안성조, 플레처의 집단책임론에 대한 비판적 재론, 서울대학교 법학 제51권 제1호, 2010 참조.

24) 낭만주의모델과 조직모델에 대한 종합적인 비교로는 본고의 §7.을 참조.

다면 아더앤더슨 사건에서 제시된 법리는 집단인식의 법리의 한 변용
에 다름 아닌 것으로 보아도 별 무리가 없을 것이다. 그것은 지금까지
의 것과는 전혀 다른 급진적인 형태의 법리구성이 아니며, 충분히 그
출현을 예견할 수 있었던 것이다.[25]

  몇 년 새 불어 닥친 전 세계적 금융위기와 경기침체는 그동안 우리
에게 익숙해져 있던 많은 것들에 대해 반성하게 되는 계기가 되고 있다.
그 대표적인 것이 바로 기업과 형법의 적절한 관계이다. 그동안 경제영
역에 대한 형법의 투입은 이른바 형법의 보충성 원칙에 입각해 필요최
소한도에 그쳐야 한다는 것이 지배적 사고였다. 경제영역은 고유의 원
리에 의해 자율적으로 작동하기 때문에 법의 과도한 개입, 특히 형사처
벌이라는 강력한 방식으로 그 자율적 작동원리를 훼손시켜서는 안 된
다는 것이었다. 그러나 바야흐로 기업활동에 대한 형사 규제의 목소리
가 높아지고 있는 것이다. 최근 우리나라에서도 법인의 범죄능력을 형
법전에 명문으로 인정하여 기업범죄에 대해 보다 적극적으로 대응해야
한다는 주장이 거세게 일고 있다. 그 중 많은 문헌이 주목하고 있는 것
은 미국 판례상 적용되고 있는 "집단인식의 법리"이다. 본고는 이러한
맥락에서 '집단인식(collective knowledge)'에 의해 법인책임을 인정하는
미국의 판례가 형성, 변용되어 온 과정을 2002년의 아더앤더슨 사건을
두고 벌어진 법리논쟁을 통해 검토해 보았다. 사회적 통합과 발전이라
는 관점에서 볼 때, 기업에 대한 강력한 형사규제만이 능사는 아닐 것
이다. 미국의 판례도 집단인식의 법리를 명시적으로 거부한 경우도 있
다.[26] 하지만 기업에 대한 형사처벌이 필요한 상황도 분명 존재한다.
그럴 경우 기업에 대한 유효적절한 형사제재를 가능케 해 주는 법리형

---

25) 이 점은 특히 아더앤더슨에 대한 유죄평결이 2001년 9월의 9.11 테러와 동년 12
   월 엔론 파산이라는 연이은 대형 사건이 터진 후 내려졌다는 사실을 고려하면
   더욱 그러하다 할 것이다.
26) Southland Securities Corp. v. INSpire Ins. Solutions, Inc., 365 F.3d 353, 366 (5th
   Cir. 2004); Nordstrom, Inc. v. Chubb & Son, Inc., 54 F.3d 1424, 1435 (9th Cir.
   1995)를 참조할 것.

성이 가능한 형사시스템과 그러한 효과적 통제장치가 작동할 여지조차 없는 형사시스템은 우리의 미래를 각각 다르게 결정할 것이다. 어느 쪽이 우리사회를 더욱 풍요롭고 건전하게 만들어 줄지는, 더 길게 논할 필요가 없다.[27]

---

27) 따라서 기존의 양벌규정에 의한 규율방식을 지양하고, 법인의 형사책임에 관한 상세한 구성요건을 설정하여 형법전 또는 특별법에 법제화하는 것이 바람직할 것이다.

§ 11. 집단책임사상의 기원
－고대 근동의 집단책임사상과
현대 집단(법인)책임이론의 비교－

I. 플레처의 집단책임론

집단 혹은 단체가 형사책임을 질 수 있는지 여부는 오랜 논쟁거리였다. 특히 법인의 형사책임을 둘러싼 논의는 그 연구 문헌의 수를 헤아릴 수 없을 정도로 많다. 적어도 형법의 영역에서는 집단도 책임을 질 수 있다는 명제는 낯설다. 일반적으로 책임이란 자연인처럼 고의를 품고, 주의의무를 부담할 수 있는 능력이 있는 행위주체에게만 귀속될 수 있는 성질의 것으로 여겨지기 때문이다. 그렇다면 과연 도대체 어떤 이유에서 집단도 책임을 질 수 있다는 것일까? 만일 집단도 형사책임을 질 수 있다면 집단에게도 자연인과 동일하지는 않더라도 최소한 유사한 의사적 요소를 관념할 수 있다는 뜻일까? 아니, 어쩌면 집단이 책임을 질 수 있다는 사고는 사물을 '의인화'화는 경향이 강한 우리의 인지적 본성에서 비롯된 단순한 착각은 아닐까?[1] 이러한 일련의 의문이 끊임없이 제기될 수 있다. 바로 그렇기 때문에 집단책임이란 법형상에 대한 논쟁이 유구한 세월동안 사라지지 않고 있는 것인 지도 모른다. 본고는 전술한 의문에 대한 모든 해명을 목표로 하고 있지는 않다. 다만 본고에서는 개인이 아닌 집단의 형사책임을 인정하는 사고방식이 어디에서부터 유래했는지 추적해 보고, 플레처의 집단책임론은 그로부터 어떠한 영향을 받았으며, 고대의 집단책임사상과 현대의 법인책임이론은

---

1) 우리가 기계적인 무생물을 의인화하여 생명을 불어넣는 경향이 강하다는 사실은 잘 알려져 있다. 알바 노에(Alva Noe)/김미선 역, 뇌과학의 함정(Out of Our Heads) (갤리온, 2009), 60-63면 참조.

어떠한 유사점과 차이점이 있는지를 차례로 검토해 봄으로써 집단책임
론을 둘러싼 기존의 논쟁에서 수용할 수 있는 부분과 수용할 수 없는
부분을 명확히 해 보고, 덧붙여 문제의 해결을 위해 접근방식의 전환이
필요함을 역설해 보고자 한다. 이하의 내용은 앞서 상세히 기술한 바
있지만 이해의 편의를 위해 여기에 재기술해 보기로 한다.

우리는 때때로 발생한 사건의 책임을 어느 한 개인에게 돌리는 것이
부당한 경우를 볼 수 있다. 예컨대 제2차 세계대전 당시 진주만을 공습
했던 일본군 파일럿이나 그 공습을 명령한 사령관에게만 개인적인 책
임을 물을 수 없다. 그들은 모두 대일본제국이란 이름하에 공습을 감행
한 것이기 때문이다. 이것은 911 사태의 항공기 납치테러범들과 그 배
후에서 테러를 조직한 알카에다(Al Qaeda)라는 단체, 더 나아가 배후의
이슬람 세력전체 간의 책임을 논할 때에도 마찬가지다. 911 사태가 벌
어진 후 미국인들은 국가와 개인적 자아를 동일시하는 낭만주의적 충동
에 빠져들었다. 국가의 명예를 위해 자신을 위험스러운 일에 내던지려는
의욕을 불사르게 된 것이다. 이러한 분위기는 국가의 명예가 곧 자신과
직결된다는 점을 깨닫게 해주었고, 애국심을 불러일으켰으며 국가의 이
익을 위해 전쟁에 뛰어들려는 의지를 고무시켜 주었던 것이다.

낭만주의는 계몽주의의 낙관적 전망처럼 이성이 모든 문제에 올바
른 답을 제시해줄 수 있다는 신념이 실패하면서 싹튼 사조이다. 낭만주
의는 '속박되지 않는 자유로운 의지'를 강조하면서 '사물의 본성이 있
다는 진리'나, '만물에 불변하는 구조가 존재한다는 개념'을 파괴하고
전복하려는 시도이기도 하다. 그래서 자유는 행동이고 어떤 관조적인
상태가 아니며, 삶은 행동에서 출발하고 지식은 도구일 뿐이라고 주장
한다. 즉 "우리는 머리로 알고 있기 때문에 행동하는 것이 아니라 행동
에의 요청이 있기 때문에 아는 것이다." 또 "음식이 옆에 놓여 있기 때
문에 배고픔을 느끼는 것이 아니라, 나의 배고픔이 그 대상을 음식으로
만든다." 요컨대 내가 어떠한 특정한 방식으로 살기 때문에 세계가 내
게 어떤 특정한 방식으로 보인다는 것이다. 이들의 사상은 계몽주의자
들, 특히 그 대표자라 할 수 있는 칸트와 매우 대조적이다. 칸트는 이성

의 보편성을 신뢰하고, 인간의 존엄성은 오로지 이성적 능력에서 찾을
수 있으며, 모든 감각적 충동을 배제한 순수한 이성적 추론만이 진리에
도달할 수 있다고 보는 반면, 낭만주의자들은 본성과 감각적 충동, 그
리고 내적 감정의 세계를 진리의 등불로 여긴다. 문화, 국적, 역사, 인
종, 성별과 관계없이 누구나 선천적으로 지니게 되는 '인간의 존엄성'
이란 개념은 칸트가 남긴 지적 유산이다. 이러한 '보편적 존엄성' 개념
은 "모든 인간은 신의 형상으로 창조되었다"는 기독교 사상과 함께 "인
간의 생명은 절대적인 것으로 다루어야 한다."는 도덕적 명제를 정립해
서구 법사상에 지대한 영향을 끼쳤는바, 오늘날 대부분의 법계에 보편
적으로 받아들여지고 있는 인권 및 법 앞의 평등사상은 바로 이러한
계몽주의적 유산에 기초하고 있는 것들이다. 그러나 낭만주의자들은 칸
트적 도덕의 보편성보다는 개인과 국가적 경험(역사)의 특수성에 주목
한다. 이들은 '보편적 존엄성'보다는 '명예'에 관심을 갖는다. 명예는 사
회적 상호작용 속에서 우리가 자신의 역할을 수행하는 과정에서 부각된
다는 점에서 '타인에 대한 체면'과 관련이 있고, 얼마든지 상실될 수 있
다. 국가에게는 선천적 존엄성은 없다. 단지 국가는 국제적 경쟁의 장에
서 어떻게 행동하느냐에 따라 명예를 획득할 수 있을 뿐이다.

　낭만주의자들은 또한 자유주의자들과도 다르다. 낭만주의자들은 세
계를 해석함에 있어서 확장주의적(expansionist) 사고로 추상적 실체를 가
지고 설명하려 드는 반면, 자유주의적 개인주의자들(liberal individualists)
은 널리 합의된 단위들, 예컨대 개인의 욕구나 원자 등과 같이 관찰가
능한 요소들로 축소시켜 설명하려는 환원주의적(reductionist) 경향이
강하다. 따라서 낭만주의자들은 이슬람에 대한 전쟁을 '상상력의 비약
(leap of imagination)'을 통해 "선과 악의 대립"으로 보는 반면 자유주
의자들은 전문적 '정책통'의 시각으로 사태를 해결하려 든다. 자유주의
자들은 세계를 그 요소들로 나누어 보며, 집단의 행동은 개인들의 행동
의 총합으로 파악하지만 낭만주의자들은 확장주의적 충동에 의해 절대
적이고 무한한 그 무엇으로 설명한다. 자유주의자들은 세계를 주체성
을 가진 개인의 욕구와 충동에 의해 설명하려 들지만, 낭만주의자들은

신이 수호하는 국가 같은 추상적 용어에 더 매력을 느낀다. 예컨대 낭만주의자들은 미국의 남북전쟁을 역사의 새 장을 여는 위대한 사상에 따른 행동으로 보지만, 리차드 포즈너 같은 경제학자들은 노예제의 유지와 폐지에 따른 각각의 실익에 의해 남북전쟁을 바라본다는 것이다. 이러한 낭만주의자들의 사고방식은 전시(戰時)에 개인을 국가와 동일시할 수 있도록 만들어 주는데, 그것은 바로 '상상력의 비약'을 동원해 자신 삶이 국가의 운명과 일치하며, 국가의 역사적 운명으로부터 자신의 명예를 드높일 수 있다고 생각하기 때문이다. 이처럼 개인들의 상상력에 의해 국가는 의사를 지닐 수 있고, 독립적인 행위를 할 수 있으며, 위업을 달성함은 물론 패배를 경험할 수도 있는데다가, 심지어 범죄를 저지를 수도 있고, 결국 자신의 범행에 대한 책임을 질 수도 있게 된다.

이상의 논의로부터 플레처는 "국가가 집단적으로 자신의 죄에 책임을 질 수 있다고 보는 것은 타당하다"고 입론하고 있다. 다만 플레처는 집단책임의 의미를 엄격히 정의하고자 하는데, 그 자신은 범행에 가담하지 않았음에도 불구하고 단지 그가 소속된 단체의 어느 다른 구성원이 범죄를 저질렀다는 이유만으로 책임을 진다는 의미의 집단책임은 명백히 거부한다. 다시 말해 단지 "소속에 의한 죄책(guilt by association)"[2] 및 모든 구성원 개인이 처벌되어야 한다는 의미의 "집단적 처벌(collective punishment)"[3]은 그가 주장하고자 하는 집단책임에서 제외됨을 분명히 하고 있다. 이러한 것은 '미개한' 책임개념이기 때문이다. 그보다 플레처는 집단책임의 내용으로서 책임 있는 양 당사자 간의 책임을 분배(distribution of guilt among responsible parties)하는 기능을 제시한다.

---

2) 여기서 '소속(association or membership)에 의한 죄책'이란 1901년 미국 대통령 윌리엄 맥킨리(William McKinley)가 무정부주의자인 리안 졸고즈(Leon Czolgosz)에 의해 암살된 후 미국 의회가 무정부주의를 신봉하거나 불법테러단체에 소속된 자의 입국을 불허하는 이민법을 제정한 데서 유래한다. 이에 대해서는 Keisha A. Gary, "Congressional Proposals to Revive Guilt by Association: An Ineffective Plan to Stop Terrorism", *8 Geo. Immigr. L. J. 227* (1994), 228-232면.

3) 예컨대 어느 점령군이 주둔하는 마을에서 점령군의 한 병사가 어느 마을 주민에 의해 살해되었다고 할 때, 그 마을 주민을 모두 집단 처형하는 경우를 들 수 있다.

즉, 행위자가 국가나 단체 등의 집단적 실체(collective entity)의 존재에
호소하는 방식으로 범죄를 저지른 경우에는 그의 책임은 감경되어야
한다는 것이다.4)

플레처의 집단책임 이론은 형법이론상 공범이론과 차이가 있다. 유
명한 스타신스키 사례(Staschinskij Fall)를 보자. 이 판례는 구소련 KGB
로부터 암살지령을 받은 스타신스키가 소련의 한 정치망명객을 살해한
사건에서, 독일연방최고법원이 스타신스키를 방조범으로 판결해 형을
감경해준 사례이다.5) 이 사례는 조직적 명령체계를 갖춘 권력집단이
그 구성원을 이용해 범죄를 저지른 경우로서, 현대 형법이론에 따르면
살인을 실제로 행한 스타신스키가 정범이고, 그 배후의 KGB는 소위
"정범 배후의 정범이론(Die Lehre vom Täter hinter Täter)"에 의해 간접
정범이 된다는 것이 지배적 견해나, 플레처는 독일연방최고법원의 판
결을 정당하다고 보고 있다. 왜냐하면 법정에서 스타신스키가 주장한
바대로 정범의사를 가진 자는 KGB이고, 그 자신은 단지 KGB의 하수
인으로서 시킨 대로 할 뿐이라는 공범의사를 갖고 범행을 저질렀을 뿐
이기 때문이다.6) 플레처는 스타신스키 사례가 나치독일과 유대인 학살

---

4) 플레처에 의하면 집단책임은 일상적으로도 호소력이 있다. 많은 사람들은 노예제
도와 미국 토착문화 파괴에 대한 미국의 책임과, 유태인학살에 대한 나치독일의
책임, 인종분리정책에 대한 남아프리카공화국의 책임을 기꺼이 인정하려 든다는
것이다. 물론 그는 자유주의자들은 개인형사책임(individual guilt)이나 집단책임
(collective responsibility) 및 집단수치(collective shame)는 인정하지만, 집단형사
책임(collective guilt)이라는 용어법은 거부할 것이라고 본다. 이는 미국을 비롯한
서구 법문화에 환원주의적 자유주의가 만연해 있기 때문이라고 보는데, 현재의
법적 관행이 법인의 형사책임을 인정하는 것도 회사 역시 그 복잡한 유기체적
구조가 한 명의 행위자로 환원될 수 있다는 사고방식 하에서만 가능하다는 것이
다. 환원주의적 자유주의가 지배하는 법적 사고방식에서 볼 때, 다원적인 집단
(polycentric collective) 자체를 행위주체로 보는 사고는 여전히 낯설다고 그는 지
적한다.
5) BGHSt 18, 87.
6) 정범과 공범의 구분을 '정범의사'와 '공범의사'에서 찾는 것을 형법이론에서는
'주관설'이라고 한다.

의 실무책임자였던 아돌프 아이히만의 관계와 얼마나 유사성이 있는지를 논한다.[7] 그에 따르면 외견상 비슷한 구조를 갖는 듯 보이지만 양자는 엄연히 다른 사례다. KGB와 스타신스키의 관계는 "지배와 복종(domination and subordination)"의 관계로서, 양자는 상호 구분되는 독립된 당사자이다. 또한 KGB의 지령에 의해 스타신스키가 암살을 저질렀다는 점에서 '인과적(causal)' 관계에 있다. 그러나 나치독일과 아이히만의 관계는 이와 다르다. KGB는 스타신스키가 범행을 저지르도록 야기했지만(causal), 나치독일은 아이히만을 통해 그 자신을 표현했을(express) 뿐이다. 후자의 관계는 지배와 복종의 관계가 아니며, 양자는 상호 뚜렷이 구분되는 별개의 당사자도 아니다. 이 관계는 흡사 오케스트라와 그 단원 바이올린 연주자의 관계에 비유될 수 있다. 오케스트라는 하나의 집단적 실체(collective entity)로서 다른 단원들과 마찬가지로 바이올린 연주자를 통해 자신을 표현한다. 이 때 오케스트라라가 그 단원들을 지배하여 연주하게 만든다고 볼 수는 없다. 따라서 양자의 관계는 전혀 '인과적'이지 않다. 단지 연주자를 "통해" 자신을 표현할 뿐인 것이다. 이것이 바로 '조직적 지배'에 의한 공범관계와 집단책임 사례 간의 결정적인 차이라고 플레처는 설명한다.

그렇다면 집단책임이 인정될 경우 그 구성원인 개인의 형사책임은 왜 감경되어야 하는가? 이에 대해 플레처는 '자유의지'에 관한 최신 논의 중 하나인 해리 프랭크퍼트(Harry G. Frankfurt)의 "1차적 욕망과 2차적 의지" 이론을 도입한다. 프랭크퍼트에 의하면 1차적 욕망이란 우리가 범죄를 의도할 때 경험하게 되는 전형적인, 예컨대 절도, 살인 등의 유혹을 말한다. 이와 달리 2차적 의지란 바로 1차적 욕망에 순응할 것인지 거부할 것인지를 결정할 수 있는 의지다. 인간은 모두 2차적 의지를 지니고 있으며, 2차적 의지가 없는 인간은 모든 일차적 욕망에 굴복하고 마는 '미숙한 어린애'에 불과하다. 우리가 죄책감을 느끼는 경

---

7) 아이히만은 1960년 이스라엘의 정보기관인 모사드에 의해 체포되어 이스라엘에서 공개재판 후에 1962년에 처형되었는데, 그 역시 재판정에서 자신은 상부의 지시에 따랐을 뿐이라고 항변하였으나, 이는 배척되었다.

우는 바로 2차적 의지가 억제함에도 불구하고, 1차적 욕망에 굴복해 행동할 때이다. 플레처는 프랭크퍼트의 이론으로부터 집단도 2차적 의지를 지닐 수 있다는 아이디어를 얻는다. 따라서 집단이 2차적 의지에 순응하지 못하고 1차적 욕망에 굴복하면 형사책임을 져야 한다고 본다. 그런데 낭만주의적 충동에 의해 자신이 속한 집단의 범죄적 태도에 충성스러운 행위자는 그 자신이 속한 문화의 진실한 대변자로서 죄책을 묻기가 어렵다. 그 자신이 속한 국가나 사회의 모든 지배적 사회규범이 범죄를 장려하고 부추기고 있기 때문이다. 다시 말해 이 경우에 집단은 1차적 욕망에 굴복했기 때문에 책임을 져야 하지만, 개별 행위자는 집단의 범행을 부추기는 지배적 문화로 인해 자기교정 능력을 상실해 2차적 의지에 순응할 수 없었던 것이기 때문에 책임이 감경되어야 한다는 것이다. 집단의 부도덕한 환경은 우연히 발생한 것이 아니다. 교사와 종교적 지도자, 정치인, 국가 정책, 그리고 법조차 그러한 범행을 지지해 주기 때문에 조성된 것이다. 이와 같은 상황에서 행위자에게 올바른 행동을 기대하기는 어려우며, 이는 흡사 법률의 착오가 있는 경우에, 한 사회의 지배적 환경이 그 착오에 기여한 바가 있으면 행위자의 책임이 감경될 수 있는 것과 유사한 법리라고 볼 수 있다. 요컨대 국가와 사회는 그 구성원 개인이 육체적으로도, 도덕적으로도 성장, 발전할 수 있도록 조력해야 할 의무가 있으며, 만일 특정한 교의를 강요하거나 도덕적 선택의 폭을 제한함으로써 도덕적 자기비판의 가능성을 박탈할 경우, 그로 인해 발생한 개인적 범죄에 대해 책임을 분담해야 한다는 것이다. 따라서 아돌프 아이히만에게 사형을 선고해서는 안 된다는 것이 플레처의 집단책임 이론의 결론이다.[8]

---

8) 플레처의 집단책임 구상에서 개인책임을 감경시켜야 하는 또 다른 이유는, 예컨 대 아이히만 개인만 처벌하는 것으로는 불충분하기 때문이다. 왜냐하면 그럴 경우 그러한 범죄에 기여했던 집단(나치독일)의 부도덕한 문화의 역할을 망각하거나 면책시켜 줄 위험이 있기 때문이다. 즉, 집단의 책임을 인정한다는 것은 집단이 저지른 범죄를 기억하고 그 만행으로 발생한 불화(rift)에 대한 주의를 환기시킴으로써 결국 사회적 재통합의 가능성을 열어주는 기능을 한다는 것이다. 이 점

II. 집단책임론의 성서적 기원

플레처에 따르면 중동지역(the Middle East)에서는 어떤 사람이 어떠한 행위를 할 때, 아랍인이나 유대인으로서 또는 이슬람교도나 기독교인으로서가 아니라 단지 우연히 이 지역에서 살아가는 고립된(solitary) 개인으로 보이는 경우는 드물다고 한다. 이와 유사한 집단의식(group consciousness)은 인도와 파키스탄, 북아일랜드 등에서도 찾아볼 수 있는데, 이들의 입장은 행위의 유일하고 진정한 단위는 오로지 개인이라고 보는 자유주의적 입장과는 첨예하게 대립된다. 따라서 중동지역에서는 개인적 증오감으로 상대방을 살해하는 경우는 드물고, 모든 살인은 팔레스타인과 유대인, 또는 이슬람교도들과 기독교도들 사이의 대립갈등에 암묵적으로 호소하는 경우가 대부분이다. 예컨대 자살폭탄 공격에 어린이들이 희생된 경우, 유대인들은 모든 팔레스타인 사람에게 직간접적으로 책임이 있다(guilty directly or indirectly)고 여기며, 그 반대의 경우 팔레스타인인도 마찬가지로 모든 유대인들에게 책임이 있다고 여긴다. 상대측의 집단책임에 대한 상호인식은 비극적으로 이 지역의 평화를 몰아냈고, 끝없는 폭력의 악순환을 낳게 되었던 것이다. 이 점에서 팔레스타인인과 유대인은 은유적으로 말하면, 상호 투쟁하는 단일한 행위자들(single agents)로 볼 수 있다고 한다.

플레처는 이러한 집단책임사상의 기원을 성서에서 찾는다. 즉, 현대인의 기본적 도덕감정이 십계명에서 크게 벗어나 있지 못하듯이, 집단책임을 묻는 성서적 사고방식의 영향으로부터 우리는 쉽게 벗어날 수 없다는 것이다. 오히려 책임과 형벌에 관한 우리의 법감정은 과거의 이해방식과 끊임없는 대화를 하고 있다고 보는 것이 옳다.[9] 그가 적시하

에 대한 정확한 지적으로는 William B. Michael, Romanticizing Guilt, *112 Yale L.J. 1625* (2003), 1628면.

9) George P. Fletcher, Romantics at War: Glory and Guilt in the Age of Terrorism (Princeton University Press, 2002), 195면.

고 있는 대표적 개소는 주로 창세기 편의 아브라함과 관련된 내용이다
(창세기 12:10-20, 20:1-18). 잘 알려진 이야기지만 간단히 정리하자면,
첫째, 아브라함이 기근을 피해 가나안을 떠나 애굽(이집트)에 내려갔을
때, 애굽의 왕 바로(파라오)가 그의 아내를 취하자 하나님이 바로와 그
의 가족들(household)에게 역병을 내린다는 이야기(12:10-20)와, 둘째,
아브라함이 그랄(Gerar)에 거류할 때, 그랄 왕 아비멜렉(Abimelech)이
그의 아내를 취하려 하자 하나님이 아비멜렉의 꿈에 나타나 아브라함
의 아내를 돌려보내지 않으면 그와 그에게 속한 모든 자들을 죽이겠노
라고 현몽하자, 그 아내를 돌려보냈으나 그 일로 아비멜렉 집안의 여성
들 에게 불임의 벌을 내린다는 이야기(20:1-18)이다. 두 이야기 모두 간
음의 범죄를 저지를 경우, 왕과 그 가족들, 나아가 그 왕에게 속한 모든
자들에게까지 집단책임을 묻게 된다는 점에서 공통적이다. 특히 두 번
째 이야기에서, 아비멜렉은 하나님의 첫 번째 현몽에서 만일 아브라함
의 처를 취하게 되면 "너(you)는 죽게 될 것이다"라는 경고를 받자, "너
(you)"를 자신의 모든 백성을 뜻하는 것으로 해석하였는데, 플레처는 이
처럼 책임귀속에 대하여 집단적으로 사고하는(think collectively) 방식이
두 이야기에 등장하고 있다고 분석한다. 나아가 플레처는 한 무리의 유
대인들이 예수의 십자가 처형에 협조한 것에 대해 그 유대인들 전체 –
그 후손들까지 포함해 – 의 죄책을 묻는 내용(마태복음 27:25)도 논급
한다.10) 이렇듯 이미 성서에도 집단책임을 인정하는 내용이 등장하듯이
이러한 사고방식은 비단 성서의 지역적 배경이 된 근동 및 중동지역뿐
만 아니라 서구인들에게도 뿌리깊게 자리잡고 있어 완전히 제거하기
어렵다는 것이 플레처의 주된 논지이다.11)

---

10) 플레처는 여기에 원죄유전사상(transmission of original sin)이 반영되어 있다고
   본다. George P. Fletcher, 앞의 책, 143-146면. 이밖에도 성서에는 개인이 아닌
   국가가 행위주체로 등장해 신과 언약을 맺고(enter into a covenant with God),
   전쟁을 치른다는 점을 예로 든다. George P. Fletcher, 앞의 책, 179면.
11) 단, 성서에는 집단책임을 부정하고 자기책임에 따라서 죄값을 받게 됨을 강조하
   는 내용도 등장하며(에스겔 18, 예레미야 31:29-30), 또 성서 일부에는 집단책임

III. 고대 근동의 법사상과 집단책임론

플레처는 집단책임사상의 연원이 성서에까지 거슬러 올라간다고 논급하고 있지만, 그가 말한 성서적 기원은 주로 성서의 이야기(narrative)에 집중돼 있어 당대의 실제의 법적 관행이 어떠했는지는 알 수 없다. 다시 말해, 아브라함의 이야기는 신이 인간에게 내리는 벌을 이해하는데에는 도움이 되지만, 인간사회의 범죄와 형벌도 반드시 그와 동일한 규범적 사고방식에 기초해 있으리라고는 단정키 곤란하다는 것이다. 플레처는 이에 대해 침묵하고 있다. 그렇다면 집단책임의 실정법적 측면, 즉 직접 범죄를 저지른 행위자뿐 아니라 그가 속한 집단까지 책임을 지게 된다는 사고방식의 기원은 과연 어디에서 찾아볼 수 있을까?

기원전 7세기 경 고대 근동의 제국이었던 신아시리아의 경우 살인자가 거주하는 마을(the village where a murderer resided)이 피해자의 친족들에 대한 배상에 집단적 책임(corporate responsibility for compensating the victim's kinsmen)을 지도록 되어 있었다.12) ADD 61813)에 따르면 피해자의 가족들에게는 배상(compensation)14)을 청구할 권리가 있었고,

---

을 긍정하기도, 부정하기도 하는 모순된 내용(신명기 5:9-10, 24:16)이 병존하기도 한다. Pamela Barmash, Homicide in the Biblical World (Cambridge University Press, 2005), 150면.

12) 이에 대해서는 Pamela Barmash, 앞의 책, 28-30면과 57-62면.

13) ADD 618은 "C.H.W. Johns, Assyrian Deeds and Documents: Volume 1, second edition, Cambridge: Deighton, Bell and Co., Ltd., 1924, number 618"을 뜻한다.

14) 이 경우의 배상금(compensation)은 현대적 의미의 순수한 민사배상(pure indemnification)을 뜻하는 것은 아니었던 것으로 보인다. 이 점은 절도에 대해 절취한 물건의 30배 또는 10배의 배상을 명하고, 배상할 능력이 없는 경우 사형에 처하도록 규정한 함무라비법전 제8조 등을 보면 잘 알 수 있다. 당대의 금전배상은 벌금의 성격을 지닌 것으로서 피해자 측과의 화해를 위한 화해금 또는 속죄금(wergild)의 의미를 지니고 있었던 것이다. 이 점에 대해서는 Raymond Westbrook, Sudies in Biblical and Cuneiform Law, Chiers de la Revue Biblique, Paris: Gabalda, 1988, 44-45면. 요컨대 고대 근동의 법제도에서 범죄에 대한 배상은 손

살인자가 속한 마을의 주민들은 배상을 할 의무가 있었다. ADD 321[15])에 의하면 피해자의 가족들이 가해자 측에 배상을 청구하기 위해 도착하면 협상이 개시되고, 양 당사자는 배상물의 종류[16])와 양을 결정한다. 살인자는 만일 배상을 할 수 없을 때에 한해 사형에 처해졌다.[17]) ADD 164도 가해자가 배상금을 지급할 수 없는 경우에 체포된다는 내용이며, 이처럼 피해자의 가족들이 가해자에 대한 형벌의 유형을 결정할 수 있는 권리는 MAL A10[18])에서도 발견된다. 그리고 ADD 806은 배상금을 지급하는 법적 거래가 관헌의 담당관(governmental official)에 의해 수행되었음을 보여주며, PPA 95[19])는 배상금을 가해자 측이 피해자 측에 직접 지급하던 당시의 일상적 관행과는 달리, 공탁해 두었던(deposited in the public archives) 배상금을 궁전의 필경사(palace scribe) 앞에서 지급한 사례이다. 이상의 전거들을 종합하면, 고대 근동 지역에서 살인사건이 발생했을 때, 그에 대한 법적 절차가 진행되는 과정을 알 수 있는바, 살인자가 체포되면 피해자의 가족들은 살인자가 속한 사회집단(the social group to which the killer belonged)과 담당관의 중재 하에 배상에

해배상책임과 벌금의 성격이 뒤섞인 징벌적 손해배상(punitive damages)과 유사한 측면이 있는 제도로 볼 수 있을 것이다. 이러한 맥락에서 징벌적 손해배상의 기원을 함무라비 법전에서 찾고 있는 견해로 Kenneth R. Redden, Punitive damages (Charlottesville, Va.: Michie Co., 1980), 24면 참조.

15) ADD 321은 "C.H.W. Johns, Assyrian Deeds and Documents: Volume 1, number 321"을 뜻한다.

16) 관련 기록들에 의하면 배상의 방식은 돈은 물론, 양, 토지, 노예 등 다양했던 것으로 보인다.

17) 바로 이 점에서 살인자의 운명은 그가 속한 사회집단의 손에 달려 있었던 것으로 보인다. Martha T. Roth, Homicide in the Neo-Assyrian Period, in: F. Rochberg-Halton, (ed.), Language, Literature, and History: Philological and Historical Studies Presented to Erica Reiner, American Oriental Series 67 (New Haven: American Oriental Society, 1987), 361면.

18) 중세아시리아법(Middle Assyrian Laws) A10조.

19) PPA 95는 "J.N. Postgate, The Governor's Palace Archive, Cuneiform Texts form Nimrud II(London: British School of Archeology in Iraq, 1973) 95"를 뜻한다.

관해 협상할 수 있었고, 양당사자 간에 합의가 되면 일정한 궁전 담당
관(crown official) 입회하에 배상금이 지급되었던 것으로 보인다. 배상
금을 지급할 수 없는 경우에는 살인자는 사형에 처해졌다. 이 과정에서
가해자 측은 집단적으로 배상책임을 졌음을 알 수 있다.[20]

　　이처럼 살인에 대한 책임을 살인자의 가족이나 친족이 집단적으로
져야하는 집단책임(collective responsibility)이란 법형상은 비단 고대 근
동지역뿐만 아니라 피의 보복(blood-feud) 관습이 지배하는 원시부족사
회에서는 보편적이었던 것으로 보인다.[21] 다만, 그 책임의 내용은 저마
다 상이했던 것으로 보이는데, 예컨대 고대 이스라엘의 경우, 메소포타
미아와는 달리 살인자의 가족이나 친족이 피해자 측에 살인에 대한 배
상금을 지급해야 할 책임이 있었다는 전거는 보이지 않는다.[22] 다만,

---

20) Pamela Barmash, 앞의 채, 69-70면.
21) 이에 대해서는 Richard R. Cherry, Primitive Criminal Law, in: Albert Kocourek
　　& John H. Wigmore (eds.), Primitive and Ancient Legal Institution, Evolution
　　of Law Series Vol.II (Boston: Little, Brown, and Company, 1915), 138-140면;
　　Carl Ludwig von Bar, A History of Continental Criminal Law (Boston: Little,
　　Brown, and Company, 1916, Translated by Thomas S. Bell), 4-5면 참조.
22) 그 이유는 여러 가지가 있겠지만, 무엇보다도 고대 이스라엘에서는 살인은 신성
　　하고 자연적인 질서(sacred, natural order)에 대한 침해로 여겨졌기 때문이다. 성
　　서에 의하면 살인자는 피해자가 흘린 피가 지닌 생명력을 지배(control over the
　　blood-the life force-of the victim)할 수 있다고 여겨졌고, 따라서 이러한 생명력
　　에 대한 지배권을 모든 생명력의 원천인 신에게 되돌리기 위해서는 살인자를 처
　　형함으로써 그의 신성모독(desecration) 행위를 중지시키는 방법밖에는 없었기 때
　　문이다. 다시 말해, 신성모독 행위에 대한 속죄방법은 살인자를 처형하는 것이었
　　다. George P. Fletcher, Rethinking Criminal Law (Oxford University Press,
　　2000), 236면. 플레처는 인간의 생명에 대한 이러한 종교적 관념 때문에 현대에
　　이르기까지도 생명은 그 주인이 마음대로 처분할 수 없는 것으로 여겨져, 승낙에
　　의한 살인이 허용되지 않고 있는 것이라고 평가한다. 역시 유사한 설명방식으로
　　는 Pamela Barmash, 앞의 책, 94-115면. 바마쉬에 의하면 고대 이스라엘서 살해
　　를 당한 무고한 사람의 피는 살인이 발생한 지역(land)을 오염시키기(pollute) 때
　　문에 이를 정화하기(purify) 위해 살인자의 피, 즉 처형이 요구되었다고 한다. 살
　　인에 대해서는 오염과 정화라는 종교적 관념이 깊게 자리 잡고 있었다는 것이다.

살인자가 속한 성읍의 장로들은 재판을 열어 그 살인의 고의성 여부를 결정하고, 만일 고의적 살인으로 판명될 경우 그 살인자를 피해자 측에 보복을 받도록 인도해야 할 책임이 있었을 뿐이다.23) 집단책임은 대위 책임(vicarious liability)의 형태를 띠기도 하는데, 예컨대 만일 살인자에게 책임을 물을 수 없는 경우에는 그 살인자의 어느 특정한 가족 구성원에게 책임을 물을 수 있었다.24) 그렇다면 과연 어떠한 이유로 가해자뿐만 아니라 그가 속한 사회집단도 책임을 졌던 것일까? 이에 대해서 중세 사회의 피의 보복을 다룬 한 연구문헌은 다음과 같이 기술하고 있다. 살인 피해자 친족에 의한 피의 보복은 단지 살인자 개인에게만 가해지는 것은 아니었다. 보복을 당하는 집단의 연대성(passive solidarity)도 보복을 가하는 집단의 연대성(active solidarity)에 필적할 만큼 똑같이 강했기 때문에 어떤 지역에서는 살인자의 본인의 죽음 이외에 또 한 명의 그의 혈족 구성원의 죽음까지 요구되기도 하였다. 또 어느 소송에서 한 기사(knight)의 조카로부터 공격을 받았던 자가 그에 대한 복수로 그 기사에게 상해를 입은 것은 정당하다고 판시한 사례도 발견된다. 그 조카의 행동은 그의 모든 친족과 관련이 있다고 보았기 때문이다. 다시 말해 집단과 그 구성원 간의 긴밀한 연대성으로 인해 집단책임개념이 형성되었다는 것이다.25) 이는 플레처가 말한 국가와 개인 행위자 간의 강력한 내적 응집(internal cohesion)을 연상시킨다. 오케스트라와 그 단원들 간의 관계와도 비교된다.

이밖에도 고대 근동의 입법례나 법률문헌에는 일정한 경우 집단의 책임을 인정한 예가 보인다. 고바빌로니아 시대의 함무라비법전(Laws of Hammurabi)에는 강도에 의해 어떤 사람이 살해되었는데, 강도가 체포되지 못하면 강도가 발생한 도시와 그 행정책임자는 그 강도 피해자

---

23) Pamela Barmash, 앞의 책, 89-90면.

24) 이 점에 대해서는 Richard R. Cherry, 앞의 논문, 138-140면.

25) Marc Bloch, Feudal Society, Vol.1 – The Growth of Ties of Dependence, (Chicago: The Chicago University Press, 1970, Translated by L.A. Manyon), 125-130면.

의 친족들에게 은 1미나[26]를 배상해야 한다는 조문이 있다.[27] 강도가
체포되지 못할 경우 해당 강도가 발생한 도시와 행정책임자가 그 피해
를 보상하도록 규정한 것으로서, 지역이나 공동체의(local or communal)
집단적 책임(collective responsibility)을 다룬 조문이다. 성서에도 이와
유사한 내용이 등장한다. 신명기 21:1-9의 내용에 따르면, 만일 살인사
건이 발생했으나, 살인자가 누구인지 알 수 없는 경우에는 장로들
(elders)과 재판장들은 피살자가 발견된 장소 주변에서 가장 가까운 성
읍(town)을 찾아내어, 그 성읍의 장로들이 암송아지를 희생제물로 바치
는 속죄의식을 거행함으로써 살인에 대한 책임을 면할 수 있었다.[28] 함
무라비 법전과 방식은 다르지만, 살인이 발생한 지역의 장로들이 집단
적으로 책임을 진다는 점에서 유사한 측면이 있다. 고대 근동의 외교조
약 문서를 보면 RS 17.146[29]는 다른 국가에서 왕의 공무를 수행 중이던
한 상인이 강도로 살해된 경우, 살인이 발생한 국가의 시민들은 살인자
를 체포하고, 그의 재산을 몰수하여 그를 파견한 국가의 왕에게 반환하
고, 살인에 대한 배상금을 지급해야 했음을 보여준다. RS 18.115[30]은

---

26) 1미나(mana)는 은 약 500그램이다.

27) LH 24.

28) 흥미롭게도 살인자를 찾아낼 수 없는 경우에 살인이 발생한 지역에서 집단적으
   로 책임을 져야 한다는 사고방식은 영국의 고대 법제도의 하나인 살인벌금
   (*murdrum* fine)에서도 나타난다. 살인자를 알 수 없는 경우에 살인이 발생한 마
   을(village)이 벌금을 내도록 되어 있는 살인벌금제도는 영국법에 카누트(Canute)
   왕에 의해 최초로 도입되었으며, 노르만 왕조를 거쳐 에드워드 3세 때 폐지되었
   다. 머드룸(*murdrum*)은 살인자를 알 수 없는 비밀스러운 살인을 뜻하며, 어원적
   으로는 살인을 뜻하는 중세 라틴어와 고대 프랑스어에서 유래한다. 이 제도에 대
   해서는 James Fitzjames Stephen, A History of Criminal Law of England Vol.
   III (London: Routledge/Thoemmes Press, 1996, Originally published London:
   Macmillan and Co., 1883), 25-31면.

29) RS 17.146은 Jean Nougayrol, Le Palais Royal d'Ugarit IV/II: Textes Accadiens
   des Archives Sud(Archives Internationales) (MRS 9/II; Paris: Imprimerie
   Nationale, 1956), plate XX을 뜻한다. 기원전 13세기 중엽의 문헌이다.

30) Jean Nougayrol, Le Palais Royal d'Ugarit IV/II, plate LXXXIII.

어떤 상인이 외국 땅에서 살해되었을 경우에 살인이 발생한 나라의 시민들이 살인자를 체포하고, 그 상인의 모국으로 대표단을 파견하여 배상금을 지불하도록 되어 있었음을 알게 해 준다. 양자 모두 어떤 자가 외국에서 살해되어 이를 구제해 줄 그의 가족이나 친족이 없을 경우에 살인이 발생한 국가의 시민들이 집단적으로 살인에 대해서 책임을 지게 된다는 조약문서이다. 이를 통해 볼 때, 고대 근동에서 집단의 책임을 인정한 근거는 분명 집단과 개인 간의 긴밀한 연대성에서도 찾을 수 있겠지만, 피해자의 권리구제를 위한 법제도적 장치였음을 추론해 볼 수 있을 것이다. 즉, 고대 근동의 규범적 사고방식에서 집단책임이란 법형상은 집단 구성원 간의 연대성과 피해자의 권리구제의 차원에서 널리 인정되었던 것이다.

IV. 집단책임론과 법인책임이론

전통적으로 대륙법계는 "단체는 범죄를 저지르지 못한다"는 로마법상의 법언에 따라 법인의 형사책임을 부정해 왔다. 영미법계도 19세기 이전에는 법인의 형사책임을 인정해 오지 않았다. 이처럼 법인의 형사책임을 부정할 수밖에 없었던 이유는 자연인과 달리 법인에게는 육체도 없고, 형사책임의 기초가 되는 의사적 요소, 즉 고의나 과실도 관념할 수 없기 때문이다. 이 점을 인상적으로 지적해 주는 표현으로서 18세기에 영국의 대법관(Lord Chancellor)이었던 바론 써로우(Baron Thurlow)의 다음과 같은 경구가 널리 인용된다.

"Did you ever expect a corporation to have a conscience when it has no soul to be damned and no body to be kicked"

한 마디로 법인에게는 "비난할 영혼도, 혼내 줄 육체도 없다(no soul to be damned and no body to be kicked)"는 것이다.[31] 그러다가 영미법계는 산업혁명기인 19세기에 이르러 법인에게도 형사책임을 인정되기 시작했다. 운하나 철도 등의 교통시설이 확충되면서 그 운영과정에서 대형사고로 인해 인명과 재산에 막대한 손실을 가져오게 되자, 법인의 형사책임을 부정하던 전통적 입장을 수정하게 되었던 것이다.[32] 다만 그 법리구성의 방식에 일정한 차이가 있는바, 영국은 법인의 두뇌에 해당하는 고위 관리직의 범주에 해당하는 종업원의 의사와 행위만을 법인자체의 의사와 행위와 동일시할 수 있다고 보는 동일시원리(identification doctrine)를 채택하였고, 미국은 직급과 직무에 관계없이, 일정한 조건하에서, 예컨대 자신의 직무범위 내에서 기업을 위해서 한 행위라면, 모든 종업원의 행위를 법인에 귀속시킬 수 있다는 대위책임의 원칙(vicarious liability)을 발전시킴으로써 각자 고유한 법리를 구축했던 것이다. 이러한 법리에서 한 걸음 더 나아가서 영국은 2007년에 기업살인법(The Corporate Manslaughter and Corporate Homicide Act)을 제정해 고위직 관리자에 의한 기업의 운영과 조직에 중대한 과실이 있어 사망의 결과를 초래한 경우에 기업을 살인죄로 처벌할 수 있도록 하고 있다.[33]

법인의 형사책임을 긍정하는 경향은 20세기 들어 대륙법계에서도 나타나기 시작한다. 유럽 국가들 중에는 1976년에 네덜란드가, 이어 1992년에는 프랑스, 1996년에는 덴마크, 1999년에는 벨기에, 2003년에는 스위스가 형법전에 법인의 형사책임을 명문화 하였고, 이탈리아와 오스트리아는 각각 2001년과 2006년에 특별법전에 법인의 형사책임을 명문화하였다. 독일의 경우 현재까지도 법인의 형사책임을 부정하고 있지만, 그 대신 질서위반법을 통해 법인에 대해 질서위반금을 부과하고

---

31) Amanda Pinto & Martin Evans, Corporate Criminal Liability (London: Sweet & Maxwell, 2003), 15면.
32) 이하 영미법계의 법인 형사책임의 역사에 대해서는 Amanda Pinto & Martin Evans, 앞의 책, 3-31면.
33) 영국의 기업살인법의 제정배경 및 조문해설에 대해서는 Richard Matthews, The Corporate Manslaughter and Corporate Homicide Act 2007 (Oxford University Press, 2008) 참조.

있음34)은 주지의 사실이다. 물론 여전히 법인의 형사책임은 물론 행정
적 책임까지도 모두 부정하고 있는 국가들도 있다.35) 그러나 법인의 형
사책임을 완강히 부정하는 태도는 현대 여러 나라들의 입법추세에 비
추어 볼 때, 시대에 역행하는 것으로 더 이상 유지되기는 어려워 보인
다.36) 이러한 추세는 법인책임을 구성하는 방식에 영향을 미쳐 이를 급
진적으로 변화시켰다고 볼 수 있는데, 형법상의 전통적인 책임원칙을
벗어나 법인의 형사책임을 새롭게 구성하려는 법리와 이론들도 20세기
중후반부터 국내·외에서 다양하게 전개되어 오고 있다. 전술한 바 있듯
이, 어느 개별적 구성원 개인도 처벌할 수 없는 경우라 하더라도, 그 구
성원들 전체의 집단적 인식(collective knowledge)을 법인의 범의(mens
rea)로 귀속시켜 법인책임을 인정하는 미국의 형사판례나,37) 불법을 조
장하는 법인 내부의 고유한 문화나 에토스(corporate culture and ethos)

---

34) 그리스, 헝가리, 멕시코, 스웨덴도 이와 유사한 방식을 채택하고 있다.

35) 브라질, 불가리아, 룩셈부르크 등이 대표적이다. 세계 각국의 법인책임에 대한 입
법태도에 대해서는 Markus Wagner, Corporate Criminal Liability: National and
International Response (Background Paper for the International Society for the
Reform of Criminal Law 13th International Conference Commercial and
Financial Fraud: A Comparative Perspective Malta, 8-12 July 1999)와 Allens
Arthur Robinson, 'Corporate Culture' as a basis for the Criminal Liability of
Corporations (Report for the use of the United Nations Special Representative of
the Secretary General for Business and Human Rights (UNSRSG), February
2008)을 참조할 것.

36) 핀란드, 노르웨이, 아이슬란드, 이스라엘, 중국, 인도 등도 형법전에 법인의 형사
책임을 명문화하고 있다.

37) Inland Freight Lines v. United States, 191 F.2d 313(10th Cir. 1951); United
States v. T.I.M.E.-D.C., Inc., 381 F. Supp. 730 (W.D. Va. 1974) ; United States
v. Bank of New England, N.A., 821 F.2d 844(1st Cir. 1987) 등이 있고 이를 지지
하는 대표적 문헌으로는 Martin J. Weinstein & Patricia Bennett Ball, Criminal
Law's Greatest Mystery Thriller: Corporate Guilt through Collective Knowledge,
29 New Eng. L. Rev. 65 (1994). 집단인식 법리의 개념과 형성배경, 대표적 리딩
케이스의 분석 및 이론적 근거에 대해서는 안성조, 미국 판례 상 집단인식에 의한
법인책임의 법리 연구, 부산대학교 법학연구 제51권 제1호, 2010 참조.

를 비난 가능한 법인 고유의 의사로 간주해 이를 근거로 형사책임을 부
과하려는 입법례[38])가 바로 그것이다. 이러한 일련의 시도는 이론적 접
근방식은 다양하지만 법인에게 자연인과는 다른 독자적인 범의를 인정
해 형사책임을 부과한다는 측면에 있어서는 공통점을 지닌다고 평가할
수 있을 것이다.[39])

그렇다면 플레처의 집단책임론도 이러한 이론적 시도의 연장선상에
서 재해석할 수 있다고 본다. 플레처의 이론은 주로 국가책임을 염두에
두고 고안된 것이지만, 법인책임의 구성에 접목시키는 것도 가능할 것
이다.[40]) 집단책임론은 집단(단체) 자체를 독자적 범죄주체로 인정하는
결정적인 논거가 될 수 있는 이론이기 때문이다. 법계를 막론하고 법인
의 범죄능력을 부정하는 논거는 여러 가지 형태로 제시되어 왔지만, 그
핵심은 법인에게는 자연인과 달리 '의사'가 없기 때문이라는 것이다.

---

38) 대표적으로 오스트레일리아 모범형법전(Criminal Code Act 1995)이 있다. 오스트
레일리아 모범형법전상의 기업문화는 다음과 같이 정의된다. "Corporate culture
means an attitude, policy, rule, course of conduct or practice existing within the
body corporate generally or in the part of the body corporate in which the
relevant activities take place." 오스트레일리아 모범형법전 12.3 (6) 참조.

39) 동지의 견해로는 Eli Lederman, Models for Imposing Corporate Criminal Liability:
From Adaptation and Limitation Toward Aggregation and the Search for
Self-Identity, *4 Buff. Crim. L. Rev 641* (2000), 677-699면.

40) 이미 국내에는 이러한 이론적 시도가 있었다. 조병선, 형법에서 행위자의 특정:
개인책임과 단체책임, 서울대학교 법학 제50권 제2호, 2009 참조. 외국에도 그의
이론이 다양한 층위의 집단에 적용될 수 있다고 보는 견해를 찾아볼 수 있다. 예컨
대 Herbert Morris, George Fletcher and Collective Guilt: A Critical Commentary
on the 2001 Storrs Lectures, *78 Notre Dame L. Rev. 731* (2003), 733면. 모리스
교수는 플레처의 이론이 정부와 정당 등에도 적용될 수 있다고 보는 듯하다. 또
한 플레처 자신도 집단행동에 대한 집단책임을 질 수 있는 행위주체로서, 회사와
대학 및 전문적인 조직(professional organization)은 물론 군대와 가족까지도 논
급하고 있다. 다만 그들이 책임을 지게 되는 메커니즘은 국가와 다르기 때문에
이를 설명하기 위해서는 상이한 방법론이 요구된다고 한다. 이 점에 대해서는
George P. Fletcher, 앞의 논문(*The Storrs Lectures: Liberals and Romantics at
War*), 1526-1537면.

즉, 형벌의 근거로서 책임은 '비난가능성'이며, 이는 의사의 자유를 갖춘 자연인에게만 인정될 수 있으므로,[41] 주체적 자기결정능력이 없는 법인에게는 범죄능력이 인정될 수 없다는 것이다.[42] 그러한 책임비난, 다시 말해 사회윤리적 가치결단을 이해하고 받아들일 수 있는 정신적·윤리적 능력이 없는 법인에게 범죄능력을 인정하는 것은 형벌의 본질에 반한다는 것이다.[43] 그러나 플레처가 주장한 낭만주의적 집단책임론에 따르면 집단(단체)도 고유의 의사를 갖고 범죄를 저지를 수 있으며, 그에 대한 책임비난도 가능하다. 물론 플레처의 논의를 법인과 그 구성원 간의 관계에 그대로 적용할 수 있는지에 대해서는 좀 더 신중한 검토가 필요하다. 우선 법인, 예컨대 회사와 그 구성원 사이에도 전시의 낭만주의자처럼 국가의 영광과 자신을 동일시할 수 있을 만큼 강력한 '내적 응집(internal cohesion of self and nation)'이 과연 있다고 볼 수 있는지 구명되어야 한다. 즉, 전시의 낭만주의자나 이슬람 테러리스트들만큼 그들의 행위가 곧 배후 집단의 의사를 "표현한다(express)"고 보기에 '충분한' 내적 응집이, 법인과 그 직원 간에도 존재할 수 있는지 밝혀져야 한다는 것이다. 이외에도 논란이 될 만한 문제는 더 있다. 플레처는 낭만주의를 원용해 국가도 의사를 지닐 수 있고, 범죄를 저지를 수 있으며, 그에 따르는 책임을 질 수 있다고 자신의 주장을 일견 논리적으로 전개하고 있으나, 여기에는 중대한 허점이 있다. 플레처의 주장대로라면, 국가의 의사를 표현해 개인이 범죄를 저질렀을 때, 개인의 책임이 감경되어야 하는 이유는 그 개인의 2차적 의지가 정상적으로 발현될 수 없을 만큼 국가가 부도덕한 환경을 조성하여 스스로 범행을 억제할 수 없게 만들었기 때문이다. 그러면서 국가가 형사책임을 져야 하는 이유는 국가도 2차적 의지를 가질 수 있음에도 불구하고 1차적 욕망에

---

41) 이재상, 형법총론, 2006, 96면.

42) 박상기, 형법강의, 2010, 48면.

43) 신동운, 형법총론, 2008, 112면. 록신도 법인에게는 심리적, 정신적 요소가 결여되어 있기 때문에 법인의 범죄능력은 부정된다고 한다. Claus Roxin, Strafrecht AT Band I (4. Aufl., München: C.H. Beck, 2006), 262-264면 참조

순응해 (개인을 통해) 범죄를 저질렀기 때문이라고 한다. 바로 여기에 모순이 숨어 있다. 국가의 의사란, 플레처의 이론대로라면 애국적 낭만주의의자가 상상력의 비약을 통해 자신과 국가를 동일시함으로써만 관념할 수 있는 실체이다. 그렇다면 국가의 의사는 개인의 의사를 떠나 존립할 수 없는 성질을 갖는 것임이 분명하다. 그런데 플레처는 "국가의 부도덕한 환경조성으로 인해 1차적 욕망을 통제할 2차적 의지가 약해진 개인의 경우 책임을 감경해야 한다"고 말하면서 동시에 국가가 형사책임을 지는 메커니즘은 "국가가 지닌 2차적 의지에 의해 1차적 욕망을 통제하지 못했기 때문"이라고 말하고 있는바, 개인의 의사와 국가의 의사가 별개의 실체인 것처럼 설명하고 있다. 이것은 자신이 설정한 전제에 모순된다. 1차적 욕망이든, 2차적 의지이든 국가의 의사는 곧 개인의 의사에 의해서만 관념할 수 있다. 그러므로 국가가 책임을 져야 한다면 개인도 형의 감경 없이 책임을 져야 하고, 개인의 형이 감경될 수 있다면 국가의 책임도 감경되어야 한다. 만일 그렇지 않고 국가에게 별개의 의사적 요소를 인정하려면 별도의 이론적 구명이 뒤따라야 하며, 그럴 의도가 없었다면 플레처의 주장은 자기반박적인 것이 되어버린다. 따라서 이러한 딜레마를 벗어나려면, 낭만주의에 의해 개인의 의사를 국가의 의사와 동일시하는 원리에 기대지 않고 집단도 개인과 다른 별개의 고유한 의사를 지닐 수 있음을 밝혀야 할 것이다. 이러한 논증이 성공해야만 전통적 책임원칙에서 벗어나지 않는 집단책임론이 입론될 수 있을 것이다.

앞서 살펴본 바와 같이 현대의 법인책임이론은 기업의 의사를 종업원이나 고위직 관리인을 통해 파악하는 대위책임과 동일시원리를 넘어서 법인의 고유한 의사를 재구성해 보려는 이론적 시도에까지 이르고 있다. 그러나 이러한 시도가 아직까지는 그다지 성공적이지 못한 것으로 보인다. 예를 들어 미국 법원은 집단인식의 법리에 의해 개인의 무책한 인식의 총합이 곧 법인의 범의를 구성할 수 있다고 법리구성하고 있는바, 동 법리는 개별적인 종업원의 인식을 통일적인 의사로 종합해줄 수 있는 능력이 법인에게 있다는 점을 묵시적으로 전제하고 있으나,

그 전제에 대해서는 명시적으로 해명해 주고 있지 못하다는 비판[44]이 있음을 염두에 두어야 할 것이다. 다시 말해 자연인에게는 다양한 정보를 유의미한 형태로 종합할 수 있는 능력이 있지만, 법인에게는 서로 업무적으로 독립돼 정보의 공유가 없는 종업원들의 개별적 인식을 하나로 묶어 파악할 수 있는 능력이 없다는 것이다. 또 한편으로는 그러한 이해가 귀속될 수 있는 별개의 고유한 의사적 실체를 법인에게는 관념할 수 없다는 지적이기도 한 것이다. 마찬가지로 법인 내부의 문화를 법인 고유의 의사로 보려는 시도도 있으나, 기업 문화(corporate culture)는 장기간 걸쳐 형성돼 굳어진 것으로 기업의 의사결정에 영향을 미치는 한 요소에 불과한 것이므로, 행위 당시에 선악을 판단해 달리 의사결정을 할 수 있는 자연인의 의사와는 확연히 구분되는 표지라는 점에서 여전히 전통적인 형사책임의 관점에서 형벌의 부과 근거가 되기는 힘들다고 할 것이다. 단, 그렇다고 이러한 결론이 곧 집단책임의 이론적 정당화가 불가능함을 뜻하지는 않는다고 본다. 이는 오히려 집단책임의 근거를 새로운 각도에서 합리적으로 재구성할 수 있는 반성의 계기가 될 수 있다. 바로 이 점에서 집단책임사상의 역사적 기원을 살펴보는 것은 그러한 논의에 유의미한 기여를 할 수 있을 것이다.

V. 맺음말

이상의 내용을 종합하자면, 고대 근동의 집단책임사상과 영미법의 법인책임법리와 플레처의 집단책임론 간에는 다양한 갈래에서 교차하는 공통점, 가족유사성을 찾아 볼 수 있다. 플레처의 이론은 집단책임이 집단을 통해 후대에 유전될 수 있다는 점, 피해자와의 화해를 통한 사회적 재통합을 강조한다는 점에서 성서나 법전에 나타난 사상과 일정

---

44) 이러한 비판으로는 Alan Norrie, Crime, Reason and History: A Critical Introduction to Criminal Law (Cambridge University Press, 2006), 95면.

한 유사점을 지닌다. 또 영미법상 대위책임의 법리는 이미 고대 근동에서도 그 단초를 발견할 수 있다. 개인과 집단이 동일시될 수 있을 경우에 개인의 책임은 곧 집단책임이 될 수 있다는 플레처의 생각은 영미법상 동일시원리와 크게 다르지 않다. 플레처가 말한 "집단의 부도덕한 환경"이란 표지는 현대의 법인책임이론에서 중요한 개념인 "기업문화(corporate culture)"와도 유사하다. 또 살인자가 누구인지 알 수 없는 경우에 살인이 발생한 도시 및 그 도시의 행정책임자, 또는 살인이 발생한 성읍의 원로들이 집단적으로 책임을 져야 한다는 함무라비 법전과 신명기의 내용은 유책한 개인 행위자를 찾아낼 수 없어도 법인의 책임을 인정할 수 있다는 집단인식의 법리와 매우 유사하다. 이상의 사상, 법리, 이론들 간에 어떤 단일한 공통된 특징을 찾을 수는 없다. 각각 집단의 책임을 인정하는 배경 및 근거와 방식에 차이가 있기 때문이다. 여기서 주목할 점은, 어떤 통일적인 이론적 토대는 찾기 힘들지만, 집단책임이란 법형상은 사라지지 않고 있다는 사실이다. 즉, 집단의 책임을 긍정하려는 규범적 사고방식은 질긴 생명력을 갖고 고대 사회로부터 현재까지 면면히 이어져 내려오고 있다는 것이다.

한편 고대 근동의 집단책임 사상은 현대적 이론과 중요한 차이가 있음도 간과할 수 없는 부분이다. 고대 근동지역, 예컨대 고대 이스라엘과 메소포타미아 지역에서는 개인 대 개인으로서가 아니라 어느 집단에 속한 개인 대 다른 집단에 속한 개인으로서 행위자를 관념하는 법문화가 지배적이었던 것으로 보인다. 그렇기 때문에 성서에서는 유대인 전체가 단일한 행위주체로서 등장하며, 메소포타미아의 경우 살인 사건이 단순히 가해자와 피해자의 개인적 문제가 아니라 살인자가 속한 집단과 피해자의 친족들 간의 집단적 문제로 다루어 졌던 것이다. 이러한 문화가 지배하는 사회에서는 범죄자에 대한 책임뿐만 아니라 그가 속한 집단에 대해 책임을 추궁하는 사고방식이 형성될 수 있다. 플레처의 집단책임론에서 집단 역시 고의를 지닐 수 있기 때문에 범죄를 저지를 수 있고 책임을 질 수 있다고 이론구성한 점은 고대 사상과 다른 차별화된 시도로 평가된다. 고대 근동의 법사상에서 그와 같은 점은 찾아볼 수 없다. 하지만 애석하게도 플레처의 이론에서 가장 취약한 부분은 집단이 고유한 의사를 지닐 수 있다고 주장하는 점이다. 외견상 국가도 하나의 행위주체처럼 역사에 등장할 수도 있다. 그러나 그렇다고 해서 국가에 고유한 의사가 존재한다고 판단하기는 어렵다. 물론 상상력의 비약과 낭만주의적 충동에 의해 개인이 곧 국가와 동일시될 수 있다고 설명하고 있지만, 그것은 말 그대로 한 개인의 낭만주의적 상상에 불과하다. 그러한 상상을 하고 있지 않은, 냉정한 이성적 판단을 하는 개인들도 낭만주의자들에 의해 저질러진 범죄에 대해 집단적으로 책임을 져야 한다는 것은 부당하다. 또 설령 국가에게 그러한 고유의사를 인정할 수 있다 하더라도 그것은 자연인의 의사와는 다른 측면이 있다. 우리가 행위자를 비난할 수 있는 것은 범행 당시에 그에게 타행위가능성이 있기 때문이다. 그런데 국가에게도 그러한 타행위가능성을 관념할 수 있을까? 국가의 고유의사가 낭만주의적 애국자의 의사와 동일시된다는 전제를 고수하는 한 그러한 타행위가능성은 "기대불가능하다"고 본다. 그렇다면 국가 또는 집단이 책임을 지는 메커니즘은 하나의 행위주체로서 범죄를 저질렀기 때문이 아니라, 고대 근동의 집단책임사상에서 엿볼 수 있듯이 순전히 연대성, 플레처의 표현대로라면 유기체적 집단성(organic collectivity)이나 피해자의 권리구제 차원에서 찾아야 할 것이다. 이는 전통적인 책임원칙에서 벗어난 이론구성이지만, 고대사회로부터 끈질기게 우리의 규범적 직관을 사로잡고 있는 집단책임이란 법형상이 정당화될 수 있는 근거를 제시해 주고 있다는 점에서 분명 좀 더 유의 깊게 고찰해 보아야 할 문제라고 생각한다.[45)]

---

45) 부연하자면 집단책임이란 법형상은 전통적으로 정의(*misarum*) 관념을 중시했던 고대 메소포타미아의 법문화와도 무관하지 않을 것이다. 고대 메소포타미아의 정의 관념에 대해서는 R. VerSteeg, Early Mesopotamian Law (Durham, North Carolina: Carolina Academic Press, 2000), 45-50면 참조. 버스틱에 따르면 고대 메소포타미아의 정의 관념은 다음과 같은 요소로 구성되어 있다고 한다. 1) 강자나 부자의 억압으로부터의 자유(freedom from oppression by the strong and rich) 2) 공공의 안전 3)경제적 번영 4) 평화 5) 질서 6) 진리 7) 분쟁 해결절차의 존재.

§ 12. 법인의 범죄능력

Ⅰ. 법인의 범죄능력, 무엇이 문제인가?

1. 범죄능력과 행위능력, 책임능력, 수형능력의 관계

형법상 행위의 주체는 원칙적으로 자연인에 한한다는 것이 일반적인 견해이다. 통설에 의하면 자연인인 이상 연령이나 책임능력의 유무는 불문하고, 형사미성년자와 정신병자도 행위의 주체가 될 수 있다.[1] 이처럼 행위의 주체가 될 수 있는 자격을 행위능력이라 한다. 행위능력은 범죄의 주체가 될 수 있는 자격인 범죄능력과는 다르다. 범죄란 구성요건에 해당하는 위법하고 유책한 행위로 정의되며, 이 때 구성요건, 위법성, 책임 등은 모두 법적 판단을 요구하는 개념인데 반해, 행위는 이들의 수식을 받는 실체로서 전법률적(前法律的) 성격을 지닌다. 따라서 행위로 파악할 수 없는 대상에 대해서는 애당초 형법적으로 범죄성립여부를 검토할 필요가 없다.[2] 그러므로 범죄능력은 행위능력을 전제로 하는 개념이며, 양자는 구분되는 것이다. 형법상 책임은 비난가능성이다. 그렇다면 범죄의 주체가 될 수 있는 자는 책임비난을 받을만한 능력, 즉 책임능력도 구비해야 한다.[3] 그러므로 범죄능력은 행위능력과

---

1) 이재상, 형법총론, 2006, 91면.
2) 신동운, 고시연구, 1998.4, 158면.
3) 책임능력을 "자유로운 의사를 결정할 능력" 다시 말해 "비난할 수 있는 人格的 適性"으로 보는 견해로는 유기천, 형법학(총론강의), 1980, 215면 참조. 책임능력이란 일반적으로 규범을 이해하고 그에 대한 법규준수여부를 자유롭게 선택해 행위를 조종할 수 있는 '유책행위능력', 또는 형벌을 통해 그 목적을 달성하기에 적당한 능력, 달리 말해 형벌에 의해 사회에 적응할 수 있는 '형벌적응능력'으로 정의할 수 있을 것이다. 전자는 도의적 책임론의 입장이고, 후자는 사회적 책

책임능력을 포괄하는 개념이다. 한편 모든 형벌법규는 형벌부과의 전제
가 되는 범죄성립의 구성요건과 그에 대한 법적 효과를 규정한 법정형
의 두 부분으로 나뉜다. 그렇기 때문에 일반적으로 범죄능력은, 형벌을
부담할 수 있는 수형능력(受刑能力)[4]과도 밀접하게 관련되어 있다. 이
점에서 수형능력 없는 범죄능력은 무의미하기 때문에 양자의 존부문제
는 동전의 양면과도 같다고 볼 수 있다.[5] 다시 말해 범죄능력이 긍정되
면 수형능력도 긍정되고, 만일 범죄능력이 부정되면 수형능력도 부정되
어야 한다.[6]

2. 법인의 범죄능력을 부정하는 논거

형법상 법인의 범죄능력은 오랜 논쟁거리였다. 법계를 막론하고 일
반적으로 법인의 범죄능력은 부정되어 왔던 바, 산업혁명 이후 영미법
계를 중심으로 실용주의 형법관에 기초하여 법인단속의 사회적 필요성
을 중시해 법인의 범죄능력을 인정하기 시작하였으나, 대륙법계에서는

임론의 입장이다. 단, 책임능력을 형벌적응능력으로만 이해할 경우, 왜 형법이 심
신상실자나 형사미성년자를 책임능력이 없다고 보는지 설명할 수 없다는 한계가
있다.

4) 수형능력은 형벌능력이라고도 한다.

5) 배종대, 고시연구, 1991.9. 156면.

6) 손동권, 법인의 범죄능력과 양벌규정, 안암법학 제3집, 1995, 331면. 물론 범죄능
력 유무와 수형능력 유무를 별개의 문제로 보는 견해도 있지만, 이는 개념논리적
으로 볼 때 타당하지 못하다. 범죄능력이 없다는 것은 형법적으로 유의미한 행위를
할 수 있는 행위능력이 없거나, 책임능력이 없다는 것이다. 이 중 행위능력이 없는
경우에는 아예 구성요건해당성 조차 검토할 필요도 없으며, 반면 행위능력은 있으
나 책임능력이 없는 경우에는 책임이 부정된다. 어느 경우이거나 형법상 책임이 인
정되지 않기 때문에 형벌을 받을 자격이 없고, 따라서 범죄능력이 없다는 것은 형
벌을 받을 수 있는 자격도 없다는 것을 의미하는 것으로 보아야 한다. 동지의 견해
로는 배종대, 앞의 글, 160면. 한편 전통적이고 일반적인 견해는 법인에게는 행위능
력과 책임능력, 수형능력이 모두 없기 때문에 범죄능력이 인정될 수 없다고 본다.
하태훈, 범죄주체와 법인의 형사책임, 고시계, 1999.11, 208면 참조.

로마법 이래 "단체는 범죄를 저지르지 못한다"는 원칙을 고수하여 여전히 법인의 범죄능력 인정에 매우 인색한 형편이다. 우리나라도 법인의 범죄능력을 부정하는 것이 전통적인 견해였으나, 최근 기업범죄나 환경범죄에 대한 법인처벌의 폭과 필요성이 커지고 있는 경향에 따라 법인의 형사책임과 관련하여 그 범죄능력을 재검토해야 한다는 주장이 거세게 일고 있다. 특히 2007년부터 서브프라임 모기지 사태로 시작된 미국 발 금융위기는 이러한 경향에 촉매제가 되었다. 전 세계 부의 절반이 한 순간에 허공으로 증발해 버린 세계금융위기는 지구촌 전체를 패닉상태로 몰아넣었고, 기업활동에 대한 적극적인 규제의 목소리가 도처에서 비등하고 있는 것이다. 이에 형법이론적으로도 법인의 범죄능력을 긍정하려는 논의가 다각적인 측면에서 전개되고 있는바, 본고에서는 그 대표적인 이론적 시도로 볼 수 있는 낭만주의모델과 조직모델을 살펴보고 양자 간의 공통점과 차이점을 비판적으로 검토해 보기로 한다.[7]

그 전에 법인의 범죄능력을 부정하는 주요 논거가 무엇인지 확인해 볼 필요가 있다. 그래야만 논의의 폭을 필요한 범위 내로 한정시킬 수 있기 때문이다. 범죄능력을 부정하는 일반적인 논거는 다음과 같다. (가) 범죄는 자연인의 의사활동에 따른 행위이므로 사람과 같은 의사와 육체가 없는 법인은 행위능력이 없다. (나) 책임은 위법행위에 대한 비난가능성이며, 설령 법인의 행위능력을 인정하더라도 법인에 대해서는 형벌의 전제가 되는 사회윤리적 책임비난을 귀속시킬 수 없다. (다) 법인은 기관인 자연인을 통해 행위하므로 자연인을 처벌하면 되고 법인

---

7) 법인의 범죄능력을 논함에 있어서 그 행위능력과 책임능력의 존부를 따지는 것은 본질적이고 존재론적인 논의이기 때문에 법인처벌을 긍정하는 현행 양벌규정을 전제하면 무의미한 논의라는 지적도 있다. 즉, 해석론과 본질론을 혼동해서는 안 되며, 중요한 것은 법인처벌의 방법과 한계이고 따라서 이는 법인의 범죄능력과 같은 본질론으로부터 결정될 문제가 아니라 형사정책적·기능적으로 판단해야 할 문제라는 것이다. 박상기, 형법총론, 2009, 72면. 본질론과 해석론을 구분해야 한다는 것은 매우 적확한 지적이지만, 본질론적 토대가 없는 해석론과 형사정책은 그만큼 설득력이 결여될 수밖에 없다고 보며, 따라서 본고는 주로 본질론적 논의를 다루고자 한다.

까지 처벌할 필요는 없다. (라) 법인의 처벌은 그 효과가 범죄와 무관한 법인의 구성원에게까지 미치게 되어 개인책임과 자기책임의 원칙에 반한다. (마) 법인에게는 형법이 규정하고 있는 가장 중요한 형벌인 사형과 자유형을 집행할 수 없다. (바) 법인의 인격은 법인의 목적에 의해 제한을 받는 바, 범죄행위는 법인의 목적이 될 수 없으므로, 범죄행위를 법인에게 귀속시킬 수는 없다. (사) 법인이 범죄를 통해 획득한 재산 또는 이익을 박탈해야 한다는 형사정책적 목적은 형벌 이외의 다른 수단에 의해 달성해야 한다.8)

위 부정논거 중에서 (다)부터 (사)까지의 논거에 대한 비판과 반론은 법인의 범죄능력을 긍정하는 입장에 의해 잘 제시되어 있다고 본다.9) 따라서 본고에서는 (가)와 (나)의 논거만을 중점적으로 다루되, 이를 비판적으로 재검토해 보기로 한다.

3. 주요 논거의 평가와 논점의 확정

일단 (가)와 (나)에 대해서는 다음과 같은 반론이 제시되어 있다. (가)에 대해서는, 법인의 범죄능력을 부정하는 것은 법인의제설을 전제하는 것이나 사법상의 통설인 법인실재설에 의하면 법인의 범죄능력을 긍정할 수 있고, 법인은 그 기관을 통해 의사를 형성하고 행위를 할 수 있는 바, 그 의사는 구성원 개인의 의사와는 다른 법인 고유의 의사이고, 이를 기관의 행위에 의해 실현하는 것이므로 법인에게도 의사능력과 행위능력이 있다고 한다. 그리고 (나)에 대해서는 법인의 반사회적 활동으로부터 사회를 방위해야 할 필요가 있고, 책임의 근거를 사회윤리적 비난가능성이 아닌, 반사회적 위험성으로 파악한다면, 법인에게도

---

8) 부정논거에 대해서는 배종대, 형법총론, 2008, 205면; 정웅석·백승민 공저, 형법강의, 2008, 108-11면 참조.
9) 대표적으로 김일수·서보학, 새로 쓴 형법총론, 2003, 135면; 오영근, 형법총론, 2005, 142면 참조.

사회적 책임을 물을 수 있다. 또 사회적 책임론에 의하면 책임능력은 사회방위처분인 형벌이 그 효과를 거둘 수 있는 능력, 즉 형벌적응능력을 의미하므로 이러한 능력은 법인에게도 있다고 해야 한다고 논박한다. 그러나 이러한 반론에 대해 법인의 범죄능력을 부정하는 입장에서는 다음과 같은 재반론을 제시한다. 긍정설은 사회적 행위론에 입각해 법인의 행위능력을 인정할 수 있다고 보는 듯하나, 사회적 행위론이라 하여 의사관련성을 전적으로 부정하는 것은 아니며, 특히 사람의 행위가 아닌 것을 형법상의 행위개념에 포함시킬 수는 없다고 한다. 왜냐하면 법인은 기관인 자연인을 통해서 행위하므로 형법적 평가에서 볼 때에는 자연인의 행위가 있을 뿐이고 법인의 행위란 법적 사유의 산물에 지나지 않기 때문이라고 한다. 나아가 법인의 책임능력에 대해서도 책임은 어디까지나 인격에 대한 윤리적 비난가능성기 때문에 법인의 책임은 인정할 수 없다고 한다.10) 한 마디로 책임은 비난가능성이며, 그러한 책임비난, 다시 말해 인간 고유의 윤리적 가치결단을 이해하고 받아들일 수 있는 정신적·윤리적 능력이 없는 법인에게 범죄능력을 인정하는 것은 형벌의 본질에 반한다는 것이다.11)

부정설의 주요 논거에 대한 반론과 재반론의 골자를 면밀히 살펴보면, 핵심 주장은 결국 두 가지로 요약된다. 첫째, 신체와 의사를 지닌 사람의 행위가 아닌 것은 형법상 행위개념에 포함시킬 수 없고, 둘째, 책임은 윤리적 비난가능성이며, 따라서 인간 고유의 윤리적 가치결단을 이해하고 받아들일 수 있는 능력은 자연인에게만 있다는 것이다. 이것이 부정설의 핵심 논거이며, 한 마디로 행위능력과 책임능력을 모두 부인하는 것이다. 그러나 형법상 행위개념에 신체와 의사를 지닌 사람의 행위만을 포함시키거나, 책임을 윤리적 비난가능성으로만 정의하려는 것은 비록 그것이 전통적인 자유주의적 사고방식에는 부합될지 모르나 긍정설의 반대 논거에 대해서 적절한 답변 없이 의도적으로 회피하고

---

10) 이상의 재반론에 대해서는 이재상, 앞의 책, 95-96면 참조.
11) 신동운, 앞의 글, 163-164면.

있으며, 따라서 공정한 견해가 될 수 없다.

무엇보다도 자연인과 법인이 그토록 다르다면, 법인의 범죄능력을 자연인의 속성을 기준으로 판단할 것이 아니라 법인 고유의 속성을 토대로 평가하는 것이 타당하다. 그렇기 때문에, 법인은 기관을 통해 의사를 형성하고 행위를 할 수 있고, 그 의사는 구성원 개인의 의사와는 다른 법인 고유의 의사이며, 이를 기관의 행위에 의해 실현하는 것이므로 법인에게도 행위능력이 있다고 보아야 한다는 주장12)은 분명 의미 있는 반론이고, 충분히 검토되어야 한다.13) 마찬가지로 법인의 책임능력도 개인의 정신적·윤리적 능력을 기준으로 할 것이 아니라 법적·사회적 책임이란 관점에서 보아 사회유해적 행위 또는 위험을 회피할 수 있는 능력에서 찾는다면 법인에 대한 책임귀속과 책임능력의 인정도 불가능하지 않다고 본다.14)

물론 이러한 결론에 대해 부정론자들은 여전히 법인의 범죄능력을 인정해야 하는 근거가 덜 해명되었다고 보며, 불만족스러울 것이다. 왜냐하면 설령 기관의 의사와 행위가 곧 법인 고유의 의사와 행위가 될 수 있다 하더라도, 어차피 법인은 자연인 기관을 통해 행위는 것이므로 형법적 평가에서 볼 때, 결국 자연인의 행위만 있을 뿐이기 때문이다.15) 즉, 법인의 모든 행위는 결국 자연인의 행위로 환원될 수 있는데 굳이 법인의 범죄능력을 인정해야 할 필요성이 있느냐는 것이다. 이는 적확한 지적이며 그동안 긍정설의 논거가 극복하기 힘든 이론적 장애이기도 했다.16) 본고에서는 바로 이 점에 대한 해명을 중점적으로 다루고자

---

12) 유기천, 앞의 책, 108면 참조.
13) 법인의 범죄능력을 부인하는 입장에서도 법인의 행위를 형법적으로도 "사회적으로 의미 있는 인간의 행태"로 포착하지 않을 수 없다는 점을 긍인한다는 점은 주목할 만하다. 이러한 입장으로는 신동운, 앞의 글, 160면; 신동운, 형법총론, 2009, 104면.
14) 동지의 김일수·서보학, 앞의 책, 136-137면.
15) 이러한 비판으로는 정영일, 형법총론, 2007, 80-81면 참조. 동지의 정웅석·백승민 공저, 앞의 책, 111면.
16) 이 점을 잘 지적하는 문헌으로 Alan J. Tomkins, Bart Victor, & Robert Adler,

한다. 이를 위해 법인 고유의 의사와 행위를 기관을 통해 설명하는 방식을 지양하고, 법인 자체의 집단적 성격(collectivity) 또는 조직으로서의 특성에 착안하여 설명해 보고자 한다. 그렇다면 자연인과 구분되는 법인 고유의 속성에는 어떤 것들이 있는가? 과연 어떤 측면을 고려하지 않을 수 없기에 법인 고유의 의사와 행위가 법인의 범죄능력을 재구성하는데 주요 관건으로 부상할 수밖에 없는가? 이상의 논점을 중심으로 낭만주의모델과 조직모델에 의해 제시된 법인 고유의 의사와 책임에 관한 논의를 소개해 보고 그것이 법인의 범죄능력 재구성에 시사하는 바는 무엇인지 비판적으로 검토해 보기로 한다.[17)]

II. 낭만주의모델과 윤리적 책임귀속

1. 집단(단체)에 대한 윤리적 비난가능성

일반적으로 윤리적 평가는 어떤 개인을 대상으로 내려지는 것이 대부분이지만, 그렇다고 집단(단체)에 대한 윤리적 가치판단이 일상에서 전혀 낯선 것만은 아니다. 예컨대 우리는 "어느 기업의 이윤추구 행위가 비윤리적일 정도로 지나치다"라든지, "모 대기업이 사회적 책임을 다하고 있지 못하다" 또는 "윤리경영, 정도경영에 어긋난다"라는 등의

Psycholegal Aspects of Organizational Behaviour: Assessing and Controlling Risk, in: D.K. Kagehiro & W.S. Laufer(eds.), Handbook of Psychology and Law (New York: Springer-Verlag), 525-526면 참조.

17) 일찍이 유기천 교수는 우리 형법의 해석론상 "원칙적으로 법인은 범죄능력이 없고, 따라서 법인을 처벌하는 특별규정이 있는 때에 한하여 정책상 법인을 벌하는 데 불과하다고 본다. 다시 말해 법인은 행정범의 주체가 되는 것으로 보아야 할 것이다"라고 하여 소위 '부분적 긍정설'을 취하면서도 입법론적으로 법인의 범죄능력을 긍정할 논의의 여지가 있음을 긍인하였고, 결국 이러한 문제는 "새로운 형벌이론이 수립됨에 따라 해결될 수 있는 성질의 것"이라고 그 가능성을 전망하였다. 유기천, 앞의 책, 107-109면 참조.

윤리적 비난을 개인이 아닌 기업에 가하는 경우를 쉽게 목도할 수 있다. 즉, 법인의 사회적 비중이 점증함에 따라 법인의 사회적 책임이 부각되었고, 이에 따라 법인에 대한 윤리적 비난이 가능해 지고, 또 현실적으로도 이루어지고 있는 것이다.[18] 또한 법인 구성원의 행위 중에는 분명 그 구성원 개인의 행위라기보다는 법인의 행위로서의 성격이 더 강한 경우가 있다는 사실도 잘 알려져 있다. 예컨대 G라는 기업의 대표이사 갑이 라이벌 기업과의 사운을 건 경쟁상황에서 법인활동의 허가를 받아내기 위해 관련 공무원에게 뇌물을 준 경우 이는 갑 개인의 행위라고만 보는 것은 부당하고 G법인의 행위로서의 성격을 지닌 것으로 보아야 한다는 것이다.[19] 이처럼 집단(단체)에 대한 사회윤리적 비난가능성, 그리고 범죄능력이 일상언어적 관행에 의해 받아들여지고 있다면, 집단(단체)에 책임을 묻고 귀속시키는 메커니즘을 이론적으로 검토해 볼 필요가 있을 것이다. 이러한 이론적 시도를 하고 있는 대표적 예가 바로 우리가 앞서 상세히 검토해 보았던 플레처의 집단책임이론이다.

2. 집단에 대한 윤리적 책임귀속의 메커니즘

그렇다면 플레처의 집단책임 이론이 집단(단체)에 대한 윤리적 책임 비난이 어떻게 가능한가에 대해 말해 주는 요지는 무엇인가? 그것은 바로 유기체적 행위자(organic actor)로서 국가 등의 단체가 갖는 집단성(collectivity)에 주목해야 한다는 사실이다. 전술한 바와 같이 낭만주의자들은 '상상력의 비약'과 확장주의적 충동을 통해 조국을 그 자신이 확장된 것(expansion of their individual selves)으로 보며, 자신 삶이 곧 국가의 운명과 일치하고, 국가의 역사적 운명으로부터 자신의 명예를 드높일 수 있다고 생각한다. 낭만주의적 관점에 의하면 개인은 자아를 초월하여 국가와 자신을 동일시할 수 있고, 따라서 국가는 의사를 지닐

---

18) 임웅, 고시연구, 1998.12, 135면; 임웅, 형법총론, 2003, 77면.
19) 오영근, 형법총론, 2005, 142면.

수 있으며, 독립적인 행위를 할 수 있다. 또 마찬가지로 국가는 위업을 달성함은 물론 패배를 경험할 수도 있는데다가, 심지어 범죄를 저지를 수도 있고, 결국 자신의 범행에 대한 책임을 질 수도 있게 된다. 바로 여기까지는 국가를 단일한 의사를 가진 개별 행위자로 간주할 수 있다고 보는 점에서, 모든 집단(단체)의 행위를 철저하게 개인 단위로 분석해 파악하려는 원자론적 환원주의(atomic reductionism)와는 매우 다른 일종의 전체론적(holistic) 관점을 엿볼 수 있다. 그러나 낭만주의 모델을 전체론적 관점을 취한 것으로 이해해서는 안 된다. 플레처의 이론에서 또 다른 핵심적인 부분은 국가의 이름으로 범죄를 저지른 개인의 책임은 감경되어야 한다는 명제이다. 개인의 책임이 감경되어야 하는 이유는 그가 범죄를 저지르도록 집단이 기여했기 때문이다. 즉, 유기체적 집단성(organic collectivity)을 통해 그가 범죄를 저지르게끔 유도했기 때문에 그에 대한 책임을 집단과 분배해야 한다는 것이 낭만주의 모델의 핵심이다. 플레처가 예시하고 있듯이, 범죄를 조장하는 집단의 부도덕한 환경은 우연히 발생한 것이 아니며, 교사와 종교적 지도자를 비롯해 정치인, 국가정책, 그리고 심지어 법조차 그러한 환경과 문화에 유기적으로 기여한다는 점이 무엇보다 중요하다. 요컨대 집단에 대한 책임귀속과 책임분배의 메커니즘은 바로 유기체적 집단성(organic collectivity)에서 찾을 수 있다는 것이다. 즉, 유기체적인 어느 집단의 지배적 문화와 환경이 부도덕하다면, 이는 직접적 또는 간접적으로 그 구성원들의 범죄를 유도하거나 묵인할 수 있고, 그렇기 때문에 구성원 개인의 범죄는 그 집단의 의사를 표현한(express) 것으로 봐야 한다. 또 집단이 이러한 메커니즘에 의해 범죄를 저지른 것이라면 2차적 의지로 1차적 욕망을 억제하지 못한 것이기 때문에 윤리적으로도 비난가능하고 형사책임을 질 수밖에 없다는 것이 낭만주의모델의 요체다.

III. 조직모델과 법인 고유의 의사

1. 조직이론의 특성과 의의

앞서 살펴보았듯 법인의 범죄능력에 관한 부정설과 긍정설의 입장은 나름의 관점에서는 타당한 측면도 있지만, 반면 상대 학설의 관점을 수용하거나, 법인이라는 실체를 양 관점을 종합해 충분히 해명하는 데 있어서는 한계점을 지니고 있다. 조직이론은 바로 이러한 한계점을 극복하기 위해 고안된 이론이다.[20] 우선 조직이론은 기존에 전개되어 온 법인에 대한 논의를 전체론적(holistic) 관점과 원자론적(atomic) 관점으로 규정하며 대별시킨다. 전체론적 관점이란 법인을 하나의 사람처럼 다루려는 것인데 반해, 원자론적 관점은 법인을 개인들의 총합으로 취급하려는 견해이다. 법인의 범죄능력 부정설은 대체로 원자론적 관점에 입각해 있다고 볼 수 있다면, 긍정설은 전체론적 관점을 취하고 있다고 판단된다. 원자론적 관점은 단순한 환원주의적 사고방식에 빠져 법인 자체 조직구조상의 복잡성과 불가투시성(inscrutability)을 과소평가하고 있는 반면, 전체론적 관점은 법인의 단일성을 지나치게 과장하고 있는 단점이 있다.[21] 이에 조직이론은 법인의 복잡한 성격을 전체적으로 파악하기 위해서는 법인 내부의 의사결정절차에 대한 이해가 필수적이라고 본다. 원자론적 관점과 비교해 볼 때, 조직이론은 법인의 활동을 법인 구성원 개인들의 선택의 집합이라기보다는 법인의 조직 구조상의 결과로

---

20) 조직이론에 따르면 회사의 성격은 단순한 사업가들의 집단도 아니고, 막스 베버식의 위계적 구조에 의해 단일한 목표를 추구하는 관료제모델로도 설명하기 힘들다. 왜냐하면 그러한 모델들은 조직의 복잡성이 크지 않을 때는 들어맞을지 모르지만, 고도로 복잡해진 조직의 경우에는 더 이상 타당하지 않기 때문이다. 조직이론은 이러한 설명방식을 지양하고 회사를 "지능을 가진 기계(intelligent machine)"로서의 조직(organization)으로 설명한다.

21) 이러한 지적으로 M. Dan Cohen, Rights, Persons, and Organizations: A Legal Theory for Bureaucratic Society (University of California Press, 1986), 13-16면.

보아야 한다는 점을 강조하는 점에서 다르다. 즉, 조직은 개인들의 집합이라기보다는 활동들의 집합이라는 것이다. 따라서 법인의 목적과 결정은 법인 내의 어느 특정한 개인의 목적과 결정과 반드시 일치하는 것은 아니다. 또 조직이론은 법인을 개인으로 취급하는 전체론적 관점도 거부한다. 전체론적 관점은 회사조직을 어떤 가치를 극대화하는(value maximizing) 활동에 종사하는 이성적 행위자로서 단일한 의사결정단위로 파악하지만, 많은 연구자들이 지적하듯 회사라고 항상 그 가치를 극대화하는 행동을 하지는 않으며, 따라서 이러한 모델은 비현실적이라고 보기 때문이다. 다시 말해 법인을 단순한 개인들의 집합으로 보는 것도 잘못이지만, 그렇다고 법인을 단일한 의사를 지닌 하나의 이성적 행위자로 보는 것도 실제에 부합되지 않는다는 것이다. 따라서 조직이론은 법인의 의사(corporate intent)를 구명해 내는데 있어서 개별적 법인 구성원의 의사로나, 단일한 인격체로서의 법인자체의 의사로나, 그 어떤 종류의 환원주의도 시도하지 않는다. 그 대신 법인의 조직구조상의 특성에 주목한다.

2. 조직모델에 의한 법인 의사의 재구성

법인의 의사와 활동을 법인 내부의 특정 개인의 의사나 행동으로 환원시키는 것은, 불가능하지는 않더라도, 종종 매우 어렵다는 점은 조직모델이 입증하고 있는 사실이다. 법인의 정책과 활동은 종종 그 구성원 개인들의 선택의 단순한 총합 이상이다. 또 많은 경우에 법인의 활동은 구성원 개인들의 선택과 문제해결을 위한 표준적 운영절차, 그리고 조직의 구조 자체 이 모두의 상호작용에 의존한다. 결론적으로 법인의 정책과 행동은 전체로서의 법인 구조(corporate structure as a whole)로 귀속되어야 하며, 개념적으로 법인 내부의 구성원 개인들의 의사와는 독립적인 것으로 보아야 한다는 것이 조직모델의 입장이다. 물론 조직모델이라고 하여 법인의 정책과 행동이 절대로 개인의 의사에로 환원될

수 없다고 보지는 않는다. 다만 언제나 그렇게 환원시킬 필요는 없다는
것이다. 그러므로 법인의 법적 취급에 있어서 개인적 환원을 요구하는
견해는, 만일 모든 법인 범죄를 그러한 방식으로 다루려 한다면 이는
잘못된 시도이며, 모든 법인범죄를 그렇게 해결할 수는 없다. 다시 말해
법인의 범죄를 논할 때, 분명 어떤 경우는 법인 구성원 개인의 범죄로
환원할 수 있지만, 반드시 그런 것은 아니고, 경우에 따라서는 법인의
조직적 구조 자체에 의한 범죄로 보아야 한다는 것이다.

요컨대 조직모델이 보여주는 것은, 일정한 경우 법은 법인의 조직적
구조 자체를 의사를 지닌 주체로 간주해야 한다는 것이다[22] 이 모델은
전체론적 관점과도 분명 다른데, 그 이유는 후자가 법인을 단일한 의사
를 지닌 합리적 개인으로 보는 반면, 후자는 그 전체로서의 단일성보다
는 법인의 내부적 구조와 의사결정절차에 주목하며, 이러한 구조와 절
차가 구성원 개인의 의사와는 다른, 종종 비합리적 결정을 내리는 법인
고유의 의사가 된다고 보기 때문이다.

IV. 낭만주의모델과 조직모델에 대한 평가

1. 낭만주의모델의 의의와 한계

전술한 바와 같이 낭만주의 모델은 집단(단체)에 대한 윤리적 비난
과 책임귀속이 어떻게 가능한가를 구명해 내고 있다. 우리가 일상언어
적으로 한 집단(단체)를 행위의 주체로 취급하는 경우를 종종 목격하게
된다. 예컨대 어느 정당이 해당 법안의 날치기 통과에 책임이 있다고
말하지, 어느 특정 국회의원이 책임이 있다고 말하지 않는다. 또 어느
법안에 대해 국회가 그것을 통과시켰다고 말하지, 몇몇 국회의원이 그
것을 통과시켰다고 말하지도 않는다. 마찬가지로 앞서 예시로 든 뇌물

---

22) Dan Cohen, 앞의 책, 동일한 면.

을 준 대표이사의 경우, 대표이사의 행위는 그 개인의 의사로 저지른 범죄가 아니라 법인의 의사를 표현한 것으로 보는 것이 더 타당하다고 볼 수 있다. 분명 일정한 경우 행위자 개인보다는 그 배후에 있는 집단 (단체)의 의사가 표출된 것으로 평가하는 것이 규범적으로도 더 타당한 경우가 있다는 것이다. 낭만주의는 이러한 집단책임귀속의 메커니즘을 설명해 주는 한 방식이다. 낭만주의적 상상력과 충동에 의해 개인은 그 배후 집단과 동일시될 수 있고, 이 경우 개인의 행위는 그 집단의 의사 를 표현한 것으로 평가된다.

물론 낭만주의모델에는 일정한 한계가 있다. 플레처가 제시하는 사 례들은 대부분 국가와 그 국민 간의 관계이다. 그것도 전시(at war)라는 특수한 상황에 놓일 경우 국가와 국민 사이에는 매우 강력한 내적 응집 (internal cohesion)이 형성될 수 있고, 국가 구성원 개인의 행위는 곧 국 가의 의사를 표현한 것으로 볼 수 있게 된다. 이 때 낭만주의는 그러한 '내적 응집'의 형성과정을 해명해 주는 역할을 한다. 그런데 과연 낭만 주의모델이 국가 외에도 법인 등의 집단(단체)에까지 확장될 수 있는가 에 대해 플레처는 명시적인 언급을 하고 있지 않다. 낭만주의가 주로 국가적 영광이나 애국심을 부르짖는 문학사조와 긴밀히 얽혀 있는 점 에 미루어 볼 때, 국가에 대한 소속감보다는 실리적 계약관계로 맺어져 있는 회사법인과 그 구성원 간의 관계에도 이 모델이 그대로 적용된다 고 보기는 어려울 것이다. 조국의 영광을 위해 진주만에 자살공습을 감 행하거나 항공기를 납치해 자살폭탄테러까지 일삼는 경우와 소속감이 그보다 덜한 회사법인 직원의 범행을 동일 평면상에서 바라본다는 것 은 분명 무리가 있기 때문이다. 다만, 오늘날 각 기업 및 단체는 그 구 성원의 소속감을 높이기 위한 다양한 프로그램을 마련하고 지속적으로 그 유대감을 강화하고 있는 점과, 전술한 대표이사의 행위처럼 회사와 그 구성원과의 강한 내적 응집을 인정할 여지가 큰 경우도 명백히 존재 한다는 점에서 낭만주의모델은 여전히 집단(단체)에 대한 윤리적 책임 귀속의 기제를 설명하는데 있어서 의미가 있다고 본다. 이는 특히 낭만 주의모델의 요체는 개인과 집단의 책임분배가 '유기체적 집단성(organic

collectivity)'에서 비롯된다는 사실에 있다는 점을 상기하면, 현대 사회
의 어느 집단(단체)이든지 그러한 유기체로서의 성격은 충분히 관념할
수 있는 것이고,23) 따라서 집단(단체)의 지배적 문화와 환경이 부도덕
하면, 그 구성원의 범법행위에 대한 책임을 집단과 배분하는 것이 어떻
게 가능한지를 낭만주의모델을 원용해 설명하는 것은 매우 유용한 방
법이 아니라 할 수 없을 것이다.

　낭만주의모델의 또 다른 한계로는 이론 자체의 내적 부정합성을 들
수 있다. 전술한 '집단책임사상의 기원과 그 현대적 변용'에서 살펴보았
듯이 이 모델은 집단이 의사를 지닐 수 있는 근거를 '개인의 상상력의
비약'에서 찾으면서 동시에 집단이 책임을 지게 되는 메커니즘은 집단
자신의 고유한 2차적 의지가 1차적 욕망을 억제하지 못했기 때문이라
고 설명하고 있다. 즉 일관되지 못한 설명을 하고 있다는 것이다. 집단
의 의지와 욕망을 어떻게 관념할 수 있는지에 대해 해명하지 못하고 있
는 것이다. 어쩌면 플레처는 집단이 의사를 지닐 수 있고 책임을 질 수
있는 근거가 낭만주의에 의해 해명될 수 있다고 보면서도, 다른 한편으
로는 당연히 그것이 가능하다고 전제하는 오류를 범했는지도 모른다.
이러한 이론적 결함이 낭만주의모델의 또 다른 한계라고 볼 수 있다.

2. 조직모델과 법인 고유 의사의 재구성

　조직모델은 회사의 정책(policies)과 내부적 관행(inner practices) 및
표준운영절차(SOPs)에 초점을 맞춘다. 다시 말해 조직모델이 강조하는
회사 고유의 의사란 그 회사의 정책과 관행 및 표준운영절차에 의해 관
념할 수 있다는 것이다. 전술한 바와 같이 조직모델은 회사의 의사결정

---

23) 물론 법인과 그 기관 등 구성원의 관계를 하나의 유기체로 인정할 수 없다는 견
　　해도 있다. 김성돈, 형법총론, 2006, 156면. 이러한 입장은 법인이 기관을 통해
　　행위 할 수 있기 때문에 범죄능력을 가질 수 있다는 긍정설을 부정하는 논거가
　　된다. 즉, 기관의 행위라고 하여 곧 법인의 행위가 될 수는 없다는 것이다.

과정이 어느 특정 개인의 의사를 그대로 반영한 것이라기보다는 표준운영절차 및 정략적 협상 등이 상호작용하여 이루어진다는 사실을 밝혀 주었다. 따라서 회사 고유의사란 회사의 조직적 구조 전체(corporate structure as a whole)에 의해 결정된다. 이 모델에 의하면 회사의 의사란 결국 제한된 합리성(bounded rationality)에 의한 것이든 정략적 협상에 의한 것이든 최종적으로 선택된 정책을 의미한다. 그러므로 회사의 정책은 물론 내부적 관행으로 볼 수 있는 표준운영절차는 모두 회사 고유의 의사로 평가할 수 있다. 이렇듯 조직모델은 구성원 개인의 의사와는 구별되는 법인 고유의 의사가 어떻게 재구성될 수 있는가에 대해 매우 분석적인 논거를 제시해 주고 있다고 보이는 바, 이는 그동안 법인의 범죄능력과 관련하여 긍정설이 법인의 의사를 기관의 의사로 대체시켜 설명하는 방식의 이론적 한계를 극복할 수 있게 해 준다고 본다. 요컨대 법인 종업원 개인의 의사와는 다른 법인 고유의 의사는 기관을 통해서 형성되는 것이 아니라 법인의 조직으로서의 구조적 특성에서 찾을 수 있다는 것이다.

그러나 조직모델의 한계는 법인에게 고유의 의사가 존재한다는 사실이 입증될 수 있다고 하더라도 과연 그러한 고유의사가 자연인의 그것과 유사한 인격적 실체라고 볼 수 있는지에 대해 어떠한 해명도 하지 못하고 있다는 점이다. 같은 맥락에서 조직모델을 반영하고 있는 집단인식의 법리도 앞의 '집단인식의 법리와 의도적 인식회피'에서 지적한 것처럼 어떻게 법인이 구성원들 개개인의 의사를 하나로 통합할 수 있는 능력이 있는지 해명하지 못하고 있다는 사실을 염두에 둘 필요가 있다. 요컨대 조직모델은 법인 고유의 의사가 존재한다는 점은 성공적으로 입증했는지 모르나, 과연 그것이 자연인의 의사와 유사한 성질을 갖고 있는지는 해명하지 못했다는 한계를 갖고 있다.

3. 두 모델의 공통점과 차이점

서로 전혀 다른 이론적 배경 하에 정립된 것이지만, 낭만주의모델과 조직모델은 매우 중요한 공통점을 지니고 있다. 그것은 바로 집단(법인)의 조직적 구조 자체에 주목한다는 점이다. 낭만주의모델은 유기체적 집단성(organic collectivity)으로 인해 집단은 윤리적으로 비난가능하고 동시에 범행을 저지른 행위자 개인과 책임을 분담하게 된다고 설명한다. 마찬가지로 조직모델은 회사법인은 조직구조적 특성에 의해 내부 정책과 관행 및 표준운영절차 등으로 그 구성원 개인들의 의사와는 다른 법인 고유의 의사를 형성할 수 있다고 본다. 양자 모두 엄격한 전체론적 관점이나 원자론적 환원주의를 지양하고 집단(법인)이 갖는 유기체적·조직구조적 특성에 착안하여 집단(법인)이 고유한 의사를 지닐 수 있고, 그에 대한 책임비난도 가능하며, 따라서 범죄능력도 가질 수 있다고 보는 것이다.[24] 또 중요한 점이 한 가지 더 있다면, 낭만주의모델이든 조직모델이든 법인범죄에 대한 책임이 법인이 아닌 한 개인에게 명백히 귀속가능한 경우까지 법인에 대한 책임을 긍정하려는 이론은 아니라는 사실인 바, 이는 또 하나의 공통점으로 평가할 수 있을 것이다.[25]

낭만주의모델의 경우 전시의 낭만주의자처럼 개인의 행동이 곧 집단의 의사를 표출한 것으로 볼 수 있을 만큼 국가와 개인 간의 내적 응집이 강력한 경우에만 제한적으로 적용될 수 있는 모델이라는 점은 전술한 바와 같다. 조직모델의 경우도 예건대 조직적 절차모델에서 만일 표준운영절차(SOPs)에 결함이 있을 때 이를 만들거나 감독함에 있어 책임이 전적으로 어느 개인 행위자에게 있다면 바로 그에게 형사책임을 인정할 수 있을 것이다.[26] 또 관료적 정략모델의 경우라면

24) 예컨대 플레처는 "우리는 국가를 범죄를 저지를 수 있고 그에 대한 고유한 책임을 질 수 있는 독자적인 행위자(independent agent)로 보아야 한다."고 분명히 말한다. 이 점에 대해서는 George P. Fletcher, The Storrs Lectures: Liberals and Romantics at War: The Problem of Collective Guilt, *111 Yale L. J. 1499* (2002), 1540면.

25) 분명 어떤 경우는 법인 구성원 개인의 범죄로 환원할 수 있겠지만, 반드시 그런 것은 아니고, 경우에 따라서는 법인의 (집단적)조직적 구조 자체에 의한 범죄로 보는 것이 옳은 경우도 있다는 뜻이다.

26) 이 경우 형법적으로 조직과실(Organisationsfahrlässigkeit) 또는 감독과실(Aufsichtsfahrlässigkeit)을 인정할 수 있을 것이다. 조직과실 및 감독과실의 이론적 구성에 관한 최근의 연구문헌으로는 이다 마코토, 일본형법에서의 조직과실과 감독

조직 내부의 복잡한 협상 과정에 주도적으로 영향력을 행사했던 자가 있다면 바로 그 개인이 책임을 질 수 있다. 이를테면 어느 회사의 임원이 자신이 속한 정당에 불법정치자금을 제공하기 위해 회사 내부의 정치자금 제공여부에 관한 의사결정절차에 강한 압력을 행사했다면 바로 그 임원이 형사책임을 져야 할 것이다.[27]

차이점이 있다면, 낭만주의모델의 경우 집단이 책임을 지기 위해서는 그 전제로서 자연인 행위자 개인의 유책한 범법행위가 존재해야 한다. 즉 이슬람 테러리스트의 항공기납치 자살테러나 아돌프 아이히만의 대량학살 행위 등처럼 유책한 개인의 행위가 있어야만 집단책임을 논할 수 있다.[28] 반면에 조직모델에 의하면 유책한 행위자를 찾아 낼 수 없더라도 회사법인의 책임은 인정할 수 있다. 즉 전자는 자연인 행위자의 책임이 전제되어야만 하는 반면, 후자는 그러한 개인적 책임을 물을 수 없는 경우도 법인의 책임을 인정할 수 있고, 이는 법인의 범죄능력을 논단함에 있어 매우 중요한 차이점이다. 전통적으로 영국과 미국은 동일시원리와 대위책임원칙에 의해서 각각 법인의 형사책임을 인정해 왔다. 어떤 경우이든 자연인의 행위책임을 전제로 하는 바, 동일시원리에 대해서는 현대의 거대한 기업조직에 있어서는 관리직 임원이 일상적인 기업의 의사결정을 내리는 데 하는 역할이 전혀 없거나 매우 적기 때문에 대부분의 경우 책임을 인정하지 못하게 된다는 비판이 제기되었고,[29] 또한 대위책임론에 대해서도 현대기업의 복잡하고 분권화된 조직구조 때문에 유책한 종업원을 찾아내는 것이 거의 불가능한 경우가 많다는 비판이 지속적으로 제기되어 왔다.[30] 낭만주의모델은 유책한 집

과실, 청주법학 제32권 제1호, 2010, 12면 이하 참조.

27) 이에 대한 적확한 지적으로는 Brent Fisse & John Braithwaite, Corporations, Crimes and Accountability (Cambridge University Press, 1993), 102-103면 참조.

28) 단, 2002년 아더앤더슨에 대한 유죄평결과정에서 살펴본 바와 같이, 그 유책한 행위자가 누구인지 특정될 필요는 없다.

29) K. Brickey, Rethinking Corporate Liability Under the Model Penal Code, *19 RUTGERS L.J. 593* (1988), 626면.

30) 대표적으로 Martin J. Weinstein & Patricia Bennett Ball, Criminal Law's Greatest Mystery Thriller: Corporate Guilt through Collective Knowledge, *29 New Eng.*

단구성원이 특정될 필요는 없다는 점에서 동일시원리나 대위책임원칙
과는 다르지만, 어쨌든 자연인 구성원의 책임을 전제로 한다는 점에서
양자와 유사한 측면이 있다. 이 점에 비추어 보면, 낭만주의모델보다는
조직모델이 고도로 지능화되어 가는 현대 기업범죄에 적극적으로 대처
하는데 있어 보다 유용할 것임을 짐작케 해준다. 즉 조직모델에 의해
법인의 형사책임을 유책한 종업원을 찾아낼 수 없는 경우까지 확장시
킬 수 있다는 것은, 현대사회에 보다 적합한 법인책임의 범위를 가늠함
에 있어서 시사하는 바가 크다고 할 것이다.

V. 맺음말

법인의 범죄능력 긍정여부는 분명 법인 처벌의 필요성이라는 형사
정책적 목적과 긴밀히 연관된 문제이다. 이 점은 특히 최근 몇 년 사이
에 전 세계적으로 불어닥친 세계 금융위기 직후 기업에 대한 형사적 규
제의 목소리가 비등하고 있는 것을 보면 더욱 그러하다. 하지만 처벌의
필요성이 있다고 하여 본질론적 논의를 도외시한 채 법인에 대한 형사
책임을 인정하려는 시도는 그만큼 정당성이 결여될 수밖에 없고 또한
설득력이 없다. 이를테면 법인의 범죄능력은 인정할 수 없지만 현행법
이 양벌규정을 두고 있기 때문에 그러한 한에서 해석론 상 법인의 범죄
능력이 긍정되어야 하고 처벌이 불가피하다는 식의 부분적 긍정설은
별로 설득력이 없다. 이러한 논변은 마치 법인의 범죄능력 부정설이 형
사미성년자나 정신병자에게는 행위능력이 있다고 하면서도 법인에게는
그러한 능력을 인정할 수 없다고 주장하는 것만큼 매우 불합리한 견해
이다. 도대체 법인에게 정신병자만큼의 행위능력도 없다고 볼 수 있는
근거는 무엇인가? 범죄능력이 없는데 형사책임을 인정하는 태도는 형
법상 책임주의에 명백히 반한다. 이에 본고에서는 법인의 범죄능력이

L. Rev. 651 (1994), 65-66면.

긍정될 수 있음을 낭만주의모델과 조직모델을 통해 논증해 보았고, 비록 일정한 이론적 한계는 있지만 법인에 대해서도 윤리적 책임비난이 가능하고, 자연인의 의사와는 다른 법인 고유의 의사와 행위를 관념할 수 있음을 입론하였다.[31)]

---

31) 물론 이상의 논의와 결론은 궁극적으로 형법전 또는 특별법전에 법인의 형사책임이 명문화되어야 더 큰 의미를 가질 수 있을 것이다.

Realistic Epilogue

미하엘 슈마허가 긴장된 눈으로 도로 끝의 무언가를 응시하고 있다. 심호흡을 하듯 잠시 눈을 지그시 감는다. 이내 경기용 수트 지퍼를 올리고 차에 오른 슈마허는 버튼 식 차키를 누른다. 굉음과 함께 붉은 색의 날렵한 스타일의 스포츠카 한 대가 도로 끝의 터널을 향해 질주한다. 터널 안에서 대기하고 있는 긴급구조반원들의 긴장된 모습이 역력하다. 무언가 심상치 않은 일이 벌어질 것이 틀림없다.

애초에 터널 안으로 들어선 차는 매우 빠른 속도로 터널 옆면을 타고 올라 터널 천정을 한 바퀴 돌아서 내려오게 되어 있었다.

가정 1) 그런데 여기서 한 가지 문제가 발생했다. 광고 동영상을 찍기 위해 투입된 차량에 기계적 결함이 있었던 것이다. 차는 슈마허가 의도한 대로 움직이지 않았다. 터널 진입 시 급작스런 고속 주행을 하자 핸들과 브레이크의 작동이 동시에 고장나 버린 것이다. 불행하게도 차는 대기하고 있던 긴급구조반원들을 향해 질주했고, 결국 2명을 치어 사망에 이르게 했으며, 슈마허 역시 터널 안에서 차량이 전복돼 사망하고 말았다. 조사 결과 촬영전 차량점검은 완벽했고, 차량 제조 과정에서의 하자도 전혀 없었던 것으로 밝혀졌다.

가정 2) 차량에는 문제가 없었다. 그러나 만일의 사태에 대비해 슈마허 대신 슈마허와 똑같은 외관을 갖춘 정교한 운전로봇이 운전을 하도록 되어 있으나, 그 로봇이 오작동을 일으킨 것이다. 가정 1)과 똑같은 결과가 발생하였다. 슈마허 로봇에 대한 사전 점검과 제조 과정상의 문제점은 전혀 없었던 것으로 밝혀졌다.

가정 3) 기계적 결함은 전혀 없었다. 슈마허는 최상의 컨디션으로 최고의 역량을 발휘해 터널 안으로 막 진입한 순간이었다. 그런데 난데없이 박쥐 떼가 터널 안으로 들이닥쳤다. 그 누구도 예견할 수 없었던 일이었고, 결국 가정 1)과 똑같은 결과가 발생하였다.

가정 4) 촬영 과정에서 기계적 결함도 난데없는 불운도 발생하지 않았다. 그런데 이번에는 포르쉐 인수를 놓고 다임러 사와 경쟁하던 폭스바겐그룹 측에서 동영상 촬영을 위해 투입된 긴급구조반원 중 한 명을 매수해, 차량이 터널 벽면을 타고 오를 수 있도록 정교하게 설치한 오름판의 각도를 몰래 약간 틀어놓도록 만드는 일이 발생했다. 슈마허가 탄 벤츠는 터널 벽면을 들이받고 천정에 오르지 못한 채 전복되어 폭발하였다. 그 매수된 자는 체포되었지만, 결국 그에게 차량 오름판 각도를 바꾸도록 교사한 장본인이 누구인지는 밝혀지지 않았다.

가정 5) 어느 행성에서 온 고도의 지적 능력을 지닌 외계인이 신형 벤츠의 광고 동영상 촬영장면을 지켜보고 있었다. 그러다가 갑자기 호기심을 느낀 그 외계인은 최첨단 기술력으로 슈마허가 탄 차가 터널에 들어서기 직전에 그를 운전석 밖으로 밀쳐내고 운전석에 앉는다. 지능은 훨씬 앞서지만 지구인에 대한 이해와 교감능력이 없는 그 외계인은 터널 안에서 대기하고 있던 긴급구조반원들을 재미삼아 차로 치어 숨지게 한다. 외계인에게 인간은 일종의 사냥감에 불과한 것이었다.

이상 위 다섯 개의 가상 사례에서 터널 안의 사고에 대해 책임을 질 만한 주체는 차례로 기계, 로봇, 박쥐, 폭스바겐그룹(논의 편의상 매수된 긴급구조반원은 제외하기로 한다), 외계인이다. 자, 이 중에서 형사책임을 질 수 있는 행위주체는 과연 누구인가? 상식적으로 우리는 기계와 동물에게 형사책임을 물을 수 없다. 그러면 로봇은 어떠한가? 외견상 슈마허와 놀라울 정도로 유사하고 인간과 일정한 대화도 나눌 수 있으며, F1의 살아있는 전설인 슈마허에 필적할 수준의 운전능력을 갖춘

로봇이 오작동하여 사망의 결과를 초래한 경우, 과연 그 로봇에게 형사
책임을 지울 수 있을까? 대답은 부정적이다. 왜냐하면 로봇은 프로그램
된 대로만 작동할 뿐 어떠한 자의식도 반성적 사고능력도 없기 때문이
다.[32) 따라서 아무리 로봇 기술이 발달한다 하더라도 로봇에게 일정한
지능은 관념할 수 있을지 모르나, 로봇은 결코 죄와 벌의 의미를 이해
할 수 없을 것이다. 크리스찬 베일 주연의 영화 '터미네이터 IV'를 보게
되면 21세기 초 군사방위프로그램으로 제작된 네트워크 '스카이넷'에게
자의식(self-awareness)이 생겨나 인간이 자기를 파괴할 것으로 예상하고
인간에 대한 핵공격을 감행하게 된다는 내용을 소재로 하고 있다. 흥미
로운 점은 컴퓨터에게 '자의식'이 생길 수 있다는 가정이다. 자의식은
인간의 의식이 다른 동물의 의식수준과 차별화되는 중요한 지표이고,[33)
그런 점에서 만일 컴퓨터가 자의식을 가질 수 있다면 인간에 한층 더
가까운 상태에 도달할 수 있다는 중요한 전환점이 될 것이다. 컴퓨터의
성능이 18개월마다[34) 두 배씩 향상된다는 무어의 법칙이 계속 유효하
다면 앞으로 수십 년 내에 개나 고양이 수준의 지능을 가진 로봇이 탄
생할 것이고, 기술이 발달을 거듭하면 인간과 같은 감정과 의식을 지닌
로봇도 불가능하지 않다는 견해도 있다.[35) 즉, 인간과 교감이 가능하고

---

32) 알바노에(Alva Noë)/김미선 역, 뇌과학의 함정(Out of Our Heads) (갤리온, 2009),
   34면과 239-251면 참조. 쉬운 예로 우리는 시계를 보며 시간정보를 얻지만, 시계
   는 지금이 몇 시인지 모른다. 마찬가지로 컴퓨터도 우리가 그 컴퓨터를 이용해
   수행하는 작업을 이해하지 못한다. 컴퓨터를 써서 생각을 하는 것은 바로 우리다.
   컴퓨터는 생각을 하지 못한다. 도구적 기계에 불과한 것이다. 이 점에 대해서는
   앞의 책, 243-244면 참조.
33) 이해하기 쉬운 예로서 대부분의 동물은 거울 속에서 낯선 개체를 본다. 어린 아
   이는 생후 18개월 정도가 되어야 거울 속의 상이 자신이라는 사실을 인식하게
   된다. 자의식 유무를 테스트할 수 있는 이 방법은 찰스 다윈이 고안한 것이다.
   이에 대해서는 마이어스(David G. Myers)/신현정·김비아 역, 심리학(Psychology)
   (시그마프레스, 2008), 200면 참조. 인간만이 자신의 존재를 자각할 수 있다. 물
   론 침팬지에게도 어느 정도의 자의식은 있다.
34) 이 주기는 1년에서 2년으로 늘었다가 18개월로 조정되었다.
35) 이러한 견해의 대표자로는 미치오 카쿠(Michio Kaku)/박병철 역, 불가능은 없다

인간사회에 적응할 수 있으며, 스스로를 자각해 터미네이터처럼 인간을 공격할 수도 있는 로봇이 탄생할 수도 있다는 것이다.[36] 만일 그러한 로봇이 가능하다고 치자. 위 사례에서 이번에는 인간과 유사한 지능과 감정과 (자)의식을 가진 로봇이 '고의적으로' 터널 안에서 사고를 냈다고 가정해 보자. 그렇다면 이 경우에는 그 로봇에 대한 형사처벌이 가능한 것일까? 이쯤 되면 쉽게 답하기 어려워진다.

형법이론적으로 형벌의 부과대상이 될 수 있는지 여부에 대한 검토, 즉 가벌성 심사는 일반적으로 다음과 같은 순서로 진행된다. 우선 행위론(Handlungslehre) 단계에서 형법적으로 의미 있는 행위와 그렇지 못한 행위를 구분해 내는 작업을 한다. 이를 통해 인간이 아닌 동물 또는 단순한 우연에 의한 행위는 가벌성 심사의 대상에서 제외된다. 이 경우 형법적으로 의미 있는 행위를 할 수 있는 지위나 자격이 인정되면 행위능력이 있다고 한다. 행위능력이 인정되면 그 다음에는 범죄체계론 단계에서 구성요건상 행위주체가 될 수 있는지 여부를 심사한다. 형법상 구성요건에 설정된 위법행위의 주체가 될 수 있는 능력을 범죄능력이라고 한다. 위 질문은 바꿔 말하면 로봇에게도 범죄능력을 인정할 수 있느냐는 것이다. 가벌성 심사절차에 의하면 범죄능력이 인정되기 위해서는 우선 행위능력을 인정할 수 있어야 한다. 행위론의 주요 학설을 일별해 보면, 인과적 행위론은 행위를 "의사(정신작용)에서 비롯된 외부적 변화로서의 신체적 거동"으로 본다. 목적적 행위론은 행위를 "행위자가 일정한 목적을 갖고, 자신이 지닌 인과지식(因果知

(Physics of the Impossible) (김영사, 2008), 194-205면. 역시 동지의 레이 커즈와일(Ray Kurzweil)/김명남·장시형 역, 특이점이 온다(The Singularity is Near) (김영사, 2010), 511-530면 참조. 이와 관련해 독일어권의 저명한 법철학자인 아르투어 카우프만은 컴퓨터 기술이 발달을 거듭하면 양자택일적인 이분법적 판단 외에 '유추'나 '불확정적 개념' '유형' 등을 이해할 수 있는 다원적인 사고까지 할 수 있을 것이라고 조심스럽게 전망하고 있는 점은 매우 흥미롭다. 아르투어 카우프만(Arthur Kaufmann)/김영환 역, 법철학(Rechtsphilosophie) (나남, 2007), 625-626면.

36) 반면 로봇이 인간을 공격해 얻을 수 있는 이익도, 공격할 이유도 없으며, 인간에 대한 공격을 감행하려는 악의도 컴퓨터 내에서 자동적으로 발생하는 것이 아니라 결국 인간에 의해 외부로부터 프로그램 되어야만 가능하다는 견해로는 스티븐 핑커(Steven Pinker)/김한영 역, 마음은 어떻게 작동하는가(How the Mind Works) (동녘 사이언스, 2007), 40면 참조.

識)을 바탕으로 목적달성에 적합한 수단을 선택하여 적절한 시기에 신체거동을 통해 선택된 수단을 투입하는 목적적 조종활동”으로 보며, 사회적 행위론에서는 행위를 “사회적으로 중요하고 유의미한 행태”로 규정한다. 인격적 행위론은 행위를 “자아의 통제를 받는 인격의 발현”으로 보며, 인격을 인간의 정신적 자기의식 (自己意識)과 자기처분(自己處分)의 능력”으로 이해하는 학설이다.37) 그렇다면 이상 네 가지 학설은 각각 인간과 유사한 수준의 지능, 감정, 의식을 지닌 로봇의 행위를 과연 어떻게 볼 것인가? 우선 인격적 행위론은 로봇의 행위도 동물의 행위와 마찬가지로 유의미한 행위로 보지 않을 것이다. 이 학설이 전제하고 있는 행위는 어디까지나 ‘자아의 통제 하에 있는 인격’과 관련된 행위, 즉 인간의 행위로 국한되기 때문이다.38) 반면에 논자에 따라 차이는 있겠지만, 나머지 세 학설의 입장은 불분명해 보인다. 인간과 유사한 로봇도 의식적 판단에 따라 ‘인과적’이고 ‘목적적’이며 ‘사회적으로 유의미한’ 행위를 하는 것으로 볼 수 있기 때문이다. 애당초 모든 학설이 ‘인간’의 행위만을 전제로 한 것이 아니라면 말이다. 바로 이 점에서 형법상 행위론은 형법적으로 행위의 주체가 될 수 있는 범위가 어디까지 인가라는 질문에 대해서는 다소 무기력한 이론임을 알 수 있다. 이는 범죄의 주체가 될 수 있는 범위에 대해서도 마찬가지다. 범죄능력을 행위능력과, 책임능력, 수형능력(형벌능력)과 맞물려 있는 개념으로 볼 때, 일단 행위능력 유무가 해결되지 않은 이상 ‘로봇’의 범죄능력 유무를 논정하기 어렵다. 이 점은 책임능력 유무만 가지고 판단해 보더라도 마찬가지다. 인간과 유사한 로봇은 분명 어느 정도 시비를 변별할 수 있고, 행위를 통제하는 것처럼 보일 수 있을 것이다. 따라서 책임능력 유무에 대해서도 명확한 경계선을 긋기가 힘들다. 이러한 문제는 단순한 동물이 아니라 행위자가 인간과 유사한 측면을 많이 공유하고 있는 존재인 경우 필연적으로 발생하게 된다. 예컨대 가상의 외계인이나 법인(法人)이 또한 그러한 존재이다. 그러므로 이러한 경우에 형사처벌의 대상이 될 수 있는 범위를 보다 명확하게 결정할 수 있는 이론적 도구가 필요하다고 보며, 이하에서 나는 PART I에서 논급한 바 있는 ‘삶의 형식’이란 개념을 그 대안으로 제시해 보고자 한다.39)

---

37) 이상의 설명으로는 신동운, 형법총론, 2009, 81-113면; 배종대, 형법총론, 2008, 162-216면; 이재상, 형법총론, 2009, 74-96면 참조.

38) 단, 인격적 행위론에서도 ‘인격’의 개념을 어떻게 정의하느냐에 따라 다른 결론에 도달할 수도 있을 것이다.

39) 크립키는 어린 아이가 한정된 양의 문장을 학습하고도 새로운 상황에서 다양한 새 문장을 만들어내도록 인도하는 ‘고도로 (인간이라는) 종에 특수한 제약조건 (highly species-specific constraints)’도 삶의 형식으로 보았다. 종 특수적 제약조건은 원래 촘스키가 사용한 용어인데 촘스키는 크립키가 이 제약조건을 삶의 형식으로 본 것에 대해 이는 확장된 의미의(extended sense) 삶의 형식이라고 규

물론 긍정적인 견해도 있을 것이다. 하지만 로봇의 감정이나 의식과 인간의 그것 간에는 간과해서는 안 될 중요한 차이점이 있다. 그것은 바로 로봇과 인간이 동일한 삶의 형식(Lebensform)[40]을 공유하지 않는 다는 사실에서 기인하는 것들이다. 인간은 태어나면서 한 가족의 일원 이 되고, 또 자라면서 주변환경과 다양한 상호작용을 거치며 수많은 다 양한 공동체들, 넓게는 한 국가와 민족의 구성원이 된다. 이와 같이 인 간은 누구나 그가 속한 크고 작은 공동체의 문화와 관습을 통해 사회화 되는 과정을 거친다. 그러면서 인간의 삶에 필요한 감정과 의식이 자연 스럽게 스며들게 되는 것이다. 이러한 감정과 의식 중에는 정체성과 관 련된 것들이 많다. 자신의 부모가 누구이며, 어떠한 가정에서 자라났는 지, 나의 성별은 무엇이며, 가정과 학교와 직장에서 나의 역할은 무엇이

정한다(PART I-제2장 참조). 비슷한 맥락에서 나는 인간이라는 종에 특수한 규 범적 제약조건, 다시 말해 인간에 대해서 형사처벌이 유의미한 것으로 만들어 주 는, 사회문화적·생물학적으로 구조화되어있는, 우리 종에 특수한 공통된 배경을 '확장된 의미의 삶의 형식'으로 보고자 한다. 비트겐슈타인적 의미의 삶의 형식 을 '본래적 또는 일차적' 삶의 형식이라고 볼 수 있다면, 필자가 제안한 개념은 '확장된 또는 이차적' 삶의 형식이라고 명명할 수 있을 것이다. 개념논리적으로 볼 때, 확장된 의미의 삶의 형식이 불일치하면, 자연히 본래적 의미의 삶의 형식 도 불일치하게 되지만, 본래적 의미의 삶의 형식이 불일치한다고 확장된 의미의 삶의 형식도 반드시 불일치하게 되는 것은 아니다. 예컨대 PART III에서 다룰 사이코패스는 우리와 본래적 의미의 삶의 형식은 불일치할 수 있지만, 그렇다고 그들이 우리와 확장된 의미의 삶의 형식도 다른 것은 아니다. 그들도 역시 사회 문화적·생물학적으로 우리와 똑같이 구조화된 공통된 배경 하에 놓여 있다.

40) 삶의 형식에 대해서는 본서 PART I-제2장의 각주 128)과 129)를 참조할 것. 일반 적으로 삶의 형식은 공동체 구성원들 사이의 행동과 반응으로 구성되며, 삶의 형 식이 일치한다는 것은 행동과 반응이 일치한다는 것을 의미한다. 만일 삶의 형식 이 불일치한다면 우리는 상호 의사소통을 할 수 없을 것이고, 상대방의 행동과 감정을 이해하고 공감하며 예측할 수 없을 것이다. 비트겐슈타인에 의하면 우리 가 동일한 방식으로 덧셈규칙을 따르고 빨강이란 단어를 동일한 대상에 사용할 수 있는 것은 바로 삶의 형식이 일치하기 때문이다. 바둑과 장기 체스게임을 할 수 있는 것도 마찬가지다. 고통스러워하는 타인을 보면 동정심을 갖고 도우려 하 는 것도 그러하다.

었는지 등을 비롯해 자신이 믿는 종교, 다니는 대학, 태어나면서부터 속한 국가와 민족의 특성과 역사를 깨달으며 한 개인을 넘어 소속감과 함께 공동의 정체성을 형성하게 된다. 그리고 이렇게 형성된 정체성은 한 개인의 감정과 의식을 좌지우지하는 행위규범을 창출하는 기능을 한다.[41] 그런데 로봇에게는 이러한 인간화의 과정을 전혀 관념할 수 없다. 인간이 된다는 것은 출생 이후 평생에 걸쳐 각양각색의 공동체에 소속됨으로써 정체성에 기반한 의식과 감정을 키워가는 것이기도 한데, 로봇에게는 이러한 과정이 없기 때문이다. 자의식이 생긴 로봇이 인간을 공격한다면, 이는 인간과 로봇의 감정과 의식이 다를 수밖에 없는 단적인 증거가 된다. 인간은 자신을 낳아 주신 부모와 자신을 창조한 신을 믿고 경배하고 따르려고 하는 경향이 강한데, 만일 로봇이 자의식이 생겨나면서 자신의 보호를 위해 부모나 창조주와 같은 지위에 있는 인간을 공격한다면 그 이유는 인간과 동일한 삶의 형식을 공유하고 있지 못하기 때문이라고 볼 수 있다. 삶의 형식에 있어서 이처럼 로봇과 인간이 근본적으로 다를 수밖에 없는 가장 큰 이유 중 하나는 삶의 가장 기초적인 토대가 되는 시각경험부터 매우 다르기 때문일 것이다. 로봇은 인간과 동일한 시각경험을 할 수 없다. 로봇이 사물을 식별할 수 있다 하더라도 이는 인간의 눈과는 판이한 메커니즘을 통해서 가능하다.[42] 시각경험이 다르면 동일한 대상을 보더라도 상이한 감정을 불러

---

41) 조지 애커로프·레이첼 크랜턴(George A. Akerlof & Rachel E. Kranton)/안기순 역, 아이덴티티 경제학(Identity Economics) (랜덤하우스, 2010), 52-53면과 86면 참조. 개인이 어떤 집단에 소속하여 그 집단과 동일시하게 되면 개인정체성은 약해지고 새로운 정체성, 즉 집단의 한 구성원으로 자신을 정의하게 되는 집단(사회)정체성이 강해진다. 이러한 집단(사회)정체성은 자기개념의 일부가 되며, 이를 갖게 되면 자신을 남과 구별되는 개인으로 지각하기보다는 한 집단의 구성원이라는 인식이 앞선다. 그리고 개인은 집단규범의 영향을 크게 받게 된다. 이 점에 대해서는 한덕웅 외7인 공저, 사회심리학 (학지사, 2005), 298-299면 참조.

42) 스티븐 핑커(Steven Pinker)/김한영 역, 앞의 책, 22-30면 참조. 예컨대 로봇의 눈에 비친 사물은 가로로 "225, 221, 216, 219, 214, 207, 218, 219, 220, 207, 155, 136, 135", 세로로 "225, 213, 206, 211, 211, 221, 220, 221, 214"처럼 사물의

일으키게 될 것이다. 그렇다면 시각경험이 다른 존재가 대체 어떻게 우리와 동일한 감정과 의식을 키울 수 있으며, 정서적 교감을 나누고 소속감과 정체성을 형성할 수 있겠는가? 마찬가지로 우리와 같은 육체적, 정신적인 고통과 쾌감을 느낄 수 없는 로봇이 어떻게 상해와 폭행, 체포와 감금, 협박과 강요, 간통과 강간의 의미를 이해할 수 있겠는가?[43] 같은 이유로 이들은 형벌의 의미도 이해할 수 없다. 설령 이들이 인간과 비슷한 경험을 이야기하고 일부 대화가 가능하며, 명령과 부탁 등의 기본적인 수준의 의사소통이 가능하다고 하더라도 그것은 최초에 프로그램으로서 주입된 것들의 확장 및 응용에 불과할 것이고, 인간과 동일한 감각경험에 기초해 인간의 삶과 맞물려 어우러질 수 없는 이상, 그들의 정신적 삶은 인간의 그것과 다를 수밖에 없다는 점을 직시해야 한다. 나는 이처럼 사회문화적·생물학적으로 구조화되어, 우리를 일정한 규범적 관행에 묶어 놓는 인간에 특수한 제약조건을 '확장된 의미의 삶의 형식'이라 부르고 싶다.[44]

형태를 따라서 무수히 많은 숫자들의 조합으로 보인다. 각각의 수는 로봇의 시야를 구성하는 수백만 개의 작은 조각들의 밝기를 나타낸다.

43) 물론 어쩌면 이들은 '살인'과 '상해'의 의미는 이해할 수 있을지 모른다. 로봇도 기계적 손상을 피하도록 프로그램되어 있을 것이기 때문이다. 단, 그렇다고 해도 로봇은 결코 살인이나 상해가 금지되는 이유, 다시 말해 인간의 존엄성이나 생명의 절대성, 신체의 완전성이나 생리적 기능장애를 이해할 수 없다. 왜냐하면 우리와 다른 삶의 형식에 속해 있기 때문이다.

44) 약간의 추가설명을 하자면, 여기서 '사회문화적·생물학적'이란 개념표지를 사용하고 있지만, 그것이 반드시 인간과 동일한 사회문화적 성장배경과 생물학적 신체조건을 갖추고 있어야 함을 뜻하지는 않는다. 만일 그런 뜻이라면 결국 인간만이 형사처벌의 대상이 될 수 있다고 선언하는 동어반복에 불과할 것이기 때문이다. "사회문화적·생물학적으로 구조화되어 있다"는 것은 우리와 동일한 감정과 의식을 갖고, 동일한 행동과 반응을 보일 수 있는 한 조건에 불과하다. 그러므로 우리와 인격적 상호작용을 할 수 있는 조건을 갖추고 있다면, 특별히 우리와 동일한 사회문화적 배경과 생물학적 신체조건을 갖고 있지 않더라도 형사처벌의 대상이 될 수 있는 것이다. 예를 들어 복제인간이나 쌍둥이 지구인(twin earthling)이 그러한 후보가 될 수 있을 것이다. 더 나아가 어떤 단체나 기관, 그리고 법인 등의 집단적 실체도 우리와 인격적 상호작용을 할 수 있는 조건을 갖추고 있다면 역시

요컨대 로봇은 인간처럼 다양한 감각경험을 통해 감상하고, 깨닫고, 익히고, 반성하고, 사랑하고, 증오하고, 시기하고, 질투하며, 복수하고, 참회하고, 명상하고, 기억하고, 열망하고, 경계하는 등의 일련의 정신적 삶을 영위할 수 없다. 설령 일정한 정신적 활동을 로봇이 할 수 있다고 하더라도 그것은 인간과 동일한 경험에서 비롯된 것들이 아니다. 그렇기 때문에 이들은 우리와 다른 태도를 보일 수 있다. 비극적 상황에서 웃을 수도 있고, 보복감정이 일어나야 할 상황에서도, 태연할 수도 있으며, 사랑과 연민을 느껴야 할 상황에서 공격을 감행할 수도 있을 것이다. 한 마디로 자의식을 가진 로봇이라도 인간과 동일한 삶의 형식을 공유할 수 없다는 뜻이다. 삶의 형식에 있어서 중대한 불일치가 발생한다.[45]

삶의 형식에 중대한 불일치가 존재한다는 사실은 형법적으로 어떠한 의미를 갖는가? 로봇이 인간의 삶에서 죄와 벌의 의미를 이해할 수 없다면, 외견상 범죄를 저지른 경우라도 로봇을 형사처벌할 수는 없다. 기계나 동물을 형사처벌하는 것이 무의미한 것과 같은 이치다.[46] 물론

우리와 동일한 특수한 규범적 제약조건 하에 있는 것이고, 따라서 형사처벌의 대상이 될 수 있다고 본다. 요컨대 '확장된 의미의 삶의 형식'은 우리와 '인격적 상호작용을 할 수 있는 조건'으로 볼 수 있다. 인간복제의 가능성을 긍정하면서 복제인간을 둘러싼 법적, 생명윤리적 쟁점을 소개로는 글로는 아르투어 카우프만(Arthur Kaufmann)/김영환 역, 앞의 책, 662-671면. 쌍둥이 지구인과의 의사소통이 불가능하지 않음을 논증하고 있는 논문으로는 Heimir Geirsson, Moral Twin-Earth and Semantic Moral Realism, *62 Erkenntnis 353* (2005), 359-361면; 본서 PART I-제5장의 각주 42) 참조.

45) '확장된 의미의 삶의 형식'뿐만 아니라 '본래적 의미의 삶의 형식'에서도 불일치가 발생한다.

46) 만일 형법상 행위론이 전적으로 인간(자연인)의 행위만을 전제로 한 이론(이러한 입장으로는 이재상, 앞의 책, 96면과 배종대, 앞의 책, 163면)이 아니라면, 기계나 동물이 가벌성 심사에서 탈락하는 최초의 단계는 행위론 단계이겠지만, 인간과 유사한 로봇이 탈락하는 단계는 행위론보다는 더 이후 단계이다. 왜냐하면 일단 로봇도 인간처럼 형법적으로 유의미한 행위를 할 수 있는 자격이 있는 듯 보이지만, 그럼에도 불구하고 삶의 형식의 불일치로 인해 탈락될 수밖에 없다고 판단을

로봇이 자의식을 가질 수 있다면 그들만의 소속감과 정체성도 가질 수 있을 것이고, 그들 나름의 규범과 제재방식도 존재할 수도 있을 것이다.47) 하지만 인간사회의 삶의 형식과 근본적으로 다른 삶의 형식에 속해 있는 로봇을 형벌로 규제할 수 없음은 자명하다. 아마도 로봇특별법48)이나 기타 방식을 통해 그들에게 위하력을 가질 수 있는 제재수단으로 규율해야 할 것이다.

내리고 있는 것이기 때문이다. 단, 그렇다고 해서 그 탈락 단계가 범죄체계론상의 책임단계인 것도 아니다. 범죄와 형벌의 의미를 이해할 수 없기 때문에 비난가능성이 없어 책임이 조각된다는 논리구조를 취하고 있는 듯 보이나, 형법상 책임은 단지 행위자의 책임(능력) 존부를 문제삼는 것임에 비해, 삶의 형식의 일치 여부는 바로 그 행위자가 책임(능력)을 관념할 수 있는 존재인지 여부를 문제삼고 있는 것이기 때문이다. 다시 말해 형법상 책임판단은 일단 행위자가 우리와 동일한 삶의 형식에 속해 있음을 전제하면서, 그 속에서 비난가능성이 있는지를 묻는 것인데 반해, 삶의 형식의 일치여부에 대한 판단은 행위자가 우리와 동일한 삶의 형식에 속하는 존재인지를, 즉 보다 근원적인 문제에 답하려는 것이다. 그렇기 때문에 로봇에게 어느 정도의 책임(능력)이 있어 보여도 삶의 형식의 불일치를 근거로 가벌성을 탈락시킬 수 있고, 더 나아가 우리와 다른 삶의 형식에 속한 존재에 대해서 그들 고유의 (형사)제재를 관념할 여지도 생기게 된다. 한편 만일 행위론이 전적으로 '지구의' 인간(자연인)의 행위만을 전제로 하는 이론이라면, 로봇은 물론 쌍둥이 지구의 인간들도 - 의미실재론에 따르면 - 행위론 단계에서 가벌성이 탈락할 것이다. 후술하는 외계 고등생명체와 법인도 마찬가지일 것이다.

47) 예컨대 삼성과 현대 또는 LG와 MS에서 제조한 로봇들 간, 또는 로봇을 소유한 주인의 사회적 지위에 따라 각기 다른 소속감과 정체성이 형성될 수 있을 것이며, 로봇 사회의 행위규범에 따르면, 다른 로봇의 평화로운 에너지 공급을 고의적으로 방해한 경우, 소속 제조공장으로 보내져 치료 프로그램을 강제적으로 주입받도록 하는 조치에 취해질 수 있을 것이다.

48) 우리나라는 지능형 로봇 개발 및 보급 촉진법[법률 제10221호]을 제정, 2011년 1월 1일부터 시행하고 있다. 동법 제2조 1항의 정의에 따르면 지능형 로봇이란 "외부환경을 스스로 인식하고 상황을 판단하여 자율적으로 동작하는 기계장치"를 말한다. 또 동조 2항에 따르면 지능형 로봇윤리헌장이란 "지능형 로봇의 기능과 지능이 발전함에 따라 발생할 수 있는 사회질서의 파괴 등 각종 폐해를 방지하여 지능형 로봇이 인간의 삶의 질 향상에 이바지 할 수 있도록 지능형 로봇의 개발·제조 및 사용에 관계하는 자에 대한 행동지침을 정한 것"을 말한다.

　　이상 로봇에 대해 다소 공상에 가까운 가정까지 검토해 가며 장황하게 살펴보았다. 이번에는 외계인의 경우를 보자. 우리에게 낯익은 '프레데터(Predators)'란 영화가 있다. 우리보다 훨씬 앞선 과학기술을 가진 이 약탈자 외계인은 인간을 사냥감 취급한다. 지능은 좀 더 뛰어나지만 인간적 감정을 보유하고 있지 못하다. 물론 전략적인 차원에서 인간과 협력해 공동의 적 '에일리언'에 대응하기도 한다. 하지만 이것은 어디까지나 도구적 차원의 결정이다. 인간을 이해해서가 아니다. 영화상의 설정으로는 이들에게도 일정한 감정은 있다. 전사로서의 명예심도 있고, 죽은 동료에 대한 장례의식도 존재한다. 또 자신의 종족을 도운 인간에 대한 정중한 예우도 할 줄 안다. 아마도 외계인과의 화해의 가능성을 암시하는 듯하다. 어쨌든 여기서 중요한 것은 인간을 하등생물 취급하는 적대적인 성향의 외계인 있다면 이를 어떻게 처우할 것이냐의 문제이다.

　　대부분의 공상과학 영화가 그러하듯이 이들의 외형은 우리와 사뭇 다르다. 또한 시각경험도 우리와 다르다. 아마도 오랜 세월 서로 상이한 진화의 과정을 거듭해 왔기 때문일 것이다. 따라서 이들도 자의식을 갖춘 로봇처럼 삶의 형식이 우리와 근본적으로 다를 것이다. 이처럼 지능과 문명은 더 발달했지만, 인간에 대한 공감능력이 결여된 외계 생명체가 만일 재미삼아 살인을 저질렀다면, 형사처벌이 가능한 것일까? 로봇과 마찬가지로 그 대답은 부정적이다. 인간사회의 범죄와 형벌의 의미를 이해할 수 없는 이상, 이들에 대한 형사처벌은 무의미하다. 물론 이들이 진정 지능이 우리보다 뛰어나다면 우리의 삶의 형식을 적어도 두뇌로는 이해할 수 있을 것이다. 우리가 원시부족의 생활을 이해할 수 있듯이 말이다. 다만 우리가 그들의 '약탈적인' 삶의 형식을 공감할 수 없듯이, 이 외계 생명체들 역시 우리의 그것을 진정으로 공감하고 이해할 수 없을 것이다. 비트겐슈타인의 유명한 말처럼 "만일 사자가 말을 할 수 있다 하더라도 우리는 그 말을 이해하지 못할 것이기" 때문이다!49)

　　자의식을 가진 로봇과 외계 고등 생명체, 둘 다 모두 허황된 공상적

소재로 치부할 수도 있지만, 이들에 대한 고찰은 우리가 법인을 이해하는데 있어서 매우 유용한 시사점을 제공해 준다. 일종의 사고실험(thought experiment)이라고 보면 된다. 그래도 힐러리 퍼트남이 보여준 쌍둥이 지구나 통속의 뇌 실험보다는 덜 허황되지 않은가?

자, 그럼 이제 법인에게 눈을 돌려 보자. 가상 사례 4)에서 우리는 과연 폭스바겐그룹을 슈마허에 대한 살인 교사죄로 처벌할 수 있을까? 앞서 행한 사고실험 덕분에 우리는 이 질문을 보다 이해하기 쉽게 바꿀 수 있다. 법인은 과연 자연인과 '확장된 의미의' 삶의 형식을 공유할 수 있는가? 다시 말해 우리와 '인격적 상호작용'을 할 수 있는 조건을 갖추고 있을까? 주지하다시피 법인은 그 기관을 통해 법률행위를 한다. 그리고 기관은 자연인만 될 수 있다. 그렇다면 그 기관이 자연인이란 점에서 볼 때, 법인과도 삶의 형식을 공유할 수 있다. 그런데 이러한 설명은 어딘가 불만족스럽다. 가령 우리가 우리 신체의 특정 기관(organ), 예컨대 입을 통해 타인과 구두계약을 맺고 손을 통해 계약서에 서명을 했다고 해서 우리의 입과 손이 타인과 삶의 형식을 공유할 수 있다고 말할 수는 없다. 타인과 삶의 형식을 공유하는 것은 '우리 자신'이지 결코 신체의 특정 기관이 아니다. 그렇다면 법인에게도 우리 자신에 해당하는 통일된 인격을 지닌 고유한 행위주체를 관념할 수 있는 것일까? 또 고유한 행위주체로서의 법인은 자연인과 삶의 형식을 공유할 수 있는 것일까? 우리는 자의식을 가진 로봇이나 외계 고등 생명체가 독립적이고 통합된 의식과 감정을 지닌 행위주체라는 점을 의심하지 않는다. 그런데 법인은 고유한 행위주체인지 여부부터 판단하기가 용이하지 않다. 이것은 두 가지 이유 때문일 것이다. 첫째, 자연인처럼 내적 의사를 외부로 표출할 수 있는 물리적 실체인 육체를 확인할 수 없기 때문이고,

---

49) "Wenn ein Löwe sprechen könnte, wir könnten ihn nicht verstehen." 이 말은 Ludwig Wittgenstein, Philosophische Untersuchungen Teil II. xi, in: Ludwig Wittgenstein Werkausgabe (Band I, 2. Aufl., Suhrkamp, 1995). 동지의 대니얼 데닛(Daniel C. Dennett)/이희재 역, 마음의 진화(Kinds of Minds) (사이언스 북스, 2006), 44면.

둘째, 설령 육체적 요소를 관념할 여지가 있다고 하더라도, 정형성이 없거나 너무나 거대해서 과연 법인이 통일된 인격적 주체로서의 단일한 의사적 실체를 갖고 있는지에 대해 회의적인 생각이 들 수밖에 없기 때문이다.

> 이와 관련해 스티븐 핑커(Steven Pinker)[50]는 다음과 같은 질문을 던진 바 있다. "인간의 마음에서 이루어지는 정보처리를 거대한 컴퓨터 프로그램으로 복제할 수 있다면, 그 프로그램을 실행하는 컴퓨터는 의식이 있는 것일까? 또 그 프로그램과 똑같이, 예를 들어 중국의 인구처럼 엄청난 수의 사람을 훈련시켜 데이터를 기억하게 하고 처리단계들을 실행하게 하면, 수십억 개인의 의식과는 별도로, 중국 대륙 위를 떠도는(hovering over China) 거대한 의식이 하나 형성될까? 만일 그 사람들이 (중국의 거대한 의식이) 고통을 경험하는 뇌 상태(brain state for agonizing pain)를 실행하면, 각각의 개인이 즐겁고 유쾌할 때에도 정말로 고통을 느끼는 어떤 실체가 존재할 수 있을까?"[51]

하지만 바로 여기서 문제되고 있는 두 요소, 즉 내적인 의사를 외부에 물리적으로 표출할 수 있는 육체적 요소와 통일된 인격체로서의 의사적 실체는 법인이 우리와 인격적 상호작용을 할 수 있으려면 반드시 갖추고 있어야 할 조건이다.

자연인과 형체적 유사성은 없지만, 법인에게도 육체적 요소를 인정할 수 있다. 다만 법인의 육체는 자연인과 달리 어떤 고정된 실체로서의 정형성이 없다. 법인의 활동은 통합된 물리적 실체가 아닌 자연인 구성원들을 통해 이루어진다.[52] 따라서 법인이 지닌 육체적 요소는 그

---

50) 핑커는 21년간 MIT교수를 역임한 후 현재 하버드대학교 심리학과 교수로 재직 중이다. '언어본능(The Language Instinct, 1994)'과 '빈서판(The Blank Slate, 2002)' 등 세계적 베스트셀러의 저자이기도 하다.

51) Steven Pinker, How the mind works (New York: W.W. Norton, 1999), 145-146 면. 이 부분은 번역본과 원서를 함께 참조하였다.

52) 즉 법인은 비단 자연인 기관(機關)을 통해서만 외부적 활동을 할 수 있는 것이 아니라 다른 자연인 종업원들을 통해서도 할 수 있다고 보아야 한다. 대표기관이 아닌 종업원의 행위 중에도 법인의 행위로 볼 수 있는 경우가 분명 존재한다. 이것은 바로 미국의 대위책임법리가 기초하고 있는 합리적 토대다. "직급과 직무

형체에 있어서 일정한 근거지를 중심으로 조직적 집단생활을 하는 개미나 벌의 무리와 비슷하다고 볼 수 있다. 이 무리는 그 구성원들의 움직임에 의해 끊임없이 변하기 때문에 형체가 일정하지는 않지만 분명하나의 '무정형의 조직적 실체'로서 외부세계와 물리적인 상호작용을할 수 있다. 그렇다면 과연 이처럼 형체가 일정하지 않은 조직에게도 고유한 의사적 실체를 관념할 수 있는 것일까? 다시 말해 통일된 자아가 있겠느냐는 것이다. 일단 이에 대한 대답은 앞서 내린 결론에서 찾아볼 수 있다. 낭만주의모델이나 조직모델에 의하면 "유기체적 집단성"을 갖춘 "지능을 가진 기계"인 법인에게도 고유한 의사적 실체를 인정할 수 있다. 우리가 앞서 기업사이코패시란 주제를 검토하며, 경영자에의해 "관리된다기보다"는 오히려 "경영자를 관리하고 있는" 그 어떤 실체가 법인에게 존재할 수 있음을 추론해 본 것도 이러한 맥락에서 이해되는 바이다. 이것은 마치 집단생활을 하는 개미의 무리에게도 집단적지능(collective intelligence) 또는 창발적 지능(emergent intelligence)을인정할 수 있는 것과도 유사하다.53) 그러나 전술한 바와 같이 낭만주의

에 관계없이, 일정한 조건하에서, 예컨대 자신의 직무범위 내에서 기업을 위해서한 행위라면, 모든 종업원의 행위를 법인에 귀속시킬 수 있다"는 것이다. 기관이아닌 일반 종업원들의 행위라고 해서 언제나 단순히 기업조직 내의 명령과 지시를 수행하는 것에 불과한 것만은 아니다. 때로는 개인의 의사가 집단(기업)의 의사와 동일시되어 자연인 종업원이 자신의 의사에 따라 한 행위가 기업의 의사를표출한 것으로 볼 수 있는 경우도 존재할 수 있다. 이 점을 낭만주의적 관점에서논증한 것이 바로 플레처의 공적이다.

53) 군대개미(army ant)나 수확개미(harvester ant) 등의 대부분의 개미는 개별적으로는 집을 짓거나 사냥을 위해 집단적으로 이동할 적당한 장소를 찾을 수 있는 지능이 없지만 무리 전체적으로는 그러한 지능을 갖고 있다. 이는 어떤 개별 조정자, 예컨대 여왕개미의 명령에 의한 것도 아니고, 개미들 상호간 치밀한 건축설계와 사냥계획을 공유할 수 있는 긴밀한 의사연락에 의한 것도 아니다. 이는 개미집단 전체에 집단적 또는 창발적 지능이 있기 때문에 가능한 것이다. 창발(emergence)이란 구성요소가 개별적으로 갖지 못한 특성이나 행동이 구성요소를함께 모아 놓은 전체구조(유기체)에서 자발적으로 돌연히 출연하는 현상을 말한다. 이상의 내용에 대해서 Steven Johnson, Emergence (New York: Simon &

적 혹은 조직모델적으로 재구성된 집단의 의사가 우리와 삶의 형식을 공유할 수 있을 만큼 통일된 자아의 통제를 받는 인격적인 실체인지는 의문이다. 즉 낭만주의모델과 조직모델은 자연인들과 삶의 형식을 공유할 수 있는 법인 고유의 통일된 의사적 실체를 재구성하는 데에는 분명 실패한 것이다.

단, 그렇다고 해도 법인에게도 자연인과 비슷한 인격적 주체가 있다는 사실을 전적으로 부인하기는 힘들다. 우리는 삼성이나 현대, 대우 등 우리에게 친숙한 기업들의 탄생과 성장, 그리고 몰락의 과정을 잘 기억하고 있다. 이들은 어떻게 경쟁관계였으며, 어느 특정 분야에 주력했고, 정치적으로 어떤 태도를 보였으며, 대북관계에 어떤 기여를 했는지도 소상히 파악하고 있다. 비록 우리와 비슷한 육체는 없지만 적어도 우리의 지각 속에서 이들은 명백히 고유한 인격적 실체감을 지닌 단일한 주체로 활동하고 있는 것이다. 이것은 마치 역사 속에서 수많은 국가들이 단일한 행위주체로 등장해 굴욕과 영광을 경험하며 흥망성쇠를 거듭한 것을 우리가 기억할 때 느끼게 되는 실체감과 비슷하다. 이렇게 볼 때, 법인이든 국가든 우리의 지각 속에서, 인격적으로 활동하는 집단적 실체[54]인 것만은 분명해 보인다.[55]

Schuster, 2002), 9-67면 참조. 실제로 이러한 유형의 창발적 의식은 경영학이나 조직(행동)학 분야에서는 이미 잘 인지되고 있다. 예를 들어 어떤 일을 수행함에 있어서 성공적으로 잘 해낼 수 있다는 기대와 신념을 뜻하는 용어인 효능감(efficacy)은 집단적 차원에서는 집단 효능감이라고 하며, 이는 집단 내에 있는 개인적 효능감들의 단순한 합계라기보다는 집단적 차원에서 출현하는 속성이다. 이에 대해서는 캐슬린 섯클리프·티모시 보거스(Kathleen M. Sutcliffe & Timothy J. Vogus), 회복력을 갖춘 조직 만들기(Organizing for Resilience), in: 킴 카메론·제인 듀톤·로버트 퀸(Kim S. Cameron, Jane E. Dutton, & Robert E. Quinn) 편저, 긍정조직학(Positive Organizational Scholarship) (POS북스, 2009), 146면 참조.

54) 집단심리학적 관점에 따르면 집단의 실체성은 다음의 세 가지 요건들이 충족되는 정도에 따라서 그 정도가 높을수록 보다 더 확실하게 지각될 수 있다. 첫째, 집단의 구성원들이 동일한 혹은 상호 연관된 결과를 경험하는 듯이 보이는 정도(공동의 운명) 둘째, 개인들이 동일한 행동을 나타내거나 서로 닮은 정도(유사성) 셋째, 집단 내 구성원 개인들 간의 거리(근접성). 이 점에 대해서는 다닐슨 R.

다시 또 앞의 질문으로 돌아가 보자. 법인에게도 과연 우리와 유사한 통일된 인격적 실체가 있다고 볼 수 있을까? 비록 고정된 실체로서의 물리적 정형성은 없지만, 법인에게도 육체적 요소로 볼 수 있는 무정형의 조직적 실체가 있다. 그것은 대체로 자연인에 비해 거대한 크기를 갖고 있다. 어떤 경우 외국에까지 진출해 있기 때문이다. 그런데 정형성도 없는데다가 크기마저 이렇게 거대한 행위자에게 과연 단일한 인격적 실체를 관념할 수 있을까? 설령 통일된 인격적 실체를 관념할수 있다고 하더라도 그것이 과연 하나만 있겠느냐는 것이다. 이 점에 대한 이해를 돕기 위해 우리에게 비교적 익숙한 사고실험을 하나 더 해보겠다. 거대한 크기의 법인과 자연인을 비교하는 대신 지구상 어느 곳에 우리보다 대단히 작은 크기의 소인이 살고 있다고 가정하고 그와 비교해 보자. 그 소인은 개미보다 작아서 우리도 육안으로는 쉽게 그들이 인간의 형체를 하고 있음을 파악하기 힘들지만, 그들도 역시 가까이서는 우리와 같은 크기의 물체가 자신들처럼 인간의 형상을 띠고 있음을 관찰할 수 없다.[56] 그 결과 그들은 우리의 전체적 모습을 파악할 수 없

포시즈(Donelson R. Forsyth)/서울대학교 사회심리학 연구실 역, 집단심리(An Introduction to Group Dynamics) (성원사, 1991), 13-14면. 한편 실체에 대한 아리스토텔레스의 여러 정의 중 하나에 따르면, 실체란 보다 큰 다른 실체의 경계를 정해주고, 그것이 사라지면 전체도 사라지는 부분들을 의미한다. 예컨대 평면은 선에 의해, 선은 점들에 의해 그 경계가 정해지는 실체이며, 이 때 각각 선과 점들은 부분적 실체이다. 이에 대해서는 아리스토텔레스(Aristoteles)/김진성 역, 형이상학(Metaphysica) (EJB, 2007), 222-223면 참조. 이러한 정의에 따르더라도 국가나 법인의 인격적 실체성은 인정이 가능하다고 본다. 우리는 역사를 구성하는 한 부분인 국가의 인격적 실체성을 긍정하지 않고서는 역사를 의미 있게 기술할 수 없다. 개인사만으로는 역사는 완성될 수 없기 때문이다. 마찬가지로 정치, 경제, 사회, 문화와 그 각각의 역사를 구성하는 요소인 법인의 인격적 실체성을 긍정하지 않고서는 정치, 경제, 사회, 문화현상을 정확히 설명할 수 없고, 또 각각의 역사도 기술할 수 없기 때문이다.

55) 국가가 역사 속에서 단일한 행위주체로 등장한다는 점은 플레처가 그의 인상적인 저서, "Romantics at War: Glory and Guilt in the Age of Terrorism (Princeton University Press, 2002)"에서 누누이 강조한 바이다.

고, 다만 일부 작은 기관(organ), 예컨대 손가락이나 눈, 코, 귀 정도에
대해서만 그 전체형태를 파악할 수 있을 뿐이다. 따라서 자신들 외에는
단일한 의사를 지닌 행위주체가 세상에 존재하지 않을 것이라고 믿고
있다. 어쩌면 이들에게는 인간과 동식물들의 움직임은 천재지변 또는
중력과 같은 물리적인 힘처럼 관찰될 것이고, 우리는 단 한 걸음에 이
동할 수 있는 거리를 이들은 몇 시간 걸려 이동해야 할지도 모른다. 또
한 이들은 우리보다 더 빠른 템포로 일생을 산다. 호흡은 더 빠를 것이
고 심장도 더 빨리 뛸 것이며, 팔과 다리 등 신체의 모든 움직임이 우리
보다 더 빠르다. 이처럼 소인의 삶은 모든 것이 우리보다 더 빠르며, 따
라서 수명도 일찍 마감된다. 그렇다고 이들의 생리적 시간이 우리보다
짧다는 것은 결코 아니다. 이들이 체험하는 생리적 시간은 우리와 동일
하다. 즉 평생 동안의 호흡 및 심장박동 횟수는 우리와 같다. 다만 시계
가 나타내는 절대시간의 측면에서 우리보다 짧은 생을 산다는 것이다.
예컨대 걸리버 여행기에서 걸리버가 만일 소인국에서 1년 동안 머물렀
다고 가정해 보자. 소인보다 12배가 큰 걸리버에게 있어서의 1년은 소
인들에게 생리적으로 52년에 해당한다. "크기가 다르면 살아가는 세계
도 달라지는 것이다."[57] 이해를 돕기 위해 다소 긴 설명을 했지만 이
사고실험에서 중요한 것은 소인의 눈으로 형체를 가늠할 수 없는 거대
한 실체인 인간에게도, 그들의 생각과는 달리 분명 "단일한 의사가 존

---

56) 사실 이러한 소인이 존재한다면 그들의 모습은 우리와 사뭇 다를 것이다. 매우
가는 다리와 팔, 그리고 몸을 가지고 있을 것이다. 이 점은 갈릴레오 갈릴레이가
지적한 바 있다. Galileo Galiei, Dialogue concerning Two New Sciences (New
York: Dover, 1914, Translated by Henry Crew and Alfonso de Salvio) 참조.
57) 따라서 동화 속 설정과는 달리 "걸리버는 소인들과 대화를 나눌 수 없다." 이는
단지 목소리가 작기 때문만은 아니다. 소인들의 성대와 입(술)과 혀는 걸리버보
다 훨씬 작기 때문에 이들의 목소리는 매우 높고 빠를 수밖에 없다. 쉽게 말해서
소인들의 목소리는 녹음테이프를 빠르게 돌렸을 때와 비슷한 소리로 들릴 것이
므로 걸리버가 이해할 수 없다는 것이다. 관련해 참조할 문헌은 Knut Schmidt-
Nielsen, Scaling, why is animal size so important? (Cambridge; New York:
Cambridge University Press, 1984). 특히 143면 이하.

재한다"는 사실이다. 따라서 어떤 대상이 너무 거대해서 그 전체형체를 눈으로 확인할 수 없다는 점은 단일한 의사를 지닌 행위주체의 존재가 능성을 부정하는 결정적 논거가 될 수 없다. 우리가 단지 그들의 존재와 세계를 인식할 수 없는 선험적 조건 하에 놓여 있을 수도 있다는 말이다. 우리는 분명 존재하고 서로 의사소통을 하며 우리 나름의 삶의 형식에 맞물려 살고 있지만, 소인들은 우리의 존재도, 우리의 삶의 형식도 이해할 수 없다.

물론 그렇다고 상기 소인의 이야기로부터 법인에게도 자연인과 유사한 단일한 고유의사를 관념할 수 있다는 결론이 자동적으로 도출되는 것은 결코 아니다. 다만 우리가 그 형체를 가늠할 수 없다고 해서 법인에게 고유한 의사를 관념할 수 없다고 단정짓는 것이 오류라는 점을 지적하고자 하는 것이다. 고유한 의사를 지닌 주체로서의 법인은 그들만의 방식으로 상호 의사소통을 할 수 있을 지도 모른다. 또한 그들만의 삶의 형식도 존재할 수 있을 것이다.

하지만 우리의 생각과 달리 법인에게 통일된 의사적 실체를 관념할 수 없을 지도 모른다. 단, 그렇다고 하더라도 문제는 우리가 법인의 고유한 의사가 실제로 있는지 아니면 없는지 여부를 직접적으로 확인할 방법은 없다는 점이다.[58] 이 문제의 해결을 위해서 매우 중요한, 다른 질문을 던져보자. 우리는 타인에게도 우리와 같은 마음, 즉 의식과 감정이 있다는 사실을 어떻게 알 수 있을까? 가령 내가 치통을 앓고 있는 경험은 지극히 사적인 경험인데, 어떻게 다른 사람도 나의 치통과 같은 종류의 고통을 경험하고 있는지 알 수 있겠느냐는 것이다. 이 질문은 철학적으로 "다른 마음의 문제(Problem of Other Minds)"라고 잘 알려져 있으며, 이에 대한 일치된 결론은 이미 내려져 있다.[59] 그 대답은 다른 사람의 마음은 과학적으로 알 수 있는 성질의 것이 아니며, 우리의 삶과 맞물려서만 알 수 있다는 것이다.[60] 예를 들어 화재로 인해 심한 화

---

58) 물론 1인회사와 같이 확인이 가능한 예외적인 경우도 있을 것이다.
59) 남기창, 다른 마음의 문제에 대한 비트겐슈타인의 입장, 철학연구 제41권 제1호, 1997, 120면 이하 참조.

상을 입어 고통을 호소하는 사람을 보고, 그가 고통스럽다고 판단하는 것은 의심의 여지가 전혀 없는 확실한 것이다. 만일 그가 신음소리를 내고 있는 데도 그 사람의 고통 그 자체를 내가 직접 경험할 수 없기 때문에 그가 아프다는 것을 확실히 알지 못한다고 의심하는 것은 넌센스다. 이것은 마치 크립키의 회의주의자가 "58+67=125"라는 사실을 의심하는 것이 삶의 형식을 벗어난 것으로서 넌센스인 것과 마찬가지다. "그를 향한 나의 태도는 한 영혼에 대한 태도다. 나는 그가 영혼을 지니고 있다는 생각(Meinung)을 가지고 있는 것이 아니다."[61]

이러한 통찰을 법인에 적용해 보자. 우리는 법인 고유의 통일된 의사를 이론적으로 재구성해 보려는 여러 시도를 차례대로 검토해 보았지만 만족스러운 것은 없었다. 그럼에도 불구하고 우리는 법인에게도 분명 어떤 고유한 인격적 실체를 관념할 수 있다는 사실 역시 부인할 수 없었다. 이는 무엇을 의미하는가? 우리는 기업의 목적이 주주의 수익극대화에 있다는 사실을 잘 안다. 우리는 폭스바겐이 왜 포르쉐를 인수하려 하는지 알고 있다. 업계 1위를 차지하기 위해서이다. 우리는 다임러가 왜 신형 벤츠 SLS AMG의 문을 걸윙도어 방식으로 제작했고, 또 광고 동영상을 왜 저토록 드라마틱하게 만들었는지 잘 안다. 뛰어난 성능과 외관을 갖춘 드림카를 열망하는 우리의 감성에 호소하기 위해서이다. 우리는 포드가 애스턴 마틴과 재규어를 매각한 이유를 알고 있다. 불필요한 몸집을 줄이기 위해서이다. 우리는 삼성이 왜 전략기획실

---

60) 이러한 입장의 대표자로 알바노에(Alva Noë)/김미선 역, 앞의 책, 59-86면 참조. 기타 참조할 문헌으로 대니얼 데닛(Daniel C. Dennett)/이희재 역, 앞의 책, 17-21면과 스티븐 핑커(Steven Pinker)/김한영 역, 앞의 책, 504-513면. 여기서 "맞물려서"라는 표현은 영어의 "engaged with" 또는 "geared into"를 번역한 것이다. 이 점에 대해서는 Alva Noë, Out of Our Heads (New York: Hill and Wang, 2009), 25면과 42면 참조.

61) "Meine Einstellung zu ihm ist eine Einstellung zur Seele. Ich habe nicht die Meinung, daß er eine Seele hat." 이 경구의 출처는 Ludwig Wittgenstein, Philosophische Untersuchungen Teil II. iv. in: Ludwig Wittgenstein Werkausgabe Band I (2. Aufl. Suhrkamp, 1995).

을 폐지했다가, 다시 미래기획실을 부활시켰는지 잘 알고 있다. 전략기
획실은 과거에 에버랜드 전환사채 저가발행 사건과 비자금 관련 삼성
특검 수사로 각종 비리와 부조리의 온상이라는 여론의 따가운 시선을
받아왔기 때문에 이를 피하기 위해서 해체되었다가, 금융위기와 도요타
의 추락을 경험하면서 위기의식이 생겨나자 그룹 계열사 간의 이해관
계나 전략을 일사불란하게 조율해 줄 컨트롤타워가 필요하게 되었고
이에 미래전략실로 재출범하게 된 것이다. 우리는 현대기아차그룹이
2011년 1월 폭우로 피해를 겪고 있는 호주 퀸즐랜드주에 구호금을 기탁
한 이유를 알고 있다. 스스로 선포한 바 있는 사회적 책임경영을 실천
하기 위해서이다. 이렇듯 우리는 대개의 경우 기업의 의사를 거의 명확
히 확인할 수 있고, 일정한 경우 그렇게 확인된 기업의 의사에 대하여
우리의 긍정적·부정적 입장을 표명함으로써[62] 기업의 의사결정에 영향
을 미칠 수도 있다.[63] 마찬가지로 기업은 자연인 고객들의 의사, 즉 취

---

62) 예컨대 비윤리적 사업을 추진하는 기업에 대해 불매운동을 벌인다든지, 기업의
    사회적 책임(Corporate Social Responsibility; CSR)에 대한 투자자들의 신념에 부
    합되는 기업들의 주식에 투자를 제한하는 사회적 책임투자(Social Responsibility
    Investing; SRI)를 한다든지 등의 방법이 있다. 기업의 사회적 책임과 사회적 책
    임투자에 대해서는 빌 니클스·짐 맥휴지·수잔 맥휴지(William G. Nickels, James
    M. McHuge & Susan M. McHuge)/권구혁 외 5인 공역, 경영학의 이해
    (Understanding Business) (생능출판사·McGraw-Hill Irwin, 2010), 106-134면과
    McDaniel & Gitman/노승종 외 3인 역, 경영학의 이해(The Essentials of The
    Future Business) (한경사, 2009), 35-57면 참조. 동 문헌에 따르면 기업의 사회적
    책임이란 "사회 전체의 복리를 위한 기업의 관심이며, 법이나 계약이 요구하는
    선을 넘어서는 의무들로 구성된다." 더 나아가 환경단체나 소비자단체 등이 기업
    에 대한 사회적 감사(social audit)를 할 수도 있을 것이다. 이에 대해서는 안성조,
    기업사이코패시의 치료가능성, 「기업범죄연구 제1권」 (경인문화사, 2011) 참조.
63) 단, 우리의 개인적 비판과 요구사항이 기업의 의사결정에 반영되는 경우는 드물
    것이다. 법인이 집단적 실체(collective entity)인 만큼 법인과 의사소통을 하려면
    집단적 방식으로 접근해야 할 것이다. 예를 들어 대중적인 인식(public perception)
    은 다양한 통로로 법인의 의사결정을 영향을 줄 수 있다. 이에 대해서는 J.
    Tomkins, B. Victor, & R. Adler, Psycholegal Aspects of Organizational
    Behaviour: Assessing and Controlling Risk, in: D.K. Kagehiro & W.S. Laufer

향과 선호 및 감정을 정확히 파악할 수 있고, 또 파악하고 있어야만 한
다. 고객들이 진정 무엇을 원하는지, 고객들에게 기쁨을 안겨줄 수 있는
방법은 무엇인지, 자사 제품의 제조 및 유통 상의 결함이 고객의 안전
과 건강을 해칠 가능성은 없는지, 그러한 결함으로 발생한 피해가 고객
들과 그 가족 및 사회 전체에 어떠한 고통을 가져다 줄 것인지, 그리고
고객들이 기업에게 어떠한 사회적 책임을 기대하고 있는지 등을 정확
히 알 수 있고, 또 알고 있어야만 한다. 그래야만 고객들의 의사에 대한
판단을 근거로 기업의 수익률을 제고하기 위한 전략과 방침을 세울 수
도 있고, 기업의 내부통제시스템을 새로 구축하거나 강화해 윤리적 경
영능력을 향상시킴으로써 부정 및 부패의 위험에 효과적으로 대응할
수 있는 적절한 기업문화 및 통제환경을 만들 수도 있기 때문이다.64)
이처럼 기업은 자연인 고객들의 삶의 형식을 충분히 이해하고, 공유하
기 위해서 노력해야 하며 또 그렇게 할 수 있는 능력이 있다.65) 이는
곧 기업활동이 자연인의 삶의 형식에 긴밀히 맞물려 있음을 뜻한다.66)

(eds.), Handbook of Psychology and Law (New York: Springer-Verlag, 1992),
534-537면 참조.

64) 이 점에 대해서는 토비 비숍·프랭크 히도스키(Toby J.F. Bishop & Frank E.
Hydoski)/딜로이트 안진회계법인 역, 성공기업의 위기관리(Corporate Resiliency)
(FKI미디어, 2010), 77면 이하 참조.

65) 이러한 맥락에서 기업조직에도 영혼과 윤리가 있다고 보는 영향력 있는 조직(행
동)학 교과서도 있다. 볼맨·딜(Lee G. Bolman & Terrence E. Deal)/신택현 역,
조직의 리프레이밍(Reframing Organizations) (지샘, 2004), 497-502면. 볼맨은 예
일대학교에서 관리학으로 박사학위를 받은 미주리 대 경영대학원 교수이고, 딜
은 스탠포드대학교에서 교육사회학으로 박사학위를 받은 남가주대 교육대학원
교수이다.

66) 만일 우리가 기업과 최소한 삶의 형식의 일부라도 공유하고 있지 않다면, 다시
말해 우리가 기업과 인격적 상호작용을 할 수 없다면, 기업을 향해 사회 각계각
층에서 보내는 수많은 감시와 견제, 비판, 그리고 격려와 찬사의 언사는 한낱 무
의미한 행동에 불과할 것이다. 기업활동에 대한 총체적 비판서로는 Joel Bakan,
The Corporation: The Pathological Pursuit of Profit and Power(London:
Constable, 2004); Wade Rowland, Greed, Inc.: why corporations rule our world
and why we let it happen(Toronto: Thomas Allen Publishers, 2005). 특정 기업들

행위론적으로 말하면 기업의 활동이 "사회적으로 의미 있는 인간의 행태로 포착되고 있는 것이다."[67]

　이상 살펴본 바와 같이 법인의 활동은 우리의 삶과 매우 밀접하다는 사실을 알 수 있다. 많은 경우 법인의 행동은 우리의 의사에 비추어 충분히 헤아릴 만한 것들이다. 물론 그렇다고 법인과 자연인의 삶의 형식이 완전히 일치한다고 말하기는 힘들 것이다. 우선 조직모델이 밝혀 준 바와 같이 조직 내의 의사결정은 어느 한 자연인 개인의 의사로 환원시키기 어렵기 때문일 것이고, 또 기업사이코패시란 개념에 비추어 보더라도 법인의 행동특성이 우리와 사뭇 다를 수 있음을 짐작할 수 있다. 또 법인과 법인 간의 고유한 삶의 형식을 우리로서는 완전히 이해할 수는 없을 것이다. 도요타의 부진이 삼성의 조직개편에 영향을 주었다는 점은 자연인의 입장에서도 어느 정도 이해할 만하나, 예를 들어 2010년 3월의 푸조시트로엥그룹과 미쓰비시의 자본제휴 결렬과 동년 9월의 전기차 공동생산 결정이 현대기아차그룹에 어떠한 의미로 받아들여질 것인지 우리는 정확히 예측하기 힘들다. 물론 법인의 입장이 되어 보는 추체험을 통해 어렴풋이 예측은 할 수 있겠지만, 법인들 간의 삶의 형식에 맞물려 이를 직접 체험할 수 없는 이상, 그것은 엄밀히 말해 법인의 의사에 대해 자연인의 입장에서 추측해 보는 것에 불과하다. 앞서 논급한 바 있는 타인의 고통에 대한 의심의 여지 없는 믿음처럼 확실한 것은 아니란 말이다. 자연인 개인의 예측과 법인의 행동이 상이할 수 있음을 잘 보여주는 대표적 예는 바로 주식시장에서 기관투자자들의 예측하기 힘든 투자패턴이다. 물론 정보력의 차이에서 발생하는 차이일 수도 있으나, 동일한 정보가 주어진다고 해도 이를 해석하고 수용하는 방식이 자연인과 같다고 보기는 어렵다. 이는 아마도 법인 고유의

　을 소재로 한 Bethany McLean & Peter Elkind/방영호 역, 엔론 스캔들(The Smartest Guys in the Room: the amazing rise and scandalous fall of Enron) (서돌, 2010); MyNewsJapan/JPNews 역, 토요타의 어둠 (창해, 2010); 김상봉 외, 굿바이 삼성 (꾸리에 북스, 2010) 참조.

67) 신동운, 앞의 책, 104면 참조. 동지의 임웅, 형법총론, 2009, 77면.

삶의 형식이 자료의 해석에 영향을 주기 때문일 것이다. 예컨대 기관투자자들은 일반투자자들에 비해 일반적으로 대규모의 집중적인 투자를 할 수 있기 때문에 주식소유를 통해 의결권을 행사하거나 부실한 경영을 한 기업에 대한 보유주식을 시장에서 매도함으로써 경영감시기능을 수행할 수 있다. 특히 기관투자자의 소유지분 비율은 기업지배구조에 영향을 줌으로써 기업가치에도 영향을 미칠 수 있다. 기관투자자들의 소유지분 비율이 높을수록 기업들은 자발적 공시를 통하여 정보를 공개하기 때문에 기관투자자들의 소유지분 비율의 증가는 기업투명성과 경영효율성을 제고시킴으로써 기업가치를 증가시킬 수 있다. 이러한 결과는 개인투자자들은 가져올 수 없는 것들이다. 또한 이처럼 기관투자자들의 소유지분 비율이 높아져 기업가치가 제고된 기업에 대해서는 재무분석가[68]들이 분석하고자 하는 동기를 갖게 된다. 재무분석가들은 기관투자자들의 소유지분 비율이 높은 기업에 대해 분석을 수행할 유인이 있다는 것이다. 따라서 그러한 기업은 재무분석가들의 수가 많아진다. 한편 기관투자자들은 대체로 정보환경이 양호한 기업에 투자할 유인을 갖고 있으므로[69] 재무분석가들이 많은 기업을 선호하게 된다. 요컨대 기관투자자들의 소유지분비율과 재무분석가들의 수 사이에는 서로가 서로를 증대시키는 상호 내생적(endogenetic) 관계가 있다는 것이다.[70] 이와 같이 기관투자자들의 투자의사결정은 정보환경을 토대로

---

68) 주식시장 참여자들은 주어진 여건에서 최선의 투자성과를 얻기 위해 여러 종류의 정보를 이용하여 투자의사결정을 한다. 기업이 직접 제공하는 정보, 공적인 기관에 의한 공시정보, 재무분석가들이 제공하는 정보 등이 주로 이용되는 정보이다. 이 중 재무분석가는 시장의 정보중개자로서 시장참여자들 간의 정보의 비대칭을 해소하는 역할을 한다.

69) 기관투자자들은 보통 고객으로부터 자금을 위탁받아서 운용하는데, 이때 가장 중요시되는 것은 충실의 의무를 지키는 것이다. 일반적으로 기관투자자들의 고객은 고수익보다는 안정적인 수익을 기대하는 자들로서 자신들의 위탁자산을 위험이 과도하게 큰 곳에 투자하는 것을 기피하기 때문이다.

70) 김성우·이기환, 정보환경, 기업가치 및 기관투자자 소유지분비율의 상호관계, 기업경영연구 제13권 제1호, 2006, 77-95면 참조.

하지만 동시에 정보환경에 영향을 미칠 수 있으며 그렇기 때문에 주식시장에서 동일한 정보가 주어지더라도 정보의 의미와 가치는 자연인 투자자들과 기관투자자들에게 다르게 해석될 수밖에 없다.71)

자연인과 법인의 행동상의 차이에 주목하는 최근의 법심리학적(psycholegal) 연구성과에 의하면, 자연인과 법인의 삶의 형식이 다를 수밖에 없는 이유는, 무엇보다도 법인의 의사결정에 영향을 미치는 요인이 자연인의 경우와는 다르기 때문이다. 예컨대 기업의 의사결정은 다른 기업들이나 심지어 산업전반에 걸쳐 사회적으로 훨씬 광범위한 영향을 미칠 수 있다는 점이 다르다. 전술한 기관투자자들의 예가 바로 그러하다. 또한 조직차원의 의사결정(decision making in organizational contexts)은 개인의 일반적인 의사결정과는 차이가 있다. 쉬운 예로 기업 경영자들은 위험을 평가하는 데 있어서 일반인들과 다른 관점을 보인다. 이들은 사생활에서는 결코 무모한 모험을 하지 않는 사람들이지만, 기업의 수익을 위해서는 위험을 감수하는 성향이 강하다.72) 경영자들은 수익의 가능성(likelihood of gain)에만 특별한 관심이 있고, 위험은 단지 손실의 위협(threat of a loss)으로만 인식된다. 한 마디로 이들에게는 위험이 일차적으로 가능성 개념(probability concept)이 아니라는 것이다. 위험은 단지 부정적 결과의 정도(extent)를 반영할 뿐이며, 바로 그 정도에 의해 가중될 수 있는 부정적 결과의 가능성을 반영한다고 보지 않는다. 다시 말해 조직적 차원에서는 어느 정도의 위험을 감수하더라도 좋은 결과가 나오면 이것은 긍정적인 의사결정으로 평가되며, 위험을 초래할 가능성이 있는 것으로 입증된 증거에 기초해 신중하게 내린 결정이더라도 손실을 가져오면 이것은 부정적인 의사결정으로 평가된다는 것이다.73)

자, 이제 법인과 자연인의 관계를 어느 정도 말할 수 있는 단계에 이르렀다. 첫째, 법인에게도 자연인과 유사한 통일된 의사적 실체를 관념할 수 있다. 법인에게 실제로 과연 그러한 고유한 의사가 있느냐라는

---

71) 이러한 결과가 발생하는 것은 결국 기관과 자연인 투자자가 주식시장에서 투자대상기업 및 재무분석가 등과 상호작용하는 방식이 다르기 때문이다. 즉 각각 고유한 삶의 형식이 있다는 것이다.

72) J. Tomkins, B. Victor, & R. Adler, Psycholegal Aspects of Organizational Behaviour: Assessing and Controlling Risk, in: D.K. Kagehiro & W.S. Laufer (eds.), Handbook of Psychology and Law (New York: Springer-Verlag, 1992), 532-533면 참조.

73) J. Tomkins, B. Victor, & R. Adler, 앞의 논문, 533면.

질문은 적절하지 않다. 자연인의 경우에도 그것은 과학적 확인이 불가 능하기 때문이다. 법인 고유의 의사는 우리의 삶과 맞물려 자연스럽게 드러난다. 둘째, 법인과 자연인의 삶의 형식은 일치하는 면도 있지만, 불일치하는 면도 있다.[74] 일치하는 범주 내에서 법인의 행위는 우리의 형사사법시스템의 규제를 받도록 법제도화할 수 있을 것이다. 폭스바겐 그룹이 메르세데스 벤츠의 신형 자동차모델 광고 동영상 촬영을 의도 적으로 방해한 것은 충분히 이해할 수 있는 일이며, 따라서 폭스바겐그 룹의 범의를 인정할 수 있다고 본다. 단, 이 때 폭스바겐그룹은 살인교 사의 범의뿐만 아니라 보다 궁극적으로는 메르세데스 벤츠에 치명적인 타격을 가하려는 범의도 갖고 있었으므로 이에 대한 별도의 법적 평가 가 이루어져야 하지 않겠느냐는 의문이 들 수 있다. 법인의 의도는 자 연인을 향할 수도 있지만, 다른 법인을 겨냥한 것일 수도 있기 때문이 다. 그러나 이에 대한 대답은 명확하다. 우리와 다른 법인 고유의 삶의 형식이 있다면, 그들 고유의 제재방식 역시 존재할 것이다. 우리와 삶의 형식을 달리 하는 자의식을 지닌 로봇이나 고등 외계 생명에는 그들만 의 규범이 존재할 수 있는 것과 같다.[75] 따라서 법인 간 범죄에 대해서 는 형법전으로 규제할 필요가 없고 법인의 자율적 규제방식에 맡겨야 할 것이다. 다만, 법인들 간의 사적 규제가 사회질서를 심각하게 교란시 키거나 공공의 안녕과 평화를 해칠 위험이 커진다면 이에 대한 형법적

---

74) 법인의 삶의 형식이 우리와 일치할 수 있는 이유는, 다시 말해 법인이 우리와 인격적 상호작용을 할 수 있는 조건을 갖추고 있는 이유는 무엇보다도 법인 자체 가 자연인들로 구성되기 때문일 것이다. 비록 법인 '고유의' 의사는 법인 구성원 들 개인의 의사와는 구분되는 것이지만, 양자 간의 지속적인 상호작용이 법인의 의사를 형성하게 됨은 자명하다. 반면 법인의 삶의 형식 중에 우리와 불일치하는 부분이 있는 것은, 우리가 쉽게 이해할 수 없는, 법인에게 '고유한' 삶의 형식이 있기 때문이다. 이 점에 대해서는 앞서 기관투자자들의 예를 살펴보았다.

75) 예컨대 앞(*Romantic Prologue*)의 다임러크라이슬러의 인수합병 사례처럼 실제로 는 '일방의 인수'임에도 불구하고 각종 이익을 얻기 위해 '동등한 합병(Merger of Equals)'인 것처럼 피인수회사 측에 알리고 이를 공표하는 것은 기업윤리에 위배되는 행위지만, 이러한 윤리규범은 자연인의 삶의 형식에는 낯선 것이다.

규제의 필요성이 대두될 것이다. 우리는 본서의 서두에서 고대 근동지역의 피의 보복 관행에 대해 살펴 본 바 있다. 흔히 형벌의 기원이라고도 잘 알려져 있는 사적 보복은 인간의 원초적이고 자연스러운 보복감정의 발로에 근거한 것이다. 즉, 그 당시에 있어서 사적 보복은 삶의 형식의 중요한 일부를 차지하고 있었던 것이다. 그러다가 이 관행은 국가권력이 나날이 성장함에 따라 국가의 공형벌권과 경쟁하기 시작하였고, 사적 보복의 무분별한 허용이 사회질서를 교란시킨다는 이유로 점차 형사사법시스템에서 사라지게 되었다. 이러한 과정을 거쳐 오늘날 우리는 소추와 재판을 국가기관에 일임하는 새로운 삶의 형식76)에 맞물려 살아가고 있다. 이처럼 삶의 형식은 변할 수 있고, 그렇다면 법인의 자율적 규제방식도 국가권력과 경쟁을 하다가77) 어느 시점에 이르러 일정한 계기가 주어진다면 바뀔 가능성이 있다. 단, 그 경우에는 자연인 처벌을 전제로 제정된 형법전이 아닌 별도의 기업형법전을 통해 법인을 규제하는 것이 바람직하다고 본다.

한편 이처럼 법인에 대한 형사처벌이 가능하다고 하더라도 형법상 책임원칙의 관철과 관련해 여전히 남아 있는 고질적인 이론적 난점은 과연 법인에게도 행위 시 타행위가능성을 관념할 수 있겠느냐는 것이다.78) 이에 대해 플레처가 제시한 낭만주의모델은 만족스런 해명을 해주지 못함은 전술한 바와 같다. 그러면 법인 내부의 문화나 에토스 등을 법인 고유의 의사로 보려는 시도는 어떨까? 이에 대해 필자는 앞에서 기업 문화(corporate culture)란 장기간 걸쳐 형성돼 굳어진 것으로 기업의 의사결정에 영향을 미치는 한 요소에 불과한 것이므로, 행위 당시에 선악을 판단해 달리 의사결정을 할 수 있는 자연인의 의사와는 확연

---

76) 여기서 삶의 형식은 본래적 의미의 것이다.

77) 사기업들은 이미 주권국가와 경쟁을 하고 있다. 심지어 초국가적 기업들의 연합체가 한 주권국가의 법률을 고치도록 영향력을 행사하는 사건도 찾아볼 수 있다. 이에 대해서는 수전 K. 셀(Susan K. Sell)/남희섭 역, 초국적 기업에 의한 법의 지배 - 지재권의 세계화(Private Power, Public Law: the globalization of intellectual property rights) (후마니타스, 2009), 16-18면.

78) 이것은 주로 도의적 책임론의 관점에서의 비판이라고 볼 수 있을 것이다.

히 구분되는 표지라고 지적한 바 있다. 그러나 이러한 지적은 어디까지나 자연인의 관점에서만 옳다. 우리가 법인 특유의 삶의 형식을 인정할 수 있다면, 문화나 에토스, 정책과 관행 및 표준운영절차 등은 법인의 의사결정에 영향을 미치는 한 요소가 아니라 - 이는 엄밀히 말하자면 자연인 종업원들의 의사결정에 영향을 미치는 요소다 - 이미 자유로운 의사결정의 결과 법인의 의사가 표출된 징표로 볼 수 있다. 이 점에 대한 이해를 돕기 위해 다시 앞서 언급한 소인의 이야기로 돌아가 보자.

전술한 바와 같이 소인들은 모든 면에서 우리보다 훨씬 빠른 템포로 일생을 산다. 비록 그들과 우리의 생리적 시간은 같지만 절대시간은 다르게 느껴진다. 우리에겐 순간적인 시간도 소인은 매우 길게 느낄 수 있다. 예컨대 우리가 한 걸음에 다다를 수 있는 거리를 가기 위해 소인은 몇 시간 혹은 몇 날에 걸쳐 이동해야 할지도 모른다. 우리가 한 걸음 내딛는 과정은 거의 무의식적일 수도 있고, 의식적인 것이라 하더라도 매우 순간적인 결정에 의한 것이 대부분이다. 그런데 소인에게는 우리가 한 걸음에 걷는 거리를 이동하는데 걸린 시간이 매우 길게 느껴질 것이다. 다시 말해 소인이 그 거리를 이동하기 위해서는 수많은 사전심사와 기나긴 숙고를 거친 의사결정이 필요하다는 것이다. 여기서 중요한 포인트는 소인이 체감하는 시간과 인간이 느끼는 시간의 상대성이다. 즉 우리의 행동에 소요된 시간은 소인에게는 상당히 다르게 느껴진다. 우리에게는 짧은 시간이 소인에게는 긴 시간이며, 소인에게는 긴 시간이 우리에게는 순간에 불과하다. 이러한 통찰을 법인의 의사결정과정과 비교해 보자. 예컨대 어느 기업이 2010년부터 2011년 사이 우리나라 전역에 발생했던 구제역 피해농가에 기업의 사회적 책임 차원에서 대규모 지원을 하기로 결정을 내렸다고 하자. 이 결정은 우리의 입장에서 보면 기업 내부의 다양한 의견수렴과 이사회의 의결을 거쳐 오랜 숙의 끝에 내려진 것이 분명하다. 그렇지만 법인의 입장에서 보면 순간적으로 결정을 내린 것에 불과하다. 이 점에 대한 이해를 돕기 위해 또 다른 소인국 사고실험을 해 보겠다.

만일 우리가 한적한 산속에서 길을 잃고 헤매다가 외나무다리가 놓여 있는 개울가에 도착했다고 가정해 보자. 저 다리를 지금 건너지 않으면 한참 돌아서 가야하고 곧 날이 어두워지게 된다. 그런데 외나무다리 위에는 소인국이 자리 잡고 있어서 잘못 건너다가는 이를 밟게 되거나 아무리 조심스럽게 건너더라도 최소한 소인국 전체에 심각한 피해를 줄 위험이 있다고 하자. 이 때 우리는 그 다리를 건널 것인지 말 것인지 잠시 서성이며 심사숙고를 할 수 있다. 그리고는 이내 그 다리를 건너기로 결정을 내린다. 이 과정이 소인에게는 매우 길게 느껴질 것이다. 그리고 소인은 말할 것이다. (만일 그들이 이 사건을 계기로 인간이라는 또 다른 행위주체의 존재를 지각하게 되었다면, 그들이 볼 때) "저 거인의 행동은 오랜 세월에 걸쳐서 내면화된 취향과 선호, 습성과 가치관 등이 의사결정의 동기로 복합적으로 작용한 결과일 것이다."라고. 그러나 여기서 분명한 사실은 우리는 단지 고민 끝에 자신의 자유의지[79]에 따라 행동했다는 것이다. 소인들이 보기에 '오랜' 기간 굳어진 어떤 행동적 성향이 반영된 결과 우리가 저 다리를 건너기 위해 한 걸음 발을 내디딘 것처럼 이해되겠지만, 우리는 자유롭게 순간적인 결정을 내렸을 뿐이다. 다만 소인들의 입장에서 그렇게 보인 것은 크기의 차이로 인해서 우리가 그와 같은 의사결정을 내리고 있는 과정이 그들에게는 그렇게 느껴질 수밖에 없기 때문이다.

---

79) 의사결정의 자유문제는 책임원칙과 관련해 형법학의 오랜 논란거리지만, 명백하게도 "자유의지를 전제하는 것은 우리의 삶의 형식의 일부이다!" 사실 이러한 인식은 형법학자들에게도 상당부분 공유되고 있는 것이다. 의사자유는 "적극적으로 입증될 수는 없으며"(김일수·서보학, 새로쓴 형법총론, 2006, 358면), "엄격히 말해 '국가에 필요한 허구(staatsnotwendige Fiktion)'에 불과할 수 있으나"(배종대, 형법총론, 2008, 419면), "문명화·사회화·인간화 과정을 거쳐 사회문화적인 규범구조 안으로 편입된 것으로"(박상기, 형법총론, 2007, 219면), "자유와 책임은 불가분의 관계에 있는 것이기 때문에"(임웅, 형법총론, 2009, 271면), "시민들의 일반적인 경험에 비추어 볼 때 형법의 영역에서 인간에게 자유의지가 있는 것으로 취급해도 크게 무리를 범하는 것은 아니다."(신동운, 형법총론, 2009, 343면). 요컨대 "존재론적으로는 증명될 수 없지만, 규범적으로는 의미를 가질 수 있다." (이재상, 형법총론, 2009, 292면).

이제 소인과 입장을 바꾸어 생각해 보자. 앞의 외나무다리 사례와 마찬가지로 우리가 보기에 법인의 문화나 에토스, 정책과 관행 및 표준 운영절차 등은 장기간에 걸쳐 굳어진 것으로, 이는 의사결정에 영향을 미칠 수 있는 한 요소에 불과할 뿐, 행위 시 다른 결정을 내릴 수 있는 법인의 고유한 의사의 발현과는 전혀 무관한 별개의 요소로 보일 수 있다. 하지만 여기에는 매우 중대한 '인간적인' 오해가 자리 잡고 있다. 도대체 과연 누구의 의사결정에 영향을 준다는 말인가? 예컨대 표준운영절차는 누구를 위해 마련된 절차인가? 그것은 바로 자연인 종업원의 업무처리를 위해 마련된 것이다. 마찬가지로 관행도 법인 구성원들의 입장에서 관행인 것이지 법인의 입장에서 관행이 아니다. 정책과 문화도 그렇고 에토스도 마찬가지다. 그 어느 것도 '법인 자체'를 염두에 둔 것이 아니다. 우리가 생각하는 것과는 달리 법인의 관점에서 보면 기업 문화나 관행 등을 바꾼다는 것은 자연인이 행위 시에 즉시 다른 결정을 내리는 것처럼 순간적인 사건이다. 그러므로 그러한 것들은 법인의 의사결정에 영향을 미치는 요인이 아니라 오히려 법인 자신의 구체적 의사가 반영된 결과로 보아야 한다. 물론 '법인 자신'의 자유로운 의사결정[80]에 영향을 미칠 수 있는 '법인 차원'의 문화나 에토스 등도 존재할 수 있을 것이다. 그러나 이러한 것들은 어디까지나 법인의 고유한 '삶의 형식'에 속하는 것들이며,[81] 따라서 법인 내부의 문화나 에토스와는

---

80) 자유의지를 전제하는 것은 우리의 삶의 형식의 일부이기 때문에 우리와 인격적 상호작용을 할 수 있는 법인에게도 당연히 자유의지가 전제된다.

81) 다시 강조하지만, 우리가 흔히 말하는 기업문화나 에토스, 정책과 관행 및 표준운영절차 등은 자연인 종업원의 의사결정과 행동방식에 영향을 주는 요인이라는 점을 간과해서는 안 될 것이다. 이를테면 기업의 조직문화란 곧 "조직 구성원들이 조직에서 일하는 방식"에 다름 아닌 것이다. 이러한 정의로는 Terrence E. Deal & Allan A. Kennedy, Corporate Cultures: the rites and rituals of corporate life (Reading, Mass.: Addison-Wesley Pub. Co., 1982), 4면 참조. 물론 법인의 문화가 법인 자체의 행동방식에 일정한 영향을 줄 수도 있다. 표준적인 조직학 교과서에서 조직문화의 기능 중 하나는 분명 "조직이 외부환경에 적응할 수 있도록 해 주는 것"이라고 설명되고 있다. 이에 대해서 대프트(Richard L. Daft)/김광

다른 것으로 보아야 할 것이다.82)

이상의 입론이 옳다면 우리는 법인의 잘못된 문화나 에토스, 정책과 관행 및 표준운영절차로 인해서 법익침해가 발생했다면, 유책한 관련 종업원이 특정될 수 없거나, 존재하지 않더라도 법인에게 형벌을 부과할 수 있으며, 이는 법인의 입장에서 볼 때, 결코 책임원칙에 반하지 않으며, 정당한 책임귀속방법이라고 평가해야 할 것이다.83)

보다 명료한 이해를 위해 플레처의 이론적 구상과 비교해 볼 필요가 있을 것이다. 플레처에 의하면 집단과 개인의 의사와 행위는 동일시될 수 있으며, 범죄를 저지른 개인의 책임은 감경되어야 한다. 집단과 개인의 책임분배의 논리구조는 집단의 '지배적 문화와 환경'이 행위자의 시비변별능력을 저해하기 때문이다. 즉, 자신이 속한 국가나 사회의 모든 지배적 사회규범이 범죄를 장려하고 부추기고

─────────────

점 외 12인 역, 조직이론과 설계(Understanding the Theory and Design of Organizations) (한경사, 2010), 343면. 이것은 마치 개인의 습성이나 가치관 등이 개인행동에 영향을 주는 것과 유사하게 보일 수 있다. 그러나 법인의 문화를 법인의 의사가 표출된 징표로 보는 한, 그 문화(표출된 의사)가 곧 법인의 행동을 지도한다는 것은 당연한 귀결이며, 이는 개인차원의 습성이나 가치관이 행동을 지도하는 것과는 명백히 다르다는 점에 유의해야 한다.

82) 쉽게 말해 법인 자신의 의사와 행동에 영향을 줄 수 있는 문화는 법인보다 상위 시스템의 문화라는 것이다. 예컨대 기업조직의 의사와 행동에 영향을 미치는 보다 상위차원의 '문화'로는 사회문화, 산업문화, 국가문화 등이 있다. 이 점에 대해서는 박영배, 현대조직행동관리 - 조직행동과 다문화 관리 - (청람, 2010), 455-456면; 볼맨·딜(Lee G. Bolman & Terrence E. Deal)/신택현 역, 앞의 책, 314-316면. 이 중 특히 국가의 문화가 기업조직에 미치는 영향에 대해서는 Geert H, Hofstede, Culture's Consequences: international differences in work-related values (Beverly Hills, Calif.: Sage Publications, 1980) 참조. 물론 기업조직은 상위시스템의 문화뿐만 아니라 창업자나 최고경영자의 경영이념의 영향도 많이 받는다는 점은 잘 알려진 사실이다.

83) 물론 법인 고유의 범의를 내부의 부도덕한 문화나 에토스, 정책과 관행 및 표준운영절차에 의존하지 않고 인정할 수 있는 경우도 존재할 것이다. 전술한 폭스바겐그룹의 살인교사 사건이 그 예이다. 다만, 문화나 에토스, 정책과 관행 및 표준운영절차 등은 법인의 고의 입증을 수월하게 해 주는 외부적 표지 기능을 할 수 있다.

있기 때문이다. 집단과 개인의 강력한 내적 응집력에 의해 자신이 속한 집단의 범죄적 태도에 충성스러운 행위자는 그 자신이 속한 문화의 진실한 대변자로서 죄책을 묻기가 어렵다는 점을 고려한 것이다. 집단의 부도덕한 환경은 우연히 발생한 것이 아니다. 종교 지도자, 정치인, 국가 정책, 그리고 법조차 그러한 범행을 지지해 주기 때문에 조성된 것이다. 요컨대 집단의 '지배적 도덕규범'과 '여론의 일반적 분위기'가 행위자의 자기교정능력을 저해하는 경우 그로 인해 범죄를 저지른 개인의 책임은 감경되어야 한다.84) 이상 플레처의 주장을 간추리자면, 한 집단의 '문화나 에토스, 규범과 정책' 등이 범죄를 조장한 경우 개인의 책임은 감경되어야 한다는 것이다. 그러면 플레처의 주장과 본서의 결론은 어떠한 차이가 있는가? 기업의 부도덕한 문화와 에토스, 정책과 관행 및 표준운영절차 등은 플레처가 말한 집단의 부도덕한 환경과 내용적으로 거의 동일하다. 다만 차이가 있다면 플레처는 개인과 집단 간의 강한 내적 응집(internal cohesion)에 의해 개인과 집단의 의사와 행동이 동일시될 수 있다고 보고 있기 때문에 부도덕한 문화나 환경으로 인해 집단 구성원이 범죄를 저지른 경우, 그 개인의 행위는 회피불가능한(unvermeidbar) 것으로서 책임감경의 법적 효과를 가져오게 된다고 이론구성을 하는데 비해, 본서의 입장은 집단 고유의 인격적 실체를 해명하기 위해 군이 '개인과 집단 간 동일시'를 필요로 하지 않는다는 점이다. 집단과 집단구성원들은 끊임없이 상호작용한다는 점에서 집단의 의사가 구성원들의 의사와 완전히 절연될 수는 없겠지만, 집단 '고유의' 의사가 개인의 의사와 반드시 동일한 것도 아니고, 또 그렇게 이론구성할 필요도 없다. 집단 고유의 의사는 우리의 삶과 맞물려 자연스럽게 드러난다. 본서의 이론이 타당하다면, 부도덕한 기업의 문화나 에토스, 정책 등에 의해 법인 종업원이 범죄를 저지른 경우, 플레처의 구상과는 달리, 반드시 그의 책임이 감경될 필요는 없다. 물론 플레처의 탁월한 통찰처럼 집단과 개인의 의사가 동일하다고 볼 수 있는 경우도 있겠지만, 대부분의 경우 집단의 부도덕한 문화와 환경에도 불구하고 개인의 자유로운 의사형성이 분명 충분히 가능할 것이기 때문이다.

---

84) 본서 PART II의 제6장과 제7장을 참조할 것.

PART III

.

.

.

ANETHOPATH

PART Ⅲ에 대한 소개

  아네토패스(anethopath). 사이코패스를 일컫는 다른 표현이다. 어원적으로는 에토스가 결여된 자를 뜻하며, 정신의학상 도덕적 억제능력이 없는 자로 정의된다. 태어날 때부터 영혼이 부재한 자라고도 불린다.

  2009년 4월 수원지법 안산지원 형사1부는 한동안 세간을 떠들썩하게 만들었던 연쇄살인범에 대해 사형을 선고했다. 재판부는 판결이유로 "뚜렷한 동기 없이 살인 자체를 즐긴 지극히 반사회적인 범죄로 범행 후에도 진솔한 참회나 피해 회복을 위한 노력을 외면하는 등 이해하기 힘든 행태를 보여 재범의 위험성이 매우 높은 반면, 개선 교화의 가능성을 찾기 어렵다"고 설시하며, "반인륜적이고 엽기적인 범행으로 인해 사회에 큰 충격과 경악을 불러일으켰고, 억울하게 죽은 피해자와 유족들의 고통을 고려할 때, 피고인을 영원히 사회로부터 격리시키는 사형선고는 불가피하다"고 판결문을 마무리 하였다. 진단결과, 그는 사이코패스였다.

  사이코패스 범죄자에 대한 일반의 법감정은 엄벌주의적이다. 법원의 판단도 역시 이와 다르지 않은 듯 보인다. "재범의 위험성은 높은 반면, 개선 교화의 가능성은 찾기 어렵다"는 인식이 이를 잘 보여준다. 무고하게 희생된 피해자와 유족들의 고통을 감안하면 법원의 판결은, 교란된 법질서를 바로잡고 침해받은 사회정의를 회복시키고자, 사법기관으로서의 본분을 충실히 이행하려는 의지로 충분히 이해할 수 있을 것이다. 그런데 과연 법원은 법리적으로 이성적인 판단을 내리고 있는 것일까?

  2010년 12월 여중생을 잔인하게 성폭행하고 살인한 범죄자에 대해 부산고법 형사2부는 사형을 선고한 원심을 파기하고 무기징역을 선고했다. 재판부는 "길에서 태어났다는 의미로 지어졌다는 이름(길태)에서도 느껴지듯 입양된 피고인은 성장 과정에서 가족과 유대단절, 전과자로서 당한 사회적 냉대 등을 가족과 사회가 보살피지 못해 반사회적 인격장애를 가진 범죄자가 됐다"며 "사회적 책임은 도외시한 채 모든 잘못을 피고인 개인 책임으로 돌리는 것은 가혹하다"고 감형이유를 밝혔다. 이어 "피고인의 범죄전력 등을 볼 때, 처음부터 계획적으로 피해자를 살해하려 한 것이라기보다 피해자가 적극적으로 반항하자 우발적으로 살해한 것으로 보인다"며 "이전에 살인죄로 처벌받은 전력이 없고, 이 사건에서도 생명권 침해가 한 사람에 그쳤다."고 말했다. 또 재판부는 "범행 당시 피고인이 온전한 정신상태였다고 보기 어렵고, 각종 정신감정결과 등에 대해서는 현대 정신과학 및 의학의 불완전성도 고려해야 한다"고 밝힌데 이어 "사형선고는 불특정 다수를 무자비하고 계획적으로 살해하는 등 수형자가 살아 숨 쉬는 것 자체가 국가나 사회의 가치와 존립할 수 없는 조건 하에서만 해야 한다"고 설시하였다. 여러 측면에서 논란의 소지가 많이 있겠지만, 엄벌주의로 일관한 이전의 판례에 비해 다소 이성적인 태도를 보인 판결로 평가할 수 있을 것이다. 특히 정신감정상 정신병이 없는 것으로 판명되었어도 온전한 정신상태였다고 보기 어렵다는 설시한 점, 반사회적 인격장애자가 되기까지의 사회적 책임은 도외시한 채 모든 책임을 개인 책임으로 돌리는 것은 가혹하다고 감형이유를 밝힌 점 등이 주목을 끈다.

고무적이게도, 판례의 이처럼 변화된 태도는 계속 감지된다. 2011년 2월 서울고법 형사8부는 흉기로 부녀자를 위협해 성폭행하고 금품을 강탈한 혐의 등으로 기소된 허모(45)씨에게 사형을 선고한 1심을 깨고 무기징역을 선고했다. 재판부는 "허씨가 경제적으로 무능한 아버지와 정신병을 앓는 어머니 사이에 태어나 학대와 빈곤에 시달렸고 청소년기에 어머니가 자살해 가정해체와 학업 중단을 겪는 등 가정과 사회가 자신을 버렸다고 인식한 나머지 반사회적 인격장애를 가진 괴물로 성장한 게 아닌가 하는 의문을 떨치기 어렵다"고 밝혔다. 또 재판부는 "그를 평생 격리시키더라도 사회를 충분히 방어할 수 있고 성장과정이나 수사 및 재판에서 보여준 반성 내용 등을 볼 때 교화나 개선 가능성을 기대할 수 있는 점이 함께 고려돼야 한다"며 "공동체 유지를 위해 허씨의 존재 자체를 부정해야 한다고 단언하기에는 부족하므로 사형은 가혹하다"고 덧붙였다. 동 판결을 두고 각종 매스컴은 "어린 아들을 바로 곁에 둔 여성을 성폭행하는 등 부녀자 21명에게 강도·강간을 일삼아 1심에서 사형을 선고받은 40대 남성이 항소심에서 무기징역으로 감형받았다"며 일제히 비난조의 기사를 앞 다투어 실었지만, 법원은 분명 이러한 유형의 사건 배후에 가려져 있던 '어떤 진실'을 보기 시작한 것이고, 그것이 확고해 진다면 앞으로 더 이상 감정적으로 대처하지 않을 것이다.

외국의 경우 사이코패스의 책임능력 인정유무에 대한 반성적 논의가 다양한 층위에서 전개되어 왔다. 사이코패스는 분명 정신병자와는 달리 명확한 시비변별능력을 갖추고 있지만 그렇다고 행위통제능력도 정상인 수준으로 온전하지는 않기 때문에 책임능력을 제한하고 대신 치료중심적 법적 대응을 강구해야 한다는 견해가 있는 반면, 그 범행수법이 교활하고 잔인한데다가 재범의 위험성은 현저히 높으나 치료는 거의 불가능한 바, "우리 사회의 암적인 존재"인 이들에게 법적으로 온정을 베풀 여지는 없으며 따라서 중형에 의해 엄정하게 대처해야 한다는 강경론도 한 축을 이루고 있다. 그러나 우리의 경우는 사이코패스에 대한 형사적 대응방안에 있어서 필벌적인 강경론만이 지배적이었다. 진지한 반성적 논의가 전무한 실정이었던 것이다. 바로 이러한 맥락에서 위의 두 판결은 매우 고무적이라 하지 않을 수 없다.

2010년 10월 서울대학교의 근대법학교육 백주년기념관에서 개최된 "법과 인지과학의 대화"란 학술회의에서 대전지방법원의 김동현 판사는 자신의 발표문 "인지과학적 관점에서 바라본 자유의지와 형사책임론의 문제"에서 다음과 같이 술회한다. "어떤 이들의 범죄성향은 그의 유전적, 환경적 소인에 큰 영향을 받는다. 재판에 회부되는 범죄자들의 대부분이 소득과 학력수준이 낮거나 깨어진 가정에서 자라난 사람들이라는 데에서, 어떤 사람이 범죄자가 되는 것은 결국 운명적으로 예정되어 있는 것이 아닌가 하는 생각마저 들 때가 있다"며, "그러므로 법관이

재판의 현장에서 범죄자들에 대해 형을 선고하는 일은, 법관의 양심을 예리하게 찌르는 일임을 부인하기 어렵다. 재판하는 자와 재판받는 자의 차이라는 것이 결국 그의 태생적 조건으로부터 기원한다는 사실을 인식하는 순간, 법관이 범죄자에 비하여 도덕적 우월감을 갖는 것은 다소 몰염치한 일이라는 것을 알게 된다. 그것은 법관이 대변하고 있는 모든 사회구성원들이 함께 느껴야 할 수치감이다"1) 앞의 두 항소심 판결과 유사한 맥락의 문제의식을 공유하고 있는 것이다. 역시 같은 맥락에서 위 학술회의에서 발표된 이정모 교수와 손지영 박사의 "법 인지과학: 법 영역의 인지과학적 접근"이라는 공동논문도 형사책임과 관련해 "더 이상 이러한 낡은 법학을 우리에게 가르치지 말아 달라"2)는 취지를 전달하고 있다는 점에서 학계의 한 걸음 진보한 모습을 잘 대변해 주고 있다. 바야흐로 우리학계도 사이코패스의 책임능력에 대해 본격적인 논의의 장에 들어서기 시작한 것이다.

　필자는 2009년 6월 "사이코패스 I – 범죄충동·원인론·책임능력"을 공저로 출간한 바 있다. 이 책에서 필자는 사이코패스의 통제하기 힘든 범죄충동이 유전적·생물학적 요인과 사회·환경적 요인의 복합적 작용에서 비롯되며, 그 중에서 생물학적 요인이 가장 직접적인 요인이 된다고 주장하였다.3) 또한 사이코패스는 사물변별능력은 온전함에 비하여

---

1) 김동현, 인지과학의 관점에서 바라본 자유의지와 형사책임론의 문제, 「법과 인지과학의 대화」 (서울대학교 법학연구소 학술회의자료집, 2010), 78면과 113면.
2) 이에 대해서는 이정모·손지영, 법 인지과학: 법 영역의 인지과학적 조명, 「법과 인지과학의 대화」 (서울대학교 법학연구소 학술회의자료집, 2010), 50-51면. 이 표현은 2000년부터 2003년 사이에 프랑스와 영국 및 미국의 유수대학 학생들이 "이러한 낡은 경제학을 더 이상 가르치지 말아달라"는 공개 성명서를 낸 데서 유래한 것이다. 보다 자세히는 박만섭 편, 경제학, 더 넓은 지평을 위하여 (이투신서, 2005), 4면 이하 참조.
3) 서울대병원 정신과 권준수 교수는 2010년 3월 20일 서울대병원에서 열린 '뇌기능 매핑학회'에서 사이코패스가 뇌 기능 장애에서 비롯됐다는 분석 결과를 발표했다. 권 교수에 따르면, 모든 정신질환과 마찬가지로 사이코패스도 뇌 기능의 문제로 설명하는 게 최근 과학계의 정설이며, 환경적 요인보다는 생물학적인 요인에서 그 발병 원인을 찾고 있다고 한다. 이는 필자의 주장과 동일한 결론이다.

행위통제능력은 결여되었거나 미약할 수 있으므로 이들에게 심신장애를 인정해야 한다고 역설하였다. 나아가 사이코패스의 치료가능성을 긍정함으로써 이들에 대한 형사적 처우방법으로 치료감호를 제안하였다.[4]

　　PART Ⅲ는 위 책의 제3장과 제4장의 내용을 재수록한 것이다. 이미 기 출판된 책의 내용을 본서에 편입시키기로 결정한 것은 두 가지 이유에서다. 첫째, 위 항소심 판결과 법과 인지과학에 관한 학술회의 논문들처럼 앞으로도 계속 형사책임에 관한 다양한 관점의 접근이 이루어지기를 희망해서이고 둘째, 그럼에도 불구하고 아쉽게도 여전히 필자가 위 책에서 강조하고 했던 내용들이 우리 학계와 실무에서 충분히 이해되고 있지 못하다는 판단에서이다. 좀 과격하게 말하자면 필자가 위 책에서 주장하고자 했던 논지의 절반도 이해되고 있지 못한 것 같다.[5] 물론 여기에는 필자의 책임도 크다. 어디에선가 책의 내용이 너무 어렵다는 호소를 들은 적이 있다. 물론 또 다른 이유도 있을 것이다. 어쨌든 이번에 재수록함에 있어서 보다 이해하기 쉽게 가다듬는데 역점을 두었다. 논지를 파악하는데 혼란이 없도록 하기 위해 재수록할 내용들을 가

　　이에 대해서는 CNB저널 제162호 참조.

4) 안성조·서상문, 사이코패스Ⅰ - 범죄충동·원인론·책임능력 - (경인문화사, 2009) 참조.

5) 그나마 다행히 최근 신경과학계에서 "홍성욱·장대익 편, 뇌 속의 인간, 인간 속의 뇌 (바다출판사, 2010)"라는 책을 펴내 신경윤리학적 연구지평을 넓히기 위한 시도를 하고 있는 점은 고무적이다. 그리고 형법학계에도 "김성돈, 뇌과학과 형사책임의 새로운 지평, 형사법연구 제22권 제4호, 2010, 125-148면", "이인영, 뇌영상 증거의 과학적 증거로서의 기능과 한계, 형사법연구 제22권 제4호, 2010, 255-274면" 등의 두 편의 논문이 필자가 주장한 일부 논지를 다루고 있다. 필자의 주요 논지들 중 사이코패스를 사회적 최소수혜자로 볼 수 있다는 견해에 공감을 표하는 글로는 이상돈, 형법강의 (법문사, 2010), 404면. 반면 (사이코패스) 범죄인 다수의 열악한 사회적 환경을 고려해야 한다는 취지에는 공감하면서도 이들을 최대의 이익을 받아야 하는 최소수혜자로 규정하는 데는 의문이 있다고 보는 글로는 조국, 토론문("김동현, 인지과학의 관점에서 바라본 자유의지와 형사책임론의 문제, 「법과 인지과학의 대화」"에 대한 토론문), 121-122면 참조.

장 핵심적인 내용으로만 한정하였고, 가독성을 높이기 위해서 난해하고 불명료한 표현을 가급적 쉽게 수정하였다. 아울러 그동안 새롭게 발굴하게 된 논문과 자료들을 반영해 논거를 보강하였고 필자의 견해에 대한 새로운 반론들을 비판적으로 검토하고, 이를 재논박하기 위해 노력하였다. 모쪼록 이러한 결과물이 보다 많은 사람들에게 널리 공감되고 실무에서도 유용하게 활용될 수 있기를 희망해 본다.

§ 13. 사이코패시의 원인론과 치료가능성

Ⅰ. 사이코패시의 발생원인과 치료가능성

사이코패스(psychopath: 精神病質者)가 저지르는 범죄에 대하여 필요·적절한 대책을 마련하기 위해서는 무엇보다도 그러한 범죄를 유발하는 밀접한 요인으로 작용하는 정신병질(精神病質), 즉 사이코패시(psychopathy)의 원인에 대한 이해가 전제되어야 할 것이다. 사이코패시의 원인에 대해서는 이 분야의 저명한 권위자의 한 사람인[1] 헤어의 견해가 매우 논쟁적인 형태로 제시되어 있다.

헤어의 입장을 간단히 정리하자면, 사이코패시는 선천적인 생물학적 요인과 후천적인 사회·환경적 요인이 복합적으로 상호작용해서 나타난 결과다.[2] 그는 사이코패시의 직접적 유발요인이 아직은 명확히 밝혀지지 않고 있음을 인정하면서도[3] 후천적 요인보다는 선천적 요인이 보다 직접적인 원인으로 작용한다고 주장한다. 헤어의 주장에 따르면 나쁜 환경이나 유년기의 부적절한 양육이 사이코패시를 유발하는 직접적 요인은 아니며, 다만 이미 선천적·생물학적 작용으로 준비된 사이코패시적 특성을 발달시키고 행동적으로 표출시키는 기능을 한다.[4] 헤어는 다음과 같이 말한다.

---

1) 헤어에 대한 이러한 평가로는 Grant T. Harris, Tracy A. Skilling, & Marine E. Rice, The Construct of Psychopathy, *28 Crime & Justice 197* (2001), 203면.
2) Robert D. Hare, Without Conscience: The Disturbing World of the Psychopaths Among Us (New York: The Guilford Press, 1999, Originally published 1995), 166면과 173면 참조.
3) Robert D. Hare, 앞의 책, 165면.
4) Robert D. Hare, 앞의 책, 173-174면.

"나는 사이코패시가 생물학적 요인과 사회적 요인이 복합적으로 작용해서 나타난다는 견해를 선호한다. 이 견해는, 유전적 요소가 뇌 기능의 생물학적 토대와 인격의 근본구조(basic personality structure)에 기여하며, 그럼으로써 삶의 경험과 사회적 환경에 대한 개인의 반응방식과 상호작용에 영향을 미친다는 증거에 기초해 있다.5) 실제로 사이코패시의 발달에 필요한 공감능력의 심각한 부족과 두려움 등의 감정일체를 느낄 수 있는 능력의 결여는, 일부는 선천적으로 또는 태아나 신생아일 때 어떤 밝혀지지 않은 생물학적 영향으로 인해 갖추어진다. 그 결과, 내면적 통제와 양심을 발달시키고, 타인과 감정적 '관계(connections)'를 형성할 수 있는 능력이 현저하게 저하되는 것이다."6)

이와 같은 헤어의 주장이 논란을 불러일으키는 이유는, 사이코패시의 원인에 대한 기존의 여러 견해를 논박하면서 생물학적 요인이 직접적인 역할을 한다고 명확히 하였기 때문이다.

사이코패시의 원인론은 형사정책적으로도 중요한 의의를 갖고 있다. 사이코패스 범죄에 대응하기 위해서는 무엇보다도 사이코패시의 원인이 규명되어야만 그것을 토대로 필요·적절한 대책이 수립될 수 있기 때문이다. 그런데 일반적으로 사이코패시의 치료는 거의 불가능한 것으로 알려져 있다.7) 그로 인해 치료를 받은 후에도 재범의 위험성이 현저히 높은 것으로 보고되고 있다.8) 바로 이 점은 일반인의 법감정은 물론 많

---

5) 이 점에 대해 헤어는 다양한 과학적 증거자료를 제시하고 있다. Robert D. Hare, 앞의 책, 173면의 각주 17) 참조.

6) Robert D. Hare, 앞의 책, 173면.

7) 이에 대해서는 Grant T. Harris, Tracy A. Skilling, & Marine E. Rice, 앞의 논문, 232면 이하 참조. 사이코패시의 치료에 부정적 입장을 보인 선구적 문헌으로는 "R. von Krafft Ebing, Textbook of Insanity (Philadelphia: F.A. Davis, 1904, Translated by Charles G. Chaddock)"가 있으며, 여기서 어빙은 도덕적으로 미친 자들(morally insane individuals)의 치료가능성에 대해 "가망이 없다(without prospect of success)고 보았다고 한다. 이에 대해서는 Jan Looman, Jeffrey Abracen, Ralph Serin, & Peter Marquis, Psychopathy, Treatment Change, and Recidivism in High-Risk, High-Need Sexual Offenders, 20 Journal of Interpersonal Violence 549 (2005), 549면 참조.

8) 이에 대해서는 Robert D. Hare, 앞의 책, 198면 이하 참조. 특히 헤어의 조사에 의하면 일정한 치료프로그램은 "사이코패스의 치료에 효과가 없을 뿐만 아니라

은 형사사법관련 실무가 또는 연구자들에게 있어서 사이코패스 범죄에 대해 엄벌주의적 입장을 고수하게끔 만드는 주된 요인이 되고 있는 것으로 보인다.9) 만일 그 치료가능성이 매우 비관적이라면, 사이코패스 범죄자에 대한 강경론의 입장은 상당히 설득력이 있을 것이다. 그러나 사이코패시에 대한 적절한 치료프로그램의 개발이 가능하고, 그 효과가 입증될 수 있다면, 형사적 대응에 있어서 다른 대안을 모색하지 않을 수 없을 것이다. 과연 사이코패시는 치료가 불가능한 것일까? 사이코패시의 원인이 밝혀질 수 있다면, 그 원인의 제거 또는 조작을 통해 치료가 가능해질 수 있는 것은 아닐까? 이하 본고에서는 이와 같은 문제의식 하에 사이코패시의 원인에 대한 현재까지의 다양한 견해를 비판적으로 검토해 보고, 그 치료가능성에 대한 최신의 논의를 살펴볼 것이다. 이를 통해 사이코패스 범죄자에 대한 형사적 대응의 바람직한 방향을 모색해 보고자 한다.

II. 원인에 대한 여러 견해의 검토

1. 원인론

사이코패시의 원인에 대해서는 "선천적인 본성(Nature)에서 비롯된다"는 주장과 "후천적으로 길러진다(Nurture)"는 주장이 있지만, 이 두 가지 요인이 복합적으로 작용하여 발생한다는 것이 오늘날 지배적인

오히려 그들을 더욱 악화시키기까지 한다고 한다!" 이에 대해서는 Robert D. Hare, 앞의 책, 199면 참조. 관련 문헌으로는 G.T. Harris, M.E. Rice, & C.A. Cormier, Psychopathy and violent Recidivism, *15 Law and Human Behaviour 625* (1991), 625면 이하.

9) 이러한 입장의 대표적 문헌으로는 Christina Lee, The Judicial Response to Psychopathic Criminals: Utilitarianism over Retribution, *31 Law & Psychol. Rev. 125* (2007), 125면 이하 참조.

견해로 보인다.10) 유력하게 제시되고 있는 견해들은 다음과 같다.

1) 사회·환경적(Social/Environmental) 원인론

사이코패시의 원인을 사회·환경적 요인에서 찾는 이론은 크게 두 가지로 대별될 수 있다. 그 하나는 유소년기의 가정·환경적 요인에 초점을 맞추는 견해이고, 다른 하나는 보다 거시적인 사회구조 및 문화적인 차이에 주목하는 견해이다.

먼저 전자의 입장을 취하는 윌리엄 맥코드(William McCord)와 존 맥코드(Joan McCord)에 따르면 유년기에 부모로부터 요구를 거부당했을 때에 겪게 되는 신경 기능의 훼손11)과 이를 더욱 악화시키는 주변 환경, 그로 인한 정서적 박탈이 바로 사이코패시의 원인이 된다는 "신경사회학적(neurosocial)" 모델을 제시한 바 있다.12) 그러나 이에 대해서 첫째, 유년기의 양육방식에 주목한 이러한 학설은 '회상적 보고', 다시 말해 과거의 일을 개인적으로 회상한 자료에 의해 기초하고 있기 때문에 지극히 조심스럽게 해석되어야 한다는 지적이 있다. 만일 현재 사이코패스 판정을 받은 사람에 대한 유년기의 사건을 회상해 보라고 다른 사람들에게 요구하면, 비행을 저질렀던 사건들은 회상되기 쉬운 반면에, 모범적이거나 정상적인 사건들은 간과되기 쉽다는 것이다. 특히 정신병질자 자신들의 회상적 보고는 더욱더 신뢰할 수 없다고 한다.13)

---

10) 이러한 입장의 대표적 최신문헌으로 마사 스타우트(Martha Stout)/김윤창 역, 당신 옆의 소시오패스(The Sociopath Next Door) (산눈, 2008), 192면 이하 참조. 마사 스타우트는 임상 심리학자이며, 하버드 의과대학 정신의학과 심리학 강사로 활동 중이다. 역시 동일한 입장으로는 Robert D. Hare, 앞의 책, 165면 이하 참조.

11) 예컨대 부모로부터 방임되거나 학대받은 유아는 보통 지능이 떨어지고, 우울증, 행동장애, 산만함, 폭력성향, 자기통제의 어려움 등을 겪게 될 위험이 높다. 이 점에 대해서는 Robert D. Hare, 앞의 책, 170면 참조.

12) William McCord & Joan McCord, The Psychopath: An Essay on the Criminal Mind (Princeton, N.J.: Van Nostrand, 1964), 91면.

13) 이러한 지적으로는 Gerald C. Davison, John M. Neale, & Ann M. Kring/이봉건

다음으로, 유년기의 겪었던 심리적인 충격(psychological trauma)과 적대적인 경험(adverse experience)이 '양심의 부재'와 같은 사이코패시의 핵심 특성을 유발한다는 설득력 있는 연구결과가 없다는 비판이 있다. 즉, 유년기의 불행한 경험이 범죄와 폭력을 낳을 수 있다는 점은 많은 연구들에 의해 입증되었지만[14] 그것이 곧 사이코패시를 초래한다는 연구성과는 없다는 것이다. 아울러 유년기의 부적절한 양육방식은 성인이 된 후 우울증이나 불안감에 시달리게 만들지만, 사이코패스는 그와 같은 괴로움을 겪지 않는다는 점도 신경사회학적 모델의 결함을 입증해 준다고 한다.[15] 실제로 다른 범죄자들과 달리 사이코패스 범죄자들은 불안정한 가정환경의 영향을 덜 받는다는 일단의 증거도 이를 과학적으로 뒷받침하고 있다.[16]

사이코패시의 발달에 영향을 미치는 미시환경적 영향에 대하여 또 다른 견해로는 '애착장애(attachment disorder)' 이론이 있다. 이는 간단히 말해 영아기에 부모 또는 양육자와 애착이나 유대관계 등의 심리적 결속이 이루어지지 못하면 사이코패시가 유발될 수 있다는 것이다. 애착이론(attachment theory)에 따르면 영아기의 적절한 애착은 감정적인 자기통제와 자신의 경험과 행동의 반성능력 등을 길러주고 나아가 다른 사람들과의 정서적인 결속을 형성할 수 있게 해 준다.[17] 이와 같은 영아기의 애착이 방해를 받을 때 '애착장애'가 일어난다. 많은 경험적 증거에 의하면 애착장애를 겪는 아이들은 충동적이고 냉정하며 폭력적

역, 이상심리학(Abnormal psychology) 제9판 (시그마프레스, 2005), 269면 참조.
14) 이 점에 대해서는 마사 스타우트(Martha Stout)/김윤창 역, 앞의 책, 203면.
15) 마사 스타우트(Martha Stout)/김윤창 역, 앞의 책, 203면.
16) 이러한 연구결과에 대해서는 Robert D. Hare, 앞의 책, 174-175면 참조.
17) 애착이론에 대한 소개로는 마사 스타우트(Martha Stout)/김윤창 역, 앞의 책, 205면. 부모의 무관심과 학대는 안정된 애착형성을 방해한다. 이러한 환경에 처한 아이는 영구적 뇌손상을 입기도 하며, 성장해 폭력적 범죄자나 자식을 학대하는 부모가 되는 경우가 많다는 보고가 있다. 이에 대해서는 마이어스(David G. Myers)/신현정·김비아 역, 심리학(Psychology) (시그마프레스, 2008), 196-197면 참조.

이라고 한다. 사이코패시의 특성과 애착장애의 증상의 유사성에 착안해 애착장애가 곧 사이코패시의 원인이라는 가설이 제시된 것이다.[18] 그러나 애착장애 이론에 대해서도 우선 이론의 경험적 증거 대부분이 유년기 경험에 대한 회상적 보고(retrospective reports)에 기초한 것이어서 이 역시 믿을 만한 과학적 증거가 결여되어 있다는 지적이 있다.[19] 또한 애착장애의 증상들과 사이코패시의 전형적인 특성은 유사하기도 하지만 근본적인 차이점이 있다는 비판이 있다. 즉, 사이코패스와 달리 애착장애자들은 대인관계에서 매력적이거나 능란한 경우가 거의 없다고 한다. 사이코패스는 목적을 위해 필요한 경우 속마음을 감추고 타인을 속이고, 유혹하고, 조종해 사기행각을 벌일 수도 있지만, 이 애착장애자들은 대인관계에 있어서 대개 불쾌감을 주며, 억지로 정상적인 척하려고 노력하지도 않는다는 것이다.[20] 요컨대 애착장애가 사이코패스 특유의 남을 속이는 매력 등 사이코패시적인 증상 전반을 유발한다는 증거는 전혀 없다고 한다.[21]

다만 헤어에 의하면 "부적절한 양육이나 유년기의 적대적인 경험이 사이코패시의 직접적인 원인은 아니지만, 선천적으로 지닌 사이코패시적 소질을 발현시키는 데 중요한 역할을 한다." 즉, 가정·환경적 요소는 사이코패시가 발달하고 행동적으로 표출되는 방식에 영향을 준다는 것이다.[22] 이와 유사한 맥락에서 스티븐 포터(Steven Porter)는 일차적 사

---

18) 이에 대해서는 마사 스타우트(Martha Stout)/김윤창 역, 앞의 책, 205-208면.

19) Robert D. Hare, 앞의 책, 172면.

20) 이러한 지적으로는 마사 스타우트(Martha Stout)/김윤창 역, 앞의 책, 209면.

21) Robert D. Hare, 앞의 책, 172면. 사이코패시가 유년기 애착장애의 결과라는 주장에 대하여 헤어는 오히려 그러한 유대관계의 장애는 사이코패시의 증상의 하나라고 주장한다. 이러한 아이들은 유대관계를 맺는 능력이 부족한데, 그들의 애착결핍은 사이코패시의 원인이 아니라 대체로 그 결과라는 것이다. 같은 책, 172면 참조.

22) 사이코패시적 인격특성을 가진 사람이 안정된 가정에서 긍정적인 사회·교육적 혜택을 받고 성장하면 사기꾼이나 화이트칼라 범죄자, 또는 다소 떳떳하지 못한 기업가나 정치가, 전문가 등이 될 수 있고, 반면에 그러한 사람이 빈곤하고 불안정한 가정에서 성장하면 떠돌이나 청부업자, 또는 폭력범죄자가 될 수 있다고 한

이코패시와 이차적 사이코패시를 구분해야[23] 한다고 주장하면서, 일차적 사이코패시는 유전적으로 형성된 것이고, 반면에 이차적 사이코패시는 정서적 무감각 상태 등의 외상 후 스트레스 장애[24]를 초래하는 해리장애[25]의 일종으로 간주될 수 있다고 한다.[26] 특히 아동기 학대 등의 유

다. 이상의 내용에 대해서는, Robert D. Hare, 앞의 책, 174면.

23) '일차적(primary) 사이코패시와 '이차적(secondary) 사이코패시'의 분류는 1941년에 허비 클레클리(Hervey Cleckley)가 "The Mask of Insanity"에서 처음 시도한 것으로서 현재까지 잘 알려진 분류법이다. 일차적 사이코패스는 PCL-R 상의 제1요소에 있어서 이차적 사이코패스에 비해 상대적으로 높은 점수를 얻는다. 반면 이차적 사이코패스는 제2요소에서 높은 점수를 보인다. 일차적 사이코패스는 처벌이나 스트레스, 비난 등에 대해 무반응을 보이며, 반사회적 충동을 억제할 수 있는 능력을 보이는데, 그 이유는 양심 때문이 아니라 그러한 충동억제가 그들의 목적 달성에 더 부합되기 때문이다. 이차적 사이코패스는 심한 스트레스와 불안감, 죄책감 등을 보이고 공격적인 성향을 띤다. 한 마디로 전자는 정서적으로 안정된(stable) 사이코패스인 반면 후자는 공격적인(aggressive) 사이코패스라고 볼 수 있다. 이차적 사이코패스는 '완전히 사이코패스적인' 자는 아니라고 말할 수 있다. B. Hicks, K. Markon, C. Patrick, & R. Krueger, Identifying psychopathy subtypes on the basis of personality structure, *16 Psychological Assessment 276* (2004), 276-288면 참조. 이와 달리 2차적 사이코패스를 정신병이나 신경중에서 비롯된 반사회적 행위자를 일컫는 용어로 사용하며, 양심, 죄책감, 공감능력 등이 결여돼 자기중심적, 충동적으로 행동하는 일차적 사이코패스와 구분해야 한다는 견해도 있다. 즉, 같은 용어지만 다른 의미로 사용하고 있다. 이에 대해 Ben Karpman, The Myth of the Psychopathic Personality, *104 American Journal of Psychiatry 523* (1948), 523-534면 참조.

24) 외상 후 스트레스 장애란, 대단히 충격적인 외상적 사건의 후유증으로 인해 겪는 불안과 정서적 무감각 상태를 말한다. 이 장애에 시달리는 사람은 낮에는 고통스러운 과거 경험이 머릿속에 엄습해 오고 밤에는 악몽을 꾼다. 이 환자는 주의를 집중하는 데 어려움을 겪으며, 주변 사람이나 주변의 일에 대해 거리감을 느낀다. 이에 대해서는 Gerald C. Davison, John M. Neale, & Ann M. Kring/이봉건 역, 앞의 책, 13면, 111면 이하 참조.

25) 해리장애란 아동기의 신체적, 성적 학대 등으로 인해 의식과 기억 및 정체감 등이 붕괴되는 상태를 말한다. 이 환자들은 극도의 건망증과 기억상실을 겪거나 다중인격을 띠기도 한다. 보다 상세한 내용으로는 Gerald C. Davison, John M. Neale, & Ann M. Kring/이봉건 역, 앞의 책, 140면 이하 참조.

년기의 적대적인 경험은 이차적 사이코패시를 발달시키는 데 중요한 역
할을 한다고 포터는 주장한다.27)

사이코패시의 원인을 유소년기의 가정·환경적 요인보다는 거시적인
사회적 구조(social structure) 및 문화적인 영향력에서 찾는 견해가 있다.
마사 스타우트에 의하면 사이코패시에 미치는 환경적 영향은 자녀양육
의 여러 요인들보다는 폭넓은 문화적 특성들에서 더 확실하게 찾을 수
있다고 한다. 실제로 사이코패시의 발생을 문화와 관련짓는 것은 특정
한 자녀양육 변수에서 답을 구하는 것보다 현재까지 더욱 많은 성과를
거두어 왔다고 한다.28) 다수의 문헌기록에 의하면 사이코패시적 성격특
성을 지닌 사람들은 시대와 지역을 초월해 보편적으로 존재해 온 것으
로 보인다.29) 일례로 헤어는 사이코패스가 성서를 비롯해 고전기와 중
세 문헌기록에 모두 등장하고 있다는 전거를 제시해 주었고,30) 또한 제
인 머피(Jane M. Murphy)는 캐나다 한랭지역에 거주하는 이누이트족31)

---

26) 외상 후 스트레스 장애와 해리장애는 서로 범주를 달리 하는 별개의 장애이지만,
    외상 후 스트레스 장애는 외상을 받았을 때, 건망증 등의 해리증상이 심할수록
    나타날 가능성이 높다는 점에서는 서로 관련성이 있다. 이 점에 대한 상세한 설
    명으로는 Gerald C. Davison, John M. Neale, & Ann M. Kring/이봉건 역, 앞의
    책, 115면 참조.

27) Steven Porter, Without Conscience or Without Active Conscience? The Etiology
    of Psychopathy Revisited, *1 Aggression & Violent Behaviour 179* (1996), 179면
    과 183면. 동 문헌에 대한 소개로는 Matthew Owen Howard, James Herbert
    Williams, Michael George Vaughn, & Tonya Edmond, Promise and Perils of A
    Psychopathology of Crime: The Troubling Case of Juvenile Psychopathy, *14
    Wash. U. J.L. & Pol'y 441* (2004), 475면 참조.

28) 마사 스타우트(Martha Stout)/김윤창 역, 앞의 책, 210면.

29) 마사 스타우트(Martha Stout)/김윤창 역, 앞의 책, 211면.

30) Robert D. Hare, Psycopaths and their nature: Implication for the mental health
    and criminal justice system, in: T. Milton, E. Simonsen, M. Birket-Smith, & R.D.
    Davis (eds.), Psychopathy: Antisocial, criminal and violent behaviour (New York:
    Guilford Press, 1998), 188면 이하 참조.

31) 캐나다의 한랭 툰트라지대를 주된 생활영역으로 하며 에스키모어를 모국어로 하
    는 수렵민. 전에는 에스키모라고 불렸으나 현재는 이누이트가 정식 민족명칭이

에게도 사이코패시적 특징을 지니는 성격유형을 지닌 사람을 일컫는 '쿤랑에타(kunlangeta)'라는 명칭이 존재함을 보여주었다.[32] 이와 같이 사이코패시가 동서고금에 보편적으로 존재하는 인격장애인 점에 비추어 볼 때, 사이코패시의 유병률(prevalence)이 문화·지역적으로 현저한 차이가 있다는 흥미로운 사실에 사회구조 및 문화적 원인론은 주목한다. 영어권 국가들은 유병률이 3.2%로 유사한 데 반해, 중국[33]과 일본[34] 등 동아시아 문화권의 유병률은 0.14%로 매우 낮다.[35] 이처럼 사이코패시는 일부 동아시아 국가들에서는 비교적 드물게 나타나,[36] 태국의 도시 및 농촌 지역에서 실시된 한 연구에서는 서구권 국가의 평균인 4%에 비해 현저히 낮은 0.03-0.14%로 나타났다고 한다.[37] 이러한 현상을 두고 조엘 패리스(Joel Paris)는 강력하고 권위적인 부권과 높은 수준의 가족적 유대감이 결합된 문화는 사이코패시 유병률을 저하시키고, 그 반대의 문화적 특성은 이를 증진시키는 것으로 해석한다. 따라서 제2차 세계대

다. '이누이트'는 에스키모어로 '인간'이란 뜻이다.

32) 쿤랑에타는 "반복적으로 타인을 속이고 물건을 훔치며, 사냥하러 나가지 않고, 다른 남자들이 마을을 떠나 있을 때 여러 여자들을 성적으로 농락하는 남자"를 뜻하며, 이누이트족은 쿤랑에타가 불치임을 인정해 전통적으로 그들은 쿤랑에타를 사냥에 끌고나가 인적 없는 낭떠러지에 밀어버린다고 한다. 이에 대해 Jane. M. Murphy, Psychiatric Labeling in Cross-Cultural Perspective: Similar kinds of Disturbed Behaviour appear to be labeled Abnormal in Diverse Cultures, *191 Science 1019* (1976), 1019면 이하 참조.

33) 중국 내 사이코패시 유병률이 낮다는 사실은 중국인들에게 사이코패스란 용어가 상당히 낯설다는 점에서도 간접적으로 확인할 수 있다. 중국에서 학술교류 차 우리나라에 방문한 산동대학교의 두 교수로부터 중국에는 사이코패스란 용어가 거의 알려지지 않았다는 사실을 알게 되었다.

34) 일본 내 사이코패시의 원인과 실태에 대한 진단으로는 Takamura Karou & Noda Masaaki, Japanese Society and Psychopath, *Japan echo*, October 1997, 9-13면 참조.

35) 이 점에 대해서는 Charles Fischette, Psycopathy and Responsibility, *90 Va. L. Rev. 1423* (2004), 1435면 참조.

36) 관련 연구문헌에 대해서해서는 마사 스타우트(Martha Stout)/김윤창 역, 앞의 책, 212면의 각주 48) 참조.

37) 마사 스타우트(Martha Stout)/김윤창 역, 앞의 책, 212면.

전 이후 번영기에 서구 국가에서 사이코패시 유병률이 증가한 원인을 전통적 가족제도의 붕괴에서 비롯된 것으로 분석해 낸다.38)

스타우트는 1991년 미국 젊은 층의 반사회적 성격장애 유병률이 15년 사이에 두 배나 증가했다는 연구결과보고에 주목하면서, 그러한 변화를 생물학적인 요인만으로는 설명하기가 불가능하며, 사이코패시의 발생에 문화적 요인이 매우 중요한 역할을 한다고 주장한다.39) 스타우트의 분석에 의하면, 미국 사회에 사이코패시가 창궐하는 원인은, 미국 문화가 중국 등 동아시아 지역의 집단중심적 문화와 달리 개인 우선적 태도를 허용하고 자신을 위해서 또는 경쟁에서 남보다 우월해지기 위해 죄의식 없이 행동하고 심지어 다른 사람들을 조종하는 행위를 사회적으로 조장하기 때문이라고 한다.40) 동아시아의 많은 문화들은 종교적, 철학적으로 모든 생명체 간의 상호연관성을 중시하여, 그러한 연결의식을 토대로 하는 의무감과 양심을 사회전체가 긍정적으로 고취시켜, 사이코패스와 같은 반사회적 행위자가 비록 그들 자신이 다른 사람들과 연결되어 있다는 사실을 깨닫게 해 주는 내적 기제가 결여되어 있음에도 불구하고, 그들에게 친사회적 행위를 이끌어 내기에 충분한 외적 기제 역할을 하는 데 반해, 미국 등의 북미문화는 그와 반대되는 개인중심적 가치를 조장하기 때문에 사이코패스에게 타인과의 연대성을 일깨워 주는 외적 기제를 결여하고 있다는 분석이다.41) 요컨대, "(동아시아 지역) 어떤 문화들의 근본적인 신념체계는 사이코패스들을 긍정적으로 북돋아, 그들이 감정적으로 결여한 바를 인지적으로 보충하게끔 만들어 [주기]" 때문에 그 유병률이 서구 사회보다 낮다는 것이다.42)

---

38) Joel Paris, A Biopsychological Model of Psychopathy, in: Theodore Millon, Erik Simonsen, Morten Birket-Smith, & Roger D. Davis (eds.), Psychopathy: Antisocial, Criminal and Violent Behavior (New York: Guilford Press, 1998), 281면 참조.

39) 마사 스타우트(Martha Stout)/김윤창 역, 앞의 책, 212면.

40) 마사 스타우트(Martha Stout)/김윤창 역, 앞의 책, 213-214면.

41) 마사 스타우트(Martha Stout)/김윤창 역, 앞의 책, 214면 참조. 이와 유사한 지적으로는 Robert D. Hare, 앞의 책, 177면 참조.

2) 사회생물학적(Sociobiological) 원인론

비교적 새로운 분야인 사회생물학에서는 사이코패시란 정신의학적 장애가 아니라 유전에 기초한 특수한 번식전략의 하나라고 주장한다.[43] 사회생물학자들에 의하면 삶에 있어 우리의 주요한 임무 가운데 하나는 번식을 통해 유전자를 다음 세대로 전달하는 것이다. 우리는 다양한 방식으로 이를 실천에 옮길 수 있는데, 그 하나는 적은 수의 자녀를 낳아 자녀들이 성공적으로 살아남을 수 있도록 주의 깊게 양육하는 것이고, 다른 하나는 어떻게든 많은 수의 자녀를 두어 그들을 방치하거나 포기하더라도 그 중 일부가 살아남을 수 있도록 하는 것이다. 사이코패스는 극단적인 방식으로 후자의 전략을 고수하는 자일 것이라는 게 사회생물학자들의 입장이다.[44]

남성 사이코패스의 경우 다수의 자녀를 두기 위해 가급적 많은 수의 여성과 관계를 맺고 곧바로 헤어지는 전략을 취한다. 그러한 목적을 달성하기 위해서 그들은 여성을 속이거나 자신의 신분을 허위로 부풀리기도 한다. 그러나 사회생물학자들은 인간이 유전자를 전달하기 위해 의도적으로 성관계를 맺는다고는 주장하지 않는다. 다만 자연적인 본성이 우리로 하여금 유전자를 전달할 수 있도록 다양한 전략을 취하도록 만드는데, 사이코패스는 그러한 전략 중 하나인 "속이기(cheating)" 전략을 택한다는 것이다. 여성 사이코패스에게서도 이러한 "속이기" 전략을 찾아볼 수 있는데, 그들은 많은 남성들과 관계를 맺고 곧바로 떠나며, 자녀양육에는 등한시하는 경향을 보이기 때문이다.[45]

---

42) 마사 스타우트(Martha Stout)/김윤창 역, 앞의 책, 213-214면. 스타우트에 의하면 타인과의 연결성을 신념의 문제로 고수하는 문화에서는 대인의무에 관한 인지적인 이해를 사회전체가 가르쳐 준다고 한다.

43) 이러한 입장으로는 J. MacMillan & L.K. Kofoed, Sociobiology and Antisocial Personality: An Alternative Perspective, 172 *Journal of Mental and Nervous Diseases 701* (1984), 701-706면; H.C. Harpending & J. Sobus, Sociopathy as an Adaptation, *8 Etiology and Sociobiology 63* (1987), 63-72면 참조.

44) Robert D. Hare, 앞의 책, 166면.

사회생물학적 원인론에 대해서 헤어는 "혹자에게는 매우 강력한 직관적 호소력을 갖고 있지만 과학적으로 검증하기 힘들다. 왜냐하면 이를 지지해 주는 증거자료의 대부분이 정황적인 것(circumstantial)과 일화적인 것(anecdotal) 뿐이기 때문이다."고 비판한다.

3) 진화생물학적(Evolutionary Biological) 원인론

진화생물학적 입장에서는 사이코패스의 행동과 정서와 인지에 있어서의 제반 특성들과, 신경심리학적(neuropsychological)인 특성들을 결함이나 손상으로 보지 않으며, 대신 그러한 사이코패스적 특성들을 인간의 진화 역사에서 하나의 실현 가능한 생식적·사회적 생존전략(a viable reproductive social strategy)을 구성하는 일련의 조직적이고 기능적이며, 특수한 표현형적 특징들(phenotypic features)로 여긴다. 만일 초기 인간의 진화 역사가 협력이 일반화되고, 집단에서 집단으로의 이동이 비교적 쉬우며, '사기꾼'을 찾아보기 어렵다고 특징지어질 수 있다면, 사이코패스는 그러한 집단적 환경에 적응하기 위한 일생의 전략으로 간주될 수 있다고 한다. 예를 들어, 고대 사회에 있어서는 결속력 있고, 상호 이타적인 집단에 소속되는 것이 생존을 위해 적합했을 것이고, 따라서 인간의 유전적 성향은 성공적인 생존을 위해서 집단의 유대를 돈독히 하고, 집단의 규칙을 준수하는 것을 선호하는 방향으로 기울어져 왔을 것이며, 다수에 의한 이러한 유전적 전략은, 그 다수를 이용해 이익을 취할 수 있게 만드는 "대안적인 속이기 전략(alternative cheating strategy)"[46]을 탄생시키게 된 것이라는 가정을 할 수 있다는 것이다.[47] 이러한 대안적 전략이 효과적이기 위해서는 이기적이고, 냉담하며, 피상적으로만 매력적이고, 공감능력이 결여될 필요가 있다. 그러나 다수의 사람들이 이러

---

45) 이상의 설명으로는 Robert D. Hare, 앞의 책, 166-168면.

46) 이는 다수가 규칙을 잘 준수하는 사회에서 규칙을 지키지 않고 무임승차하여 부당한 이익을 보는 경우라고 보면 될 것이다.

47) Grant T. Harris, Tracy A. Skilling, & Marine E. Rice, 앞의 논문, 228-229면 참조

한 대안적 전략을 취하는 사기꾼이 될 경우 그 전략은 실패하게 될 것이다. 왜냐하면 그렇게 되면 이용해 이익을 취할 수 있는 대상이 적어지고, 사회전반에 사기꾼에 대한 경계심이 높아질 것이기 때문이다. 그러므로 집단에 순응적인 전략과, 집단을 이용하는 전략은 실행 빈도에 의존할 수밖에 없으며, 따라서 사이코패시는 그 낮은 유병률을 유지할 수밖에 없다고 한다.[48] 이처럼 진화생물학적 이론에 따르면 사이코패스는 상호협력적인 분위기의 사회 속에서 집단의 결속에 순응적인 다수의 생존전략과 다른 대안적인 전략을 취하는 소수의 "사기꾼"들로서 종족보존을 위해 단기적 짝짓기(short-term mating) 전략을 구사하거나, 사회적 지배권을 획득하기 위해서 공격적이고 위험스러워지기도 하며, 사회적 교환에 있어서 비호혜적(non-reciprocating)이거나 사기꾼적(duplicitous)인 전략을 취하게 된다. 요컨대 진화생물학적 원인론은, 사이코패스의 성격특성들이 호혜적 협력에 의해 지배되는 대인관계적인 환경속에서 살아남기 위하여 설계된 적자생존적 적응(Darwinian adaptation)의 특징들이라고 본다.[49]

그러나 진화생물학적 원인론에 대해서는, 흔히 사이코패시에 수반되는 신경심리학적 손상이라든가, 주의력의 결핍과 같은 다른 특성들도 적자생존을 위해 필요한 성격특성인가에 대해서 명확한 설명을 해 주지 못하고 있다는 비판이 제기된다.[50]

4) 편도체 및 전두엽 기능장애론

사이코패시의 생물학적 원인에 주목한 몇몇 연구결과(Blair, 2003; Yang, Raine, Lencz, Bihrle, LaCasse, & Colletti, 2005)에 의하면 편도체

---

48) Grant T. Harris, Tracy A. Skilling, & Marine E. Rice, 앞의 논문, 229면.

49) 이러한 입장으로는 Martin L. Lalumiere, Tracey A. Skilling, & Marnie E. Rice, Psychopathy and Developmental Instability, *22 Evolution & Human Behaviour 75* (2001), 75-78면 참조.

50) 이러한 비판으로는, Matthew Owen Howard, James Herbert Williams, Michael George Vaughn, & Tonya Edmond, 앞의 논문, 477면 참조.

(amygdala)의 기능장애가 한 원인이 될 수 있다고 한다. 편도체는 스트레스 해소, 즉 신체가 스트레스에 반응하는 것을 돕는 두뇌부위로서, 혐오조건 형성(aversive conditioning)[51]이나 도구적 학습(instrumental learning),[52] 그리고 두렵거나 슬픈 표정에 대한 적절한 반응과 관계가 있다.[53] 사이코패스에게는 이러한 편도체 기능이 손상된 것으로 보인다고 한다. 사이코패시 성향이 높은 사람들(PCL-R에 대해 28/40 이상인 사람들)은 편도체의 양이 적었고(Tiihonen et al., 2000), 중립적이고 부정적인 의미의 단어에 대한 반응이 정상인에 비해 느렸다(Kiehl et al., 2001).

이상의 연구결과로부터 편도체 손상이 사회화과정에 영향을 미친다는 것을 알 수 있다(Blair, 2003). 사회화과정은 '혐오조건 형성'이나 '도구적 학습'과 밀접히 관련되기 때문이다. 따라서 사이코패스는 반사회적 행동을 억제하는 법을 배울 수 없다고 볼 수 있는바, 왜냐하면 일정한 행동을 회피하는 법을 배운다는 것은 그 행동을 하면 스스로 혐오적인 반응(aversive response)을 일으켜 고통을 받을 수 있어야 하기 때문이다.[54]

---

51) '혐오조건 형성'이란 '혐오치료(aversive therapy)'라고도 불리며, 문제행동을 혐오를 불러일으키는 자극과 결부시켜 문제행동의 빈도를 감소시키는 방법이다. 예컨대, 알코올 중독자의 경우 술을 마시기 전에 구토제를 복용하게 반복시키면 술을 마실 때마다 고통스럽게 구토를 하게 되고, 이러한 경험이 반복되면 술을 볼 때마다 구토를 연상하게 되어 술을 피하게 되는 원리를 이용하는 것이다.

52) 어떠한 행동이 일정한 결과를 초래하도록 강화되거나 약화되는 절차를 통해 학습된다고 할 때, 그 행동은 결과에 대해 도구적인 역할을 한다고 볼 수 있으며, 이러한 학습절차를 '도구적 학습'이라고 한다.

53) 슬픔, 공포, 혐오 등의 얼굴감정표현에 대한 사이코패스의 인지능력에 대한 최신의 연구결과로는 Anita Lill Hansen, Bjørn Helge Johnsen, Stephen Hart, Leif Waage, & Julian F. Thayer, Psychopathy and Recognition of Facial Expressions of Emotion, 22 *Journal of Personality Disorders 639* (2008), 639-643면 참조. 이 연구결과에 의하면 사이코패스들은 슬픔이나 혐오에 대한 인지능력이 떨어지는 것으로 나타났다. 동 논문 642면의 도표를 참조할 것.

54) 예컨대, 타인의 신체에 폭행 및 상해를 가하는 것이 나쁜 행동이라는 것을 배우기 위해서는, 누군가에게 신체적 고통을 주고 나서 그 사람의 고통으로부터 스스로 부정적 감정(혐오적 반응)을 느낄 수 있어야 한다. 이상 편도체 이상에 대한

다양한 방식의 연구결과들에 의하면 전두엽의 기능장애도 사이코패시에 영향을 준다고 한다. 임상연구에 의하면 전두엽 기능장애를 지닌 사람은 극도의 반사회적 행동을 하고, 목표 설정이 부족하며, 자아 인식이 제한된다고 한다. 특히 리켄(Lykken)은 전두엽 기능장애 환자는 일반적으로 사이코패시와 매우 유사한 이상성격을 지닌다는 것은 의심의 여지가 없다고 결론지었다.[55] 이들의 유사성에는 장기적인 계획성의 부족, 낮은 수준의 욕구불만내성(low frustration tolerance),[56] 피상적 감정 처리, 과민반응, 공격성, 사회적으로 부적절한 행동, 충동성 등이 포함된다.[57] 고렌슈타인(Gorenstein)과 뉴만(Newman)은 전두(前頭)/중격(中隔)(frontal/septal) 병변(病變, lesion)을 지닌 쥐와 사이코패스를 비교 연구하여 이들이 반응 억제력이 결여되고 내키지 않는 불의의 사태를 변화시키는 데 상대적으로 둔감하다는 사실에 주목하여 일부 사이코패스에게는 전두엽 기능장애가 있다는 결론을 제시하기도 하였다.[58]

그러나 고렌슈타인과 뉴만의 연구에 대해서는, 처벌의 가능성이 증가하더라도 사이코패스가 처벌이전에 보상을 받는 행동을 지속하려는 경향이, 과연 전두엽 기능장애 때문임을 반영하는 것인지, 아니면 단지 사이코패스의 일반적인 위험 감수 성벽(risk-taking propensity)을 암시하는 것인

연구결과의 소개로는 Rebecca Taylor LaBrode, Etiology of the psychopathic serial killer: An analysis of antisocial personality disorder, psychopathy, and serial killer personality and crime scene characteristics, *7 Brief Treatment and Crisis Intervention 151* (2007), 153면 참조.

55) David T. Lykken, The Antisocial Personalities, Hillsdale (N.J.: Lawrence Erlbaum Associates, 1995), 178면.

56) "욕구불만내성(慾求不滿耐性)"이란 욕구불만에 저항할 수 있는 능력수준(The level of an individual's ability to withstand frustration)을 말한다. 즉, 욕구를 참아내는 인내력이라고 할 수 있다.

57) 이러한 유사성에 대해서는 헤어도 언급하고 있다. Robert D. Hare, 앞의 책, 169면 참조.

58) 이에 대해서는 E.E. Gorenstein & J.P. Newman, Disinhibitory Psychopathology: A New Perspective and a Model for Research, *87 Psychological Review 301* (1980), 301면 참조.

지 불분명하다는 비판이 있다.59)

또한 헤어는 자신과 몇몇 연구자들의 최근 연구결과에 따르면, 사이코패스에게 전두엽 손상이 있다는 증거를 찾지 못했다고, 전두엽 기능장애론에 회의적인 입장을 보이기도 한다. 더욱이 사이코패스와 전두엽 환자 간에는 피상적인 유사점들만 있을 뿐이어서 오히려 차이점들이 더 주목할 만하다고 한다.60) 다만 헤어는 여전히 많은 연구자들은 사이코패스의 충동성과 부적절한 행동을 억제하지 못하는 성벽이, 비록 실제의(구조적)61) 전두엽 손상을 포함하지는 않더라도, 일정한 종류의 전두엽 기능장애에서 비롯된다는 사실을 설득력 있게 주장하고 있다는 점을 지적하면서, 전두엽이 행위 통제에 중요한 역할을 한다는 점은 잘 입증된 사실이므로, 잘못된 연결(faulty wiring)이든 유년기의 전두엽 손상이든, 어떤 이유에서든지 전두엽이 사이코패스의 행동을 통제하는 데 상대적으로 취약하다고 가정하는 것은 합리적인 것으로 보인다고 시인한다.62) 나아가 헤어는 또 다른 한 문헌에서는 최신 신경생물학적 연구결과는 사이코패시가 전두엽 기능장애과 관련이 있다는 주장과 일치한다는 사실을 논급하고 있는바,63) 이로 미루어 볼 때, 전두엽 기능장애를 사이코패시의 한 원인으로 인정하고 있는 것으로 판단된다.64)

---

59) Matthew Owen Howard, James Herbert Williams, Michael George Vaughn, & Tonya Edmond, 앞의 논문, 478면 참조.

60) Robert D. Hare, 앞의 책, 169면.

61) 헤어는 1995년의 저서에서는 "실제의 손상(actual damage)"라는 표현을 썼다가, 1999년의 한 논문에서는 동일한 문장을 그대로 기술하면서 "구조적 손상(structural damage)"으로 표현을 변경하였기에 본고에서는 양자를 모두 병기하기로 한다. 1995년의 논문에 대해서는 Robert D. Hare, David J. Cooke, & Stephen D. Hart, Psychopathy and Sadistic Personality Disorder, in: Theodore Millon, Paul H. Blaney & Roger D. Davis, Oxford Textbook of Psychopathology (Oxford University Press, 1999), 568면 참조.

62) Robert D. Hare, 앞의 책, 169면 참조.

63) Robert D. Hare, David J. Cooke, & Stephen D. Hart, 앞의 논문, 568면.

64) 그러나 이상의 결론이 사이코패시의 원인이 전적으로 생물학적인 것이라거나, 이러한 신경의 손상을 가진 모든 사람이 사이코패스로 발전한다는 것을 의미하는

5) 신경생물학적(Neurobiological) 원인론

(1) 행동억제시스템 모델(BIS Model)

신경생물학적 원인론에 의하면 사이코패시는 품행장애(conduct disorder)의 일종인 "고립적 공격성 증후군(undersocialized[65] aggressive syndrome)"의 주요 특성과 일치한다고 한다.[66] 이 증후군의 주 특성은 싸움, 반항, 집단따돌림(bullying), 착취 등이 있으며, 타인에 대한 정상적인 감정처리 및 공감능력, 그리고 유대관계가 결여되어, 자기중심성, 냉담성, 사기행각 등을 보인다고 한다.[67] 키(Quay)는 그레이(Gray)의 신경생물학적 성격이론에 기초하여 고립적 공격성 품행장애 이론을 정립하였는데, 그에 따르면 이 장애를 겪는 유소년(youth)[68]은 동기유발(incentive motivation)을 조절하는 보상지향적 두뇌시스템이 처벌이나 무보상(non-reward), 또는 낯설음(novelty) 등의 조건 하에 행동을 억제하는 행동억제시스템(Behavioral

---

것은 아니라는 점에 유의할 필요가 있을 것이다. 이 점에 대한 적확한 지적으로는 Rebecca Taylor LaBrode, 앞의 논문, 153면 참조. 실제 연구보고에 의하더라도 환경적 요인이 생물학적 요인만큼 중요한 역할을 한 사례가 있다. 예컨대 큰 철못이 머리를 관통한 스페인의 한 남자는 전두엽이 손상되었지만, 그를 지지하는 가족들과 따뜻한 환경으로 인해 60년이 넘도록 반사회적 행동이나 범죄행동을 저지른 적이 없었다고 한다. 이에 대한 소개로는 Adrian Raine & Yaling Yang, 사이코패시에 대한 신경해부학적 기초(The Neuroanatomical Bases of Psychopathy), 「성범죄자에 대한 치료사법적 대안모색(법무부·여성가족부·국가청소년위원회·한국심리학회 공동주최)」, 2007, 90면.

65) "undersocialized"란 "타인과의 충분한 유대감 결여(absence of adequate bonds to others)"로 정의되며, 본고에서는 "고립적"이라고 번역하였다.

66) Matthew Owen Howard, James Herbert Williams, Michael George Vaughn, & Tonya Edmond, 앞의 논문, 479면 참조.

67) 이 점에 대해서는 Herbert C. Quay, The Psychopathology of Undersocialized Aggressive Conduct Disorder: A Theoretical Perspective, 5 *Development & Psychopathology 165* (1993), 166면 참조.

68) 품행장애는 세 살 경부터 시작되어 평생 지속되는 경우도 있고, 청소년기에 한정되는 경우도 있다. 이 점에 대한 설명으로는 Gerald C. Davison, John M. Neale, & Ann M. Kring, 앞의 책, 416면 참조.

Inhibition System)을 압도하였다고 한다. 키의 연구결과에 의하면 이 장애를 겪는 유소년은 노르아드레날린의 신경전달이 부족하고, 외부자극에 대한 전류피부반응(electrodermal response; 피전기적 반응)이 미약하며 − 이는 행동억제시스템(BIS)에 장애가 있다는 점을 암시한다 −, 처벌의 가능성이 높아지는 상황에서조차 지속적으로 보상에 반응한다(persistent responding for a reward)고 한다.[69] 그레이에 의하면 행동억제시스템은 임박한 처벌과 낙담적 무보상(frustrative nonreward)의 신호에 대한 유기체의 반응을 통제한다. 반면에 행동활성시스템(Behavioral activation system; BAS)은 임박한 보상에 대한 반응을 통제한다. 행동억제시스템은 부정적 감정(negative affection)에 의해 작동되고 예상되는 처벌 또는 무보상에 이를 수 있는 신체적인 활동(motoric activity)을 억제한다. 따라서 약한 행동억제시스템(weak BIS)은 처벌 또는 무보상에 이를 수 있는 행동을 억제하지 못하게 만든다는 것이다.[70] 이러한 맥락에서 포웰과 미셀은 특히 예기불안(豫期不安; anticipatory anxiety)[71]의 결핍과 연관시켜 고려해 볼 때, 사이코패스는 행동억제시스템 장애를 겪기 때문에 잠재적 처벌이나 낙담으로 인해 더 이상 보상을 추구하지 않도록 행동을 유도하는 신호가 실패(failure of cues)한 결과, 충동성이 유발된다고 주장하였다.[72]

이러한 신경생물학적 원인론에 대해서는 다음과 같은 반론이 제기

---

69) Herbert C. Quay, 앞의 논문, 168-176면 참조.

70) 이상의 설명으로는 Robert D. Hare, David J. Cooke, & Stephen D. Hart, 앞의 논문, 570면. 관련 참조문헌으로는 J.A. Gray, The neuropsychology of fear and stress (Cambridge University Press, 1987).

71) "예기불안"이란 심리학 용어로서 "어떤 도전적인 활동을 하기에 앞서 겪게 되는 두려움(the anxiety one experiences before starting a challenging activity)"을 의미한다.

72) 이에 대해서는 D.C. Fowel & K. Missel, Electrodermal hyporeactivity, motivation, and psychopathy: Theoretical Issues, in: D. Fowles, P. Sutker, & S. Goodman (eds.), Progress in Experimental Personality and Psychopathology Research Vol. 17 (New York: Springer Publishing Company, 1994), 278면.

된다. 우선 BIS모델은 사이코패스의 충동성을 설명하는 데 있어서는 직관적 타당성이 있어 보이나, 피상적 감정처리라든지, 자기중심주의 등은 설명하기 힘들다는 지적이 있다. 즉, 이 모델로는 사이코패시의 전반적인 증상특성을 설명해 내지 못한다는 것이다.[73] 다음으로는 그레이의 이론이 사이코패스의 충동성과는 직접적 관련성이 없다는 반론이다. 그레이는 행동억제를 벗어날 수 있는 다양한 방식의 탈억제(disinhibition) 경로를 제시해 주고 있다. 예를 들어 "강한 행동활성시스템(strong BAS)"으로 인한 보상에 대한 과도반응(hyperresponsivity)이나, "불완전한 행동억제시스템(deficient BIS)"에 의한 처벌에 대한 비정상적 반응은 모두 행동억제로부터 벗어날 수 있는 경로라는 것이다. 더욱이 그레이 자신은 충동성을 행동억제시스템이 아닌 행동활성시스템과 연관짓고 있다. 그러므로 그레이의 이론에 의하면 사이코패스는 충동적이라기보다는 탈억제적(disinhibited)이라고 보는 것이 옳다는 것이다.[74] 끝으로 비록 BIS 모델이 사이코패스의 전류피부반응이나 공포조건화(fear conditioning),[75] 수동적 회피학습(passive avoidance learning)[76] 등에 대한 연구에 의해

---

73) Robert D. Hare, David J. Cooke, & Stephen D. Hart, 앞의 논문, 570면.

74) Robert D. Hare, David J. Cooke, & Stephen D. Hart, 앞의 논문, 570면.

75) "공포(반응)조건화(fear conditioning)"란 새로운 자극에 대한 두려움을 학습하는 방법(method by which organism learn to fear new stimuli)을 말한다. 공포반응 조건화의 예로는 다음과 같은 실험이 있다. 11개월 된 아기인 앨버트는 실험 전에는 하얀색의 쥐를 아무 거리낌 없이 만지고 가지고 놀았다. 실험기간 동안 앨버트가 쥐에 손을 댈 때마다 실험자가 뒤에서 쇠로 된 막대기를 때려서 큰소리를 내도록 하였다. 그런 큰소리를 들을 때마다 앨버트는 깜짝 놀라서 앞으로 고꾸라지고 울음을 터뜨리곤 하였다. 그러자 앨버트의 쥐에 대한 반응은 변했다. 쥐를 손에 쥐어줄 때마다, 손을 잡아 빼면서 울기 시작했다. 이러한 실험은 우리가 왜 쥐에게 물리거나 위협을 당하는 직접적인 경험 없이도 쥐나 거미와 같은 동물들에 대한 공포 혹은 혐오를 형성하는지를 설명해 줄 수 있다. 공포조건화에 대한 보다 상세한 예와 설명으로는 최준식·김진석, 파블로프 공포조건화에 관련된 편도체회로, 한국뇌과학지 제2권 제1호, 2002, 1-17면 참조.

76) "수동적 회피학습(passive avoidance learning)"은 가령 동물이 조명이 밝은 상자에서 인접한 어두운 상자로 들어서는 행동 혹은 단상에서 전극이 깔린 바닥으로 내려서는 행동을 할 때 고통스러운 결과(발바닥 전기충격과 같은)로 이어지는 경

부분적으로 지지받는다고 하지만, 사이코패스가 처벌에 대하여 항상 과소반응(hyporesponsivity)을 보이지는 않는다는 것이다. 즉, 사이코패스는 오직 처벌과 경쟁적인 수준의 보상에 직면했을 때에만 처벌에 대한 과소반응이 두드러질 뿐이라는 것이다.[77]

BIS모델의 한 형태이면서도 바로 그 점 때문에 상대적으로 주목을 끌지 못했던 이론으로서 공포부재(fearlessness) 모델이 있다. 간단히 설명하자면, 사이코패스가 처벌이나 학습된 두려움(conditioned fear)에도 불구하고 반사회적 충동성을 억제하지 못하는 것은 공포감의 부재 때문이라는 것이다.[78] 그러나 이 모델 역시 사이코패시의 전반적인 증상특성을 모두 설명해 주지는 못한다는 비판을 받고 있다.[79]

(2) 불완전한 반응조절 모델
(Deficient Response Modulation Model)

이 모델은 BIS 모델을 보다 정교하게 발전시킨 모델로서, 사이코패스의 충동적인 행동은, 행동억제시스템의 장애 때문이 아니고, "자동주의전환(automatic switching of attention)" 기능의 조절장애에서 비롯된다고 본다. 즉, 자동주의전환이 안 되면, 행위자가 일정한 목표지향적 행위에 몰두하면서, 그 행위와 잠재적으로 관련되지만 주의를 기울이지 못한(unattended) 정보를 다른 정보와 마찬가지로 동질화시키는 능력에

우에 일어난다. 이러한 반응-자극을 통해 동물은 고통스러운 결과를 초래한 행동을 회피하게 된다. 일정한 행동을 억제하도록 학습되므로 억제적 회피학습이라고도 말한다. 최준식·김진석, 앞의 논문, 3면 참조.

77) 이 점에 대해서는 J.P. Newman & J.F. Wallace, Psychopathy and Cognition, in: P. Kendall & K. Dobson (eds.), Psychopathy and Cognition (San Diego; London: Academic Press, 1993), 293면 이하 참조.

78) 이러한 설명으로는 David T. Lykken, 앞의 책, 135면.

79) Robert D. Hare, David J. Cooke, & Stephen D. Hart, 앞의 논문, 570면. 한편 동 문헌의 저자들은 공포감의 부재가 심리사회적 스트레스나 구조적 두뇌손상에서 기인하기보다는 유전적 요소일 가능성을 언급하고 있다. 앞의 논문, 동일한 면 참조.

방해를 받게 된다는 것이다.

다시 말해 사이코패스에게 일단 행동활성시스템이 작동하면, 그의 주의력의 결핍이 원인이 되어 행동억제시스템이 작동하기 위한 관련 정보가 부족하게 된다는 설명인 것이다.[80] 이 모델은 BIS모델이 공포부재모델을 포함하듯, BIS모델을 포함하고 있다고 볼 수 있으며, BIS모델보다 사이코패시의 증상설명을 더 잘 해준다고 평가받고 있다. 이는 특히 사이코패스가 오직 특정한 상황에서만 처벌에 대하여 과소반응을 보이는 현상을 설명해 줄 수 있다는 점에서 더욱 그러하다고 볼 수 있을 것이다.[81]

이 모델은 그 실험적 검증방법이 독창적이고 방법론적으로 정교함에도 불구하고, 이 모델에 의해 예측된 일부 실험적 결과는 기대만큼 확고하지는 못하다고 한다.[82]

(3) 인지적-정서적 장애모델(Cognitive-Affective Model)

인지적-정서적 장애모델은 한마디로 사이코패스에게는 인지적-정서적 처리과정에 심각한 문제가 있다는 이론이다. 다양한 형태의 모델이 제시되어 있으며, 우선 헤어는 사이코패스가 기대되는 공포를 느낄 수 없다기보다는, 임박한 고통이나 처벌을 암시하는 심리적/정서적 자극을 완화시켜 주는 동적 보호기제(dynamic protective mechanism)에 언제나 접근가능하기 때문이라고 설명하며, 이는 사이코패스에게는 임박한 자극에 대한 일반인과 다른 신경생물학적 처리방식이 존재하기 때문이라고 한다. 정상적인 사람의 경우 새롭고, 흥미롭고, 중요한 사건은 지향적 반응(orienting response)을 불러와 피부전도도의 증가와 심장박동수의 감소를 야기하고, 유쾌하지 않고 두려운 사건은 방어적 반응을 불러일으켜 피부전도도와 심장박동수를 모두 증가시키게 된다. 그러나 실험

---

80) J.P. Newman & J.F. Wallace, 앞의 논문, 712면; Robert D. Hare, David J. Cooke, & Stephen D. Hart, 앞의 논문, 571면 참조.
81) Robert D. Hare, David J. Cooke, & Stephen D. Hart, 앞의 논문, 571면 참조.
82) Robert D. Hare, David J. Cooke, & Stephen D. Hart, 앞의 논문, 571면 참조.

결과에 의하면 사이코패스는 유쾌하지 못한 자극이 기대되는 상황에서 낮은 피부전도도와 그에 비해 상대적으로 높은 심장박동수의 증가를 보였다. 이러한 결과는 사이코패스가 공포감을 느끼지 못한다기보다, 불유쾌한 자극에 대하여 정상적인 사람은 그에 대해 주의를 집중하는 반면, 그들은 공포심 없이 이를 "없애 버리는(tune out)" 신경생물학적 기제를 가진 것으로 해석될 수 있다는 것이다.83)

이러한 실험결과를 다소 확대시켜 라빅(Larbig) 등은 피부전도도와 심장박동수 이외에 주의집중 처리과정과 관련해 피질전위(cortical potential)84)를 측정하였는데, 그들에 의하면 독일에서PCL-R에 의해 극악한 교통사범으로 판정된 사이코패스들의 경우, 시끄러운 소음을 기다릴 때, 그들의 피질전위가 낮게 기록된 점에 주목하여, 사이코패스들은 정상인보다 피질전위가 낮으며, 이는 곧 임박한 소음에 대한 주의집중력이 떨어진다는 것을 의미한다고 결론을 내렸다고 한다.85)

최근에 헤어는 사이코패시가 정서적 결핍이나 장애보다는, 심오한 어의나 정서적 의미를 이해하고 처리하는 데 있어서의 일반적 장애와 관련되어 있다는 가설을 세웠다. 이는 사이코패시가 광범위한 인지적-정서적 장애가 있다는 최근의 증거와도 일치한다. 예를 들어 윌리엄슨(Williamson) 등의 실험결과에 의하면, 반응속도와 사건관련 두뇌전위(Event related brain potentials; ERP)를 기록한 결과 범죄자가 아닌 일반

---

83) 이상의 설명으로는 Robert D. Hare, David J. Cooke, & Stephen D. Hart, 앞의 논문, 571면 참조.

84) "피질전위"란 뇌전도검사계(electroencephalograph)에서 확인할 수 있는 대뇌피질(cerebral cortex)에서의 급속한 전압변동(rapid fluctuations of voltage)을 의미하는 신경생리학적 용어이다.

85) 이 점에 대해서는 W. Larbig, R. Veit, H. Rau, P. Schlottke, & N. Birbaumer, Cerebral and peripheral correlates in psychopaths during anticipation of aversive stimulation, in: Paper presented at Annual Meeting of the Society for Psychophysiological Research, San Diege, October, 1992 참조할 것. 동 문헌에 대한 소개로는 Robert D. Hare, David J. Cooke, & Stephen D. Hart, 앞의 논문, 571면.

인의 경우 중립적 의미의 단어들(neutral words)보다는 긍정적 또는 부정적 의미가 담겨 있는 정서적 의미의 단어들(affective words)에 대한 두뇌의 반응이 더 빠르고 정확했다고 한다. 마찬가지로 비사이코패스 범죄자의 경우에도 중립적 단어보다는 정서적 의미의 단어에 보다 빠르게 반응했다고 한다. 그러나 사이코패스의 경우 중립적 단어와 정서적 단어에 있어서 반응속도나 ERP상의 차이점을 보여주지 못했다. 이러한 실험결과는 비사이코패스는 단어의 정교한 의미론적·정서적 연관성을 이해하지만, 사이코패스는 그렇지 못하고 단지 대강의 피상적인 방식으로만 처리하여 이해한다는 사실을 입증해 준다고 한다. 또한 킬(Kiel) 등에 의하면 ERP의 차이는 비단 중립적/정서적 단어 사이에서만 나타나는 것이 아니고, 구체적/추상적 단어 사이에서도 나타난다고 한다. 이와 같은 실험결과들을 종합해 볼 때, 사이코패스는 심각한 인지적-정서적 처리절차의 장애를 겪고 있다고 볼 수 있을 것이다.[86]

또 다른 최근의 연구결과에 의하면 사이코패스는 정서적 의미의 구두자료와 비구두자료를 효율적으로 처리하는 데 어려움이 있으며, 사건의 감정적 의미, 즉 양면성(polarity)을 혼동하는 경향이 있고, 대뇌반구 내부의 비정상적인 구조를 보이기도 하며, 언어의 미묘한 차이를 이해하는 데 어려움을 겪고, 안와주변전두엽장애(orbitofrontal dysfunction)로 인한 후각 식별능력이 떨어지며, 언어적 비일관성으로 특징지어지는 사고 장애를 겪기도 한다고 한다.[87]

이상의 인지적-정서적 장애를 설명하기 위해서는 신경생물학적 연구에 의존할 수밖에 없으며, 따라서 어의적, 정서적 정보와 계획성과 충동성, 그리고 행동 억제를 조절하고 처리하는 기능을 하는 내측전전두엽피질(ventromedial prefrontal cortex), 전측두피질(anterior termporal cortex), 전대상피질(anterior cingulate cortex), 그리고 편도(amygdala)의 상호작용에 대해 특별한 관심이 필요한데, 바로 이러한 부위의 손상은 사고의

---

86) Robert D. Hare, David J. Cooke, & Stephen D. Hart, 앞의 논문, 572면.
87) Robert D. Hare, David J. Cooke, & Stephen D. Hart, 앞의 논문, 572면.

논리적/인지적 요소와 정서적 요소에 해리(解離; dissociation)를 가져올
수 있기 때문이다.[88]

6) 정상성격의 변이(Variant of Normal Personality)로서의 사이코패시론

특질 모델(trait model)이라고도 하며, 이에 따르면 사이코패시는 특
이한 정신장애가 아니며 단지 정상적인 성격의 기본 특질의 극단적 변
이형(extreme variation of basic traits of normal personality)에 불과하다
고 본다. 이 모델의 연구자들은 헤어가 개발한 사이코패시 진단도구인
PCL-R(Psychopathy Checklist-Revised)의 이상성격 목록들이 5요인 모델
(Five Factor Model; FFM)이라고 하는 성격의 다섯 가지 요인으로 설명
이 가능하다고 주장한다. 5요인 모델의 다섯 가지 성격요인은 신경증
유무, 외향성/내향성, 경험에 대한 개방성, 호감/적대감(agreeableness/
antagonism), 성실성 등이 있다. 하퍼(Harpur) 등은 남성 범죄자를 대상
으로 연구한 결과 이 중에서 호감이 PCL-R의 이상성격 목록과 밀접하
게 관련되어 있다고 밝혔고, 위디거(Widiger)는 PCL-R의 모든 이상성격
목록이 FFM의 정상성격 목록에 포함될 수 있다고 주장하였다.[89]

하퍼 등의 주장에 대해서는 FFM의 다섯 가지 정상성격 요인을 조합
하더라도, 사이코패시의 이상성격을 만들어 내기에는 불충분하며, 사이
코패시의 전반적 증상특성을 설명하기 위해서는 인지적, 정서적, 신경
생물학적 장애에서 비롯된 추가적인 특성들이 필요하다는 지적이 있고,[90]

88) Robert D. Hare, David J. Cooke, & Stephen D. Hart, 앞의 논문, 572면.
89) T.J. Harpur, S.D. Hart, & R.D. Hare, Personality of the Psychopath, in: P.T.
Costa & T.A. Widiger (eds.), Personality Disorders and the Five-Factor Model
of Personality (Washington, DC: American Psychological Association, 1994),
149-173면; T.A. Widiger, Psychopathy and Normal Personality, in: D.J. Cooke,
A.E. Forth, & R.D. Hare (eds.), Psychopathy: Theory, Research, and Implications
for Society (Dordrecht, The Netherlands: Kluwer, 1998), 47-68면 참조.
90) Robert D. Hare, David J. Cooke, & Stephen D. Hart, 앞의 논문, 567면.

위디거의 주장은 논리적이고 설득력은 있지만 FFM의 다섯 가지 요인을 이용한 회귀방정식(regression equation)이 PCL-R의 사이코패스를 분류하는 데 효과적이라는 경험적 자료가 없다는 비판이 제기된다.[91]

7) 분석심리학(Analytical Psychology)적 원인론

융(C.G. Jung)에 의하면 인간의 성격은 각기 분리되면서도 상호작용을 하는 자아(ego)와 개인무의식, 그리고 집단무의식으로 이루어져 있다. 어느 정도 표면에 있는 무의식 층은 개인의 과거사와 비롯된 것으로서 콤플렉스와 관련되며 명백히 개인적 성격을 띤다. 이를 개인적 무의식(das persönliche Unbewußte)이라고 한다. 개인적 무의식은 그 보다 더 깊고, 유전 기제에 의해 선천적으로 주어져 있으며, 보편적인 진화 경험의 저장소인 무의식 층의 토대 위에 놓여 있는데, 이를 집단적 무의식(das kollektive Unbewußte)이라고 부른다. '집단적'이라는 것은 이 무의식이 개인적이 아닌 보편적인 성질을 지니기 때문이다. 즉 집단적 무의식은 개인적 무의식과 달리 모든 개인에게 어디에서나 동일한 내용과 행동양식으로 나타나는, 모든 인간에게 동일하며 모든 인간에게 존재하는 보편적 정신의 토대이다.[92]

보편적인 경험들은 우리 내부의 심상으로 나타나거나 표현되는바, 융은 이것을 원형(原型; Archetypen)이라고 칭하며, 고대시대부터 인류에게 보편적으로 내재해 온 원초적 심상으로서, 신적 이미지(神像)와 관련되며 플라톤의 '에이도스(Eidos)'에 해당하는 용어라고 설명하였다. 원형은 신화와 민담, 종교 등에서 보편적 가치의 심상으로 드러나는 경우도 있지만, 개개인의 꿈이나 환상을 통해 새롭게 산출되는 신화적 심상으로도 나타나며 궁극적으로는 개개인의 의식적 삶에 영향을 미친다. 나아가 융은 '원형상(原型像)'들이 정신활동의 과정에서 '의식'에 영향

---

91) Robert D. Hare, David J. Cooke, & Stephen D. Hart, 앞의 논문, 567면.
92) C.G. Jung/융 저작 변역위원회 역, 원형과 무의식(Archetyp und Unbewusstes) (솔, 1984), 105-106면.

을 미치고, 결국 '의식'과 더불어 통일된 인격을 구현하려는 목적을 지녔다고 설명한다. 즉, 원형은 전체 인격의 조절자적인 역할을 한다는 것이다.93) 이러한 원형들 중에서 특히 정신치료자에게 실제로 의미가 있는 원형은 아니마(anima)이다.94) 아니마란 무의식 자체(unconscious itself), 감정, 에로스, 삶의 원리 등을 의미하는 여성적 원리이다. 이는 객관성, 외향성, 의식, 합리성, 자기중심성, 공격성, 목표지향성 등과 결부된 남성적 원리인 아니무스(animus)에 대비되며, 그 성격상 주관성, 내향성, 비합리성, 이타성, 수용성(receptive), 특히 그 무엇보다도 성찰적 태도(reflective)와 관련된다. 아니마의 원형상은 성서 속 이브, 트로이의 헬레나, 성모 마리아, 영화배우, 지혜의 여신 소피아, 여왕, 퍼스트 레이디 등 영원한 여성성의 특질들로 나타날 수 있다.95)

아니마의 이미지는 그들이 놓인 특정한 상황과 경험에 따라 개개인에게 각각 상이한 영향을 준다. 힐만(Hillman)에 따르면 아니마의 기능은 성찰적 성격(reflective nature)을 통해 의식을 가능하게 만드는 것이며, 개개인의 정체성은 자아(ego)에 의해 형성되는 것이 아니라, 아니마에 의해 자아에 주어지는 것이라고 한다. 그 임상적 증거로서 '이인증(離人症; depersonalization)'이 있다. 이 증상은 쉴더(Schilder)의 정의에 의하면 "한 개인이 자신이 이전의 상태로부터 완전히 변화된 것으로 느끼는 상태"로 이때, 개인은 자신의 존재감과 자신을 둘러싼 외부 세계의 현실감이 느껴지지 않게 되며, 그 자신을 인격체로 인식하지 못하게 된다. 따라서 이인증 환자는 자신의 행동을 방관자의 입장에서 관찰하게 된다.96) 이 증상의 환자는 냉담하고 단조롭고 건조하며 무기력한 느낌을 갖게 되며, 한마디로 자신의 가치를 믿지 않고 무관심해지는 것이다. "더

---

93) 이상의 설명으로는 이유경, 원형과 신화 (이끌리오, 2004), 101-124면 참조.

94) C.G. Jung/융 저작 변역위원회 역, 앞의 책, 177면.

95) John Edward Talley, A Jungian Point, in: William H. Reid (ed.), The Psychopath: A Comprehensive Study of Antisocial Disorder and Behaviors (New York: Brunner/Mazel, 1978), 122-123면 참조.

96) J. Hillman, Anima Ⅱ (Spring Publications, 1974), 114면 참조.

이상 아무것도 실제로 보이지 않고", "내가 죽고 텅 빈 느낌"을 갖게 된다는 것이다. 인격형성과 타인에 대한 애정, 그리고 인간관계에 대한 믿음은 모두 아니마 원형의 한 기능인 인격화(personifying)에 달려 있다.

분석심리학적 입장에서는 사이코패스의 이상성격은 전술한 기능을 하는 아니마의 발달이 어느 순간에 멈추었기 때문이라고 본다. 즉 사이코패스의 모든 반사회적 행동은 아니마의 상실(loss of anima)로 설명될 수 있다는 것이다. 벤 카프만(Ben Karpman)은 사이코패스를 이 증상의 몇 가지 중요한 특성을 갖추고 있는 진정한 의미의(core, "true") 사이코패스인 '아네토패스(anethopath)'97)와 그 외에 정신병이나 신경증으로 인해 반사회적 행위를 일삼는 '이차적 사이코패스(secondary psychopath)'로 구분하였다. 이 구분방식에 따르면 이차적 사이코패스는 경우에 따라 정신요법이 효과가 있는 반면, 아네토패스는 정신요법(psychotherapy)이 효과가 없다.98) 결론적으로 말해 분석심리학적으로 볼 때 아네토패스는 영혼이 상실된 것이 아닌 영혼이 부재한(absence of soul) 자라고 볼 수 있으며, 그는 태어날 때부터 내면적 공허감과 같은 이인증을 갖고 있고, 아네토패스가 아닌 사이코패스는 유소년기에 억압, 긍정의 결핍, 거칠고 잔인하며 폭력적인 환경을 경험하기 때문에 아니마의 상실을 겪게 된다는 것이다.99)

분석심리학적 모델에 대해서는 우선 그 모델이 기초하고 있는 개인 무의식과 집단무의식, 그리고 원형과 아니마 등의 가설에 대한 과학적 검증이 불가능하다는 문제가 제기될 수 있다고 본다.100) 아울러 아니마의 발달지체 또는 상실로 인한 이인증으로는 사이코패시의 전반적인

---

97) 심리학 용어상 도덕적 억제능력이 결여된(morally uninhibited) 자를 뜻하며, 라틴어원적으로는 결여·부정·반대의 의미를 지닌 접두사 'a(n)'과 에토스(ethos), 그리고 질병 또는 고통(suffering)을 뜻하는 'path'가 결합한 단어이다.

98) Ben Karpman, The Myth of the Psychopathic Personality, 104 *American Journal of Psychiatry 523* (1948), 523-534면 참조.

99) John Edward Talley, 앞의 책, 121면과 125면 참조.

100) 이 점에 대한 융의 반론으로는 C.G. Jung/융 저작 번역위원회 역, 앞의 책, 13면 이하 참조.

특성을 설명할 수 없다는 난점도 있다. 이인증 환자는 "내가 죽고 텅 빈 느낌"을 갖고 "방관자적 입장"에서 자신의 행동을 관찰하지만 일반적으로 사이코패스는 "자신의 내면적 세계에 매우 만족하고 있으며, 자신에게 아무런 잘못이 없고, 자신의 행동이 이성적이고 가치가 있으며, 만족스럽게 여기기" 때문이다.101) 이는 명백히 이인증 환자가 경험하는 내면세계와는 다른 것이다.

8) 기타 원인론

전술한 원인들 이외에 사이코패스의 뇌구조가, 그 원인이 밝혀지지는 않았지만, 비정상적으로 느리게 성장하기 때문이라는 생물학적 가설이 있다. 그 증거는 다음과 같다. 우선 성인 사이코패스의 뇌파(brain wave)는 정상적인 청소년의 뇌파와 유사하고, 다음으로 자기중심성, 충동성, 이기심, 욕구충족을 미루지 못하는 성향 등은 어린이와 비슷하다는 것이다.102) 일부 연구자들은 이로부터 사이코패시가 발달지체(developmental delay)와 유사하다고 주장한다.103)

헤어에 의하면 이러한 주장은 매우 흥미롭기는 하지만, 증거로 든 뇌파 특성은 정상적인 성인의 나른함(drowsiness)이나 따분함(boredom)의 상태와도 관계가 있어, 이는 두뇌의 발달지체에서 비롯된 것일 수도 있지만, 사이코패스가 틀에 박힌 뇌파측정 절차에 졸릴 정도로 무관심하여(sleepy disinterest) 나온 결과일 수도 있다는 신둘코(Syndulko)의 지적이 있다.104) 더욱이 이 주장의 문제점은 사이코패스의 자기중심성과 충

---

101) Robert D. Hare, 앞의 책, 195면; 마사 스타우트(Martha Stout)/김윤창 역, 앞의 책, 84-86면 참조.
102) Robert D. Hare, Psychopathy: Theory and Research (New York: Wiley, 1970) 참조.
103) R. Kegan, The child behind the mask, in: W.H. Reid, D. Dorr, J.I. Walker, & J.W. Bonner Ⅲ (eds.), Unmasking the psychopath (New York: WW Norton and Company, 1986) 참조.
104) 이에 대해서는 K. Syndulko, Electrocortical investigation of sociopathy, in: R.D.

동성은 아이들의 그것과 동일하지 않다는 점에 있다. 나이 차이를 고려하더라도 정상적인 10살 아이들과 성인 사이코패스의 성격과 동기 및 행동은 확연히 다르다는 데 이의를 제기할 사람은 없을 것이다.[105]

2. 원인론의 형사정책적 검토

앞서 살펴 본 다양한 원인론들은 모두 나름대로의 이론적 근거와 직관적 호소력을 지니고는 있지만 대부분의 경우 비판으로부터 자유롭지 못하다는 점은 전술한 바와 같다. 예컨대, 미시환경적 원인론이나 사회생물학적 원인론, 발달지체론 등에는 방법론적인 문제가 있고, 진화생물학적 원인론, 행동억제시스템 모델, 정상성격의 변이형 이론 등은 공통적으로 그 원인이 사이코패시의 증상전반을 결정론적으로 설명해 주지 못한다는 근본적 한계를 지니고 있다. 또 일부 원인론들은 방법론적 문제와 결정론적 설명 불가능의 문제를 모두 지니고 있기도 하고, 방법론적으로는 정교하지만 그 모델에 의한 예측이 확고하지 못한 원인론도 논급되어 있다.

제시된 원인론 중에서 비교적 비판의 여지가 적은 것으로는 거시환경적 원인론과 전두엽기능장애론, 그리고 인지적-정서적 장애모델이다. 이 중에서 문화와 종교 및 가족제도와 같은 거시환경적 원인론은 이론적으로는 타당할 수 있겠으나 형사정책적으로는 특별히 고려할 만한 요소를 갖고 있지 않다. 왜냐하면 거시환경적인 요인은 형사정책이 해결할 수 있는 문제라기보다는 사회정책적인 문제이기 때문이다. 그렇기 때문에 전술한 원인론 중에서 형사정책적으로 주목할 만한 것은 생물학적 원인론의 일종인 전두엽기능장애론과 인지적-정서적 장애모델뿐이라고 본다.

인지적-정서적 장애모델도 결과적으로 전두엽 등의 두뇌영역과 관련되어 있으며 따라서 이 두 원인론의 공통점은 두뇌에 대한 (신경)생

Hare & D. Shalling (eds.), Psychopathic Behaviour: Approaches to research (New York: John Wiley & Sons, 1978), 145-156면 참조.

105) 이러한 지적으로 Robert D. Hare, David J. Cooke, & Stephen J. Hart, 앞의 논문, 568면.

물학적인 연구를 토대로 하고 있다는 점에 주목할 필요가 있다. 왜냐하면 사이코패시가 생물학적 원인에서 발생한다면 이에 대한 수술 및 내과적 치료 등의 가능성을 고려해볼 수 있기 때문이다. 아드리안 레인(Adrian Raine)과 얄링 양(Yaling Yang)은 정신분열증 환자들의 전전두엽(prefrontal lobe)을 절개 수술하여 폭력성을 감소시켰다는 보고를 언급하면서 장기적으로 정신병질을 줄이기 위한 뇌 구조 수술이 가능할 것으로 전망하였다.106) 다만 이러한 극단적인 수술을 시행하기보다는 "영양은 뇌를 발달시키는 핵심적 요소이고, 교육과 신체활동은 뇌결함 발현을 억제[하기]" 때문에 어린 시절 질 높은 프로그램을 통해 인지적-정서적 통제와 교육, 운동 등의 실천적인 기능훈련을 제공함으로써 사이코패시를 치료하는 것이 바람직하다고 보고 있다.

　　만일 사이코패시가 치료가능하다면 이는 형사정책적으로 매우 중요한 의미를 갖는다. 치료감호제도 등을 통해 정신병질자를 치료할 수 있는 방법을 모색할 수 있기 때문이다. 이미 검토한 바와 같이 현재 가장 유력한 사이코패시 원인론은 바로 (신경)생물학적 원인론인 것으로 판단된다. 이는 헤어의 입장과도 크게 다르지 않다. 다행스럽게도 사이코패시가 생물학적 원인에서 기인한다는 사실은 우리 사회가 이들을 대책 없이 포기하지 않아도 된다는 점을 강력하게 시사해 준다. 이하 본고에서는 정신병질자, 즉 사이코패스들의 범죄를 형사적으로 취급하는 데 있어서 어떠한 어려움이 있으며, 이들에 대한 치료는 과연 가능한 것인지, 또한 그 치료가능성은 형사정책적으로 어떠한 의미를 지닐 수 있는가를 검토해 보기로 한다.

---

106) Adrian Raine & Yaling Yang, 사이코패시의 신경해부학적 기초(The Neuroanatomical Bases of Psychopathy), 「성범죄자에 대한 치료사법적 대안모색(법무부·여성가족부·국가청소년위원회·한국심리학회공동주최)」, 2007, 91면.

III. 사이코패스 범죄에 대한 형사적 대응의 딜레마

1. 사이코패스의 특성

사이코패스란 일반적으로 타인의 고통에 대한 공감능력이 결여되어 죄책감이나 후회를 못 느끼며, 대인관계에 있어 냉담, 거만, 교활한 특성을 보이고, 충동적 또는 계획적으로 범죄를 저지르는 성향을 지녀, 잠재적으로 범죄 위험성을 지닌 사람들을 말한다. 그 특유의 '이상인격' 내지 그가 지닌 '기질적 특성'으로 인하여 자신의 행위가 위법하고 부정하다는 것을 알면서도 이를 억제하여 준법적 행동으로 나아갈 수 있는 '자기통제력'을 상실한 '고도의 재범 위험군'[107)]에 속하는 사람이라는 것이다. 헤어는 사이코패스의 주요 특징들로 다음과 같은 점을 지적한다.[108)] 우선 감정과 대인관계(affective/interpersonal)의 측면에 있어서

---

107) 이러한 표현으로 김상준, 사이코패스에 대한 사법적 대응, 「범죄와 사이코패시 - 이해와 대책(한림대학교응용심리연구소·한국사회 및 성격심리학회·법무부 교정국 공동주최 국제심포지엄)」, 2005 참조.

108) Robert D. Hare, 앞의 책(*Without Conscience*), 33면 이하. 헤어가 지적하는 주요 특성들은 그가 개발한 사이코패스 진단도구인 PCL-R의 20가지 평가목록들 중 일부이다. 20가지 목록은 크게 두 가지의 요소로 분류되며, 그 하나는 감정적·대인관계적 요소이고, 다른 하나는 충동적이고 반사회적이며 불안정한 생활방식, 즉 사회적 일탈의 요소이다. PCL-R의 20가지 진단목록 중에 헤어가 위 문헌에서 언급하지 않은 것으로는 빈번한 단기적 혼인관계, 기생적 생활방식(parasitic lifestyle), 현실적이고 장기적인 목표의 부족 및 다양한 범죄경험 등이 있다. PCL-R 진단목록에 관한 상세한 설명으로는 Robert D. Hare, David J. Cooke, & Stephen D. Hart, 앞의 논문, 558면 이하와 Matthew Owen Howard, James Herbert Williams, Michael George Vaughn, & Tonya Edmond, Promise and Perils of A Psychopathology of Crime: The Troubling Case of Juvenile Psychopathy, *14 Wash. U. J.L. & Pol'y 441* (2004), 448면 이하 참조. 한편 헤어의 두 가지 요소 모델(Two Factor Model)에 대하여, 교만하고 속임수에 능한 대인관계와, 감정적 경험의 부족, 그리고 충동적이고 무책임한 행동 등의 3가지

사이코패스는 "달변이지만 깊이가 없다. 자기중심적이며 과장이 심하고, 후회나 죄의식이 결여되어 있으며, 타인의 고통 및 감정에 대한 공감능력이 부족하다. 또한 거짓말과 속임수에 능하며 감정이 부족109)하기 때문에 느낌의 폭이나 깊이에 한계가 있다." 다음으로 사회적 일탈(social deviance)의 측면에서는 "행동의 옳고 그름이나 결과의 타당성 여부에 대한 숙려(熟慮)가 없이 충동적으로 범죄를 저지른다. 뿐만 아니라 타인이 주는 모욕이나 경멸에 대해 자신의 행동을 제어하지 못하고 쉽게 감정이 폭발하여 공격적인 태도를 취한다. 참을성이 없고, 성미가 급하며, 언제나 사회적으로 용인되지 않는 극도의 스릴과 자극을 갈망하여 퇴폐적이고 방탕한 생활을 추구하는 경향이 있다. 나아가 사이코패스에게는 일체의 책임감과 의무감이 없다. 대부분의 사이코패스는 유소년기부터 심각한 일탈행동을 일삼기 시작하며, 성인이 된 후에도 반사회적 행동을 지속한다."110)

헤어에 의하면 사이코패스가 아닌 사람도 이러한 증상을 보일 수 있다. 그러나 많은 사람들이 충동적이거나 달변이거나, 냉정하거나 감정이 결여되어 있거나, 반사회적이라고 해서 사이코패스 되는 것은 아니라고 한다. 왜냐하면 사이코패시는 연관된 여러 증상들이 모여 나타나

요소로 구성된 세 가지 요소 모델(Three Factor Model)이 보다 적절함을 입론하는 문헌으로는 David J. Cooke & Christine Michie, Refining the Construct of Psychopathy: Towards a Hierarchical Model, *13 Psychological Assessment 171* (2001), 171면 이하 참조. PCL-R에 대한 국내 번역본과 PCL-R의 '한국판 표준화'에 대한 설명으로는 Robert D. Hare/조은경·이수정 역, PCL-R(전문가 지침서) (학지사 심리검사연구소, 2008)을 참조할 것.

109) 일반적으로 사이코패스는 감정이 결여되어 있지만, 당장의 신체적이 고통과 쾌락, 또는 단기간의 좌절과 성공에서 비롯되는 이른바 '원초적인' 정서반응은 느낄 수 있다고 한다. 그러나 이러한 감정적 반응들은 대부분 오래 지속되지 않으며, 다른 감정들처럼 대뇌변연계에서 발생하기는 하지만, 여타의 '고등' 감정들과는 달리 대뇌피질의 기능을 통해 조절되지 않기 때문에 신경학적으로 '원초적'이라 일컬어진다고 한다. 마사 스타우트(Martha Stout)/김윤창 역, 앞의 책, 200면 참조.

110) Robert D. Hare, 앞의 책, 33면 이하 참조.

는 일종의 증후군(a syndrome-a cluster of related symptoms)이기 때문이
다.111)

　전술한 사이코패스의 특성 중에서 형사책임능력과 관련하여 유의미
한 것은 바로 "타인에 대한 공감능력이 없다"는 점이다. 주지하다시피
우리형법 제10조 제1항은 "심신장애로 인하여 사물을 변별할 능력이
없거나 의사를 결정할 능력이 없는 자의 행위는 벌하지 아니한다."고
규정하고 있다.

　이처럼 사물을 변별할 수 있는 능력, 즉 행위의 옳고 그름을 판단할
수 있는 '시비변별능력'과 그러한 판단에 따라서 행동할 수 있는 '의사
결정능력'을 모두 갖추고 있어야만 완전한 책임능력이 인정되고, 어느
하나라도 결여되면 행위자는 책임무능력자가 된다. 살인, 강도, 강간 등
사회윤리적인 비난의 요소가 깃들어 있는 범죄의 경우에, 행위자는 행
위의 옳고 그름에 대한 판단을 내리고 그에 따라 행위를 실행함에 있어
서 일정한 도덕적 판단에 기초하게 마련이다. 즉, 범행을 결의하였다가
도 도덕적으로 그릇된 행동이라는 판단이 동기가 되어 범행을 중지하
는 경우도 있을 것이고, 반면 도덕적 비난을 무릅쓰고 범행을 감행하는
경우도 있을 것이다. 그렇기 때문에 시비변별능력과 의사결정능력의 유
무를 판별하는 데 있어서 행위자의 도덕적 판단능력은 중요한 기능을
한다고 볼 수 있을 것이다. 한편 도덕적 판단이 가능하려면 타인에 대
한 공감능력이 있어야만 한다. 왜냐하면 타인의 감정과 고통에 대한 공
감능력이 없이는 타인의 "입장이 되어보는(get into the skin or walk in
the shoes of others)" 것이 불가능하고, 따라서 올바른 양심의 발현을 기
대하기 어려워져 결국 내면에서 우러나오는 실질적 도덕판단이 불가능
해지기 때문이다. 형사책임능력의 이와 같은 논리적 구조에 따르면 결
론적으로 책임능력의 도덕적 기초는 "타인에 대한 공감능력"에 놓여 있
다고 볼 수 있을 것이다.

　전술한 바와 같이 "타인에 대한 공감능력"은 형사책임능력을 결정하

---

111) Robert D. Hare, 앞의 책, 34면.

는 데 있어서 분명히 고려되어야 할 요소임에도 불구하고 그러나 학계
와 실무의 지배적 견해에 따르면 사이코패스는 정신병자와 달리 형사
책임능력이 인정된다. 왜냐하면 사이코패스에게는 "공감능력"이 결여
되어 있음에도 불구하고 사이코패스는 "인식능력이 부족하거나 현실감
각이 떨어지지 않으며, 대부분의 정신장애자에게서 나타나는 환상이나
망상, 강렬한 부정적 스트레스도 경험하지 않[기]" 때문이다. 즉, 이들은
"정신병자와 달리 극히 이성적이며 자신의 행동이 무엇을 의미하며 원
인이 무엇인지 잘 인식하고 있[는바]", 결국 이들의 행동은 "자유로운
선택에 의한 실행의 결과"이기 때문이다.112) 요컨대, 사이코패스에게는
시비변별능력과 의사결정능력이 인정되기 때문에 형사책임능력이 인정
될 수밖에 없다는 것이다. 사이코패스의 형사책임능력에 대해서는 이를
긍정하는 입장과 부정하는 입장이 대립하고 있다. 이에 대해서는 다음
장에서 상세히 다루기로 한다.

2. 형사처벌의 딜레마

사이코패스에 대한 형사적 대응이 어려운 이유는 사이코패스의 형
사책임능력을 긍정하든, 아니면 이를 부정하거나 제한하든 형사정책적
으로 해결하기 힘든 문제가 발생하기 때문이다.

우선 책임능력을 제한하고자 할 때, 다음과 같은 문제가 발생한다.
즉, 중범죄자 상당수가 사이코패스이고 사이코패스의 재범률이 다른 범
죄자에 비해 매우 높은 현실을 고려할 때,113) 책임능력의 제한이 가져
오게 될 또 다른 범죄기회의 증대와 그로 인해 잠재적 범죄피해자인 시

---

112) 사이코패스와 정신병자의 차이점에 대한 지적으로는 Robert D. Hare, 앞의 책,
22면 참조.
113) 이 점에 대한 풍부한 경험적 연구자료와 논의로는 Robert D. Hare, David J.
Cooke, & Stephen D. Hart, 앞의 논문, 560-565면 참조. 이는 비록 외국의 통계
수치를 토대로 한 것이지만 우리나라의 경우도 크게 다르지는 않을 것으로 보
인다.

민 모두가 치르게 될 사회적 비용이 과연 적절히 통제될 수 있겠느냐는 것이다. 이는 사이코패스의 책임능력제한에 있어 지적될 수 있는 중요한 현실적 장애물의 하나로서 대다수 시민들 일반의 법감정과도 일치하기 때문에 상당히 강한 호소력을 지닌다. 그렇기 때문에 사이코패스의 형사책임능력을 제한하고자 이론구성하는 이론가들이나 그러한 법리구성을 시도하는 실무법관 모두에게 이는 중대한 도전의 하나일 것이다.

반면에 사이코패스에게 완전한 책임능력을 인정하여 형벌을 부과한다 하더라도 역시 같은 문제가 발생한다. 왜냐하면 고도의 재범위험군에 속하는 이들이 가출소 또는 출소 후에 범하게 되는 계속되는 범죄로 인해 범죄피해자들이 겪게 될 사회적 비용은 줄어들지 않기 때문이다. 이와 관련해 김상준 판사[114]는 다음과 같이 말한다. "민○○[115]의 10년에 걸쳐 반복되고 심화되는 범행에 대하여 거의 판에 박힌 듯한 찍어내기식 형벌의 부과와 대책 없는 격리 위주의 교정처우 이외에 우리가 해줄 수 있는 솔루션은 무엇이었는가? 이것은 우리 revolving door식의 형사사법제도의 실패로 인한 사회적 비용을 국민 모두가 공동으로 지는 것 아니고는 무엇이겠는가."[116] 일례이긴 하지만 형사실무에 있는 법관

---

114) 집필당시 부장판사, 대법원 송무국장. 현 사법연수원 수석교수.

115) 민○○(만 37세)는 만 19세 때 폭력으로 벌금을 받는 범죄를 저지르기 시작하여, 20대 시절의 거의 절반을 교도소에서 복역하였고, 30대에 들어서서는 범죄의 행태가 더욱 나빠져 강도죄로 2년간 복역하였고, 출소 후 얼마 되지 않은 2002년 2월에는 절도범행을 저지른 것을 비롯해 강도예비로 검거되어 징역 2년을 선고받고, 당시 시행되고 있던 구 사회보호법에 따라 재범의 위험성이 있다는 사유로 보호감호를 선고받았으나, 2004년 당시 사회보호법의 폐단을 우려하여 보호감호제도를 폐지해야 한다는 사회 각계의 목소리가 비등한 가운데 법무부의 적극적인 가출소 방침에 따라 2004년 8월 청송 보호감호소에서 석방되었다. 출소 후에도 민○○의 범죄행각은 계속되어 강도강간 및 강도살인, 사체유기 등의 범죄를 저질러 2005년 무기징역을 선고받았으며, 선고 직후 교도관의 감시가 소홀한 틈을 타서 탈주극을 벌여 또 한 번 사회적 파장을 일으키기도 하였다.

116) 김상준, 앞의 논문, 둘째 면 참조.

의 관점에서 보더라도 사이코패스에 대한 형벌과 격리 위주의 교정처
우는 "형사사법제도의 실패"로 이어질 수밖에 없다는 것이다. 이러한
관점에 비추어 보면 "사이코패스의 완전한 책임능력"을 인정하는 입장
에서도, 그 반대 입장과 마찬가지로 또 다른 재범에 의해 초래될 수 있
는 사회적 비용의 문제를 해결해야 할 부담을 안게 된다는 딜레마가 발
생하는 것이다.

　　이하에서는 현행법 하에서 이러한 딜레마를 해결하기 위한 가장 바
람직한 방안은 무엇인지를, 사이코패시의 치료가능성을 중심으로 제시
해 보고자 한다.

Ⅳ. 치료중심 형사정책의 필요성

1. 사이코패시의 치료가능성

　　사이코패스에 대한 사법적 대응방안을 강구함에 있어서 이들에 대
한 치료가능성 여부는 매우 중요한 기준으로 작용한다. 왜냐하면, 만일
치료가 불가능하다면 사법적 대응의 주된 목표는 엄벌을 통한 사회로
부터의 영원한 격리처우일 것이고, 반면 치료가 가능하다면, 형사처벌
과 치료처분을 병과 할 수 있기 때문이다. 이러한 사실은 특히 미국 내
에서의 성적 사이코패스(sexual psychopath)에 대한 입법론의 변천사를
보면 확연히 드러난다.[117]

　　미국의 경우 지난 100여 년 동안의 정신장애자와 성폭력 범죄를 저지
르는 성적 사이코패스에 대한 입법논의가 치료가능성에 거는 기대와 실
제의 결과에 따라서 치료중심모델과 장기격리모델 사이를 오고 가는 진

---

117) 이하의 미국내 입법론의 개관에 대해서는 Molly T. Geissenhainer, The $ 62
　　Million Question: Is Virginia's New Center to House Sexually Violent Predators
　　Money Well Spent?, *42 U. Rich. L. Rev. 1301* (2008), 1304-1308면 참조.

자효과(pendulum effect)를 보여주고 있다. 미국에서는 1880년부터 자신의 행동을 통제할 수 없는 범죄자들을 형기 만료 후 민간위탁 치료시설에서 부정기 수용, 치료를 하는 수용치료사법처분(civil commitment)[118]이 법적으로 제도화 되었다. 이 제도의 이론적 근거는 범죄자들로부터 시민을 보호해야 한다는 경찰국가론(police power)과 부모의 입장에서 스스로 자신을 돌볼 수 없는 자들을 돌봐 주어야 한다는 국가후견주의(parens patriae)가 자리 잡고 있었다.[119] 1840년대에는 최초로 정신장애자들을 수용, 치료하는 시설이 설치되었다. 그러나 이 시설에 대한 당초의 기대와는 달리 1860년대에 이르러 수용자들의 상당수가 치료불가능하고, 시도된 치료가 성공적이지 못하다는 것이 명백해졌고, 그러자 19세기말 무렵에는 이 제도에 대한 지지가 줄어들었다. 그러나 19세기말 무렵에 우생학 운동(eugenic movement)이 인기를 끌자 다시 많은 정신장애자들이 이 시설에 수용되었으나, 1930년대에 이르러 이 운동이 시들해지자, 이 제도는 더 이상 지지를 얻지 못했다.

그러다가 1930년대 후반에 성적인 동기에 의한 잔혹한 어린이 살해가 발생하자 성범죄를 특별히 취급하려는 움직임이 본격화되었고, 성적 사이코패스 방지법(sex psychopath law)이 제정되어 형기 만료 후 이들을 다시 구금할 수 있도록 입법되었다. 이 법의 취지는 국가는 공공의 안전을 보장해야 하고, 따라서 사이코패스 성범죄자의 경우는 치료가 된 후에만 석방을 할 수 있도록 해야 한다는 것이었다.[120] 1937년에 미시간 주가 최초로 성적 사이코패스 방지 법률을 제정하였다. 이후 1939년까지 다른 세 주가 이러한 취지의 법률을 제정하였고, 1960년대까지는 상당수의 주들이 사이코패스 성범죄자를 사회로부터 격리시키고 또한 이들을 치료를 하기 위한 목적으로 성적 사이코패스 법률을 제정하였다. 그러나 1980년대에 이르러 시민권(civil rights)에 대한 침해 우려

---

118) '수용치료사법처분제도'는 최근 법무부에서 사용하고 있는 번역어이다. 간단히 '민간구금'이라고 불러도 무방할 것이다.

119) Molly T. Geissenhainer, 앞의 논문, 1304면.

120) Molly T. Geissenhainer, 앞의 논문, 1305면.

와 치료프로그램의 성공여부에 대한 명백한 입증이 실패하자 이러한
법률을 시행하는 주는 절반으로 줄어들었다. 이처럼 실제 발생한 잔인
무도한 사건과 그에 대한 지역사회의 요구에 의해 성적 사이코패스 방
지법안이 제정되었다가, 또 치료가능성이 의문시되어 폐지되는 과정을
반복하다가, 1990년대 워싱턴에서 성범죄를 비롯해 많은 전과가 있었던
얼 쉬리너(Earl Shriner)라는 자가 7세 소년을 강간하고 목 졸라 죽인 후
토막을 낸 사건이 발생하자, 교도소에서의 형기 만료 후에도 구금할 수
있는 법이 또다시 입안되었다.[121] 이 법률은 일명 성폭력 흉악범 방지
법(Sexually Violent Predator: SVP)이라고 불린다.[122] 1994년과 1995년
에 위스콘신, 캔사스, 아이오와, 캘리포니아, 아리조나 등의 다른 주들
도 워싱턴의 SVP를 참고해 관련 법률을 제정하였고, 2008년 현재 20개
의 주들이 성폭력 흉악범에 대한 수용치료사법처분(civil commitment)
을 허용하는 법률을 두고 있다.[123] 전술한 미국의 사이코패스 처벌의
역사는 치료가능성이 보장되지 않는 치료중심모델은 곧 실패할 수밖에
없음을 잘 보여준다. 즉, 만일 사이코패스가 치료교화가 불가능하다면
엄중한 형의 부과로 이들을 사회에서 격리시키는 방법만이 사회적으로
선호될 수밖에 없다는 것이다. 물론 그렇지 않다면 형벌과 치료처분을

---

121) Molly T. Geissenhainer, 앞의 논문, 1307면.

122) 성폭력 흉악범에 대한 법률적 정의는 미국에서도 주마다 차이가 있으나, 일반적
으로 "성범죄로 유죄판결을 받고 '정신이상'이나 '성격이상'으로 평가된 자로서
석방이 된다면 또 다른 성폭력 범죄를 저지를 가능성이 높아 본인 개인뿐만 아
니라 지역사회에도 위험이 될 수 있다고 판결 받은 자"이다. 이 법률은 성폭력
범죄자를 죄인으로서가 아닌 병이 든 환자로서 취급해야 한다는 취지를 갖고
있기는 하지만, 치료 자체가 목적이라기보다는 치료를 목적으로 하여 이들을 구
금하여 사회를 보호하려는 취지가 더 강하다고 한다. 이상의 내용에 대해서는
이수정, 고위험 성범죄로부터 사회보호를 위한 대안 모색, 「성범죄자에 대한 치
료사법적 대안모색(법무부·여성가족부·국가청소년위원회·한국심리학회 공동주
최국제심포지움)」, 2007, 54면 참조.

123) Molly T. Geissenhainer, 앞의 논문, 1309면. 대표적으로 플로리다의 SVP에 대
해서는 The 2008 Florida Statutes 775.21 "The Florida Sexual Predators Act",
Online http://www.leg.state.fl.us/Statutes 참조.

어떻게 합리적으로 병과하는 것이 바람직한 것인지에 대해 모색해 볼 수 있을 것이다. 그렇다면 현재 사이코패스의 치료가능성에 대한 논의는 어느 정도의 수준에 이르러 있는가? 과연 사이코패스는 치료가 가능한 것인가?

대부분의 연구문헌에서 간과되고 있는 측면이지만, 사이코패스도 언제나 범죄자가 되지는 않는다는 사실은 사이코패시의 치료가능성에 대한 매우 긍정적인 함축을 담고 있다고 본다. 왜냐하면 범죄를 저질러 형의 선고를 받고 수감생활을 하는 실패한 사이코패스(unsuccessful psychopath)도 있지만 사이코패스임에도 불구하고 범죄를 잘 억제하고 사회적으로 성공한 사이코패스(successful psychopath)도 얼마든지 존재하고 있는바,[124] 이는 사이코패시에도 정도의 차이가 있으며,[125] 그렇다면 일정한 치료와 교화를 통해 이들을 정상인은 아니더라도 최소한 '성공한 사이코패스'로 갱생시킬 수 있다는 전망을 품게 해 주기 때문이다.[126]

비교적 최근에 이르기까지, 대다수 견해에 의하면 사이코패스에게는 "효과적인 치료방법이 발견되지 않았다"거나 "어떠한 치료도 효과가 없다"고 결론을 내리는 경우가 많았다고 한다.[127] 비록 초기의 상당수 문헌들은 사이코패스에 대한 정신요법(psychotherapy)이 긍정적 효과가 있음을 지적했지만(Rodgers 1947; Schmideberg 1949; Lipton 1950;

---

124) 성공한 사이코패스 사례에 대한 가장 최신의 소개문헌으로는 바버라 오클리(Barbara Oakley)/이종삼 역, 나쁜 유전자(Evil Genes: Why Rome Fell, Hitler Rose, Enron Failed and My sister Stole My Mother's Boyfriend) (살림, 2008) 참조.

125) 단적인 예로서 '실패한' 사이코패스는 비정상적인 해마를 가진 반면, '성공한 사이코패스'는 정상적인 해마를 가진 것으로 밝혀졌고, 성공한 사이코패스들과 달리 실패한 사이코패스들은 전전두 회백질을 정상인의 3/4만 갖고 있다고 한다. 이러한 연구결과에 대한 소개로는 바버라 오클리(Barbara Oakley)/이종삼 역, 앞의 책, 138면. 관련 참고문헌은 앞의 책, 동일한 면, 각주 13) 참조.

126) 물론 성공한 사이코패스라고 하여 사회적으로 유해한 측면이 없다는 것은 아니지만, 적어도 직접적인 범죄자는 아니다.

127) Robert D. Hare, 앞의 책, 194면.

Rosow 1955; Showtack 1956; Corsini 1958; Thorne 1959), 이후 여러 연구자들은 그 근거에 대한 비판적인 검증을 수행한 결과, 치료가 효과적이라는 증거를 찾지 못했다(Hare 1970; Cleckley 1982; McCord 1982; Woody, McLellan, Lubersky, & O'Brien 1985).[128]

이렇듯 대부분의 임상의학자들이나 연구자들은 사이코패스의 치료 가능성에 대해 비관적이지만, 그러나 헤어에 의하면 사이코패스가 절대로 치료가 불가능하다거나, 그들의 행동이 개선될 수 없다는 결정적 증거도 없다고 한다.[129] 특히 기존에 치료의 효과가 있었다거나, 반대로 치료가 효과가 없었다는 연구결과들은 그 어느 것이나 과학적인 방법론적인 기준을 충족시킨 경우가 거의 없었음을 지적한다. 즉, 대부분의 연구결과들은 매우 열악한 진단 및 방법론적 절차와 부적절한 프로그램 평가에 의존하고 있었다는 것이다. 사이코패시 진단 절차가 터무니없이 부적절하고 매우 모호하게 기술되어 있어서 해당 연구수행 과정이 과연 사이코패시를 다룰 수 있는지조차 확인할 수 없다고 한다. 이 점은 매우 중요한데, 왜냐하면 이는 결론을 뒷받침해 주는 근거가 부적절하다는 점을 의미하기 때문이다.[130] 예를 들어, 치료관련 문헌들은 사이코패시에 대한 각기 다양한 정의를 채택하는바, 상당수의 연구문헌에서는 사이코패시 진단을 위해서 반사회적 성격장애(antisocial personality disorder; APD)의 진단도구인 미국정신의학협회의 정신장애 진단 및 통계편람[131](Diagnostic and Statistical Manual of Mental Disorders 4th ed.;

---

128) Grant T. Harris, Tracy A. Skilling, & Marine E. Rice, 앞의 논문, 233면 참조.
129) Robert D. Hare, David J. Cooke, & Stephen D. Hart, 앞의 논문, 566면 참조.
130) Robert D. Hare, 앞의 책, 202면.
131) 19세기부터 이상행동(abnormal behaviour)에 대한 과학적인 진단 및 체계적인 분류를 위한 다양한 노력이 경주되어 1882년에는 영국 왕립의학심리학회 산하 통계위원회에서, 1889년에는 파리에서 열린 정신과학협회에서 나름의 분류체계를 만들어 채택했으나 널리 받아들여지지 못했다. 1948년에는 세계보건기구(WHO)에서 이상행동을 포함한 모든 질병들에 대한 포괄적 분류목록인 질병, 상해 및 사망 원인에 대한 국제적 통계분류를 만들어 WHO회의에서 만장일치로 통과시켰지만 그 중에서 정신장애에 관한 절(節)은 널리 받아들여지지 않았

DSM-IV)을 사용하는데, DSM-IV의 반사회적 성격장애 진단범주보다 PCL-R의 사이코패시의 진단범주가 더 엄밀하기 때문에, DSM-IV에 의해 사이코패시로 진단받은 자들 상당수는 실제로는 사이코패시가 아닌 경우가 많다는 것이다.[132]

메타분석(meta-analysis)적 방법을 통해 이러한 진단 및 방법론상의 문제점들을 지적한 최근의 일련의 연구 성과들은 사이코패시의 치료가능성에 대해 매우 긍정적인 결론을 내리고 있다.[133]

우선 웡(Wong)은 사이코패시의 치료를 다룬 75개의 연구문헌들을 검토한 후 진단 및 방법론상의 문제점이 있는 71개의 연구를 제외한 4개의 연구결과에 주목하였다. 그 결과 실험 참여자를 사이코패스 집단, 비사이코패스 집단, 이들의 혼합집단 등으로 구분한 오글로프(Ogloff) 등의 연구결과에 있어서는 비록 사이코패스 집단의 경우 치료개선에 별다른

다. 1969년에 WHO에서는 새로운 분류체계를 발표했고, 이것은 그 이전 판에 비해 널리 받아들여졌다. 한편 미국정신의학협회에서는 WHO의 분류체계와는 다른 독자적인 진단 및 통계편람(DSM)을 1952년 출간해 DSM-II(1968), DSM-III(1980) 등으로 개정해 오다가 1994년 DSM-IV를 출간하였고, 2006년 6월에는 오늘날 정신보건 전문가들이 널리 사용하는 공식적 진단체계인 DSM-IV의 개정판(Text Revision: TR), 즉 DSM-IV-TR을 출간하게 된다. DSM의 역사에 대한 설명으로는 Gerald C. Davison, John M. Neale, & Ann M. Kring/이봉건 역, 앞의 책, 4-6면 참조. DSM-IV의 분류 및 진단체계에 대한 상세한 소개로는 정규원, 형법상 책임능력에 관한 연구: 판단기준을 중심으로, 서울대학교 석사학위논문, 1997, 103면 이하 참조.

132) 이 점에 대해서는 Jan Looman, Jeffrey Abracen, Ralph Serin, & Peter Marquis, 앞의 논문, 550면 참조. 예컨대 반사회적 성격장애로 판정받은 사람들 중 20% 정도만이 사이코패시의 진단범주를 충족시켰으며(Rutherford, Cacciola, & Alterman, 1999), 유죄판결을 받은 중죄인 중 75%가 반사회적 성격장애의 기준을 충족시킨 반면, 15-20% 정도만이 사이코패시의 기준을 충족시킨다는 연구보고(Hart & Hare, 1989)가 있다. 이에 대해서는 Gerald C. Davison, John M. Neale, & Ann M. Kring/이봉건 역, 앞의 책, 266면 참조.

133) William L. Marshall, Yolanda M. Fernandez, Liam E. Marshall, & Geris A. Serren (eds.), Sexual Offender Treatment, Hoboken (NJ: John Wiley & Sons, 2006), 160-161면 참조.

반응을 보이지 않았지만, 혼합집단의 경우에는 사이코스가 치료가능하다는 사실을 지적했다. 또한 해리스(Harris)와 라이스(Rice), 코르미어(Cormier) 등이 사이코패스와 정신병자들을 대상으로 실험한 집중치료 공동체프로그램(intensive therapeutic community program)의 경우 비록 사이코패스가 치료에 반응을 보이지 않는다고 결론지었지만, 이 실험에 있어서는 이 프로그램이 오히려 사이코패시적 특성들을 강화하는 방법을 포함하고 있었다는 사실을 밝혀냈다.[134]

한편 살레킨(Salekin)은 윙에 의해 제외된 상당수의 문헌들까지 포함시켜 42개의 연구문헌을 검토하였던바,[135] 사이코패시의 성공률은 전체 평균 62%에 달했으며, 이 중 집단정신요법(group psychotherapy)과 개인정신요법을 병행한 치료의 경우 성공률은 81%에, 집중개인정신요법(intensive individual psychotherapy)은 91%에 달했다. 또한 인지행동적 치료(cognitive-behavioral approach)에서는 평균 62%, 인지행동적 치료와 통찰치료(insight approach)를 병행한 경우는 평균 86%의 성공률을 보였다.[136] 그러나 치료공동체프로그램에 의한 치료는 가장 비효과적인 방법으로서 단지 25%의 성공률을 보였다고 한다.[137] 이러한 통계로

---

134) S. Wong, Psychopathic offenders, in: S. Hodgins & R. Muller-Isberner (eds.), Violence, Crime and Mentally Disordered Offenders: Concepts and methods for effective treatment and prevention (Chichester; New York: John Wiley & Sons, 2000), 87-112면 참조.

135) 단, 이 중에서 헤어의 PCL-R의 기준을 충족시킨 문헌은 단지 4%에 불과하다는 점에 유의해야 할 것이다.

136) 인지 행동적 치료의 효과를 입증하는 연구결과로 Raymond M. Wood et al., Psychological Assessment, Treatment, and Outcome with Sex Offenders, 18 Behavioral Sciences and the Law 24 (2000), 24-41면 참조.

137) 치료공동체를 통한 사이코패스 치료를 긍정하는 연구로는 James R. P. Ogloff & Stephen Wong, Treating Criminal Psychopaths in a Therapeutic Community Program, 8 Behavioral Sciences and the Law 181 (1990), 181-190면 참조. 이 연구는 80명의 환자를 P(Psychopath) 집단, M(Mixed) 집단, 그리고 NP(non Psychopath) 집단 등 세 집단으로 나누어 치료를 한 결과, M 집단의 대부분이 사이코패스 성향을 보인 환자였음에도 불구하고 치료에 긍정적인 반응을 나타

부터 살레킨은 정교하게 구성된 집중치료프로그램은 사이코패스의 치료에 효과적일 수 있다고 결론지었다.[138]

그러나 무엇보다 사이코패시의 치료가능성에 대해 가장 고무적인 연구문헌으로서 1999년의 세토(Seto)와 바바리(Barbaree)의 지역치료센터성범죄자치료프로그램(Regional Treatment Center Sex Offender Treatment Program; RTCSOTP)에 의한 치료결과가 있다.[139] 이 프로그램은 사이코패시 치료를 위한 진단 및 방법론상의 현대적 기준을 충족시키는[140] 프로그램으로서 PCL-R의 진단기준이 적용되었고, 집단요법은 물론 개인요법이 모두 제공되며, 인지행동적 관점은 물론 사회적 학습 등의 관점에서의 다양한 치료법이 제공되는 7개월간의 거주치료(residential treatment)방식이다. 성범죄자를 대상으로 한 이 실험에서 참여자들의 50% 이상이 재범률이 낮아진다는 사실이 입증되었으며, 또한 PCL-R 점수가 높은 사이코패스들도 그 하위집단별로 치료에 대한 반응이 다르다는 점이 밝혀졌다.[141] 이밖에도 치료에 의해 사이코패스의 폭력성향이 감소되었음을 직접적으로 입증해 주는 연구결과도 있다.[142]

냈던바, 이로부터 치료공동체 요법이 사이코패스의 치료에 효과가 있다고 결론지었다. 이 연구에서 PCL-R 점수 27점 이상은 P 집단18점부터 26점까지 M 집단, 17점 이하는 NP 집단으로 분류되었다.

138) R.T. Salekin, Psychopathy and therapeutic pessimism: Clinical lore or clinical reality?, 22 Clinical Psychology Review79 (2002), 79-112면 참조. 이 밖에도 치료 가능성을 부정하는 기존의 연구방법이 내재적 오류가 있었음을 적확히 지적해 주는 연구로는 Rice(1992), Hitchicock(1995), Barbaree, Seto, & Langton (2001) 등이 있다. 이에 대한 개괄적 소개로는 Karen D'Silva et al., Does Treatment really make psychopaths worse? A review of the evidence, 18 Journal of Personality Disorders 163 (2004), 163-177면 참조.

139) M.C. Seto & H.E. Barbaree, Psychopathy, treatment behavior, and sex offender recidivism, 14 Journal of Interpersonal Violence 1235 (1999), 1235-1248 참조.

140) 이러한 평가로는 Jan Looman, Jeffrey Abracen, Ralph Serin, & Peter Marquis, 앞의 논문, 553면.

141) RTCSOTP의 치료방법에 대한 구체적이고 상세한 설명과 평가 및 관련 논의에 대해서는 Jan Looman, Jeffrey Abracen, Ralph Serin, & Peter Marquis, 앞의 논문, 555-565면 참조.

　　사이코패스의 치료가능성에 대해서는 향후 더 많은 과학적·경험적
연구가 뒷받침되어야 보다 확정적인 답을 내릴 수 있을 것이다. 그러나
어떠한 입장을 취하든 간에 현 시점에서 간과해서는 안 될 사실은 "인
간의 신경과 지각에는 가소성(plasticity)이 있다"는 점이다.143) 이는 무
엇을 의미하는가? 인간의 뇌는 평생 동안 경험과 활동의 영향을 받아서
변화한다. 이는 뇌의 가소성 덕분이다. 치매 등의 다양한 뇌질환도 적절
한 두뇌훈련과 단련에 의해 치료가 가능하다. 따라서 전술한 바대로 사
이코패시의 원인이 유전적·생물학적 요인과 사회·환경적 요인의 상호
작용에 있다면 사이코패스에 대한 치료와 교화의 가능성을 우리는 결
코 포기할 수 없다.

---

142) Jennifer L. Skeem et al., Psychopathy, Treatment Involvement, and Subsequent
Violence among Civil psychiatric patients, 26 *Law and Human Behavior 577*
(2002), 577-603면. 이 연구에 의하면 10주 동안 치료 프로그램을 7회 이상 수행
한 사이코패스 환자들보다 그렇지 않은 환자들은 세 배 이상 공격적인 성향을 보
이는 것으로 나타났다.

143) 이 점에 대해서는 알바노에(Alva Noë)/김미선 역, 뇌과학의 함정(Out of Our
Heads) (갤리온, 2009), 96-112면 참조. 노에가 소개한 실험에 따르면 청각피질
이 시각기능을 담당할 수도 있고(즉, 청각피질 안의 세포들도 시각세포가 될 수
있다. 이는 경험의 특징과 특정 세포의 행동 사이에 필연적인 연관이 없음을 뜻
한다), 아예 촉각과 시각이 치환되어 체감각피질을 통해 시각경험을 할 수도 있
다(맹인의 피부에 일련의 진동자를 설치하고 거기에 카메라를 연결해 카메라를
통해 들어온 시각정보가 맹인의 피부에 일련의 촉각자극을 만들어 내도록 하는
장치를 달자, 맹인은 탁구공을 칠 수 있었다). 전자는 신경가소성을, 후자는 신경
가소성을 동반하지 않는 지각가소성을 입증해 주는 예이다. 하버드 의과대학의
정신의학과 임상교수인 존 레이티 박사에 의하면 우리 두뇌의 뉴런은 유전적 지
시에 의해 대략적인 경로로 인도되긴 해도 어떤 뉴런이 어떤 뉴런과 결합될 것
인지에 영향을 미치는 것은 화학적 환경이다. 즉, 각 개인의 뉴런연결은 특정한
유전적 소질과 삶의 경험을 반영하며, 그 연결은 사용여부에 따라 평생에 걸쳐
더 강해지거나 약해질 수 있다. 이처럼 우리의 신경은 진화하기 때문에 "우리의
환경이나 경험이 바뀌면 두뇌도 변한다." 이는 우리가 무언가를 배우거나 배울
수 없는 이유이며, 동시에 두뇌 손상을 입은 사람들이 상실된 기능을 회복할 수
있는 이유이기도 하다. 이 점에 대해서는 존 레이티(John J. Ratey)/김소희 역,
뇌(A User's Guide to the Brain) (21세기북스, 2010), 48-49면 참조.

2. 치료중심 형사정책의 수립필요성

전술한 바와 같이 사이코패스의 형사책임능력을 긍정할 것이냐 부
정할 것이냐의 문제는 이론적으로도 논란거리이지만, 형사정책적 관
점에서도 해결하기 힘든 문제와 맞물려 있다. 다만 그렇다 하더라도
범죄억제의 관점에서 볼 때, 적어도 수감생활을 하는 동안은 사회 일
반에 대한 범죄기회가 제거될 수 있다는 점에서 긍정론의 입장이 보
다 바람직하다고 볼 여지도 있을 것이다. 그러나 현행 치료감호법에
의하면 심신장애가 있는 자는 최대 15년까지 치료감호에 처할 수가
있다(동법 제2조 제1항과 제16조 제2항). 舊사회보호법을 폐지하면서
재범의 위험성이 있는 심신장애자 또는 약물중독자 등으로부터 사회
를 보호하기 위해 제정된 치료감호법은 대체주의(代替主義)를 따르고
있는바, 형벌과 보안처분의 병과적 선고를 허용하면서 특별예방이 일
반예방에 우선한다고 봄으로써 집행에 있어서는 보안처분이 형벌을
대체한다. 그러므로 치료감호가 형벌에 우선적으로 집행되고, 치료감
호기간이 형기에 산입된다(동법 제18조).[144] 다만 치료감호가 종료되
지 않았을 경우에 치료감호는 최장 15년까지 가능하다.[145] 그렇다면
사이코패스의 책임능력을 제한하여 책임무능력이나 한정책임능력을
인정하더라도 치료감호시설에 수용함으로써 사회 일반에 대한 범죄기
회는 충분히 제거될 수 있다. 더욱이 사이코패스의 치료가능성에 대한
매우 긍정적인 연구성과들이 제시되고 있는 상황에 비추어 보면, 사이
코패스의 치료가 가능하도록 현행 치료감호시설을 개선하는 입법적
조치를 취하거나, 아니면 현행 치료감호법이 허용하고 있는 "치료감
호시설 외에서의 위탁치료(동법 제23조 1항과 2항)"를 통해 정신병질

---

144) 치료감호법의 법제도적 의의에 관해서 신동운, 형법총론, 2008, 822-823면; 정
　　영일, 형법총론, 2007, 536-537면 참조.
145) 치료감호의 종료 또는 가종료 여부는 매 6월마다 치료감호심의위원회에서 심
　　사·결정한다(동법 제22조와 제37조).

이 치료될 수 있도록 처우한다면, 사이코패스의 책임능력 제한은 오히려 현행법 하에서 매우 합리적인 형사정책적 해결책이 될 수 있다고 본다.146)

V. 맺음말

사이코패스 범죄는 미셸 푸코(Michel Foucault)가 1970년대 중반 무렵 콜레주 드 프랑스에서 강연한 내용을 엮은 책, "비정상인들(LES ANORMAUX)"에서도 다양한 사례들 통해 논급된 바 있다.147) 어느덧 사이코패스는 임상의학자들과 사법 및 수사기관을 거쳐 철학적 수준의 지적 담론의 장에까지 오르내리게 되었다. "극악무도한 악인" 또는 "도덕적 무능력자" 등 이들을 바라보는 관점만큼 상이한 방식의 사법적 대응이 강구될 수 있을 것이다. 다만 이들에 대한 일반의 법감정이 어떠하든, 이들을 둘러싼 철학적 담론이 어떻게 전개되어 왔든, 무엇보다 이들이 겪고 있는 정신병질에 대한 원인이 명확하게 규명되어야 사이코패스에 대한 올바른 관점이 자리 잡을 수 있다고 본다. 본고는 이러한 문제의식 하에 사이코패시의 원인에 대한 제 가설을 검토해 보았던바, 그 결과 (신경)생물학적 원인론이 가장 타당하다는 점을 확인해 보았고, 아울러 사이코패스에 대한 치료가 가능하다는 점을 밝혔으며, 이를 토대로 바람직한 사법적 대응의 방향, 즉 치료중심적 형사정책을 제안하였다.

---

146) 물론 이 경우에도 "치료프로그램 및 방법"에 대한 충분한 연구와 개발이 전제되어야 함은 물론이다. 다만 위탁치료 시 사이코패스의 범죄기회통제가 문제될 수 있는데 위탁치료 기간 동안에는 보호관찰이 개시되므로 (동법 제32조) 법제도상 큰 미비점은 없다고 본다.

147) 미셸푸코(Michel Foucault)/박정자 역, 비정상인들(Les anormaux) (동문선, 2001), 49면 이하. 단, 동 문헌에서 푸코는 사이코패스란 용어를 직접적으로 사용하고 있지는 않다. 일종의 '광인'으로 표현하고 있다.

§ 14. 사이코패스의 형사책임능력

"우리는 이성적인 방식으로는 히틀러에 대해서조차 분노할 수 없다."
- 루드비히 비트겐슈타인

Ⅰ. 문제의 제기: 책임능력판단의 공정성

일반적으로 사이코패스 범죄자의 형법적 취급이 어려운 이유는 우선 사이코패스 범죄를 유발하는 밀접한 요인으로 작용하는 사이코패시가 과연 형법 제10조의 심신장애 사유에 해당되는지 불확정적이고, 다음으로 설령 그것이 심신장애 사유가 된다 하더라도 이들은 사물변별능력에는 거의 장애가 없고,[1] 의사결정능력 유무만 문제시되고 있기 때문이다.[2] 이하 본장에서는 사이코패시가 심신장애 사유에 해당하며, "도덕적 판단능력"이 결여된 사이코패스는 의사결정능력, 즉 행위통제능력이 정상인에 비해 제한되어 있으므로 책임무능력이나 한정책임능력을 인정해야 한다는 점을 입론하고자 한다.[3]

책임능력에 관하여 형법 제10조 제1항과 제2항은 책임무능력 또는

---

1) 혹자는 사이코패스가 폭력범죄를 잘 저지르는 것이 정상인에 비해 지능이 낮아서일 것이라고 추측할 수도 있다. 경험적으로 볼 때 일반인의 경우 높은 지능은 범죄의 억제요인으로 작용하기도 하기 때문이다. 그러나 한 연구결과에 의하면 비사이코패스의 경우 지능이 높을수록 범죄를 늦게 시작하는 경향이 있는 반면, 사이코패스는 지능이 높을수록 폭력범죄를 저지르는 성향이 강하게 나타났다. 또한 이 연구에 의하면 비사이코패스와 사이코패스 범죄자들 간에 일반적인 지능의 차이는 나타나지 않는다. Peter Johansson & Margaret Kerr, Psychopathy and Intelligence: A Second Look, *19 Journal of Personality disorders 357* (2005), 357-367면.
2) 이 점에 대한 적확한 지적으로는 노용우, 책임능력판단에 있어서 심신장애의 의미, 형사법연구 제15권, 2001, 69면.
3) 본고에서는 '사물변별능력'과 '시비변별능력', 그리고 '의사결정능력'과 '행위통제능력'을 각각 혼용하기로 한다.

한정책임능력이 인정되기 위해서는 생물학적 요소로서 '심신장애'가 존재해야 하고, 이로 인하여 심리적·규범적 요소인 사물변별능력과 의사결정능력이 결여되어 있거나 미약해야 한다고 규정하고 있다.4) 요컨대 행위의 옳고 그름을 판단할 수 있는 '사물변별능력'과 그러한 판단에 따라 옳게 행동할 수 있는 '의사결정능력'을 모두 갖추고 있어야만 책임능력이 인정되며, 만일 어느 하나라도 결여되거나 미약하면 책임무능력자 또는 한정책임능력자가 된다.5)

학계와 실무의 지배적 견해에 따르면 사이코패스는 정신병자와 달리 책임능력이 인정된다.6) 왜냐하면 현재까지 정신병질은 생물학적 심

---

4) 김성돈, 형법총론, 2006, 395면 이하; 김일수·서보학, 형법총론, 2003, 404면 이하; 배종대, 형법총론, 1999, 353면 이하; 손동권, 형법총론, 2005, 267면 이하; 신동운, 형법총론, 2008, 356면 이하; 오영근, 형법총론, 2005, 501면 이하; 이영란, 형법학 – 총론강의, 2008, 322면 이하; 이재상, 형법총론, 2006, 299면 이하; 정영일, 형법총론, 2007, 260면 이하; 정웅석, 형법강의, 2007, 317면 이하.

5) 그러나 동 조항에서의 '심신장애'라든지 '사물을 변별할 능력', 그리고 '의사를 결정할 능력' 등의 개념에 대해서는 구체적인 정의가 없기 때문에 책임능력에 대한 객관적이고 명확한 판단기준은 조문 자체에서는 연역적으로 도출해 낼 수 없고, 이는 해석론에 일임되어 있다. 이러한 지적으로는 노용우, 앞의 논문, 56면 이하와 한정환, 심신장애와 책임능력, 형사법연구 제15권, 2001, 74-75면 참조.

6) 대법원은 사이코패스 등과 같은 이상성격자 내지 성격장애자에 관하여, "범행 당시 정상적인 사물변별능력이나 행위통제능력이 있었다면 심신장애로 볼 수 없는 것이고 특단의 사정이 없는 한 위와 같은 성격적 결함을 가진 자에 대하여 자신의 충동을 억제하고 법을 준수하도록 요구하는 것이 기대할 수 없는 행위를 요구하는 것이라고는 할 수 없으므로 원칙적으로는 성격적 결함은 형의 감면사유인 심신장애에 해당하지 않는다고 봄이 상당하고, 다만 그러한 성격적 결함이 매우 심각하여 원래의 의미의 정신병을 가진 사람과 동등하다고 평가할 수 있다든지, 또는 다른 심신장애사유와 결합된 경우에는 심신장애를 인정할 여지가 있을 것이다."라고 판시하고 있다. 동 판시내용은 대법원 1995.2.24. 선고 94도3163 판결과 대법원 2007.2.8. 선고 2006도7900 판결의 중복되는 요지를 조합한 것으로, 사이코패스에게는 온전한 시비변별능력과 의사결정능력이 인정되기 때문에 원칙적으로 형사책임능력이 인정될 수밖에 없다는 것이다. 물론 대법원은 '중증의 성격장애자'에 대하여 판단을 내리고 있는 것이며, '엄밀한 의미'의 '사이코패스'에 대한 판단인지 여부는 확실하지 않다. 다만 같은 논리라면 '중증의 사이코패

신장애사유로 널리 받아들여지지 못하고 있고, 사이코패스는 정신병자와 달리 시비변별능력과 의사결정능력을 지니고 있기 때문에 원칙적으로 책임능력이 인정될 수 있다는 것이다.[7]

일정한 경우, 즉 살인, 강도, 강간 등 사회윤리적인 비난의 요소가 깃들어 있는 자연범(自然犯)의 경우, 행위자는 옳고 그름에 대한 판단에 따라 행위를 실행함에 있어 도덕적 판단에 따르기도 한다. 그런데 현행 형법상 행위자가 도덕 판단을 기초로 시비를 변별하든, 관습적으로 옳고 그름을 구분하든, 그에게는 사물변별능력이 인정된다. 마찬가지로 행위자가 양심에 따른 도덕적 동기에서 범죄충동을 억제하든, 단순히 처벌에 대한 위협으로 준법적 행위를 하든, 책임능력도그마틱은 무관심하며 그에게 특별한 심신장애사유가 없는 한, 의사결정능력이 인정된다.[8]

스'에 대해서도 동지의 판결을 내렸을 것으로 보고 이와 같은 결론을 제시하는 것이다.

7) 그러나 사이코패스에게 온전한 사물변별능력이 있다는 지적은 타당하겠지만 의사결정능력도 완전하다는 판단에는 동의할 수 없다. 왜냐하면 도덕적 판단능력이 없는 행위자에게는 분명 정상인에 비해서 도덕적 동기에 기초한 행위통제능력은 부족하다고 볼 수밖에 없기 때문이다. 판례는 - 만일 '엄밀한 의미의' 사이코패스에 대한 판단을 내리고 있는 것이라면 - 이 점을 간과하고 있다고 본다. 헤어도 역시 이 점을 간과한 채 사이코패스의 책임능력을 긍정하고 있다. 헤어는 대부분의 판결에서 사이코패시는 형사책임의 가중요소(aggravating factor)로 고려된다고 보며, 이러한 입장을 지지한다고 밝히고 있다. 그 이유는 우선 만일 사이코패시가 항변으로 인정된다면 치료가 여의치 않은 현 상황에서는, 민간위탁 치료시설에이들을 보내 수용, 치료를 하는 민간구금(civil commitment)이 영구적으로 장기화 될 우려가 있고, 보다 더 중대한 문제는 사이코패스들이 이를 이용해 정신질환의 증상을 겪고 있는 것처럼 가장할 수 있다는 것이다. 이에 대해서는 Robert D. Hare, Psychopaths and Their Nature: Implications for the Mental Health and Criminal Justice Systems, in: Theodore Millon, Erik Simonsen, Morten Birket-Smith, & Roger D. Davis(eds.), Psychopathy: Antisocial, Criminal and Violent Behavior (New York, Guilford Publications, 1998), 205면 참조. 그러나 이는 책임능력 긍정을 위한 법정책적 논거일 뿐이며, 그 스스로도 지적하고 있듯이 이것은 궁극적으로 사법시스템이 해결해야 할 문제이다.

8) 현행 책임능력도그마틱의 이러한 태도는 아마도 도덕적으로든 관습적으로든 불

일반적으로 사이코패스는 선천적·생물학적 이유로 "도덕적 판단능력"이 결여되어 있는 것으로 알려져 있다. 그럼에도 불구하고 사이코패스는 이 점에 대한 고려 없이 정상인과 마찬가지로 책임능력이 완전하다고 이해되고 있다. 과연 학계와 실무의 이러한 태도는 정당한 것일까? 물론 정상인도 언제나 도덕적 판단에 의존해 도덕적 동기에서 준법적 행위를 하는 것은 아니다. 다만 "도덕적 판단"에 따라 법을 준수할 수 있음에도 불구하고 오로지 자기이익의 관점에서 법규를 따르는 정상인과 처음부터 도덕적 판단능력이 부재한 사이코패스를 동일하게 취급하는 것은 공정하지 않다. 왜냐하면 도덕적 판단능력이 없는 자에게는 그만큼 준법적 행위를 할 수 있는 행위통제능력이 부족할 수밖에 없기 때문이다.

우리는 'PART II-Realistic Epilogue'에서 자의식을 가진 로봇과 외계 고등 생명체는 우리와 다른 삶의 조건 하에 살고 있고 인간에 대한 공감능력이 없기 때문에 우리와 '확장된 의미의' 삶의 형식을 공유하지 못한다는 사실에 대해 논의해 보았다. 사이코패스는 '인간이기' 때문에 '확장된 의미의' 삶의 형식은 우리와 일치한다.9) 그러나 사이코패스는 정상인처럼 범죄와 형벌의 의미를 이해하고, 범죄를 억제할 수 있는 능력이 미약하기 때문에 '본래적 의미의' 삶의 형식은 우리와 다르다고 볼 수 있다. 왜냐하면 그들은 적어도 도덕적 판단에 있어서 우리와 다른 의식구조를 갖고 있고, 타인의 고통이나 슬픔을 진정으로 이해할 수 없기 때문에 우리와 다른 행동과 반응을 보이기 때문이다. 이는 마치 로봇이 자의식을 갖게 되더라도 인간과 동일한 도덕감정을 지닐 수 없는 한 윤리적인 삶을 살 수 없는 것과 비슷하다. 마찬가지로 우리와 다른 '확장된 의미의' 삶의 형식을 가진 외계 생명체는 인간을 도구적으로 대할 수밖에 없다. 사냥감으로 말이다!

법을 통찰할 수 있고, 불법을 행할 경우 처벌받게 된다는 점만 인식할 수 있다면 책임능력을 인정하는 데 충분하다고 전제하고 있기 때문일 것이다. 그러나 후술하겠지만 사이코패스의 경우는 신경생물학적으로 행동억제시스템(Behavioral Inhibition System: BIS)에 장애가 있어 처벌에 대한 두려움조차도 범죄충동을 억제시키는 위하력을 발휘할 수 없는바, 기존의 책임능력도그마틱 운용에 있어 새로운 접근이 필요하다고 본다.

9) 사이코패스도 잠재적으로는 - 치료가 된 경우를 전제할 때 - 형사처벌이 가능한 대상임은 분명하다.

　그러므로 책임능력조문과 책임능력도그마틱을 적용함에 있어 "다른" 것은 "다르게" 취급할 필요가 있다고 본다.

　사이코패스에게 도덕적 판단능력이 없다는 것은 법인지과학적으로 어떤 의미를 갖는가? 사이코패스는 흔히 저항할 수 없는 충동 또는 통제 불가능한 충동으로 인해 범행을 저지르는 것으로 알려져 있다. 그러한 충동의 발생 메커니즘은 어떻게 되는 것일까? 혹시 도덕적 판단능력의 부재가 그 원인이 되지는 않을까? 만일 누군가 정신병으로 인해 범행을 저질렀다면 그를 비난할 수 없음은 정당한 규범판단이다. 그런데 만일 그가 저항할 수 없는, 통제 불가능한 충동에 의해 범죄를 저질렀다면 법적으로 어떻게 처리해야 할 것인가? 내부로부터의 저항할 수 없는 충동은 법적으로 어떠한 평가를 받아야 하는가? 일단 과연 그러한 저항할 수 없는 충동이 경험적으로 확인되고 있는가? 도대체 어느 정도의 심리적인 고통이 있어야만 저항할 수 없는 충동이라고 말할 수 있는가? 저항할 수 없는 충동은 객관적 측정이 가능한 개념표지인가? 만일 이러한 질문에 모두 긍정적인 답변이 주어질 수 있다면, '저항할 수 없는 충동'으로 인해 그러한 통제 불가능의 상황에 놓인 행위자를 비난하기는 어려울 것이다. 그의 정상적인 의사결정능력을 인정할 수 없기 때문이다. 이 경우 책임능력이 미약하거나 결여되었다고 보아야 한다. 정신병자와 마찬가지로 형벌을 받을 만한 자격을 갖추고 있지 못하다는 것이다. 그런데 경험적으로 그 재범의 위험성이 널리 알려진 사이코패스의 책임능력을 제한하게 되면, 무죄 방면되거나 형이 감경되어 또 다른 범죄실행의 기회가 제공된다는 현실적인 문제점이 있다. 현행법상 이들에 대한 치료감호처분이 가능하긴 하지만, 현재까지 사이코패스에 대한 치료개선의 가능성은 매우 낮다는 인식이 지배적이기 때문에 그 실효성에 대해서는 의문이 들 수밖에 없다는 것이다. 이 점은 사이코패스를 엄벌에 처하도록 사회 분위기를 조장하는 주요한 원인이 되고 있다.

　그렇다면 사이코패스의 범죄충동은 형법적으로 어떠한 관점에서 접근해야 하는가? 우선 "저항할 수 없는, 통제불능한 충동"이 임상적으로 확인되는가, 또 어느 정도의 심리적 고통이 있어야만 그러한 충동을 인정할 수 있는가, 아울러 그러한 충동은 객관적으로 측정이 가능한가의 의문이 제기될 수 있다. 이상 일련의 문제제기에 대해서 "저항할 수 없는 충동"이란 법적으로 무용한 개념이라는 견해가 있다. 왜냐하면 사이코패스는 범죄를 "즐기기" 때문에, 욕구가 충족되지 않는 데서 오는 "심리적 고통"이 존재하지 않을 수 있고,10) 설령 그러한 심리적 고통을 수반하는 범죄충동이 존재한다 하더라도 그것은 객관적으로 측정이 불가능하기 때문이라는 것이다.11) 예를 들어 방광에 일정수준의 소변이 차서 괄약근이 더 이상 참지 못하고 열리지 않을 수 없는 경우처럼 과학적으로 측정이 가능한 통제 불가능의 메커니즘을 확인할 수 있는 경우와는 달리 사이코패스의 범죄충동은 "주관적 감정"일 뿐 설령 그것이 외부에서 주어지는 것처럼 통제 불가능한 것이었다 하여도 경험적인 입증이 불가능한 이상 개념적으로 무용한 표지라는 것이다.12) 한마디로 어느 정도의 욕구단위가 있어야만 행동스위치(action switch)를 켤 수 있는지는 알 수 없으며, 따라서 저항할 수 없는 충동과 단순히 저항하지 않은 충동은(irresistible desire and one simply not resisted) 구분할 수 없다는 것이다. 인간에게 있어서 욕구와 행동의 상관성은 기계적 메커니즘으로 설명되지 않는다는 지적이다.

저항할 수 없는 범죄충동이란 행위자의 주관적인 감정일 뿐 법적으로 유의미한 개념표지는 될 수 없다는 지적은 분명 귀 기울일 만하다. 그러나 객관적인 확인이 불가능하기 때문에 전혀 쓸모없는 개념이라는 점에 대해서는 재고의 여지가 있다고 본다. 그 이유는 우선 이미 형사정책으로도 범죄충동에 대한 사회적·개인적 통제가능성의 논의가 체계적으로 정립되어 있는바, 심리적 욕구단위의 비과학성에만 주목하려는 모스의 접근방식은 편협하다고 볼 수 있고, 다음으로 사이코패스의 경우 정상인과 다른 특이한 성격의 범죄충동을 갖고 있는데, 이 점에 대

---

10) 예컨대 정남규는 공판정에서 "살인을 통해 희열을 느꼈다", "살인이 가장 짜릿했다"는 진술까지 했다는 점을 상기하라.

11) Stephen J. Morse, 앞의 논문, 1059면 이하 참조.

12) Stephen J. Morse, 앞의 논문, 1062-1063면.

한 비교·분석은 분명 사이코패스의 범죄충동을 이해하고 법적 대책을 수립하는 데에 있어 유의미한 결과를 가져올 수 있기 때문이다.13) 더구나 그러한 충동을 야기하는 인지과학적 기제가 밝혀진다면, 이는 책임능력판단에 일정한 기여를 할 수 있을 것이다. 예컨대 사이코패스가 정상인과는 다른 선천적·생물학적 이유로 도덕적 판단능력에 장애가 생겨, 이로 인해 범죄충동에 쉽게 굴복할 수밖에 없다면 이 사실은 일정한 심신장애 요건을 구성하게 되며 결국에는 형사책임능력 판단에 중대한 요인으로 작용할 수 있다고 본다.

　　결론적으로 본장의 논증구도는 다음과 같다.
　　사이코패스의 유전적·생물학적 원인 → 공감능력의 부재 → 도덕적 판단능력의 부재 → 의사결정 및 행위통제능력의 장애 → 심신미약 또는 상실인정 → 치료감호처분

이하 본고에서는 이러한 맥락 하에 사이코패스의 형법적 취급에 있어 이른바 "공정성(fairness)" 문제를 제기하면서, 궁극적으로 사이코패스에게 책임무능력 또는 한정책임능력을 인정해야 함을 논증하고자 한다. 나아가 이러한 법리구성이 형사정책적으로도 바람직한 결과를 가져올 수 있다는 점도 제시해 보고자 한다.

II. 사이코패스의 개념과 발병 원인

1. 사이코패스의 개념과 특징

전술한 바와 같이 사이코패스란 일반적으로 타인의 고통에 대한 공

---

13) 이러한 취지에서 사이코패스 범죄의 특성을 형사정책상 통제이론(Control Theory)과의 비교를 통해 폭넓게 다루고 있는 문헌으로는 안성조, 사이코패스의 범죄충동과 통제이론, 경찰법연구 제6권 제1호, 2008, 196면 이하 참조.

감능력이 결여되어 죄책감이나 후회를 못 느끼며, 대인관계에 있어 냉담, 거만, 교활한 특성을 보이고, 충동적 또는 계획적으로 범죄를 저지르는 성향을 지녀, 잠재적으로 범죄 위험성을 지닌 자들을 말한다. 그 특유의 '이상인격' 내지 그가 지닌 '기질적 특성'으로 인하여 자신의 행위가 위법하고 부정하다는 것을 알면서도 이를 억제하여 준법적 행동으로 나아갈 수 있는 '자기통제력'을 상실한 '고도의 재범 위험군'14)에 속하는 자라는 것이다.15)

사이코패시적 성격특성을 지닌 사람들은 시대와 지역을 초월해 보편적으로 존재해 온 것으로 보인다.16) 서구의 사이코패시 연구의 역사는 멀리 19세기까지 소급해 올라가며,17) 특히 19세기의 프리차드(Prichard)와 모즐레이(Maudsley)는 사이코패시를 "도덕적으로 미친 상태(moral insanity)"로 기술하였다.18) 유구한 연구 역사에도 불구하고 일

---

14) 이러한 표현으로 김상준, 사이코패스에 대한 사법적 대응, 「범죄와 사이코패시 - 이해와 대책(한림대학교응용심리연구소·한국사회 및 성격심리학회·법무부교정국 공동주최 국제심포지엄)」, 2005, 둘째 면 참조.

15) 사이코패스가 이와 같은 성격 및 행동특성을 보이는 것은 그가 지닌 '정신병질(精神病質; Psychopathy)' 때문이다. 정신병질이란 용어는 독일어 'Psychopathie'의 일본식 번역어로서 昭和 13년(1938년) 林道倫 박사가 "정신의학용어통일시안에 관한 각서(覺書)"에서 처음 사용한 것이며, 독일의 정신의학상 통설에 의하면 "이상성격적 행동(abnormes charakteriches Verhalten)"으로 이해된다고 한다. 이상의 개념설명에 대해서는 김선수, 정신병질 범죄자의 처우에 관한 연구, 경남법학 제2집, 1986, 201면. 사이코패시는 어원적으로는 희랍어 'psyche(soul)'과 'pathos(suffering)'가 결합된 합성어의 번역에서 유래된 것으로 본래 "심리적 결함(psychological defect)"을 지칭하는 개념으로 사용되었다. Lisa Ells, Juvenile Psychopathy: The Hollow Promise of Prediction, 105 Columbia Law Review 158 (2005), 178면과 각주 128번 참조 헤어는 이 용어를 'psyche(mind)'와 'pathos(disease)'로 번역하면서, '정신질환(mental illness)'을 뜻한다고 본다. 이에 대해서는 Robert D. Hare, 앞의 책, 22면 참조.

16) 이 점에 대해서는 마사 스타우트(Martha Stout)/김윤창 역, 당신 옆의 소시오패스(The Sociopath Next Door) (산눈, 2008), 211면.

17) 이 점에 대한 상세한 소개는 김선수, 앞의 논문, 201면 이하 참조.

18) Lisa Ells, 앞의 논문, 178면 참조. 사이코패스란 개념이 등장한 계기는 다음과

부 정신과의사들은 사이코패시란 개념을 인정하기를 거부해 왔으나[19] 동 개념은 임상적 상황에서도 필요하다는 사실이 일반적으로 받아들여 지고 있을 뿐만 아니라 최근의 경험적 연구는 사이코패스들에게 공통적 인 성격 특성들이 존재함을 확증해 주고 있다.[20]

헤어에 따르면[21] 감정과 대인관계의 측면에 있어서(제1요소) 사이코 패스는 자기중심적이며 과장이 심하고, 후회나 죄의식이 결여되어 있으 며, 타인의 고통 및 감정에 대한 공감능력이 부족하다. 또한 거짓말과 속임수에 능하며 감정이 부족[22]하기 때문에 느낌의 폭과 깊이에 한계

같다. 약 2세기 전 프랑스 정신과 의사 피넬(Pinel)은 기존의 진단범주에 들어맞 지 않는 사례를 발견하게 되었다. 그 환자는 어떠한 죄책감이나 개인적 자제력도 보이지 않았다. 그의 상태는 "정신착란 없는 광기(manie sans delire; madness without delirium)"로 분류되었다. 이것이 사이코패스를 이해하기 위한 초기의 시도였 다. 후에 이것은 미친 듯 보이지만 이성적 능력은 있는 "도덕적 광기"로 불리게 된다. http://www.trutv.com/library/crime/criminal_mind/psychology/psychopath/1.html의 두 번째 페이지 참조. 보다 상세한 내용에 대해서는 본장 II-2의 사이코패스의 개념 변천사 참조.

19) 이 점은 현재 우리학계나 실무도 마찬가지라고 보이며, 사이코패시라는 개념을 인정하는 데 보다 적극적인 태도를 취할 필요가 있다고 생각된다.

20) Charles Fischette, Psycopathy and Responsibility, *90 Va. L. Rev. 1423* (2004), 1429면과 각주 21번 참조. 특히 더 참조할 만한 문헌으로는 Gerald F. Gaus, Value and Justification: The Foundation of Liberal Theory (Cambridge University Press, 1990), 293면. 피쉬테는 정신병질은 재범을 예측할 만한 '진정한 성격특성 (real trait)'으로 보인다고 강조한다. 앞의 논문, 1429면.

21) 헤어가 지적하는 주요 특성들은 그가 개발한 사이코패스 진단도구인 PCL-R의 20가지 평가목록들 중 일부이다. 20가지 목록은 크게 두 가지의 요소로 분류되 며, 그 하나는 감정적·대인관계적(affective/interpersonal) 요소이고(제1요소), 다 른 하나는 충동적이고 반사회적이며 불안정한 생활방식, 즉 사회적 일탈(social deviance)의 요소이다(제2요소).

22) 일반적으로 사이코패스는 감정이 결여되어 있지만, 당장의 신체적인 고통과 쾌 락, 또는 단기간의 좌절과 성공에서 비롯되는 이른바 '원초적인' 정서반응은 느 낄 수 있다고 한다. 그러나 이러한 감정적 반응들은 대부분 오래 지속되지 않으 며, 다른 감정들처럼 대뇌변계에서 발생하기는 하지만, 여타의 '고등' 감정들과 는 달리 대뇌피질의 기능을 통해 조절되지 않기 때문에 신경학적으로 '원초적'이

가 있다. 또한 사회적 일탈의 측면에서(제2요소) 행동의 옳고 그름, 결
과의 타당성 여부에 대한 숙려(熟慮)가 없이 충동적으로 범죄를 저지른
다. 뿐만 아니라 모욕이나 경멸에 대해 자신의 행동을 제어하지 못하고
쉽게 감정이 폭발하여 공격적인 태도를 취한다. 일체의 책임감과 의무
감이 없다.23) 사이코패스가 아닌 사람도 이러한 증상을 보일 수 있다.
그러나 충동적이거나 냉정하거나 감정이 결여되어 있거나, 반사회적이
라고 해서 그가 반드시 사이코패스로 판정되지는 않는다. 왜냐하면 사
이코패시는 연관된 여러 증상들이 모여 나타나는 일종의 증후군이기
때문이다.24)

2. 사이코패스 개념의 변천사

사이코패시는 정신의학계에서 인정된 최초의 인격장애이다. 그 개념
적 기원은 아리스토텔레스의 제자이자 고대 그리스의 철학자였던 테오
프라스토스(Theophrastus)가 그의 저서 '성격론'에서 성격유형을 나누며
논한 '파렴치한 인간(The Unscrupulous Man)'이라는 표현으로까지 거슬
러 올라갈 수 있다고 한다.

1) 19세기 초반의 사이코패시 개념의 태동과 발달

그러나 현대적 의미의 사이코패시의 개념은 18세기 말 무렵 의사들
과 철학자들이 "자유의지는 존재하는가?" 또는 도덕률을 이해하지 못
하고 어기는 자들(moral transgressors)도 자기 행위의 결과를 "이해할 수
있는가?"라는 문제에 대한 오래 된 논쟁에 몰두하기 시작하면서 이들에
의해 반사회적 인격의 임상적 특성이 주목받게 된 지성사적 배경 하에

라 일컬어진다고 한다. 마사 스타우트(Martha Stout)/김윤창 역, 앞의 책, 200면
참조.
23) Robert D. Hare, 앞의 책, 33면 이하 참조.
24) Robert D. Hare, 앞의 책, 34면.

탄생하였다.

프랑스의 정신과 의사인 피넬(Phillipe Pinel, 1801)은 "이성적 판단능력이 부족하지 않은 광기"를 처음으로 인식한 사람이었다. 그는 자신의 환자들 중에 이성적 판단능력은 있으나 충동적이고 자신을 학대하는 행동에 빠져 있는 자들이 있다는 것을 발견하였다. 그는 이러한 사례를 "정신착란 없는 광기(manie sans delire)"라고[25] 기술하였다. 피넬에 의해 이러한 유형의 정신병리학적 증상이 널리 알려지기 전까지, 정신은 곧 이성을 뜻하는 것으로 여겨졌고, 따라서 모든 '정신장애'는 곧 '이성의 장애'를 의미했었다. 즉, 이성적 또는 지성적 능력의 장애만이 광기로 인정될 수 있었던 것이다. 그러나 피넬로 인하여 정신착란 없이도 사람이 미칠 수 있다는 믿음이 생겨나게 되었다.[26]

미국의 저명한 의사인 벤자민 러쉬(Benjamin Rush) 역시 19세기 초에 사고는 정상이나 사회적 일탈행동을 일삼는 자들에 대한, 피넬이 발견한 것과 유사한 혼란스러운 사례를 기술했다. 그는 이러한 자들을 "타고난, 불가사의한 도덕적 결함을 지닌 자"로 표현했으며 "그들은 도덕적 능력을 담당하는 신체 부위들에 본래적인 조직상의 결함을 가지고 있을 것"이라고 추측했다.[27]

1820년대에 덴마크의 의사이자 열성적인 골상학자였던 오토(Otto)는 코펜하겐 교도소의 의사로 임명되어 수백 명의 죄수들을 상대로 골상학 검사를 실시할 수 있었다. 그는 골상학을 적용해 놀랍게도 이미 그

---

25) 영어로는 "insanity without delirium"으로 번역되며, '정신착란'으로 번역한 'delirium'은 정신의학용어로는 '섬망(譫妄)'이라고 불린다.

26) 이 점에 대해서는 Theodore Millon, Erik Simonsen, & Morten Birket-Smith, Historical Conceptions of psychopathy in the United States and Europe, in: Theodore Millon, Erik Simonsen, Morten Birket-Smith, & Roger D. Davis(eds.), Psychopathy: Antisocial, Criminal and Violent Behavior (New York, Guilford Publications, 1998), 4면. 공저자들은 피넬의 견해에 대해 영어 번역본인 A treatise on insanity(D. Davis, Trans.), 1962를 참조하고 있다. 피넬의 불어본 원서는 1801년에 출간되었다.

27) Theodore Millon, Erik Simonsen, & Morten Birket-Smith, 앞의 논문, 동일한 면.

당시에 현대적 의미의 사이코패스 개념을 제시했다. 그는 '욕망을 숨김'을 뜻하는 '돌제애트트라(dølgeattrå)'라는 정신기관(mental organ)의 개념을 소개하였다. 골상학 이론에 의하면 정신기관은 4단계로[28] 나뉘는데 'dølgeattrå'는 그 중 하나로 동물과 인간에 공통된 기관으로서 성충동이나 공격성, 자기 방어 및 후손에 대한 애정 등과 관련이 있다. 오토는 'dølgeattrå'의 기능을 인격 장애와의 관련 하에 충동 조절이라는 측면에서 정의했다. 그에 따르면 'dølgeattrå'는 다른 정신기관들의 외부적 표현들, 즉 우리로 하여금 행동하게끔 자극하는 모든 생각이나 감정, 성향 등의 행동적 표현들(behavioral expressions)을, 지성(the intellect)이 그러한 표현의 표출이 적당하다고 판단할 때까지, 억제하고 조절하는 기능을 한다. 그런데 'dølgeattrå'가 너무 강하거나 잘못 통제되거나, 나쁜 방향으로 작용을 할 때에는 큰 폐해를 가져온다. 그 결과 속임수, 음모, 교활한 책략, 남모르는 계략이나 저의 등을 지혜로운 것으로 여기는 경향을 갖게 만든다. 이로 인해 거짓말과 위선, 간교한 속임수 등이 목적 달성과 계획 실현에 최선의 수단인 것처럼 여기는 성격이 형성된다는 것이다. 요컨대, 오토의 견해에 따르면, 정신기관의 활동은 타고난 성향의 근원이 되며, 발달과정을 통해 조절된다는 것이다. 대부분의 사람들에게 있어 정신기관들의 관계는 평형을 이루며, 이 때, 환경은 행동에 지대한 영향과 변화를 준다. 그렇게 때문에 타고난 범죄 성향은 어느 하나의 정신기관 때문에 발생하는 것이 아니고, 여러 기관들의 상호작용에 장애가 생길 때 발생하며, 또한 개인의 특이한 체질(constitution) 및 발달(development)과 관련되어 있다고 오토는 주장하였다.[29]

영국의 정신과 의사인 프리차드(J.C. Prichard)는 "도덕적 광기(moral insanity)"란 용어를 1835년에 처음 공식적으로 사용하고 이를 영어권 국가에 널리 유포시킨 장본인이다. 그는 피넬의 "정신착란 없는 광기"라는 개념을 수용했으나, 피넬이 그러한 장애자들에게 도덕적으로 중립

---

28) 돌제애트트라(dølgeattrå)와 정서(emotion), 지적 기관(intellectual organs) 및 고등 기관(higher organs)의 네 단계로 구분된다고 한다.
29) Theodore Millon, Erik Simonsen, & Morten Birket-Smith, 앞의 논문, 4-5면.

적인 태도를 취했던 것과는 달리, 그는 그들의 행위가 사회적으로 책망받기에 충분한, '비난받을 만한 성격적 결함'이라고 주창하였다. 프리차드는 "도덕적 광기"라는 명칭 하에, 기존의 광범위하고 다양한 정신적, 정서적 조건들을 포함시킴으로써 그 본래적 의미의 증후군의 범위를 확대시켰다. 그에 따르면 이러한 유형의 환자들은 정의나 선, 그리고 책임에 대한 자연적이고 본래적인 의미로부터 떠오르는 '자연스런 감정들(natural feelings)'에 따라 자신의 행동을 지도할 수 있는 능력에 결함이 있다고 한다. 이러한 질병을 앓고 있는 환자들은 행동의 선택지를 이해할 수 있는 지적 능력이 있음에도 불구하고, 그들로 하여금 반사회적 행동을 하게끔 만드는 "저항할 수 없는 감정(overpowering affection)"에 의해 동요되었다고 한다.[30] 이처럼 '이성적 능력'의 결함에서 기인한 광기와 '자연스런 감정들'의 결함에서 기인한 광기의 구분법은 영국의 법학자들과 정신과 의사들 사이에서 오랫동안 주요한 논쟁거리가 되었다.[31]

　그 후로도 '도덕적 광기'란 개념은 영국과 유럽대륙에서 70년이 넘게 논란과 관심의 대상이 되었는데, 이 개념은 피넬이 특정한 정신 장애자를 "정신착란 없는 광인"으로 명명하여, 도덕적 요소와는 무관한, 순수한 임상적 관찰에 기초하여 가치중립적 개념으로 이해하고자 했던 것과는 달리 "도덕적 비난(moral censure)과 사회적 타락(social depravity)"이라는 요소로 구성되어 있다는 점에서 차이가 있다. 이 시기의 저명한 정신과 의사인 다니엘 투크(Daniel Hack Tuke)는 '도덕적 광기'란 개념 대신 피넬이 그러한 증상에 대해 사용했던 본래적인 가치중립적 성격을 다시 인식하여 "통제력에 장애를 가져오는 광기(inhibitory insanity)"란 표현을 제안하기도 하였다.[32]

　역시 이 시기의 또 다른 영국의 정신과 의사인 헨리 모즐레이(Henry Maudsley)는 "정신장애에서의 책임(Responsibility in mental disease),

---

30) Theodore Millon, Erik Simonsen, & Morten Birket-Smith, 앞의 논문, 5면.
31) Theodore Millon, Erik Simonsen, & Morten Birket-Smith, 앞의 논문, 5-6면.
32) Theodore Millon, Erik Simonsen, & Morten Birket-Smith, 앞의 논문, 6면.

London, 1874"에서 투크와는 대조적으로 프리차드의 '도덕적 광기'를 지지하면서도 그와 달리 "자연스런 도덕 감정들"의 배후에 있는 '특정한 두뇌중추'의 존재를 주장하기도 하였다.33) 이처럼 도덕적으로 타락한 사람들에게는 두뇌의 결함이 있다는 주장에 더하여, '생래적 범죄자'라는 개념을 창시한 롬브로조(Lombroso)는 몇몇 '인류학적 징후(stigmata)'들, 즉 범죄자들에게 나타나는 생물학적·신체적 특징들 ― 범죄형(criminal types)34) ― 이 있다는 주장을 추가하기도 하였다.35)

2) 19세기 후반과 20세기 초엽의 사이코패시 연구

19세기 말엽, 독일의 정신의학자들은 '도덕적 광기'처럼 가치평가가 개입된(value-laden) 이론으로부터 벗어나 관찰중심의 연구로 관심을 돌렸다.

코흐(J. L. Koch, 1891)는 '도덕적 광기'라는 개념을 '정신병질적 열성(psychopathic inferiority)'이라는 개념으로 대체할 것을 제안하였다. 이 개념은 모든 종류의 정신적 비정상성을 포함하는 것으로서, 평생 개인에게 영향을 미치며 가장 좋은 여건에서도 그로 하여금 정상적인 정신적 능력을 충분히 발휘하지 못하게 만드는 것이다. 최근까지 모든 인격장애의 일반적 명칭이 되어버린 '정신병질적(psychopathic)'이라는 용어는, 이러한 결함에는 신체적 토대가 존재한다는 신념을 보여주기 위해 코흐가 채택한 것이다. 그는 정신병질자들이 생리학적 정상성을 벗어난 신체조직상의 상태 및 변화의 영향을 받으며, 두뇌조직의 선천적 또는 후천적 열성으로부터 발생한다고 주장하였다.36) 코흐의 "체질적 열성(constitutional inferiority)"이란 개념은 미국의 정신의학자인 아돌프 마이어(Adolf Meyer)에 의해 수용되었고 마이어는 '정신병질적 열성'이란 개

---

33) Henry Maudsley, Responsibility in mental disease (New York: D. Appleton and company, 1898), 10-11면 참조. 초판을 구할 수 없어 1898년 판을 참조함.
34) 잘 알려져 있듯이 '넓고 돌출한 턱', '긴 귀', '넘어간 이마' 등이 있다.
35) Theodore Millon, Erik Simonsen, & Morten Birket-Smith, 앞의 논문, 7면.
36) Theodore Millon, Erik Simonsen, & Morten Birket-Smith, 앞의 논문, 8면.

념을 '정신병질적인 것'과 '정신신경증적 장애(psychoneurotic disorder)'로 세분하였다. 마이어는 신경증의 원인은 주로 심인적(psychogenic)인 데서 기인한다고 믿었던바, 이는 선천적인 신체적 결함 또는 '체질적 열성'의 영향은 덜 받는다는 점에서 순전히 '정신병질적인 경우'와 '신경증적 장애'는 구분되어야 한다고 보았던 것이다. 마이어의 이와 같은 구분법은 오랜 동안 미국의 질병분류체계에서 명확하게 유지되었다.[37]

20세기 전후에 에밀 크라펠린(Emil Kraepelin) 역시 매우 중요한 일련의 저작을 통해 정신병질적 증후군에 대한 관심 초점의 변화를 보여주었다. 그는 "정신의학 독본(Psychiatrie: Ein Lehrbuch)"의 제2판(1887)에서 '도덕적 광기'를 "즉각적인 이기적 욕구의 무모한 충족을 억제할 수 있는 능력의 선천적 결함"과 동일시하였다. 제5판(1896)에서는 그러한 '체질적 장애'를 '평생의 병적인 인격'이라고 주장하면서 그러한 상태를 처음으로 '정신병질적 상태'라고 언급하였다. 1899년의 제6판에서는 '정신병질적 상태'를 강박사고, 성적 도착, 그리고 충동적 광기 등의 증후군과 결합된 여러 형태의 '변성' 중의 한 유형이라고 보았다. 그는 '변성'이란 주제에 초점을 맞추면서 제7판(1903, 1904)에서는 그 증후군을 '정신병질적 인격'이라고 칭하며, 이는 "변성(變性)이라고 볼 만한 충분한 근거가 있는, 인격발달상의 기묘한 병적 형태"를 뜻한다고 하였다. 또한 그는 자신의 저작 제8판에서(1915) 정신병질자를 "감정 또는 의지에 결함이 있는 자"로 기술했다.[38]

3) 제1차 세계대전부터 1940년대까지의 개념사

비른바움(K. Birnbaum, 1909)은 크라펠린의 후기 저작기에 저술을 하며 대부분의 정신병질적 증후군 사례에는 '사회병질적(sociopathic)'이란 명칭이 가장 적합할 것이라고 제안하였다. 그에 따르면 모든 변성적 정신병질 유형의 범죄자들이 도덕적 결함이 있거나 체질적으로 범죄성

---

37) Theodore Millon, Erik Simonsen, & Morten Birket-Smith, 앞의 논문, 8면.
38) Theodore Millon, Erik Simonsen, & Morten Birket-Smith, 앞의 논문, 9-10면.

향이 있는 것은 아니다. 나아가 반사회적 행위가 타고난 성격상의 부도
덕한 특질에서 기인하는 경우는 거의 없고, 오히려 사회적 강제가 작용
하여 사회적으로 용납할 수 있는 행동과 적응(behavior and adaptation)의
방식을 불가능하게 만들기 때문에 반사회적 행동을 하게 되는 것이라고
주장하였다.39) 그의 '사회적 조건 테제(social condition thesis)'는 정신의
학계에서 눈에 띄는 대안으로 주목받지 못하다가, 1920년대 후반에 이르
러 미국의 헐리(Hearly), 브로너(Bronner, 1926), 패트리지(Partridge, 1930)
등에 의해 주요한 연구대상으로 주목받게 된다. 그 중간 시기에는 국제
적으로 정신병질이 영국의 정신장애 법안(Mental Deficiency Act of
1913)에 규정된 방식으로 이해되었는데, 이 법안은 80년 전 프리차드가
고안한 '도덕적 광기'란 개념의 영향을 받고 있었다. 즉, 정신병질은
"처벌이 억지력을 (거의) 갖지 못하는 사악하거나 범죄적인 성향을 나
타내는 체질적 결함"이라고 여겨졌던 것이다.40)

　　제1차 세계대전 이후의 독일의 중요한 정신의학자로는 쿠르트 슈나이
더(Kurt Schneider)가 있었다. 그는 "정신병질적 인격(Die Psychopathischen
Personlichkeiten)이란 책을 1923년의 제1판부터 1950년의 제9판까지 저술
하였고, 많은 범죄자들은 유소년기에 비행을 저지르며, 교정이 불가능하다
고 주장했다. 슈나이더에 따르면 이러한 유형의 정신병질자들은 대부분
의 사회에서 발견되며, 이들 중 많은 수가 권력이나 경제력에 있어서
뛰어나게 성공하는 경우가 있다고 한다. 나아가 슈나이더는 정신병질이
법정에서 심신장애의 항변으로 받아들여지는 것은 부적절하다고 보았
는데, 그 이유는 만일 그렇게 되면 형벌을 피해 보호감호처분을 받기
위한 방편으로 악용될 우려가 있기 때문이라고 하였다.41)

---

39) Theodore Millon, Erik Simonsen, & Morten Birket-Smith, 앞의 논문, 11-12면.
40) Theodore Millon, Erik Simonsen, & Morten Birket-Smith, 앞의 논문, 12면.
41) Kurt Schneider, Die psychopathischen Personlichkeit (Wien: Franz Deuticke,
　　1950), 131-132면 참조. 이 점에서 사이코패스의 형사책임능력에 대한 슈나이더
　　의 입장은 헤어의 견해와 거의 유사하다. 헤어의 입장으로는 본장 Ⅰ의 각주 7)
　　참조. 슈나이더의 책은 초판을 입수할 수 없어 1950년 판을 참조하였음.

한편 덴마크에서는 어거스트 빔머(August Wimmer)가 1929년 정신장애의 유전과 인종개량에 관한 책에서 기존의 변성이론(degeneration theory)를 비판하며 정신병질이 멘델의 유전법칙에 따라 유전되는 것으로 설명했다. 즉, 롬브로조의 이론에서처럼 사이코패스는 '타고난 범죄자'라는 것이다. 그는 당시 덴마크의 많은 정신의학자들처럼 혼인금지, 강제낙태, 단종을 통한 '인종개량'을 옹호하였는데, 일정한 유형의 정신병자들과 사이코패스들의 '단종' 필요성에 대해, 심도 있는 '열린 논의'를 해 볼 가치가 있다고 주장하기도 하였다.42)

1920년대부터는 정신분석이론이 뿌리내리기 시작함으로써 사이코패스의 '성격(character)'에 대한 정신분석학적 연구가 산발적인 형태로 태동하게 된다. 그 시초는 1916년 프로이트의 저작인 "정신분석에 의한 몇 가지 성격유형"에서 찾을 수 있다. 프로이트는 여기서 한 개인의 성격에서 비롯되는 "기묘한 행동들"에 주목하며, 그러한 행동들은 단지 그것이 금지되어 있기 때문에 행해지며, 행위자는 그 행동을 해야만 비로소, 그를 억압하는 죄책감, 즉 정신적 고통으로부터 구제될 수 있다고 주장하였다.43)

일탈적 행위에 대한 최초의 정신분석학적 연구는 아이콘(Aichorn, 1925)에 의해 수행되었다. 그는 과도한 탐닉, 과대평가, 지나친 엄격함, 그리고 약탈 등은 어린 아이로 하여금 사회적 가치를 거부하게 만드는 토대가 될 수 있다고 한다. 그는 이러한 것들을 초자아(superego)의 결함으로 보면서, 이러한 아이들은 부모의 가르침을 내면화하지 못하고 충동적인 행동을 통해 즉각적인 욕구충족을 추구하는 경향이 있다고 주장하였다.44) 아브라함(Abraham, 1925)도 자기애적(narcissistic) 성격특성과 반사회적 성격특성을 초래하는 조건들에 대한 아이혼의 주장에 동조하면서, 일종의 심리적 영양결핍(psychological undernourishment)이

---

42) Theodore Millon, Erik Simonsen, & Morten Birket-Smith, 앞의 논문, 13면.
43) Theodore Millon, Erik Simonsen, & Morten Birket-Smith, 앞의 논문, 14면.
44) A. Aichorn, Wayward Youth (New York: Viking, 1935), 38-39면 참조. 초판 (1925)을 입수할 수 없어 1933년 판을 참조하였다.

라 할 수 있는 애정결핍은 반사회적 성격특성을 결정하는 전제조건이 된다고 보았다. 애정결핍은 특정인물에 대해서뿐만 아니라 사회전체를 향한 과도한 증오와 분노를 불러일으킨다는 것이다.45)

라이히(Reich, 1925)는 '충동적 성격' 또는 '본능에 얽매인 성격'이라는 용어를 처음으로 사용하며, 이러한 성격을 지닌 자들의 초자아는 충동의 표출이 자아(ego)의 확고한 통제 하에 이루어지도록 하지 못함으로써, 그 결과 본능적 유혹에 직면했을 때, 이드(id)의 유혹을 충분히 억제하지 못하게 되어 결국 충동이 마음대로 표출될 수 있게 만든다고 보았다. 비슷한 시기 미국의 정신분석학자인 코리앗(Coriat, 1927)은 '체질적 정신병질'을 유년기에 형성되는 반사회적 성격으로 기술했고, 패트리지(Patridge, 1927)는 사이코패스의 욕구를 구강기의 욕구가 덜 충족된 데서 비롯된 것으로 보았다.46)

철저하게 정신분석학적 관점에서 사이코패스와 범죄행위에 대한 평가가 최초로 수행된 것은 알렉산더(F. Alexander)에 의해서였다. 그는 "총체적 인격의 정신분석(Psychoanalysis of the Total Personality, 1923)"과, "신경증적 성격(The Neurotic Character), 1930"에서 네 단계의 병리적 측면을 제안하였다. 신경증, 신경증적 성격, 정신병, 진정한 범죄성(true criminality)의 네 단계가 바로 그것이다. 각 단계는 바로 이드(id)의 무의식적 충동을 억제하는 자아(ego)의 능력단계를 반영하는바, 신경증적 단계는 가장 강한 능력을 보이는 반면, 범죄성의 단계는 가장 최하위의 능력을 보이는 단계라는 것이다. 그리고 알렉산더는 '신경증적 성격'이 바로 사이코패스 성격의 토대라고 보았는데, 간단히 말해 사이코패스는 무의식적 동기에 의해 신경증적으로 발생한 충동 때문에 비행을 저지르고 결국은 범법자가 된다는 것이다. 이를 좀 더 이론적으로 설명하려는 시도로서, 그는 1935년 "범죄의 근원(The Roots of Crime)에서 반사회적 행위는 정신내부적 과정(intrapsycic process)과 사회적 힘,

---

45) Theodore Millon, Erik Simonsen, & Morten Birket-Smith, 앞의 논문, 15면.
46) Theodore Millon, Erik Simonsen, & Morten Birket-Smith, 앞의 논문, 15면.

그리고 체질적 성향(constitutional dispositions)들 간의 얽히고설킨 상호작용을 반영하는 것이라고 보았다.[47]

바테마이어(Bartemeier, 1930)와 비텔(Wittels, 1937), 그리고 카프만(Karpman, 1941)과 페니첼(Fenichel, 1945), 프리들랜더(Friedlander, 1945), 그리나커(Greenacre, 1945), 알렌(Allen, 1950), 레비(Levy, 1951) 등도 알렉산더와 유사하게 반사회적 행동의 발달메커니즘에 대한 원인을 정신 내부적 과정과 함께 유소년기 부모와의 관계에서도 찾았다.[48]

비텔(1937)은 '신경증적 사이코패스'와 '단순(simple) 사이코패스'를 구분했던바, 전자는 남근기(phallic stage, 3-6살)에 고착되어 자신의 양성애적 충동을 두려워하는 반면, 후자는 자신의 양성애를 탐닉한다고 보았다.[49] 카프만(1941) 역시 정신병질을 '특발성(idiopathic) 정신병질'과 '증후성(symptomatic) 정신병질'로 구분하여 전자는 체질적으로 죄책감이 없고, 타인의 감정에 무감각하며, 탐욕스럽고 공격적인 성향을 보이고, 어떠한 심인성 병력도 그러한 행동성향을 설명해 주지 못한다는 점에서 '진정한 사이코패스'인 반면, 후자는 일련의 신경증으로 구성돼 있고 그들의 행동은 미해결된 무의식적 장애에서 비롯된다는 점에서 그것은 알렉산더가 말한 '신경증적 성격'에 유사한 것일 뿐 '진정한 사이코패스'는 아니라고 주장하였다.[50]

저명한 정신분석가인 페니첼(1945)은 초자아와 이드에 대한 라이히

---

47) Franz Alexander, Psychoanalysis of the total personality (New York: Nervous and Mental Disease Publications, 1930), 11-15면. 초판(1923)을 입수할 수 없어 1930년 판을 참조함.; Theodore Millon, Erik Simonsen, & Morten Birket-Smith, 앞의 논문, 17면.
48) Theodore Millon, Erik Simonsen, & Morten Birket-Smith, 앞의 논문, 18면.
49) Theodore Millon, Erik Simonsen, & Morten Birket-Smith, 앞의 논문, 18면.
50) Wittel과 Karpman의 견해에 대해서는 Theodore Millon, Erik Simonsen, & Morten Birket-Smith, 앞의 논문, 18면 참조. 한편 카프만은 다른 논문에서 '특발성(idiopathic)'과 'primary', 'essential'이라는 표현을 동일시하였고, '증후성(symptomatic)'이란 표현을 'secondary'라는 표현과 병기하기도 하였다. 이 점에 대해서는 Ben Karpman, The Myth of the Psychopathic Personality, *104 American Journal of Psychiatry 523* (1948) 참조.

의 설명방식을 따라 '반사회적 충동'과 '신경증적 충동'을 명확히 구분
하였고, 또 다른 정신분석가인 프리들랜더(1945)는 청소년 사이코패스
의 성격구조는 충분히 성숙된 초자아의 규제를 받지 못하고 '쾌락원리
(pleasure principle)'의 지배를 받는다는 점을 강조하였다.[51] 사이코패스
에 대한 또 다른 정신분석적 설명의 시도로서 아이슬러(Eissler, 1949)는
그들의 행동을, 유소년기에 중대하게 손상된 '전능함의 감정(feelings of
omnipotence)'을 회복하기 위해 의도된 것으로 보았다. 즉 유소년기에
부정의와 박탈감을 겪은 아이는 커다란 배신감을 느끼게 되고, 결국 의
심 많고, 자아도취적이며, 자기과장적인데다가, 물질추구적이고 위험과
자극을 탐닉하는 성격을 갖게 된다는 것이다.[52]

　정신분석가들이 활동하던 이 시기에 정신분석이 아닌 방법으로, 반
사회적 인격에 대해 예리하고 완전한 임상적 성격유형화를 시도한 장
본인으로는 클러클리(H. Cleckley)가 있다. 그는 "정상인의 가면(The
Mask of Sanity, 1941)"에서 사이코패시 분야의 통일되지 않고 혼란스러
운 용어사용의 문제를 해결하기 위해 사이코패시라는 개념체계 하에
점점 더 다양한 정신장애를 포함시키려는 경향을 논박하고자 하였다.
대신 그는 사이코패시의 주된 특성을 부각시키기 위해 '문의성 치매
(Semantic Dementia)'[53]라는 명칭을 사용할 것을 제안하였다. 이는 어떤

---

51) Theodore Millon, Erik Simonsen, & Morten Birket-Smith, 앞의 논문, 18면.
52) Theodore Millon, Erik Simonsen, & Morten Birket-Smith, 앞의 논문, 18면. 이
　　공저자들은 사이코패시에 대한 프로이트적 분석을 중심으로 개념변천사를 다루
　　고 있으나, 융(C.G. Jung)의 분석심리학적 방법에 기초한 정신병질 연구는 빠져
　　있다. 분석심리학적으로 정신병질의 원인을 다룬 논문으로는 John Edward
　　Talley, A Jungian Point, in: William H. Reid (ed.), The Psychopath: A
　　Comprehensive Study of Antisocial Disorder and Behaviors (New York:
　　Brunner/Mazel, 1978) 참조. 정신병질의 원인에 대한 분석심리학적 원인론에 대
　　해서는 앞장의 사이코패시의 원인론을 참조할 것.
53) '문의성 치매'란 '의미치매'라고도 하며, 전두측두엽성치매(Frontotemporal lobar
　　degeneration)의 아형 중 한 형태이다. 전두측두엽성치매란 전두엽이나 측두엽을
　　침범하는 국소적 뇌엽위축을 보이는 퇴행성 치매를 말한다. 이는 침범부위에 따
　　라 세 가지 임상형태로 나타나며, 행동과 인격변화를 가져오는 전두엽치매, 음성

말을 해 놓고 다른 행동을 하는 경향을 말한다. 그의 주요한 업적으로는 사이코패스의 주된 특징으로서 죄책감의 결여, 충동성, 얕은 감정의 폭, 경험으로부터 배울 수 있는 능력의 결여 등을 제시한 것과, 사이코패스가 비단 감옥에서만 발견되는 것이 아니라, 사회적으로 매우 존경받는 자리나 직업군, 예컨대 성공한 사업가, 과학자, 의사, 정신의학자들에게서도 발견된다고 주장한 것이 있다.[54]

4) 20세기 중반의 사이코패시 개념

1951년, 지난 세기의 사이코패시 개념변화에 대해 캐머런(Cameron)과 마거렛(Margaret)은 다음과 같이 평가했다. "오늘날 사회적 일탈행위에 대한 가장 인기 있는 명칭은 저 낡은 개념범주인 '체질적 정신병질적 열성'이라는 것이다. 사람들은 더 이상의 새로운 개념을 언급하려 들지 않는다. 더욱이 행동병리학자들(behavior pathologists)은 정신병질적 행동에 대해 기술하려고 하지 않고 비난하려고 드는 경향이 있다. 19세기 정신의학의 이와 같은 가치평가적 태도는 현재 우리의 개념분류에도 영향을 주고 있다. 사이코패스는 범죄와, 착취, 그리고 교화가 불가능하다는 이유로 비난받고 있다."[55] 요컨대 사이코패스가 가치중립적이어야 할 정신의학적 진단명이 아니라 법·도덕적 비난의 성격이 강한 명칭으로 사용되는 것에 대한 비판인 것이다. 이는 오늘날에도 한 번 되새겨 보아야 할 만한 지적이라고 볼 수 있을 것이다.

20세기 중반의 주목할 만한 발전으로는 정신과 의사 게오르그 스튀

학적, 문법적 오류가 특징적인 실어증, 그리고 마지막으로 '문의성 지식'의 손상으로 진행성 유창성 실어증 형태를 보이는 의미치매(Semantic dementia:SD)가 있다. 이에 대해서는 김돈수·김영대·유승화·김용덕·최영철(건양대학교 의과대학 신경과학교실, 연세대학교 의과대학 신경과학교실), 전두측두엽성 치매의 측두엽 변이형: 의미치매, 대한신경과학회지 제20권 제1호, 2002, 82면 참조.

54) Hervey Cleckley, The Mask of Sanity (Saint Louis: C.V. Mosby, 1950), 198-199면 참조. 초판(1941)을 입수할 수 없어 1950년판을 참조하였다.

55) Theodore Millon, Erik Simonsen, & Morten Birket-Smith, 앞의 논문, 19면.

럽(Georg K. Stürup)의 사이코패스의 치료를 위한 진취적 노력을 들 수 있다. 그는 덴마크 허스테드베스터(Herstedvester) 수용소의 장으로 임명되어 30여 년간 그 직을 유지하였으며, 그 수용소 내에서 사이코패스 등 인격장애인을 상대로 사회복귀를 위한 치료를 시도하였다. 그 치료의 목적은 수용자로 하여금 자존감과 책임감을 강화시키려는 것이었고, 그는 1968년 "치료불가능한 자들의 치료(Treating the 'untreatable')"라는 책에서 치료에 참가한 자들은 누구나 그들의 노력에 의해 '중요한 것'을 얻었다고 결론지었다.56)

반사회적 인격이라는 정신의학적 개념에 입각해 사회적/대인관계적 (social/interpersonal) 모델을 정립한 사람은 리어리(Leary, 1957)이다. 그는 "저항을 통한 조절(adjustment through rebellion)"이라는 개념을 통해 여러 인격장애에 나타나는 공통된 동기를 설명하였다. 예를 들어 그가 "불신적인(distrustful)"이라고 분류한 하위범주는 현재 반사회적 인격장애들의 전형적인 목표와 행동이라고 여기는 것과 거의 같다. 리어리에 의하면 과거에 거절과 모욕을 겪은 자는 저항적 방어를 통해 평온과 보상을 얻게 된다. 이러한 방어기제의 핵심은 관습적인 것에 대한 적대적 거부이다. 즉, 이들은 관습적인 것을 거절함으로써 순종하지 않았다는 자유(rebellious freedom)와 복수했다는 쾌감(retaliatory pleasure)을 얻게 된다는 것이다.57)

비슷한 시기 에이센크(Eysenck, 1957)는 사이코패스가 "타고난 외향적 기질의 성향"을 지녔음을 입증해 주는 증거를 제시하며, '타고난 체질적 성향'이라는 가정에 의존하였고, 반면에 밴두라(Bandura)와 월터(Walters, 1959)는 학습이론(learning theory)을 토대로 부모와 자녀간의 역할에 주목하여 '대리적 학습과 강화(vicarious learning and reinforce)'에 의해 공격적인 사회병질적 행동을 해석하려 하였다. 예컨대 적대적인 부모는 그 자녀가 타인과의 반사회적 관계를 형성할 수 있는 지침으로 사용할 수 있는 모델이 될 수 있다는 것이다. 역시 비슷한 시기의 로빈스(Robins, 1966)는

---

56) Theodore Millon, Erik Simonsen, & Morten Birket-Smith, 앞의 논문, 19면.
57) Timothy Francis Leary, Interpersonal diagnosis of personality (New York: Ronal Press, 1957), 270면 참조.

성인에게 나타나는 사이코패시와 반사회적 행동과 청소년기 전력) 간의
관계를 해명하기 위한 경험적 연구를 수행하기도 하였다.58)

5) 20세기 후반: 버센(Bursten)에서 헤어(Hare)까지의 개념

1970년대의 정신분석가인 버센(B. Bursten)은 전형적인 사회병질자의
특징은 타인에게 무엇을 강제하고 그를 경멸함으로써 자존감을 북돋우
려는 욕구라고 보았다. 그의 시도에서 돋보이는 점은 '반사회적'이라는
꼬리표를 대체해 가치중립적 명칭을 사용하려는 것인데, 그는 그러한 사
람들을 '타인을 조종하는 데 능숙한 인격체(manipulative personalities)'라
고 칭했고, 사회의 모든 영역, 어디에서나 발견된다고 주장하였다.59)

1973년 에리히 프롬(Erich Fromm)은 개인적, 문화적 관점에서 가학
증의 역할(role of sadism)에 주목하였다. 가학증에는 성도착과 같은 성
적 가학증도 있고, 인간이든 동물이든 힘없는 존재에게 물리적 고통을
가하는 비성적인 가학증도 있다. 그는 남에게 굴욕감을 주고 타인의 감
정을 다치게 만드는 정신적 가학증이 육체적 고통을 가하는 물리적 가
학증보다 더 만연해 있다고 보면서, 그러나 정신적 고통은 물리적 고통
만큼, 어쩌면 그보다 더 강할 수 있다고 주장하였다. 또한 그는 모든 가
학증에 공통되는 핵심은 살아있는 존재를 절대적, 무제한적으로 지배하
려는 욕구이며 대부분의 가학증은 사악한 것이라고 보았다. 그는 개인
의 인격은 체질적으로 주어진 경향과 같은 개인적 요인은 물론 종교와
도덕철학적 전통, 그리고 사는 도시의 크기와 같은 문화적 요인의 영향
도 받는다고 하면서, 가학증의 발달과 증상도 역사적이고 사회적인 영
향 하에 있는데, 예컨대 어떤 사회집단은 가학증적 잔혹함을 강화시키
는 경향이 있다고 주장하였다.60)

---

58) 에이센크, 밴두라와 월터, 로빈스의 견해에 대해서는 Theodore Millon, Erik
    Simonsen, & Morten Birket-Smith, 앞의 논문, 20-21면 참조.
59) Theodore Millon, Erik Simonsen, & Morten Birket-Smith, 앞의 논문, 21면.
60) Erich Fromm, The anatomy of human destructiveness (New York: Holt, Rinehart
    & Winston, 1973), 283, 289면과 296-297면, 그리고 333면 참조.

비슷한 시기의 오토 케른버그(Otto Kernberg, 1970)는 반사회적 인격을 그 반사회적 측면에서 가장 심한 증상부터 가장 경한 증상에 이르기까지 네 가지의 위계구조를 제안하였다. 그에 따르면 모든 반사회적 인격자들은 자기애적 인격과 도덕성의 인식에 있어 비정상적인 병리현상을 보인다고 한다. 한 마디로 초자아의 기능에 문제가 있다는 것이다. 특히 그는 악의적인 자기애(malignant narcissism)라는 증후군에 주목했는데, 이러한 인격은 '자기애적 정신장애', '반사회적 행동', '타인 및 자신에 대한 자아동질적(ego-syntonic) 공격성 또는 가학증', 그리고 '강한 편집증적 성향'으로 특징지을 수 있다고 주장하였다.61)

역시 비슷한 시기의 밀런(Millon, 1969)은 '발달적 학습62)'과 '심리역동(psychological dynamics)'에 기초해 반사회적 행동을 설명하려 시도하였다. 그는 이러한 인격을 지닌 자들의 특징으로 기질적으로 적대성을 띠고, 자존심이 강하고 자기 과시적이며, 감정의 결핍을 나타낸다는 점을 들었다. 또한 분노를 자주 표출하며, 타인에게 굴욕을 주고 남을 지배함으로써 만족감을 느끼는데다 위험을 감수하려는 조급성이 있어서 징벌의 위험에 직면해서도 두려움이 없다는 점 등을 들었다. 밀런의 작업은 DSM-III63)가 채택한 '반사회적 인격'이라는 명칭에 주된 기초가 되었다는 점에서 그 의의가 있다고 한다.64)

1986년 헤어는 '정신병질적 인격'이라는 클러클리의 개념체계를 도입하여 사이코패시 진단목록인 PCL(Psychopathy Checklist)과 그 개정판인 PCL-R(Revision)을 개발했다. 이 작업에서 두 개의 상호 관련된 요소들이 등장했는데, 첫 번째 요소는 이기성, 자기중심성, 후회나 공감의 결여와 같은 자기애적 인격의 측면과 유사한 요소들을 나타내고, 두 번째 요소는 유소년기 비행, 충동성, 잦은 범행 등과 같은 반사회적 생활

---

61) Theodore Millon, Erik Simonsen, & Morten Birket-Smith, 앞의 논문, 24면.
62) 발달적 학습이란 인지적 발달의 정상적 과정의 일부(as a normal part of cognitive development)로 나타나는 학습을 말한다.
63) DSM-III에 대해서는 앞장의 각주 131)을 참조할 것.
64) Theodore Millon, Erik Simonsen, & Morten Birket-Smith, 앞의 논문, 23면.

방식과 연관되어 있다. 헤어의 작업은 사이코패스적 생활방식의 두 가지 주된 특성과 관련해서 케른베르그와 밀런의 견해를 지지해 주는 듯 보인다. 우선 밀런의 견해를 대변해 주는 점으로는, 자기애적 인격장애자의 자기중심적 측면에서는 '수동적 방식으로', 그리고 반사회적 인격장애자의 자기중심적 측면에서는 '능동적 방식으로' 타인에 대한 배려가 결여되어 있다는 점을 들 수 있다. 또한 헤어의 작업은 반사회적 인격장애자와 자기애적 인격장애자 모두 본질적이고 주요한 특징을 공유한다는 케른베르그의 입장을 잘 반영해 주고 있다.[65]

이전에도 많은 연구자들에 의해 반사회적 성격장애의 생체적 (biogenic) 원인이 탐구되어 왔으며, 20세기 후반에 이르러 생물학적 이론가들이 그러한 성격장애의 잠재적 기질(substrate)을 연구해 오고 있다. 시버(Siever) 등은(1985) 반사회적 성격장애의 원인으로 '피질각성저하(lowered cortical arousal)'와 '다양한 자극에 대한 탈억제적 운동반응 (disinhibited motoric responses to a variety of stimuli)'을 제시하였고, 클로닝거(Cloninger, 1987)는 신경생물학적 요인으로서 그들의 기본적 반응특성(basic response characteristics)이 높은 엽기성향과 낮은 위험회피 성향, 그리고 낮은 보상의존성(reward dependence) 등으로 구성되며, 이러한 반응특성의 조합은 곧 충동성과 공격성, 적대적이고 기회주의적인 행동과 결합된다고 주장하였다.

20세기 후반 주목할 만한 또 다른 연구로는 미국 보건당국과 덴마크 정부 간의 협동연구가 있다.[66] 그 중 주목할 만한 연구로 슐신저(Schulsinger, 1972)는 사이코패시를 겪고 있는 입양에 의한 양자들과 사이코패스가 아닌 양자들을 비교하였는데, 사이코패스인 양자들의 친부모의 친족들 (biological relatives)이, 그들의 양부모의 친족들(adoptive relatives)보다 2배나 많이 사이코패시를 겪는다고 보고하였다. 메드닉(Mednick) 등도

---

65) 헤어의 작업에 대한 이러한 평가로는 Theodore Millon, Erik Simonsen, & Morten Birket-Smith, 앞의 논문, 26면 참조.
66) 이하 20세기 후반의 사이코패시 연구동향에 대해서는 Theodore Millon, Erik Simonsen, & Morten Birket-Smith, 앞의 논문, 27-28면 참조.

여러 연구를 통해(1977, 1996) 범죄의 유전적 요인 및 사이코패시와 범죄의 상관성을 연구하였다. 역시 양자 표본들의 범죄성에 대한 연구를 바탕으로 그들은 유전적 요인과 환경적 요인이 모두 중요하다고 결론지었다. 왜냐하면 양부모와 친부모의 범죄경력은 둘 다 자녀들에게 영향을 미치는 것으로 나타났기 때문이다. 다만 연구결과 친부모의 범죄력이 보다 중요한 영향력을 지니는 것으로 보고되었다.67)

Ⅲ. 사이코패스의 형사책임능력

1. 책임능력의 판단의 두 요소

책임은 본질은 비난가능성이다.68) 즉 행위자가 법규범 준수여부를 자유롭게 선택할 수 있는 능력과 공정한 기회를 갖고 있음에도 불구하고 법규범을 위반한 데 대한 비난가능성이 책임인 것이다.69) 그렇다면 책임능력은 "책임비난이 가능한 행위자의 능력"이라고 정의될 수 있을 것이다.70)

---

67) 이러한 결론은 헤어가 사이코패시의 원인에 대해 취하고 있는 견해와도 유사하다. 헤어의 견해에 대해서는 본서 제3장의 Ⅰ 참조.

68) Hans-Heinrich Jescheck & Thomas Weigend, Lehrbuch des Strafrechts AT (5. Aufl., Berlin: Duncker & Humblot, 1996), 404면.

69) Joshua Dressler, Reflections on Excusing Wrongdoers: Moral Theory, New Excuses and the Model Penal Code, *19 Rutgers Law Journa 671* (1988), 701면; Peter Arenella, Character, Choice, and Moral Agency: The Relevance of Character to our Moral Culpability Judgement, *7 Social Philosophy and Policy 59* (1990), 59-60면.

70) 이러한 설명으로는 한정환, 앞의 논문, 76면 참조. 보다 구체적으로 책임능력을 규범을 이해하고 그에 따라 행위를 조종할 수 있는 '유책행위능력'인 동시에 형벌을 통해 그 목적을 달성하기 적당한 능력, 즉 형벌에 의해 사회에 적용할 수 있는 '형벌적응능력'이라고 보는 입장으로는 정규원, 형법상 책임능력에 관한 연구: 판단기준을 중심으로, 서울대학교 석사학위논문, 1997, 44-48면 참조.

형사책임능력은 생물학적 요소와 심리적 요소로 구성된다. 우리 형법상 생물학적 요소는 심신장애를 뜻한다. 그런데 심신장애가 구체적으로 어떤 증상을 지칭하는 것인지는 명확하지 않다.[71] 다만 판례는 심신장애사유로 정신병, 정신박약, 심한 의식장애 기타 중대한 정신 이상 상태, 그리고 성격적 결함을 인정하고 있다.[72] 현재 사이코패시가 심신장애사유가 될 수 있는지에 대해 명확한 입장은 찾아볼 수 없다. 다만 성격장애에 대한 판례의 입장에 비추어 볼 때, 중증의 사이코패시는 심신장애로 인정될 여지가 있을 뿐이다. 그러나 중증의 사이코패시가 아니라 하더라도 사이코패시는 심신장애사유로 인정되어야 한다고 본다. 그 이유는 사이코패시가 생물학적 원인에서 발병하며, 이로 인해 의사결정능력에 심각한 장애를 겪게 되기 때문이다. 이하에서는 사이코패시가 심신장애사유에 해당한다는 전제 하에[73] 사이코패스의 의사결정능력을 중심으로 책임능력판단의 심리적 요소를 갖추고 있는지를 검토해 보고자 한다.

2. 사이코패스의 책임능력 긍정론

1) 정신병과의 구분론

오늘날 사이코패스의 형사책임능력에 대해서는 이를 긍정하는 것이 지배적 견해이다.[74] 긍정론에서는 사이코패스는 단지 평균인의 기준에서

---

71) 김형준, 충동조절장애자의 책임능력, 중앙법학 제9집 제2호, 2007, 233면 참조. 한정환, 앞의 논문, 74면.
72) 대법원 1992.8.18, 92도1425.
73) 캐나다의 경우 사이코패시는 책임무능력 인정(insanity acquittal)이 가능한 '정신질환(disease of the mind)'으로 일반적으로 받아들여지고 있으며, 영국의 정신보건법(Mental Health Act of 1983)도 사이코패시를 법적 정신장애 범주(legal category of mental disorder)에 포함시키고 있다. 이 점에 대해서는 Grant T. Harris, Tracy A. Skilling & Marine E. Rice, The Construct of Psychopathy, *28 Crime & Justice 197* (2001), 237면 참조.

다소 치우친 이상인격자이기 때문에 사이코패스에게는 평균적인 사람들과 마찬가지로 성격의 이상성을 억제하고 교정할 의무가 있다고 본다. 이러한 견해의 대표자로서 슈나이더는 "정신박약자는 본래 통찰력이 결여된 자이지만, 사이코패스는 이에 반해 통찰한 바에 따르는 능력에 문제가 있는 자이다."라고 적확히 지적한다. 그는 이어서 "바보에게는 그 이상 영리하기를 바랄 수는 없으나 위험한 경향을 가진 인간에게는 그가 그러한 경향을 억제하고 그 경향을 행동에로 옮기지 않을 것을 요구할 수 있을까?"라는 질문을 던지며, "어쨌든 그것은 요구되고 있다."라고 결론을 내린다. 다시 말해 사이코패스에게는 적어도 온전한 사물변별능력은 있고, 그렇다면 올바른 행동을 하도록 요구할 수도 있다는 것이다.

이처럼 정신병과의 차이점을 강조하는 입장에서는 양자 간에 다음과 같은 좀 더 본질적인 차이가 있음을 지적한다. 슈나이더 가 속한 하이델베르크 학파에서는 정신병은 물질적 기초를 가진 질병이라는 전제를 고수하고 있다. 따라서 예컨대 뇌 속의 신경전달물질인 도파민 이상 분비로 인한 정신분열병 등은 정신병이 될 수 있어서 책임무능력을 인정하는 반면, 단순한 신경증이나 사이코패스는 그러한 물질적 기초가 없으므로 완전한 책임능력을 인정해야 한다는 것이다.75)

2) 공리주의(Utilitarianism) 논변

공리주의란 "최대다수의 최대행복"을 옹호하는 윤리 이론이다. 공리주의 논변에 따르면 사이코패스의 책임능력이 부정되어서는 안 되고,

---

74) 김상준, 앞의 논문, 일곱째 면 참조. 김선수 교수에 의하면 사이코패스의 책임능력을 긍정하는 것이 독일의 슈나이더를 중심으로 하는 하이델베르크 학파의 견해이며, 지배적 견해라고 한다. 이 점에 대해서는 김선수, 앞의 논문, 218면 참조.
75) 슈나이더의 견해와 하이델베르크학파의 입장에 대한 설명으로는 김선수, 앞의 논문, 218면 참조. 반면 크레취머(E. Kretchmer)를 중심으로 하는 튀빙엔(Tübingen) 학파에서는 사이코패시가 정신병과 질적으로 다르다고 보는 하이델베르크 학파와는 달리 정신병은 사이코패시는 정신병과 정상의 경계에 있으며 이는 양적 차이에 불과하다고 본다고 한다. 이 점에 대해서는 노용우, 앞의 논문, 69면 참조.

오히려 책임이 가중되어야 한다고 본다. 많은 연구자들에 따르면 사이코패스는 수감 혹은 치료 후에도 변하지 않으며, 즉 치료나 교화가 불가능한 것으로 알려져 있다.[76] 이러한 경험적인 증거가 뒷받침 되는 한, 형사정책적으로 볼 때, 치료와 교화가 불가능한 사이코패스의 위협으로부터 공동체의 안전과 보호를 위해서는 사이코패스의 책임능력을 부정해서는 안 되며, 오히려 사이코패시는 형을 가중하는 사유로 양형 시 고려되어야 한다고 주장한다. 그것이 곧 최대다수의 최대행복을 구현하는 합리적 방법이라는 것이다.[77]

3) 법문화(legal culture) 논변

스티븐 모스(Stephen J. Morse)에 의하면 '정신의 비정상성'이나 '인격장애'를 책임능력 제한조건으로서 그러한 이상성과 장애로 인해 범죄 성벽(propensity)이 초래된다는 '인과적 연결고리 기준(causal link standard)'이나 '통제불능한 충동(uncontrollable urges)'이란 기준은 모두 객관적 표지가 될 수 없고 모두 거부되어야 한다고 주장하면서, 그보다는 '합리적 능력의 결여(lack of rational capacity)'라는 기준이 채택되어야 한다고 논증한다. 모스에 따르면 인과적 연결고리 기준은 '너무 포괄적'이어서 올바른 기준이 될 수 없다고 한다. 비정상성과 이상인격이 '인과적'으로 작용하여 행위자의 합리적 판단능력을 저해시킬 수는 있겠지만, 이는 정상인의 피로와 스트레스가 '인과적으로' 합리적 판단능력을 저해시켜 범죄가능성을 높이더라도 그것만으로는 책임능력을 제한할 수 없는 것과 마찬가지로 행위자의 책임능력을 제한하기 위한 충분조건이 될 수 없다고 한다. 또한 가난이 일부 특정한 범죄를 일으키는 위험요

---

76) Grant T. Harris, Tracy A. Skilling & Marine E. Rice, 앞의 논문, 239면; Robert Schopp etal., Expert Testimony and Professional Judgement Psychological Expertise and Commitment as a Sexual Predator After Hendricks, 5 *Psychology, Public Poicy & Law 120* (1999), 137면 참조.

77) Christina Lee, The Judicial Response to Psychopathic Criminal: Utilitarianism over Retribution, *31 Law and Psychology Review 125* (2007), 134-136면 참조.

소가 된다는 양자 간의 긴밀한 관련성은 널리 알려져 있지만, 그렇다고 해서 가난함 그 자체가 가난한 범죄자를 책임무능력자로 만들어 준다고 보는 것은 부당하듯이 비정상성과 인격 장애가 범죄성벽에 '인과성'이 있다는 이유만으로는 책임무능력 사유가 된다고 보기는 힘들다는 것이다. 한마디로 모든 범죄충동과 범행에는 원인이 있고, 비정상과 이상인격은 그러한 원인의 하나일 뿐이라는 것이다.78)

또한 모스는 "저항할 수 없고, 통제불능한 충동"은 설령 그것이 존재한다고 하더라도 매우 주관적이고 과학적 측정과 객관적 입증이 불가능한 개념표지이므로 형사책임능력 유무의 판단에는 무용한 기준이라고 논증한다.79)

모스는 위 두 가지 판단기준을 대체하여 '합리적 능력의 결여'라는 판단기준을 도입할 것을 제안한다. 모스에 의하면 오로지 '합리성의 결여'만이 형사미성년자, 정신장애, 정신병, 극도의 흥분과 피로감 등의 책임능력 제한사유를 설명해 줄 수 있다. 합리성의 결여는 책임능력 제한조건으로서 널리, 일상적으로 받아들여지고 있는바, 합리성의 일상적이고 상식적인 의미는 올바른 인식능력과 도구적 추론능력, 행위평가능력, 비교형량능력과 아울러 적절한 정서적 반응능력까지도 포함한다. 비록 현재까지도 합리성에 대한 법적, 도덕적, 철학적, 행동과학적으로 합의된 정의가 존재하지는 않지만 그렇다고 이 상식적이고 일상적인 개념을 법적 책임능력판단 기준으로 포기할 필요는 없다고 한다. 왜냐하면 그러한 명확한 정의 없이도 우리는 어린이나 정신병자의 책임능력을 판단하는 데 아무런 어려움을 느끼지 못하기 때문이다. 요컨대 책

---

78) Stephen J. Morse, Uncontrollable Urges and Irrational People, *88 Virginia Law Review 1025* (2002), 1037-1045면. 모스는 장황하게 논증하고 있지만 어찌 보면 이는 당연한 결론이다. 간단히 말해 정신병자라고 모두 범죄를 저지르는 것은 아니듯이, 사이코패스라고 모두 범죄자는 아니기 때문이다. 즉 사이코패스라고 모두 책임무능력자라고 볼 수 없다는 점에서 그의 주장은 온당하다. 단, 사이코패시가 생물학적 심신장애사유도 될 수 없다는 취지는 아니라고 본다.

79) Stephen J. Morse, 앞의 논문, 1054-1063면 참조.

임능력 제한조건은 합리성의 결여이지 결코 인과적 연결고리 기준이나 통제불능한 충동 등의 '통제력의 문제'가 아니라고 한다.[80]

모스는 일반적으로 사이코패스에게는 공감능력, 죄책감, 그리고 후회심이 결여돼 있음을 인정한다. 사이코패스는 사물변별능력이 있고 도덕과 법규범을 알고 있으며, 도구적 합리성은 있다고 본다. 아울러 그들은 도덕성을 인식은 하지만 그에 의해 행동을 지도받지는 않으며 그들은 오로지 처벌에 대한 두려움에 의해서만 행동이 통제된다고 한다. 모스에 따르면 사이코패스에게 결여된 공감능력, 죄책감, 후회심 등의 정서적 능력은 타인에게 해악을 끼치지 않도록 만드는 최상의 근거와 동기가 된다고 한다. 그리고 대부분의 시민들에게 있어서 양심과 공감능력은, 형사처벌에 대한 두려움보다도 위법한 행위를 억제하도록 만드는 최고의 강력한 예방법이 된다고 본다. 그런데 만일 행위자에게 이러한 능력이 결여되어 있다면, 모스의 이론구성에 의하면, 그 행위자는 합리성이 결여된 것이고 따라서 책임능력을 제한해야 할 것이다. 그러나 모스는 사이코패시를 면책조건(excusing condition)에서 제외하고 있는 미국의 모범형법전(Model Penal Code)의 규정에 비추어 볼 때, 양심과 공감능력의 결여는, 설령 그로 인해 행위자가 위법행위를 하게 되었다 하더라도 책임능력의 제한조건이 되지 못한다고 본다. 즉, 미국의 법문화에서 사이코패시는 책임능력을 제한할 수 있는 유망한 규범적 근거가 아니라는 것이다(psychopathy is not a promising normative ground for non-responsibility).

4) 공감능력 결여와 도덕적 판단능력의 무관성 논변

사이코패스의 책임능력을 부정하거나 최소한 제한해야 한다는 논변은 주로 그들에게는 도덕적 판단능력에 요구되는 공감능력이 결여되어 있다는 점을 지적한다. 공감능력이 부족해 진정한 도덕적 이해가 결여된 자들은 나쁜 행위가 무엇인지를 진실로 이해하지 못하고, 단지 형식

---

80) Stephen J. Morse, 앞의 논문, 1064-1068면.

적 수준에서만 불법과 부도덕을 인지할 수 있다는 것이다. 이 논변에 의하면 바로 사이코패스가 그러한 자들이며, 도덕적 책임과 법적 책임 이 동일한 것은 아니지만 도덕적 무능력은 분명 법적 책임능력의 판단 에도 일정한 영향을 줄 수 있다고 본다(이른바 "공감능력 논변"). 이에 대해 마이봄(Maibom)은 다음과 같은 반론을 제시하였다.

우선 다양한 임상실험결과를 토대로 사이코패스는 공감능력이 부족 한 것이지(deficient) 결여된 것은 아니라는(not absent) 점을 지적한다. 즉, 사이코패스도 타인의 고통에 대해, 정상인만큼은 아니더라도 일정 한 부정적 반응을 보일 수 있다는 것이다.[81] 물론 어떠한 사이코패스는 공감능력이 완전히 결여되어 있으며 따라서 법적 책임능력도 없다는 주장이 있을 수 있다. 그러나 타인의 고통에 대한 일차적 사이코패스와 이차적 사이코패스의 공포/스트레스 반응 실험은 공감능력의 결여가 도 덕적 판단능력과는 무관하다는 점을 입증해 준다고 한다. 이차적 사이 코패스는 일차적 사이코패스보다 더 폭력적인 것으로 알려져 있다. 그 런데 위 실험에 의하면 일차적 사이코패스가 아닌 이차적 사이코패스가 공포와 스트레스에 대해 약해지지 않은(unimpaired) 반응을 보였다.[82] 즉, 더 폭력적인 사이코패스가 타인의 고통에 더 온전한(intact) 반응을 보인다는 것이다. 이 실험결과는 타인의 고통에 대한 공감적 반응 (empathic responses)의 결여가 사이코패스를 부도덕하게(폭력적으로) 만든다는 "공감능력 논변"을 논박한다고 마이봄은 주장한다. 다시 말해 공감능력이 결여된 것은 일차적 사이코패스인데, 더 부도덕하고 폭력적 인 성향을 띠는 것은 이차적 사이코패스이기 때문이라는 것이다.[83]

---

81) 마이봄은 심지어 테드번디 조차 미약하나마 공감능력이 있었다고 한다. Heidi L. Maibom, The Mad, the Bad, and the Psychopath, *1 Neuroetics 167* (2008), 172면 참조.

82) 위 실험에 대해 마이봄은 "C. Patrick, Getting to the heart of psychopathy, in: H. Herve & J. Yullie (eds.), The Psychopath: theory, research, and practice, 2007, 207-252면; C. Patrick, B. Cuthbert, & P. Lang, Emotion in the criminal psychopath: fear image processing, *103 Journal of Abnormal Psychology 523* (1994), 523-534면"을 참조하고 있다.

다음으로 그는 "공감능력 논변"에 의하면 공감능력은 행위의 도덕적 성격을 이해하는데 있어서 본질적인 역할을 해야 하나 실제로 많은 경우 그렇지 못하다는 점을 지적한다. 예를 들어 우리는 "타인을 해쳐서는 안 된다"는 도덕적 명제를 이해함에 있어서 '공감능력'이 아닌 '더 높은 권위'에 호소하는 정당화를 따르는 경우가 있다는 것이다. 예컨대 남을 해치는 것은 단지 신이 금지하기 때문에 나쁘다고 믿을 수도 있으며, 힌두 개념인 다르마(dharma)처럼 실정법보다 상위의 종교적 법규에 의해서 타인에 대한 폭력의 금지가 정당화될 수도 있다는 것이다.

끝으로 일정한 경우 규범을 따르는 행위는 공감능력에 기초한 판단보다는 왜 그것이 가치 있는 행위인지에 대한 이미 존재하고 있는 사고나 관념에 의거하는 경우도 있다고 한다. 예컨대, 여성할례(female genital mutilation) 규범이 있는 나라에서는 소녀들이 할례를 받지 않으면 안 된다고 생각할 것이다. 그런 문화권에서 그 소녀의 모친은 만일 할례를 시키지 않으면 아이에게 해악을 가한다고 믿어서 할례를 시킬 것이다. 그리고 그 문화권에서 그 아이의 장래를 생각하면 모친의 행동은 옳은 것이라고 볼 수 있다. 물론 이 경우 모친이 할례를 받지 않으면 안 된다는 소녀의 생각에 공감하여 할례를 시킬 수도 있다. 그러나 이 경우 그녀의 공감은 그 사회에서 가치 있다고 여겨지는 "정숙함과 순결"이라는 "이미 존재하는 명확한 관념"에 의거하고 있다는 것이다. 다시 말해, 이러한 경우에서 있어서 공감능력은 무엇이 가치 있는 것인가를 정당화 하지 못하고, 오히려 무엇인 가치 있는 것인가에 대해 이미 존재하고 있는 관념에 의존하고 있다는 것이다.[84]

---

83) Heidi L. Maibom, 앞의 논문, 173면 참조.
84) Heidi L. Maibom, 앞의 논문, 174-175면 참조. 마이봄은 결론적으로 말해 사이코패스는 어느 정도의 공감능력과 도덕적 판단능력을 지니고 있으며 그의 일탈행동은 "미쳤기 때문이 아니라 악하기 때문에" 나타나는 것이고 따라서 그들은 도덕적으로도 법적으로도 책임이 있다고 본다. 한 마디로 사이코패스는 '미친 자(the mad)' 아니며, '악한 자(the bad)'라는 것이다. 이 점에 대한 길고 다양한 인상적인 논증으로는 앞의 논문, 176-182면 참조.

요컨대 마이봄에 따르면 공감능력은 행위의 도덕적 성격을 이해하는데 있어서 본질적인 기능을 하지 못한다고 한다.

5) 사이코패스의 행동은 저항할 수 없는 충동이 아니라 철저한 합리적 판단의 결과이기 때문에 도덕적 비난이 가능하다는 논변

전술한 바와 같이 사이코패스는 도덕적 판단능력이 결여되어 있다. 이러한 인지적 장애를 지니고 있기 때문에 도덕적 동기는 그에게 행위를 통제할 근거가 되지 못한다. 이러한 사실로 인해 사이코패스에게 도덕적 비난을 가하는 것은 공정하지 못하다는 주장이 나올 수 있다. 그러나 매튜 탈버트(Matthew Talbert)에 의하면 이와 같은 사고방식에는 중대한 오류의 위험이 도사리고 있다고 한다. 탈버트는 사이코패스가 인지적 장애로 인해 도덕적 근거에 대한 반응능력(responsiveness)에 결함이 있다는 점은 인정하지만, 그러한 결함이 발생하는 주된 이유는 도덕적 근거에 대한 수용성(receptivity) 차원에 손상이 있기 때문이지, 일체의 정서적 반응성(reactivity)에 손상이 있기 때문이 아니라고 본다. 즉 사이코패스가 도덕적으로 무능력한 것은 내면의 도덕적 요구와 관행적 의미의 도덕의 차이를 이해할 수 없는, 도덕에 대한 인지적 수용능력의 손상에서 비롯된다는 것이다. 그러나 잘 알려져 있다시피 지능 면에 있어서 사이코패스는 정상인에 결코 뒤지지 않으며, 어떤 목적을 얻기 위해 타인을 교묘히 조종하는데 능하다. 특히 법을 위반하지 않고 사회에 잘 적응해 살아가는 성공한 사이코패스(successful psychopath)의 경우 이들은 고도의 실천이성을 가진 자(practical reasoner)로 볼 수 있다. 물론 사이코패스 중에는 충동을 억누르지 못하거나 계획이 없고 실수를 반복하는 경우도 있지만, 분명한 사실은 사이코패스들은 세상을 살아가는데 필요한 목적-수단(ends-means) 추론을 수행하는데 성공적이라는 점이다. 예를 들어 이들은 학교를 졸업하고, 운전면허를 취득할 수 있으며, 또 직장을 얻고, 거기서 다양한 업무를 수행할 수 있다. 이는 인간이 아닌 동물은 절대 할 수 없는 행동이다. 이러한 견지에서 탈버트는 사이코패스에게도 합리적 사고를 할 수 있는 전형적인 인간적 능력이 있다고 주장한다. 탈버트는 사이코패스가 도덕적으로는 무능력해도(morally blind), 그럼에도 불구하고 합리적 행동(rational behaviour)을 할 수 있는 인간적 능력이 있는 행위자라는 사실을 강조한다.

탈버트는 도덕적 비난을 가할 수 있기 위해서는 사리분별적 근거와 도덕적 근거(prudential and moral reasons) 모두에 대해 반응할 수 있는 능력이 있어야 한다는 명제에 반대한다. 그는 도덕적 근거에 대한 반응능력이 없어도 매우 일반적인 방식으로 행위의 근거에 대해 판단할 수 있는 능력이 있는 자(assessors of reasons in a very general way)에 대해서는 도덕적 비난이 가능하다고 본다. 한 마디로 도덕적 비난을 위해 행위자가 반드시 도덕적 근거에 대한 반응능력이 있는 자일 필요는 없다는 것이다.85) 다만 그는 행위의 근거에 대한 판단에 기초해 의사결정을 내릴 수 없는 자에 대해서는 도덕적 비난이 불가능하다고 한다. 이러한 전제에 입각해 그는 사이코패스도 일정한 행위에 대해서는 도덕적 비난이 가능한 대상이라고 입론해 낸다.

일반적으로 사이코패스에게 도덕적 책임이 없다고 주장하는 논변의 구도는, 우선 사이코패스에게는 도덕적 근거에 대한 반응능력이 없고, 그로 인하여 자신의 행위가 타인에게 끼칠 영향에 대해 판단할 능력이 없으므로, 사이코패스는 그러한 근거에 대한 반응능력이 없다는 식으로 전개된다. 하지만 탈버트에 의하면 이러한 논변에는 오류가 있다. 그는 사이코패스가 체질적으로는(constitutionally) 부도덕한 자일 수 있으나, 합리적인 행위자임은 명백하다고 본다. 따라서 사이코패스는 "자신의 행위가 타인에게 끼칠 영향에 대해 판단할 능력이 없는" 자가 아니고, 오히려 "타인에 대한 자신의 행위의 결과를 명확히 알고 있지만, 그럼에도 불구하고 그러한 결과가 자신의 행위를 억제할 수 있는 근거가(reasons) 되지 않는다고 판단할 수 있는 자로 이해된다. 그렇다면 사이

---

85) 동지의 T.M. Scanlon, What We Owe to Each Other (Cambridge, MA: Harvard University Press, 1998), 435-439면.

코패스는 대단히 부도덕한 판단에 입각해 범죄를 저지르는 것이고, 따라서 그에 대한 도덕적 비난도 충분히 가능하다는 것이 탈버트의 논지다. 부연하자면 사이코패스나 사자 모두 타인에 대한 행위의 결과가 그 행위를 억제하게 만드는 근거가 되지 못한다는 점은 동일하지만, 비합리적 동물에 불과한 사자는 그 행위의 결과에 대하여 비난가능한 판단을 표출한 것으로 볼 수 없는 반면, 사이코패스는 그러한 판단과정을 거쳐 행위를 한다는 점에서 차이가 있다는 것이다.

    사이코패스가 일정한 근거에 대한 판단에 입각해 행동할 수 있다는 사실은 사이코패스의 반사회적 행동들이 충동적이거나 통제불가능한 것이 아니라는 점을 암시해 준다고 한다. 이는 곧 사이코패스에게도 어느 정도의 타행위가능성을 관념할 수 있다는 뜻이다. 이를 명확히 하기 위해 탈버트는 병적 도벽이 있는 자(kleptomaniac)의 충동적 행동에 대한 에이어(Ayer)의 연구결과를 원용한다. 에이어에 의하면 병적 도벽이 있는 자의 충동적 행동은 무엇을 해야 하는지에 대한 판단에 기초하지 않는다. 그는 훔칠 것인지 말 것인지에 대한 의사결정의 과정을 거치지 않으며, 설령 그러한 과정을 거친다 하더라도, 그것은 그의 행위에 아무 영향을 주지 못한다. 어떠한 결정을 내리든 그는 똑같은 물건을 훔쳤을 것이기 때문이다.[86] 탈버트에 의하면 병적 도벽이 있는 자의 충동적 행동은 보통의 절도범은 물론 사이코패스의 행동과도 다르다. 왜냐하면 사이코패스의 경우도 자신의 반사회적 행동이 즉각적인 처벌이나 범행의 발각 등 일체의 원치 않는 결과를 가져올 것으로 믿는다면 그러한 행위를 억제할 수 있기 때문이다. 그러므로 사이코패스는 적어도 일정한 경우 비난가능한 행동을 피할 수 있는 가능성이 최소한 어느 정도는 있는 자라고 그는 결론짓는다.[87]

---

86) A.J. Ayer, Freedom and Necessity, in: G. Watson (ed.), Free Will (New York: Oxford University Press, 1954), 20면 참조.

87) Matthew Talbert, Blame and Responsiveness to Moral Reasons: Are Psychopahts Blameworthy?, 89 *Pacific Philosophical Quarterly 516* (2008), 516-521면 참조.

3. 사이코패스의 책임능력 부정론

직관적 호소력이 강한 긍정론과는 달리 사이코패스의 책임능력 부정론은 정치한 철학적·심리학적 논변의 형태로 제시되어 있다.

1) 칸트적 논변(The Kantian Argument)

부정론의 중심에는 칸트적 논변이 자리잡고 있다.[88] 칸트적 논변은 다음과 같이 크게 세 가지 방식으로 전개된다.

허버트 핑거렛(Hebert Fingarette)[89]은 맥노튼 테스트(M'Naughten Test) 등에서 정립된 기존의 책임능력 판단기준이 불충분하다는 점을 일정한 사례를 통해 지적한다.[90] 따라서 핑거렛은 기존의 불충분한 판단기준이

---

88) 이를 칸트적 논변이라고 지칭하는 이유는, 동 논변에 의하면 형법은 합리적 행위자(rational agent)를 전제하고 있고, 합리적 사고(rational thought)는 논리필연적으로 일정한 도덕적 고려(moral consideration)를 필요로 한다는 선험적(a priori) 판단에 기초해 있기 때문이다. Charles Fischette, 앞의 논문, 1449-1450면 참조.

89) 핑거렛은 캘리포니아 대학 철학과 교수이자, 스탠포드 대학의 행동과학고등연구센터의 펠로우(fellow)이다.

90) 해필드(Hadfield)는 자신이 재림예수라고 믿었고, 자신의 죽음을 통해 세상의 구원이 성취되기를 희망했다. 결국 그는 총을 구입했고, 자신이 현장에서 체포되거나 죽게 될 것을 알면서 훤히 보이는 장소에서 조지 3세(George Ⅲ)를 저격했다. 이 사례에서 해필드는 자신의 행위의 의미와 결과를 분명히 알면서 계획적으로 범행을 저질렀기 때문에, 심각한 망상에서 비롯된 신념에 빠져 있었음에도 불구하고 '시비변별능력(epistemic ability)'과 '행위통제능력(self control ability)'만을 중시하는 기존의 책임능력판단 기준에 의하면 그는 유죄판결을 받게 될 수밖에 없는데, 이는 명백히 우리의 직관에 반한다는 것이다. Hebert Fingarette, The Meaning of Criminal Insanity (University of California Press, 1972), 138-139면 참조. 우리나라에서 이와 비슷하게, 다른 뚜렷한 살해동기 없이 피해자를 사탄이라고 생각하고 피해자를 죽여야만 천당에 갈 수 있다고 믿어 살해하기에 이른 경우라면, 피고인은 정신분열에 의한 망상에 지배되어 사물의 시비를 변별할 판단능력이 결여된 심신상실상태 있었다고 볼 여지가 있다고 본 판례로는, 대법원 1990.8.14.선고 90도1328 판결. 판결 요지는 피고인에게 범행경위에 대한 기억과

보완되려면, '합리성(rationality)'이 고려되어야 한다고 본다. 예컨대 형사미성년자에게 책임능력을 인정하지 않는 이유는 바로 합리성이 결여되었기 때문인데, 합리성은 지적인 능력만을 의미하지 않는다. 지성(intellect)은 반드시 느낌과 감정, 공감능력은 물론 근본적인 가치와 태도, 기분과 욕구의 패턴, 그리고 최소한도의 사회적·육체적인 숙련 등과 연관되어 있다는 것이다.

핑거렛에 따르면 형법은 어떤 근본적인 의미에는 공동체의 도덕적 양심의 표현이다. 따라서 형법상 명백히 도덕적인 문제에 반응할 수 없는 행위자는 합리성이 결여된 비합리적인 행위자이고 형사처벌에 적합한 대상이 될 수 없다. 한마디로 형법이 일정한 행위를 금지하는 이유와 형법의 기능을 이해할 수 없는 행위자는 그 비합리성으로 인해 책임능력을 인정할 수 없다는 것이다.91) 핑거렛과 마찬가지로 모스도 합리성은 올바른 행동을 지도하는 제도로서의 법에 있어서 근본적인 역할을 한다고 본다. 왜냐하면 만일 형법이 그 효력을 발휘하기 위해서는 합리적인 행위자를 전제해야만 하기 때문이다. 즉, 형법의 범죄 억제 효과는 행위자가 합리적 사고능력을 통해 형벌의 의미를 이해하고 형벌을 피하기 위해 자신의 행위를 통제할 수 있을 때에만 유지될 수 있다는 것이다. 따라서 행위자에게 합리성의 장애나 결핍이 있을 때에는 그에게 형사책임이 감면되어야 한다고 주장한다.92)

신칸트학파 또는 롤즈학파로 불리는 입장에서도 합리성은 타인을 고려하는 일정 수준의 도덕성을 요구한다고 본다. 네이겔(Nagel)93)은 도덕적인 행위의 근거는 상호간 보편적으로 인정될 수 있을 만큼 객관적이어야 한다고 주장한다. 즉, 행위자가 도덕적이기 위해서는 그 행위

사실에 대한 인식능력이 있다는 점만으로는 심신미약상태에 있었다고 판단할 수 없다는 것이다.

91) Hebert Fingarette, 앞의 책, 189-192면 참조.
92) Steven J. Morse, Excusing and the New Excuse Defense: A Legal and Conceptual Review, *23 Crime & Justice 329* (1999), 391-397면.
93) 네이겔은 뉴욕대학에서 법과 철학을 가르치고 있으며, 옥스퍼드를 거쳐 하버드에서 존 롤즈의 지도하에 박사학위를 받았다.

의 근거가 타인을 고려하는 보편성 기준(universality condition)을 충족 시켜야 한다는 것이다.[94] 롤즈도 그의 저서 정의론에서 합리적 선택에 있어서 중요한 것은 바로 도덕적 원리라고 주장하였다.[95] 네이글이나 롤즈에게 합리성은 타인의 도덕적 주장에 도덕적으로 구속될 수 있는 능력을 포함하고 있는 것이다.

이상 살펴보았듯이 칸트적 논변에 의하면 합리성이란 개념은 공감 능력과 타인에 대한 도덕적 책무를 포함한다. 그런데 사이코패스는 바로 그러한 합리적 사고능력을 결하고 있으며, 그렇기 때문에 타인과의 관계적인 사고를 깊이 있게 할 수 없다. 그러므로 사이코패스는 비합리적인 존재이며, 형사책임의 근본적 전제조건이 결여되어 있다고 볼 수 있을 것이다. 이로부터 "사이코패스는 관리되어야 할 대상이지 처벌되어야 할 대상이 아니다."는 명제가 도출된다.[96]

2) 흄적 논변(The Humean Argument)

칸트적 논변과 동일한 결론을 취하고 있지만, 흄적 논변은 칸트적 논변과는 달리 순수한 합리성의 요청에서 출발하지 않고, 인간의 심리학적 사실로부터 출발한다.[97]

흄적 논변에 의하면 정서적 능력은 어떤 의미에서는 대부분 인간의 육체인 두뇌 안에 기초하고 있다. 이 능력은 형사책임의 공정한 분배에 근본적인 역할을 한다. 즉, 정서적 능력이 없다면 형사적 제재를 받을 만한 주체가 될 수 없다는 것이다. 흄적 논변은 다음과 같이 크게 두

---

94) Thomas Nagel, The Possibility of Altruism (Princeton University Press, 1970), 100면, 107면, 144면 참조.
95) John Rawls, Theory of Justice (Harvard University Press, 2001, Originally published 1971) 참조.
96) Charles Fischette, 앞의 논문, 1459면.
97) 흄적 논변은 또한 칸트적 논변이 선험적 판단에 기초하고 있는 데 비해, 공감능력에 대한 인간의 생물학적 잠재능력의 성격과 사회의 책임비난 메커니즘에 대한 후험적인(a posteriori) 과학적 주장에서 출발한다는 차이점이 있다.

가지로 전개된다.

우선 생물학적 동기결핍(biological motivational deficiency) 논변은 경험적인 심리학적 연구에 근거해서 인간의 인지작용(cognition)과 동기화 (motivation)에 있어서 감정이 떠맡는 기능에 주목한다. 신빙성 있는 과학적인 연구결과에 따르면 인간의 감정을 조절하는 두뇌부위에 손상을 입은 자는 지적인 추론은 여전히 가능하지만, 의사결정능력은 손상을 입게 된다고 한다. 안토니오 다마지오(Antonio Damasio)[98])에 의하면 감정은 "행동을 지도하는 지향적 상태"다. 그에 따르면 감정적 두뇌상태의 기능은 외부세계에서 행위자와 관련된 자극들을 분배하고, 식별하며, 탐지하는 것이라고 한다. 다시 말해 감정은 복잡한 현실세계를 살아가는 데 필요한 인지적이고 동기유발적인 장치를 제공한다는 것이다.[99])

---

98) 다마지오는 포르투갈의 리스본 의과대학을 졸업했으며, 보스턴 실정중 연구소에서 행동신경학을 배우고, 아이오와 의과대학에서 신경과 교수를 역임했으며, 현재 서던 캘리포니아 대학교 뇌과학 연구소장을 맡고 있다.

99) 이 점과 관련해 다마지오(Antonio R. Damasio)는 "감정은 의사결정과정에 유용한 선택지들을 제한하고 가려내는 기능을 한다."는 주장을 하였다. 한 마디로 감정이 없이는 의사결정을 내릴 수 없다는 것이다. 이는 자신을 안내하는 감정이 없기 때문에, 이런저런 선택지를 끊임없이 저울질하면서 결론을 내리지 못하기 때문이다. 이 점에 대해서는 Antonio R. Damasio, Descartes' Error: Emotion, Reason and the Human Brain (New York: Avon books, 1994)를 참조할 것. 역시 동지의 견해로는, 조지프 르두(Joseph E. LeDoux)/강봉균 역, 시냅스와 자아 (Synaptic self) (동녘 사이언스, 2008), 418-420면 참조. 르두는 전통적으로 인지과학이 감정과 동기화(motivation)의 측면을 무시해 왔음을 지적하면서, 의사결정을 완전하게 이해하기 위해선 감정과 동기화 인자들도 중요하게 고려해야 한다고 본다. 앞의 책, 420면의 각주 70) 참조. 감정의 역할에 관한 다마지오와 르두의 연구를 경제학에 접목시킬 것을 주장하는 견해로는 도모노 노리오(友野典男)/이명희 역, 행동경제학(行動經濟學) (지형, 2008), 278면. 감정이 도덕판단에 영향을 줄 수 있다는 다양한 경험적 연구결과를 소개한 문헌으로는 김효은, 신경윤리로 본 도덕판단, 「뇌속의 인간, 인간속의 뇌」 (바다출판사, 2010), 109면 이하 참조. 동 문헌은 도덕적 판단의 신경윤리적 메커니즘을 크게 "이성이 도덕판단을 이끈다는 이성모형"과 "감정이 도덕판단일 이끈다는 감정모형", 그리고 "감정이 도덕적 판단과정 전체에 개입한다기 보다는 판단 자체는 이성적으로 하더라도

이해의 편의를 위해 감정과 동기화의 관계에 대한 뉴욕대학교 신경과학연구소 교수인 르두(Joseph E. LeDoux)의 견해를 소개하고자 한다. 르두는 동기화를 무엇을 소망해 그것을 얻기 위해 노력하거나 반면 두려워해 그것을 회피하고자 노력하는 것처럼 어떤 목표를 향해 우리를 인도하는 신경활동으로 정의한다. 목표는 행위를 만든다. 목표에는 구체적 물건처럼 구체적인 것도 있고, 신념이나 관념처럼 추상적인 것도 있다. 목표의 대상물은 인센티브라고 한다. 음식이나 물, 고통처럼 선천적인 인센티브도 있지만, 경험을 통해서 동기화의 특성을 얻게 되는 이차적 인센티브도 있다. 르두에 의하면 인센티브가 동기화를 가능하게 만드는 것은 감정시스템들을 활성화시키기 때문이라고 한다. 예를 들어 폭발물을 보고 얼어붙는 반응은 감정시스템의 활성화를 반영하지만, 얼어붙은 뒤 즉시 도망치는 것은 감정시스템의 활성화로 인한 동기화 발생의 결과라는 것이다. 감정발생에 의해 동기화된 행동은 발생된 감정에 대처하기 위해 일정한 목표를 갖는다. 모든 동기화된 행동이 감정적 활동에 반드시 기반을 두고 있는지는 아직 논란거리지만, 감정이 강력한 동기화 요소가 된다는 점은 의심의 여지가 없다고 르두는 주장한다.[100]

생물학적 동기결핍 논변은 실천적인 차원에서는 형사책임능력의 중요한 요소로서 "도덕적 반응성(moral responsiveness)"을 제시한다. 도덕적 반응성은, 사고나, 감정, 지각, 그리고 행위 등에 의해 도덕적 규범에 반응할 수 있는, 상호 구분되지만 내적으로 연결되어 있는 능력들을 말하며, 바로 이 능력으로 인해 도덕적 책임을 판단할 수 있고, 형법적 책임까지 판단할 수 있다고 한다. 그리고 '공감'이란 바로 도덕적 반응성이 실천적으로 구현된 것이다. 사이코패스에게는 그러한 공감능력이 생물학적으로 결여되어 있다. 따라서 사이코패스는 형법의 규제적이고 도덕적인 힘을 이해하지 못하며, 도덕적 동기란 그에게 동기유발에 있어서 완전히 무력한 것이다. 요컨대 사이코패스는 법을 준수해야 할 그

의사결정을 하는 선택의 순간에 감정이 개입한다는 통합모형"을 차례로 검토하며, 세 모형들에 대한 경험적 반례를 확인한 후 "도덕판단의 본성은 감정이나 이성, 그리고 어느 한 요소로만 설명될 수 없는 다차원적이고 여러 맥락이 개입된 현상"이라고 결론짓고 있다.

100) 조지프 르두(Joseph E. LeDoux)/강봉균 역, 앞의 책, 392-393면. 르두는 "감정적 뇌(The Emotional Brain, 1996)"의 저자이며, "윤리적 뇌"의 저자인 마이클 가자니가와 함께 "통합된 마음(The Integrated Mind, 1978)"을 공동 집필하였다.

어떠한 도덕적 동기도 없다.[101]

또 다른 생물학적 동기결핍 논변으로서 피터 아르넬라(Peter Arenell a)[102])에 의하면 도덕적 판단은 행위자의 실천 이성보다는 그가 이미 갖추고 있는 성향과 욕구의 영향을 더 많이 받는다고 한다. 왜냐하면 도덕감정은 행위자가 과거에 경험한 도덕적 행위, 교육, 숙고 등의 산물이기 때문이다. 따라서 행위자의 성격은 형사책임의 분배에 있어서 고려되어야 하고 책임능력의 궁극적인 토대는 도덕적으로 금지된 행위를 피할 수 없게 만드는 성격에 놓여 있다고 한다. 이 견해에 따르면 도덕적 동기유발이 가능하기 위해서는 도덕적 성격이 필요하다. 그러므로 행위의 도덕적 의미를 이해하고 평가할 수 있도록 자기 성격을 형성하지 못한 자는 비난받아야 한다. 사이코패스는 도덕감정 자체가 결여되어 있기 때문에 자신의 의지와 관계없이 형성된 반사회적인 성격을 뒤바꿀 능력이 없다. 따라서 사이코패스는 "도덕적으로 행동할 수 있는 자(moral agent)"가 전혀 아니라고 한다.[103]

흄적 논변의 두 번째 방식으로는 "해석주의적 도덕관행(The Interpretivist Moral Practice)" 논변이 있다.[104] 이에 따르면 칭찬과 비난에 대한 우리

---

101) Charles Fischette, 앞의 논문, 1462-1463면. 윤리학적 관점에서 보더라도, 도덕의 규범성에 관한 정통적 견해에 따르면 진실한 도덕 판단은 그 판단 행위자에게 필연적으로 동기를 유발한다고 보는바(이를 판단내재주의라 한다), 그러나 사이코패스에게는 바로 그러한 진실한 도덕 판단이 결여되어 있기 때문에 전혀 동기가 유발되지 않을 수도 있다는 것이다. 이 점에 대해서는 박상혁, 도덕의 규범성(I) - 도덕 판단의 동기 유발력 -, 철학적 분석 제6호, 2002, 125-132면 참조.

102) 아르넬라는 UCLA 로스쿨의 형사법 교수로, 형사책임과 도덕적 책임의 관계 및 심신장애 항변에 관한 영향력 있는 글을 남겼다. 하버드 로스쿨 출신으로 변호사 개업 경력도 있으며, 펜실바니아 대학과 보스턴 대학 등에서 가르쳤다.

103) Peter Arenella, Character, Choice, and Moral Agency: The Relevance of Character to our Moral Culpability Judgement, 7 *Soical Philosophy & Policy* 59 (1990), 71면과 81면 참조.

104) 생물학적 동기결핍 논변은 행위자가 도덕적인 비난을 받을 수 있는 능력은 어떠한 조건들로 구성되어야 하는가라는 도덕적 주장에 기초한 논변으로서 그 자체

의 태도가 도덕적 책임판단을 구성한다고 한다. 피터 스트로슨(Peter Strawson)[105])에 따르면 형사책임능력에 있어서는 무엇보다도 자신의 행동에 대한 타인의 "반응적 태도"가 중요하다고 한다. 도덕적 칭찬과 비난의 관행은, 우리와 일정한 관계를 공유하고 있는 타인들이 행동적으로 보여주는 우리를 향한 태도에 대한 평가로 구성된다고 한다. 그러므로 도덕적 판단은 실제 도덕적 관행의 의미에서 보자면, 자신이 타인의 행동에 대해 도덕적으로 반응할 수 있는 주체가 될 수 있고, 아울러 자신에 대한 타인의 행동을 그가 일정한 도덕적 반응을 하는 것으로 이해할 수 있는 적절성(appropriateness)에 전적으로 달려 있으며, 이러한 조건을 충족시키지 못하는 행위자는 도덕적 판단영역의 밖에 있다고 한다.[106]) 이러한 관점에서 볼 때, 사이코패스는 반응적 태도의 '적절한' 주체도 객체도 될 수 없는데, 왜냐하면 사이코패스의 행동은 법에 대한 "불경(不敬)을 표현하는" 것으로 해석될 수 없고, 그렇기 때문에 우리는 그들에 대해 도덕적으로 부정적인 '반응'을 할 수 없기 때문이다.[107])

　　요컨대 흄적 논변에서 생물학적 동기결핍 논변은 책임비난을 위한 규범적 조건, 즉 도덕적 명령의 동기유발적 효력을 이해할 수 있는 능력에 중점을 두고, 사이코패스는 바로 그러한 능력이 생물학적으로 결여되어 있다는 주장인데 비해 해석주의적 도덕관행 논변은 책임비난이 이루어지는 도덕적 관행을 관찰한 뒤, 일정한 행동에 대해 도덕적으로

　　"규범적(normative)" 성격을 띠고 있다. 이에 반해 해석주의적 도덕관행 논변은 그러한 책임비난의 조건들을 '규범적'으로 규정짓기 보다는 사실적인 '도덕적 비난관행' 속에서 찾고자 하며, 바로 그러한 도덕적 관행은 무엇인가라는 점에 주목하기 때문에 그 논의 성격상 "해석주의적(interpretive)"이다. 해석주의(interpretivism)란 실재는 객관적으로 존재하는 것이 아니라 그 상황에 참여하고 반응하는 사람들에 의해서 부단히 구성된다고 보는 인식론적 관점을 말한다.

105) 옥스퍼드 대학의 철학과 교수로 일상언어학파의 대표적 인물이다. 논리학과 언어철학, 윤리학 등에 영향력 있는 글을 많아 남겼다.

106) Charles Fischette, 앞의 논문, 1468면.

107) Peter Strawson, Freedom and Resentment, in: Gary Watson(ed.), Free Will (Oxford University Press, 2003), 76-79면과 86면.

반응할 수 있는 태도와 그러한 태도의 기능을 이해할 수 있는 능력에 초점을 맞추면서, 사이코패스는 도덕적 비난관행의 외부에 놓여 있다고 주장하는 견해라고 볼 수 있을 것이다.

4. 견해의 검토

1) 긍정론의 검토

긍정론의 논거 중 사이코패시가 정신병과는 다르다는 지적은 타당하다. 슈나이더의 지적처럼 사이코패스는 시비변별능력에 특별한 결함이 없고, 단지 행위통제능력만 문제되기 때문이다. 그러나 사이코패스에게도 평균인과 동일한 준법적 행동을 기대하고 또 요구할 수 있다는 주장은 타당하지 않다. 사이코패스는 도덕적 공감능력이 생물학적으로 결여돼 있기 때문에, 그는 언제든지 법의 도덕적 요구를 무시하고 충동적으로 범죄를 저지를 수 있는바, 정상인과 동일한 수준의 행위통제능력을 기대하고 요구할 수는 없기 때문이다.

다음으로 물질적 기초를 가진 질병만이 형사책임능력의 감면을 가져올 수 있고, 따라서 물질적 기초가 없는 정신병질은 책임능력을 인정해야 한다는 주장은, 사이코패스의 발병원인에 대해 살펴본 바와 같이 사이코패스에게도 분명 물질적 기초, 즉 유전적·생물학적 소인이 존재한다고 볼 수 있기 때문에 그 발병원인이 충분히 밝혀지지 않았던 과거에는 타당했을 수 있었더라도 현재에는 분명 재고되어야 할 것이다.

두 번째로 "공리주의적 논변"에 대해 살펴보건대, 이 역시 사이코패스의 치료가능성을 부정하는 견해가 대다수였던 때에는 어느 정도 설득력이 있었다고 볼 수 있겠지만 전술한 바와 같이 최근 들어 사이코패스의 치료가능성에 대한 논의가 활발하게 전개되면서 낙관적 견해도 많고, 특히 기존에 치료가 불가능했다는 대다수의 실험결과는 치료 참여자가 부적절했거나 부적합한 진단범주 등을 적용하는 등 치료방식 자체에 결함이 많았기 때문이며, 올바른 치료방식을 따르면 상당한 수준의

치료효과를 보인다는 연구결과가 제시된 점에 비추어 볼 때 분명 재고
될 필요가 있을 것이다. 아울러 공리주의자들의 주장처럼 형의 가중을
통해 자유형을 연장하지 않더라도, 현행 치료감호법에 의하면 책임능력
이 감경될 경우 치료감호에 의한 사이코패스의 격리가 제도적으로 가
능하기 때문에 긍정론의 논거는 재검토되어야 할 것이다.

이번에는 "법문화 논변"을 검토해 보기로 한다.

모스는 양심과 공감능력이 없는 이상 사이코패스에게 합리성이 결
여되어 책임능력을 제한해야 하는 것이 이론적으로 옳다는 점을 인정
하면서도 법문화를 고려할 때 그러한 책임능력감경은 인정될 가능성이
없다고 보는 듯하다. 그런데 과연 모스가 말하는 '법문화'란 무엇인가?
그가 명시적으로 밝히고 있지는 않지만, '모범형법전'을 근거로 내세우
는 것으로 미루어 모범형법전에 반영된 법문화일 것으로 추정된다. 잘
알려져 있다시피 모범형법전은 미국 내 각 주의 판례, 즉 '법문화'를 반
영해 미국법률협회에서 성안한 것이다. 미국법률협회에 의해 가장 이상
적인 것으로 간주되는 형법규정을 담고 있다. 다만, 이 형법전은 어디까
지나 모범(Model)일 뿐 실제로 효력을 갖는 것은 아니며, 비공식적으로
적지 않은 영향력만이 인정될 뿐이다. 이런 이유로 사이코패시를 면책
조건에서 제외하는 모범형법전의 규정을 모든 주의 법원이 무조건적으
로 받아들이지는 않는다.[108] 모스가 이러한 '법문화'를 근거로 사이코
패스의 책임능력을 제한할 전망이 희박하다고 보는 것은 분명 타당한
측면도 있다. 그러나 법문화는 과거로부터 현재까지의 법원의 관행과
법리를 지지해 주는 근거일 뿐, 앞으로 법원의 태도변화와 판례경향까
지 결정짓는 근거는 될 수 없다. 스스로 지지하는 '합리성 결여' 논변을
포기할 만큼 논리필연성이 있다고는 보기 어렵다. 그러므로 '합리적 능
력의 결여'를 근거로 사이코패스의 형사책임능력을 제한하려는 자신의
이론구성이 타당하다면, 사이코패시도 면책조건이 되어야 한다고 전망

---

108) 이 점에 대한 지적으로는 박용철, 정신질환자 중 사이코패스에 대한 형사법적
대처방안, 형사정책 제19권 제2호, 2007, 318면 참조.

하는 것이 올바른 태도다. 그렇지 않다면 자신의 입론이 결국 자기 반박적인 이론구성으로 전락하고 말 것이다.

다음은 "공감능력의 결여와 도덕적 판단능력의 무관성" 논변을 검토해 보기로 한다.

마이봄은 우선 사이코패스에게 공감능력이 완전히 결여된 것은 아니고 단지 부족한 것이라고 주장한다. 그러나 설령 그 주장이 옳다 하더라도 부정론의 "공감능력 논변"이 무용한 것은 아니다. 공감능력의 결여와 마찬가지로 공감능력의 부족은 분명 정상인에 비해 미약한 도덕적 판단능력을 가져올 것이라고 볼 여지가 충분히 있기 때문이다. 즉 다소 미약한 도덕적 판단능력으로 인해 정상인에 비해 그만큼 준법적 행위를 할 수 있는 행위통제능력이 부족하다면, 사이코패스의 책임능력을 제한해야 한다는 "공감능력 논변"은 여전히 유효하다는 것이다.

또 마이봄은 일차적 사이코패스와 이차적 사이코패스에 대한 공포/스트레스 반응 실험을 토대로 공감능력이 더 온전한 이차적 사이코패스가 더 부도덕적(폭력적)이라는 점에 비추어 공감능력의 결여와 도덕적 판단능력은 무관하다는 결론을 도출해 낸다. 그러나 이러한 결론은 상당히 성급한 것으로 보인다. 왜냐하면 그는 이 실험에 대한 평가에서 폭력성을 부도덕함과 동일시하고 있는데 사이코패스의 공감능력 부재가 반드시 폭력범죄를 가져오는 것은 아니기 때문이다.[109] 또한 이차적 사이코패스가 공감능력은 비교적 온전하다 할지라도 분노나 적개심 같은 부정적이고 반사회적인 감정이 충만한 경향이 있어서 그런 결과가 나타날 수도 있다는 점도 간과할 수는 없을 것이다.[110] 그리고 전술한 바와 같이 일차적 사이코패스가 이차적 사이코패스에 비해 비교적 덜 폭력적이고 충동을 억제하며 정서적으로 안정을 보이는 것은 오히려 그렇게 행동을 하는 것이 자신의 목적달성, 즉 또 다른 범죄를 위해서

---

109) 주지하다시피 사이코패스라고 반드시 폭력 범죄만 저지르지는 않는다.

110) 마이봄은 이러한 가정에 대해 "순전히 추측에 불과하다"며 평가절하하고 있으나, 이는 매우 "의미 있는 반론"이라고 생각하며, 논박하기 위해서는 과학적인 자료를 통한 입증이 필요할 것이다. Heidi L. Maibom, 앞의 논문, 173면 참조.

더 부합되기 때문이라고 해석할 여지도 있다.[111] 더 나아가 마이봄은 공감능력보다는 '종교적 권위'나 '이미 존재하고 있는 가치관'에 의해 규범을 따르는 경우도 있고 그러한 경우에는 공감능력이 행위의 도덕적 성격을 이해하는데 있어서 본질적인 기능을 하지 못한다고 지적하였다. 이 점에 대해서는 우선 거시하고 있는 예들이 일반적이지 않고 매우 예외적인 것들이라는 점을 지적할 수 있을 것이다. 종교규범이나 여성할례가 사회적으로 널리 통용되는 문화는 흔하지 않다. "공감능력 논변"에 대한 적절한 반론이 되지 못한다고 본다. 또 마이봄은 신이나 종교규범의 권위에 호소하거나, 선재하는 문화적 가치관을 따르는 경우 "타인을 해쳐서는 안 된다"는 규범을 따르는데 있어 공감능력은 별다른 기능을 하지 못한다고 하나, 바로 이 경우에도 모종의 공감능력이 기능하고 있다. 물론 이 경우 해악을 당하는 피해자의 입장에 대한 공감능력은 아니다. 그러나 신이나 종교규범의 권위에 복종한다는 것은 그러한 권위에 대한 '존중감' 내지는 '규범적 내면화'가 전제되어야 할 것이고, 이를 위해서는 역시 그것을 따르고자 하는 타인에 대한 공감능력이 요구된다. 또 여성할례의 경우 어머니가 아이의 장래에 대한 공감 때문에 할례를 시키는 것은 아니라 할지라도 선재하는 문화적 가치관, 즉 정숙함과 순결이 옳다는 확신이 없이는 그렇게 잔인하고 비인도적인 행위를 할 수 없을 것이다. 그런데 하나의 가치관이 뿌리내리기 위해서는 무수히 많은 시행착오를 겪은 공동체 구성원의 "이것이 옳다"는 경험이 뒷받침되어야 함은 자명하다.[112] 따라서 아이의 할례를 결정하는 것은 역사적으로 공동체 구성원에 의해 보증된 확신에 대한 '공감능력'에 여전히 의존하고 있다고 볼 수 있을 것이다. 요컨대 두 사례에 있어서 여전히 '모종의 공감능력'은 요구되고 있는 것이다. "공감능력 논변"이 반드시 '피해자의 입장'에 대한 공감능력을 요구하는 것은 아니다.

---

111) 이 점에 대해서는 앞장의 각주 23) 참조.

112) 이는 우리의 도덕적 감정이 오랜 진화의 산물이라는 관점에서 보더라도 충분히 이해될 수 있다. 마이클 셔머(Michael Shermer)/박종성 역, 진화경제학(The Mind of the Market) (한국경제신문, 2009), 223-260면 참조.

일정한 규범이나 가치관 자체에 대한 타인의 존중감을 이해할 수 있는 공감능력도 분명 공감능력의 하나이다. 사이코패스에게는 바로 이러한 공감능력도 없다는 것이고 따라서 그들은 종교적 규범과 문화적 가치관의 진정한 의미를 이해할 수 없으며, 따라서 정상인보다 이를 쉽게 위반하고 부도덕한 행위를 저지를 수 있다.

마지막으로 탈버트에 의해 제시된 긍정논거를 검토해 보기로 한다. 탈버트는 사이코패스가 지능 면에 있어서 정상인에 결코 뒤지지 않으며, 일정한 목적을 얻기 위해 타인을 교묘히 조종하는데 능하다는 사실에 주목한다. 비단 성공한 사이코패스의 예를 들지 않더라도 사이코패스들은 세상을 살아가는데 필요한 목적-수단 추론을 수행하는데 성공적이며, 따라서 고도의 실천이성을 가진 자로 볼 수 있다고 한다. 즉 사이코패스에게도 합리적 사고를 할 수 있는 전형적인 인간적 능력이 있다는 것이다.

탈버트에 의하면 사이코패스는 도덕적 근거에 대한 반응능력에는 결함이 있지만 여하한 방식으로든 행위의 근거에 대해 판단할 수 있는 능력이 있는 자이고, 따라서 도덕적 비난이 가능하다. 그는 사이코패스가 체질적으로는 부도덕한 자이지만, 합리적인 행위자임은 명백하다고 본다. 이러한 전제로부터 사이코패스는 "자신의 행위가 타인에게 끼칠 영향에 대해 판단할 능력이 없는" 자가 아니고, 오히려 "타인에 대한 자신의 행위의 결과를 명확히 알고 있지만, 그럼에도 불구하고 그러한 결과가 자신의 행위를 억제할 수 있는 근거가 되지 않는다고 판단할 수 있는 자가 된다. 그렇다면 사이코패스는 대단히 부도덕한 판단에 입각해 범죄를 저지르는 것이고, 따라서 그에 대한 도덕적 비난도 충분히 가능하다는 것이 탈버트의 논지다. 사자의 행동은 비난가능한 판단을 표출한 것으로 볼 수 없지만, 사이코패스는 비난가능한 의사결정 과정을 거쳐 행위를 한다는 점에서 차이가 있다는 것이다. 이는 한 마디로 사이코패스의 반사회적 행동들이 충동적이거나 통제불가능한 것이 아니라 어느 정도의 타행위가능성이 있었음에도 불구하고 비난받을 만한 판단과정을 거쳐 실행에 옮겨진 것으로 봐야 한다는 견해이다.

탈버트의 주장은 여러 긍정논거 중에서도 특히 주목할 필요가 있다.

필자의 경험으로 사이코패스의 책임능력을 제한할 필요가 있다는 주장에 대한 반론은 대체로 이와 대동소이한 형태로 제시되는 경우가 많기 때문이다. 실제로 법원 실무의 입장도 이러한 논거에 기초해 사이코패스 범죄자들에게 책임능력을 인정하는 것으로 보인다.[113] "왜냐하면 이들은 자신들이 하는 행위의 의미를 알고, 그 행위가 피해자와 사회에 끼칠 영향과 그것이 발각되었을 때 자신이 어떤 벌을 받게 될 것인지를 대부분 명확하게 알고 있기 때문이다." 요컨대 탈버트식 논변의 핵심은 "타인을 해치게 될 결과를 명확히 알면서 저지른 행위는 충분히 비난가능하다"는 것이다.

일견 타당해 보이지만, 이러한 논변에는 중대한 허점이 있다. 정상인의 경우라면 자신의 행위가 타인에게 끼칠 영향을 정확히 알면서도 그 행위를 실행에 옮기기로 결정을 내렸다면 이는 분명 비난받아 마땅할 것이다. 매우 "부도덕한 판단"에 기초해 범행을 저질렀기 때문이다. 그러나 사이코패스에게는 이와 같은 규범적 가치판단을 내리기 힘들다. 왜냐하면 사이코패스는 타인에 대한 공감능력이 결여된 자이고, 따라서 자신의 행위의 결과를 명확히 인지하고 있다 하더라도, 자신의 행위로 초래될 타인의 고통을 진심으로 이해할 수 없기 때문이다. 이처럼 타인의 고통에 대한 공감능력이 없다면, 자신의 행위의 결과를 명확히 인지하고 있어도 그로 인해 어떠한 부정적인 정서적 반응을 일으키기 어렵다. 그러한 행위를 해서는 안 되겠다는 반성적 감정을 느낄 수 없다는 뜻이다. 공감능력이 없는 사이코패스는 도덕적으로 색맹이다. 무엇이 선이고 악인지 구분할 능력은 있지만, 이것은 진정으로 도덕적 의미를 이해해서가 아니다. 이는 마치 색맹이 신호등의 신호를 색깔이 아닌 다른 방식으로, 이를테면 신호의 상하 표시로 이해하는 것과 유사하다. 그렇기 때문에 설령 타인에게 초래될 결과를 알고 있다 하더라도 이는 사이코패스에게 자신의 행위를 억제하도록 하는 도덕적 동기를 유발시킬

---

113) 김동현, 인지과학적 관점에서 바라본 자유의지와 형사책임론의 문제, 서울대학교 법학 제51권 제4호, 2010, 299면 참조.

수 없다. 그렇다면 사이코패스가 행위의 결과를 명확히 알고 이를 실행에 옮겼다고 하더라도 이는 정상인의 경우 그러한 판단을 내린 것과는 명백히 차이가 있으므로 도덕적으로 비난할 수 없다고 해야 할 것이다. 이 점에서 사이코패스의 가해행위는 사자의 공격과 구조적으로 다른 것이 아니라 오히려 유사하다고 보아야 한다. 야생의 사자와는 분명 다르겠지만, 조련에 의해 인간사회에 잘 적응해 쉽게 인간을 공격하지는 않으나 항시 그 야수성이 분출될 위험이 있는 '조련된' 사자에 가깝다고 볼 수 있을 것이다.

혹자는 탈버트식의 논변을 좀 다른 각도에서 재구성해 다음과 같이 주장할 수도 있을 것이다. 널리 알려진 사이코패스 범죄자들의 엽기적 범행도 면밀히 조사해 보면 대체로 치밀하고 계획적인 준비를 통해 쉽게 발각되지 않게 저질러졌다는 사실로 미루어 볼 때, 이들에게는 시비변별능력은 물론 행위통제능력도 충분히 있다고 보아야 하지 않겠느냐는 것이다.114) 일견 우리의 직관에도 부합되고 상당히 호소력이 있어 보이는 지적이다. 그러나 이 역시 심각한 오해에서 비롯된 생각이다. 범행의 전 과정을 지배하고 조종할 수 있는 능력과 법적으로 그른 행동을 회피하고 옳은 행동을 실천에 옮길 수 있는 행위통제능력은 명확히 구분해야 한다. 또다시 사자의 예를 보자. 사자는 사냥을 할 때, 치밀하고 계획적인 수법으로 안전하게 사냥감을 공격한다. 그러나 우리는 결코 사자에게 형법적 의미의 행위통제능력이 있다고 말하지는 않을 것이다!

2) 부정론의 검토

칸트식의 선험적 논변이든, 흄식의 후험적 논변이든 그 공통점은 형사책임능력의 인정에 있어서 도덕적 공감능력의 역할을 중요시한다는 데 있다. 부정론에 대해서는 다음과 같은 반론이 제기될 수 있다. 예컨대 도로교통법규상 과속금지법규의 경우, 대부분의 사람들은 도덕적 동기보다는 거의 전적으로 처벌에 대한 두려움, 즉 자기이익(self-interest)

---

114) 이러한 반론은 필자가 학술 세미나 등 많은 곳에서 직접 들은 바 있다.

의 동기에서 법규를 준수한다. 그렇기 때문에 행정적인 규제가 불가능한 상황에서는 얼마든지 과속금지법규를 어기게 된다. 이는 다른 교통법규115) 및 여러 행정범에게서도 발생할 수 있고, 또 빈번히 벌어지고 있는 일이다. 따라서 모든 형법의 준수에 도덕적인 동기화가 필요하다는 주장은 분명히 수정될 필요가 있고, 그러한 점에서 부정론의 입장은 재검토되어야 할 것이다.

부정론의 논거가 정교한 듯 보이지만 피상적이고116) 추상적이라는 지적도 있다. 예컨대 부정론의 공통된 기본전제인 "도덕적 공감능력은 동기유발적 기능을 한다."는 명제가 비의적(esoteric)이어서 과학적이고 경험적인 근거가 빈약하다는 것이다. 그러나 이 점에 대해서는 도덕심리학적으로 이 전제(명제)가 옳다는 점이 입증되고 있는 듯 보인다. 감정적 동기화 모델(A Model of Affective Motivation)에 의하면, 감정은 행위자가 감정과 연관된 행동 계획에 따라서 행동을 할 수 있는 근거를 갖게 되는 동기화적 상태라고 한다. 이에 따르면 개별적 감정과 연관된 지향적 태도(dispositional attitudes)는 개별적 행위자가 인식하고 있는 세계에 대한 표상을 근본적으로 변화시킬 수 있다고 한다. 따라서 상이한 지향적 태도를 지닌 사람들은, 동일한 증거에 대해서 서로 다른 사실에 초점을 맞추고, 그 증거의 비중을 다르게 보며, 결국 다른 결론을 도출해 내게 된다는 것이다. 즉, 행위자의 감정은 지향적 태도나 사물에 대한 표상과 연관되어 있고, 바로 이러한 감정적 연관에 의해 행위자가 선택하는 동기유발적 사실은 영향을 받는다고 한다.117) 요컨대 감정은

---

115) 예컨대 야간에 차량의 통행이 전혀 없는 지역에서 급한 일 때문에 차량통행신호에도 횡단보도를 무단으로 건너거나 횡단보도가 아닌 곳에서 도로를 횡단하는 경우는 얼마든지 많다.

116) Christina Lee, 앞의 논문, 133면.

117) Charles Fischette, 앞의 논문, 1471-1472면. 감정적 동기화 모델을 지지하는 견해가 자기기만(self-deception)의 문제에 대한 알프레드 밀레(Alfred R. Mele) 교수의 해법에 의해 제시되었다. 자기기만의 문제란 어떻게 한 개인이 하나의 명제와 그 부정명제를 동시에 믿을 수 있느냐는 것이다. 이에 대한 밀레 교수의 해법은 자기기만을 하나의 동기화 현상으로 취급한 것이다. 그에 따르면 우리는

분명히 행위의 동기화 기능을 할 수 있다는 것이다.[118]

5. 사이코패스의 형사책임능력

1) 책임능력 논증의 사안별 차별화

전술한 바와 같이 실제에 있어 모든 법률이 행위자에게 도덕적 동기를 요구하는 것은 아니다. 따라서 사이코패스의 형사책임능력 논증방식에 있어서도 개별 사안에 따라서 달리 검토하는 방식을 취하는 것이, 행위자의 도덕적 판단능력과 동기유발을 중시하는 본고의 논지에도 부합되고, 합리적이라고 본다.[119]

우선 자연범의 경우에 범죄의 성격상 도덕적 동기관련성이 매우 강하기 때문에 사이코패스에게는 적어도 도덕적 의사결정능력은 전혀 없다고 볼 것이고, 따라서 책임무능력을 인정할 여지가 있다고 본다. 다만 자연범의 경우라도 사이코패스에게 처벌에 대한 공포 등 자기이익의

설령 다른 객관적인 사실에 의해 어느 한 명제가 부정될 수 있더라도, 우리가 참이라고 믿고 싶은 명제를 믿는 경향이 있는바, 이러한 경향의 원인은 우리가 무엇이 참이라고 믿고 싶으면 그 욕구에 의해 때때로 우리의 신념은 편향될 수 있다는 것이다. 따라서 감정적인 연관성이 있는 일부 신념들은, 일정한 지향성, 즉 행위자가 바라는 욕구의 영향을 받게 된다고 한다. 이에 대해서는 Alfred R. Mele, Self-Deception Unmasked (Princeton University Press, 2001), 5-13면 참조.

118) 감정이 행위자의 의사결정에 중요한 역할을 한다는 점은 오늘날 영향력 있는 학자들 사이에서 널리 받아들여지고 있는 견해다. 이 점에 대해서는 스티븐 핑커(Steven Pinker)/김한영 역, 마음은 어떻게 작동하는가(How the mind works) (동녘 사이언스, 2007), 233면 참조.

119) 본고에서 자연범/법정범을 구분할 필요가 있다고 주장한 취지는 사이코패스의 책임능력판단에 있어서 도덕적 비난가능성이 있는 범죄와 그렇지 않은 범죄를 구분할 필요가 있다는 것이며, 통일적이고 일관적이어야 할 책임능력유무 판단을 자연범과 법정범 구분방식에 따라서 달리 판단하려는 것이 아님에 유의할 필요가 있다. 다만 자연범/법정범을 구분해 고찰하려는 것은 "사이코패스의 책임능력판단에 있어서는 그의 도덕적 의사결정능력의 부재가 고려되어야 한다."는 본고의 일관된 논리를 따르고 있는 것이다.

관점에서 의사결정능력이 존재할 수 있다. 그러나 도덕적 판단능력이 결여된 이상, 정상인의 의사결정능력과 비교해 볼 때 완전한 의사결정능력을 지녔다고 보기는 어려울 것이다. 또한 신경생물학적 임상연구결과에 의하더라도 사이코패스는 일정한 보상(reward)이 목전에 있는 경우는 처벌에 대한 두려움도 범죄충동을 억제하게 만들지 못한다고 한다.120) 이들은 두뇌기능에 문제가 있어 처벌의 가능성 앞에서도 행동을 억제하지 못하는 행동억제시스템(Behavioral Inhibition System: BIS) 장애를 겪고 있기 때문이다. 즉, 자기이익 관점에서의 의사결정능력도 미약하다는 것이다. 따라서 자연범의 경우 의사결정능력만을 고려할 때 한정책임능력을 인정할 여지가 있다. 반면에, 법정범의 경우 비록 행위자가 사이코패스라 하더라도 법규자체에 도덕적 동기관련성이 적기 때문에, 도덕적 의사결정능력은 불필요하고, 오로지 자기이익의 관점에서의 의사결정능력이 중요하므로, 만일 그에게 그러한 의사결정능력이 충분히 존재한다면 책임능력을 인정할 수도 있을 것이다. 다만 전술한 바와 같이 실제 연구결과에121) 의하면 사이코패스는 자기이익의 관점에서도 의사결정능력이 미약하다 할 것이므로, 법정범의 경우도 의사결정능력만을 고려할 때 한정책임능력을 인정할 여지가 있다고 본다.

2) 책임무능력과 한정책임능력의 구분

현재까지도 책임무능력과 한정책임능력의 구분에 대해서는 해석론과 판례 모두 객관적이고 명확한 판단기준을 제시해 주고 있지는 못한 것으로 보인다.122) 따라서 사이코패시의 책임능력 제한에 있어서 사물

---

120) 단, 처벌에 상응할 만한 보상이 주어질 경우에만 그러하다는 견해도 있다. 이 점에 대해서는 J.P. Newman & J.F. Wallace, Psychopathy and Cognition, in: P. Kendall & K. Dobson (eds.), Psychopathy and Cognition (San Diego; London: Academic Press, 1993), 293면 이하 참조.

121) 이 점에 대한 광범위한 실험적 연구성과의 소개로는 Robert D. Hare, David J. Cooke & Stephen D. Hart, 앞의 논문, 570-572면 참조.

122) 한정환, 앞의 논문, 90면 참조.

논리적(sachlogisch)이고 구체적·합리적인 독자적 기준에 의해 이를 판단해야 할 것으로 판단된다.123)

정신병자와 마찬가지로, 사이코패스의 책임능력도 그 증상의 정도에 따라서 한정책임능력을 인정해야 하는 경우부터 책임무능력을 인정해야 하는 경우까지 '정도의 차이(dimensional axis)'가 있다고 봄이 타당하다.124) 대법원도 중증의 정신병질자에게 심신장애를 인정할 여지가 있다고 판시함으로써,125) 그 증상정도의 차이를 인정하고 있다. 과연 그렇다면 어떠한 구분기준에 따라서 '중증'의 사이코패스와 그렇지 않은 사이코패스를 구분할 수 있으며, 어떠한 기준에 의해 책임무능력과 한정책임능력을 구분해 인정하는 것이 정당한지 논구될 필요가 있을 것이다.

우선 가능한 방법 중 하나는 우리나라 실정에 적합한 PCL-R과 같은 사이코패시 진단표를 개발하여 그 평가점수를 기준으로 '중증 사이코패스' 여부를 결정하는 것이다.126) 그러나 아직 우리 실정에 적합한127) 사

---

123) 관련하여 참조할 만한 문헌으로는 오상원, 한정책임능력의 본질, 형사법연구 제11권, 1999, 364면 이하.

124) Charles Fischette, 앞의 논문, 1479면 참조.

125) 대판 1995.2.24. 94도3163; 대판 2007.2.8. 2006도7900.

126) PCL-R의 20개 평가목록은 그 측정수치에 따라 각각 0부터 2까지의 점수를 부여할 수 있으며, 헤어는 30점 이상이면 사이코패스로 볼 수 있다고 한다. 이에 대해서는 Jan Looman, Jeffrey Abracen, Ralph Serin & Peter Marquis, 앞의 논문, 550면 참조. 그러나 25점 이상이면 충분하다는 견해도 있다. V.L. Quinsey, G.T. Harris, M.E. Rice & C.A. Corimier, Violent offenders: Appraising and Managing Risk (Washington D.C.: American Psychological Association, 1998) 참조.

127) 헤어는 자신의 저서인 앞의 책 한국어 번역판 서문에서 사이코패시는 범문화적 성격장애지만 그것의 구체적인 양상이나 측정방법은 문화적 전통이나 규범, 사회적 기대 등에 의해 영향을 받기도 하기 때문에, 하나의 문화권에서 발전된 사이코패시에 대한 이론과 연구결과가 다른 문화적 맥락에서도 적용가능한지 확인할 필요가 있다고 지적한 바 있다. 이에 대해서는 로버트 D. 헤어/조은경·황정하 역, 진단명: 사이코패스 (바다출판사, 2005), 11면 참조. 역시 인종과 문화권에 따른 사이코패시 진단상의 차이점에 대한 연구결과로는 Grant T. Harris,

이코패시 판정도구가 개발되어 있지 못하고, PCL-R과 같은 진단표를 개발했다 하더라도 그 목록들이 모두 책임능력의 판단에 유의미한 성격을 지니고 있지는 않기 때문에[128] 그 평가점수가 높다고 하여 곧바로 책임무능력 또는 한정책임능력을 인정하기에는 일정한 난점이 있다고 본다. 그러므로 '중증 사이코패스' 판정은 PCL-R 등의 평가점수에 의해 일률적으로 결정하기보다는 책임능력의 전제조건인 '사물변별능력'이나 '의사결정능력'과의 연관성 하에 검토할 필요가 있을 것이다.

전술한 바와 같이 감정적 동기유발 모델에 의하면 일정한 공감적, 정서적 능력은 행위의 도덕적 관련성 이해는 물론 행위자의 사실인식(factual perception)에도 영향을 줄 수 있다. 따라서 감정과 공감능력이 없는 사이코패스는 동일한 대상에 대해 정상인과 다른 사실들을 인식할 수 있다. 즉 사실 인식의 왜곡이 초래될 수도 있다는 것이다.[129]

앞서 살펴본 감정적 동기유발 모델에 의하면 우리의 욕구는 사실인식에 왜곡을 초래할 수 있다. 다시 말해 참이라고 믿고 싶으면 사실이 아닌 것도 사실로 믿는다는 것이다. 그만큼 감정은 동기를 유발시키는데 있어 중대한 역할을 한다는 것이다. 여기서 살인충동이나 성적 욕구, 또는 절도의 유혹에 휩싸인 사이코패스를 상정해 보자. 정상인이라면 그러한 상황에서 마음속에는 범죄충동과 도덕감정이 경쟁을 벌일 것이다.[130] 그러나 타인에 대한 공감능력과 도덕적 판단능력이

Tracy A. Skilling & Marine E. Rice, 앞의 논문, 209-212면 참조.

128) 예컨대 PCL-R의 평가목록 중 일부인 '달변이나 깊이가 없다'든지 '잦은 결혼', 그리고 '유년기의 비행여부' 등은 책임능력판단에 별다른 의미가 없다. 이러한 맥락에서 사이코패스의 여러 특성 중 도덕적 반응능력의 장애에 초점을 맞추려는 입장으로는 Matthew Talbert, 앞의 논문, 518면.

129) Charles Fischette, 앞의 논문, 1478-1480면 참조.

130) 인간의 마음은 서로 경쟁을 벌이고 있는 여러 하위 마음의 집합체라는 견해는 오늘날 널리 받아들여지고 있는 유력한 견해다. 대표적으로 문헌으로는 Marvin Minsky, The Society of Mind (New York: Simon & Schuster, 1986); 대니얼 데닛(Daniel C. Dennett)/이희재 역, 마음의 진화(Kinds of Minds) (사이언스북스, 2006); 스티븐 핑커(Steven Pinker)/김한영 역, 마음은 어떻게 작동하는가(How the mind works) (동녘 사이언스, 2007) 참조. 데닛은 마음은 복수의 계의 활동으로 구성된다고 설명하고, 핑커는 외부세계와 상호작용을 할 수 있도록 진

결여된 사이코패스의 경우는 처음부터 범죄충동이 우월한 지위를 차지할 것이고, 따라서 그의 범죄욕구가 이끄는 대로 범행의 객체를 사실과 왜곡해 바라보게 될 것이다. 즉, 충동에 휩싸인 그에게는 이미 생명의 존엄성이나 성적 자기결정권, 그리고 재물의 타인성 등은 중요하지 않다. 그는 범행의 대상들은 오로지 자신의 욕구를 채우기 위한 도구적 수단으로만 왜곡해 인지한다.

이러한 판단에 기초해 사이코패스의 책임무능력과 한정책임능력 구분조건을 도해화하면 다음과 같다.

	사실 인식의 존재	사실 인식의 왜곡
도덕적 판단능력 존재	1. 정상인	2. 정상인
도덕적 판단능력 결여	3. 사이코패스	4. 중증 사이코패스

위 도표에서 1의 경우는 사실의 인식과 도덕적 판단능력이 있는 정상인의 경우로 사이코패스가 이에 해당하는 경우는 없을 것이다. 2의 경우도 도덕적 판단능력이 있기 때문에 사이코패스는 아니고 사실 인식에 장애가 있을 뿐이므로 사실의 착오법리가 적용될 수 있을 것이다. 3의 경우는 사실의 인식은 있지만, 도덕적 판단능력이 없는 경우로 전형적인 사이코패스이다. 이 경우는 사실의 인식은 가능하지만 도덕적 판단능력은 없으므로 엄밀히 말해 사물변별능력이 미약하다고 볼 수 있으나, 현행 책임능력도그마틱에 의하면 사물변별능력이 인정된다. 적어도 이들은 관습적 의미의 선악의 구분은 가능하기 때문이다.[131] 4의

화한 특별히 설계된 모듈의 집합체라고 본다.

131) 여기서 '관습적 의미'라고 표현한 것은 사이코패스가 옳고 그른 행위를 사회관습에 의해 피상적으로는 구분할 수는 있어도 그 진정한 도덕적 의미를 이해하지 못하기 때문이다. 이는 색맹이 신호등의 붉은 색과 파란 색을 색깔에 의해 구분하지는 못해도, 대신 그 위치에 의해 구분함으로써 교통신호체계에 적용할 수 있는 것과 마찬가지이다. 색맹은 신호등 맨 위의 등이 빨간색인 것을 몰라도 그 위치에 불이 켜지면 '멈춤' 신호라는 것을 알 수 있는데, 그가 "빨간 등이 켜졌어"라고 말해도 그는 실제로 "맨 위의 등이 켜졌어"라는 의미로 말한 것이 된다. 즉, 선악의 진정한 의미는 알 수가 없다는 것이다. 관련하여 공감능력이

경우는 도덕적 판단능력이 없을 뿐 아니라 감정과 공감능력의 결여로
사실의 인식에도 왜곡이 초래되는 경우로서 사물변별능력이 미약하거
나 없는 '중증' 사이코패스라고 볼 수 있을 것이며, 따라서 한정책임능
력 또는 책임무능력을 인정할 수 있다고 본다.

이상의 입론이 옳다고 한다면, 다음과 같은 도식이 도출될 수 있을
것이다.

	사이코패스	중증 사이코패스
자연범	1. 한정책임능력 인정	2. 한정책임능력 또는 (책임무능력) 인정
법정범	3. 한정책임능력 인정	4. 한정책임능력 또는 (책임무능력) 인정

위 도식에서 1의 경우는 자연범 사이코패스로서 전술한 바와 같이
사물변별능력은 완전하지만 의사결정능력은 미약하기 때문에 한정책임
능력을 인정할 수 있다. 2는 중증의 자연범 사이코패스로서 의사결정능
력이 미약하고 사물변별능력도 미약하거나 결여되었기 때문에 한정책
임능력 또는 책임무능력을 인정하게 된다. 3의 경우는 법정범 사이코패
스로서 사물변별능력은 완전하지만 의사결정능력이 미약하여 한정책임
능력을 인정할 수 있다고 본다. 끝으로 4는 중증의 법정범 사이코패스
로서 의사결정능력이 미약하고 사물변별능력이 없거나 미약해 한정책
임능력 또는 책임무능력을 인정할 수 있다고 본다. 다만 일반적으로 사
이코패스는 "선악을 구별할 줄 알면서도 선악에 대한 판단에 따라 행동

결여된 사이코패스는 인지적 기능에 있어서도 장애를 겪는다고 한다. 물론 사이
코패스도 감정에 대한 언어적 표현을 할 수는 있지만 그 감정 자체는 그의 마음
속에 떠오르지 않는다. 이들은 감정을 경험하지는 못하지만 다른 사람들이 사용
하는 단어를 배워서 자신이 알지 못하는 감정을 설명하거나 모방할 뿐이다. 때
로는 그러한 모방이 너무 완벽해서 그가 사이코패스인지 모르는 경우도 있다고
한다. 일반인은 사전적 의미만 담긴 중립적 단어보다는 감정적·함축적 의미가
담긴 단어에 더 빠르게 반응하지만 사이코패스는 감정을 경험할 수 없기 때문
에 '종이'와 '죽음'이란 단어에 대해서 동일한 속도의 반응을 보인다. Robert D.
Hare, 앞의 책, 129면; Charles Fischette, 앞의 논문, 1433면 참조.

하지 않는" 자이므로132) 대부분 중증의 사이코패스라 하더라도 여전히
'사물변별능력'이 미약한 수준일 것이므로, 이 경우 한정책임능력이 인
정되어야 할 것이고, 책임무능력이 인정되는 예는 거의 없을 것이다. 이
점은 2의 경우도 마찬가지일 것이다.133)

3) 형사정책적 적절성 여부

이론적으로 사이코패스의 형사책임능력을 제한하고자 할 때, 무엇보
다 중요하게 제기되는 문제점 중의 하나는 바로 형사정책적 적절성 여
부일 것이다. 즉, 중범죄자 상당수가 사이코패스이고 이들의 재범률이
다른 범죄자에 비해 매우 높은 현실을 고려할 때,134) 책임능력의 제한
이 가져오게 될 또 다른 범죄기회의 증대와 그로 인해 잠재적 범죄피해
자인 시민 모두가 치르게 될 사회적 비용이 과연 적절히 통제될 수 있
겠느냐는 것이다.

이 점에 대해서는 우선 사이코패스에게 완전한 책임능력을 인정하
여 형벌을 부과한다 하더라도 고도의 재범위험군에 속하는 이들이 가
출소 또는 출소 후에 범하게 되는 계속되는 범죄로 인해 범죄피해자들
이 겪게 될 사회적 비용은 줄어들지 않는다는 점을 명확히 인식할 필요
가 있을 것이다.135) 다만 범죄억제의 관점에서 볼 때, 적어도 수감생활
을 하는 동안은 사회 일반에 대한 범죄기회가 제거될 수 있다는 점에서

---

132) 바버라 오클리(Barbara Oakley)/이종삼 역, 앞의 책, 64면 참조. 동 문헌에 따르
면 "사이코패스는 옳은 것을 아는 것과 그것을 행하는 것 사이의 분열을 가장
잘 보여주는 사례다."

133) 또 물론, 경우에 따라서는 사이코패스라 하더라도 행위 당시에 정상인과 대등한
수준의 의사결정능력과 시비변별능력이 인정되어 완전 책임능력이 인정되는 경
우도 있을 것이라고 본다.

134) 이 점에 대한 풍부한 경험적 연구자료와 논의로는 Robert D. Hare, David J.
Cooke & Stephen D. Hart, 앞의 논문, 560-565면 참조. 이는 비록 외국의 통계
수치를 토대로 한 것이지만 우리나라의 경우도 크게 다르지는 않을 것으로 보
인다.

135) 동지의 견해로 김상준, 앞의 논문, 둘째 면 참조.

사이코패스의 완전한 책임능력을 긍정하는 입장이 보다 바람직하다고 볼 여지도 있을 것이다. 그러나 앞서 제3장에서 살펴본 바와 같이 우리 형사법제 하에는 치료감호법이 있다. 현행 치료감호법에 의하면 심신장애가 있는 자는 최대 15년까지 치료감호에 처할 수가 있다(동법 제2조 제1항과 제16조 제2항). 舊사회보호법을 폐지하면서 재범의 위험성이 있는 심신장애자 또는 약물중독자 등으로부터 사회를 보호하기 위해 제정된 치료감호법은 대체주의(代替主義)를 따르고 있는바, 형벌과 보안처분의 병과적 선고를 허용하면서 특별예방이 일반예방에 우선한다고 봄으로써 집행에 있어서는 보안처분이 형벌을 대체한다. 그러므로 치료감호가 형벌에 우선적으로 집행되고, 치료감호기간이 형기에 산입된다(동법 제18조).136) 다만 치료감호가 종료되지 않았을 경우에 치료감호는 최장 15년까지 가능하다.137) 그렇다면 사이코패스의 책임능력을 제한하여 책임무능력이나 한정책임능력을 인정하더라도 치료감호시설에 수용함으로써 사회 일반에 대한 범죄기회는 충분히 제거될 수 있다. 더욱이 사이코패스의 치료가능성에 대한 매우 긍정적인 연구성과들이 제시되고 있는 상황에 비추어 보면, 사이코패스의 치료가 가능하도록 현행 치료감호시설을 개선하는 입법적 조치를 취하거나, 아니면 현행 치료감호법이 허용하고 있는 "치료감호시설 외에서의 위탁치료(동법 제23조 1항과 2항)"를 통해 정신병질이 치료될 수 있도록 처우한다면, 사이코패스의 책임능력 제한은 오히려 현행법 하에서 매우 합리적인 형사정책적 해결책이 될 수 있다고 본다.138)

다만 향후 사이코패스의 치료139)에 대한 연구성과가 축적되면 치료

---

136) 치료감호법의 법제도적 의의에 대해서는 신동운, 앞의 책, 822-823면; 정영일, 앞의 책, 536-537면 참조.

137) 치료감호의 종료 또는 가종료 여부는 매 6월마다 치료감호심의위원회에서 심사·결정한다(동법 제22조와 제37조).

138) 물론 이 경우에도 "치료프로그램 및 방법"에 대한 충분한 연구와 개발이 전제되어야 함은 물론이다. 다만 위탁치료 시 사이코패스의 범죄기회통제가 문제될 수 있는데 위탁치료 기간 동안에는 보호관찰이 개시되므로 (동법 제32조) 법제도상 큰 미비점은 없다고 본다.

기간의 상한선인 15년에 대한 신중한 재검토가 필요할 것이다.140)

Ⅳ. 맺음말

앞서 살펴본 바와 같이 사이코패스는 공감능력의 부족으로 도덕적 판단능력이 결여되어 있고 신경생물학적으로도 처벌에 대한 공포로 인해 행동을 억제할 수 있는 두뇌기능에도 장애가 있기 때문에 정상인에

---

139) 혹자는 만일 사이코패스가 치료가능하다면, 본인이 이를 알면서도 치료하지 않고 범행을 저지른 것에 책임이 없다고 하기 어렵지 않겠느냐는 의문을 제기할 수도 있을 것이다. 그러나 사이패스는 자신이 심리적 또는 정서적인 문제를 지니고 있다고 생각하지 않으며, 자신의 행동을 그들이 동의하지 않는 사회적 기준에 맞춰 바꿀 이유가 없다고 생각한다. 다시 말해 그들은 자신의 내면적 세계에 매우 만족하고 있으며, 따라서 자신에게 아무런 잘못된 점이 없고, 자신의 행동이 이성적이고, 가치가 있으며, 만족스럽다고 여긴다는 것이다. 한마디로 그들은 반성적인 자기인식(self-awareness)이 불가능하기 때문에 자신이 사이코패스라는 사실을 모를 것이다. 따라서 그들에게 치료를 하지 않고 범행에 나아간 것에 대한 책임을 물을 수는 없다고 본다. 마사 스타우트(Martha Stout)/김윤창 역, 앞의 책, 84-86면. Robert D. Hare, 앞의 책, 195면. 이 점은 사이코패스의 치료를 어렵게 만드는 요인이기도 하다.

140) 수용기간의 제한(15년)은 치료감호가 지나치게 장기간 계속되는 것을 막기 위한 취지이다. 이재상, 앞의 책, 619면; 정영일, 앞의 책, 542면. 즉, 장기간의 치료감호에 의해 수용자의 인권이 침해될 수 있다는 점을 고려한 것이다. 최근 치료감호법 일부개정(2008.6.13 법률 제9111호)을 통해 신설된 동법 제2조 제1항 3호의 "소아성기호증(小兒性嗜好症), 성적가학증(性的加虐症) 등 성적 성벽(性癖)이 있는 정신성적 장애자로서 금고 이상의 형에 해당하는 성폭력범죄를 지은 자"도 치료감호에 처해질 수 있게 되었다. 동 조항이 신설된 배경은 사이코패스는 치료가 불가능하지만, 이러한 유형의 성범죄자는 치료가 가능하다는 인식에 토대를 두고 있다고 한다. 하지만 본고에서 살펴본 바와 같이 사이코패스도 치료가 가능하다고 보아야 한다. 단, 아직 사이코패스의 치료는 정확히 어느 정도의 기간이 필요한지 알려진 바 없다. 그러므로 이에 대한 면밀한 연구를 통해 치료감호기간을 상향, 또는 경우에 따라서는 불필요한 기간을 줄여 하향 조정할 필요가 있을 것이라고 본다.

비해 적법행위를 할 수 있는 의사결정능력, 즉 행위통제능력이 현저히 제한되어 있으므로 사이코패스에 대한 책임능력을 제한할 필요가 있다. 다만, 사이코패스의 대부분이 정상인에 비해 재범의 위험성이 매우 높다 할 것이므로 치료감호법상의 치료감호를 통하여 그러한 위험요인을 제거하여 사회에 복귀시킴으로써 재범을 방지하여야 할 것이다.

대법원은 심신장애에 대하여 엄격한 판단기준을 가지고 있는 것으로 보인다. 예를 들어 성격적 장애가 있음이 인정된다 하더라도 판결에 영향을 미칠 정도의 것이 되기 위해서는 그러한 정신적 결함이 '상당할' 것을 요구하고 있다. 성격적 장애의 일종이라고 볼 수 있는 충동조절장애에 대하여 우리 대법원은 "자신의 충동을 억제하지 못하여 범죄를 저지르게 되는 현상은 정상인에게서도 얼마든 지 찾아 볼 수 있는 일로서 특단의 사정이 없는 한 위와 같은 성격적 결함을 가진 자에 대하여 자신의 충동을 억제하고 법을 준수하도록 요구하는 것이 기대할 수 없는 행위를 요구하는 것이라고는 할 수 없으므로 원칙적으로 충동조절장애와 같은 성격적 결함은 형의 감면사유인 심신장애에 해당하지 아니한다고 봄이 상당하지만 충동조절장애와 같은 성격적 결함이라 할지라도 그것이 매우 심각하여 원래의 의미의 정신병을 가진 사람과 동등하다고 평가할 수 있는 경우에는 그로 인한 범행은 심신장애로 인한 범행으로 보아야 한다."[141]고 판시하고 있다. 이는 성격장애의 경우 그 증상이 '중증'이라는 '상당성' 요건이 충족되어야 함을 의미한다.

다른 판례에 의하면 "형법 제10조에 규정된 심신장애는 생물학적 요소로서 정신병 정신박약 또는 비정상적 정신상태와 같은 정신적 장애가 있는 외에 심리학적 요소로서 이와 같은 장애로 말미암아 사물에 대한 판별능력과 그에 따른 행위통제능력이 결여되거나 감소되었음을 요하므로 정신적 장애가 있는 자라고 하여도 범행 당시 정상적인 사물판별능력이나 행위통제능력이 있었다면 심신장애로 볼 수 없다"는 취지의 판시를 하고 있다.[142] 동 판례의 취지는 심신장애의 판단에 있어서

---

141) 대법원 2002.5.24.선고 2002도1541판결.

생물학적 요건을 갖추고 있다 하더라도 곧바로 심신장애가 인정되는 것이 아니고 "범행당시 개별적·구체적 정황에 대한 판단을 통해" 피고인의 심신장애 여부를 판단해야 한다는 취지로 이해할 수 있을 것이다.143)

한편 또 다른 판례에 의하면 "형법 제10조 소정의 심신장애의 유무는 법원이 형벌제도의 목적 등에 비추어 판단할 법률문제로서 그 판단에 있어서는 전문감정인의 정신감정 결과가 중요한 참고자료가 되기는 하나 법원으로서는 반드시 그 의견에 기속을 받는 것은 아니고 그러한 감정결과 뿐만 아니라 범행의 경위 수단 범행 전후의 피고인의 행동 등 기록에 나타난 제반 자료 등을 종합하여 단독적으로 심신장애의 유무를 판단하여야 한다."고 판시하여 심신장애 유무의 판단은 법원의 단순한 사실판단의 문제가 아니고 법관의 '법적·규범적' 판단임을 명확히 하고 있다.144)

---

142) 대법원 2007.2.8.선고 2006도7900판결.

143) 이것은 '의사자유'의 문제와 관련하여 매우 중요한 판결이며 또 타당한 판결이라고 본다. 인간의 행위가 "생물학적으로 결정될 수 없다"는 명제를 함축하고 있기 때문이다. 즉, 인간은 자신의 행위를 스스로 결정할 수 있는 '자유의지'를 가졌다는 것이다. 세계적인 뇌과학자이며 신경과학자인 가자니가(Michael S. Gazzaniga)에 따르면 인간의 폭력행동이 자유의지와는 무관하게 '타고난' 또는 '후천적으로 변형된' 뇌구조에 의해 결정론적으로 좌우된다는 '결정론'은 틀렸다. 만일 '생물학적 결정론'이 옳다면 뇌손상을 입거나 정신분열병이 있는 자들은 모두 폭력범죄를 저질러야 하나 이들 모두가 폭력적이지는 않기 때문이다. 그에 의하면 "뇌는 결정되어 있으나 인간은 자유롭다." 이에 대한 상세한 논증은 마이클 S. 가자니가(Michael S. Gazzaniga)/김효은 역, 윤리적 뇌(The ethical brain) (바다출판사, 2009), 123-140면 참조. 동지의 임웅, 형법총론, 2009, 271면 참조. 동 문헌에 의하면 "인간은 소질과 환경의 제약을 받기는 하지만 결정되지는 않는다." 사이코패스에게도 분명 일정부분 '자유의지'를 관념할 수 있을 것이다. 다만, 사이코패스에게는 그러한 자유의지의 '자유로운' 발현이 생물학적 장애로 인해 정상인에 비해 제한될 가능성이 크다. 바로 이 점이 형사책임능력 판단에 고려되어야 한다. 물론 가자니가의 지적처럼 사이코패스도 모두가 범죄자로 발전하지는 않는다는 사실은 항상 염두에 두어야 할 것이다.

144) 대법원 1991.1.26.선고 98도3812판결; 대법원 1984.5.22.선고 84도545판결.

요컨대 우리 대법원의 입장에 따르면 사이코패스 등 성격적 장애자가 심신장애로 판정받기 위해서는 "범행당시의 개별적·구체적 정황에 대한 판단을 통해", 상당한 정도의 정신적 결함을 지닌 "중증의" 성격장애자라는 점이, "공판정에 현출된 자료를 토대로" 입증되어야 할 것이다.

대부분의 사이코패스는 도덕적 판단능력이 결여되어 있고 처벌에 대한 공포로 인해 행동을 억제할 수 있는 두뇌기능에도 장애가 있기 때문에 정상인에 비해 행위통제능력이 제한되어 있는바, 원래의 의미의 정신병을 가진 사람과 동등하다고 평가할 수 있으므로 심신장애자로 인정하는 데 그리 어렵지 않을 것이다. 따라서 의학적인 지식을 가진 전문 감정인이 사이코패스의 제반특징, 즉 도덕적 판단능력이 결여되어 있다는 점, 행동을 통제할 수 있는 뇌의 기능에도 장애가 있다는 점 등을 정확하게 감정해 법원에 현출시킨다면 심신장애자로 인정받을 가능성이 매우 높아 질 것이다. 다만 사이코패스가 책임능력을 제한 받기 위해서는 위와 같이 생물학적으로 심신장애 요건을 갖추었다는 점 외에도 범행 당시 의사결정능력이 결여되었거나 미약했었다는 점 등이 현출된 자료를 통해 입증해야 한다.

즉, 책임능력 제한 여부는 생물학적 요소를 입증하는 것만으로는 부족하고, 범행의 경위 수단 범행 전후의 피고인의 행동 등 기록에 나타난 제반 자료 등을 종합하여 법원이 독자적으로 판단해야 할 법률문제이므로 구체적 사건에 있어서 사이코패스가 범행 당시 의사결정능력이 결여되어 있었다거나 미약했었다는 점을 입증해야만 한다. 그렇기 때문에 사이코패스가 생물학적으로 심신장애 요건을 갖추었다는 점을 인정받는다 하더라도 개별 사건에서 범행 당시 의사결정능력이 결여되어 있었다거나 미약했었다는 점에 대한 입증에 실패하였을 경우 책임능력을 제한 받지 못하므로 정상인과 같은 책임을 지는 것은 부득이하다 할 것이다.

다만 입법적으로 사이코패스의 재범을 방지함으로써 사회를 방위하기 위해서는 치료감호법을 개정하여 치료감호를 받을 수 있도록 해야 할 필요가 있다. 만일 사이코패스가 범행 당시 의사결정능력이 결여되

었었거나 미약했었음이 입증된다면 치료감호법 제2조 제1항 제1호에
의하여 치료감호를 받을 수 있을 것이다. 그러나 입증에 실패하였을 경
우, 즉 법원이 사이코패스에 대하여 책임능력 제한을 인정하지 않을 경
우에 정상인과 같은 책임을 지는 것만으로는 형사정책적으로 적절하지
못하다 할 것이므로 치료감호법 제2조 제1항에 제4호를 신설하여 치료
감호를 받을 수 있도록 해야 할 것이다. 즉 "사이코패스로서 금고 이상
의 형에 해당하는 범죄를 저지른 자"라는 규정을 신설해야 할 필요가 있
다고 본다. 왜냐하면 사이코패스가 비록 범행 당시 의사결정능력이 결여
되었었거나 미약하였음이 인정되지 않았다 하더라도 위에서 본 바와 같
이 사이코패스는 정상인 보다 훨씬 재범의 위험이 높다 할 것이어서 이
러한 사이코패스가 치료를 받지 않은 상태로 형기만 복역하고 출소한다
면 사회적으로 큰 비용을 치를 수 있으므로 치료감호를 통해 위험요인
을 제거해 사회에 복귀시킴으로서 재범을 방지해야 함은 형사정책상 당
연한 요구이고 귀결일 것이기 때문이다.145)

　　이상의 논지를 요약·정리하자면 다음과 같다.
　　1. 사이코패스는 생물학적으로 도덕적 판단능력이 결여되어 있고,
처벌에 대한 공포로 인해 행동을 억제할 수 있는 두뇌기능에도 장애가

---

145) 단, "심신장애가 인정되지 않는 사이코패스"에 대한 형사적 대응책에는 보다 신중
　　을 기해야 한다. 우선 신설된 제2조 제1항 제3호의 '정신성적 장애(psychosexual
　　disorders)'가 있는 자가 성폭력 범죄를 저지른 경우, 제2조의 2에 의해 '성폭력 범
　　죄'의 범위를 명확히 규정하여 '인권' 침해의 여지를 줄였듯이, 제4호를 신설할 경
　　우에도 "사이코패스로서 금고 이상의 형에 해당하는 죄를 저지른 자"라고 포괄적으
　　로 규정하는 것보다는 범죄의 종류나 법정형에 일정한 제한을 가할 필요가 있을
　　것이다. 또 사이코패스가 재범의 위험성이 높은 것은 사실이지만 우리 실정에 맞는
　　과학적인 임상연구와 통계자료를 축적해 더욱 신뢰도 높은 예측기준이 마련되어야
　　할 것이다. 만일 그렇지 않고 성급하게 '치료감호법 개정안'을 내놓을 경우, 사회보
　　호의 측면만 강조되고 사이코패스 범죄자의 인권보장은 외면했다는 비판을 면치 못
　　할 것이기 때문이다. 비슷한 생각은 성경숙·김성돈, 우리나라 치료감호법의 문제점
　　과 개선방향, 성균관법학, 제20권 제2호, 2008, 333면 이하에서 찾아 볼 수 있다.

있기 때문에 정상인에 비해 적법행위를 할 수 있는 의사결정능력이 현저히 제한되어 있다.

2. 중증의 사이코패시가 아니더라도 사이코패시는 심신장애사유에 해당한다.[146]

3. 사이코패스에게는 한정책임능력을, 중증의 사이코패스에게는 한정책임능력 또는 책임무능력을 인정할 수 있다.[147] 단, 사이코패스가 한정책임능력자인지 책임무능력자인지 여부 및 사이코패스라 하더라도 책임능력을 갖추고 있는지 여부는 현출된 자료를 토대로 개별적·구체적으로 판단되어야 할 것이다.

4. 사이코패스의 형사책임능력을 제한하여 치료감호에 처하는 것이 현행법상 가장 합리적인 형사정책이 될 수 있다.

5. 책임능력이 제한되지 않는 사이코패스의 경우에는 현행 치료감호법 제2조 제1항 제4호를 신설하여 치료감호를 받도록 입법론적 방책을 강구해야 한다.

존 롤즈(John Rawls)는 그의 정의론에서 공정으로서의 정의(justice as fairness)를 강조하면서, 사회적 최소수혜자에게 최대한의 이익을 보장하는 것이 사회정의를 구현하는 것이라고 역설한 바 있다. 최소수혜자란 우연성에서 가장 불우한 사람들로서, 그의 집안 및 사회 계층적 기원이 다른 사람들보다 불리하며, 천부적 재능도 유리한 형편에 있지 못하고, 일생동안 얻게 될 운 역시 보잘것없는 사람들을 말한다.[148] 형법적으로 볼 때, '도덕적 판단능력의 부재'는 행위자의 타고난 '운(luck)'의 하나로서 충분히 고려될 필요가 있다. 그러므로 '정신병질'은 형법의 공정한 적용을 위해서 책임능력판단에 고려되어야 할 것이다. 그럼에도 불구하고

---

146) 이는 "중증의 성격 장애자만 심신장애에 해당할 여지가 있다."는 대법원의 입장과 다른 부분이다.

147) 다만 중증의 사이코패스라 하더라도 '사이코패시의 일반적 특성상' 책임무능력자로 인정되는 경우는 극히 드물 것이다.

148) John Rawls, 앞의 책, 83면 참조.

최근 우리 법원이 사이코패스 성향이 강한 것으로 진단받은 피고인에게 높은 형량을 선고하는 정책으로 일관하는 것은 다소 우려스럽다. 즉 사이코패시를 단지 재범의 위험성이 높다는 점에서 형량 가중사유로만 활용하고 있는 것이다.149) 그러나 사이코패스는 형법적 의미에서 정상인에 비해 불운하게 태어난 자로 볼 수 있으며, 따라서 심신장애자와 마찬가지로 일정한 '형법적 배려'를 필요로 한다. 우리가 진정 도덕적이라면, 우리의 가치판단이 사이코패스를 엄벌하는 방향으로 흐르는 것을 억제할 수 있어야 한다. 그들의 선천적인 이상인격에서 기인하는 위험스런 행동은 조기에 발견되고 신속하게 법적 제재가 가해져야 함은 물론이다. 다만 그들이 불운하게 태어난 '도덕적 무능력자'로서, 그로 인해 범죄를 저지르기 쉽고, 결과적으로 형사처벌을 받을 위험에 현저히 많이 노출되어 있는 '형법적 최소수혜자'라는 점을 잊어서는 안 될 것이다.150)

"Don't forget these people. They have no one, yet they are people. They are desperately lacking and in terrible pain. Those who understand this are so rare: you must not turn your back on them."151)

우리 주변을 한 번 둘러보자. 정치인이든, 기업가든, 나의 경쟁자든, 애인이든, 친구든, 적이든, 선임자나 상급자이든 하급자나 부하이든, 또 내가 속한 회사나 조직, 집단이 사이코패스적 특성을 보이지는 않는지. 내가, 그리고 우리 사회가 그들을 어떻게 처우하는 것이 바람직할 것인지 함께, 그리고 깊이 고민해 보자.

사이코패스에 대한 올바른 이해와 적실한 대책마련, 그리고 바람직한

---

149) 서울신문, 2009년 2월 9일자.
150) 동지의 김동현, 앞의 논문, 304면.
151) 이 인용구는 Theodore Millon, Erik Simonsen, & Morten Birket-Smith, "Historical Conceptions of psychopathy in the United States and Europe", in: Theodore Millon, Erik Simonsen, Morten Birket-Smith, & Roger D. Davis (eds.), Psychopathy: Antisocial, Criminal and Violent Behavior (New York, Guilford Publications, 1998), 28면에서 가져 온 것이다.

공존방향의 모색에 얼마나 앞서 나아가느냐는 우리 사회의 번영과 문화적 성숙도, 인권의식의 발달수준을 가늠케 해 주는 중요한 척도가 될 것이다.

참고문헌

외국문헌

Alison Abbott, Abnormal Neuroscience: Scanning Psychopaths, *450 Nature 942* (2007)

A. Aichorn, Wayward Youth (New York: Viking, 1935)

Amy Chua, Day of Empire (New York: Doubleday, 2007)

A.T. Olmstead, History of the Persian Empire (University of Chicago Press, 1948)

Larry Alexander & Ken Kress, Against Legal Principles, in: Andrei Marmor (ed.), Law and Interpretation (Oxford University Press, 1997)

Franz Alexander, Psychoanalysis of the total personality (New York: Nervous and Mental Disease Publications, 1930)

Robert Alexy, Die Idee einer prozeduralen Theorie der juristischen Argumentation, in: *Rechtstheorie 2,* 1981

Robert Alexy, Theorie der juristischen Argumentation (Frankfurt am Main: Suhrkamp, 1978)

G. Allison, Essence of Decision: Explaining the Cubean Missile Crisis (Boston: Little, Brown and Company)

Andrew Altman, Legal Realism, Critical Legal Studies, and Dworkin, *15 Philosophy and Public Affairs 205* (1986)

Peter Arenella, Character, Choice, and Moral Agency: The Relevance of Character to our Moral Culpability Judgement, *7 Social Philosophy and Policy 59* (1990)

Andrew Ashworth, Principles of Criminal Law (Oxford University Press, 2006)

A.J. Ayer, Freedom and Necessity, in: G. Watson (ed.), Free Will (New York: Oxford University Press, 1954)

Joel Bakan, The Corporation: The Pathological Pursuit of Profit and Power (London: Constable, 2004)

Carl Ludwig von Bar, A History of Continental Criminal Law (Boston: Little, Brown, and Company, 1916, Translated by Thomas S. Bell)

Zygmunt Bauman, Postmodern Ethics (Cambridge, Mass.: Blackwell Publishers, 1994)

Pamela Barmash, Blood Feud and State Control: Differing Legal Institutions for the Remedy of Homicide during the Second and First Millennia B.C.E., 63 *Journal of Near Eastern Studies 183* (2004)

Pamela Barmash, Homicide in Ancient Israel, the Ancient Near East, and Traditional Societies, A Doctoral Dissertation at the Department of Near Eastern Languages and Civilizations (Harvard University, 1999)

Pamela Barmash, Homicide in the Biblical World (Cambridge, UK; New York: Cambridge University Press, 2005)

Chester I. Barnard, The Functions of he Executive (Cambridge, Mass., Harvard University Press, 1938)

Brian Bix, The Application(and Mis-Application) of Wittgenstein's Rule-Following Consideration to Legal Theory in: Brian Bix, Law, Language and Legal Determinacy (Oxford University Press, 1993)

Jes Bjarup, Kripke's Case: Some Remarks on Rules, their Interpretation and Application, *Rechtstheorie 19* (1988)

Marc Bloch, Feudal Society, vol.1 — The Growth of Ties of Dependence (Chicago: The Chicago University Press, 1970, Translated by L.A. Manyon)

George Boolos & John Burgess & Richard Jeffrey, Computability and Logic, (4th ed., Cambridge University. Press, 2002)

Jean Bottéro, The Code of Hammurabi, in: Mesopotamia: Writing, Reasoning, and the Gods (Chicago: University of Chicago Press, 1982)

K. Brickey, Rethinking Corporate Liability Under the Model Penal Code, *19 RUTGERS L.J. 593* (1988)

Mark R. Brown & Andrew C. Greenberg, On Formally Undecidable Propositions of Law: Legal Indeterminacy and the Implications of Metamathematics, *43 Hastings L.J. 1439* (1992)

Martin J. Buss, Legal Science and Legislation, in: Bernard M. Levinson (ed.), Theory and Method in Biblical and Cuneiform Law (Sheffield: Sheffield Academic Press, 1994)

Umberto Cassuto, A Commentary on the Book of Exodus (Jerusalem: Magnes Press, 1967)

David N. Cassuto, Crime, War & Romanticism: Arthur Andersen and the Nature of Entity Guilt, *13 Va. J. Soc. Pol'y & L. 179* (2006)

Ross Charnock, Lexical Indeterminacy: Contextualism and Rule-Following in Common Law Adjudication, in: Anne Wagner, Wouter Werner, & Deborach Cao (eds.) Interpretation, Law and The Construction of Meaning (Dordrecht, The Netherlands: Springer, 2007)

Richard R. Cherry, Primitive Criminal Law, in: Albert Kocourek & John H. Wigmore (eds.), Primitive and Ancient Legal Institution, Evolution of Law Series Vol.II (Boston: Little, Brown, and Company, 1915)

Noam Chomsky, Knowledge of Language: Its Nature, Origin, and Use (New York: Praeger, 1986)

Hervey Cleckley, The Mask of Sanity (Saint Louis: C.V. Mosby, 1950)

M. Dan Cohen, Rights, Persons, and Organizations: A Legal Theory for Bureaucratic Society (Berkeley: University of California Press, 1986)

Felix S. Cohen, Transcendental Nonsense and the Functional Approach, in: William W. Fisher, Morton J. Horwitz & Thomas A. Reed (eds.), American Legal Realism (Oxford University Press, 1993)

Felix S. Cohen, Transcendental Nonsense and the Functional Approach, *35 Columbia Law Review 809* (1935)

Jules L. Coleman & Brian Leiter, Determinacy, Objectivity, and Authority, in: Andrei Marmor (ed.), Law and Interpretation (Oxford University Press, 1997)

David J. Cooke & Christine Michie, Refining the Construct of Psychopathy: Towards a Hierarchical Model, *13 Psychological Assessment 171* (2001)

Antonio R. Damasio, Descartes' Error: Emotion, Reason and the Human Brain (New York: Avon books, 1994)

Anthony D'Amato, Can Legislatures Constrain Judicial Interpretation of Statutes?, *75 Virginia Law Review 561* (1989)

Anthony D'Amato, Pragmatic Indeterminacy, *85 Nw. U. L. Rev. 148* (1990)

Donald Davidson, Action, Reasons and Causes, in: Donald Davidson, Essays on Actions and Event (Oxford University Press, 2001, Originally published

1980)

W.W. Davies, The Codes of Hammurabi and Moses (Berkely, CA: Apocryphile Press, 2006)

Terrence E. Deal & Allan A. Kennedy, Corporate Cultures: the rites and rituals of corporate life (Reading, Mass.: Addison-Wesley Pub. Co., 1982)

Michael Devitt & Kim Sterelny, Language and Reality: An Introduction to the Philosophy of Language (The MIT Press, 1999)

A.S. Diamond, An Eye of an Eye, *19 Iraq 151*

Joshua Dressler, Reflections on Excusing Wrongdoers: Moral Theory, New Excuses and the Model Penal Code, *19 Rutgers Law Journa 671* (1988)

G.R. Driver & John C. Miles, The Assyrian Laws (Oxford: Clarendon Press, 1935)

G.R. Driver & John C. Miles, The Babylonian Laws Vol. I − Legal Commentary −, (Oxford: Clarendon Press, 1956)

G.R. Driver & John C. Miles, The Babylonian Laws Vol. II − Text Translation −(Oxford: Clarendon Press, 1955)

Karen D'Silva et al., Does Treatment really make psychopaths worse? A review of the evidence, *18 Journal of Personality Disorders 163* (2004)

Michael Dummett, The Social Character of Meaning, in: Michael Dummett, Truth and Other Enigmas (Harvard University Press, 1978)

Michael Dummett, What is a theory of meaning?, in: Samuel D. Guttenplan (ed.), Mind and Language (Oxford University Press, 1975)

Ronald Dworkin, Justice for Hedgehogs (Cambridge, Mass.: Belknap Press of Harvard University Press, 2011)

Ronald Dworkin, Taking Rights Seriously (Harvard University Press, 1978)

Gary Ebbs, Rule Following and Realism (Harvard University Press, 1997)

R. von Krafft Ebing, Textbook of Insanity (Philadelphia: F.A. Davis, 1904, Translated by Charles G. Chaddock)

David Edmonds & John Eidinow, Wittgenstein's Poker (New York: Ecco, 2001)

C. Edwards, The World's Earliest Laws (London: Watts & Co., 1934)

Timothy A.O. Endicott, Linguistic Indeterminacy, *16 Oxford Journal of Legal Studies 667* (1996)

Paul Engelmann, Letters from Ludwig Wittgenstein, with a Memoir (University of California Press, 1969)

Karl Engisch, Einführung in das juristische Denken (Stuttgart: W. Kohlhammer, 1956)

Gareth Evans, The Causal Theory of Names, in: Gareth Evans(ed.). Collected Papers (Oxford University Press, 1985)

John M. Farago, Intractable Cases: The Role of Uncertainty in the Concept of Law, *55 New York University Law Review 195* (1980)

Hebert Fingarette, The Meaning of Criminal Insanity (University of California Press, 1972)

J.J. Finkelstein, Ammisaduqa's Edict and the Babylonian "Law Code", *15 Journal of Cuneiform Studies 91* (1961)

Charles Fischette, Psycopathy and Responsibility, *90 Va. L. Rev. 1423* (2004)

Owen M. Fiss, Objectivity and Interpretation, *34 Stanford Law Review 739* (1982)

Brent Fisse, Reconstructing Corporate Criminal Law: Deterrence, Retribution, Fault, and Sanction, *56 S. Cal. L. Rev. 1141* (1983)

Brent Fisse & John Braithwaite, Corporations, Crimes and Accountability (Cambridge University Press, 1993)

George P. Fletcher, Collective Guilt and Collective Punishment, *5 Theoretical Inquiries L.163* (2004)

George P. Fletcher, Punishment, Guilt, and Shame in Biblical Thought, *18 Notre Dame J.L. Ethics & Pub. Pol'y 343* (2004)

George P. Fletcher, Rethinking Criminal Law (Oxford University Press, 2000)

George P. Fletcher, Romantics at War: Glory and Guilt in the Age of Terrorism (Princeton University Press, 2002)

George P. Fletcher, The Storrs Lectures: Liberals and Romantics at War: The Problem of Collective Guilt, *111 Yale L. J. 1499* (2002)

Jerry A. Fodor, The Modularity of Mind (The MIT Press, 1996)

Ann Foerschler, Corporate Criminal Intent: Toward A Better Understanding of Corporate Misconduct, *78 Calif. L. Rev. 1287* (1990)

D.C. Fowel & K. Missel, Electrodermal hyporeactivity, motivation, and psychopathy: Theoretical Issues, in: D. Fowles, P. Sutker, & S. Goodman (eds.), Progress in Experimental Personality and

Psychopathology Research Vol. 17 (New York: Springer Publishing Company, 1994)

Jerome Frank, Law and the Modern Mind, in: William W. Fisher, Morton J. Horwitz, & Thomas A. Reed (eds.), American Legal Realism (Oxford University Press, 1993)

Jerome Frank, Words and Music: Some Remarks on Statutory Interpretation, *47 Columbia Law Review 1259* (1947)

Harry G. Frankfurt, Freedom of the Will and the Concept of a Person, in: Gary Watson (ed.), Free Will (Oxford; New York: Oxford University Press, 1982)

Milton Friedman, The Social Responsibility of Business Is to Increase Its Profits (New York Sunday Times, 1970.9.13)

Erich Fromm, The anatomy of human destructiveness (New York: Holt, Rinehart & Winston, 1973)

Lon L. Fuller, Positivism and Fidelity to Law—A Reply to Professor Hart, in: Dennis Patterson (ed.), Philosophy of Law and Legal Theory (Malden, MA: Blackwell, 2003)

Lon L. Fuller, Positivism and Fidelity to Law—A Reply to Professor Hart, *71 Harvard Law Review 630* (1958)

Galileo Galiei, Dialogue concerning Two New Sciences (New York: Dover, 1914, Translated by Henry Crew and Alfonso de Salvio)

Mark Quentin Gardiner, Semantic Challenge to Realism: Dummett and Putnam (University of Toronto Press, 2000)

Newton Garver, This Complicated Form of Life (Chicago: Open Court, 1994)

Keisha A. Gary, Congressional Proposals to Revive Guilt by Association: An Ineffective Plan to Stop Terrorism, *8 Geo. Immigr. L. J. 227* (1994)

Gerald F. Gaus, Value and Justification: The Foundation of Liberal Theory (Cambridge University Press, 1990)

Heimir Geirsson, Moral Twin-Earth and Semantic Moral Realism, *62 Erkenntnis 353* (2005)

Molly T. Geissenhainer, The $ 62 Million Question: Is Virginia's New Center to House Sexually Violent Predators Money Well Spent?, *42 U. Rich. L. Rev. 1301* (2008)

Rebecca Goldstein, Incompleteness: The Proof and Paradox of Kurt Gödel (New York: W.W. Norton), 2005; Hao Wang, From Mathematics to Philosophy (London; New York: Routledge & Kegan Paul, 1974)

Edwin M. Good, Capital Punishment and Its Alternatives in Ancient Near Eastern Law, *19 Stan. L. Rev. 947* (1967)

E.E. Gorenstein & J.P. Newman, Disinhibitory Psychopathology: A New Perspective and a Model for Research, *87 Psychological Review 301* (1980)

J.A. Gray, The neuropsychology of fear and stress (Cambridge University Press, 1987)

L. Green, The Authority of The State (Oxford University Press, 1988)

Samuel Greengus, Some Issues Relating to the Comparability of Law and the Coherence of the Legal Tradition, in: Bernard M. Levinson (ed.), Theory and Method in Biblical and Cuneiform Law (Sheffield: Sheffield Academic Press, 1994)

Ian Hacking, Representing and Intervening (Cambridge University Press, 1983)

Thomas A. Hagemann & Joseph Grinstein, The Mythology of Aggregate Corporate Knowledge: A Deconstruction, *65 Geo. Wash. L. Rev. 210* (1997)

Anita Lill Hansen, Bjørn Helge Johnsen, Stephen Hart, Leif Waage, & Julian F. Thayer, Psychopathy and Recognition of Facial Expressions of Emotion, *22 Journal of Personality Disorders 639* (2008)

Robert D. Hare, Psycopaths and their nature: Implication for the mental health and criminal justice system, in: T. Milton, E. Simonsen, M. Birket-Smith, & R.D. Davis (eds.), Psychopathy: Antisocial, criminal and violent behaviour (New York: Guilford Press, 1998)

Robert D. Hare, Psychopathy: Theory and Research (New York: Wiley, 1970)

Robert D. Hare, Without Conscience: The Disturbing World of the Psychopaths Among Us (New York: The Guilford Press, 1999, Originally published 1995)

Robert D. Hare, David J. Cooke, & Stephen D. Hart, Psychopathy and Sadistic Personality Disorder, in: Theodore Millon, Paul H. Blaney & Roger D. Davis, Oxford Textbook of Psychopathology (Oxford University Press,

1999)

Robert Francis Harper, The Code of Hammurabi; King of Babylon about 2250 B.C. (The University of Chicago Press, 1904)

T.J. Harpur, S.D. Hart, & R.D. Hare, Personality of the Psychopath, in: P.T. Costa & T.A. Widiger (eds.), Personality Disorders and the Five-Factor Model of Personality (Washington, DC: American Psychological Association, 1994)

Grant T. Harris, Tracy A. Skilling, & Marine E. Rice, The Construct of Psychopathy, *28 Crime & Justice 197* (2001)

G.T. Harris, M.E. Rice, & C.A. Cormier, Psychopathy and violent Recidivism, *15 Law and Human Behaviour 625* (1991)

H.L.A. Hart, Positivism and the Separation of Law and Morals, *71 Harvard Law Review 593* (1958)

H.L.A. Hart, The Concept of Law (Oxford University Press, 1994)

R. Hasse, Einführung in das Studium keilschriftlicher Rechtsquellen (Wiesbaden: Otto Harrassowitz, 1965)

John Hasnas, The Century of A Mistake: One Hundred Years of Corporate Criminal Liability, *46 Am. Crim. L. Rev. 1329* (2009)

John H. Hayes & Carl R. Holladay, Biblical Exegesis: a beginner's handbook (Atlanta: John Knox Press, 1982)

Günter Heine, Die Strafrechtliche Verantwortlichkeit von Unternehmen: Von Individuellem Fehlverhalten zu kollektiven Fehlentwicklungen, insbesondere bei Großrisiken (Baden-Baden: Nomos, 1995)

Jonathan Herring, Criminal Law (Oxford University Press, 2006)

Scott Hershovitz, Wittgenstein on Rules: The Phantom Menace, *22 Oxford Journal of Legal Studies 619* (2002)

B. Hicks, K. Markon, C. Patrick, & R. Krueger, Identifying psychopathy subtypes on the basis of personality structure, *16 Psychological Assessment 276* (2004)

J. Hillman, Anima II (Spring Publications, 1974)

Hans Joachim Hirsch, Die Frage der Straffähigkeit von Personenverbänden, 성균 관법학 제5호, 1994

Hans Joachim Hirsch, Strafrechtliche Verantwortlichkeit von Unternehmen, ZStW

107 (1995)

E. Adamson Hoebel, The Law of Primitive Man: A Study in Comparative Legal Dynamics (Cambridge, MA: Harvard University Press, 1954)

Harry A. Hoffner, On Homicide in Hittite Law, in: Gordon D. Young, Mark W. Chavalas, & Richard E. Averbeck, Crossing Boundaries and Linking Horizons (Bethesda, Maryland: CDL Press, 1997)

Harry A. Hoffner, The Laws of The Hittites: A Critical Edition (Leiden; New York: Brill, 1997)

Douglas R. Hofstadter, Metamagical Themas: Questing for the Essence of Mind and Pattern (New York: Basic Books, 1985)

Geert H, Hofstede, Culture's Consequences: international differences in work-related values (Beverly Hills, Calif.: Sage Publications, 1980)

Oliver Wendell Holmes, The Common Law (Boston: Little, Brown, 1881)

Matthew Owen Howard, James Herbert Williams, Michael George Vaughn, & Tonya Edmond, Promise and Perils of A Psychopathology of Crime: The Troubling Case of Juvenile Psychopathy, *14 Wash. U. J.L. & Pol'y 441* (2004)

David Hume, On the Original Contract, in David Hume, Essays: Moral, Political, and Literary (Indianapolis: Liberty Classics, 1985)

Günther Jakobs, Strafbarkeit juristischer Personen?, in: Lüderssen-FS, 2002

Thorkild Jakobson, An Ancient Mesopotamian Trial for Homicide, in: William L. Moran (ed.), Toward the Image of Tammuz and Other Essays on Mesopotamian History and Culture (Cambridge: Harvard University Press, 1970)

Hans-Heinrich Jescheck & Thomas Weigend, Lehrbuch des Strafrechts AT (5. Aufl., Berlin: Duncker & Humblot, 1996)

Peter Johansson & Margaret Kerr, Psychopathy and Intelligence: A Second Look, *19 Journal of Personality disorders 357* (2005)

C.H.W. Johns, Babylonian and Assyrian Laws, Contracts and Letters, Union (New Jersey: The Lawbook Exchange, 1999, Originally published: Edinburgh : T.&T. Clark, 1904)

Steven Johnson, Emergence (New York: Simon & Schuster, 2002)

Takamura Karou & Noda Masaaki, Japanese Society and Psychopath, *Japan echo*, October 1997

Ben Karpman, The Myth of the Psychopathic Personality, *104 American Journal of Psychiatry 523* (1948)

R. Kegan, The child behind the mask, in: W.H. Reid, D. Dorr, J.I. Walker, & J.W. Bonner Ⅲ (eds.), Unmasking the psychopath (New York: WW Norton and Company, 1986)

Herbert C. Kelman & V. Lee Hamilton, Crimes of Obedience: toward a social psychology of authority and responsibility(New Haven: Yale University Press, 1989)

V.S. Khanna, Corporate Criminal Liability: What Purpose Does It Serve?, *109 Harv. L. Rev. 1477* (1996)

J. Klima, Gesetze, in: E.Ebeling & B.Meissner (Hrsg.), Reallexikon der Assyriologie (Berlin; Leipzig: W. de Gruyter, 1932)

Drew Khlentzos, Naturalistic Realism and the Antirealist Challenge (The MIT Press, 2004)

Eckehart Köhler, Wie Gödel Kelsens Rechtspositivismus widerlegen würde, in: Clemens Jabloner & Friedrich Stadler(Hrsg.), Logischer Empirismus und Reine Rechtslehre (Wien: Springer, 2001)

Paul Koschaker, Rechtsvergleichende Studien zur Gesetzgebung Hammurapis: König von Babylon (Leipzig: Veit & Comp., 1917)

F.R. Kraus, Ein Zentrales Problem des altmesopotamischen Rechtes: Was ist der Codex Hammurabi?, Genava N.S. IIIV, 1960

F.R. Kraus, Königliche Verfügungen in altbabylonischer Zeit (Studia et Documenta ad Iuris Orientis Antiqui Pertinentia Vol. xi, Leiden: Brill, 1984)

Seth F. Kreimer, Note, Reading the Mind of the School Board: Segregative Intent and the De Facto/De Jure Distinction, *86 Yale L. J. 317* (1976)

Ken Kress, A Preface to Epistemological Indeterminacy, *85 Northwestern University Law Review 134* (1990)

Ken Kress, Legal Indeterminacy, in: Dennis Patterson (ed.), Philosophy of Law and Legal Theory—An Anthology (Malden, MA: Blackwell, 2003)

Simeon M. Kriesberg, Decisionmaking Models and the Control of Corporate Crime, *85 YALE L.J. 1091* (1976)

Saul A. Kripke, Naming and Necessity (Harvard University Press, 1980)

Saul A. Kripke, Wittgenstein on Rules and Private Language (Harvard University Press, 1982)

Rebecca Taylor LaBrode, Etiology of the psychopathic serial killer: An analysis of antisocial personality disorder, psychopathy, and serial killer personality and crime scene characteristics, 7 *Brief Treatment and Crisis Intervention 151* (2007)

LaFave & Scott, Handbook on Criminal Law (St. Paul: West Pub. Co., 1972)

Sophie Lafont, Ancient Near Eastern Laws: Continuity and Pluralism, in: Bernard M. Levinson (ed.), Theory and Method in Biblical and Cuneiform Law (Sheffield: Sheffield Academic Press, 1994)

Bertrand Lafont & Raymond Westbrook, Neo-Sumerian Period (Ur III), in: Raymond Westbrook & Gary M. Beckman, A History of Ancient Near Eastern Law, Vol.I (Leiden; Boston: Brill, 2003)

Martin L. Lalumiere, Tracey A. Skilling, & Marnie E. Rice, Psychopathy and Developmental Instability, 22 *Evolution & Human Behaviour 75* (2001)

B. Landsberger, Die Babylonischen Termini für Gesetz und Recht, in: Festschrift für P. Koschaker, I (Leiden: Brill, 1939)

W. Larbig, R. Veit, H. Rau, P. Schlottke, & N. Birbaumer, Cerebral and peripheral correlates in psychopaths during anticipation of aversive stimulation, in: Paper presented at Annual Meeting of the Society for Psychophysiological Research, San Diege, October, 1992

Eli Lederman, Models for Imposing Corporate Criminal Liability: From Adaptation and Imitation Toward Aggregation and th Search for Self-Identity, 4 *Buff. Crim. L. Rev 641* (2000)

Christina Lee, The Judicial Response to Psychopathic Criminals: Utilitarianism over Retribution, 31 *Law & Psychol. Rev. 125* (2007)

Niels Peter Lemche, Justice in Western Asia in Antiquity, Or: Why No Laws Were Needed!, 70 *Chi.-Kent. L.Rev. 1695* (1995)

Arnold H. Loewy, Criminal Law (4th ed., St. Paul, Minn.: Thomson/West, 2003)

Jan Looman, Jeffrey Abracen, Ralph Serin, & Peter Marquis, Psychopathy, Treatment Change, and Recidivism in High-Risk, High-Need Sexual Offenders, 20 *Journal of Interpersonal Violence 549* (2005)

David Luban, Lawyers and Justice (Princeton University Press, 1989)

John R. Lucas, Minds, Machines, and Gödel, *36 Philosophy 112* (1961)

Niklas Luhmann, Das Recht der Gesellschaft (Frankfurt am Main: Suhrkamp, 1995)

David T. Lykken, The Antisocial Personalities, Hillsdale (N.J.: Lawrence Erlbaum Associates, 1995)

J. MacMillan & L.K. Kofoed, Sociobiology and Antisocial Personality: An Alternative Perspective, *172 Journal of Mental and Nervous Diseases 701* (1984), 701-706면; H.C. Harpending & J. Sobus, Sociopathy as an Adaptation, *8 Etiology and Sociobiology 63* (1987)

Heidi L. Maibom, The Mad, the Bad, and the Psychopath, *1 Neuroetics 167* (2008)

J. March & H. Simon, Organizations (New York: John Wiley & Sons, 1958)

Andrei Marmor, Interpretation and Legal Theory (Rev. 2nd ed., Oxford: Hart, 2005)

William L. Marshall, Yolanda M. Fernandez, Liam E. Marshall, & Geris A. Serren (eds.), Sexual Offender Treatment, Hoboken (NJ: John Wiley & Sons, 2006)

Victor H. Matthews, The Anthropology of Slavery in the Covenant Code, in: Bernard M. Levinson (ed.), Theory and Method in Biblical and Cuneiform Law: Revision, Interpolation and Development (Sheffield: Sheffield Academic Press, 1994)

Richard Matthews, The Corporate Manslaughter and Corporate Homicide Act 2007 (Oxford University Press, 2008)

Henry Maudsley, Responsibility in mental disease (New York: D. Appleton and company, 1898)

William McCord & Joan McCord, The Psychopath: An Essay on the Criminal Mind (Princeton, N.J.: Van Nostrand, 1964)

C. McGinn, Wittgenstein on Meaning (Oxford; New York: B. Blackwell, 1984)

Alfred R. Mele, Self-Deception Unmasked (Princeton University Press, 2001)

William B. Michael, Romanticizing Guilt, *112 Yale L.J. 1625* (2003)

Theodore Millon, Erik Simonsen, & Morten Birket-Smith, Historical Conceptions of psychopathy in the United States and Europe, in: Theodore Millon,

Erik Simonsen, Morten Birket-Smith, & Roger D. Davis(eds.), Psychopathy: Antisocial, Criminal and Violent Behavior (New York, Guilford Publications, 1998)

Marvin Minsky, The Society of Mind (New York: Simon & Schuster, 1986)

Michael S. Moore, Natural Law Theory of Interpretation, *58 S. Cal. L. Rev. 277* (1985)

Herbert Morris, George Fletcher and Collective Guilt: A Critical Commentary on the 2001 Storrs Lectures, *78 Notre Dame L. Rev. 731* (2003)

Steven J. Morse, Excusing and the New Excuse Defense: A Legal and Conceptual Review, *23 Crime & Justice 329* (1999)

Stephen J. Morse, Uncontrollable Urges and Irrational People, *88 Virginia Law Review 1025* (2002)

Emilia Mugnai & James Gobert, Coping With Corporate Criminality － Some Lessons from Italy, *Crim. L. R. AUG, 619* (2002)

Jane. M. Murphy, Psychiatric Labeling in Cross-Cultural Perspective: Similar kinds of Disturbed Behaviour appear to be labeled Abnormal in Diverse Cultures, *191 Science 1019* (1976)

D.H. Müller, Die Gesetze Hammurabis (Wien: Alfred Hölder, 1903)

David G. Myers, Intuition: Its Powers and Perils (Yale University Press, 2002)

James R. P. Ogloff & Stephen Wong, Treating Criminal Psychopaths in a Therapeutic Community Program, *8 Behavioral Sciences and the Law 181* (1990)

A.Leo. Oppenheim, Ancient Mesopotamia: Portrait of A Dead Civilization (Rev. ed., Chicago; London: University of Chicago Press, 1977)

Harro Otto, Die Strafbarkeit von Unternehmen und Verbänden (Berlin; New York: de Gruyter, 1993)

Thomas Nagel, The Possibility of Altruism (Princeton University Press, 1970)John Rawls, Theory of Justice (Harvard University Press, 2001, Originally published 1971)

Ernest Nagel & James R. Newman, Gödel's Proof, (Revised ed., New York University Press, 2001)

Ulfried Neumann, Juristische Argumentationslehre (Darmstadt: Wissenschaftliche Buchgesellschaft, 1986)

J.P. Newman & J.F. Wallace, Psychopathy and Cognition, in: P. Kendall & K. Dobson (eds.), Psychopathy and Cognition (San Diego; London: Academic Press, 1993)

Knut Schmidt-Nielsen, Scaling, why is animal size so important? (Cambridge; New York: Cambridge University Press, 1984)

Alva Noë, Out of Our Heads (New York: Hill and Wang, 2009)

Alan Norrie, Crime, Reason and History: A Critical Introduction to Criminal Law (Cambridge University Press, 2006)

A.T. Olmstead, History of the Persian Empire (Chicago: University of Chicago Press, 1948)

Eckart Otto, Aspects of Legal Reforms and Reformulations in Ancient Cuneiform and Israelite Law, in: Bernard M. Levinson (ed.), Theory and Method in Biblical and Cuneiform Law, Sheffield: Sheffield Academic Press, 1994)

Joel Paris, A Biopsychological Model of Psychopathy, in: Theodore Millon, Erik Simonsen, Morten Birket-Smith, & Roger D. Davis (eds.), Psychopathy: Antisocial, Criminal and Violent Behavior (New York: Guilford Press, 1998)

Roger Penrose, Shadows of the Mind: A Search for the Missing Science of Consciousness (Oxford University Press, 1994)

Roger Penrose, The Emperor's New Mind (Oxford University Press, 1989)

Steven Pinker, How the mind works (New York: W.W. Norton, 1999)

Amanda Pinto & Martin Evans, Corporate Criminal Liability (London: Sweet & Maxwell, 2003)

Steven Porter, Without Conscience or Without Active Conscience? The Etiology of Psychopathy Revisited, 1 Aggression & Violent Behaviour 179 (1996)

W. Preiser, Zur Rechtliche Natur der altorientalischen Gesetz, in: P. Bockelmann et al. (hrsg.), Festschrift für Karl Engisch (Frankfurt am Main: Vittorio Klostermann, 1969)

E.E. Evans-Prichard, The Nuer: A Description of Their Modes of Livelihood and Political Institutions of a Nilotic People (Oxford: Clarendon Press, 1968, Originally published 1940)

Hilary Putnam, Explanation and Reference, in: Mind, Language and Reality:

Philosophical Papers Vol.2 (Cambridge University Press, 1975)

Hilary Putnam, Explanation and Reference, in: Mind, Language and Reality: Philosophical Papers Vol.2 (Cambridge University Press, 1975)

Hilary Putnam, Models and Reality, in: Realism and Reason: Philosophical Papers Vol.3 (Cambridge University Press, 2002)

Hilary Putnam, Reason, Truth and History (Cambridge University Press, 1981)

Hilary Putnam, Representation and Reality (The MIT Press, 1988)

Hilary Putnam, The Meaning of 'Meaning', in: Mind, Language and Reality: Philosophical Papers, Vol.2 (Cambridge University Press, 1975)

Herbert C. Quay, The Psychopathology of Undersocialized Aggressive Conduct Disorder: A Theoretical Perspective, 5 *Development & Psychopathology 165* (1993)

Willard van Orman Quine, Pursuit of Truth (Harvard University Press, 1990)

V.L. Quinsey, G.T. Harris, M.E. Rice & C.A. Corimier, Violent offenders: Appraising and Managing Risk (Washington D.C.: American Psychological Association, 1998)

Margaret Jane Radin, Reconsidering the Rule of Law, *69 B.U. L. Rev. 781* (1989)

Anthony Ragozino, Note, Replacing the Collective Knowledge Doctrine with a Better Theory for Establishing Corporate Mens Rea: The Duty Stratification Approach, 24 *Sw. U. L. Rev. 423* (1995)

John Rawls, A Theory of Justice (Harvard University Press, 1971)

Joseph Raz, The Authority of Law (Oxford University Press, 1979)

Joseph Raz, The Morality of Freedom (Oxford University Press, 1986)

Kenneth R. Redden, Punitive damages (Charlottesville, Va.: Michie Co., 1980)

Allens Arthur Robinson, 'Corporate Culture' as a basis for the Criminal Liability of Corporations (Report for the use of the United Nations Special Representative of the Secretary General for Business and Human Rights (UNSRSG), February 2008)

John M. Rogers & Robert E. Molzon, Some Lessons about the Law from Self-Referential Problems in Mathematics, 90 *Michigan Law Review 992* (1992)

Martha T. Roth, Gender and Law: A Case Study from Ancient Mesopotamia, in: Victor H. Matthews, Bernard M. Levinson, & Tikva Frymer-Kensky (eds.), Gender and Law in the Hebrew Bible and Ancient Near East (Sheffield: Sheffield Academic Press, 1988)

Martha T. Roth, Homicide in the Neo-Assyrian Period, in: F. Rochberg-Halton, (ed.), Language, Literature, and History: Philological and Historical Studies Presented to Erica Reiner, American Oriental Series 67 (New Haven: American Oriental Society, 1987)

Martha T. Roth, Law Collections from Mesopotamia and Asia Minor (2nd ed., Atlanta, Georgia: Scholars Press, 1997)

Martha T. Roth, Mesopotamian Legal Traditions and The Laws of Hammurabi, 71 *Chi.-Kent L. Rev. 13* (1995)

Claus Roxin, Strafrecht AT Band I (4. Aufl., München: C.H. Beck, 2006)

H.W.F. Saggs, The Greatness That Was Babylon (New York: Hawthorn Books, 1962)

R.T. Salekin, Psychopathy and therapeutic pessimism: Clinical lore or clinical reality?, *22 Clinical Psychology Review79* (2002)

Friedrich Carl von Savigny, System des heutigen römischen Rechts (Erster Band, Berlin: Bei Deit und Comp., 1840)

T.M. Scanlon, What We Owe to Each Other (Cambridge, MA: Harvard University Press, 1998)

Frederick Schauer, Playing by the Rules (Oxford University Press, 1991)

Kurt Schneider, Die psychopathischen Personlichkeit (Wien: Franz Deuticke, 1950)

Robert Schopp etal., Expert Testimony and Professional Judgement Psychological Expertise and Commitment as a Sexual Predator After Hendricks, *5 Psychology, Public Poicy & Law 120* (1999)

Anthony J. Sebok, Finding Wittgenstein at the Core of the Rule of Recognition, 52 S.M.U. L. Rev. 75 (1999)

M.C. Seto & H.E. Barbaree, Psychopathy, treatment behavior, and sex offender recidivism, *14 Journal of Interpersonal Violence 1235* (1999)

Hellen Silving, Guilt, 서울대학교 법학 제4권 제1/2호, 1962

A. Simmons, Moral Principles and Political Obligations (Princeton University Press, 1979)

Joseph Singer, The Player and The Cards: Nihilism and Legal Theory, *94 Yale Law Journal 1* (1984)

Jennifer L. Skeem et al., Psychopathy, Treatment Involvement, and Subsequent Violence among Civil psychiatric patients, *26 Law and Human Behavior 577* (2002)

Smith & Hogan, Criminal Law (Oxford University Press, 2005)

Girardeau A. Spann, Secret Rights, *71 Minnesota Law Review 669* (1987)

R. F. Stalley, An Introduction to Plato's Laws, Indianapolis (IN: Hackett, 1983)

Günter Stemberger, Einleitung in Talmud und Midrasch, (München: C.H. Beck, 1992)

James Fitzjames Stephen, A History of Criminal Law of England Vol. III (London: Routledge/Thoemmes Press, 1996, Originally published London: Macmillan and Co., 1883)

C. Stone, Where the Law Ends: The Social Control of Corporate Behaviour, (New York: Harper & Row), 1975

John. E. Stoner, Corporate Criminal Liability for Homicide: Can the Criminal Law Control Corporate Behavior?, *38 Sw. L. J. 1275* (1985)

Leo Strauss, Studies in Platonic Political Philosophy (The University of Chicago Press, 1983)

Peter Strawson, Freedom and Resentment, in: Gary Watson(ed.), Free Will (Oxford University Press, 2003)

K. Syndulko, Electrocortical investigation of sociopathy, in: R.D. Hare & D. Shalling (eds.), Psychopathic Behaviour: Approaches to research (New York: John Wiley & Sons, 1978)

Matthew Talbert, Blame and Responsiveness to Moral Reasons: Are Psychopahts Blameworthy?, *89 Pacific Philosophical Quarterly 516* (2008)

John Edward Talley, A Jungian Point, in: William H. Reid (ed.), The Psychopath: A Comprehensive Study of Antisocial Disorder and Behaviors (New York: Brunner/Mazel, 1978)

Brian Z. Tamanaha, On the Rule of Law－History, Politics, Theory (Cambridge University Press, 2005)

Ilmar Tammelo, Theorie der Gerechtigkeit (Freiburg; München: Alber, 1977)

Klaus Tiedemann, Strafrecht in der Marktwirtschaft, Stee/Wessels-FS, 1993

J. Tomkins, B. Victor, & R. Adler, Psycholegal Aspects of Organizational Behaviour: Assessing and Controlling Risk, in: D.K. Kagehiro & W.S. Laufer (eds.), Handbook of Psychology and Law (New York: Springer-Verlag, 1992)

Ernst Tugendhat, Zur Entwicklung von moralischen Begründungssttrukturen im modernen Recht, in: W. Hassemer, A. Kaufmann, & U. Neumann (hrsg.), Argumentation und Recht (ARSP Beiheft 14, 1980)

Mark V. Tushnet, Defending the Indeterminacy Thesis, in: Brian Bix (ed.), Analyzing Law (Oxford University Press, 1998)

Mark V. Tushnet, Following the Rule Laid Down: A Critique of Interpretivism and Neutral Principles, *96 Harvard Law Review 781* (1982)

Montague Ullman, Corporate Psychopathy, 2004

Geza Vermes, The Qumran Interpretation of Scripture in its Historical Setting, Annual of Leeds University Oriental Society Ⅵ, 1969

R. VerSteeg, Early Mesopotamian Law (Durham, North Carolina: Carolina Academic Press, 2000)

Markus Wagner, Corporate Criminal Liability: National and International Response (Background Paper for the International Society for the Reform of Criminal Law 13th International Conference Commercial and Financial Fraud: A Comparative Perspective Malta, 8-12 July 1999)

Hao Wang, From Mathematics to Philosophy (London; New York: Routledge & Kegan Paul, 1974)

Ota Weinberger, Logische Analyse als Basis der juristischen Argumentation, in: W. Krawietz, R. Alexy, & A. Aarnio (hrsg.), Metatheorie juristischer Argumentation (Berlin: Duncker & Humblot, 1983)

Martin J. Weinstein & Patricia Bennett Ball, Criminal Law's Greatest Mystery Thriller: Corporate Guilt through Collective Knowledge, 29 New Eng. L. Rev. 651 (1994)

Raymond Westbrook, Biblical and Cuneiform Law Codes, *92 Revue Biblique* (1985)

Raymond Westbrook, Cuneiform Law Codes and the Origins of Legislation, *79 Zeitschrift für Assyriologie und Vorderasiatische Archäologie 201* (1989)

Raymond Westbrook, Sudies in Biblical and Cuneiform Law, in: Chiers de la

Revue Biblique 26 (Paris: J. Gabalda, 1988)

Raymond Westbrook, The Character of Ancient Near Eastern Law, in: A History of Ancient Near Eastern Law, Vol.I (Leiden; Boston: Brill, 2003)

Raymond Westbrook, What is the Covenant Code?, in: Bernard M. Levinson (ed.), Theory and Method in Biblical and Cuneiform Law (Sheffield: Sheffield Academic Press, 1994)

Moshe Weinfeld, Deuteronomy and the Deuteronomic School (Oxford: Clarendon Press, 1972)

Alfred North Whitehead & Bertrand Russel, PRINCIPIA MATHEMATICA Vol. I (2nd ed., Cambridge University Press, 1927)

T.A. Widiger, Psychopathy and Normal Personality, in: D.J. Cooke, A.E. Forth, & R.D. Hare (eds.), Psychopathy: Theory, Research, and Implications for Society (Dordrecht, The Netherlands: Kluwer, 1998)

J. Wild, Plato's Modern Enemies and the Theory of Natural Law (The University of Chicago Press, 1971)

William Wilson, Criminal Law (Harlow, England; New York: Longman, 2003)

Ludwig Wittgenstein, A Lecture on Ethics, 74 The Philosophical Review 3 (1965)

Ludwig Wittgenstein Werkausgabe Band I (2. Aufl. Suhrkamp, 1995)

Elizabeth Wolgast, Ethics of an Artificial Person: Lost Responsibility in Professions and Organizations (Stanford University Press, 1992)

S. Wong, Psychopathic offenders, in: S. Hodgins & R. Muller-Isberner (eds.), Violence, Crime and Mentally Disordered Offenders: Concepts and methods for effective treatment and prevention (Chichester; New York: John Wiley & Sons, 2000)

Raymond M. Wood et al., Psychological Assessment, Treatment, and Outcome with Sex Offenders, 18 Behavioral Sciences and the Law 24 (2000)

Jerzy Wroblewski, Legal Syllogism and Rationality of Judicial Decision, in: Rechtstheorie 5, 1974

Charles M. Yablon, Law and Metaphysics, 96 Yale Law Journal 613 (1987)

Reuven Yaron, The Laws of Eshnunna (Jerusalem: The Magnes Press, The Hebrew University; Leiden: E.J. Brill, 1988)

Christian Zapf & Eben Moglen, Linguistic Indeterminacy and the Rule of Law:

On the Perils of Misunderstanding Wittgenstein, *84 Geo. L.J. 485* (1996)

국내문헌

강대석, 개정 수질환경보전법, 대기환경보전법상 방지시설 등의 비정상운영, 검찰 107호

강동범, 경제범죄와 그에 대한 형법적 대응, 형사정책 제7호, 1995

광신대학교 고대근동어연구소(황성일 편), 아카드어사전 (광신대학교 출판부, 2007)

권영준, 민사재판에 있어서 이론, 법리, 실무, 서울대학교 법학 제49권 제3호, 2008

기업범죄연구회, 기업범죄연구 제1권 – 기업규제의 이론과 방법 – (경인문화사, 2011)

김대휘, 형법해석의 한계와 법방법론, 「법률해석의 한계」 (법문사, 2000)

김도균, 권리의 문법 – 도덕적 권리·인권·법적 권리 (박영사, 2008)

김도균, 근대 법치주의의 사상적 기초: 권력제한, 권리보호, 민주주의 실현, 「법치주의의 기초」(서울대학교출판부, 2006)

김도균, 자연법론적 승인율 모델의 가능성, 법철학 연구 제3권 제2호, 2000

김도균, 한국 법체계에서 자연법론의 형성과 발전, 법철학연구 제11권 제2호, 2008

김도식, 퍼트남의 '통 속의 뇌' 논증에 대한 비판적 고찰, 「언어·표상·세계」 (철학과 현실사, 1999)

김돈수·김영대·유승화·김용덕·최영철(건양대학교 의과대학 신경과학교실, 연세대학교 의과대학 신경과학교실), 전두측두엽성 치매의 측두엽 변이형: 의미치매, 대한신경과학회지 제20권 제1호, 2002

김동현, 인지과학의 관점에서 바라본 자유의지와 형사책임론의 문제, 「법과 인지과학의 대화」 (서울대학교 법학연구소 학술회의자료집, 2010)

김동현, 인지과학적 관점에서 바라본 자유의지와 형사책임론의 문제, 서울대학교 법학 제51권 제4호, 2010

김보현, 인과적 지시론과 고유명사의 지시변화, 철학연구 제72집, 1999

김상봉 외, 굿바이 삼성 (꾸리에 북스, 2010)

김상일, 괴델의 불완전성정리로 풀어 본 원효(元曉)의 판비량론(判比量論)(지

식산업사, 2003)

김상준, 사이코패스에 대한 사법적 대응,「범죄와 사이코패시 - 이해와 대책(한림대학교응용심리연구소·한국사회 및 성격심리학회·법무부교정국 공동주최 국제심포지엄)」, 2005

김선수, 정신병질 범죄자의 처우에 관한 연구, 경남법학 제2집, 1986

김선희, 내용과 의미 - 데이빗슨의 의미론은 비트겐슈타인적인가?,「언어철학 연구Ⅱ」(현암사, 1995)

김성돈, 뇌과학과 형사책임의 새로운 지평, 형사법연구 제22권 제4호, 2010

김성돈, 형법각론, 2009

김성돈, 형법총론, 2006

김성룡, 법적 논증론 (I) - 발전사와 유형 -(준커뮤티케이션즈, 2009)

김성우·이기환, 정보환경, 기업가치 및 기관투자자 소유지분비율의 상호관계, 기업경영연구 제13권 제1호, 2006

김영배, 비트겐슈타인의 'Criterion' 개념, 철학논구 제14권, 1986

김영정, 내재적 실재론에 있어서 칸트적 요소, 실재론과 관념론: 현대 분석철학 논쟁(철학과 현실사, 1993)

김영정, 심리철학과 인지과학 (철학과 현실사, 1997)

김영정, 언어·논리·존재 (철학과 현실사, 1999)

김영환, 법률해석의 한계, 형사판례연구, 제4집, 1996

김영환, 법학방법론의 관점에서 본 유추와 목적론적 축소, 2009년 한국법철학회 춘계학술대회 발표문

김영환, 형법해석의 한계 - 허용된 해석과 금지된 유추와의 상관관계,「법률해석의 한계」(법문사, 2000)

김영환, 형법상 해석과 유추의 한계,「법률해석의 한계」(법문사, 2000)

김용식, 신형법 총론, 1953

김일수·서보학, 새로쓴 형법총론, 2003

김일수·서보학, 형법각론, 2007

김재봉, 기업에 대한 보호관찰의 도입가능성 검토, 비교형사법연구 제8권 제2호, 2004

김재윤, 현대형법의 위기와 과제 (전남대학교 출판부, 2009)

김정오, 미국 비판법학의 흐름과 동향, 법과 사회, 통권 제10호, 1994

김종구, 미국 연방법상 사법방해죄에 관한 고찰, 법학연구 제34집, 2009

김철수, 헌법학원론, 2007

김학태, 법률해석의 한계, 외법논집 제22집, 2006

김한균, 형법상 모살·고살 구분과 영미법상의 살인죄, 형사법연구 제22권 제4호, 2010

김혁기, 법의 불확정성 연구, 서울대학교 박사학위논문, 2009

김형준, 충동조절장애자의 책임능력, 중앙법학 제9집 제2호, 2007

김화진, 기업지배구조와 기업금융 (박영사, 2009)

김화진·송옥렬, 기업인수합병 (박영사, 2007)

김효은, 신경윤리로 본 도덕판단, 「뇌속의 인간, 인간속의 뇌」 (바다출판사, 2010)

남경희, 비트겐슈타인과 현대철학의 언어적 전회 (이화여자대학교 출판부, 2005)

남경희, 플라톤: 서양철학의 기원과 토대 (아카넷, 2007)

남궁선, 불교 業思想의 생태철학적 연구, 동국대학교 박사학위논문, 2005

남기창, 규칙 따르기의 여러 유형, 철학적 분석 제12호, 2005

남기창, 다른 마음의 문제에 대한 비트겐슈타인의 입장, 철학연구 제41권 제1호, 1997

남기창, 비트겐슈타인과 고대회의주의, 철학적 분석 제6호, 2002

남기창, 비트겐슈타인의 철학과 언어론 – 크립키의 의미회의론을 중심으로, 「현대철학과 언어」 (철학과 현실사, 2002)

남기창, 크루소의 언어는 사적 언어인가?, 「언어철학연구 I」 (현암사, 1995)

노명선, 회사범죄에 관한 연구, 성균관대학교 박사학위논문, 2001

노용우, 책임능력판단에 있어서 심신장애의 의미, 형사법연구 제15권, 2001

류병화, 법철학, 2004

목정배, 계율학 개론 (장경각, 2001)

문종두, 언어사용과 삶 – 초월적 자연주의로 해명한 비트겐슈타인의 언어비판철학 (淸文閣, 2007)

박기석, 양벌규정의 문제점과 법인범죄의 새로운 구성, 형사정책 제10호, 1998

박만섭 편, 경제학, 더 넓은 지평을 위하여 (이투신서, 2005)

박만엽, 비트겐슈타인 수학철학 (철학과현실사, 2008)

박병철, 비트겐슈타인과 문법, 철학 제77호, 2003

박상기, 형법각론, 2005

박상기, 형법강의, 2010

박상기, 형법총론, 2009

박상혁, 도덕의 규범성(I) – 도덕 판단의 동기 유발력 –, 철학적 분석 제6호, 2002

박영배, 현대조직행동관리 - 조직행동과 다문화 관리 - (청람, 2010)

박영식, 비트겐슈타인 연구 : 「논리철학논고」의 해명 (현암사, 1998)

박용철, 정신질환자 중 사이코패스에 대한 형사법적 대처방안, 형사정책 제19권 제2호, 2007

박은정, 자연법의 문제들 (세창출판사, 2008)

박종현, 헬라스 사상의 심층 (서광사, 2001)

배종대, 고시연구, 1991.9

배종대, 형법각론, 2007

배종대, 형법총론, 2008

백남억, 형법총론, 1962

성경숙·김성돈, 우리나라 치료감호법의 문제점과 개선방향, 성균관법학, 제20권 제2호, 2008

손동권, 법인의 범죄능력과 양벌규정, 안암법학 제3집, 1995

손동권, 형법각론, 2005

손동권, 형법총론, 2005

송기동, 영미 기업범죄 형사책임의 전개, 형사정책 제20권 제2호, 2008

신동운, 고시연구, 1998.4

신동운, 新판례백선 형법총론, 2009

신동운, 신형사소송법, 2008

신동운, 판례백선형법총론, 2006

신동운, 형벌법규의 흠결과 해석에 의한 보정의 한계, 「법률해석의 한계」 (법문사, 2000)

신동운, 형법총론, 2008

신동운, 횡령죄와 배임죄의 관계, 한국형사법학의 새로운 지평(유일당 오선주 교수 정년기념논문집), 2001

신동운 외, 법률해석의 한계 (법문사, 2000)

신동운 편저, 유병진 법률논집: 재판관의 고민 (법문사, 2008)

신동운·한인섭·이용식·조국·이상원, 로스쿨 형법총론, 2009

신오현, 비트겐슈타인과 스피노자의 비교연구, 「비트겐슈타인과 분석철학의 전개(한국분석철학회 편)」, (철학과 현실사, 1992)

심헌섭, 분석과 비판의 법철학 (법문사, 2001)

심헌섭, Logischer Empirismus und Reine Rechtslehre, 서울대학교 법학 제43권
　　제1호, 2002
안경환·한인섭, 배심제와 시민의 사법참여 (집문당, 2005)
안성조, 2002 아더앤더슨 유죄평결의 의미 －미국 판례 상 집단인식 법리의
　　형성과 변용－, 형사법의 신동향 통권 제25호, 2010
안성조, 고대 동양에서의 법률의 착오론, 비교형사법연구 제8권 제1호, 2006
안성조, 과실범의 공동정범, 형사법연구 제19권 제3호(하권), 2007
안성조, 괴델정리의 법이론적 함의, 서울대학교 법학 제49권 제4호, 2009
안성조, 기업사이코패시의 치료가능성, 「기업범죄연구 제1권」 (경인문화사,
　　2011)
안성조, 기초법연구 제1권 － 언어·논리·역사 － (경인문화사, 2009)
안성조, 미국 판례 상 집단인식에 의한 법인책임의 법리 연구, 부산대학교 법
　　학연구 제51권 제1호, 2010
안성조, 법인의 범죄능력에 관한 연구 －낭만주의모델과 조직모델의 비교검토
　　－, 한양법학 제21권 제2집, 2010
안성조, 법적 불확정성과 법의 지배, 법철학연구 제10권 제2호, 2007
안성조, 사이코패스의 범죄충동과 통제이론, 경찰법연구 제6권 제1호, 2008
안성조, 인신구속제도와 헌법해석의 묘(妙), 대한민국 검찰 60주년 기념 국제
　　학술 심포지움, 2008 (토론문)
안성조, 형법상 법률의 착오론 (경인문화사, 2008)
안성조·서상문 공저, 사이코패스 I － 범죄충동·원인론·책임능력 － (경인문
　　화사, 2009)
오병선, 최고재판소 판결에서 법철학적 정당화와 법이념의 갈등조정, 법철학연
　　구 제10권 제1호, 2007
오상원, 한정책임능력의 본질, 형사법연구 제11권, 1999
오영근, 형법총론, 2005
유기천, 형법학(총론강의), 1980
유태엽, 성서해석의 길잡이 (kmc, 2010)
윤영신, 회사지배구조에서 법규제(Legal Rule)와 소프트 로(Soft Law)의 역할
　　및 관계, 서울대학교 법학 제48권 제1호, 2007
이기헌·박기석, 법인의 형사책임에 관한 비교법적 연구 (한국형사정책연구원,
　　1996)
이동신, 예금주인 현금카드 소유자로부터 일정액의 현금을 인출해 오라는 부

탁과 함께 현금카드를 건네받아 그 위임받은 금액을 초과한 현금을 인출한 행위가 컴퓨터등사용사기죄를 구성하는지 여부, 대법원판례해설, 2006년 상반기(통권 제62호)

이병덕, 호리취의 의미사용이론과 의미의 규범성, 철학적 분석 제15호, 2007

이상돈, 법이론 (박영사, 1997)

이상돈, 형법강의 (법문사, 2010)

이상돈, 형법해석의 한계, 「법률해석의 한계」 (법문사, 2000)

이상돈, 형법상 유추금지의 대화이론적 재구성, 형사법연구 제5권, 1992

이승종, 비트겐슈타인이 살아 있다면 - 논리철학적 탐구 - (문학과 지성사, 2002)

이승종, 생활형식과 언어게임, 철학적 분석 제12호, 2005

이어령, 축소지향의 일본인 (문학사상사, 2003)

이영란, 형법학 - 각론강의, 2008

이영란, 형법학 - 총론강의, 2008

이완규, 형사소송법 특강 (법문사, 2006)

이용식, 과실범의 공동정범, 형사판례연구[7], 1999

이유경, 원형과 신화 (이끌리오, 2004)

이윤일, 의미, 진리와 세계 (자유사상사, 1992)

이인영, 뇌영상 증거의 과학적 증거로서의 기능과 한계, 형사법연구 제22권 제4호, 2010

이재상, 과실범의 공동정범, 형사법연구 제14호, 2000

이재상, 형법총론, 2006

이재상, 형법각론, 2010

이정모·손지영, 법 인지과학: 법 영역의 인지과학적 조명, 「법과 인지과학의 대화」 (서울대학교 법학연구소 학술회의자료집, 2010)

이종권, Gödel의 증명에서의 對角線論法, 철학논구 제8권, 1980

이종근, 메소포타미아의 법사상 (삼육대학교출판부, 2008)

이천현, 법인의 범죄주체능력과 형사책임, 형사정책연구 제22권, 2004

이형국, 형법각론, 2007

이효원, 대한민국 헌법과 검찰·검사 - 인신구속제도의 헌법적 원리를 중심으로 -, 대한민국 검찰 60주년 기념 국제학술 심포지움, 2008

임웅, 고시연구, 1998.12

임웅, 형법각론, 2009

임웅, 형법총론, 2009

장성원, 포섭의 착오, 서울대학교대학원 박사학위논문, 2008

장세진, 글로벌경영 (박영사, 2010)

장세진, 삼성과 소니 (살림, 2008)

장영수, 헌법학, 2007

정규원, 형법상 책임능력에 관한 연구: 판단기준을 중심으로, 서울대학교 석사
        학위논문, 1997

정동기, 환경오염의 형사법적 규제와 입법론, 검사세미나 연수자료집(XI),
        1992

정영일, 형법총론, 2007

정웅석, 형법강의, 2007

정웅석·백승민, 형법강의, 2008

정창운, 포섭의 착오, 고시계, 1962. 12

조국, 법인의 형사책임과 양벌규정의 법적 성격, 서울대학교 법학 제48권 제3
      호, 2007

조국, 위법수집증거배제법칙 (박영사, 2005)

조국, 토론문("김동현, 인지과학의 관점에서 바라본 자유의지와 형사책임론의
      문제, 「법과 인지과학의 대화」"에 대한 토론문)

조균석, 자금세정규제론 (經進社, 1993)

조병선, 형법에서 행위자의 특정: 개인책임과 단체책임, 서울대학교 법학 제50
        권 제2호, 2009

조홍식, 경제학적 논증의 법적 지위 - 배제적 법실증주의의 관점에서 -, 서울
        대학교 법학 제48권 제4호, 2007

조홍식, 勿輕視政治 - 비례입헌주의를 주창하며 -, 서울대학교 법학 제49권
        제3호, 2006

조홍식, 법에서의 가치와 가치판단: 원고적격의 규범학(I), 서울대학교 법학 제
        48권 제1호, 2007

최대호, 법인에 대한 형사책임 귀속의 요건, 중앙대학교 법학논집 제33집 제1
        호, 2009

최봉경, 편집상의 오류, 서울대학교 법학 제48권 제1호, 2007

최봉철, 문언중심적 법해석론, 「법률해석의 한계」(법문사, 2007)

최봉철, 법현실주의, 미국학 제20집, 1997

최준식·김진석, 파블로프 공포조건화에 관련된 편도체회로, 한국뇌과학지 제2

권 제1호, 2002

하태훈, 범죄주체와 법인의 형사책임, 고시계 1999.11

한상수, 함무라비 법전 - 인류 법문화의 원형 - (인제대학교 출판부, 2008)

한인섭, 비판법학, 미국학 제20집, 1997

한정환, 심신장애와 책임능력, 형사법연구 제15권, 2001

허영, 한국헌법학, 2004

허일태, 형법상 해석원칙과 그 한계, 형사판례연구 제13호, 2005

홍성욱·장대익 편, 뇌 속의 인간, 인간 속의 뇌 (바다출판사, 2010)

번역 문헌

Adrian Raine & Yaling Yang, 사이코패시에 대한 신경해부학적 기초(The Neuroanatomical Bases of Psychopathy), 「성범죄자에 대한 치료사법적 대안모색(법무부·여성가족부·국가청소년위원회·한국심리학회 공동 주최)」, 2007

Gerald C. Davison, John M. Neale, & Ann M. Kring/이봉건 역, 이상심리학 (Abnormal psychology) 제9판 (시그마프레스, 2005)

대니얼 데닛(Daniel C. Dennett)/이희재 역, 마음의 진화(Kinds of Minds) (사이언스 북스, 2006)

대프트(Richard L. Daft)/김광점 외 12인 역, 조직이론과 설계(Understanding the Theory and Design of Organizations) (한경사, 2010)

도모노 노리오(友野典男)/이명희 역, 행동경제학(行動經濟學) (지형, 2008)

레이 커즈와일(Ray Kurzweil)/김명남·장시형 역, 특이점이 온다(The Singularity is Near) (김영사, 2010)

로널드 드워킨(Ronald Dworkin)/장영민 역, 법의 제국(Law's Empire) (아카넷, 2004)

Robert D. Hare/조은경·이수정 역, PCL-R(전문가 지침서) (학지사 심리검사연구소, 2008)

로버트 D. 헤어/조은경·황정하 역, 진단명: 사이코패스 (바다출판사, 2005)

로버트 F. 하틀리(Robert F. Hartley)/e매니지먼트(주) 역, 윤리경영(Business Ethics: mistakes and successes) (21세기 북스, 2006)

로저 펜로즈(Roger Penrose) 외 3인/김성원·최경희 역, 우주·양자·마음(The

Large, the Small, and the Human Mind) (2002, 사이언스북스)

루드비히 비트겐슈타인(Ludwig Wittgenstein)/이영철 역, 철학적 탐구(Philosophische Untersuchungen) (책세상, 2006)

리차드 팔머(Richard E. Palmer)/이한우 역, 해석학이란 무엇인가(Hermeneutics) (문예출판사, 2001)

리타 카터(Rita Carter)/양영철·이양희 역, 뇌: 맵핑마인드(Mapping the mind) (말글빛냄, 2007)

마사 스타우트(Martha Stout)/김윤창 역, 당신 옆의 소시오패스(The Sociopath Next Door) (산눈, 2008)

MyNewsJapan/JPNews 역, 토요타의 어둠 (창해, 2010)

마이어스(David G. Myers)/신현정·김비아 역, 심리학(Psychology) (시그마프레스, 2008)

마이클 S. 가자니가(Michael S. Gazzaniga)/김효은 역, 윤리적 뇌(The ethical brain) (바다출판사, 2009)

마이클 셔머(Michael Shermer)/박종성 역, 진화경제학(The Mind of the Market) (한국경제신문, 2009)

McDaniel & Gitman/노승종 외 3인 역, 경영학의 이해(The Essentials of The Future Business) (한경사, 2009)

미셸푸코(Michel Foucault)/박정자 역, 비정상인들(Les anormaux) (동문선, 2001)

미치오 카쿠(Michio Kaku)/박병철 역, 불가능은 없다(Physics of the Impossible) (김영사, 2008)

바버라 오클리(Barbara Oakley)/이종삼 역, 나쁜 유전자(Evil Genes: Why Rome Fell, Hitler Rose, Enron Failed and My sister Stole My Mother's Boyfriend) (살림, 2008)

벤 버냉키·로버트 프랭크(Ben S. Bernanke & Robert H. Frank)/곽노선·왕규호 역, 경제학(Principles of Economics) (McGraw-Hill Korea, 2006)

Bethany McLean & Peter Elkind/방영호 역, 엔론 스캔들(The Smartest Guys in the Room: the amazing rise and scandalous fall of Enron) (서돌, 2010)

볼맨·딜(Lee G. Bolman & Terrence E. Deal)/신택현 역, 조직의 리프레이밍 (Reframing Organizations) (지샘, 2004)

Viral V. Acharya & Matthew Richardson/김경한·손재영 외 13인 공역, 미국발 글로벌 금융위기의 진단과 처방: 실패한 시스템의 복구 (교보문고,

2009)

빌 니클스·짐 맥휴지·수잔 맥휴지(William G. Nickels, James M. McHuge & Susan M. McHuge)/권구혁 외 5인 공역, 경영학의 이해(Understanding Business) (생능출판사·McGraw-Hill Irwin, 2010)

솔 A. 크립키(Saul A. Kripke)/남기창 역, 비트겐슈타인 규칙과 사적 언어 (Wittgenstein on Rules and Private Language) (철학과 현실사, 2008)

수전 K. 셀(Susan K. Sell)/남희섭 역, 초국적 기업에 의한 법의 지배 ─ 지재권의 세계화(Private Power, Public Law: the globalization of intellectual property rights) (후마니타스, 2009)

스티븐 핑커(Steven Pinker)/김한영 역, 마음은 어떻게 작동하는가(How the Mind Works) (동녘 사이언스, 2007)

아르투어 카우프만(Arthur Kaufmann)/김영환 역, 법철학(Rechtsphilosophie) (나남, 2007)

알바노에(Alva Noë)/김미선 역, 뇌과학의 함정(Out of Our Heads) (갤리온, 2009)

알렌 자닉·스티븐 툴민(Allan Janik & Stephen Toulmin)/석기용 역, 빈, 비트겐슈타인, 그 세기말의 풍경(Wittgensteins's Vienna) (이제이북스, 2005)

야마오카 에쓰로(山岡悦郎)/안소현 역, 거짓말쟁이의 역설(うそつきのパラドックス) (영림카디널, 2004)

에른스트 뷔르트봐인(Ernst Würthwein)/방석종 역, 성서본문비평(Der Text des Alten Testaments) (대한기독교출판사, 1987)

A.C Grayling/이윤일 역, 철학적 논리학(An introduction to philosophical logic) (선학사, 2005)

M. 뮤니츠(Milton K. Munitz)/박영태 역, 현대분석철학(Contemporary Analytic Philosophy) (서광사, 1997)

요한 판 오페르트벨트(Johan van Overtveldt)/박수철 역, 시카고학파(The Chicago School) (에버리치홀딩스, 2011)

울프리드 노이만(Ulfried Neumann)/윤재왕 역, 법과 논증이론(Juristische Argumentationslehre) (세창출판사, 2009)

이다 마코토(Ida Makoto), 일본형법에서의 조직과실과 감독과실(Organisations und Aufsichtsfahrlässigkeit im japanischen Strafrecht), 청주법학 제32권 제1호, 2010

장 피에르 베르낭(Jean Pierre Vernant)/김재홍 역, 그리스 사유의 기원(Les

Origines de la pensee grecque) (길, 2006, 원전은 1962년 파리에서 출간)

쟈클린 보르드(Jacqueline Bordes)/나정원 역, 폴리테이아: 고대 그리스 시민권론과 정치체제론(Politeia : dans la pensee Grecque jusqu'a Aristote) (대우학술총서, 2000, 원전은 1982년 파리에서 출간)

조지 애커로프·레이첼 크랜턴(George A. Akerlof & Rachel E. Kranton)/안기순 역, 아이덴티티 경제학(Identity economics) (랜덤하우스, 2010)

조지프 르두(Joseph E. LeDoux)/강봉균 역, 시냅스와 자아(Synaptic self) (동녘사이언스, 2008)

존 드레인(John Drane)/서희연 역, 성경의 탄생(The Birth of the Bible) (옥당, 2010)

존 레이티(John J. Ratey)/김소희 역, 뇌(A User's Guide to the Brain) (21세기북스, 2010)

존 하트 일리(John Hart Ely)/전원열 역, 민주주의와 법원의 위헌심사(Democracy and distrust : a theory of judicial review) (나남, 2006)

찰스 킨들버거·로버트 알리버(Charles P. Kindleberger & Robert Z. Aliber/김홍식 역, 광기, 패닉, 붕괴: 금융위기의 역사(Manias, panics, and crashes: a history of financial crises) (굿모닝북스, 2006)

토비 비숍·프랭크 히도스키(Toby J.F. Bishop & Frank E. Hydoski)/딜로이트 안진회계법인 역, 성공기업의 위험관리(Corporate Resiliency) (FKI미디어, 2010)

C.G. Jung/융 저작 변역위원회 역, 원형과 무의식(Archetyp und Unbewusstes) (솔, 1984)

칼 포퍼(Karl R. Popper)/이한구 역, 추측과 논박(Conjectures and refutations: the growth of scientific knowledge) 제2권 (민음사, 2001, 원전은 1963년 초판발행)

캐슬린 섯클리프·티모시 보거스(Kathleen M. Sutcliffe & Timothy J. Vogus), 회복력을 갖춘 조직 만들기(Organizing for Resilience), in: 킴 카메론·제인 듀톤·로버트 퀸(Kim S. Cameron, Jane E. Dutton, & Robert E. Quinn) 편저, 긍정조직학(Positive Organizational Scholarship) (POS북스, 2009)

Friedrich Muller, Ralph Christensen, & Michael Sokolowski/이덕연 역, 법텍스트와 텍스트작업(Rechtstext und Textarbeit) (법문사, 2005)

한스벨첼(Hans Welzel)/박은정 역, 자연법과 실질적 정의(Naturrecht und

Materiale Gerechtigkeit) (삼영사, 2002)

한스 요하임 슈퇴리히(Hans J. Störig)/박민수 역, 세계철학사(Kleine Weltgeschichte der Philosophie) (이룸, 2008)

Herbert Feigl, 논리실증주의의 기원과 정신, 「쿤의 주제들: 비판과 대응(조인래 편역)」 (이화여자대학교 출판부, 1997)

허버트 하트(H.L.A. Hart)/오병선 역, 법의 개념(The Concept of Law) (아카넷, 2002)

平川彰/석혜능 역, 비구계의 연구 I (민족사, 2002)

平川彰/석혜능 역, 원시불교의 연구 −교단조직의 원형− (민족사, 2003)

기타 자료

Encyclopedia of Philosophy Vol. 5 (2nd ed., Thomson Gale, 2006)

Financial Times(January 2, 2011)

Newsweek(January 22, 2010)

The Times (March 29, 1999)

The Wall Street Journal(January 10, 2011)

Washington Post (January 28, 2002)

CNB저널 제162호

문화일보(2000.11.28)

서울경제(2010.2.8)

서울경제(2010.12.6)

서울경제(2011.1.26)

시사저널 1107호(2011.1.5)

이데일리(2011.1.26)

조선일보(2009. 10.24)

조선일보(2010.9.27)

중앙일보(2007.2.15)

한경비즈니스 No.793(2011.2.16)

찾아보기

차

카

안성조

연세대학교 법과대학 법학과 졸업(법학사)
고려대학교 대학원 법학과 졸업(법학석사)
서울대학교 대학원 법학과 졸업(법학박사)
연세대, 육군사관학교, 경찰대, 한국외대 법학전문대학원 강사
사법시험, 행정고시, 외무고시, 입법고시 출제위원
한국형사소송법학회 상임이사
현재 선문대학교 법과대학 교수

주요저서

형법상 법률의 착오론(경인문화사, 2006/2008)
현대 법학의 이해(법문사, 2008, 공저)
사이코패스 I(경인문화사, 2009/2010)
기초법연구 제1권(경인문화사, 2009)
기업범죄연구 제1권(경인문화사, 2011, 공저)

현 대 형 법 학 제1권 – 이 론 과 방 법 –

초판 인쇄 ‖ 2011년 2월 14일
초판 발행 ‖ 2011년 2월 28일

지은이 ‖ 안성조
펴낸이 ‖ 한정희
펴낸곳 ‖ 경인문화사
주소 ‖ 서울시 마포구 마포동 324-3
전화 ‖ 718-4831   팩스 ‖ 703-9711
출판등록 ‖ 1973년 11월 8일 제10-18호
홈페이지 ‖ www.kyunginp.co.kr / 한국학서적.kr
이메일 ‖ kyunginp@chol.com